MICHAEL NIKLAS MAYER

Berufsgenossenschaftliches Wissensmanagement

Schriften zum Öffentlichen Recht

Band 1554

Berufsgenossenschaftliches Wissensmanagement

Unternehmenswissen als Grundlage der unfallversicherungsrechtlichen Prävention

Von

Michael Niklas Mayer

Duncker & Humblot · Berlin

Der Fachbereich Rechtswissenschaft der Universität Konstanz
hat diese Arbeit im Jahre 2023 als Dissertation angenommen.

Bibliografische Information der Deutschen Nationalbibliothek

Die Deutsche Nationalbibliothek verzeichnet diese Publikation in der Deutschen Nationalbibliografie; detaillierte bibliografische Daten sind im Internet über http://dnb.d-nb.de abrufbar.

Satz: L101 Mediengestaltung, Fürstenwalde
Druck: CPI books GmbH, Leck
Printed in Germany

ISSN 0582-0200
ISBN 978-3-428-19306-6 (Print)
ISBN 978-3-428-59306-4 (E-Book)
Gedruckt auf alterungsbeständigem (säurefreiem) Papier
entsprechend ISO 9706 ♾

Verlagsanschrift: Duncker & Humblot GmbH, Carl-Heinrich-Becker-Weg 9,
12165 Berlin, Germany | E-Mail: info@duncker-humblot.de
Internet: http://www.duncker-humblot.de

Vorwort

Diese Arbeit ist vom Fachbereich Rechtswissenschaft der Universität Konstanz im Wintersemester 2023/2024 als Dissertation angenommen worden. Sie entstand im Wesentlichen während meiner Zeit als wissenschaftlicher Mitarbeiter am dortigen Lehrstuhl für Staats- und Verwaltungsrecht, Europarecht und Rechtsvergleichung im Rahmen des von der Deutschen Forschungsgemeinschaft geförderten Projekts „Der staatliche Zugriff auf das Unternehmenswissen".

Die Arbeit wurde von Herrn Professor Dr. Hans Christian Röhl betreut. Ihm bin ich für die Anregung des Themas, die konstruktive Begleitung während der gesamten Promotionszeit und seine hilfreichen Anmerkungen, die wesentlich zum Gelingen der Arbeit beigetragen haben, zu großem Dank verpflichtet.

Frau Professorin Dr. Judith Froese danke ich sehr für die zügige Erstellung des Zweitgutachtens, Herrn Professor Dr. Dr. h. c. Martin Ibler für die Übernahme des Vorsitzes der Prüfungskommission, insbesondere bei der mündlichen Prüfung am 29. Januar 2024.

Darüber hinaus möchte ich all denjenigen danken, die mich bei der Anfertigung der Arbeit auf unterschiedlichste Art und Weise unterstützt haben. Das gilt vor allem für meine Lehrstuhlkolleginnen und -kollegen, insbesondere Herrn Dr. Gustavo Manuel Díaz González, Frau Julia Taube und Frau Margarete Yücel, ebenso wie für Frau Sabine Gerber. Besonders danken möchte ich Herrn Dr. Danny Christian Lau, der mich durch seine ständige Diskussionsbereitschaft, seine klugen Ratschläge und seinen Zuspruch stets unterstützte.

Mein ganz besonderer Dank gilt meinen Eltern, die mich seit Kindheitstagen begleiten, fördern und in jeglicher Hinsicht unterstützen. Daneben gebührt mein größter Dank meiner Frau Grit für ihren unerschütterlichen Rückhalt, ihre bedingungslose Unterstützung und ihre unendliche Geduld. Ohne sie wäre die Arbeit nicht gelungen. Ihnen ist diese Arbeit daher gewidmet.

Karlsruhe, im Mai 2024 *Michael Niklas Mayer*

Inhaltsübersicht

Inhaltsverzeichnis

2. Teil

Beziehungsgefüge kognitiver Potentiale 103

„Wenn du ein neues Haus baust, so mache ein Geländer ringsum auf deinem Dache, damit du nicht Blutschuld auf dein Haus lädst, wenn jemand herabfällt."
5. Buch Mose, Kapitel 22, Vers 8[1]

Einleitung

I. Erkenntnisinteresse

Die wahrscheinlich älteste Unfallverhütungsvorschrift der Welt im 5. Buch Mose, Kapitel 22, Vers 8 belegt, dass bereits in der Antike ein vorbeugendes Sicherheitsdenken ausgeprägt war.[2] Der dahinter stehende Gedanke entfaltet auch im Staat des Grundgesetzes Wirkungen. Er kommt insbesondere im sog. Vorsorgeprinzip zum Ausdruck.[3] Dieses Prinzip nimmt vor allem in denjenigen Rechtsgebieten eine besondere Bedeutung ein, die durch unbekannte Wirkungszusammenhänge tatsächlicher Phänomene gekennzeichnet sind.[4] Dazu zählt insbesondere das Risikorecht.[5] Dieses Rechtsgebiet verdeutlicht, dass das hergebrachte Vorverständnis des rationalen Rechtsstaatsmodells,[6] wonach Wissen in der staatlichen Verwaltungsorganisation vorhanden oder jedenfalls zugriffsbereit ist,[7] längst nicht in sämtlichen Bereichen des Verwaltungsrechts uneingeschränkt zum Tragen kommt. Vergleichbare Beobachtungen lassen sich auch im Regulierungsrecht,[8] im Wirtschaftsrecht ebenso wie in weiteren Rechtsgebieten machen.[9]

---

1 Zitiert nach: Die Bibel, nach Martin Luthers Übersetzung.

2 *Pauling*, Ἀσφάλεια: Die Entwicklung der Sicherheitsvorstellungen und der Diskurs über Sicherheit im archaischen und klassischen Griechenland.

3 *Volkmann*, JZ 2004, S. 696 (701), spricht von „Vorsorge-Paradigma"; *Schulze-Fielitz*, in: Dreier, GG, Band II, Art. 20a, Rn. 53 f. m. w. N.

4 *Korte*, Standortfaktor Öffentliches Recht, S. 106.

5 Siehe dazu *H. C. Röhl*, in: Voßkuhle/Eifert/Möllers, GVwR, Band II, § 30, Rn. 3, 20 ff.

6 *Fassbender*, in: Isensee/Kirchhof, HStR, Band IV, § 76, Rn. 1 ff., der den rationalen vom abergläubischen Staat abgrenzt; nach *M. Weber*, Wirtschaft und Gesellschaft, S. 815, beruht der rationale Staat auf rationalem Recht.

7 *Voß*, Unternehmenswissen als Regulierungsressource, S. 13.

8 *B. Wollenschläger*, Wissensgenerierung im Verfahren, S. 116 ff., zum Telekommunikationsrecht.

9 *H. C. Röhl*, in: Voßkuhle/Eifert/Möllers, GVwR, Band II, § 30, Rn. 20.

Darüber hinaus verdeutlichen diese Rechtsgebiete in exemplarischer Weise, dass die Informationen und Möglichkeiten, derer es bedarf, um staatliches Regulierungswissen zu erzeugen, oftmals bei Privaten vorhanden sind. Aus diesem Grund versucht das Recht, in diesen Gebieten Private für die Generierung staatlichen Regulierungswissens in Anspruch zu nehmen. Dafür wird den Behörden anhand unterschiedlicher rechtlicher Gestaltungen ein Zugriff auf deren Wissen, unter anderem durch Kommunikationsprozesse,[10] eröffnet.[11] Dadurch durchbricht das Recht die hergebrachte Unterscheidung zwischen Staat und Gesellschaft, der für das System der grundgesetzlichen Ordnung und damit auch für das Verwaltungsrecht eine konstituierende Bedeutung beigemessen wird.[12]

Obwohl die Einbeziehung Privater in die staatliche Wissensgenerierung in verschiedenen Regelungen des einfachen Rechts identifiziert werden kann, finden sich dort nur vereinzelte Aussagen, die dieses staatliche Tätigwerden rechtlich erfassen und abbilden. Da diese Form der staatlichen Generierung von Wissen immerhin anhand verschiedener gesetzlicher Regelungen bestimmter Bereiche des besonderen Verwaltungsrechts ermöglicht wird, lassen sich die damit einhergehenden Fragestellungen jedenfalls anhand konkreter Referenzgebiete[13] untersuchen. Aus den daraus gewonnenen konkreten Erkenntnissen können schließlich verallgemeinerungsfähige Aussagen für die staatliche Generierung von Wissen durch die Einbeziehung Privater gewonnen werden.

Nicht nur wegen der bereits im Alten Testament enthaltenen Aussagen zur Unfallverhütung kommt aus der historischen Perspektive als Referenzgebiet für die staatliche Wissenserzeugung durch Einbeziehung Privater in exemplarischer Weise das gesetzliche Unfallversicherungssystem in Betracht. Seit seiner Einführung im Zuge der Bismarck'schen Sozialgesetzgebung im vorvergangenen Jahrhundert[14] sind die damit verbundenen Aufgaben dieses Sozialversicherungszweigs für bestimmte Bereiche der gewerblichen Wirtschaft öffentlich-rechtlichen Zwangsgenossenschaften mit

---

[10] *H. C. Röhl*, in: Voßkuhle/Eifert/Möllers, GVwR, Band II, § 30, Rn. 3.

[11] Dabei fordert das Recht private Organisationen in bestimmten Rechtsgebieten sogar teilweise ausdrücklich auf, Wissen zu erzeugen und es anschließend der staatlichen Verwaltung zugänglich zu machen, siehe dazu *Reiling*, Der Hybride, passim; *Voß*, Unternehmenswissen als Regulierungsressource, S. 29; *Müller-Terpitz*, in: VVDStRL (83) 2024, S. 278 (295 ff.).

[12] *Rupp*, in: HStR, Band II, § 31, Rn. 1 ff., der unter Hinweis auf *Böckenförde* in Staat und Gesellschaft verschiedene Wirkbereiche sieht.

[13] Zur Bedeutung von Referenzgebieten siehe *Schmidt-Aßmann*, Das allgemeine Verwaltungsrecht als Ordnungsidee, S. 8 ff.; kritisch zu Referenzgebieten *Augsberg*, Informationsverwaltungsrecht, S. 4 ff. m. w. N.

[14] Unfallversicherungsgesetz vom 06.07.1884, RGBl. 1884, No 19, S. 69.

Selbstverwaltung, den sog. Berufsgenossenschaften, übertragen.[15] Nachdem die Berufsgenossenschaften zunächst nur Unternehmer mit gefährlichen Betrieben eines bestimmten Industriezweigs zusammenschlossen,[16] wurde im Laufe der Zeit der Anwendungsbereich des gesetzlichen Unfallversicherungsrechts sukzessive ausgedehnt, sodass den Berufsgenossenschaften nach der derzeitigen Ausgestaltung des SGB VII nun die mit der gesetzlichen Unfallversicherung verbundenen Aufgaben unter anderem für die gesamte gewerbliche und freiberufliche Wirtschaft übertragen sind.[17] Eine der wesentlichen Aufgaben der Berufsgenossenschaften besteht seit jeher darin, arbeitsbedingten Gesundheitsrisiken und -gefahren in den Unternehmen[18] ihrer

---

[15] §§ 1, 9 Unfallversicherungsgesetz vom 06.07.1884, RGBl. 1884, No 19, S. 69.

[16] *Breuer*, in: Schulin, HSozVR, Band 2, § 1, Rn. 63.

[17] § 114 Abs. 1 S. 1 Nr. 1 SGB VII: Träger der gesetzlichen Unfallversicherung (Unfallversicherungsträger) sind die in der Anlage 1 aufgeführten gewerblichen Berufsgenossenschaften.

Eine Sonderstellung nimmt dabei die gewerbliche Berufsgenossenschaft Verkehrswirtschaft Post-Logistik Telekommunikation in Anlage 1 (zu § 114) Nr. 8 ein. Diese wurde durch § 1 S. 1 des Gesetzes zur Errichtung der Berufsgenossenschaft Verkehrswirtschaft Post-Logistik Telekommunikation vom 19.10.2013 (BGBl. I, S. 3836, 3838) errichtet. Nach dessen § 2 Abs. 1 wurden die Berufsgenossenschaft für Transport und Verkehrswirtschaft ebenso wie die Unfallkasse Post und Telekom in die Berufsgenossenschaft Verkehrswirtschaft Post-Logistik Telekommunikation eingegliedert. Diese nimmt auch übertragene staatliche Aufgaben (wie zuvor die Unfallkasse Post und Telekom) wahr, wobei im Übrigen die allgemeinen – für alle gewerblichen Berufsgenossenschaften geltenden – Regelungen Anwendung finden, siehe dazu BT-Drs. 17/12297, S. 24. Staatliche Aufgaben nimmt auch die Dienststelle Schiffssicherheit der Berufsgenossenschaft Verkehrswirtschaft Post-Logistik Telekommunikation wahr, siehe dazu *Woelki*, in: jurisPK-SGB VII, Stand: 15.01.2022, § 121 Abs. 2–3, Rn. 33 ff. Diese Dienststelle Schiffssicherheit ist zwar eine Organisationseinheit der Berufsgenossenschaft für Verkehrswirtschaft Post-Logistik Telekommunikation. Durch das Seeaufgabengesetz und das Seearbeitsgesetz hat sie aber gewissermaßen die rechtliche Stellung einer oberen Bundesbehörde, weshalb sie in dieser Untersuchung nicht näher berücksichtigt wird.

Eine selbstständige landwirtschaftliche Berufsgenossenschaft besteht nach der gegenwärtigen Ausgestaltung des SGB VII nicht mehr; die Sozialversicherung für Landwirtschaft, Forsten und Gartenbau wird vielmehr gleichzeitig als landwirtschaftliche Berufsgenossenschaft tätig, § 114 Abs. 1 S. 1 Nr. 2 SGB VII.

[18] Der unfallversicherungsrechtliche Unternehmensbegriff ist ein Sammelbegriff, der nach § 121 Abs. 1 SGB VII Betriebe, Verwaltungen, Einrichtungen und bloße Tätigkeiten umfasst. Er entspricht, worauf *Diel*, in: Hauck/Noftz, SGB VII, EL 1/2021, § 121, Rn. 17, hinweist, nicht dem allgemeinen Sprachgebrauch und den Unternehmensbegriffen in anderen Rechtsgebieten. Nach der Rechtsprechung des *BSG*, B 2 U 35/17 R (juris), „liegt ein Unternehmen bereits dann vor, wenn materielle und immaterielle Mittel in einer organisatorischen, äußerlich abgrenzbaren Einheit planvoll für eine gewisse Dauer zusammengefasst werden, die unter einheitlicher Führung steht und ihrerseits einen bestimmten Zweck verfolgt“.

Zwangsmitglieder[19], den sog. Mitgliedsunternehmen, entgegenzuwirken.[20] Durch diese Aufgabe der sog. Primärprävention[21] sollen schädliche Faktoren in den Mitgliedsunternehmen bereits vor ihrem Wirksamwerden verhindert werden.[22]

Die Bedeutung der Primärprävention zeigt sich instruktiv anhand der volkswirtschaftlichen Kosten durch Arbeitsunfähigkeit: Im Jahr 2022 kam es aufgrund der durchschnittlichen Arbeitsunfähigkeitsdauer von 21,3 Tagen je Arbeitnehmer zu 888,9 Millionen Arbeitsunfähigkeitstagen.[23] Auf Grundlage dieses Arbeitsunfähigkeitsvolumens schätzt die Bundesanstalt für Arbeitsschutz und Arbeitsmedizin (BAuA) die volkswirtschaftlichen Produktionsausfälle auf insgesamt 118 Milliarden Euro bzw. den Ausfall an Bruttowertschöpfung auf 207 Milliarden Euro.[24] Diese geschätzten Produktionsausfallkosten belaufen sich insgesamt auf einen Anteil von 2,9 % am Bruttonationaleinkommen.[25]

---

[19] Obwohl unter Geltung der RVO jeder Unternehmer, dessen Unternehmen seinen Sitz im örtlichen Zuständigkeitsbereich der Berufsgenossenschaft hatte, gem. § 658 Abs. 1 RVO Mitglied der jeweiligen Berufsgenossenschaft war, findet sich der Begriff der Mitgliedschaft im SGB VII nicht mehr. Gleichwohl besteht zwischen dem Unternehmer, dessen Unternehmen dem SGB VII unterfällt, und der Berufsgenossenschaft immer noch ein Mitgliedschaftsverhältnis, siehe dazu *Spellbrink*, in: Schulin, HSozVR, Band 2, § 23, Rn. 21 f.; *Diel/Höller/Köhler/Kranig/Riebel/Römer/Schur*, in: Hauck/Noftz, SGB VII, EL 2/2022, E 010, S. 5 f.; *BSG*, SGb 2021, S. 657 (658 f.); BSGE 132, 295 (302); für *Ricke*, in: Beck'scher Online-Grosskommentar (Kasseler Kommentar), SGB VII, Stand: 01.04.2015, Vorbemerkungen zu §§ 121–139, Rn. 3, ist die herkömmliche Mitgliedsstruktur wegen der paritätischen Selbstverwaltung der Berufsgenossenschaften begrifflich überholt, ohne dass daraus aber Rechtsfolgen abgeleitet werden könnten.

Die Pflichtmitgliedschaft in Berufsgenossenschaften kann mit der Rechtsprechung des *EuGH*, Slg. 2009, I-1513 ff., als mit dem Europarecht vereinbar qualifiziert werden. Nach der Rechtsprechung des *BSG*, BSGE 91, 263 (269); UV-Recht Aktuell 2007, S. 1065 (1068 ff.); UV-Recht Aktuell 2023, S. 296 (303 ff.), ist die Pflichtmitgliedschaft auch mit dem Grundgesetz vereinbar; siehe dazu auch *BVerfG*, 1 BvR 2552/04 (juris); 1 BvR 2891/07 (juris); 1 BvR 1723/14 (juris).

[20] Bereits das Unfallversicherungsgesetz vom 06.07.1884, RGBl. 1884, No 19, S. 69, ermächtigte die Berufsgenossenschaften in § 78 zum Erlass von Unfallverhütungsvorschriften und ermächtigte sie in § 82, durch Beauftragte die Befolgung der Unfallverhütungsvorschriften durch die Betriebe zu überwachen.

[21] Zu diesem Begriff siehe *Rink*, Der Präventionsauftrag der gesetzlichen Unfallversicherung, S. 28, mit weiteren Präventionsbegriffen aus anderen Sozialversicherungsbereichen auf S. 24 ff.

[22] *Benz*, in: Schulin, HSozVR, Band 2, § 43, Rn. 2; *Köhler*, in: Hauck/Noftz, SGB VII, EL 1/2024, § 26, Rn. 21.

[23] BT-Drs. 20/9835, S. 37.

[24] BT-Drs. 20/9835, S. 37, 39.

[25] BT-Drs. 20/9835, S. 37, 39.

Konkret waren im Zuständigkeitsbereich der gewerblichen Berufsgenossenschaften im Jahr 2022 34.161.048 Vollarbeiter[26] gesetzlich unfallversichert.[27] In diesem Bereich kam es zu insgesamt 720.294 meldepflichtigen Arbeitsunfällen, 10.116 neuen Unfallrenten und 385 Todesfällen.[28] In relativen Zahlen sind dies 21,09 meldepflichtige Arbeitsunfälle und 0,296 neue Arbeitsunfallrenten je 1.000 Vollarbeitern.[29] Diese Zahlen wirken sich auf die Entschädigungsleistungen der gesetzlichen Unfallversicherung aus. Deren Summe betrug im Jahr 2022 11,410 Milliarden Euro und damit 220 Millionen Euro bzw. 2,0 % mehr als im Vorjahr 2021.[30]

Um den sog. primären Präventionsauftrag wirksam erfüllen zu können, benötigen die Berufsgenossenschaften – untechnisch gesprochen[31] – Kenntnisse über arbeitsbedingte Einwirkungen auf die in ihren Mitgliedsunternehmen tätigen Personen, die zu Gesundheitsrisiken und -gefahren führen können.[32] Das betrifft Kenntnisse zu Unfallgefahren als plötzlich eintretende Ereignisse ebenso wie zu Berufskrankheiten als Resultat einer längeren – oftmals jahrelangen[33] – Entwicklung. Dafür reicht allein ein Rückgriff auf allgemein zugängliche wissenschaftliche Erkenntnisse nicht aus; hierfür sind vielmehr unternehmensbezogene Kenntnisse über gesundheitsschädliche Einwirkungen erforderlich.[34] Dazu zählen etwa Kenntnisse, bei welchen unternehmensbezogenen Tätigkeiten die Beschäftigten gesundheitsschädlichen Einwirkungen ausgesetzt sind und welche der von ihnen verwendeten Produkte gesundheitsschädliche Bestandteile enthalten.[35]

Solche Kenntnisse können die Berufsgenossenschaften kraft Natur der Sache vor allem unter Rückgriff auf ihre Mitgliedsunternehmen gewinnen. Das

---

26 *DGUV e. V.* (Hrsg.), DGUV-Statistiken für die Praxis 2022, S. 13.

27 *DGUV e. V.* (Hrsg.), DGUV-Statistiken für die Praxis 2022, S. 20.

28 *DGUV e. V.* (Hrsg.), DGUV-Statistiken für die Praxis 2022, S. 26, 38, 47: Im Bereich der Unfallversicherungsträger der öffentlichen Hand gab es lediglich 67.118 meldepflichtige Arbeitsunfälle, 811 neue Arbeitsunfallrenten und 38 Todesfälle.

29 *DGUV e. V.* (Hrsg.), DGUV-Statistiken für die Praxis 2022, S. 27, 40.

30 *DGUV e. V.* (Hrsg.), Geschäfts- und Rechnungsergebnisse der gewerblichen Berufsgenossenschaften und Unfallversicherungsträger der öffentlichen Hand 2022, S. 65.

31 Der Begriff Kenntnis wird im Rahmen dieser Untersuchung als Oberbegriff für die Phänomene der Informations- und der Wissensgrundlagen verwendet; diese Phänomene werden im 1. Teil, C. I., II. 2. b) cc) näher herausgearbeitet.

32 *Kranig*, in: Hauck/Noftz, SGB VII, EL 1/2023, § 207, Rn. 4.

33 *T. Giesen*, Zentralblatt für Arbeitsmedizin, Arbeitsschutz und Ergonomie 2008, S. 302 (303); *P. Becker*, Die BG 2011, S. 73.

34 *Merz/Arenz*, DGUV Forum 12/2021, S. 8 (12); *Kranig*, in: Hauck/Noftz, EL 1/2023, § 207, Rn. 4.

35 *Kranig*, in: Hauck/Noftz, SGB VII, EL 1/2023, § 207, Rn. 4.

war auch dem historischen Gesetzgeber bei der Ausgestaltung des ursprünglichen gesetzlichen Unfallversicherungsrechts Ende des 19. Jahrhunderts bewusst.[36] Daher hat er bereits damals Instrumente geschaffen, die den Berufsgenossenschaften über die Ausübung einer konkreten Verwaltungsmaßnahme hinaus zusätzlich die Möglichkeit eröffnen, entsprechende Kenntnisse aus den Mitgliedsunternehmen zu gewinnen.[37] Insofern ermöglichen etwa die Unfallanzeigen den Berufsgenossenschaften nicht nur die zügige Erfassung eines potentiellen Versicherungsfalls, sondern vermitteln ihnen auch eine breite Basis von Kenntnissen über arbeitsbedingte Unfallrisiken und -gefahren, die sich in den Mitgliedsunternehmen verwirklicht haben. Diese Kenntnisse können die Genossenschaften über den jeweiligen Einzelfall hinaus auch für ihre Präventionstätigkeit fruchtbar machen. Dazu führt die Gesetzesbegründung zu der ursprünglich in § 51 des Unfallversicherungsgesetzes vom 6. Juli 1884 geregelten Unfallanzeige folgendes aus: Durch die Anzeige ist „außerdem [...] den Genossenschaftsvorständen [...] die Kenntniß der Unfallursachen zu vermitteln, deren sie für ihre auf Verminderung der Unfälle gerichteten Thätigkeit bedürfen."[38] Diesem Verständnis folgend ermächtigt § 193 Abs. 8 SGB VII das Bundesministerium für Arbeit und Soziales (BMAS) durch Rechtsverordnung unter anderem „den für Aufgaben der Prävention [...] erforderlichen Inhalt der Anzeige" zu bestimmen.

In diesem Zusammenhang kann auch die Ermächtigung der Berufsgenossenschaften zur umfassenden Überwachung der unternehmerischen Präventionsmaßnahmen genannt werden.[39] Diese dient aus der historischen Perspektive unter anderem dem Zweck, vorbereitende Unterlagen für die Erarbeitung des autonomen Rechts der Berufsgenossenschaften zu sammeln.[40]

Diese Möglichkeiten der Berufsgenossenschaften wurden im Staat des Grundgesetzes beibehalten und im Laufe der Zeit sogar durch weitere, vergleichbare Instrumente und Strukturen ausgebaut.[41] Dazu zählen unter ande-

---

36 Siehe dazu die Stenographischen Berichte über die Verhandlungen des Reichstages, 5. Legislaturperiode – IV. Session 1884, Anlagen zu den Verhandlungen, Aktenstück Nr. 4, S. 82.

37 Siehe dazu die Stenographischen Berichte über die Verhandlungen des Reichstages, 5. Legislaturperiode – IV. Session 1884, Anlagen zu den Verhandlungen, Aktenstück Nr. 4, S. 82.

38 Stenographische Berichte über die Verhandlungen des Reichstages, 5. Legislaturperiode – IV. Session 1884, Anlagen zu den Verhandlungen, Aktenstück Nr. 4, S. 82.

39 § 19 Abs. 2 SGB VII.

40 Siehe dazu den Sections-Director der Brauerei- und Mälzerei-Berufsgenossenschaft *Schlesinger*, Aus der Verwaltungspraxis der Berufsgenossenschaften, S. 14: „Die Thätigkeit des Beauftragten kann aber nicht nur den Zweck haben, vorbereitende Unterlagen für den Erlaß allgemeiner Unfallverhütungs-Vorschriften zu sammeln".

41 Ausnahmsweise stehen entsprechende Möglichkeiten auch dem Spitzenverband Deutsche Gesetzliche Unfallversicherung e. V. (DGUV e. V.) zu.

rem die genossenschaftlichen Auskunftsverlangen (§§ 19 Abs. 2 S. 1 Nr. 2, 192 Abs. 3 S. 1 SGB VII) sowie die Erhebung und Verwendung von Betriebs- und Expositionsdaten zur Prävention (§ 207 SGB VII). Auch durch diese Maßnahmen können die Berufsgenossenschaften unternehmensbezogene Kenntnisse über arbeitsbedingte Gesundheitsrisiken und -gefahren erzeugen, die sie über die jeweilige Maßnahme und das jeweilige Mitgliedsunternehmen hinaus für ihre Präventionstätigkeit fruchtbar machen können.[42]

Daneben eröffnet das einfache Recht den Berufsgenossenschaften auch unabhängig von ihren Mitgliedsunternehmen die Möglichkeit, Kenntnisse zu gewinnen. Das zeigt sich exemplarisch anhand der Forschung und des Informationsaustauschs mit bestimmten Dritten, wie anderen Arbeitsschutzakteuren.[43] Dabei können die durch Einbeziehung der Mitgliedsunternehmen gewonnenen Kenntnisse selbstverständlich auch Berücksichtigung finden, beispielsweise im Rahmen von Forschungsvorhaben.

Die auf diesen verschiedenen Wegen gewonnenen Kenntnisse können schließlich auf der übergreifenden Ebene der Selbstverwaltung zusammengeführt werden. Diese Ebene umfasst sowohl die einzelnen Berufsgenossenschaften als auch die für diese Untersuchung nicht näher interessierenden Unfallversicherungsträger der öffentlichen Hand[44] ebenso wie den privatrechtlich organisierten Spitzenverband der Unfallversicherungsträger, die Deutsche Gesetzliche Unfallversicherung e. V. (DGUV e. V.). Auf der Ebene der Selbstverwaltung kann aus den zusammengeführten Kenntnissen schließlich Wissen gebildet werden, das dort anschließend zur Erfüllung des primären Präventionsauftrags im Rahmen verschiedener Verwaltungsmaßnahmen, beispielsweise im Rahmen der Recht-[45] und Regelsetzung[46], verwertet werden kann.[47]

---

42 Die Ausübung der Maßnahmen umfasst dabei gleichzeitig immer auch die Prüfung – wie etwa im Zusammenhang mit den Unfallanzeigen –, ob etwaige konkrete Maßnahmen zu ergreifen sind.

43 Dabei nimmt der Spitzenverband DGUV e. V. ebenfalls Aufgaben wahr.

44 § 114 Abs. 1 S. 1 Nr. 3–7 SGB VII: Dazu zählen die Unfallversicherung Bund und Bahn (Nr. 3), die Unfallkassen der Länder (Nr. 4), die Gemeindeunfallversicherungsverbände und Unfallkassen der Gemeinden (Nr. 5), die Feuerwehr-Unfallkassen (Nr. 6) und die gemeinsamen Unfallkassen für den Landes- und den kommunalen Bereich (Nr. 7); siehe zu deren Zuständigkeiten §§ 125 ff. SGB VII.

45 Insbesondere Unfallverhütungsvorschriften i. S. d. § 15 SGB VII, aber auch Gefahrtarife gem. § 157 SGB VII.

46 Regeln, Informationen und Grundsätze, die auf Grundlage von § 14 Abs. 1 S. 1 (gegebenenfalls i. V. m. Abs. 4) SGB VII erlassen werden können.

47 Die auf Grundlage der §§ 14 Abs. 1 S. 1 (gegebenenfalls i. V. m. Abs. 4), 15 SGB VII ausgeübte Recht- und Regelsetzung wird im Rahmen dieser Untersuchung ebenfalls unter die Begriffe der Verwaltungs- bzw. Präventionsmaßnahmen gefasst.

Demnach verkörpert das gesetzliche Unfallversicherungssystem mit seinen verschiedenen Möglichkeiten der Erzeugung und Weiterverwendung von Wissen ein exemplarisches Referenzgebiet für die staatliche Wissenserzeugung unter Einbeziehung Privater. Dabei kann vor dem Hintergrund des gesetzlichen Unfallversicherungssystems aufgezeigt werden, inwiefern Kooperationsverhältnisse zwischen staatlichen und privaten Akteuren im Staat des Grundgesetzes auszugestalten sind, damit staatliches Wissen unter Einbeziehung Privater in verfassungskonformer Weise erzeugt und weiterverwendet werden kann. Die anhand des gesetzlichen Unfallversicherungssystems zu formulierenden Aussagen können zwar nicht pauschal in andere Rechtsgebiete übertragen werden. Gleichwohl können sie auch in anderen Rechtsgebieten unter Berücksichtigung ihrer jeweiligen Besonderheiten – gegebenenfalls in modifizierter Form – Anwendung finden. Das gilt insbesondere für Rechtsgebiete, die ebenfalls Vorgaben zur Prävention enthalten, wie die gesetzliche Krankenversicherung oder die gesetzliche Rentenversicherung[48].

1. Erkenntnismöglichkeiten der Genossenschaften – alias kognitive Potentiale

Die verschiedenen Möglichkeiten der Genossenschaften zur Erzeugung und Weiterverwendung von Kenntnissen ebenso wie zur Verwertung des daraus gebildeten Wissens bestehen im Zusammenhang mit der Ausübung bestimmter Verwaltungsmaßnahmen. In ihrer Gesamtheit können diese letztlich allesamt im einfachen Recht[49] angelegten Möglichkeiten der Genossenschaften als Erkenntnismöglichkeiten umschrieben werden.[50] Dabei muss ganz grundsätzlich zwischen *erzeugenden* und *verwertenden Erkenntnismöglichkeiten* unterschieden werden. Anhand der Erkenntnis*erzeugungs*möglichkeiten können die Genossenschaften Kenntnisse erzeugen und auf der Ebene der Selbstverwaltung zur Wissensbildung weiterverwenden. Anhand der Erkenntnis*verwertungs*möglichkeiten können die Genossenschaften die gewonnenen Kenntnisse und das daraus gebildete Wissen im Rahmen verschiedener Maßnahmen fruchtbar machen. Zusammenfassend sollen diese Erkenntnis*erzeugungs*- und

---

48 §§ 20ff. SGB V, §§ 9 Abs. 1, 11 Abs. 2, 14 SGB VI.

49 Vorschriften in den als Satzungen erlassenen Unfallverhütungsvorschriften, wie § 3 Abs. 4 DGUV Vorschrift 1 (Auskunftsverlangen), werden im Rahmen dieser Arbeit ebenfalls unter den Begriff des einfachen Rechts gefasst. Dafür kann vor allem auf die Verbindung der jeweiligen Vorschriften in den Unfallverhütungsvorschriften mit § 15 SGB VII verwiesen werden.

50 Sofern man in einer bestimmten Verwaltungsmaßnahme keine Erkenntnismöglichkeiten angelegt sehen möchte, können solche jedenfalls auf Grundlage der jeweiligen Maßnahme i.V.m. § 192 Abs. 3 S. 1 SGB VII i.V.m. § 199 SGB VII hergeleitet werden.

Erkenntnis*verwertungs*möglichkeiten als kognitive Potentiale bezeichnet werden.

a) Zusammenhang zwischen Verwaltungsmaßnahmen und kognitiven Potentialen

Die Inanspruchnahme verschiedener erzeugender kognitiver Potentiale fällt dem Grunde nach deckungsgleich mit der Ausübung einer Verwaltungsmaßnahme zusammen. Unter dem weiten Begriff der Verwaltungsmaßnahme ist dabei jedes konkrete und auf eine bestimmte Aufgabe begrenzte Handeln der Genossenschaften, wie etwa ein Auskunftsverlangen, zu verstehen.[51] In bestimmten Konstellationen besteht grundsätzlich kein Unterschied zwischen der Ausübung einer Verwaltungsmaßnahme und der Inanspruchnahme des kognitiven Potentials zur Erzeugung von Kenntnissen. Das zeigt sich instruktiv anhand der bereits eingangs genannten Auskunftsverlangen nach § 19 Abs. 2 S. 1 Nr. 2 oder § 192 Abs. 3 S. 1 SGB VII. Die Verwaltungsmaßnahme – das Auskunftsverlangen – verkörpert dabei gewissermaßen das kognitive Potential, sodass die Inanspruchnahme des kognitiven Potentials zur Erzeugung von Kenntnissen dem Grunde nach deckungsgleich mit der Ausübung der Verwaltungsmaßnahme zusammenfällt. Das gilt allerdings nicht für sämtliche erzeugenden Potentiale; es gibt auch solche, die nur anlässlich der Ausübung einer Verwaltungsmaßnahme in Anspruch genommen werden können. Das betrifft etwa Nachfragen im Zuge von Beratungen. Darüber hinaus existieren schließlich noch erzeugende Potentiale, die nur durch die Aufnahme von Kenntnissen, die von Dritten übermittelt werden, in Anspruch genommen werden können. Das gilt insbesondere für die in Anzeige- und Mitteilungspflichten angelegten erzeugenden Potentiale.

Demgegenüber betrifft die Inanspruchnahme verwertender Potentiale einen wesentlichen Bestandteil der tatsächlichen Grundlagen der jeweiligen Verwaltungsmaßnahmen und fällt insofern mit deren Ausübung zusammen. Das zeigt sich instruktiv anhand der Recht- und Regelsetzung, bei der das auf der Ebene der Selbstverwaltung gewonnene Wissen verwertet wird.[52]

---

[51] Zum Begriff der Maßnahme siehe *Detterbeck*, Allgemeines Verwaltungsrecht, Rn. 433 f.

[52] Zur „*Normerzeugung als Prozess der Translation von Normativitätswissen*" siehe allgemein *Duve*, in: Augsberg/Schuppert, Wissen und Recht, S. 39 (71 ff.).

b) *Erkenntniserzeugungsmöglichkeiten – alias erzeugende kognitive Potentiale*

aa) Unselbstständig und selbstständig erzeugende kognitive Potentiale

Die erzeugenden kognitiven Potentiale können wiederum unterschieden werden in unselbstständig erzeugende und selbstständig erzeugende Potentiale.

Die unselbstständig erzeugenden kognitiven Potentiale ermöglichen dabei die Erzeugung von Kenntnissen durch Einbeziehung der Mitgliedsunternehmen oder Dritter, etwa im Rahmen von Auskunftsverlangen, Beratungen oder eines Informationsaustauschs.

Demgegenüber ermöglichen die selbstständig erzeugenden kognitiven Potentiale, wie beispielsweise die Forschung, die Erzeugung von Kenntnissen, ohne dass dabei die Mitgliedsunternehmen oder Dritte zwangsläufig einbezogen werden müssen.

bb) Mehrere Bedeutungsgehalte der erzeugenden kognitiven Potentiale

Die bisherigen Ausführungen machen bereits deutlich, dass die unselbstständig erzeugenden Potentiale, die die *Erzeugung von Kenntnissen durch Einbeziehung der Mitgliedsunternehmen* ermöglichen,[53] mehrere Bedeutungsgehalte umfassen. Einerseits ermöglichen diese unselbstständig erzeugenden Potentiale die Erzeugung von Kenntnissen, um konkrete Verwaltungsmaßnahmen gegenüber einem bestimmten Mitgliedsunternehmer[54] oder den Versicherten ausüben zu können.[55] Das zeigt sich instruktiv anhand der genossen-

---

[53] *Jung*, Die BG 2005, S. 334 (336), spricht von der besonderen Möglichkeit, auf „das spezielle Fachwissen der direkt Betroffenen" zurückgreifen zu können.

[54] Mitgliedsunternehmer sind nach § 136 Abs. 3 Nr. 1 SGB VII diejenigen natürlichen oder juristischen Personen oder rechtsfähigen Personenvereinigungen bzw. -gemeinschaften, denen das Ergebnis des Unternehmens unmittelbar zum Vor- oder Nachteil gereicht, siehe dazu *Leube*, SGb 2017, S. 268 ff. Die Mitgliedsunternehmer tragen mit *Woltjen/Marx*, in: jurisPK-SGB VII, Stand: 15.01.2022, § 136, Rn. 39, also die Verantwortung und das Risiko für das Unternehmen und können daher als Unternehmensträger bezeichnet werden. Juristische Personen und rechtsfähige Personenvereinigungen bzw. -gemeinschaften sind als solche nicht selbst handlungsfähig, weshalb zu ihrer Leitung natürliche Personen in Gestalt von Organen eingesetzt werden, siehe dazu *Koch*, Gesellschaftsrecht, § 2, Rn. 11. Maßnahmen von oder gegenüber solchen Unternehmern sprechen daher mit *Leube*, SGb 2017, S. 268 (271), immer auch die für sie auf Grundlage gesellschaftsrechtlicher Regelungen handelnden Personen bzw. die von diesen Personen beauftragten Personen an.

[55] Diese Möglichkeiten eröffnen auch §§ 192 Abs. 3 S. 1, 207 SGB VII, § 3 Abs. 4 DGUV Vorschrift 1. Die in diesen Vorschriften angelegten kognitiven Potentiale kön-

schaftlichen Beratungen. Die Inanspruchnahme des in der Verwaltungsmaßnahme Beratung angelegten erzeugenden Potentials dient beispielsweise unter anderem dazu, Kenntnisse für die Beratung der Unternehmer und Versicherten zu gewinnen.

Ein zusätzlicher Bedeutungsgehalt der unselbstständig erzeugenden Potentiale kann andererseits darin gesehen werden, dass die unter Einbeziehung der Mitgliedsunternehmen gewonnenen Kenntnisse über eine einzelne Verwaltungsmaßnahme und insbesondere über ein einzelnes Mitgliedsunternehmen hinaus auf der Ebene der Selbstverwaltung weiterverwendet werden können.[56] Dafür bieten sich zunächst die Verwaltungsmaßnahmen an, in denen verwertende Potentiale angelegt sind. Die durch Auskunftsverlangen zur Durchführung der Überwachung gewonnenen Kenntnisse können beispielsweise auch im Rahmen von anschließenden Beratungen der jeweiligen Unternehmer verwertet werden. Darüber hinaus können die im Rahmen einer Verwaltungsmaßnahme gewonnenen Kenntnisse auch im Rahmen anderer Verwaltungsmaßnahmen verwertet werden. Die durch ein Auskunftsverlangen in einem Unternehmen gewonnenen Kenntnisse können etwa auch bei der Beratung in einem anderen Unternehmen eingesetzt werden. Daneben können die in einem Unternehmen gewonnenen Kenntnisse auch unabhängig von konkreten Verwaltungsmaßnahmen gegenüber den Mitgliedsunternehmen auf der Ebene der Selbstverwaltung zur Erzeugung von Wissen weiterverwendet werden. Solche Weiterverwendungen sind eigenständige Verwaltungsmaßnahmen, die jedenfalls auf § 14 Abs. 1 S. 1 SGB VII („mit allen geeigneten Mitteln“) gestützt werden können.[57] Sie verkörpern dabei gewissermaßen das kognitive Potential, das wegen seiner Ausrichtung auf die Erzeugung von Wissen ebenfalls als ein erzeugendes Potential bezeichnet werden kann.

Die unselbstständig erzeugenden Potentiale ermöglichen den Genossenschaften mithin nicht nur die Erzeugung einzelfallbezogenen Sachverhalts- und Faktenwissens zur Ausübung konkreter Verwaltungsmaßnahmen gegenüber den Mitgliedsunternehmern oder Versicherten. Darüber hinaus bilden sie auch die Grundlage für die umfassende Weiterverwendung der gewonnenen Kenntnisse auf der Ebene der Selbstverwaltung. Dadurch können die Genossenschaften Wissen erzeugen, das nicht als grundsätzlich bekannt vorausgesetzt werden kann, weil es vielmehr erst aus der Vielzahl einzelner Verwal-

---

nen auch unabhängig von der Ausübung konkreter Verwaltungsmaßnahmen gegenüber den Mitgliedsunternehmen oder Versicherten in Anspruch genommen werden.

[56] Das zeigt sich exemplarisch anhand von § 207 SGB VII, gilt aber auch für alle anderen unselbstständig erzeugenden kognitiven Potentiale.

[57] Für Betriebs- und Geschäftsgeheimnisse kommen darüber hinaus §§ 199 ff. SGB VII i. V. m. § 35 Abs. 1, Abs. 4 SGB I i. V. m. § 67 Abs. 2 S. 2 SGB X zur Anwendung.

tungsmaßnahmen auf der übergeordneten Ebene der Selbstverwaltung erzeugt werden muss.

Diese Aussagen zu den unselbstständig erzeugenden Potentialen, die die Erzeugung von Kenntnissen unter Einbeziehung der Mitgliedsunternehmen ermöglichen, gelten sinngemäß auch für die unselbstständig erzeugenden Potentiale, die den Genossenschaften die *Erzeugung von Kenntnissen durch Einbeziehung Dritter*, insbesondere anderer Arbeitsschutzakteure, ermöglichen. Dazu zählen aus Sicht einer Berufsgenossenschaft auch die anderen Unfallversicherungsträger ebenso wie die DGUV e. V.[58]

Diese Potentiale sind in der einfach-gesetzlich geregelten bzw. in der auf Grundlage des einfachen Rechts ausgeübten informationellen Zusammenarbeit mit Dritten angelegt und können daher konkretisierend als *Verbundpotentiale* bezeichnet werden. Es finden sich sowohl Verbundpotentiale, die eine Übermittlung von Kenntnissen durch Dritte an die Genossenschaften ermöglichen als auch Verbundpotentiale, die eine Übermittlung von Kenntnissen durch die Genossenschaften an Dritte ermöglichen. Das Verbundpotential wird von der übermittelnden Stelle durch die Übermittlung von Kenntnissen an Dritte in Anspruch genommen. Demgegenüber nimmt die aufnehmende Stelle das Verbundpotential durch die Aufnahme der von Dritten übermittelten Kenntnisse in Anspruch.[59]

Die Verbundpotentiale enthalten ebenfalls zusätzliche Bedeutungsgehalte. Sie ermöglichen den Genossenschaften nicht nur die Aufnahme und die damit einhergehende Erzeugung von Kenntnissen Dritter, sondern bilden darüber hinaus auch die Grundlage für deren Weiterverwendung auf der Ebene der Selbstverwaltung.

Schließlich kann auch den *selbstständig erzeugenden Potentialen* ein zusätzlicher Bedeutungsgehalt zugesprochen werden. Die etwa im Rahmen der Forschung gewonnenen Kenntnisse ebenso wie das daraus gebildete Wissen können ebenfalls auf der Ebene der Selbstverwaltung in umfassender Weise weiterverwendet werden.

c) Erkenntnisverwertungsmöglichkeiten – alias verwertende kognitive Potentiale

Die anhand der erzeugenden Potentiale gewonnenen Kenntnisse können ebenso wie das daraus gebildete Wissen durch die in bestimmten Präventions-

[58] Siehe dazu 2. Teil, A. III.

[59] Die Ermächtigung der aufnehmenden Stelle zur Aufnahme übermittelter Kenntnisse folgt ebenfalls aus der Übermittlungsermächtigung.

maßnahmen[60] angelegten verwertenden Potentiale fruchtbar gemacht werden. Dafür finden sich auf der Ebene der Selbstverwaltung Verwaltungsmaßnahmen, in denen ausschließlich verwertende Potentiale angelegt sind. Darunter fällt beispielsweise die Recht- und Regelsetzung.[61] Sofern die verwertenden Potentiale die Erkenntnisverwertung durch Einbeziehung Dritter ermöglichen, können sie konkretisierend als verwertende Verbundpotentiale bezeichnet werden.

d) Erkenntnismöglichkeiten mit Doppelfunktion – alias doppelfunktionale Potentiale

Daneben lassen sich im gesetzlichen Unfallversicherungssystem auch Verwaltungsmaßnahmen identifizieren, in denen sowohl erzeugende als auch verwertende Potentiale angelegt sind. Diesen Verwaltungsmaßnahmen kommt eine Doppelfunktion zu. Sie ermöglichen sowohl die Erzeugung von Kenntnissen als auch die Verwertung von etwa in anderen Zusammenhängen gewonnenen Kenntnissen ebenso wie auf der Ebene der Selbstverwaltung gebildetem Wissen. Diese Doppelfunktion zeigt sich exemplarisch anhand der Beratungen der Mitgliedsunternehmer und Versicherten durch die Berufsgenossenschaften nach § 17 Abs. 1 SGB VII. Dabei können die Berufsgenossenschaften einerseits Kenntnisse aus ihren Mitgliedsunternehmen gewinnen. Im Rahmen der Beratungen können sie andererseits auch Kenntnisse und Wissen verwerten.[62] Die in diesen Verwaltungsmaßnahmen mit Doppelfunktion angelegten erzeugenden und verwertenden Potentiale können zusammenfassend als doppelfunktionale Potentiale bezeichnet werden. Sofern diese doppelfunktionalen Potentiale eine Erkenntniserzeugung und -verwertung durch Einbeziehung Dritter ermöglichen, können sie konkretisierend als doppelfunktionale Verbundpotentiale umschrieben werden.

---

60 Präventionsmaßnahmen der Genossenschaften sind allesamt Verwaltungsmaßnahmen, die durch einen besonderen Präventionsbezug gekennzeichnet sind. Der Übergang zwischen Verwaltungs- und Präventionsmaßnahmen ist jedoch fließend, sodass eine Abgrenzung beider Begriffe im Einzelfall nicht zielführend ist.

61 Durch die Unfallverhütungsvorschriften können aber auch erzeugende kognitive Potentiale, wie in § 3 Abs. 4 DGUV Vorschrift 1, geschaffen werden.

62 Diese Doppelfunktion kommt nicht sämtlichen Verwaltungsmaßnahmen zu. Sie zeigt sich beispielsweise nicht im Zusammenhang mit den Unfallanzeigen. Diese ermöglichen zwar eine Erzeugung von Kenntnissen. Demgegenüber können anhand der Unfallanzeigen die in anderen Zusammenhängen gewonnenen Kenntnisse und das daraus gebildete Wissen aber nicht verwertet werden.

2. Verschiedene Kategorien kognitiver Potentiale

Anhand der bisherigen Ausführungen können die verschiedenen kognitiven Potentiale der Genossenschaften dem Grunde nach anhand folgender Kategorien ausdifferenziert werden:

(1) Erkenntnis*erzeugungs*möglichkeiten, alias erzeugende Potentiale

(2) Erkenntnis*verwertungs*möglichkeiten, alias verwertende Potentiale

(3) Erkenntnismöglichkeiten mit Doppelfunktion, also Möglichkeiten sowohl zur Erkenntnis*erzeugung* als auch zur Erkenntnis*verwertung*, alias doppelfunktionale Potentiale.

Sofern diese kognitiven Potentiale Möglichkeiten zur Erkenntnis*erzeugung* und/oder *-verwertung* durch Einbeziehung Dritter vermitteln, können sie je nach Konstellation konkretisierend als *erzeugende Verbundpotentiale, verwertende Verbundpotentiale* oder *doppelfunktionale Verbundpotentiale* umschrieben werden.

Die überwiegende Zahl dieser kognitiven Potentiale wird durch ein initiatives und konkretes Tätigwerden der Genossenschaften in Anspruch genommen. Demgegenüber können bestimmte kognitive Potentiale nur durch die Aufnahme von Kenntnissen, die an die Genossenschaften übermittelt werden, in Anspruch genommen werden. Das gilt insbesondere für die in Anzeige- und Mitteilungspflichten angelegten kognitiven Potentiale.

Ungeachtet ihrer tatsächlichen Bedeutung für den primären Präventionsauftrag werden die kognitiven Potentiale und die bei ihrer Inanspruchnahme ablaufenden tatsächlichen Vorgänge der Erzeugung und Weiterverwendung von Kenntnissen im einfachen Recht weder entsprechend erfasst noch abgebildet. Das zeigt sich insbesondere im Hinblick auf die Weiterverwendung von Kenntnissen über eine konkrete Verwaltungsmaßnahme und über ein einzelnes Mitgliedsunternehmen hinaus. Diese Möglichkeiten sind zwar im einfachen Recht angelegt, werden dort aber nicht abschließend geregelt.

Immerhin greifen die Vorschriften des Sozialdatenschutzrechts in §§ 199 ff. SGB VII und insbesondere § 207 SGB VII[63] kognitive Fragestellungen auf, indem sie einen wesentlichen Gegenstand der unselbstständig erzeugenden Potentiale – die Sozialdaten sowie Betriebs- und Geschäftsgeheimnisse[64] – rechtlichen Regelungen zuführen. Dabei machen sie vor allem Vorgaben aus

---

[63] Das gilt auch für § 192 Abs. 3 S. 1 SGB VII und § 3 Abs. 4 DGUV Vorschrift 1, die allerdings keine entsprechend umfassenden Regelungen wie § 207 SGB VII enthalten.

[64] § 35 Abs. 4 SGB I, § 67 Abs. 2. S. 2 SGB X.

einer abwehrrechtlichen Perspektive,[65] die insofern keine umfassenden Aussagen bereitzuhalten vermögen.

Daneben werden auch die verwertenden Potentiale in den gesetzlichen Regelungen nur ansatzweise erfasst. Obwohl diese Potentiale den Berufsgenossenschaften und der DGUV e.V. die Möglichkeit eröffnen, sachgerechte Präventionsmaßnahmen[66] zu ergreifen, wird der dabei denknotwendigerweise vorgeschaltete Prozess der Erarbeitung ihrer tatsächlichen Grundlagen[67] ebenso wie deren Verwertung im Rahmen der Präventionsmaßnahmen im einfachen Recht nicht abgebildet. Es ist auch nicht ersichtlich, dass die kognitiven Potentiale und ihre tatsächlichen Auswirkungen dem gesetzlichen Unfallversicherungsrecht in Gestalt ungeschriebener Voraussetzungen oder eines ungeschriebenen Konzepts zu Grunde liegen.

Demnach wurden die kognitiven Potentiale der Genossenschaften bisher weder ihrer tatsächlichen Bedeutung entsprechend im einfachen Recht abgebildet noch zu einem Gegenstand umfassender rechtlicher Regelungen erhoben,[68] obwohl sie seit der Einführung der gesetzlichen Unfallversicherung sukzessive ausgebaut wurden.

II. Diskussionsstand

Die Berufsgenossenschaften können bereits seit ihren Anfängen durch verschiedene Verwaltungsmaßnahmen Kenntnisse unter Einbeziehung ihrer Mitgliedsunternehmen erzeugen und für ihre gesetzlich übertragenen Aufgaben fruchtbar machen. Diese Möglichkeiten werden zwar teilweise in der Rechts-

---

65 *Franke/Spanknebel*, in: Becker/Franke/Molkentin, SGB VII, 5. Aufl., § 199, Rn. 1.

66 Die DGUV e.V. übt nach BT-Drs. 16/9154, S. 26, streng genommen keine Präventionsmaßnahmen aus. Die Maßnahmen der DGUV e.V. im Präventionsbereich stehen aber im gleichen Rang wie Präventionsmaßnahmen der Berufsgenossenschaften, weshalb im Folgenden durchgängig von Präventionsmaßnahmen gesprochen wird. Dieser Begriff erfasst sowohl Maßnahmen der Berufsgenossenschaften als auch des Spitzenverbandes.

67 Die tatsächlichen Grundlagen gehen oftmals über einzelfallbezogenes Sachverhalts- und Faktenwissen hinaus.

68 Ausnahmen bilden hierbei lediglich bestimmte unselbstständig erzeugende Potentiale, wie die Auskunftsverlangen nach § 192 Abs. 3 S. 1 SGB VII und § 3 Abs. 4 DGUV Vorschrift 1 ebenso wie die Datenverarbeitung zur Prävention gem. § 207 SGB VII. Ausnahmen gibt es auch bei den selbstständig erzeugenden Potentialen, wie der Forschung, sowie den Vorschriften über den Sozialdatenschutz in §§ 199ff. SGB VII. Die Vorschriften des Sozialdatenschutzes führen zwar einen wesentlichen Gegenstand der unselbstständig erzeugenden Potentiale – die Sozialdaten und Betriebs- und Geschäftsgeheimnisse – rechtlichen Regelungen zu. Dabei werden aber die Wechselwirkungen mit den anderen Potentialen nicht hinreichend berücksichtigt.

wissenschaft angesprochen.[69] Damit geht bislang aber weder eine Untersuchung der kognitiven Potentiale noch ihrer Wechselwirkungen[70] einher. Auch in der im Zuge der Neuen Verwaltungsrechtswissenschaft[71] zu Tage getretenen Reformdiskussion über die kognitive Dimension des Rechts[72] werden die kognitiven Potentiale der Berufsgenossenschaften nur ansatzweise berücksichtigt und beispielhaft[73] für bestimmte Fragen herangezogen. Dabei wird insbesondere auf das Phänomen des bei den Berufsgenossenschaften bzw. bei ihrem Spitzenverband akkumulierten Wissens zurückgegriffen, das unter Rückgriff auf die Mitgliedsunternehmen erzeugt wird.[74]

Die rechtswissenschaftliche Forschung interessiert sich demgegenüber vielmehr für ein Resultat der Wissensarbeit: die exekutive Normsetzung[75]. Dabei beschäftigen sich vor allem die Monographien von Axer[76] und Hänlein[77] unter

---

69 *Kranig*, in: Hauck/Noftz, SGB VII, EL 1/2023, § 207, Rn. 11; überblicksartig *Reiling*, in: Münkler, Dimensionen des Wissens im Recht, S. 175 (187 f.).

70 Siehe allgemein zu den Wechselwirkungen zwischen den Maßnahmen zur Gewinnung und Verwertung von Informationen und der dadurch ermöglichten präziseren Analyse *Spiecker gen. Döhmann*, RW 2010, S. 247, die auf S. 261 von „Informationszyklus“ spricht.

71 Siehe hierzu *Voßkuhle*, in: ders./Eifert/Möllers, GVwR, Band I, § 1.

72 Siehe dazu beispielsweise die Beiträge in: *H. C. Röhl* (Hrsg.), Wissen; in: *Spiecker gen. Döhmann/Collin* (Hrsg.), Generierung und Transfer staatlichen Wissens im System des Verwaltungsrechts; in: *Collin/Horstmann* (Hrsg.), Das Wissen des Staates; in: *Buchner/Ladeur* (Hrsg.), Wissensgenerierung und -verarbeitung im Gesundheits- und Sozialrecht; in: *Münkler* (Hrsg.), Dimensionen des Wissens im Recht; in: *Augsberg/Schuppert* (Hrsg.), Wissen und Recht; *Schmidt-Aßmann*, Das allgemeine Verwaltungsrecht als Ordnungsidee, S. 278 ff.; *Schuppert*, Wissen, Governance, Recht, passim; *Reich*, in: VVDStRL (83) 2024, S. 319 (324 f.) m. w. N.

73 Vgl. etwa *Stoll*, in: Spiecker gen. Döhmann/Collin, Generierung und Transfer staatlichen Wissens im System des Verwaltungsrechts, S. 34 (41), der die Berufsgenossenschaften als Beispiel für eine verselbstständigte Form öffentlicher Wissensarbeit im Bereich des Arbeitsschutzes und Technikrechts nennt; *Reiling*, in: Münkler, Dimensionen des Wissens im Recht, S. 175 (187 f.), die die Wissensgenerierung im Rahmen der funktionalen Selbstverwaltung als ein Beispiel der Überformung der Privatorganisation beschreibt.

74 Darauf bezieht sich etwa *Gerhard Wagner*, Kollektives Umwelthaftungsrecht auf genossenschaftlicher Grundlage, S. 98, 103, 235, um diese Beobachtung für seinen Ansatz, das Modell der Unfallversicherung auf das Umwelthaftungsrecht zu übertragen, fruchtbar zu machen.

75 Siehe hierzu allgemein *Grzeszick*, in: Dürig/Herzog/Scholz, GG, Art. 20, VI., 97. EL, Januar 2022, Rn. 131 ff. m. w. N., und die umfassenden Nachweise bei *Remmert*, in: Dürig/Herzog/Scholz, GG, Art. 80, 70. EL, Dezember 2013; zur Frage funktionaler Selbstverwaltung und der Rechtsetzungskompetenz ihrer Träger siehe *Kluth*, Funktionale Selbstverwaltung; eine neue Konzeption gubernativer Rechtsetzung entwickelt *von Bogdandy*, Gubernative Rechtsetzung.

76 Normsetzung der Exekutive in der Sozialversicherung.

77 Rechtsquellen im Sozialversicherungsrecht.

der Perspektive der Sozialversicherung mit dem System und vor allem der Legitimation exekutiver Normsetzung im Staat des Grundgesetzes[78]. Obwohl Kluth in seiner Monographie auch „Rechtstatsachen ‚vor Ort'"[79] hinsichtlich der Erscheinungsformen funktionaler Selbstverwaltung erforschte, beschäftigt sich keine der Arbeiten mit der auch rechtstatsächliche Aspekte betreffenden Frage, inwiefern die Verwaltung als „informations- und wissensverarbeitendes System"[80] an das für ihre Recht- und Regelsetzung erforderliche Wissen gelangt und wie sie dieses letztlich in ihre Entscheidungsstrukturen einfließen lässt.[81]

In der Gesetzgebungslehre wird zwar allgemein die Frage des Wissens rechtssetzender Organe angesprochen.[82] Dabei wird aber vorrangig der Parlamentsgesetzgeber in den Blick genommen. Die besonderen Möglichkeiten der verschiedenen Träger funktionaler Selbstverwaltung, Wissen über ihre Mitglieder zu gewinnen und als tatsächliche Grundlage für ihre gesetzlich übertragenen Aufgaben, wie die Recht- und Regelsetzung, fruchtbar zu machen, werden dabei nicht näher behandelt. Das gilt ebenso für die Einordnung dieser Fragen in verfassungsrechtliche Zusammenhänge. Diese Zurückhaltung folgt insbesondere aus der Tatsache, dass die administrative Recht- und Regelsetzung an den Ausgangspunkt der jeweiligen Überlegungen gestellt wird und dadurch der vorgelagerte Prozess der Erarbeitung ihrer tatsächlichen Grundlagen außer Acht gelassen wird.

---

78 *Axer*, Normsetzung der Exekutive in der Sozialversicherung, S. 420ff., mit der Zusammenfassung seiner Thesen; *Hänlein*, Rechtsquellen im Sozialversicherungsrecht, S. 509ff., mit der Zusammenfassung seiner Thesen; diese Fragen thematisieren aber auch *Kluth*, Funktionale Selbstverwaltung, S. 474ff. und 494ff. sowie *von Bogdandy*, Gubernative Rechtsetzung, S. 217ff.

79 *Kluth*, Funktionale Selbstverwaltung, Vorwort.

80 *Vesting*, in: Hoffmann-Riem/Schmidt-Aßmann, Verwaltungsrecht in der Informationsgesellschaft, S. 101 (111).

81 Dieser Aspekt wurde auch nicht im Hinblick auf die Unfallverhütungsvorschriften näher untersucht. Die Literatur hat sich vielmehr weit überwiegend mit der Frage der Einordnung der Unfallverhütungsvorschriften in das Gefüge des Grundgesetzes und ihrer rechtlichen Qualifikation beschäftigt, siehe dazu *Asanger*, in: FS Lauterbach, S. 297ff.; *Clemens*, NZS 1994, S. 337 (341); *Gitter/Nunius*, in: Schulin, HSozVR, Band 2, § 6, Rn. 93; *Osthaus*, Wesen und Durchführung der berufsgenossenschaftlichen Unfallverhütung; *Pflaum*, Die Bedeutung der Unfallverhütungsvorschriften in der gesetzlichen Unfallversicherung; *Spilling*, Die neuen Unfallverhütungsvorschriften, und sich mit den Auswirkungen der fortschreitenden Europäisierung auf die Rechtsetzung der Berufsgenossenschaften auseinandergesetzt, siehe dazu *Gerlinger*, Arbeitsschutz und europäische Integration, S. 300ff.; *Wilhelm*, Die Unfallverhütungsvorschriften im System des deutschen und des europäischen Rechts.

82 *H. Schneider*, Gesetzgebung, § 5, Rn. 96; *Müller/Uhlmann/Höfler*, Elemente einer Rechtssetzungslehre, § 7, Rn. 57ff.; *Noll*, Gesetzgebungslehre, S. 86ff., der von Tatsachenanalyse spricht.

III. Notwendiger Perspektivenwechsel

Aus den bisherigen Überlegungen wird bereits deutlich, dass das notwendige Wissen zur sachgerechten Erfüllung des Präventionsauftrags auf der Ebene der Selbstverwaltung nicht selbstverständlich vorhanden oder zugriffsbereit ist. Es muss vielmehr erst von den Genossenschaften erzeugt werden. Das liegt vor allem am Gegenstand des Auftrags – der Prävention. Diese setzt im Gegensatz zur Gefahrenabwehr bereits in dem Stadium vor dem Überschreiten der Gefahrenschwelle an.[83] Dieses Stadium ist dadurch gekennzeichnet, dass dort anders als im Bereich der Gefahrenabwehr allein Sachverhalts- und Faktenwissen, Norm- und Verfahrenswissen sowie Erfahrungs- und Regelwissen nicht ausreichen, um sachgerechte Präventionsmaßnahmen zu treffen.[84]

Dafür müssen die Genossenschaften vielmehr Wissen über arbeitsbedingte Gesundheitsrisiken in ihren Mitgliedsunternehmen durch die Inanspruchnahme kognitiver Potentiale erzeugen.[85] Dabei besteht die grundlegende Herausforderung, dass die verschiedenen für die Genossenschaften handelnden Personen aus der Vielzahl an Mitgliedsunternehmen unterschiedliche Kenntnisse gewinnen. Aus diesen vielen unterschiedlichen Kenntnissen müssen die Genossenschaften auf der Ebene der Selbstverwaltung schließlich das für die Erfüllung des Präventionsauftrags relevante Wissen bilden und so organisieren, dass es die für die Präventionsmaßnahmen zuständigen Personen ohne größere Einschränkungen jederzeit verfügbar machen können.[86] Dieser Prozess läuft nicht autonom ab. Hierfür ist vielmehr ein organisationales Wissensmanagement zu etablieren.[87] Dementsprechend hat beispielsweise die Berufsgenossenschaft der Bauwirtschaft ausdrücklich ein Wissensmanagementsystem aufgebaut, um den Wissenstransfer im Geschäftsbereich Prävention zu verbessern.[88] In diese Richtung zielen ebenfalls wesentliche Teile des vom Spitzenverband erarbeiteten DGUV Grundsatzes 300-001. Dort wird

---

[83] *Deger/Stephan*, Polizeigesetz für Baden-Württemberg, § 20, Rn. 20.

[84] Allgemein *Reiling*, Der Hybride, S. 28 f., 43 ff.; für das Sicherheitsrecht siehe *Rusteberg*, in: Münkler, Dimensionen des Wissens im Recht, S. 233 (239 ff.).

[85] Zur komplexen Aufgabenstellung der Risikoverwaltung, Risikowissen zu generieren siehe *Augsberg*, in: ders., Extrajuridisches Wissen im Verwaltungsrecht, S. 3 (9 f.).

[86] Allgemein *Wilensky*, Organizational intelligence, S. 41; zu den allgemeinen Herausforderungen siehe *Willke*, Systemtheorie III: Steuerungstheorie, S. 210.

[87] *Willke*, Systemisches Wissensmanagement, S. 39 ff.; *ders.*, Systemtheorie III: Steuerungstheorie, S. 209 ff.

[88] Siehe *BG Bau* (Hrsg.), Forschung; vgl. auch *DGUV e. V.* (Hrsg.), Überwachung und Beratung im Wandel, S. 6, zum digitalen Wissensmanagement im Hinblick auf die Überwachung und Beratung.

unter anderem die Zusammenführung von „Erkenntnissen“ und „Erfahrungswissen“ auf der Ebene der Selbstverwaltung als eine seiner wesentlichen Aufgaben festgelegt.[89]

Das Instrument des Wissensmanagements wird insbesondere in den Sozialwissenschaften beschrieben[90] und ist als solches dem Recht an sich fremd. Um die Wissenserzeugung der Genossenschaften durch Wissensmanagement tatsächlich erfassen und rechtlich einhegen zu können, gilt es daher zunächst die dabei ablaufenden tatsächlichen Vorgänge zu systematisieren, zu strukturieren und darauf aufbauend Kategorien zu bilden.[91] Anhand dieser Kategorien wird schließlich sichtbar, welche tatsächlichen Prozesse beim genossenschaftlichen Wissensmanagement ablaufen. Darüber hinaus können die Kategorien helfen, die verwaltungs- und verfassungsrechtlichen Herausforderungen des genossenschaftlichen Präventionsauftrags zu identifizieren.[92]

Diese Kategorisierung muss an den kognitiven Potentialen ansetzen. Sie bilden nicht nur den Anknüpfungspunkt des genossenschaftlichen Wissensmanagements, sondern vermögen auch die Prozesse offenzulegen, die bei der Erzeugung und Verwertung von Wissen im gesetzlichen Unfallversicherungssystem tatsächlich ablaufen.

Vor diesem Hintergrund geht die Untersuchung zunächst ganz allgemein der Frage nach, anhand welcher Instrumente und Strukturen des gesetzlichen Unfallversicherungssystems Wissen erzeugt und schließlich auf der Ebene der Selbstverwaltung verwertet werden kann. Dafür müssen zunächst die verschiedenen kognitiven Potentiale konkret herausgearbeitet, systematisiert und strukturiert werden. Darauf aufbauend können vor allem aus einer rechtstatsächlichen und verwaltungswissenschaftlichen Perspektive verschiedene Kategorien kognitiver Potentiale – *erzeugende, verwertende* und *doppelfunktionale Potentiale* – gebildet und Aussagen zu ihren Wechselwirkungen[93] getroffen werden.[94] Diese Kategorien leisten einen Beitrag zur Rationalisierung der kognitiven Potentiale, wodurch bereits einem wesentlichen Auftrag des

[89] Siehe dazu die allgemeine Aufgabennorm in Kapitel I Nr. 3.1.2 2. Bullet Point DGUV Grundsatz 300-001 („Zusammenführung von Erkenntnissen, Erfahrungswissen und Fachmeinungen“).

[90] Siehe nur *Wilensky*, Organizational intelligence; *Nonaka/Takeuchi*, Die Organisation des Wissens; *Willke*, Systemisches Wissensmanagement, S. 39 ff.; *ders.*, Systemtheorie III: Steuerungstheorie, S. 209 ff.

[91] Zur Kategorisierung siehe *H. C. Röhl*, in: ders., Wissen, S. 65 (66).

[92] Zur Identifikation verwaltungs- und verfassungsrechtlicher Herausforderungen siehe allgemein *H. C. Röhl*, in: ders., Wissen, S. 65 (69).

[93] Siehe dazu *Eichendorf*, in: jurisPK-SGB VII, Stand: 15.01.2022, § 14, Rn. 84.

[94] Zu den Wechselwirkungen siehe *DGUV e. V.* (Hrsg.), Qualität in der Prävention: Wechselwirkungen der berufsgenossenschaftlichen Präventionsdienstleistungen, S. 10, mit zwei konkreten Beispielen von Wechselwirkungen der verschiedenen Präventions-

Rechtsstaatsprinzips genüge getan wird.[95] Allein durch die Rationalisierung können die kognitiven Potentiale der Genossenschaften und deren daran anknüpfendes Wissensmanagement aber noch nicht abschließend rechtlich eingehegt werden. Dafür gilt es vielmehr, die verschiedenen Kategorien kognitiver Potentiale und ihre Wechselwirkungen rechtlich zu durchdringen. Erst dadurch können abschließend rechtliche Vorgaben für das Wissensmanagement der Genossenschaften formuliert werden.[96]

Für die Kategorisierung der kognitiven Potentiale vermag der Untersuchungsgrundsatz des § 20 SGB X keine entscheidend weiterführenden Anknüpfungspunkte zu liefern.[97] Dieser Grundsatz, der dem Amtsermittlungsgrundsatz des § 24 VwVfG entspricht,[98] gilt zwar für jedes Verwaltungsverfahren[99] i. S. d. § 8 SGB X[100] und verpflichtet die Berufsgenossenschaften, den Sachverhalt eines jeden Verwaltungsverfahrens[101] von Amts wegen zu ermitteln. Diese Pflicht besteht allerdings nur zur Ermittlung der für die jeweilige Entscheidung in dem konkreten Verwaltungsverfahren erforderlichen Tatsachen.[102] Sie ist also lediglich auf die den jeweiligen Einzelfall betreffenden Umstände ausgerichtet. Darüber hinaus kann dem Untersuchungsgrundsatz weder eine Verpflichtung[103] noch eine Regelung zur Erzeugung von über den jeweiligen Einzelfall hinausgehendem abstrakten Wissen entnommen werden,[104] auf deren Grundlage ein Wissensmanagement etabliert werden könnte.

---

maßnahmen auf S. 13 ff. (Prävention zur Gefährdung Lärm) und S. 20 ff. (Prävention bei der Nutzung von Latexhandschuhen).

95 Siehe dazu allgemein *H. C. Röhl*, in: ders., Wissen, S. 65 (69).

96 *H. C. Röhl*, in: ders., Wissen, S. 65 (69), fordert „aus rechtsstaatlicher und demokratischer Perspektive Ansprüche an die analysierte Regelungsstruktur zu stellen".

97 Vgl. zu diesem Gedanken *B. Wollenschläger*, Wissensgenerierung im Verfahren, S. 8 f.

98 BT-Drs. 8/2034, S. 32: „Diese Vorschrift [§ 20 SGB X] entspricht § 24 VwVfG."

99 Ein Verwaltungsverfahren ist die nach außen wirkende Tätigkeit der Behörden, die auf die Prüfung der Voraussetzungen, die Vorbereitung und den Erlass eines Verwaltungsaktes oder auf den Abschluss eines öffentlich-rechtlichen Vertrages gerichtet ist; es schließt den Erlass des Verwaltungsaktes oder den Abschluss des öffentlich-rechtlichen Vertrages ein.

100 *Siefert*, in: Schütze, SGB X, § 20, Rn. 3.

101 Tätigkeiten, die in Zusammenhang mit dem Erlass, der Änderung oder Aufhebung von Rechtsvorschriften durch die Verwaltung stehen, fallen nach *Roller*, in: Schütze, SGB X, § 8, Rn. 7, nicht unter den Begriff des Verwaltungsverfahrens i. S. d. § 8 SGB X.

102 *Mutschler*, in: Beck'scher Online-Grosskommentar (Kasseler Kommentar), SGB X, 15.02.2024, § 20, Rn. 8.

103 *B. Wollenschläger*, Wissensgenerierung im Verfahren, S. 8, für den Amtsermittlungsgrundsatz des § 24 VwVfG.

104 *B. Wollenschläger*, Wissensgenerierung im Verfahren, S. 8.

Daran ändert auch ein Rückgriff auf den erweiterten Verwaltungsverfahrensbegriff nichts. Dieser soll nach gewichtigen Stimmen in der Literatur auch administrative Rechtsetzungsverfahren erfassen.[105] Dabei wird die Erzeugung von Wissen aber auch aus einer einzelfallbezogenen Perspektive gedacht, was die Definition des erweiterten Verwaltungsverfahrensbegriffs verdeutlicht. Demnach ist ein „*Verwaltungsverfahren im weiteren Sinne* [...] jede auf den Erlass einer Entscheidung, die Vornahme einer sonstigen Maßnahme oder den Abschluss eines Vertrages gerichtete Tätigkeit der Verwaltungsbehörden“[106]. Diese Definition wird insofern konkretisiert, als Verwaltungsverfahren „planvoll geordnete Vorgänge der Informationsgewinnung und -verarbeitung [sind], die in der Verantwortung eines Trägers öffentlicher Verwaltung ablaufen und die Verwaltung befähigen sollen, auf rationale Weise zu handeln“[107], sprich administrative Entscheidungen hervorzubringen[108]. Unter Berücksichtigung dieses konkretisierten Verständnisses zielt die Informationsgewinnung und -verarbeitung auch bei einem erweiterten Verständnis des Verwaltungsverfahrensbegriffs vor allem auf die Ermittlung des Sachverhalts für eine konkrete Maßnahme ab.[109] Demnach hilft der erweiterte Verwaltungsverfahrensbegriff weder bei der Kategorisierung der kognitiven Potentiale noch bei der rechtlichen Erfassung des genossenschaftlichen Wissensmanagements weiter.

Demgegenüber folgt ein entscheidender Anknüpfungspunkt für die Kategorisierung der kognitiven Potentiale aus der Tatsache, dass sie sich aus einer *rechtlichen* und einer *faktischen* Komponente zusammensetzen. Ihre *rechtliche* Komponente rührt daher, dass sie im einfachen Recht entweder umfassend geregelt oder zumindest angelegt sind. Demgegenüber wird ihre *faktische Komponente* anhand der bei ihrer Inanspruchnahme tatsächlich ablaufenden Vorgänge der Erzeugung und Weiterverwendung von Kenntnissen deutlich.

Die *rechtliche Komponente* mag insbesondere im Hinblick auf diejenigen kognitiven Potentiale weiterführende Aussagen bereitzuhalten, die umfassenden einfach-gesetzlichen Regelungen zugeführt worden sind. Das betrifft die Auskunftsverlangen nach §§ 19 Abs. 2 S. 1 Nr. 2, 192 Abs. 3 S. 1 SGB VII und § 3 Abs. 4 DGUV Vorschrift 1 ebenso wie die Erhebung und Verwendung von Betriebs- und Expositionsdaten gem. § 207 SGB VII. Das gilt gleicher-

---

105 *Maurer/Waldhoff*, Allgemeines Verwaltungsrecht, § 19, Rn. 1; *Schmidt-Aßmann*, in: Isensee/Kirchhof, HStR, Band V, § 109, Rn. 9.

106 *Maurer/Waldhoff*, Allgemeines Verwaltungsrecht, § 19, Rn. 1.

107 *Schmidt-Aßmann*, in: Isensee/Kirchhof, HStR, Band V, § 109, Rn. 1.

108 *Schmidt-Aßmann*, in: Isensee/Kirchhof, HStR, Band III, 2. Aufl., § 70, Rn. 1.

109 *Holoubek*, in: Hoffmann-Riem/Schmidt-Aßmann, Verwaltungsverfahren und Verwaltungsverfahrensgesetz, S. 193 (194); *B. Wollenschläger*, Wissensgenerierung im Verfahren, S. 9.

maßen für die selbstständig erzeugenden Potentiale, etwa im Rahmen der Forschung. Gleichwohl werden in den umfassenden einfach-gesetzlichen Regelungen die Wechselwirkungen mit den anderen Potentialen nicht näher berücksichtigt.

Demgegenüber sind die weiteren erzeugenden ebenso wie die verwertenden Potentiale lediglich im einfach-gesetzlichen Recht angelegt, ohne näheren Regelungen zugeführt worden zu sein. Daher gilt es insbesondere bei diesen Potentialen neben der *rechtlichen* Komponente zusätzlich die *faktische* Komponente zu beachten. Vor allem letztere ermöglicht eine Kategorisierung der kognitiven Potentiale durch Systematisierung und Strukturierung.

Für die daran anschließende rechtliche Durchdringung der verschiedenen Kategorien kognitiver Potentiale, ihrer Wechselwirkungen und des daran anknüpfenden Wissensmanagements muss auf die Bestimmungskraft der Verfassung zurückgegriffen werden. Diese wird in der Verwaltungsrechtswissenschaft unter Rückgriff auf Fritz Werner[110] mit der Formel vom Verwaltungsrecht als konkretisiertem Verfassungsrecht beschrieben.[111] Damit sind insbesondere die verfassungsrechtlichen Parameter der Demokratie und Rechtsstaatlichkeit angesprochen.[112] Die entscheidende Aufgabe der Konstitutionalisierung des Verwaltungsrechts besteht dabei nach Schmidt-Aßmann und Schöndorf-Haubold darin, „Rationalität, Transparenz und Kohärenz des Rechts *durch Systembildung* zu fördern“[113]. Dadurch sollen zwar vor allem neu hinzutretende Materien des Verwaltungsrechts rasch durchdrungen, auf Grundstrukturen zurückgeführt und auf diese Weise fehlende gesetzliche Normierungen ausgeglichen werden können.[114] Dem steht es aber nicht ent-

---

110 *Werner*, DVBl. 1959, S. 527ff.

111 *Schmidt-Aßmann/Schöndorf-Haubold*, in: Voßkuhle/Eifert/Möllers, GVwR, Band I, § 5, Rn. 1ff.; *Ibler*, in: ders., Verwaltung – Verfassung – Kirche, S. 1 (2); zur Durchdringung des einfachen Rechts durch das Verfassungsrecht siehe *Wahl*, Der Staat 38 (1999), S. 495 (496ff.); kritisch zu Fritz Werners Formel *Masing*, in: Voßkuhle/Eifert/Möllers, GVwR, Band I, § 10, Rn. 64, der darauf hinweist, Werner habe sich lediglich gegen eine Immunisierung des Verwaltungsrechts gegenüber der Verfassung ausgesprochen.

112 *Möllers*, in: Voßkuhle/Eifert/ders., GVwR, Band I, § 2, Rn. 13f., möchte den Satz Fritz Werners zu den Akten der Verwaltungsrechtsgeschichte legen, erkennt aber dennoch an, dass „das Verfassungsrecht gerade für die wissenschaftliche Beschreibung des Verwaltungsrechts eigene schwer verzichtbare Wirkungen“ entfaltet, insbesondere durch die Parameter der Rechtsstaatlichkeit und der Demokratie; das führt *Schmidt-Aßmann*, Das Allgemeine Verwaltungsrecht als Ordnungsidee, S. 43ff., exemplarisch durch; zur rechtsstaatlichen und demokratischen Perspektive im Hinblick auf die wissenserzeugenden Strukturen siehe *H. C. Röhl*, in: ders., Wissen, S. 65 (69).

113 *Schmidt-Aßmann/Schöndorf-Haubold*, in: Voßkuhle/Eifert/Möllers, GVwR, Band I, § 5, Rn. 2.

114 *Schmidt-Aßmann*, Das Allgemeine Verwaltungsrecht als Ordnungsidee, S. 10f.; *ders./Schöndorf-Haubold*, in: Voßkuhle/Eifert/Möllers, GVwR, Band I, § 5, Rn. 1ff.

gegen, auch hergebrachte Instrumente und Strukturen des Verwaltungsrechts verfassungsrechtlich zu durchdringen. Das gilt umso mehr, wenn diese bzw. deren Grundlagen aus einer Zeit stammen, als die Vorgaben der gegenwärtigen Verfassung, wie bei Einführung der gesetzlichen Unfallversicherung,[115] noch nicht berücksichtigt werden mussten. Auch hierfür kann das Verfassungsrecht als „Rezeptor neuer Entwicklungsanstöße"[116] genutzt werden. Der Rückgriff auf die Verfassung vermag dabei nicht nur Aussagen für die verschiedenen Kategorien kognitiver Potentiale und deren Wechselwirkungen, sondern auch Vorgaben für das daran anknüpfende Wissensmanagement der Genossenschaften zu liefern.

Dabei wird aus dem Rückgriff auf die Verfassung deutlich, dass die Ausübung von Staatsgewalt durch die Berufsgenossenschaften als Körperschaften des öffentlichen Rechts mit Selbstverwaltung nach dem klassischen Modell der Verwaltungslegitimation[117] zwangsläufig vor Legitimationsproblemen steht. Für die Ausübung von Staatsgewalt stellt ihnen zwar insbesondere das SGB VII einen ermächtigenden Rahmen bereit. Davon unabhängig sehen sich die Berufsgenossenschaften als Träger funktionaler Selbstverwaltung aber Legitimationsdefiziten ausgesetzt. Diese können im Hinblick auf die Ausübung von Staatsgewalt, etwa bei Verwaltungsmaßnahmen und der damit einhergehenden Inanspruchnahme kognitiver Potentiale, nicht unberücksichtigt bleiben. In diesem Zusammenhang können allerdings bestimmte mit der Inanspruchnahme kognitiver Potentiale einhergehende Vorgänge, die die Art und Weise der Erzeugung und Weiterverwendung von Kenntnissen betreffen und als Modalitäten umschrieben werden können, gleichzeitig auch als eine Form ergänzender demokratischer Legitimation in Betracht zu ziehen sein. Bereits anhand dieser Aussagen wird die demokratieprinzipielle Ambivalenz der kognitiven Potentiale deutlich. Ihre Inanspruchnahme bedarf als Ausübung von Staatsgewalt einerseits der demokratischen Legitimation. Andererseits kommen gleichzeitig bestimmte mit ihrer Inanspruchnahme einhergehende Modalitäten als eine Form ergänzender demokratischer Legitimation in Betracht.

Da eine Vielzahl der erzeugenden Potentiale auf die Erzeugung von Kenntnissen aus den Mitgliedsunternehmen ausgerichtet ist, gilt es für die Frage nach etwaigen Vorgaben für das Wissensmanagement der Genossenschaften auf das Rechtsstaatsprinzip und dabei vor allem auf die Wirkungen der betroffenen Grundrechte abzustellen. Das betrifft insbesondere die Weiterverwen-

---

115 Die gesetzliche Unfallversicherung wurde auf Grundlage der Verfassung des Deutschen Reiches vom 16.04.1871, RGBl. 1871, No 16, S. 63 ff., eingeführt.

116 *Schmidt-Aßmann/Schöndorf-Haubold*, in: Voßkuhle/Eifert/Möllers, GVwR, Band I, § 5, Rn. 2.

117 Siehe dazu *Trute*, in: Voßkuhle/Eifert/Möllers, GVwR, Band I, § 9, Rn. 4 ff.

dung von Kenntnissen, die durch Einbeziehung der Mitgliedsunternehmen gewonnen wurden. Diese Fragen können anhand der Wirkungen der betroffenen Grundrechte sachgerechter als anhand des Gesetzesvorbehalts[118] beurteilt werden. Diesem kommt vielmehr im Rahmen der subjektiv-abwehrrechtlichen Wirkungen der betroffenen Grundrechte seine konkrete Bedeutung zu,[119] wo er letztlich auch zu berücksichtigen ist.

Die kognitiven Potentiale stehen also in einem verfassungsrechtlichen Spannungsfeld, das durch demokratieprinzipielle Fragestellungen auf der einen und grundrechtliche Fragestellungen auf der anderen Seite aufgespannt wird.[120] Da diese verfassungsrechtlichen Vorgaben kognitive Fragestellungen nicht ohne Weiteres zu erfassen vermögen, sind sie zunächst für die Wissensperspektive zu sensibilisieren. Die insofern sensibilisierten Maßstäbe vermögen schließlich konkrete Aussagen für die verfassungsrechtliche Durchdringung der verschiedenen Kategorien kognitiver Potentiale, ihrer Wechselwirkungen und des daran anknüpfenden Wissensmanagements zu liefern. Daran anschließend kann überprüft werden, ob die gegenwärtige Ausgestaltung des gesetzlichen Unfallversicherungsrechts den zu ermittelnden verfassungsrechtlichen Vorgaben gerecht wird oder ein Erfordernis nach zusätzlichen einfachgesetzlichen Regelungen besteht.

IV. Gang der Untersuchung

Ausgehend von dieser Fragestellung wendet sich die Arbeit dem im gesetzlichen Unfallversicherungsrecht angelegten System kognitiver Potentiale und dem daran anknüpfenden Wissensmanagement der Genossenschaften zu. Dafür gliedert sie sich nach der Einleitung in *vier Teile*.

Der *erste Teil* dient der Einführung in die theoretischen Grundlagen. Daran anschließend widmet sich der *zweite Teil* der Darstellung und Analyse des Systems kognitiver Potentiale in der gesetzlichen Unfallversicherung, um darauf aufbauend verschiedene Kategorien kognitiver Potentiale bilden zu können. Im *dritten Teil* werden diese verschiedenen Kategorien kognitiver Potentiale und ihre Wechselwirkungen unter Rückgriff auf die Verfassung rechtlich

---

[118] Siehe dazu im Allgemeinen statt vieler *Maurer/Waldhoff*, Allgemeines Verwaltungsrecht, § 6, Rn. 3 ff.

[119] BVerfGE 105, 279 (303 ff.); 116, 24 (51 ff.); 130, 263 (299); 147, 253 (325), verwenden „Gesetzesvorbehalt" i. S. d. Vorbehalts des Gesetzes; für *Lerche*, in: Merten/Papier, HGR, Band III, § 62, Rn. 10, ist eine Unterscheidung zwischen allgemeinem Vorbehalt des Gesetzes und dem Gesetzesvorbehalt der Grundrechte „eher gekünstelt"; a. A. *Sachs*, in: ders., GG, Art. 20, Rn. 113.

[120] Siehe zur Mischverwaltung 1. Teil, B. II. 3. sowie 2. Teil, A. III. 1. a) aa) und zum Sozialstaatsprinzip 3. Teil, A. IV.

durchdrungen, bevor im *vierten Teil* die Erkenntnisse des *zweiten* und *dritten Teils* zusammengeführt und abschließend verallgemeinerungsfähige Aussagen zum genossenschaftlichen Wissensmanagement getroffen werden können.

1. Grundlagen

Der *erste Teil* zeigt zunächst das methodische Vorgehen auf. Dieses wendet sich der kognitiven Dimension des Rechts zu, die theoretische Impulse für rechtswissenschaftliche Fragestellungen bereithält.[121] Dabei schließt sich die Arbeit dem in der jüngeren Vergangenheit zu Tage getretenen verwaltungsrechtswissenschaftlichen Diskurs an,[122] der „über den Wissensbegriff die kognitive Dimension des Rechts als Thema wissenschaftlicher Fragestellung entwickelt"[123].[124] Dieser Diskurs fußt auf der Erkenntnis, dass sich im rationalen Rechtsstaat moderner Prägung Maßstäbe „nur auf der Grundlage gesicherten Wissens oder wissensmäßig begründeter Prognosen setzen und anwenden"[125] lassen.[126] Daher konzentriert sich der Diskurs auf die „Angewiesenheit des Rechts und der Rechtsanwendung auf möglichst gesicherte Wissensgrundlagen"[127] und beschäftigt sich mit den „Ordnungsfunktionen, die das Recht gegenüber Wissen und seinen Ambivalenzen wahrnehmen

---

121 Siehe zu diesem Vorgehen beispielsweise *Ladeur*, Das Umweltrecht der Wissensgesellschaft; *Engel/Halfmann/Schulte* (Hrsg.), Wissen – Nicht-Wissen – Unsicheres Wissen; *Voßkuhle*, in: Isensee/Kirchhof, HStR, Band III, § 43, Rn. 1; *Spiecker gen. Döhmann*, Staatliche Entscheidungen unter Unsicherheit; siehe auch *Collin/Spiecker gen. Döhmann*, in: Spiecker gen. Döhmann/Collin, Generierung und Transfer staatlichen Wissens im System des Verwaltungsrechts, S. 3 (8).

122 Die andere Konzeption versucht, auf Grundlage des Begriffs der Information ein querschnittsartiges Rechtsgebiet mit öffentlich-, privat- und strafrechtlichen Gehalten zu entwickeln, siehe dazu *Trute*, in: H. C. Röhl, Wissen, S. 11 (12). Diese Versuche mündeten gelegentlich in der Forderung nach der Kodifikation eines Informationsgesetzbuchs. Das wurde vom Deutschen Juristentag 1998 mehrheitlich unterstützt, zur Idee siehe *Kloepfer*, in: Verhandlungen des 62. DJT, Band I, S. D 1 ff.; *ders.*, K & R 1999, S. 241 (250 f.); *Sydow*, NVwZ 2008, S. 481 (484 f.).

123 *Trute*, in: H. C. Röhl, Wissen, S. 11 (13).

124 Siehe insbesondere die Beiträge in *H. C. Röhl* (Hrsg.), Wissen; *Schmidt-Aßmann*, Das allgemeine Verwaltungsrecht als Ordnungsidee, S. 278 ff.; *Pitschas*, in: Hoffmann-Riem/Schmidt-Aßmann/Schuppert, Reform des allgemeinen Verwaltungsrechts, S. 219 (232 f.); *Jabri*, Simulationen, S. 5 f.

125 *Fassbender*, in: Isensee/Kirchhof, HStR, Band IV, § 76, Rn. 2.

126 *Vesting*, in: Voßkuhle/Eifert/Möllers, GVwR, Band I, § 20, Rn. 50 ff.; *Schmidt-Aßmann*, Das allgemeine Verwaltungsrecht als Ordnungsidee, S. 247; *Luhmann*, Organisation und Entscheidung, S. 56 ff.; *Hilbert*, in: Münkler, Dimensionen des Wissens im Recht, S. 111.

127 *H. C. Röhl*, Vorwort, in: ders., Wissen.

kann“[128], insbesondere in Form von „Regeln für die Generierung von und den Zugang zu notwendigem Wissen“[129]. Der Diskurs konzentriert sich also auf die verfahrensbezogene Generierung von Entscheidungswissen der Verwaltung[130] und versucht unter Rückgriff auf die Phänomene „Information“, „Wissen“ und „Kommunikation“ die kognitiven Voraussetzungen für die Organisations- und Entscheidungsprobleme der Verwaltung zu erfassen.[131] Das ist allerdings nur unter der Bedingung möglich, dass die komplexen Aussagegehalte dieser verschiedenen Phänomene hinreichend konkret konturiert sind.[132]

Die kognitive Dimension des Rechts erweist sich insbesondere auch aus der historischen Perspektive im Hinblick auf die kognitiven Potentiale als vielversprechend. Obwohl gemeinhin in der Wissensarbeit ein „Kernelement des Wandels von der Industriegesellschaft zur Wissensgesellschaft“[133] gesehen wird, waren die Tätigkeiten der Genossenschaften bereits in der Industriegesellschaft Ende des 19. Jahrhunderts teilweise ausdrücklich auf die Erzeugung von Wissen und auf die Wissensarbeit ausgerichtet. Das war den Genossenschaften auch durchaus bewusst.[134] Da das gesetzliche Unfallversicherungsrecht mithin bereits aus sich heraus für die Wissensperspektive sensibilisiert ist, eignet sich der kognitive Ansatz in besonderer Weise, um weiterführende Erkenntnisse zu den kognitiven Potentialen und dem genossenschaftlichen Wissensmanagement zu gewinnen.[135]

Nach der Einführung in das methodische Vorgehen wendet sich der *erste Teil* der grundlegenden Ausgestaltung des gesetzlichen Unfallversicherungssystems, dessen Abgrenzung gegenüber dem staatlichen Arbeitsschutzrecht und schließlich dem konkreten Aussagegehalt des Präventionsauftrags der gesetzlichen Unfallversicherung zu.

---

[128] *H. C. Röhl*, Vorwort, in: ders., Wissen.

[129] *H. C. Röhl*, Vorwort, in: ders., Wissen.

[130] *Spiecker gen. Döhmann*, Staatliche Entscheidungen unter Unsicherheit; *B. Wollenschläger*, Wissensgenerierung im Verfahren; *Herzmann*, Konsultationen; *Junk*, Die Rolle des Verwaltungsverfahrens in Deutschland und England.

[131] *Trute*, in: H. C. Röhl, Wissen, S. 11 (12).

[132] *Trute*, in: H. C. Röhl, Wissen, S. 11 (13).

[133] *Stoll*, in: Spiecker gen. Döhmann/Collin, Generierung und Transfer staatlichen Wissens im System des Verwaltungsrechts, S. 34; siehe auch *Willke*, Systemisches Wissensmanagement, S. 21.

[134] *Schlesinger*, Aus der Verwaltungspraxis der Berufsgenossenschaften, S. 14, sieht einen Schwerpunkt der Überwachungstätigkeit der Beauftragten darin, Unterlagen für den Erlass von Unfallverhütungsvorschriften zu sammeln.

[135] Siehe allgemein zu diesem Vorgehen die Beiträge in *Spiecker gen. Döhmann/Collin* (Hrsg.), Generierung und Transfer staatlichen Wissens im System des Verwaltungsrechts.

Daran anschließend wird dieser Präventionsauftrag bereits allgemein aus der Wissensperspektive beschrieben, wobei die dafür notwendigen Phänomene – Daten, Information, Wissen und Kommunikation – näher konturiert werden.

2. Beziehungsgefüge kognitiver Potentiale

a) Beziehungsgefüge verschiedener Kategorien kognitiver Potentiale

Der *zweite Teil* der Arbeit widmet sich der Darstellung, Systematisierung und Strukturierung der kognitiven Potentiale. Darauf aufbauend können verschiedene Kategorien kognitiver Potentiale gebildet und schließlich die zwischen ihnen bestehenden Wechselwirkungen herausgearbeitet werden. Dadurch wird deutlich, dass das gesetzliche Unfallversicherungssystem durch ein umfassendes Beziehungsgefüge verschiedener Kategorien kognitiver Potentiale geprägt ist.

Dazu fehlen, trotz gewisser Ausnahmen,[136] größtenteils weiterführende Aussagen im einfachen Recht. Das beruht insbesondere auf der Tatsache, dass die kognitiven Potentiale lediglich in verschiedenen einfach-gesetzlich geregelten Verwaltungsmaßnahmen angelegt sind.[137] Daher gilt es sich ihnen vor allem anhand ihrer faktischen Komponente zu nähern. Dabei sollen zunächst ihre verschiedenen Merkmale und Funktionen dargestellt, systematisiert und strukturiert werden. Dadurch lassen sich im Wesentlichen die folgenden – bereits erwähnten[138] – Kategorien kognitiver Potentiale identifizieren und unterscheiden:

- erzeugende Potentiale,
- verwertende Potentiale und
- doppelfunktionale Potentiale.[139]

Die *erzeugenden Potentiale* ermöglichen einerseits die Erzeugung von Kenntnissen über arbeitsbedingte Gesundheitsrisiken und -gefahren. Darunter fällt auch die Aufnahme von Kenntnissen, die an die Genossenschaften übermittelt werden. Andererseits ermöglichen die *erzeugenden Potentiale* auch die

---

136 Siehe etwa die Vorschriften zu Auskunftsverlangen in § 192 Abs. 3 S. 1 SGB VII und § 3 Abs. 4 DGUV Vorschrift 1, zur Datenverarbeitung zur Prävention in § 207 SGB VII oder zum Sozialdatenschutz (§§ 199–208 SGB VII).

137 Die Aufnahme von Kenntnissen, die an die Genossenschaften übermittelt werden, verkörpert ebenfalls eine Verwaltungsmaßnahme der Genossenschaften.

138 Einleitung, I. 2.

139 Einleitung, I. 2.

Weiterverwendung entsprechender Kenntnisse in Form ihrer Vollendung zu Wissen.

Demgegenüber ermöglichen *verwertende Potentiale* die Verwertung von Kenntnissen und daraus gebildetem Wissen.

Verwaltungsmaßnahmen mit Doppelfunktion ermöglichen sämtliche der vorgenannten kognitiven Maßnahmen, weil in ihnen sowohl erzeugende als auch verwertende Potentiale angelegt sind. Diese können zusammenfassend als *doppelfunktionale Potentiale* bezeichnet werden.

Sofern die verschiedenen Potentiale die Erzeugung und/oder Verwertung von Kenntnissen und Wissen durch Einbeziehung Dritter ermöglichen, können sie je nach Konstellation konkretisierend als *erzeugende Verbundpotentiale*, *verwertende Verbundpotentiale* oder *doppelfunktionale Verbundpotentiale* bezeichnet werden.

In ihrer Gesamtheit ermöglichen die verschiedenen erzeugenden, verwertenden und doppelfunktionalen Potentiale den Genossenschaften ganz grundsätzlich die Erzeugung und Weiterverwendung von Kenntnissen über arbeitsbedingte Gesundheitsrisiken und -gefahren.

Die Weiterverwendung dieser Kenntnisse umfasst dabei insbesondere:

- ihre Übermittlung an Dritte,
- ihre Verwertung,
- ihre Vollendung zu Wissen und
- schließlich die Weiterverwendung des vollendeten Wissens – insbesondere durch seine Verwertung.

b) Begriffsbestimmungen

aa) Untechnischer Begriff der „Genossenschaften“

Die verschiedenen kognitiven Potentiale stehen nicht nur den einzelnen Berufsgenossenschaften, sondern ausnahmsweise auch dem Spitzenverband der Unfallversicherungsträger zur Verfügung.[140] Obwohl dieser als privatrechtlicher Verein (§ 21 BGB) organisiert ist, wird im Rahmen dieser Untersuchung gleichwohl durchgängig von genossenschaftlichen Potentialen gesprochen. Der Begriff „genossenschaftlich“ wird dabei untechnisch verwendet und umschreibt die Tatsache, dass sowohl die Unfallversicherungsträger als auch der Spitzenverband als „Solidargenossenschaften“ bezeichnet werden können. Diese zeichnen sich dadurch aus, dass sie Solidargenossen zusam-

---

[140] Einleitung, I.

menschließen.[141] Ein dementsprechender Zusammenschluss von Solidargenossen findet sowohl bei den Berufsgenossenschaften als auch bei den Unfallversicherungsträgern der öffentlichen Hand[142] statt,[143] weshalb sämtliche Unfallversicherungsträger als Solidargenossenschaften bezeichnet werden können. Da der Spitzenverband ausschließlich von solchen Solidargenossenschaften getragen wird, kann auch er untechnisch als eine Solidargenossenschaft umschrieben werden. Vor diesem Hintergrund werden im Rahmen dieser Untersuchung sowohl die Berufsgenossenschaften als auch der Spitzenverband von dem untechnisch verwendeten Begriff „Genossenschaft" umfasst.

Aufgrund ihrer körperschaftlichen Strukturen sind weder die Berufsgenossenschaften noch der Spitzenverband selbst handlungsfähig. Für sie handeln vielmehr natürliche Personen in Gestalt von Organen, Organvertretern und Beschäftigten. Sofern daher im Folgenden von Handlungen der Genossenschaften gesprochen wird, sind damit die Handlungen dieser natürlichen Personen gemeint.

bb) „Mitgliedsunternehmen"

Anhand der bisherigen Überlegungen wurde bereits deutlich, dass die unselbstständig erzeugenden Potentiale insbesondere auf Mitgliedsunternehmen ausgerichtet werden müssen, die eine organisatorische Verfestigung aufweisen, längerfristig angelegt sind und über personelle sowie finanzielle Ressourcen zur Verfolgung des jeweiligen Unternehmenszwecks verfügen,[144] um eine bestmögliche Wirkung entfalten zu können. Das trifft vor allem auf Mitgliedsunternehmen mit wirtschaftlicher Zwecksetzung zu. Während die gesetzliche Unfallversicherung ursprünglich auf eben solche Betriebe, in denen gefährliche Tätigkeiten verrichtet wurden, ausgerichtet war,[145] wurde der Unternehmensbegriff im Laufe der Zeit immer weiter ausgedehnt. Er umfasst derzeit neben Betrieben, Verwaltungen und Einrichtungen sogar bloße Tätigkeiten (§ 121 Abs. 1 SGB VII).[146] Davon werden unter anderem die Pannenhilfe, die

---

[141] *Lilienfeld*, in: Beck'scher Online-Grosskommentar (Kasseler Kommentar), SGB VII, Stand: 01.09.2017, § 114, Rn. 2.

[142] *Krasney*, in: ders./Becker/Heinz/Bieresborn, Gesetzliche Unfallversicherung, 29. EL, Oktober 2017, § 114 SGB VII, Rn. 25 ff.

[143] *Lilienfeld*, in: Beck'scher Online-Grosskommentar (Kasseler Kommentar), SGB VII, Stand: 01.09.2017, § 114, Rn. 2.

[144] Vgl. zu dieser Umschreibung von Betrieben, Verwaltungen und Einrichtungen *Dygner*, in: jurisPK-SGB VII, Stand: 15.01.2022, § 121 Abs. 1, Rn. 21.

[145] *Spellbrink*, in: Schulin, HSozVR, Band 2, § 25, Rn. 9.

[146] Dazu zählen, worauf *Köhler*, in: Becker/Franke/Molkentin/Hedermann, SGB VII, § 121, Rn. 6, hinweist, beispielsweise kurzfristige, spontane Tätigkeiten, wie diejenigen eines Hilfeleistenden.

Unglückshilfe oder karitative Tätigkeiten erfasst.[147] Auch auf diese „Unternehmen", die weder einen wirtschaftlichen Zweck noch eine wirtschaftliche Tätigkeit voraussetzen,[148] erstreckt sich der Auftrag zur Prävention. Obwohl sämtliche dieser Unternehmen den kognitiven Potentialen der Genossenschaften ausgesetzt sind, gestalten sich diese doch insbesondere im Hinblick auf Mitgliedsunternehmen, mit denen eine längerfristig Erwerbszwecken dienende und daher anhand der Berufsfreiheit grundrechtlich geschützte Tätigkeit ausgeübt wird,[149] als besonders sensibel. Vor diesem Hintergrund wird sich die Untersuchung im Folgenden auf diese Mitgliedsunternehmen konzentrieren.[150] Diese sind ebenfalls nicht selbst handlungsfähig, weshalb auch für sie natürliche Personen handeln müssen. Sofern daher im Folgenden von Handlungen der Mitgliedsunternehmen gesprochen wird, sind damit die Handlungen dieser natürlichen Personen gemeint.

cc) „Kenntnisse aus den Mitgliedsunternehmen" – ohne personale Gehalte

Zudem machen die bisherigen Überlegungen bereits deutlich, dass die anhand der kognitiven Potentiale erzeugbaren Kenntnisse auch Bezüge zu bestimmten oder bestimmbaren natürlichen Personen aufweisen können. Das veranschaulichen die Unfallanzeigen in exemplarischer Weise.[151] Diese personalen Bezüge sind insbesondere bei konkreten Verwaltungsmaßnahmen gegenüber den Unternehmern oder Versicherten wichtig. Bei der Weiterverwendung von Kenntnissen im Rahmen des genossenschaftlichen Wissensmanagements kommt ihnen demgegenüber grundsätzlich keine Bedeutung mehr zu.

---

[147] *Diel*, in: Hauck/Noftz, SGB VII, EL 1/2021, § 121, Rn. 17; *Köhler*, in: Becker/Franke/Molkentin/Hedermann, SGB VII, § 121, Rn. 6.

[148] *Spellbrink*, in: Schulin, HSozVR, Band 2, § 25, Rn. 9.

[149] BVerfGE 50, 290 (363); 115, 205 (229); *Sachs*, in: ders., GG, Art. 19, Rn. 81.

[150] Daher bleiben Mitgliedsunternehmen der Berufsgenossenschaften ohne Grundrechtsberechtigung im Rahmen dieser Untersuchung unberücksichtigt. Das trifft beispielsweise auf in privater Rechtsform betriebene Unternehmen des Bundes zu, die nicht in die Unfallversicherung Bund und Bahn übernommen worden sind, siehe dazu *Triebel*, in: jurisPK-SGB VII, Stand: 26.01.2024, § 125, Rn. 23. Das betrifft auch Mitgliedsunternehmen der Berufsgenossenschaften, die von der öffentlichen Hand beherrscht werden und bei denen daher eine Grundrechtsberechtigung mit BVerfGE 128, 226 (245 ff.) ausscheidet. Unberücksichtigt bleiben auch diejenigen Mitgliedsunternehmen, die von Unternehmern getragen werden, die mit ihrem Unternehmen, wie etwa der Pannenhilfe, keine Erwerbszwecken dienende grundrechtlich geschützte Tätigkeit längerfristig ausüben. Darunter fällt beispielsweise die von der Berufsgenossenschaft Verkehrswirtschaft Post-Logistik Telekommunikation erfasste Bundesanstalt für Post und Telekommunikation Deutsche Bundespost (§ 121 Abs. 2 S. 1 Nr. 3 SGB VII).

[151] Siehe insbesondere § 3 Abs. 1 Nr. 2 UVAV.

Dabei kommt es vor allem darauf an, dass eine konkrete Situation eingetreten ist, wohingegen es grundsätzlich nicht darauf ankommt, welche konkrete Person in diese Situation involviert war. Daher bleiben in dieser Untersuchung die Bezüge von Kenntnissen aus den Mitgliedsunternehmen zu natürlichen Personen[152] überwiegend unberücksichtigt. Daraus folgt, dass im Rahmen dieser Untersuchung mit den Kenntnissen aus den Mitgliedsunternehmen grundsätzlich die unternehmensbezogenen bzw. betriebs- und geschäftsbezogenen Kenntnisse aus den Mitgliedsunternehmen ohne etwaige Bezüge zu natürlichen Personen angesprochen sind.[153]

3. Verfassungsrechtlicher Rahmen

Der *dritte Teil* wendet sich dem verfassungsrechtlichen Rahmen der verschiedenen Kategorien kognitiver Potentiale und deren Wechselwirkungen zu. Diese stehen vor allem im Spannungsfeld von demokratischer Legitimation auf der einen und dem Grundrechtsschutz der betroffenen Mitgliedsunternehmen auf der anderen Seite.

Dabei werden die Erkenntnisse des *zweiten Teils* einerseits Defizite im Hinblick auf die Vermittlung demokratischer Legitimation verdeutlichen. Andererseits werden sie gleichzeitig helfen, eine Form ergänzender demokratischer Legitimation zu beschreiben. Das folgt aus der Tatsache, dass bestimmte mit der Inanspruchnahme kognitiver Potentiale einhergehende Modalitäten, die die Art und Weise der Erzeugung und Weiterverwendung von Kenntnissen betreffen, als eine selbstständige Form ergänzender demokratischer Legitimation beschrieben werden können. Eine solche Modalität verkörpert beispielsweise der *fortwirkende Einfluss* der Kenntnisse aus den Mitgliedsunternehmen auf der Ebene der Selbstverwaltung.

Daran anschließend gilt es die Erzeugung von Kenntnissen aus den Mitgliedsunternehmen und deren Weiterverwendung anhand der dabei betroffenen Grundrechte grundrechtlich einzuhegen. Dabei wird auf Grundlage des Rechts auf informationelle Selbstbestimmung juristischer Personen,[154] unter anderem in seiner objektiv-rechtlichen Dimension, sowie der Berufs- und Ei-

---

152 Siehe hierzu beispielsweise allgemein: *Albers*, in: Kugelmann/Haratsch/Repkewitz, Herausforderungen an das Recht der Informationsgesellschaft, S. 113 ff.; *dies.*, Informationelle Selbstbestimmung; *dies.*, in: Voßkuhle/Eifert/Möllers, GVwR, Band I, § 22; *Trute*, in: Roßnagel, Handbuch Datenschutzrecht, 2.5; *Ladeur*, DÖV 2009, S. 45 ff.; *Britz*, in: Hoffmann-Riem, Offene Rechtswissenschaft, S. 561 ff.

153 Sofern ausnahmsweise die Bezüge von unternehmensbezogenen Kenntnissen zu natürlichen Personen angesprochen und untersucht werden, wird darauf hingewiesen.

154 BVerfGE 118, 168 (202 ff.).

gentumsfreiheit[155] eine grundrechtlich ausgestaltete Ordnung beschrieben, die das Spannungsverhältnis zwischen den kognitiven Potentialen auf der einen und den Kenntnissen aus den Mitgliedsunternehmen auf der anderen Seite zu ordnen vermag. Dadurch können aus der grundrechtlichen Perspektive Vorgaben für die Erzeugung und Weiterverwendung von Kenntnissen aus den Mitgliedsunternehmen durch die Inanspruchnahme kognitiver Potentiale formuliert werden.

4. Zusammenführung

Im *vierten Teil* werden die aus der Verfassung abgeleiteten Vorgaben zusammengeführt, um abschließende rechtliche Aussagen zu den verschiedenen Kategorien kognitiver Potentiale, ihren Wechselwirkungen und dem daran anknüpfenden Wissensmanagement der Genossenschaften formulieren zu können. So können einerseits die lediglich punktuellen Vorgaben des einfachen Unfallversicherungsrechts verfassungsrechtlich angereichert und andererseits das genossenschaftliche Wissensmanagement einer rechtlich angeleiteten Beschreibung zugeführt werden. Schließlich wird aufgezeigt, welche verallgemeinerungsfähigen Aussagen aus den für das gesetzliche Unfallversicherungssystem gefundenen Ergebnissen abgeleitet werden können.

---

155 Sofern Betriebs- und Geschäftsgeheimnisse (bzw. Wirtschafts- oder Unternehmensgeheimnisse) ein wirtschaftliches Substrat aufweisen, werden sie als vom Schutz der Berufs- und/oder Eigentumsfreiheit umfasst angesehen: für Art. 12 Abs. 1 GG: BVerfGE 115, 205 (229 ff.); 128, 1 (56); anders noch BVerfGE 67, 100 (142), das auf Art. 2 Abs. 1 i. V. m. Art. 1 Abs. 1 und Art. 14 GG abstellte; *Manssen*, in: Huber/Voßkuhle, GG, Band 1, Art. 12, Rn. 291, der darauf abstellt, dass im Hinblick auf Betriebs- und Geschäftsgeheimnisse die Abgrenzung zur Eigentumsfreiheit aus Art. 14 GG nicht erheblich sei, da sich der Schutzumfang weitestgehend entsprechen dürfte; für Art. 14 Abs. 1 GG: zuerst *Bullinger*, NJW 1978, S. 2173 (2178); anschließend *M. Schröder*, Berichte des Umweltbundesamtes 10/80, 1980, S. 19 ff.; siehe auch die weiteren Nachweise bei *Wolff*, NJW 1997, S. 98 (99) m. w. N.; für Idealkonkurrenz: *BVerwG*, NVwZ 2009, S. 1114 (1116); *BGH*, WRP 2010, S. 658 (659); *OVG Schleswig*, NVwZ 2007, S. 1448; siehe auch *Kloepfer/Greve*, NVwZ 2011, S. 577 (578).

1. Teil

Grundlagen

A. Methodisches Vorgehen

I. Grundlegend: Kognitive Analyseperspektive

Die kognitive Dimension des Rechts zählt nicht zu den hergebrachten Beschreibungsmustern der Verwaltungsrechtswissenschaft. Diese konstruierten die öffentliche Verwaltung lange Zeit als eine „Person",[1] die im rationalen Rechtsstaat unter Rückgriff auf das in der staatlichen Verwaltungsorganisation vorhandene Wissen[2] rational zu handeln habe. Dabei wurde der Schwerpunkt der Verwaltungstätigkeit in der Erfüllung staatlicher Zwecke gesehen, die gegenüber dem Bürger vor allem im Anordnungswege durchzusetzen waren.[3] Für die hergebrachten Beschreibungsmuster nahmen zunächst vor allem die Kategorien „Handlung" und „Handlungsformen als Rechtsformen",[4] später die Kategorien „Organisation", „Verfahren" und „Entscheidung" eine grundlegende Bedeutung ein[5].[6]

Diese Kategorien vermochten bestimmte, seit der Gründung der Bundesrepublik aufgetretene kognitive Herausforderungen, wie beispielsweise den

---

[1] Dazu *Albers*, in: Spiecker gen. Döhmann/Collin, Generierung und Transfer staatlichen Wissens im System des Verwaltungsrechts, S. 50 (51); *Pflug*, Pandemievorsorge, S. 40, unter Hinweis auf *Merkl*, Allgemeines Verwaltungsrecht, S. 2.

[2] *H. C. Röhl*, in: Voßkuhle/Eifert/Möllers, GVwR, Band II, § 30, Rn. 1.

[3] *Albers*, in: Spiecker gen. Döhmann/Collin, Generierung und Transfer staatlichen Wissens im System des Verwaltungsrechts, S. 50 (51), unter Hinweis auf *Jellinek*, Verwaltungsrecht, S. 1 ff.; *Forsthoff*, Lehrbuch des Verwaltungsrechts, Erster Band, S. 1 ff.; siehe auch *Pflug*, Pandemievorsorge, S. 40.

[4] *Schmidt-Aßmann*, Das allgemeine Verwaltungsrecht als Ordnungsidee, S. 297 ff.; *Hoffmann-Riem/Bäcker*, in: Voßkuhle/Eifert/Möllers, GVwR, Band II, § 32, Rn. 1 ff.; *Albers*, in: Spiecker gen. Döhmann/Collin, Generierung und Transfer staatlichen Wissens im System des Verwaltungsrechts, S. 50 (51).

[5] *Schmidt*, Einführung in die Probleme des Verwaltungsrechts, Rn. 43 ff.; *Albers*, in: Spiecker gen. Döhmann/Collin, Generierung und Transfer staatlichen Wissens im System des Verwaltungsrechts, S. 50 (51).

[6] *Trute*, in: H. C. Röhl, Wissen, S. 11 (13), spricht von der bisherigen „Dogmatik von Handlungsformen, Organisation, Verfahren und Entscheidungen".

Datenschutz,[7] die Informationsfreiheit,[8] den Umgang mit Ungewissheit[9] oder den Zugang zu Dokumenten der Verwaltung,[10] nicht hinreichend sachgerecht zu erfassen.[11] Die damit in Zusammenhang stehenden Fragen machten gleichzeitig die rechtliche Relevanz des Umgangs der öffentlichen Verwaltung mit Daten, Informationen und Wissen in eindrücklicher Weise deutlich. Die Wissensperspektive greift diese Relevanz auf, wendet sich den kognitiven Herausforderungen der öffentlichen Verwaltung zu und versucht die genannten Phänomene für die verwaltungsrechtswissenschaftliche Diskussion fruchtbar zu machen. Dabei werden die bisherigen Kategorien (Handlung, Handlungsformen als Rechtsformen, Organisation, Verfahren, Entscheidung) nicht aufgegeben, sondern vielmehr eine neue, kognitive Analyseperspektive etabliert. Diese zielt vor allem auf die Grundlagen der verschiedenen Kategorien ab und verkörpert deshalb eine Grundlagenperspektive.[12] Gleichwohl kann anhand der neuen kognitiven Analyseperspektive nicht deduktiv an allgemeinen Grundsätzen angesetzt werden. Es gilt vielmehr ein induktives Vorgehen zu wählen, das sich der Analyse der kognitiven Herausforderungen der Verwaltung zuwenden muss.[13] Dadurch können die Sinn- und Funktionszusammenhänge der Verwaltungstätigkeit näher beleuchtet und als Grundlage für die Untersuchung rechtlicher Fragestellungen fruchtbar gemacht werden.[14]

---

7 Zur Datenschutzdebatte der 1970er und 1980er Jahre siehe z.B. *Scholz/Pitschas*, Informationelle Selbstbestimmung und staatliche Informationsverantwortung, insbesondere S. 118 ff.; *Albers*, Informationelle Selbstbestimmung, S. 107 ff.

8 *Rossi*, Informationszugangsfreiheit und Verfassungsrecht; *Scherzberg*, Die Öffentlichkeit der Verwaltung.

9 Siehe beispielsweise *Scherzberg*, in: VVDStRL 63 (2004), S. 214 (245 ff.).

10 *Masing*, in: VVDStRL 63 (2004), S. 377 (422 ff.); *Scherzberg*, Die Öffentlichkeit der Verwaltung, S. 228 ff., 289 ff., 385 ff.

11 Zusammenfassend *Albers*, in: Spiecker gen. Döhmann/Collin, Generierung und Transfer staatlichen Wissens im System des Verwaltungsrechts, S. 50 (52).

12 So *Trute*, in: H. C. Röhl, Wissen, S. 11 (13); *Pflug*, Pandemievorsorge, S. 41; *Augsberg*, Informationsverwaltungsrecht, S. 2, 5, spricht von einer spezifischen „Umcodierung" der „bekannten allgemeinen Institute und Konzepte", wodurch allerdings „‚eine *neue Grundlegung des Verwaltungsrechts*' im ganzen", ein „‚Paradigmenwechsel' innerhalb des gesamten Verwaltungsrechts" vollzogen werde; zur neuen Grundlegung *Vesting*, in: Voßkuhle/Eifert/Möllers, GVwR, Band I, § 20, Rn. 6; zum Paradigmenwechsel *Albers*, in: Spiecker gen. Döhmann/Collin, Generierung und Transfer staatlichen Wissens im System des Verwaltungsrechts, S. 50 (51).

13 *Reiling*, Der Hybride, S. 8; *Augsberg*, Informationsverwaltungsrecht, S. 3 f., findet den induktiven Ansatz zwar zunächst plausibel, weist aber auf die damit verbundenen Herausforderungen hin, die seines Erachtens insbesondere aus der Befassung mit Referenzgebieten resultieren und wählt daher schließlich ein „eher deduktives Vorgehen".

14 *Reiling*, Der Hybride, S. 8; *Augsberg*, Informationsverwaltungsrecht, S. 3 ff.

Da die gesetzliche Unfallversicherung aus Sicht des Grundgesetzes aus einer vorkonstitutionellen Zeit stammt, spricht auch der Gegenstand dieser Untersuchung, der Präventionsauftrag der gesetzlichen Unfallversicherung, für ein induktives Vorgehen. Hierfür müssen auf Grundlage der kognitiven Analyseperspektive die Sinn- und Funktionszusammenhänge der genossenschaftlichen Präventionsmaßnahmen herausgearbeitet werden. Dadurch können entsprechend der Fragestellung dieser Arbeit die im einfachen Recht angelegten kognitiven Potentiale dargestellt, systematisiert und strukturiert werden und darauf aufbauend schließlich verschiedene Kategorien kognitiver Potentiale gebildet und ihre Wechselwirkungen näher beschrieben werden.

II. Konkret: Induktive Untersuchung eines komplexen Beziehungsgefüges

Auf Grundlage des induktiven Ansatzes gilt es sich zunächst den kognitiven Potentialen und ihren Wechselwirkungen zuzuwenden.[15] Dafür sind zunächst – im *zweiten Teil* der Untersuchung – diejenigen einfach-gesetzlich geregelten Maßnahmen zu identifizieren und zu unterscheiden, in denen die erzeugenden, verwertenden und doppelfunktionalen Potentiale angelegt sind.

Dabei müssen sich die Überlegungen zunächst den einfach-gesetzlichen Regelungen sowie den Vorschriften des genossenschaftlichen Rechts- und Regelwerks und damit der *rechtlichen Komponente* kognitiver Potentiale zuwenden. Das folgt einerseits aus der Erwägung, dass sich die Erzeugung und Weiterverwendung von Kenntnissen im Rahmen der in diesen Vorschriften geregelten Verwaltungsmaßnahmen vollzieht und andererseits aus der Tatsache, dass diese Vorschriften eine „juristisch angeleitete Wirklichkeitsbeschreibung“[16] des genossenschaftlichen Arbeitsschutzes verkörpern.[17] Als solche enthalten sie „Erfahrungssätze und Plausibilitätsregeln“[18], die als Grundlage für weiterführende Analysen fruchtbar gemacht werden können.

---

[15] Vgl. allgemein *Voßkuhle*, in: ders./Eifert/Möllers, GVwR, Band I, § 1, Rn. 11, unter Hinweis auf die Implementationsforschung; siehe dazu zuerst *Pressman/Wildavsky*, Implementation; die Beiträge in *Wollmann* (Hrsg.), Politik im Dickicht der Bürokratie, bieten eine historische und methodologische Einführung in die Implementationsforschung, die sich mit den Defiziten des Vollzugs (gesetzlicher) Programme durch die Verwaltung beschäftigt und deren Bedingungen untersucht.

[16] *H. C. Röhl*, in: VVDStRL 74 (2015), S. 7 (22).

[17] Allgemein *Schmidt-Aßmann*, Das allgemeine Verwaltungsrecht als Ordnungsidee, S. 5; so auch *H. C. Röhl*, in: VVDStRL 74 (2015), S. 7 (22).

[18] *Schmidt-Aßmann*, Das allgemeine Verwaltungsrecht als Ordnungsidee, S. 5.

Daneben gilt es zusätzlich die tatsächliche Ausübung der konkreten Verwaltungsmaßnahmen, sprich die Verwaltungspraxis,[19] und damit die *faktische Komponente* kognitiver Potentiale näher in den Blick zu nehmen.[20]

Obwohl die Rechtsprechung grundsätzlich vergleichbare Beschreibungen zu liefern vermag,[21] spielt sie im Hinblick auf die Erzeugung und Weiterverwendung von Kenntnissen durch die Genossenschaften keine entscheidende Rolle. Die damit in Zusammenhang stehenden Fragen bilden nämlich nur am Rande einen Gegenstand gerichtlicher Entscheidungen.[22]

Die auf diese Weise herausgearbeiteten Kategorien kognitiver Potentiale und deren Wechselwirkungen gilt es anschließend – im *dritten Teil* der Untersuchung – verfassungsrechtlich zu durchdringen und dabei verfassungsrechtlich angeleitete Vorgaben für die Erzeugung und Weiterverwendung von Kenntnissen durch die Inanspruchnahme kognitiver Potentiale zu formulieren.

Abschließend können dann – im *vierten Teil* der Untersuchung – die im *zweiten* und *dritten Teil* gewonnenen Erkenntnisse zusammengeführt und allgemeine Aussagen zu den verschiedenen Kategorien kognitiver Potentiale und deren Wechselwirkungen ebenso wie zu dem daran anknüpfenden Wissensmanagement der Genossenschaften getroffen werden.[23]

III. Detailliert: Integration sozialwissenschaftlicher Einflüsse

Im Rahmen des skizzierten Vorgehens werden anhand der kognitiven Analyseperspektive sozialwissenschaftliche Einflüsse aufgenommen und für den rechtswissenschaftlichen Diskurs fruchtbar gemacht.[24] Damit geht eine „Verschleifung der normativen und der kognitiven Ebene des Rechts“[25] einher. Diese Verschleifung spricht die grundsätzliche Methodenfrage an, inwieweit Erkenntnisse aus den Nachbarwissenschaften, insbesondere aus den Sozialwissenschaften, in den verwaltungsrechtswissenschaftlichen Diskurs über-

[19] Siehe allgemein zur Hinwendung an die Verwaltungspraxis *Reiling*, Der Hybride, S. 15 f.

[20] Allgemein *H. C. Röhl*, in: VVDStRL 74 (2015), S. 7 (21).

[21] *H. C. Röhl*, in: VVDStRL 74 (2015), S. 7 (21 f.).

[22] Siehe beispielsweise *RG*, RGZ 95, 238 (240); JW 1929, S. 1461, das bereits feststellte, dass Unfallverhütungsvorschriften auf Grundlage von analysierten Betriebserfahrungen typische Gefährdungssituationen regeln.

[23] Zu einem Dreischritt im Hinblick auf eine allgemeine Untersuchung des Informationsverwaltungsrechts siehe *Augsberg*, Informationsverwaltungsrecht, S. 3 f.

[24] *Schäfer*, Die Umgestaltung des Verwaltungsrechts, S. 116.

[25] *Augsberg*, Informationsverwaltungsrecht, S. 5.

nommen werden können und welcher Aussagegehalt ihnen dabei beigemessen werden kann.[26]

1. Verschleifung der normativen und der kognitiven Ebene des Rechts

Ausgangspunkt der Verschleifung der normativen und der kognitiven Ebene des Rechts ist der in der Rechtswissenschaft herausgearbeitete Forschungsansatz, der gemeinhin als die juristische Methode bezeichnet wird.[27] Obwohl es sich dabei nicht um einen genau abgegrenzten Forschungsansatz, sondern vielmehr um eine wissenschaftliche Grundhaltung handelt, können doch immerhin verschiedene Charakteristika der juristischen Methode beschrieben werden.[28] Dabei machen vor allem die „radikale Einengung des Wahrnehmungsfeldes auf eine *rechtsaktsbezogene Perspektive*“[29] und die Konzentration auf die abschließende staatliche Entscheidung deutlich, dass die internen Strukturen und Prozesse der Verwaltung sowie ihre Bestimmungsfaktoren grundsätzlich wenig Berücksichtigung im klassischen Methodenkanon finden.[30] Aufgrund dieser Verengung der juristischen Methode ist ihre Öffnung für sozialwissenschaftliche Beschreibungen der Strukturen von Staat, Verwaltung und Gesellschaft, vor allem in der Verwaltungsrechtswissenschaft, angezeigt.[31]

---

[26] Grundlegend *Brohm*, in: VVDStRL 30 (1972), S. 245 (249 ff.); siehe auch die weiteren Nachweise bei *B. Wollenschläger*, Wissensgenerierung im Verfahren, S. 37; für *Schäfer*, Die Umgestaltung des Verwaltungsrechts, S. 188, teilt sich die Verwaltungsrechtswissenschaft im Hinblick auf das sozialwissenschaftliche Theorieangebot in zwei Zweige auf, wobei der eine das alte Steuerungsparadigma verwerfe und der andere einen handlungs- und implementationstheoretischen Ansatz verfolge.

[27] Siehe dazu *Möllers*, in: Voßkuhle/Eifert/ders., GVwR, Band I, § 2, Rn. 24 ff.; *Bumke*, in: Schmidt-Aßmann/Hoffmann-Riem, Methoden der Verwaltungsrechtswissenschaft, S. 73 ff.; *H. C. Röhl*, in: VVDStRL 74 (2015), S. 7 (9), konstatiert demgegenüber, dass es eine „öffentlich-rechtliche Methode so eigentlich gar nicht gibt“.

[28] Siehe dazu *Voßkuhle*, in: ders./Eifert/Möllers, GVwR, Band I, § 1, Rn. 2 ff.

[29] *Voßkuhle*, in: ders./Eifert/Möllers, GVwR, Band I, § 1, Rn. 3, unter Hinweis auf *Bumke*, Relative Rechtswidrigkeit, S. 12 ff., 255 ff.

[30] *Voßkuhle*, in: ders./Eifert/Möllers, GVwR, Band I, § 1, Rn. 4.

[31] *Möllers*, in: Voßkuhle/Eifert/ders., GVwR, Band I, § 2, Rn. 50; *Kaiser*, in: Augsberg, Extrajuridisches Wissen im Verwaltungsrecht, S. 99 ff.; *H. C. Röhl*, in: VVDStRL 74 (2015), S. 7 (30 f.); *Burgi*, in: ders., Zur Lage der Verwaltungsrechtswissenschaft, S. 33 (37 ff.).

2. Herausforderungen der Verschleifung

Der Öffnung der juristischen und damit auch der öffentlich-rechtlichen[32] Methode für sozialwissenschaftliche Beschreibungsangebote steht im Grundsatz nichts entgegen, weil mit Sozialwissenschaft und Rechtswissenschaft nicht Wirklichkeit und Recht, sondern vielmehr zwei unterschiedliche Techniken, den Staat, die Verwaltung und die Gesellschaft zu beschreiben, aufeinandertreffen.[33] Gleichwohl stellt sich dabei die grundlegende Frage, inwiefern die juristische Methode für interdisziplinäre[34] sozialwissenschaftliche Beschreibungsangebote konkret geöffnet werden kann. Dabei besteht die Herausforderung, Erkenntnisse aus fremden Wissenschaftsdisziplinen in den öffentlich-rechtlichen Diskurs zu übertragen und dort fruchtbar zu machen.[35] Dazu gibt es bislang noch keine feststehenden „Importregeln, die den Verkehr der Erkenntnisströme aus anderen Fächern lenken“[36] könnten. Solche Regeln werden gegenwärtig vielmehr erst diskutiert.[37]

Die grundlegende Frage, inwiefern die in den Sozialwissenschaften entwickelten Forschungsansätze mangels feststehender „Importregeln“ in den verwaltungsrechtswissenschaftlichen Diskurs eingebracht werden können, stellt sich auch im Konkreten für die kognitive Analyseperspektive. Diese greift mit dem zentralen Phänomen des Wissens eine informations- und wissenstheoretische Perspektive auf,[38] die sich zu einem führenden sozialwissenschaftlichen, vor allem soziologischen, Forschungsansatz entwickelt hat.[39] Dieser verkör-

---

[32] Siehe dazu *H. C. Röhl* und *von Arnauld*, in: VVDStRL 74 (2015), S. 7 ff., 39 ff.; *Möllers*, in: Voßkuhle/Eifert/ders., GVwR, Band I, § 2, Rn. 44.

[33] *Möllers*, in: Voßkuhle/Eifert/ders., GVwR, Band I, § 2, Rn. 50.

[34] Zu den Herausforderungen der Interdisziplinarität siehe *Trute*, in: Schulze-Fielitz, Staatsrechtslehre als Wissenschaft, S. 115 (125); *Möllers*, in: Voßkuhle/Eifert/ders., GVwR, Band I, § 2, Rn. 50, weist im Hinblick auf die Sozialwissenschaften auf die zu großzügige Rezeption von soziologischen Großtheorien hin; *H. C. Röhl*, in: VVDStRL 74 (2015), S. 7 (31); *Münkler*, in: dies., Dimensionen des Wissens im Recht, S. 3 (13 ff.).

[35] *H. C. Röhl*, in: VVDStRL 74 (2015), S. 7 (28 f.).

[36] *H. C. Röhl*, in: VVDStRL 74 (2015), S. 7 (28); siehe auch *Reiling*, Der Hybride, S. 13.

[37] *Augsberg*, in: ders., Extrajuridisches Wissen im Verwaltungsrecht, S. 3 (32 f.); *Vesting*, in: Schmidt-Aßmann/Hoffmann-Riem, Methoden der Verwaltungsrechtswissenschaft, S. 253 (275 ff.); *Fehling*, in: Burgi, Zur Lage der Verwaltungsrechtswissenschaft, S. 65 (85); *Münkler*, in: dies., Dimensionen des Wissens im Recht, S. 3 (15); *Voßkuhle*, in: ders./Eifert/Möllers, GVwR, Band I, § 1, Rn. 39 m. w. N.; kritisch *Reiling*, Der Hybride, S. 13.

[38] Siehe 1. Teil, A. I.

[39] *Vesting*, in: Schmidt-Aßmann/Hoffmann-Riem, Methoden der Verwaltungsrechtswissenschaft, S. 253 (284); zum sozialwissenschaftlichen Diskurs siehe die Nachweise bei *Trute*, in: H. C. Röhl, Wissen, S. 11; *Reiling*, Der Hybride, S. 12.

pert zugleich eine „allgemeine, transdisziplinäre Entwicklung […] [, eine neue] Metatheorie“[40], die disziplinübergreifend allgemein anerkannte Annahmen und Vorstellungen widerspiegelt.[41]

Aus diesem Grund kann der Forschungsansatz der kognitiven Analyseperspektive auch unabhängig von feststehenden „Importregeln“ ohne die Gefahr subjektiver Theoriepräferenzen[42] im verwaltungsrechtswissenschaftlichen Diskurs herangezogen werden. Dabei ist es auch unschädlich, dass bislang noch keine abschließende Definition des Wissensbegriffs gefunden werden konnte, weil doch zumindest die grundlegenden Eigenschaften dieses Phänomens allgemein anerkannt sind.[43] Dadurch wird eine hinreichende Grundlage für die Konturierung des Wissensbegriffs im Rahmen von rechtswissenschaftlichen Fragestellungen geboten.

3. Konkrete Verschleifung im Hinblick auf den Präventionsauftrag

Die kognitive Analyseperspektive vermag demnach im Hinblick auf den Präventionsauftrag zunächst das Verständnis für die komplexen Wirkungszusammenhänge zwischen der Erzeugung von Kenntnissen und den daran anschließenden vielfältigen Weiterverwendungsmöglichkeiten zu fördern. Darüber hinaus liefert sie zusätzlich Beschreibungsangebote für die Analyse dieser Zusammenhänge.[44] Dabei kommt dem Phänomen des Wissens sowie den damit in Zusammenhang stehenden Annahmen und Vorstellungen, die aufgrund der genannten Erwägungen ohne größere Herausforderungen im verwaltungsrechtswissenschaftlichen Diskurs Anwendung finden können, eine besondere Bedeutung zu.

Darüber hinaus sind im Hinblick auf die kognitiven Potentiale und deren Beziehungsgefüge noch weitere aus den Sozialwissenschaften stammende Phänomene, wie Kommunikation, Organisationswissen, (inter-)organisationales Lernen und das letztlich an die Potentiale anknüpfende Wissensmanagement angesprochen, deren Berücksichtigung sich im verwaltungsrechtswissenschaft-

---

40 *Vesting*, in: Schmidt-Aßmann/Hoffmann-Riem, Methoden der Verwaltungsrechtswissenschaft, S. 253 (284).

41 *Reiling*, Der Hybride, S. 13 f.; zum rechtswissenschaftlichen Diskurs siehe die Nachweise bei *Trute*, in: H. C. Röhl, Wissen, S. 11 (12), der allerdings den mangelnden Anschluss an die Diskurse der Wissenssoziologie beklagt.

42 *Vesting*, in: Schmidt-Aßmann/Hoffmann-Riem, Methoden der Verwaltungsrechtswissenschaft, S. 253 (284); *Reiling*, Der Hybride, S. 14.

43 *B. Wollenschläger*, Wissensgenerierung im Verfahren, S. 29; *Reiling*, Der Hybride, S. 13 f., unter Hinweis darauf, dass Wissen zu einem Paradigma geworden sei; *Münkler*, Expertokratie, S. 88; *Vesting*, in: Voßkuhle/Eifert/Möllers, GVwR, Band I, § 20, Rn. 26 ff.

44 Vgl. *Reiling*, Der Hybride, S. 12.

lichen Diskurs erheblich schwieriger gestaltet. Diese Phänomene werfen nämlich Fragen an die Steuerungsfähigkeit der mit ihnen in Zusammenhang stehenden Prozesse auf, die nicht ohne Weiteres beantwortet werden können.[45] Gleichwohl verdeutlichen die dazu in den Sozialwissenschaften getroffenen Aussagen die Herausforderungen, die mit Kommunikation, Organisationswissen, (inter-) organisationalem Lernen und Wissensmanagement einhergehen. Dadurch vermögen diese Aussagen nicht nur die verwaltungsrechtswissenschaftliche Untersuchung der kognitiven Potentiale zu sensibilisieren, sondern gleichzeitig weiterführende Beschreibungsangebote für ihre Analyse anzubieten.

Bevor anhand der kognitiven Analyseperspektive sowie weiterer aus den Sozialwissenschaften stammender Beschreibungsangebote abstrakte Aussagen zu den kognitiven Potentialen der Genossenschaften formuliert werden, gilt es sich zunächst noch dem konkreten Aussagegehalt des Präventionsauftrags, auf den die Potentiale ausgerichtet sind, zu nähern.

B. Grundlegende Aussagegehalte des Präventionsauftrags

Für eine Annäherung an den Präventionsauftrag gilt es sich zunächst der grundlegenden Ausgestaltung der gesetzlichen Unfallversicherung zuzuwenden (dazu I.). Diese vermag die grundlegende Bedeutung des Präventionsauftrags aufzuzeigen. Danach kann das Verhältnis des Präventionsauftrags zum staatlichen Arbeitsschutzrecht geklärt werden (dazu II.), bevor abschließend sein konkreter Aussagegehalt dargestellt werden kann (dazu III.).

I. Grundlegende Ausgestaltung der gesetzlichen Unfallversicherung

1. Strukturprägendes „Alles-aus-einer-Hand"-Prinzip

Die grundlegenden Strukturen der gesetzlichen Unfallversicherung sind seit ihrer Einführung Ende des 19. Jahrhunderts im Wesentlichen gleich geblieben.[46] Daran haben auch die vielfältigen Vorgaben des Europäischen Arbeitsschutzrechts nichts geändert.[47] Diese haben zwar zu einer Stärkung des staat-

45 Vgl. *Reiling*, Der Hybride, S. 12 f.

46 Zur geschichtlichen Entwicklung siehe *Wickenhagen*, Geschichte der gewerblichen Unfallversicherung, passim; *Breuer*, in: Schulin, HSozVR, Band 2, § 1; *Vogel*, Die Rechtsbindung der Arbeitnehmer an Unfallverhütungsvorschriften gemäß § 15 Abs. 1 S. 1 Nr. 2 SGB VII, S. 21 ff.

47 Für die verschiedenen Richtlinien zum betrieblichen Arbeitsschutz siehe *Wiebauer*, in: Landmann/Rohmer, GewO, 70. EL, Juni 2015, Vorbemerkung zu § 1 ArbSchG, Rn. 4 ff.

lichen Arbeitsschutzrechts geführt, aber die gesetzliche Unfallversicherung in ihrem Kern unangetastet gelassen.[48] Diese ist weiterhin Körperschaften des öffentlichen Rechts mit Selbstverwaltung übertragen,[49] die sämtliche Unternehmer eines bestimmten Tätigkeitszweiges zusammenschließen.

Die Träger der gesetzlichen Unfallversicherung werden fachlich gegliedert in die:

- *gewerblichen Berufsgenossenschaften*, die unter anderem für die gesamte gewerbliche und freiberufliche Wirtschaft zuständig sind,[50]
- *Sozialversicherung für Landwirtschaft, Forsten und Gartenbau*,[51] die aufgrund ihres Sondersystems in dieser Untersuchung nicht näher berücksichtigt wird, und
- *Unfallversicherungsträger der öffentlichen Hand*, die in dieser Untersuchung nicht näher interessieren.[52]

Diese fachliche Gliederung beruht vor allem auf der Erwägung, den Unfallversicherungsträgern eine gezielte und effektive Verwirklichung des Präventionsauftrags zu ermöglichen, die insbesondere von den spezifischen Risiken in den jeweiligen Gewerbe-, Wirtschafts- oder sonstigen Tätigkeitszweigen abhängig ist.[53]

Die Unfallversicherungsträger sind insbesondere für den sozialen Schutz vor den Gesundheitsrisiken und -gefahren des Arbeitslebens zuständig.[54] Das

---

[48] Die faktische Monopolstellung der Berufsgenossenschaften ist nach dem *EuGH*, Slg. 2009, I-1513 ff., als europarechtskonform zu qualifizieren. Dasselbe kann mit dem *BSG*, BSGE 91, 263 (269); Die BG 2007, S. 102 ff.; UV-Recht Aktuell 2007, S. 1065 (1068 ff.); UV-Recht Aktuell 2023, S. 296 (303 ff.), auch für die Vereinbarkeit mit dem Grundgesetz festgestellt werden; siehe dazu auch *Diel/Höller/Köhler/Kranig/Riebel/Römer/Schur*, in: Hauck/Noftz, SGB VII, EL 2/2022, E 010, S. 6 ff.

[49] § 114 Abs. 1 SGB VII, § 29 SGB IV; zur Geschichte der Selbstverwaltung in der Unfallversicherung siehe *Breuer/Gondolatsch*, DGUV Forum 4/2019, S. 10 ff.; *Knoll-Jung*, DGUV Forum 1–2/2024, S. 8 ff.; *ders.*, DGUV Forum 3/2024, S. 28 ff.; *ders.*, DGUV Forum 4/2024, S. 33 ff.

[50] § 114 Abs. 1 Nr. 1 SGB VII i. V. m. Anlage 1 SGB VII.

[51] § 114 Abs. 1 Nr. 2 SGB VII: Die Sozialversicherung für Landwirtschaft, Forsten und Gartenbau führt bei Durchführung der Aufgaben nach dem SGB VII und in sonstigen Angelegenheiten der landwirtschaftlichen Unfallversicherung die Bezeichnung landwirtschaftliche Berufsgenossenschaft; zu deren Zuständigkeit siehe §§ 123 f. SGB VII. Zur geschichtlichen Entwicklung der landwirtschaftlichen Berufsgenossenschaft(en) siehe *Adam-Wintjen*, in: 125 Jahre landwirtschaftliche Unfallversicherung, S. 151 ff.; *Diel*, in: Hauck/Noftz, SGB VII, EL 3/2023, § 114, Rn. 3, 22 f.

[52] Einleitung, I.

[53] *Lilienfeld*, in: Beck'scher Online-Grosskommentar (Kasseler Kommentar), SGB VII, Stand: 01.09.2017, § 114, Rn. 2.

[54] *Ricke*, in: Beck'scher Online-Grosskommentar (Kasseler Kommentar), SGB VII, Stand: 01.12.2017, Vorbemerkungen zum SGB VII, Rn. 3.

kommt in der Aufgabentrias „Prävention, Rehabilitation, Entschädigung“ (§ 1 SGB VII) zum Ausdruck. Darin zeigt sich das die gesetzliche Unfallversicherung prägende „Alles-aus-einer-Hand“-Prinzip[55]. Demnach kommt den Unfallversicherungsträgern nicht nur die gemeinhin unter dem Begriff der Primärprävention zusammengefasste Aufgabe zu, „mit allen geeigneten Mitteln für die Verhütung von Arbeitsunfällen, Berufskrankheiten und arbeitsbedingten Gesundheitsgefahren […] zu sorgen“[56]. Daneben sind ihnen auch die Aufgabenbereiche der Rehabilitation und Entschädigung überantwortet. Dabei haben sie „nach Eintritt von Arbeitsunfällen oder Berufskrankheiten die Gesundheit und die Leistungsfähigkeit der Versicherten mit allen geeigneten Mitteln wiederherzustellen und sie oder ihre Hinterbliebenen durch Geldleistungen zu entschädigen“[57].[58]

Nach der derzeitigen Ausgestaltung des gesetzlichen Unfallversicherungsrechts existieren zudem Grenzbereiche, die nicht klar abgegrenzt werden können.[59] Diese betreffen besondere Formen der Prävention, in denen bereits schädliche Faktoren wirksam geworden sind. Dazu zählen die sekundäre Prä-

---

[55] Allgemein *Ricke*, in: Beck'scher Online-Grosskommentar (Kasseler Kommentar), SGB VII, Stand: 15.08.2023, § 1, Rn. 5 f.; zu den dadurch ermöglichten Effizienzpotentialen siehe *Raschke*, Die BG 2004, S. 12 ff., 72 ff.; *Jung*, Die BG 2005, S. 334 ff., stellt insbesondere die kosteneinsparenden Wirkungen des Systems in den Vordergrund; *Haverkate/Huster*, Europäisches Sozialrecht, S. 344, erkennen i. E. die besondere Qualität der Prävention im gesetzlichen Unfallversicherungssystem an; so auch *R. Giesen*, Sozialversicherungsmonopol und EG-Vertrag, S. 253; *ders.*, ZESAR 2004, S. 151 ff., erhebt auch insbesondere aus europarechtlichen Aspekten die Forderung, die drei Aufgabenbereiche zu trennen; so auch *Seewald*, SGb 2004, S. 387 ff.; dagegen wenden sich aber beispielsweise *Pabst/Ricke*, ZESAR 2004, S. 292 ff.; *Ricke*, SGb 2005, S. 9 ff. (12 f.) und *Fuchs*, SGb 2005, S. 65 ff.

[56] § 14 Abs. 1 S. 1 SGB VII; zum aktuellen Präventionsverständnis der gesetzlichen Unfallversicherung, bei dem die Vision Zero eine herausragende Bedeutung einnimmt, siehe *DGUV e. V.* (Hrsg.), Position der gesetzlichen Unfallversicherung zur Prävention; *Herrmann/Appt*, DGUV Forum 1–2/2019, S. 52 (53); zu den Folgerungen der Europäischen Kommission aus dem Vision Zero-Ansatz siehe *S. Lohse*, Betriebliche Prävention 2022, S. 489 (490 f.); *Treichel*, DGUV Forum 7–8/2023, S. 3 (5 f.); zur Präventionsstrategie der Berufsgenossenschaft Rohstoffe und chemische Industrie (BG RCI) „VISION ZERO. Null Unfälle – gesund arbeiten!“ siehe *Sauer*, DGUV Forum 7–8/2023, S. 23 ff.

[57] § 1 Nr. 2 SGB VII.

[58] Der Kreis der Anspruchsberechtigten dieser unfallversicherungsrechtlichen Leistungen wurde im Laufe der Zeit immer weiter gezogen. Während die Unfallversicherung zur Zeit ihrer Gründung lediglich den Charakter einer rudimentären Grundsicherung aufwies, profitieren heute weite Teile der Bevölkerung von den Leistungen der gesetzlichen Unfallversicherung, was in der Aufzählung der kraft Gesetzes versicherten Personen in § 2 Abs. 1 SGB VII offensichtlich wird.

[59] *Köhler*, in: Hauck/Noftz, SGB VII, EL 1/2024, § 26, Rn. 21; *Benz*, in: Schulin, HSozVR, Band 2, § 43, Rn. 3.

vention, die auf die „frühestmögliche Diagnose und Therapie von Erkrankungen gerichtet ist“[60], sowie die tertiäre Prävention, die „die Begrenzung oder den Ausgleich von Folgen eines bereits eingetretenen Versicherungsfalles“[61] betrifft. Da in diesen Konstellationen bereits schädliche Faktoren wirksam geworden sind, können die sekundäre und die tertiäre Prävention nicht klar von den Aufgabenbereichen der Rehabilitation[62] und der Entschädigung[63] abgegrenzt werden. Unabhängig von diesen Abgrenzungsfragen konzentrieren sich die Überlegungen dieser Untersuchung auf die gegenwärtig in §§ 14 ff. SGB VII geregelte Primärprävention,[64] die darauf abzielt, schädliche Faktoren bereits vor ihrem Wirksamwerden auszuschalten.[65]

Durch das „Alles-aus-einer-Hand“-Prinzip werden nicht nur die drei Aufgabenbereiche (Prävention, Rehabilitation, Entschädigung) kombiniert, sondern zusätzlich das technische Arbeitsschutzrecht[66] mit dem Unfallversicherungsrecht verknüpft.[67] Diese Verknüpfung verkörpert sowohl im europaweiten[68]

---

60 *Benz*, in: Schulin, HSozVR, Band 2, § 43, Rn. 2; siehe auch *Köhler*, in: Hauck/Noftz, SGB VII, EL 1/2024, § 26, Rn. 21.

61 *Köhler*, in: Hauck/Noftz, SGB VII, EL 1/2024, § 26, Rn. 21; siehe auch *Schneider*, Betriebliche Prävention 2018, S. 210 (211).

62 §§ 1 Nr. 2, 26 ff. SGB VII.

63 §§ 1 Nr. 2, 56 ff. SGB VII.

64 § 14 Abs. 1 S. 1 SGB VII erfasst auch die Erste Hilfe. Obwohl *Eichendorf*, in: jurisPK-SGB VII, Stand: 15.01.2022, § 14, Rn. 90, darin einen rechtssystematischen Bruch sieht, spricht die Erste Hilfe mit *Kranig/Timm*, in: Hauck/Noftz, SGB VII, EL 4/2016, § 14, Rn. 33, konkrete Maßnahmen der Unternehmer nach Eintritt eines Versicherungsfalles an, die die Berufsgenossenschaften unabhängig von konkreten Einzelfällen präventiv zu steuern haben, sodass sie eben doch systematisch der Prävention nach §§ 14 ff. SGB VII zugerechnet werden können. Dafür spricht auch die Tatsache, dass es sich bei der Ersten Hilfe nicht um Leistungen der Berufsgenossenschaften nach Eintritt eines Versicherungsfalles handelt. Sofern daher im Rahmen dieser Untersuchung vom Präventionsauftrag und den Präventionsaufgaben sowie -maßnahmen der Genossenschaften gesprochen wird, sind damit auch die abstrakten Steuerungsaufgaben und -maßnahmen der Genossenschaften im Hinblick auf Erste-Hilfe-Maßnahmen angesprochen, auch wenn der Begriff der Ersten Hilfe dabei nicht explizit genannt wird.

65 *Rink*, Der Präventionsauftrag der gesetzlichen Unfallversicherung, S. 28; *Benz*, in: Schulin, HSozVR, Band 2, § 43, Rn. 2, mit Verweis auf §§ 40 ff. des Handbuchs, in denen die Primärprävention behandelt wird.

66 Siehe dazu 1. Teil, B. II.

67 *Wilhelm*, Die Unfallverhütungsvorschriften im System des deutschen und des europäischen Rechts, S. 6.

68 Das Europäische Recht überlässt den Mitgliedstaaten die Entscheidung, ob sie eine eigenständige Unfallversicherung schaffen und wie sie diese ausgestalten. Zwar gibt es im Europäischen Recht Koordinierungsvorschriften, wie die Verordnung (EG) Nr. 883/2004 zur Koordinierung der Systeme der sozialen Sicherheit samt einer dazugehörigen Durchführungsverordnung (EG) Nr. 987/2009. Diese berühren die mitglied-

als auch im weltweiten Vergleich ein Alleinstellungsmerkmal des deutschen Unfallversicherungssystems.[69] Dadurch können die Genossenschaften einerseits bereits in einem Stadium tätig werden, das weit vor dem Eintritt eines Versicherungsfalles mit den darauf folgenden Fragen zu Rehabilitation und Entschädigung liegt.[70] Andererseits können sie dadurch zusätzlich die aus diesen beiden Aufgabenbereichen gewonnenen Kenntnisse für den Präventionsauftrag fruchtbar machen.[71]

2. Spitzenverbandliche Strukturen

Neben dem „Alles-aus-einer-Hand"-Prinzip kommt den spitzenverbandlichen Strukturen im gesetzlichen Unfallversicherungssystem eine grundlegende Bedeutung für die Verwirklichung des Präventionsauftrags zu. Mit Ausnahme der Sozialversicherung für Landwirtschaft, Forsten und Gartenbau

---

staatlichen Systeme der sozialen Sicherheit mit *Diel/Höller/Köhler/Kranig/Riebel/Römer/Schur*, in: Hauck/Noftz, SGB VII, EL 2/22, E 010, S. 12 ff., aber grundsätzlich nicht. Mangels Vorgaben des EU-Rechts folgen auch aus Art. 34 GRCharta (Soziale Sicherheit und soziale Unterstützung) keine Vorgaben für das System der deutschen Sozialversicherung, siehe dazu *Streinz*, in: ders., EUV/AEUV, Art. 34 GRCharta, Rn. 5.

69 *Ricke*, in: Beck'scher Online-Grosskommentar (Kasseler Kommentar), SGB VII, Stand: 15.08.2023, § 1, Rn. 6; dieser deutsche Sonderweg weist trotz zahlreicher Abweichungen im Einzelnen noch am ehesten Überschneidungen mit den Unfallversicherungen in Österreich, Frankreich, Luxemburg und Italien auf, siehe dazu *Diel/Höller/Köhler/Kranig/Riebel/Römer/Schur*, in: Hauck/Noftz, SGB VII, EL 2/2022, E 010, S. 9 ff.

70 *Raschke*, Die BG 2004, S. 12 (14): „Eine effiziente Prävention ist das erstrangige Mittel, um die Kosten insgesamt niedrig zu halten. Umfang und Qualität der heute üblichen Prävention wären ohne Impulsgebung aus den Entschädigungsdaten nicht möglich, umgekehrt lägen die Entschädigungsleistungen ohne Prävention wesentlich höher"; *Jung*, Die BG 2005, S. 334 (336): „Verbesserungen im Bereich der Prävention (durch Erlass von Unfallverhütungsvorschriften, Überwachung, Beratung, Schulung) [helfen] Arbeitsunfälle verhüten […] und damit zugleich die Entstehung von Kosten für Rehabilitation und Entschädigung"; *Hehling/Mehrhoff*, Die BG 2002, S. 623 (624): „Rehabilitation kann und muss präventiv wirken wie umgekehrt Prävention zur Vermeidung von weiteren oder neuen Schäden sowie der Inanspruchnahme von kurativen und/oder rehabilitativen Leistungen beitragen kann und muss".

71 *P. Becker*, Die BG 2011, S. 73 (74), stellt insbesondere in Bezug auf Berufskrankheiten fest, dass „eine erfolgreiche Prävention das notwendige Wissen um die schon bestehenden BKen, die ihnen zugrunde liegenden Gefahren sowie die möglichen Erkrankungen [erfordert]. Darüber hinaus ist die Prävention gefordert, angesichts der Dynamik der Entwicklung der ‚Betriebsweisen' auch heute potentielle Gefahren und Erkrankungen möglichst frühzeitig zu erkennen, damit sie sich nicht erst manifestieren"; zur Bündelung von „Erfahrungswissen" siehe die einleitenden Ausführungen zu den jüngeren DGUV Regeln, wie beispielsweise der DGUV Regel 100-001, S. 3 und der DGUV Regel 113-017, S. 3.

sind sämtliche gewerblichen Berufsgenossenschaften und Unfallversicherungsträger der öffentlichen Hand in der Deutschen Gesetzlichen Unfallversicherung e. V. (DGUV e. V.) organisiert.[72] Dieser wurden durch das Unfallversicherungsmodernisierungsgesetz (UVMG)[73] unter anderem im Präventionsbereich bestimmte Aufgaben im Wege der Beleihung übertragen,[74] die sie zuvor bereits teilweise aufgrund ihrer Satzung ausübte.[75]

Nach der Grundlagennorm des § 14 Abs. 4 S. 1 SGB VII „unterstützt" die DGUV e.V. die Unfallversicherungsträger bei der Erfüllung ihrer Präventionsaufgaben nach § 14 Abs. 1 SGB VII. Gem. § 14 Abs. 4 S. 2 SGB VII soll die DGUV e.V. dafür unter anderem die „Koordinierung, Durchführung und Förderung gemeinsamer Maßnahmen sowie der Forschung auf dem Gebiet der Prävention von Arbeitsunfällen, Berufskrankheiten und arbeitsbedingten Gesundheitsgefahren" sowie die „Klärung von grundsätzlichen Fach- und Rechtsfragen zur Sicherung der einheitlichen Rechtsanwendung in der Prävention" wahrnehmen.[76] Dadurch wird die DGUV e.V. nicht ermächtigt, Präventionsaufgaben der Unfallversicherungsträger zu übernehmen, sondern vielmehr verpflichtet, diese im Präventionsbereich zu unterstützen.[77]

---

[72] Durch das Zusammenwirken der Berufsgenossenschaften und der Unfallversicherungsträger der öffentlichen Hand im Spitzenverband und mit dem Spitzenverband wird nicht gegen das Verbot der Mischverwaltung verstoßen. Das folgt mit *Diehl*, in: Hauck/Noftz, SGB VII, EL 3/2023, § 114, Rn. 66, insbesondere aus der Erwägung, dass das Zusammenwirken „im Interesse der Gleichbehandlung der Versicherten und einem effizienten Verwaltungshandeln" unerlässlich ist.

[73] Gesetz zur Modernisierung der gesetzlichen Unfallversicherung (Unfallversicherungsmodernisierungsgesetz – UVMG) vom 30.10.2008 (BGBl. I, S. 2130).

[74] Etwa §§ 14 Abs. 4, 15 Abs. 1 S. 1 und 3, 20 Abs. 2 S. 2 SGB VII; für *Bulla*, VSSR 2008, S. 351 (376), sprechen „mehr Gründe für als gegen das Verdikt einer rechtsstaatswidrigen willkürlichen Beleihung der DGUV mit hoheitlichen Präventionsaufgaben"; nachdem mit *Axer*, Normsetzung der Exekutive in der Sozialversicherung, S. 281, sogar privatrechtsförmig soziale Versicherungsträger als Beliehene tätig werden können, muss das auch für den mit ausgewählten Aufgaben beliehenen Spitzenverband DGUV e. V. gelten.

[75] Im Hinblick auf § 14 Abs. 4 SGB VII weist *Eichendorf*, in: jurisPK-SGB VII, Stand: 15.01.2022, § 14, Rn. 171, darauf hin, dass dadurch Vorgaben der Satzung der DGUV e. V. gesetzlich abgesichert werden.

[76] *Felz*, in: Beck'scher Online-Grosskommentar (Kasseler Kommentar), SGB VII, Stand: 15.11.2023, § 14, Rn. 43.

[77] *Kranig/Timm*, in: Hauck/Noftz, SGB VII, EL 4/2016, § 14, Rn. 46: Darunter kann allerdings auch die Übernahme trägerübergreifender Aufgaben, die am wirksamsten auf der Ebene des Spitzenverbandes erfüllt werden können, gefasst werden.

3. Gesetzliche Unfallversicherung als Ausprägung regulierter Selbstregulierung?

Neben den hergebrachten Beschreibungsangeboten vermag die Konzeption der hoheitlich regulierten gesellschaftlichen Selbstregulierung[78] keine weiterführenden Aussagen zur gesetzlichen Unfallversicherung und deren Präventionsauftrag bereitzuhalten. Diese Konzeption erfasst Regelungsbereiche, in denen sich der Staat aus der Erfüllung einer Aufgabe zurückzieht und nur noch eine Gewährleistungsverantwortung für die Aufgabenverwirklichung durch gesellschaftliche Selbstregulierung übernimmt; dieser Verantwortung kommt er insbesondere durch die Bereitstellung eines regulativen Rahmens und die Überwachung der gesellschaftlichen Selbstregulierung nach.[79]

Zwar lassen sich insofern auch in der gesetzlichen Unfallversicherung verschiedene Elemente regulierter Selbstregulierung identifizieren.[80] Zu den prominentesten zählen beispielsweise die Ermächtigungen zur Recht- und Regelsetzung im Präventionsbereich mit den darin enthaltenen verwertenden Potentialen. Diesen selbstregulierenden Elementen stehen staatliche Korrektur und Aufsicht gegenüber:[81] Die Berufsgenossenschaften unterliegen im Allgemeinen der Rechtsaufsicht[82] und für den Präventionsbereich ordnet das

---

[78] Zuerst *Hoffmann-Riem*, in: ders./Schmidt-Aßmann/Schuppert, Reform des allgemeinen Verwaltungsrechts, S. 115 (140); siehe zu diesem Konzept auch die Beiträge in: *Berg/Fisch/Schmitt Glaeser/Schoch/Schulze-Fielitz* (Hrsg.), Regulierte Selbstregulierung als Steuerungskonzept des Gewährleistungsstaates und die Beiträge in: *Collin/Bender/Ruppert/Seckelmann/Stolleis* (Hrsg.), Regulierte Selbstregulierung im frühen Interventions- und Sozialstaat sowie *Eifert*, in: Voßkuhle/ders./Möllers, GVwR, Band I, § 19, Rn. 52 ff.

[79] *Hoffmann-Riem*, in: Schmidt-Aßmann/ders., Verwaltungsorganisationsrecht als Steuerungsressource, S. 355 (372); *Eifert*, in: Voßkuhle/ders./Möllers, GVwR, Band I, § 19, Rn. 52.

[80] Insbesondere zur rechtshistorischen Perspektive siehe *Ayass*, in: Collin/Bender/Ruppert/Seckelmann/Stolleis, Regulierte Selbstregulierung im frühen Interventions- und Sozialstaat, S. 123 ff.; zu dieser historischen Perspektive siehe allgemein *Grimm*, in: Berg/Fisch/Schmitt Glaeser/Schoch/Schulze-Fielitz, Regulierte Selbstregulierung als Steuerungskonzept des Gewährleistungsstaates, S. 9 ff.; *Bauerdick*, Arbeitsschutz zwischen staatlicher und verbandlicher Regulierung, S. 33 ff., verwendet unter Bezugnahme auf die Verbände- und Steuerungsliteratur vielmehr den Begriff verordnete Selbstregulierung und legt den Schwerpunkt dadurch auf die Aufgabennähe, nicht aber unbedingt auf das Aufgabeninteresse.

[81] So bereits für die historische Perspektive *Ayass*, in: Collin/Bender/Ruppert/Seckelmann/Stolleis, Regulierte Selbstregulierung im frühen Interventions- und Sozialstaat, 2012, S. 123 (142 f.).

[82] § 87 Abs. 1 SGB IV.

SGB IV sogar eine auf den Umfang und die Zweckmäßigkeit der Maßnahmen erweiterte Aufsicht[83] an.

Allein daraus lassen sich aber keine weiterführenden Erkenntnisse für die gesetzliche Unfallversicherung und deren Präventionsauftrag gewinnen. Das folgt insbesondere aus der Erwägung,[84] dass der Begriff der regulierten Selbstregulierung weitgehend inhaltslos[85] geblieben ist und daher zunächst konkretisiert werden muss,[86] bevor aus ihm Vorgaben abgeleitet werden können.

II. Duales Arbeitsschutzsystem

Nachdem die grundlegende Bedeutung des Präventionsauftrags anhand der Ausgestaltung der gesetzlichen Unfallversicherung aufgezeigt werden konnte, gilt es nun sein Verhältnis zum staatlichen Arbeitsschutzrecht zu klären. Dafür muss der Präventionsauftrag zunächst ganz allgemein einem der verschiedenen Bereiche des Arbeitsschutzrechts zugeordnet werden (dazu 1.), bevor er vom staatlichen Arbeitsschutzrecht abgegrenzt werden kann (dazu 2. und 3.).

1. Präventionsauftrag als Teil des technischen Arbeitsschutzes

Der Präventionsauftrag der gesetzlichen Unfallversicherung verkörpert einen wesentlichen Bestandteil des deutschen Arbeitsschutzrechts.[87] Dieses kann, wenn auch nicht trennscharf,[88] in das soziale und das technische[89] Ar-

---

83 § 87 Abs. 2 SGB IV.

84 Siehe dazu die Besprechung von *Ambrosius*, VSWG, 2013, S. 55f., zu *Collin/ Bender/Ruppert/Seckelmann/Stolleis* (Hrsg.), Regulierte Selbstregulierung im frühen Interventions- und Sozialstaat.

85 *Collin*, JZ 2011, S. 274 (275), spricht von „relativ konturenarm“; zu den Nachteilen dieses Ansatzes siehe *Eifert*, in: Voßkuhle/ders./Möllers, GVwR, Band I, § 19, Rn. 60.

86 Vgl. *K. F. Röhl/H. C. Röhl*, Allgemeine Rechtslehre, S. 258; *Reiling*, Der Hybride, S. 72f.

87 *Kranig/Timm*, in: Hauck/Noftz, SGB VII, EL 4/2016, § 14, Rn. 6.

88 Zur Unterscheidung siehe *Wilhelm*, Die Unfallverhütungsvorschriften im System des deutschen und des europäischen Rechts, S. 10f.; *Henssler*, in: MüKo BGB, § 618, Rn. 12ff.; *Wiebauer*, in: Landmann/Rohmer, GewO, 70. EL, Juni 2015, Vorbemerkung zu § 1 ArbSchG, Rn. 17ff.

89 Der technische Arbeitsschutz betrifft nach *Henssler*, in: MüKo BGB, § 618, Rn. 12ff., die „Verhütung von Gefahren für Leben und Gesundheit, die von den Betriebseinrichtungen, technischen Arbeitsmitteln, Gefahrstoffen, den Arbeitsstätten und Produktions- und Arbeitsverfahren ausgehen können“; siehe auch *Wiebauer*, in: Landmann/Rohmer, GewO, 70. EL, Juni 2015, Vorbemerkung zu § 1 ArbSchG, Rn. 18.

beitsschutzrecht unterschieden werden.[90] Dabei umfasst der soziale Arbeitsschutz vor allem den Arbeitszeitschutz und den Schutz bestimmter Personengruppen, wie etwa von Müttern oder Jugendlichen.[91] Demgegenüber umfasst der technische Arbeitsschutz den vorgreifenden bzw. produktbezogenen Arbeitsschutz sowie den betrieblichen Gefahren- und Gesundheitsschutz, sprich den betrieblichen Arbeitsschutz.[92] Auf Grundlage dieser Unterscheidung ist der Präventionsauftrag dem technischen Arbeitsschutz mit seinen verschiedenen Ausprägungen zuzuordnen.

2. Dualismus von unfallversicherungsrechtlichem und staatlichem Arbeitsschutz

Im technischen Arbeitsschutz werden neben den Unfallversicherungsträgern[93] auch staatliche Arbeitsschutzbehörden[94] auf Grundlage des staatlichen Arbeitsschutzrechts tätig. Dieses Nebeneinander von Unfallversicherungsträgern und staatlichen Arbeitsschutzbehörden ist historisch bedingt; es beruht auf einem Kompromiss bei der Einführung der gesetzlichen Unfallversicherung im vorvergangenen Jahrhundert. Damals wurde ein Mittelweg zwischen einer rein staatlichen und einer privatversicherungsrechtlichen Lösung gewählt, indem die gesetzliche Unfallversicherung öffentlich-rechtlichen Körperschaften übertragen wurde.[95] Dadurch traten die Unfallversicherungsträger neben die damals bereits bestehenden staatlichen Arbeitsschutzbehörden[96].[97] Aus diesem Grund ist der technische Arbeitsschutz bis heute von einem Dualismus geprägt, der eine Parallelzuständigkeit der Unfallversiche-

---

90 *Wiebauer*, in: Landmann/Rohmer, GewO, 70. EL, Juni 2015, Vorbemerkung zu § 1 ArbSchG, Rn. 17 ff., zählt auch die Arbeitsmedizin zum Arbeitsschutz und unterscheidet daher: technischen Arbeitsschutz, sozialen Arbeitsschutz und Arbeitsmedizin.

91 *Henssler*, in: MüKo BGB, § 618, Rn. 25 f.; siehe auch *Wiebauer*, in: Landmann/Rohmer, GewO, 70. EL, Juni 2015, Vorbemerkung zu § 1 ArbSchG, Rn. 19.

92 *Wilhelm*, Die Unfallverhütungsvorschriften im System des deutschen und des europäischen Rechts, S. 12.

93 Zur Einordnung des Präventionsauftrags in das Gesamtsystem des Arbeitsschutzrechts siehe *Kranig/Timm*, in: Hauck/Noftz, SGB VII, EL 4/2016, § 14, Rn. 6 ff.

94 Zu den staatlichen Arbeitsschutzbehörden des Bundes und der Länder siehe *Schucht*, in: Kollmer/Klindt/ders., ArbSchG, § 21, Rn. 63 ff.

95 *Leichsenring/Petermann*, Die Sozialversicherung 1998, S. 14 (16); *Zakrzewski*, in: Becker/Franke/Molkentin, SGB VII, 5. Aufl., § 14, Rn. 2.

96 Zur Geschichte des staatlichen Arbeitsschutzrechts siehe *Kollmer*, in: ders./Klindt/Schucht, ArbSchG, Überblick Vor § 1, Rn. 15 ff.; siehe dazu auch *Vogel*, Die Rechtsbindung der Arbeitnehmer an Unfallverhütungsvorschriften gemäß § 15 Abs. 1 S. 1 Nr. 2 SGB VII, S. 19 f.

97 *Wilhelm*, Die Unfallverhütungsvorschriften im System des deutschen und des europäischen Rechts, S. 2; *Coenen*, Die BG 2000, S. 694.

rungsträger und der staatlichen Arbeitsschutzbehörden bedingt.[98] Dabei werden die Unfallversicherungsträger auf Grundlage des SGB VII sowie ihrer Unfallverhütungsvorschriften und die staatlichen Arbeitsschutzbehörden auf Grundlage der Arbeitsschutzgesetze und -verordnungen tätig.[99]

3. Überwindung des Dualismus?

Der historisch bedingte Dualismus im technischen Arbeitsschutz wurde bereits verschiedentlich zu überwinden versucht. Bislang war jedoch noch keinem dieser Versuche Erfolg beschieden.[100] Daher wurde das Nebeneinander der Unfallversicherungsträger und der staatlichen Arbeitsschutzbehörden zu einem koordinierten Miteinander verknüpft, wofür gesetzliche Grundlagen in § 20 SGB VII und § 21 ArbSchG geschaffen wurden.

Demnach haben die Unfallversicherungsträger und die staatlichen Arbeitsschutzbehörden unter anderem bei der Beratung und Überwachung der Unternehmen auf Grundlage einer gemeinsamen Beratungs- und Überwachungsstrategie eng zusammenzuarbeiten und den Erfahrungsaustausch sicher zu stellen. Um die Zusammenarbeit auch organisatorisch zu fördern, wurden die Unfallversicherungsträger in § 20 Abs. 2 SGB VII verpflichtet, sog. Gemeinsame Landesbezogene Stellen (GLS) einzurichten. Diese müssen für den Bereich eines oder mehrerer Länder bei einem Unfallversicherungsträger oder bei einem Landesverband der DGUV e.V.[101] eingerichtet werden.[102] Diese Verpflichtung der Unfallversicherungsträger folgt aus der Tatsache, dass insbesondere der Zuständigkeitsbereich der gewerblichen Berufsgenossenschaften nicht auf das Gebiet eines Landes begrenzt ist, sondern sich dem Branchenprinzip entsprechend auf das gesamte Bundesgebiet erstreckt.

Zusätzlich zu diesem koordinierten Miteinander wurde versucht, die Zusammenarbeit der Arbeitsschutzakteure weiter zu intensivieren und zu verbessern. Dafür wurde die Gemeinsame Deutsche Arbeitsschutzstrategie (GDA) zur Modernisierung und grundlegenden Weiterentwicklung des dualen Ar-

---

98 *von Rimscha*, Die BG 2001, S. 305.

99 Durch die Parallelzuständigkeit im technischen Arbeitsschutz wird nach *Egger*, NZS 1994, S. 352 (355), *von Rimscha*, Die BG 2001, S. 305 (307f.), allgemein *Loeser*, Theorie und Praxis der Mischverwaltung, S. 68, 244ff., nicht gegen das Verbot der Mischverwaltung verstoßen: Dabei werden nämlich weder die Bundes- und die Landesverwaltung miteinander verknüpft noch der jeweils anderen Seite Mitwirkungsbefugnisse bei der Erledigung von Verwaltungsaufgaben eingeräumt.

100 *Keller*, in: Hauck/Noftz, SGB VII, EL 2/2022, E 050, 6.

101 Der Spitzenverband koordiniert gem. § 20 Abs. 2 S. 2 SGB VII auch die Tätigkeiten der verschiedenen Gemeinsamen Landesbezogenen Stellen.

102 *Molkentin*, in: Kollmer/Klindt/Schucht, ArbSchG, Systematische Darstellungen, B., Siebtes Buch, Sozialgesetzbuch (Gesetzliche Unfallversicherung), Rn. 143ff.

beitsschutzsystems eingeführt.[103] Im Rahmen der GDA werden Bund, Länder und Unfallversicherungsträger dazu verpflichtet, im Arbeitsschutz intensiver zusammenzuarbeiten und ihre Tätigkeiten an gemeinsam erarbeiteten Arbeitsschutzzielen und Handlungsfeldern auszurichten.[104] Damit geht auch ein an gesetzlichen Vorschriften ausgerichteter Erfahrungsaustausch einher. Gleichwohl ändert die GDA nichts an den gesetzlichen Aufgaben und Zuständigkeiten der Unfallversicherungsträger und staatlichen Arbeitsschutzbehörden im technischen Arbeitsschutz. Sie führt vielmehr nur Kooperations- und Förderpflichten der Arbeitsschutzakteure ein, um deren Koordination im dualen Arbeitsschutzsystem sicherzustellen.[105]

Die trotz Einführung der GDA beibehaltene Aufgaben- und Zuständigkeitstrennung zwischen Unfallversicherungsträgern und staatlichen Arbeitsschutzbehörden kommt in der Abgrenzungsregel des § 21 Abs. 2 ArbSchG zum Ausdruck.[106] Demnach richten sich die Aufgaben und Befugnisse der Unfallversicherungsträger, soweit nichts anderes bestimmt ist,[107] nach den Vorschriften des Sozialgesetzbuchs.

III. Präventionsauftrag der gesetzlichen Unfallversicherung

1. Präventionsauftrag als Steuerungsaufgabe

Nachdem die grundlegende Ausgestaltung der gesetzlichen Unfallversicherung mit dem „Alles-aus-einer-Hand“-Prinzip und die Abgrenzung zum staatlichen Arbeitsschutzrecht bereits eine Annäherung an den Präventionsauftrag ermöglichten, muss sein konkreter Aussagegehalt ausgehend von der Grund-

---

[103] §§ 20a, 20b ArbSchG.

[104] Siehe dazu 2. Teil, B. III. 1. a).

[105] *Wiebauer*, in: Landmann/Rohmer, GewO, 70. EL, Juni 2015, § 20a ArbSchG, Rn. 5, weist zutreffend darauf hin, dass durch die GDA nicht gegen das Verbot der Mischverwaltung verstoßen wird, dieses aber einer weitergehenden Verzahnung im Rahmen der GDA entgegensteht.

[106] *Schucht*, in: Kollmer/Klindt/ders., ArbSchG, § 21, Rn. 25; BT-Drs. 13/4854, S. 3; BR-Drs. 881/2/95, S. 4.

[107] Siehe dazu die sog. Experimentierklausel in § 21 Abs. 4 ArbSchG. Diese gestaltet sich im Hinblick auf das Verbot der Mischverwaltung als problematisch. Darauf weist u. a. *Schucht*, in: Kollmer/Klindt/ders., ArbSchG, § 21, Rn. 56, richtigerweise hin. Die Experimentierklausel ermöglicht die Durchbrechung des dualen Arbeitsschutzsystems, indem staatliche Arbeitsschutzaufgaben auf die Unfallversicherungsträger übertragen werden können. Aufgrund der verfassungsrechtlichen Bedenken machen die Länder laut *Wiebauer*, in: Landmann/Rohmer, GewO, 87. EL, September 2021, § 21 ArbSchG, Rn. 82, nur sehr zurückhaltend von der durch die Experimentierklausel eröffneten Möglichkeit Gebrauch.

satznorm zur Primärprävention bestimmt werden. Diese ist in § 14 SGB VII enthalten und hat folgenden Wortlaut:

„§ 14 Grundsatz

(1) Die Unfallversicherungsträger haben mit allen geeigneten Mitteln für die Verhütung von Arbeitsunfällen, Berufskrankheiten und arbeitsbedingten Gesundheitsgefahren und für eine wirksame Erste Hilfe zu sorgen. Sie sollen dabei auch den Ursachen von arbeitsbedingten Gefahren für Leben und Gesundheit nachgehen.

(2) Bei der Verhütung arbeitsbedingter Gesundheitsgefahren arbeiten die Unfallversicherungsträger mit den Krankenkassen zusammen.

(3) Die Unfallversicherungsträger nehmen an der Entwicklung, Umsetzung und Fortschreibung der gemeinsamen deutschen Arbeitsschutzstrategie gemäß den Bestimmungen des Fünften Abschnitts des Arbeitsschutzgesetzes und der nationalen Präventionsstrategie nach §§ 20d bis 20f des Fünften Buches teil.

(4) Die Deutsche Gesetzliche Unfallversicherung e. V. unterstützt die Unfallversicherungsträger bei der Erfüllung ihrer Präventionsaufgaben nach Absatz 1. Sie nimmt insbesondere folgende Aufgaben wahr:

1. Koordinierung, Durchführung und Förderung gemeinsamer Maßnahmen sowie der Forschung auf dem Gebiet der Prävention von Arbeitsunfällen, Berufskrankheiten und arbeitsbedingten Gesundheitsgefahren,

2. Klärung von grundsätzlichen Fach- und Rechtsfragen zur Sicherung der einheitlichen Rechtsanwendung in der Prävention."

Nach § 14 Abs. 1 S. 1 SGB VII haben die Unfallversicherungsträger also insbesondere für die Verhütung von Arbeitsunfällen, Berufskrankheiten und arbeitsbedingten Gesundheitsgefahren „zu sorgen".

Daneben muss für den genauen Aussagegehalt des Präventionsauftrags zusätzlich § 21 SGB VII berücksichtigt werden. Dessen Absatz 1 regelt die „grundlegende Verpflichtung des Unternehmers zum Schutze der Versicherten"[108]. Dafür schreibt die Vorschrift die Verantwortung des Unternehmers zur Durchführung von Maßnahmen insbesondere zur Verhütung von Arbeitsunfällen, Berufskrankheiten und arbeitsbedingten Gesundheitsgefahren gesetzlich fest.[109] Die Norm korrespondiert dabei sowohl mit den Schutzpflichten der Arbeitgeber gegenüber den Beschäftigten aus § 618 BGB[110] als auch mit de-

---

108 BT-Drs. 13/2204, S. 81.

109 *Willrich*, Die BG 2009, S. 30 ff.; *Eichendorf*, in: jurisPK-SGB VII, Stand: 15.01.2022, § 21, Rn. 35; *Kranig/Timm*, in: Hauck/Noftz, SGB VII, EL 4/2016, § 14, Rn. 16.

110 Siehe dazu *Roloff*, in: Erfurter Kommentar zum Arbeitsrecht, § 618 BGB, Rn. 1; *Kranig/Timm*, in: Hauck/Noftz, SGB VII, EL 4/2016, § 14, Rn. 16; *Magiera/Geyer*, Betriebliche Prävention 2022, S. 279 (282).

ren aus dem staatlichen Arbeitsschutzrecht folgenden Pflichten gem. §§ 3 ff. ArbSchG.[111]

Ergänzend zu § 21 Abs. 1 SGB VII regelt § 21 Abs. 3 SGB VII „die grundlegende Verpflichtung der Versicherten zur Unterstützung“[112] der Unternehmer. Diese Vorschrift korrespondiert ihrerseits mit den Sorgfaltspflichten der Beschäftigten aus dem Arbeitsverhältnis und deren Unterstützungspflichten aus dem staatlichen Arbeitsschutzrecht gem. § 16 ArbSchG.[113]

Auf Grundlage des Wortlauts von § 14 Abs. 1 S. 1 SGB VII („zu sorgen“) und in Zusammenschau mit § 21 SGB VII kann der Präventionsauftrag[114] schließlich als eine „Steuerungsaufgabe“ umschrieben werden,[115] die darin besteht, durch Vorschriften und Regeln ebenso wie durch Beratung, Überwachung, Schulung, Aufklärung, Motivation u. v. m. sicherzustellen, dass die Unternehmer und Versicherten ihren Pflichten im Präventionsbereich nachkommen.[116] Dadurch wird den Unternehmern und Versicherten nicht die Verantwortung für ihre aus § 21 SGB VII, dem staatlichen Arbeitsschutzrecht sowie dem Arbeitsverhältnis folgenden Pflichten abgenommen.[117] Diese bleiben weiterhin für die Erfüllung ihrer Pflichten verantwortlich, werden dabei aber durch die Berufsgenossenschaften unterstützt.

---

[111] *Kranig/Timm*, in: Hauck/Noftz, SGB VII, EL 1/2014, § 21, Rn. 1; *Eichendorf*, in: jurisPK-SGB VII, Stand: 15.01.2022, § 21, Rn. 35 ff.

[112] BT-Drs. 13/2204, S. 81.

[113] *Kranig/Timm*, in: Hauck/Noftz, SGB VII, EL 1/2014, § 21, Rn. 1; *Eichendorf*, in: jurisPK-SGB VII, Stand: 15.01.2022, § 21, Rn. 43.

[114] *Kranig/Timm*, in: Hauck/Noftz, SGB VII, EL 4/2016, § 14, Rn. 15 f.; zur Individualprävention als Teil des Präventionsauftrags der gesetzlichen Unfallversicherung siehe *Brandenburg/Auf dem Berge/Krohn/Woltjen*, DGUV Forum 12/2018, S. 10 ff.; *Zagrodnik/Klinkhammer*, DGUV Forum 5/2022, S. 3 ff., u. a. im Hinblick auf § 9 Abs. 4 SGB VII.

[115] *Ricke*, in: Beck'scher Online-Grosskommentar (Kasseler Kommentar), SGB VII, Stand: 01.09.2015, § 14, Rn. 5; *Kranig/Timm*, in: Hauck/Noftz, SGB VII, EL 1/2014, § 21, Rn. 5; *Eichendorf*, in: jurisPK-SGB VII, Stand: 15.01.2022, § 14, Rn. 88, 183; § 21, Rn. 32, 60.

[116] *Coenen*, Die BG 2000, S. 694; *Leichsenring/Petermann*, Die Sozialversicherung 1998, S. 14 (17); *Kranig/Timm*, in: Hauck/Noftz, SGB VII, EL 4/2016, § 14, Rn. 16.

[117] *Kranig/Timm*, in: Hauck/Noftz, SGB VII, EL 4/2016, § 14, Rn. 16.

2. Steuerungsfähigkeit des Präventionsauftrags

Obwohl der Präventionsauftrag als eine Steuerungsaufgabe umschrieben werden kann, ist damit noch nichts zur Steuerungsfähigkeit der genossenschaftlichen Präventionsmaßnahmen[118] gesagt.

Für die Beurteilung ihrer Steuerungsfähigkeit reicht allein ein Rückgriff auf die gesetzlichen Regelungen im SGB VII nicht aus. Dafür muss vielmehr eine steuerungstheoretische Perspektive eingenommen werden.[119] Diese konzentriert sich auf die Steuerungsfähigkeit des Rechts,[120] wofür sie an die sozialwissenschaftliche Steuerungsdiskussion[121] anknüpft und die rechtsaktsbezogene Perspektive auf das Recht um eine wirkungsbezogene Perspektive erweitert. Dementsprechend wird in der Verwaltungsrechtswissenschaft überwiegend auf einen handlungsorientierten Steuerungsansatz[122] abgestellt und die „‚gezielte Beeinflussung' von ‚Systemen'"[123] durch Recht in den Mittelpunkt der Überlegungen gestellt.

Vor dem Hintergrund dieser Überlegungen steht der Präventionsauftrag der gesetzlichen Unfallversicherung vor einer doppelten Herausforderung:[124] Einerseits müssen die Berufsgenossenschaften steuernd auf ihre Mitgliedsunternehmer und die dort tätigen Versicherten einwirken. Andererseits können sie dieser Aufgabe nur sachgerecht nachkommen, sofern ihnen Wissen über gesundheitsschädliche arbeitsbedingte Einwirkungen zur Verfügung steht.[125]

---

118 Obwohl die Unternehmer für die Präventionsmaßnahmen in ihren Unternehmen verantwortlich sind, werden die Tätigkeiten der Berufsgenossenschaften im Präventionsbereich, die ihnen aufgrund ihrer Steuerungsaufgabe zukommen, ebenfalls und weiterhin als Präventionsmaßnahmen bezeichnet.

119 Siehe dazu *Schuppert*, in: Hoffmann-Riem/Schmidt-Aßmann/ders., Reform des allgemeinen Verwaltungsrechts, S. 65 ff.; *Schmidt-Aßmann*, in: ders./Hoffmann-Riem, Verwaltungsorganisationsrecht als Steuerungsressource, S. 9 (14 ff.); *Franzius*, in: Voßkuhle/Eifert/Möllers, GVwR, Band I, § 4.

120 *Franzius*, in: Voßkuhle/Eifert/Möllers, GVwR, Band I, § 4, Rn. 1.

121 Zu deren Aussagen und den in der Sozialwissenschaft vertretenen unterschiedlichen Steuerungsbegriffen und -theorien siehe *Voßkuhle*, in: ders./Eifert/Möllers, GVwR, Band I, § 1, Rn. 17 ff.

122 Grundlegend *Mayntz/Scharpf*, in: dies., Gesellschaftliche Selbstregelung und politische Steuerung, S. 39 ff.; zu der Bedeutung dieses Ansatzes in der Verwaltungsrechtswissenschaft siehe *Voßkuhle*, in: ders./Eifert/Möllers, GVwR, Band I, § 1, Rn. 20; *Franzius*, in: Voßkuhle/Eifert/Möllers, GVwR, Band I, § 4, Rn. 1.

123 *Voßkuhle*, in: ders./Eifert/Möllers, GVwR, Band I, § 1, Rn. 20, unter Hinweis auf *Mayntz*, in: dies., Soziale Dynamik und politische Steuerung, S. 186 (190).

124 Zum Steuerungsansatz als Analysewerkzeug siehe *Voßkuhle*, in: ders./Eifert/Möllers, GVwR, Band I, § 1, Rn. 22 ff.

125 *Kranig*, in: Hauck/Noftz, SGB VII, EL 1/2023, § 207, Rn. 4.

Dafür reichen – wie bereits ausgeführt[126] – allgemein zugängliche wissenschaftliche Erkenntnisse allein nicht aus; hierfür ist vielmehr betriebsbezogenes Wissen erforderlich.[127] Die damit einhergehende Herausforderung, entsprechendes Wissen als tatsächliche Grundlage der Präventionsmaßnahmen unter Einbeziehung der Mitgliedsunternehmen überhaupt erst zu erzeugen, wirft nun die weitere Frage nach der Steuerungsfähigkeit der Wissenserzeugung auf.

a) Steuerungsfähigkeit der Wissenserzeugung

Die Steuerungsfähigkeit der genossenschaftlichen Präventionsmaßnahmen hängt entscheidend von der Steuerungsfähigkeit der Wissenserzeugung durch die Genossenschaften ab. Diese lässt sich anhand des handlungsorientierten Steuerungsansatzes jedoch nicht gänzlich erfassen, weil der komplexe Prozess der Wissenserzeugung[128] gewissen Steuerungsrestriktionen ausgesetzt ist.[129]

Daher gilt es ergänzend die ebenfalls aus den Sozialwissenschaften stammende Governance-Perspektive, die sich auf die Analyse von Regelungsstrukturen konzentriert,[130] für die Analyse des rechtlichen Umgangs mit Wissen und die Steuerungsfähigkeit seiner Erzeugung heranzuziehen.[131] Durch diese Ergänzung der Steuerungsperspektive um die Governance-Perspektive findet eine Akzentverschiebung in Richtung der Regelungsstrukturen[132] statt.[133] In

---

[126] Einleitung, I.

[127] *Kranig*, in: Hauck/Noftz, SGB VII, EL 1/2023, § 207, Rn. 4: Dazu zählen etwa Erkenntnisse zu den Fragen, bei welchen Tätigkeiten bestimmte Beschäftigte oder Beschäftigtengruppen gesundheitsschädlichen Einwirkungen ausgesetzt sind oder in welchen Produkten, die in den Mitgliedsunternehmen verwendet werden, gesundheitsschädliche Bestandteile enthalten sind.

[128] Siehe dazu 1. Teil, C. II.

[129] Siehe die verschiedenen Argumente bei *H. C. Röhl*, in: ders., Wissen, S. 65 (68 f.); siehe auch *Schmidt-Aßmann*, in: H. C. Röhl, Wissen, S. 39 (41 ff.); *Pflug*, Pandemievorsorge, S. 51 f.

[130] *H. C. Röhl*, in: ders., Wissen, S. 65 (69).

[131] *Mayntz*, in: Schuppert, Governance-Forschung, S. 11 (17); *Pflug*, Pandemievorsorge, S. 51 f.; siehe auch die Beiträge in *Schuppert/Voßkuhle* (Hrsg.), Governance von und durch Wissen; für *H. C. Röhl*, in: ders., Wissen, S. 65 (68 f.), erscheint es „für eine Analyse des rechtlichen Umgangs mit Wissen sinnvoll zu sein, die Governance-Perspektive als Ausgangspunkt zu wählen".

[132] *Trute/Kühlers/Pilniok*, in: Benz/Lütz/Schimank/Simonis, Handbuch Governance, S. 240 (245); für *Voßkuhle*, in: ders./Eifert/Möllers, GVwR, Band I, § 1, Rn. 70, zielt der „Begriff der *Regelungsstruktur* […] ebenfalls auf die analytische Erfassung der Interaktionen und Aufgabenteilungen staatlicher und gesellschaftlicher Akteure".

[133] *Mayntz*, in: Schuppert, Governance-Forschung, S. 11 (17 f.); so auch *Pflug*, Pandemievorsorge, S. 52.

diese Richtung argumentieren auch verschiedene Stimmen im rechtswissenschaftlichen Diskurs, die den steuerungstheoretischen Ansatz mit der Governance-Perspektive verbinden möchten.[134] Dieses Verständnis, das sich den Regelungsstrukturen zuwendet,[135] die es bei der komplexen Frage der Wissensgenerierung in den Mittelpunkt der Überlegungen zu stellen gilt,[136] ermöglicht letztlich die Analyse des rechtlichen Umgangs mit Wissen und der Steuerungsfähigkeit seiner Erzeugung.

Ausgehend von den Regelungsstrukturen wird deutlich, dass die Genossenschaften anhand der in den gesetzlichen Strukturen angelegten kognitiven Potentiale in umfassender Weise Kenntnisse, insbesondere unter Einbeziehung ihrer Mitgliedsunternehmen, erzeugen können. Diese werden durch eine Vielzahl unselbstständig erzeugender Potentiale verpflichtet, bestimmte Kenntnisse gegenüber den Genossenschaften offenzulegen.[137] Das verdeutlichen die Anzeige- und Mitteilungspflichten sowie Auskunftsverlangen in exemplarischer Weise.[138] Daran anschließend können die Genossenschaften die Weiterverwendung der insofern erzeugten Kenntnisse und deren Vollendung zu Wissen auf der Ebene der Selbstverwaltung umfassend steuern. Das macht insbesondere der DGUV Grundsatz 300-001 deutlich. Im Ergebnis können die Genossenschaften die Wissenserzeugung, auch unter Einbeziehung der Mitgliedsunternehmen, mithin in einem beachtlichen Maße steuern.

b) Steuerungsfähigkeit der genossenschaftlichen Präventionsmaßnahmen

Diese Steuerungsmöglichkeiten bei der Wissenserzeugung wirken bei den Steuerungsmöglichkeiten durch die genossenschaftlichen Präventionsmaßnahmen fort. Hierbei kann das erzeugte Wissen anhand der in verschiedenen Präventionsmaßnahmen angelegten verwertenden Potentiale zur Verwirklichung des Präventionsauftrags fruchtbar gemacht werden. Dabei kommt be-

---

134 *Appel*, in: VVDStRL 67 (2008), S. 226 (246), der den steuerungswissenschaftlichen Ansatz in die Governance-Perspektive einbringen und dieser dadurch zu stärkeren Konturen verhelfen möchte; *Kersten*, in: Grande/May, Perspektiven der Governance-Forschung, S. 45 (49); *Pflug*, Pandemievorsorge, S. 51 ff.

135 Zu den Regelungsstrukturen siehe *Mayntz*, in: Schuppert, Governance-Forschung, S. 11 (17); *H. C. Röhl*, in: ders., Wissen, S. 65 (69); *Pflug*, Pandemievorsorge, S. 52; *Reiling*, Der Hybride, S. 311; *Voßkuhle*, in: ders./Eifert/Möllers, GVwR, Band I, § 1, Rn. 70; *Trute/Kühlers/Pilniok*, in: Benz/Lütz/Schimank/Simonis, Handbuch Governance, S. 240 (245), sehen das „Konzept der Regelungsstruktur" als „rechtswissenschaftliche Ausprägung des Governance-Ansatzes" an.

136 Allgemein *H. C. Röhl*, in: ders., Wissen, S. 65 (69); konkret *Pflug*, Pandemievorsorge, S. 51 ff.

137 Siehe dazu 2. Teil, A. I. 1., 2. a) aa), e), 3., 4.

138 Siehe beispielsweise §§ 19 Abs. 2 S. 1 Nr. 2, 192, 193 Abs. 1, 2 SGB VII, § 3 Abs. 4 DGUV Vorschrift 1.

stimmten Präventionsmaßnahmen, etwa verbindlichen Anordnungen gem. § 19 Abs. 1 SGB VII, sogar eine unmittelbar steuernde Wirkung zu, weil diese sowohl gegenüber den Mitgliedsunternehmern als auch den Versicherten durchgesetzt werden können.

3. Hinwendung zur Governance-Perspektive

Neben den konkreten Aussagen zur Steuerungsfähigkeit der Wissenserzeugung und der genossenschaftlichen Präventionsmaßnahmen wird aus den vorstehenden Ausführungen zusätzlich der folgende allgemeine Aspekt deutlich: Im Hinblick auf die kognitiven Potentiale muss der Steuerungsansatz um bestimmte Elemente der Governance-Perspektive ergänzt werden.[139] Das betrifft insbesondere die Hinwendung zu den Regelungsstrukturen. Deren Analyse, die ihren Ausgang in den Regelungsmedien zu nehmen hat,[140] hilft dabei, die kognitiven Potentiale und ihre Wechselwirkungen offenzulegen und zu beschreiben.

Die Governance-Perspektive, die im rechtswissenschaftlichen Diskurs noch nicht als ein juristisches Konzept beschrieben werden konnte[141] und von verschiedenen Stimmen dafür auch als ungeeignet qualifiziert wird,[142] liefert also wesentliche Beschreibungsangebote[143] für die Analyse der kognitiven Potentiale. Damit diese Eingang in die Methodik finden, gilt es die Governance-Perspektive als eine Ergänzung neben die kognitive Analyseperspektive treten zu lassen. Das ist aus methodischer Sicht ohne Weiteres möglich, weil dadurch die kognitive Analyseperspektive lediglich um bestimmte Aussagegehalte der Governance-Perspektive angereichert wird. Auf diese Weise wird nicht nur der handlungsorientierte Steuerungsansatz geöffnet, sondern zusätzlich die kognitive Analyseperspektive um weitere Beschreibungsangebote angereichert.

---

139 *Pflug*, Pandemievorsorge, S. 52; *Voßkuhle*, in: ders./Eifert/Möllers, GVwR, Band I, § 1, Rn. 21, möchte innerhalb der Verwaltungsrechtswissenschaft am Steuerungsansatz grundsätzlich festhalten, aber das Konzept der Regelungsstruktur nicht aus dem Blick verlieren.

140 Siehe dazu *Schmidt-Aßmann*, in: H. C. Röhl, Wissen, S. 39 (43).

141 *Voßkuhle*, in: ders./Eifert/Möllers, GVwR, Band I, § 1, Rn. 70; siehe aber etwa die Ansätze bei *Reiling*, Der Hybride, S. 306 ff.; *Franzius*, VerwArch 97 (2006), S. 186 (209); *Vesting*, in: Hoffmann-Riem/Schmidt-Aßmann, Verwaltungsrecht in der Informationsgesellschaft, S. 101 (118).

142 *Voßkuhle*, in: ders./Eifert/Möllers, GVwR, Band I, § 1, Rn. 21.

143 *Schuppert*, Die Verwaltung 40 (2007), S. 463 (473 ff.); *H. C. Röhl*, in: ders., Wissen, S. 65 (69).

Darauf aufbauend gilt es nun, für die kognitiven Potentiale zunächst abstrakte Aussagen zu formulieren (dazu C.), bevor sie anschließend im Konkreten untersucht werden können (dazu 2. Teil).

C. Präventionsauftrag aus der Wissensperspektive

I. Gegenstand kognitiver Potentiale: verschiedene Phänomene

Bevor die kognitiven Potentiale abstrakt systematisiert und strukturiert werden können, gilt es zunächst, den bislang untechnisch verwendeten Begriff der „Kenntnisse" anhand der Phänomene Daten (dazu 1.), Informationen (dazu 2.) und Wissen (dazu 3.) zu konkretisieren. Damit anhand dieser Phänomene, die allesamt „nicht zu den traditionellen Leitbegriffen der Verwaltungsrechtsdogmatik"[144] zählen, abstrakte Aussagen zu den kognitiven Potentialen formuliert werden können, müssen zuerst ihre Bedeutungsgehalte, am Erkenntnisinteresse der Fragestellung orientiert, hinreichend konturiert werden.[145]

Dabei gilt es vorab ganz allgemein zu berücksichtigen, dass der Begriff „Wissen" im rechtswissenschaftlichen Diskurs oftmals synonym zu den Begriffen „Daten" und „Informationen" verwendet wird.[146] Auch in der originären Wissensforschung wird der Begriff durchaus heterogen verwendet.[147] Es bestehen also sowohl innerhalb als auch zwischen den verschiedenen Wissenschaftsdisziplinen definitorische Unterschiede.[148] Daher kann man sich dem Wissensbegriff sinnvollerweise nur annähern.[149] Dafür muss er zunächst von denjenigen Erkenntnisformen abgegrenzt werden, die nicht auf eine Praxis angewiesen sind.[150] Dazu zählen etwa „Intuition", „Überzeugung" oder

---

144 *Albers*, in: Spiecker gen. Döhmann/Collin, Generierung und Transfer staatlichen Wissens im System des Verwaltungsrechts, S. 50 (51); *Jabri*, Simulationen, S. 5.

145 Allgemein *Hoffmann-Riem*, in: ders./Schmidt-Aßmann, Verwaltungsrecht in der Informationsgesellschaft, S. 9 (12).

146 Siehe die Nachweise bei *Trute*, in: H. C. Röhl, Wissen, S. 11 (13); *Müller-Terpitz*, in: VVDStRL (83) 2024, S. 278 (279), verwendet die Begriffe Wissen und Information synonym.

147 Siehe dazu *Stehr*, Wissen und Wirtschaften, S. 53 ff.

148 *B. Wollenschläger*, Wissensgenerierung im Verfahren, S. 29 m. w. N.; *Münkler*, in: dies., Dimensionen des Wissens im Recht, S. 3 (5); *dies.*, Expertokratie, S. 88 ff.; *Jabri*, Simulationen, S. 6; *Wohlrapp*, in: Leyhausen-Seibert/Menzel/Vogel, Wissen in Recht und Sprache, spricht von „weitläufigen Diskussionen um den Wissensbegriff"; *Collin/Horstmann*, in: dies., Das Wissen des Staates, S. 9 (11 f.), fordern sogar auf eine definitorische Umschreibung des Wissensbegriffs zu verzichten.

149 *B. Wollenschläger*, Wissensgenerierung im Verfahren, S. 29.

150 *Willke*, Dystopia, S. 15.

„Glaube". Daneben ist für die Annäherung an den Wissensbegriff vor allem die Abgrenzung von seinen vorausgesetzten und ermöglichenden Komponenten entscheidend. Erst diese verleihen ihm sein Gepräge. Dabei handelt es sich um die beiden Phänomene „Daten" und „Informationen".[151] Ohne eine nähere Konturierung dieser beiden Phänomene lässt sich der Wissensbegriff nicht aussagekräftig von ihnen abgrenzen. Daher nimmt die Annäherung an den Wissensbegriff ihren Ausgang in den Bedeutungsinhalten dieser beiden Phänomene. Dementsprechend beschreibt Willke die Konturierung des Wissensbegriffs als einen „dreistufigen Selektionsprozess"[152].

1. Daten

Der dreistufige Selektionsprozess nimmt seinen Ausgang im Phänomen *Daten*. Im sozialwissenschaftlichen Diskurs wird darauf verwiesen, dass es „keine Daten an sich gibt, sondern nur beobachtungsabhängige, also qua Beobachtung erzeugte oder konstruierte Daten"[153]. Diese müssen zudem in irgendeiner Form codiert sein, d.h. in einer bestimmten Form verfügbar gemacht werden können.[154] Diese zweite Voraussetzung wird im rechtswissenschaftlichen Diskurs grundsätzlich als Umschreibung für Daten verwendet. Darunter werden interpretationsfreie „Zeichen" bzw. „Symbole" gefasst,[155] die codiert sind, also in einer bestimmten Form verfügbar gemacht werden können.[156] Darüber hinaus wird darauf hingewiesen, dass Daten durch ein

---

[151] *Willke*, Dystopia, S. 14f.; diese Unterscheidung nehmen unter anderem auch vor: *Trute*, in: H. C. Röhl, Wissen, S. 11 (13ff.); *Vesting*, in: Voßkuhle/Eifert/Möllers, GVwR, Band I, § 20, Rn. 14ff.; *Reiling*, Der Hybride, S. 5.

[152] *Willke*, Dystopia, S. 15; in diesem Sinne auch *Trute*, in: H. C. Röhl, Wissen, S. 11 (14ff.); *Albers*, in: Spiecker gen. Döhmann/Collin, Generierung und Transfer staatlichen Wissens im System des Verwaltungsrechts, S. 50 (54f.); *Vesting*, in: Voßkuhle/Eifert/Möllers, GVwR, Band I, § 20, Rn. 14ff.; *Voß*, Unternehmenswissen als Regulierungsressource, S. 7; zum Selektionsprozess siehe auch *Seckelmann*, in: Augsberg/Schuppert, Wissen und Recht, S. 259 (260f.).

[153] *Willke*, Systemisches Wissensmanagement, S. 7; siehe auch *ders.*, Dystopia, S. 15; *Kluth*, in: Spiecker gen. Döhmann/Collin, Generierung und Transfer staatlichen Wissens im System des Verwaltungsrechts, S. 73 (75), beschreibt Daten „als ‚beobachtbare Unterschiede' […], denn jedes Datum setzt ein Beobachtungsinstrument voraus, das es erlaubt, Unterschiede zu registrieren".

[154] *Kluth*, in: Spiecker gen. Döhmann/Collin, Generierung und Transfer staatlichen Wissens im System des Verwaltungsrechts, S. 73 (75).

[155] *Vesting*, in: Voßkuhle/Eifert/Möllers, GVwR, Band I, § 20, Rn. 14; *Hoffmann-Riem*, Innovation und Recht – Recht und Innovation, S. 304.

[156] *Hoffmann-Riem*, in: ders./Schmidt-Aßmann, Verwaltungsrecht in der Informationsgesellschaft, S. 9 (12); *Albers*, in: Spiecker gen. Döhmann/Collin, Generierung und Transfer staatlichen Wissens im System des Verwaltungsrechts, S. 50 (54); *Trute*, in: H. C. Röhl, Wissen, S. 11 (14).

stabiles und eindeutiges, quasi zeit- und kontextloses Gepräge gekennzeichnet sind.[157] Demnach sind sie durch die beiden Merkmale der beliebigen Reproduktionsfähigkeit und der Interpretationsfreiheit gekennzeichnet.[158] Daten sind mithin speicher- und verarbeitungsfähig und können daher als Grundlage von Informationen dienen.[159] Sie werden deshalb auch als Vorstufe[160] von Informationen und letztlich auch von Wissen qualifiziert.

2. Informationen

Daran anknüpfend kann das Phänomen *Informationen* beschrieben werden, das als Bindeglied zwischen den Phänomenen Daten und Wissen fungiert.[161] Zu Informationen finden sich zwei maßgebliche Erklärungsansätze. Der erste versteht Informationen als systemspezifisch aufbereitete Daten, wohingegen der zweite Informationen als interpretierte Sinnelemente umschreibt.

Unter der systemspezifischen Aufbereitung von Daten versteht der erste Erklärungsansatz ihre Einbindung in einen Kontext von Relevanzen, der für ein bestimmtes System gilt.[162] Auch der zweite Erklärungsansatz, der Informationen als Sinnelemente umschreibt, die an Daten, Beobachtungen oder Mitteilungen anknüpfen, fordert eine eigensinnige Interpretation der sich informierenden Person in einem bestimmten Kontext.[163] Erst dadurch werden Informationen vollendet.[164]

Demnach ist die Interpretation, die nur durch eine natürliche Person erfolgen kann, nach beiden Ansätzen das maßgebliche Abgrenzungskriterium

157 *Vesting*, in: Voßkuhle/Eifert/Möllers, GVwR, Band I, § 20, Rn. 14.

158 *Vesting*, in: Voßkuhle/Eifert/Möllers, GVwR, Band I, § 20, Rn. 14 ff.

159 *Trute*, in: H. C. Röhl, Wissen, S. 11 (14); *Albers*, in: Voßkuhle/Eifert/Möllers, GVwR, Band I, § 22, Rn. 6 f.

160 *Schliesky*, in: Hill/Sommermann/Wieland/Ziekow, Brauchen wir eine neue Verfassung?, S. 215 (216).

161 So *Willke*, Dystopia, S. 14 ff.; *Kluth*, in: Spiecker gen. Döhmann/Collin, Generierung und Transfer staatlichen Wissens im System des Verwaltungsrechts, S. 73 (76).

162 *Willke*, Dystopia, S. 16 f.; *Kluth*, in: Spiecker gen. Döhmann/Collin, Generierung und Transfer staatlichen Wissens im System des Verwaltungsrechts, S. 73 (76); *Münkler*, in: dies., Dimensionen des Wissens im Recht, S. 3 (6).

163 *Trute*, in: H. C. Röhl, Wissen, S. 11 (14); *Albers*, in: Voßkuhle/Eifert/Möllers, GVwR, Band I, § 22, Rn. 7; *dies*., in: Spiecker gen. Döhmann/Collin, Generierung und Transfer staatlichen Wissens im System des Verwaltungsrechts, S. 50 (54) *Voß*, Unternehmenswissen als Regulierungsressource, S. 7 f.; *Reich*, in: VVDStRL (83) 2024, S. 319 (321).

164 *Scherzberg*, in: Hoffmann-Riem/Schmidt-Aßmann, Verwaltungsrecht in der Informationsgesellschaft, S. 195 (198 f.); *Albers*, in: Spiecker gen. Döhmann/Collin, Generierung und Transfer staatlichen Wissens im System des Verwaltungsrechts, S. 50 (54).

zwischen Daten und Informationen.[165] Diese sind nach beiden Erklärungsansätzen interpretations- und kontextabhängig.[166] Da der zweite Erklärungsansatz Informationen als interpretierte Sinnelemente umschreibt und damit Beobachtungen und Mitteilungen erfasst, ist er gegenüber dem ersten Erklärungsansatz vorzuziehen.

Mithin fungieren als Anknüpfungspunkte bzw. Grundlagen von Informationen sowohl Daten, Beobachtungen als auch Mitteilungen, die durch Interpretation zu Informationen vollendet werden. Dabei kommt Daten eine besondere Bedeutung zu, weil sie nicht zwangsläufig mit einem menschlichen Verhalten in Zusammenhang stehen müssen. Das verdeutlichen maschinenerzeugte Daten in exemplarischer Weise.[167] Daneben werden Mitteilungen und Beobachtungen in verkörperter Form durch Daten ausgedrückt, sodass in dieser Konstellation eine Kombination von Mitteilungen und Beobachtungen einerseits und Daten andererseits vorliegt. Unabhängig von ihren unterschiedlichen Bedeutungen werden Daten, Beobachtungen und Mitteilungen allesamt vom Begriff der Informationsgrundlagen erfasst.[168] Dieser entspricht zwar nicht dem gesetzlichen Sprachgebrauch, der weitgehend die Begriffe Daten und Informationen verwendet. Gleichwohl vermag der gesetzliche Sprachgebrauch immerhin eine „Hintergrundfolie der Analyse“[169] zu bieten, weshalb er auch im Rahmen dieser Untersuchung beibehalten wird. Sofern gesetzliche Regelungen den Begriff „Daten“ verwenden, können damit auch andere Informations- oder Wissensgrundlagen angesprochen sein, weil Daten vorausgesetzte und ermöglichende Komponenten von Informationen und Wissen sind.

3. Wissen

Im Endeffekt besteht in den sozial- und rechtswissenschaftlichen Diskursen weitgehende Einigkeit bei der Umschreibung der Phänomene Daten und Informationen. Demgegenüber nähert sich der rechtswissenschaftliche Diskurs dem Phänomen *Wissen* durch uneinheitliche definitorische Herangehensweisen.[170]

---

[165] *Albers*, in: Spiecker gen. Döhmann/Collin, Generierung und Transfer staatlichen Wissens im System des Verwaltungsrechts, S. 50 (54); siehe auch *dies*., in: Voßkuhle/Eifert/Möllers, GVwR, Band I, § 22, Rn. 7; *Trute*, in: Roßnagel, Handbuch Datenschutzrecht, 2.5, Rn. 18; *Jabri*, Simulationen, S. 9.

[166] *Albers*, in: Spiecker gen. Döhmann/Collin, Generierung und Transfer staatlichen Wissens im System des Verwaltungsrechts, S. 50 (54).

[167] *A. Wiebe/Schur*, ZUM 2017, S. 461 (465).

[168] *Trute*, in: H. C. Röhl, Wissen, S. 11 (16); *Jabri*, Simulationen, S. 7, für Daten.

[169] *Trute*, in: H. C. Röhl, Wissen, S. 11 (15).

[170] Siehe dazu *Münkler*, Expertokratie, S. 88 ff.; *Vesting*, in: Voßkuhle/Eifert/Möllers, GVwR, Band I, § 20, Rn. 26 ff.

Dabei wird Wissen ganz grundlegend als „organisierte und systematisierte Form von Information“[171] umschrieben.

Stimmen in der Literatur ziehen allerdings in Zweifel, ob bereits die Organisation und Systematisierung von Informationen als Wissen qualifiziert werden kann oder ob nicht noch weitere Aspekte hinzutreten müssen, damit Informationen zu Wissen vollendet werden.[172] Das folgt aus der Überlegung, dass Wissen nicht nur ein anderer „Aggregatzustand, eine kondensierte Form“[173] von Informationen ist, sondern vielmehr durch Interpretation[174] bearbeitete und aufbereitete Informationen verkörpert.[175] Die Vertreter dieses Wissensbegriffs verlangen also nicht nur eine bloße Organisation und Systematisierung von Informationen, sondern darüber hinaus ihre Bearbeitung und Einordnung in einen „Kontext von schon Bekanntem bzw. […] schon vorhandenen Wissens“[176]. Insofern soll bezogen auf Informationen wiederum eine Einordnung in einen zweiten[177] Kontext von Relevanzen[178] bzw. eine Interpretation in einem bestimmten Kontext erfolgen, die zu einer „systematische[n] Verknüpfung mehrerer Informationen zu einer Struktur“[179] führt. Dieser zweite Kontext besteht „nicht […] aus Relevanzkriterien, sondern aus bedeutsamen

171 *Hoffmann-Riem*, in: ders./Schmidt-Aßmann, Verwaltungsrecht in der Informationsgesellschaft, S. 9 (12), der allerdings zusätzlich darauf hinweist, dass diese Form von Information Verstehens- und Informationsvorgänge erlaubt; siehe auch *Voßkuhle*, in: Hoffmann-Riem/Schmidt-Aßmann, Verwaltungsrecht in der Informationsgesellschaft, S. 349 (353); *B. Wollenschläger*, Wissensgenerierung im Verfahren, S. 30; *Pflug*, Pandemievorsorge, S. 37.

172 *H. C. Röhl*, in: ders., Wissen, S. 65 f.; *Reiling*, Der Hybride, S. 6; *Jabri*, Simulationen, S. 10 f.; *Vesting*, in: Voßkuhle/Eifert/Möllers, GVwR, Band I, § 20, Rn. 27.

173 *H. C. Röhl*, in: ders., Wissen, S. 65.

174 *Hoffmann-Riem*, in: ders./Schmidt-Aßmann, Verwaltungsrecht in der Informationsgesellschaft, S. 9 (12), wonach die „Information mit dem Ziel des Verstehens bearbeitet“ wird; *H. C. Röhl*, in: ders., Wissen, S. 65 (66), spricht von Wissen als „gelernte[r] Information“; *Reiling*, Der Hybride, S. 6, spricht von „Interpretation“; für *Münkler*, in: dies., Dimensionen des Wissens im Recht, S. 3 (9), enthält Wissen aufgrund der „Bewertungsnotwendigkeit […] zwingend immer gewisse subjektive Anteile“.

175 *Reiling*, Der Hybride, S. 6.

176 *Vesting*, in: Voßkuhle/Eifert/Möllers, GVwR, Band I, § 20, Rn. 26.

177 *Willke*, Systemisches Wissensmanagement, S. 11; *Münkler*, in: dies., Dimensionen des Wissens im Recht, S. 3 (9), spricht von einer „doppelten kontextspezifischen Bewertung von Daten und Informationen“.

178 *Kluth*, in: Spiecker gen. Döhmann/Collin, Generierung und Transfer staatlichen Wissens im System des Verwaltungsrechts, S. 73 (76); *Willke*, Systemisches Wissensmanagement, S. 11; *Trute*, in: H. C. Röhl, Wissen, S. 11 (17); *Voß*, Unternehmenswissen als Regulierungsressource, S. 8.

179 *Reiling*, Der Hybride, S. 6; *dies.*, in: Münkler, Dimensionen des Wissens im Recht, S. 175 (177).

Erfahrungsmustern, die […] in einem speziell dafür erforderlichen Gedächtnis [ge]speichert und verfügbar"[180] gehalten werden.

Dementsprechend wird Wissen abstrakt mit kognitiven Erwartungen umschrieben, die relativ zeitbeständig sind und sich durch prinzipielle Lernfähigkeit und -bereitschaft auszeichnen.[181] Dadurch schafft Wissen einerseits Stabilität, indem die kognitiven Erwartungen die Möglichkeit eröffnen, Informationen zu interpretieren und über ihre Bedeutung zu entscheiden.[182] Andererseits sind diese Erwartungen im Hinblick auf neue Informationen auch zur lernenden Anpassung fähig.[183] Die Besonderheit von Wissen als „gelernte Information"[184] besteht letztlich in seinem strukturellen Gepräge,[185] das es durch interpretatorische Verknüpfung mehrerer Informationen erhält und das „Verstehens- und Interpretationsvorgänge erlaubt"[186].[187]

II. Ausrichtung erzeugender Potentiale

Aus den unterschiedlichen Bedeutungsgehalten von Daten, Informationen und Wissen wird deutlich, dass sowohl die selbstständig (dazu 1.) als auch die unselbstständig erzeugenden Potentiale (dazu 2.) letzten Endes auf die Erzeugung von Wissen ausgerichtet sind, weil Wissen als gelernte Information Verstehensvorgänge ermöglicht.

---

180 *Willke*, Systemisches Wissensmanagement, S. 11.

181 *Luhmann*, Die Wissenschaft der Gesellschaft, S. 122 ff.; *Albers*, in: Spiecker gen. Döhmann/Collin, Generierung und Transfer staatlichen Wissens im System des Verwaltungsrechts, S. 50 (54); *Reiling*, Der Hybride, S. 6; *Voß*, Unternehmenswissen als Regulierungsressource, S. 8 f.; *Vesting*, in: Voßkuhle/Eifert/Möllers, GVwR, Band I, § 20, Rn. 26.

182 *Trute*, in: H. C. Röhl, Wissen, S. 11 (15); *Albers*, in: Spiecker gen. Döhmann/ Collin, Generierung und Transfer staatlichen Wissens im System des Verwaltungsrechts, S. 50 (55).

183 *Albers*, in: Spiecker gen. Döhmann/Collin, Generierung und Transfer staatlichen Wissens im System des Verwaltungsrechts, S. 50 (54 f.); *Trute*, in: H. C. Röhl, Wissen, S. 11 (15).

184 *H. C. Röhl*, in: ders., Wissen, S. 65 (66).

185 Zu Wissen als Struktur *Baecker*, Organisation als System, S. 90.

186 *Schoch*, in: VVDStRL (57) 1998, S. 158 (167); *Kaufhold*, in: Augsberg/Schuppert, Wissen und Recht, S. 289 (293).

187 *Reiling*, Der Hybride, S. 6; zu verschiedenen Wissensvarianten siehe *Schuppert*, Wissen, Governance, Recht, S. 310 f.; *Hoffmann-Riem*, Innovation und Recht – Recht und Innovation, S. 307 f.; *ders.*, Recht im Sog der digitalen Transformation; *ders.*, in: Augsberg/Schuppert, Wissen und Recht, S. 509 (515 ff.).

1. Ausrichtung selbstständig erzeugender Potentiale

Die Ausrichtung der selbstständig erzeugenden Potentiale auf die Wissenserzeugung wird anhand der genossenschaftlichen Forschung in exemplarischer Weise deutlich. In diesem Zusammenhang gilt es zu beachten, dass die Mitgliedsunternehmen oder Dritte in diese Form der Wissenserzeugung nicht zwangsläufig einbezogen werden müssen.

2. Ausrichtung unselbstständig erzeugender Potentiale

Die unselbstständig erzeugenden Potentiale ermöglichen demgegenüber die Erzeugung von Wissen unter Einbeziehung der Mitgliedsunternehmen und Dritter.[188] Die Ausrichtung auf die Mitgliedsunternehmen beruht dabei vor allem auf der Erwägung, dass Wissen zu Arbeitsunfällen, Berufskrankheiten und arbeitsbedingten Gesundheitsgefahren insbesondere unter Einbeziehung derjenigen gewonnen werden kann, in deren Einflussbereich entsprechende Risiken und Gefahren auftreten und sich verwirklichen.

a) Erzeugung von Informationen auf Grundlage eigener Beobachtungen

Die unselbstständig erzeugenden Potentiale ermöglichen den für die Genossenschaften handelnden Personen zunächst eigene Beobachtungen im Zusammenhang mit dem jeweiligen Mitgliedsunternehmen oder Dritten.[189] Solche eigenen Beobachtungen finden beispielsweise bei der Prüfung von Arbeitsmitteln und persönlichen Schutzausrüstungen (§ 19 Abs. 2 S. 1 Nr. 4 SGB VII) statt. Durch Interpretation dieser eigenen Beobachtungen können die für die Genossenschaften handelnden Personen Informationen bilden.

b) Erzeugung von Informationsgrundlagen, Informationen und Wissen der Mitgliedsunternehmen sowie Dritter?

Daneben sind die unselbstständig erzeugenden Potentiale sowohl auf Informationsgrundlagen, Informationen und Wissen der Mitgliedsunternehmen (Unternehmenswissen) als auch auf Informationsgrundlagen, Informationen

---

188 Unselbstständig erzeugende Potentiale, die die Erzeugung von Wissen durch Einbeziehung Dritter ermöglichen, werden als erzeugende Verbundpotentiale umschrieben.

189 Sofern im Folgenden verkürzt von Beobachtungen der Genossenschaften gesprochen wird, sind damit die Beobachtungen der für die Genossenschaften handelnden Personen angesprochen.

und Wissen Dritter ausgerichtet.[190] Auf welches dieser Phänomene die Potentiale genau abzielen, muss im jeweiligen Einzelfall konkret beantwortet werden. Im Rahmen einer abstrakten Betrachtung können dazu jedenfalls keine pauschalen Aussagen getroffen werden. Daher werden im Rahmen dieser Untersuchung Informationsgrundlagen, Informationen und Wissen der Mitgliedsunternehmen sowie Dritter zusammengefasst als ein Zugriffsgegenstand der unselbstständig erzeugenden Potentiale betrachtet.

aa) Aktualisierung von Informationsgrundlagen, Informationen und Wissen

Durch die Inanspruchnahme unselbstständig erzeugender Potentiale können Informationsgrundlagen, Informationen und Wissen der Mitgliedsunternehmen sowie Dritter nicht ohne Weiteres erzeugt werden. Dafür müssen die Genossenschaften sie vielmehr zunächst aktualisieren bzw. verfügbar machen, um sie anschließend auf die Ebene der Selbstverwaltung übertragen zu können.[191]

Für die Aktualisierung von Informationsgrundlagen und für das Verfügbarmachen von Informationen und Wissen nimmt das Phänomen *Kommunikation* eine entscheidende Rolle ein, weil Informationsgrundlagen durch Kommunikation aktualisiert und Informationen ebenso wie Wissen im Rahmen von Kommunikationen verfügbar gemacht werden können.[192] Um diese Prozesse sachgerecht zu erfassen, gilt es zunächst zu klären, was unter Kommunikation zu verstehen ist. Da im rechtswissenschaftlichen Diskurs bislang noch keine allgemeingültige Definition für dieses Phänomen gefunden werden konnte,[193] kann man sich ihm ebenfalls nur konkretisierend nähern.

Dafür kann zunächst auf die Beschreibungsangebote der Kommunikationswissenschaft zurückgegriffen werden, die sich als eigenständige Wissenschaftsdisziplin mit dem Phänomen Kommunikation beschäftigt.[194] Obwohl in der Kommunikationswissenschaft verschiedene Kommunikationsmodelle

---

190 Auf Informationsgrundlagen, Informationen und Wissen der Mitgliedsunternehmen können beispielsweise die Einsicht in betriebliche Unterlagen nach § 19 Abs. 2 S. 1 Nr. 3 SGB VII, die Auswertung von Unfallanzeigen nach § 193 Abs. 1 SGB VII, aber auch die Auskunftspflichten gem. §§ 19 Abs. 2 S. 1 Nr. 2, 192 Abs. 3 S. 1 SGB VII ausgerichtet sein.

191 Allgemein *Trute*, in: H. C. Röhl, Wissen, S. 11 (16).

192 Allgemein *Trute*, in: H. C. Röhl, Wissen, S. 11 (16); siehe auch *Voß*, Unternehmenswissen als Regulierungsressource, S. 9.

193 *Kaiser*, Die Kommunikation der Verwaltung, S. 61, 66; *Lau*, Kommunale Demokratie 2.0, S. 93; siehe aber beispielsweise die Umschreibungen bei *Vesting*, in: Voßkuhle/Eifert/Möllers, GVwR, Band I, § 20, Rn. 29 ff.; *Hoffmann-Riem*, in: ders./Schmidt-Aßmann, Verwaltungsrecht in der Informationsgesellschaft, S. 9 (12).

194 *Reichertz*, Kommunikationsmacht, S. 82.

entwickelt wurden, die verschiedene Merkmale und Eigenschaften zur Beschreibung von Kommunikation liefern,[195] vermochte sich auch in dieser Disziplin bislang noch keine allgemeingültige Definition herauszubilden.[196]

Aus der Vielzahl der Kommunikationsmodelle lassen sich immerhin bestimmte Eigenschaften von Kommunikation herausdestillieren, anhand derer das Phänomen näher gefasst werden kann.[197] Daraus können insbesondere die Charakteristika „Unvermeidbarkeit“, „Interaktion“, „Reflexivität“, „Zirkularität“ ebenso wie „fortwährender Lern- und Entwicklungsprozess“ gewonnen werden.[198] Anders gewendet kann Kommunikation als ein unausweichlicher, interaktiver, „reflexiver, reziproker, dynamischer und zirkulärer Vorgang [umschrieben werden], der aus eigener Kraft in Gang gehalten wird und auf permanenten Fortschritt gerichtet ist“[199]. Insofern verkörpert Kommunikation einen Prozess,[200] dem die genannten Eigenschaften zugeschrieben werden können und der einen Sender bzw. Kommunikator auf der einen und einen Empfänger bzw. Rezipienten auf der anderen Seite voraussetzt.[201]

Aus der Vielzahl der verschiedenen Eigenschaften von Kommunikation, die gemeinhin als erforscht gelten,[202] sind im Hinblick auf die Aktualisierung von Informationsgrundlagen und das Verfügbarmachen von Informationen und Wissen vor allem die *Unvermeidbarkeit*, *Interaktion* und *Reflexivität* heranzuziehen.

Aus der *Unvermeidbarkeit* von Kommunikation, die mit der Formel „*Man kann nicht* nicht *kommunizieren*“[203] umschrieben wird, folgt, dass sämtliches

---

195 *Beck*, Kommunikationswissenschaft, S. 15 ff.

196 *K. Merten*, Kommunikation, S. 168 ff.; *ders.*, Einführung in die Kommunikationswissenschaft, Bd. 1, S. 77 ff.; *Kaiser*, Die Kommunikation der Verwaltung, S. 61, 66; *Reichertz*, Kommunikationsmacht, S. 81, 84 ff.; *Lau*, Kommunale Demokratie 2.0, S. 93; *Brosius*, Staatslexikon online, Kommunikationswissenschaft; *Beck*, Kommunikationswissenschaft, S. 15, spricht von Definitionsproblemen und unternimmt den Versuch einer Definition.

197 *Beck*, Kommunikationswissenschaft, S. 18 ff., der zusätzlich noch auf die Wortbedeutung und das Alltagsverständnis hinweist; *Boehme-Neßler*, Unscharfes Recht, S. 561 ff.

198 *Boehme-Neßler*, Unscharfes Recht, S. 561 ff., der alle diese Eigenschaften aufführt und schließlich auch noch die analoge von der digitalen Kommunikation unterscheidet.

199 *Lau*, Kommunikative Demokratie 2.0, S. 94.

200 *Beck*, Kommunikationswissenschaft, S. 18 ff.; *Boehme-Neßler*, Unscharfes Recht, S. 562 ff.

201 Siehe zu dieser grundlegenden Struktur bereits das informationstheoretische Kommunikationsmodell von *Shannon/Weaver*, The mathematical theory of communication, passim.

202 *Boehme-Neßler*, Unscharfes Recht, S. 561.

203 *Watzlawick/Beavin/Jackson*, Menschliche Kommunikation, S. 60.

menschliche Verhalten im weitesten Sinne Mitteilungscharakter hat und als Kommunikation angesehen werden kann; eine Absicht des Senders bzw. Kommunikators ist dafür gerade nicht erforderlich.[204] Demnach kann grundsätzlich jedem menschlichen Handeln, Nicht-Handeln oder Schweigen Mitteilungscharakter zugeschrieben werden.[205] Obwohl Kommunikation als *unvermeidbar* gilt, folgt daraus nicht zwangsläufig, dass das jeweilige Verhalten eines Senders bzw. Kommunikators von einem Empfänger bzw. Rezipienten auch *reflexiv* wahrgenommen wird.[206] Damit ist die Eigenschaft der *Interaktion* angesprochen, die Kommunikation in ihrer beabsichtigten Form letztlich ermöglichen soll.[207] Dafür ist es erforderlich, dass der Empfänger bzw. Rezipient den kommunikativen Akt des Senders bzw. Kommunikators *reflexiv* wahrnehmen und gegebenenfalls darauf reagieren kann.[208]

Aus der Zusammenschau der einzelnen Aussagegehalte dieser verschiedenen Eigenschaften wird deutlich, dass es für die Genossenschaften in entscheidender Weise darauf ankommt, durch *gezielte Interaktion* einen Zugang zu dem Verhalten der in den Mitgliedsunternehmen handelnden Personen zu erhalten. Das gilt gleichermaßen für den Zugang zu dem Verhalten der für Dritte handelnden Personen. Daneben können die Genossenschaften auch durch die *reflexive Wahrnehmung* eines kommunikativen Akts der für die Mitgliedsunternehmen oder Dritte handelnden Personen einen Zugang zu deren Verhalten erhalten. Durch den kommunikativen Akt *interagieren* diese Personen mit den Genossenschaften, die durch dessen *reflexive Wahrnehmung* einen Zugang zu deren Verhalten erhalten.[209]

Der Zugang zum Verhalten der für die Mitgliedsunternehmen und Dritte handelnden Personen durch *gezielte Interaktion* oder durch *reflexive Wahrnehmung* kommunikativer Akte ist für die Genossenschaften entscheidend, damit sie durch Kommunikation Informationsgrundlagen aktualisieren sowie Informationen und Wissen verfügbar machen können. Diese Möglichkeiten werden den Genossenschaften anhand der unselbstständig erzeugenden Potentiale im

---

204 *Boehme-Neßler*, Unscharfes Recht, S. 561 f.

205 *Watzlawick/Beavin/Jackson*, Menschliche Kommunikation, S. 59; *Boehme-Neßler*, Unscharfes Recht, S. 561 f.; *Reichertz*, Kommunikationsmacht, S. 124 ff.

206 *Goffman*, Verhalten in sozialen Situationen, S. 28; *Reichertz*, Kommunikationsmacht, S. 133; *Boehme-Neßler*, Unscharfes Recht, S. 564 f.

207 *K. Merten*, Einführung in die Kommunikationswissenschaft, Bd. 1, S. 17; *Watzlawick/Beavin/Jackson*, Menschliche Kommunikation, S. 58 ff., weisen darauf hin, dass auch die nicht auf Interaktion abzielende unbeabsichtigte Kommunikation Interaktion in Gang zu setzen vermag.

208 *K. Merten*, Einführung in die Kommunikationswissenschaft, Bd. 1, S. 104 ff.

209 Sofern im Rahmen dieser Untersuchung verallgemeinernd von einem Verhalten der Genossenschaften, Mitgliedsunternehmen oder Dritter, etwa durch Kommunikation, gesprochen wird, sind damit letztlich immer die jeweils handelnden natürlichen Personen gemeint, siehe dazu bereits Einleitung, IV. 2. b) aa) und bb).

Hinblick auf sämtliche Mitgliedsunternehmen und eine Vielzahl verschiedener Dritter eröffnet. Anhand der unselbstständig erzeugenden Potentiale können die Genossenschaften als Kommunikator oder Rezipient in einen Kommunikationsprozess mit potentiell sämtlichen Mitgliedsunternehmen und bestimmten Dritten treten und dabei nicht nur eigene Beobachtungen anstellen, sondern sowohl Informationsgrundlagen der Mitgliedsunternehmen und Dritter aktualisieren als auch deren Informationen und Wissen verfügbar machen. Dabei kann der *interaktive* und *reflexive* Verlauf von Kommunikation zu fortwährenden *Lern- und Entwicklungsprozessen* der Genossenschaften führen.[210]

bb) Übertragbarkeit von Informationsgrundlagen, Informationen und Wissen?

Mit der Möglichkeit, Informationen und Wissen der Mitgliedsunternehmen und Dritter verfügbar zu machen, geht nicht zwangsläufig die Möglichkeit einher, diese auch auf die Ebene der jeweiligen Genossenschaft zu übertragen. Da Informationen und Wissen auf Interpretationen beruhen, stellt sich die grundsätzliche Frage, ob solche kognitiven Leistungen überhaupt ausgetauscht werden können.

Im sozialwissenschaftlichen Diskurs wird im Hinblick auf Informationen darauf hingewiesen, dass ein „Informations*austausch* zwischen unterschiedlichen Systemen unmöglich ist“[211]. Allenfalls der Transfer von Daten als Informationsgrundlagen sei möglich. Diese können von der aufnehmenden Person interpretiert und dadurch zu Informationen vollendet werden.[212] Inwiefern die aufnehmende Person die transferierten Daten ihrerseits interpretiert und dadurch zu Informationen vollendet, hängt von ihrer Interpretation ab. Die aufnehmende Person kann die transferierten Daten gleichgesinnt interpretieren und damit zu Informationen vollenden, die als gleich bezeichnet werden können. Diese Gleichsinnigkeit des Inhalts folgt allerdings aus ihrer Interpretation und nicht aus dem Austausch. Diese für Informationen aufgestellten Erwägungen werden in gleicher Weise für die Frage des Wissenstransfers postuliert,[213] weil Wissen ebenfalls auf nicht übertragbaren Interpretationen beruht.

---

210 Allgemein *Boehme-Neßler*, Unscharfes Recht, S. 565.

211 *Willke*, Systemisches Wissensmanagement, S. 9, unterstreicht diese Aussage, indem er noch ein „Unmöglich!“ daran anfügt; siehe auch *Hilbert*, in: Münkler, Dimensionen des Wissens im Recht, S. 111 (120 f.).

212 Vgl. *Willke*, Systemisches Wissensmanagement, S. 9, der von der Abgabe eines Signals in Form einer codierten Beobachtung durch ein System spricht, das für das aufnehmende System nichts anderes als ein Datum sei, das aufgenommen werden könne.

213 *Trute*, in: H. C. Röhl, Wissen, S. 11 (16); *Hilbert*, in: Münkler, Dimensionen des Wissens im Recht, S. 111 (120 f.); *Reiling*, Der Hybride, S. 176, spricht sich demge-

Demnach können Informationen nicht ausgetauscht und kann Wissen nicht transferiert werden.[214] Gleichwohl können immerhin die Grundlagen von Informationen und Wissen eine „Anknüpfung von Erkenntnisoperationen und Kommunikationen bilden“[215] und in diesem Rahmen übertragen werden. Das zeigt sich zunächst beispielhaft anhand von Informationsgrundlagen in Gestalt von Daten. Diese verkörpern interpretationsfreie Zeichen, die nicht nur in einem Prozess der Kommunikation aktualisiert,[216] sondern dabei auch aus einem Mitgliedsunternehmen oder von einem Dritten auf die Ebene der jeweiligen Genossenschaft übertragen werden können. Das gilt gleichermaßen für die weiteren Informationsgrundlagen in Gestalt von Beobachtungen und Mitteilungen der Mitgliedsunternehmen und Dritter. Diese können ebenfalls einen Gegenstand von Kommunikation bilden und in diesem Rahmen übertragen werden. Eine vergleichbare Beobachtung kann bei verkörperten Wissensgrundlagen, etwa in Form von Texten, Archiven, Registern, Programmen, Datenbanken oder Akten, gemacht werden. Diese können auch einen Gegenstand von Kommunikation bilden und dabei übertragen werden.[217]

Neben diesen beispielhaften Aussagen zu übertragbaren Informations- und Wissensgrundlagen können dazu auch verallgemeinerungsfähige Aussagen getroffen werden. Deren Ausgangspunkt bilden Informationsgrundlagen in Gestalt von Daten, Beobachtungen und Mitteilungen, die noch keine Interpretation durchlaufen haben. Dementsprechende Informationsgrundlagen können ohne Weiteres im Wege von Kommunikation übertragen werden.

Daneben können Informationsgrundlagen durch sog. Interpretationshilfen angereichert sein. Solche Anreicherungen sind möglich, wenn Informationsgrundlagen in Gestalt von Daten, Mitteilungen und Beobachtungen bereits eine Interpretation durchlaufen haben und dabei zu Informationen vollendet worden sind. Die Interpretation und damit auch die Informationen der interpretierenden Person können zwar als solche weder ausgedrückt noch übertragen werden. Gleichwohl können aber die Informationsgrundlagen, die der Interpretation zu Grunde lagen, gemeinsam mit Interpretationshilfen ausgedrückt und im Rahmen von Kommunikation übertragen werden. Dabei handelt es sich um weitere Informationsgrundlagen, die den Kontext der Interpretation

---

genüber für die Übermittelbarkeit von Wissen aus; für *Münkler*, Expertokratie, S. 89f., sind die unterschiedlichen Herangehensweisen „auf ein unterschiedliches Verständnis des Begriffes der Übermittlung zurückzuführen“.

214 *Willke*, Systemisches Wissensmanagement, S. 9.

215 *Trute*, in: H. C. Röhl, Wissen, S. 11 (16); so auch *Voß*, Unternehmenswissen als Regulierungsressource, S. 9.

216 *Trute*, in: H. C. Röhl, Wissen, S. 11 (16).

217 *H. C. Röhl*, in: ders., Wissen, S. 65; *Trute*, in: H. C. Röhl, Wissen, S. 11 (16), der in seiner Aufzählung auch noch Symbole nennt, die nach dem Verständnis dieser Untersuchung allerdings als Daten eingeordnet werden können.

widerspiegeln. Durch die Anreicherung von Informationsgrundlagen mit Interpretationshilfen kann die Interpretation der aufnehmenden Person angeleitet werden und eine wesentliche Voraussetzung für die „Gleichsinnigkeit der Interpretationen“[218] von übermittelnder und aufnehmender Person geschaffen werden.

Diese beiden Ausprägungen von Informationsgrundlagen sind schließlich von Wissensgrundlagen zu unterscheiden. Diese sind sowohl durch Interpretations- als auch zusätzlich durch Verknüpfungshilfen angereichert. Solche Anreicherungen sind möglich, wenn Informationsgrundlagen nicht nur interpretiert und zu Informationen vollendet, sondern die Informationen zusätzlich durch Interpretation mit weiteren Informationen systematisch verknüpft und dadurch zu Wissen vollendet wurden. Diese Interpretationen und damit auch das Wissen können wiederum nicht als solche ausgedrückt und übertragen werden. Vielmehr können nur die Wissensgrundlagen gemeinsam mit den Interpretations- und Verknüpfungshilfen ausgedrückt und im Rahmen von Kommunikation übertragen werden. Dabei handelt es sich ebenfalls um weitere Informationsgrundlagen, die die Kontexte der Interpretationen widerspiegeln. Durch die Anreicherung der Wissensgrundlagen mit Interpretations- und Verknüpfungshilfen können die Interpretationen der aufnehmenden Person wiederum maßgeblich angeleitet werden.

Obwohl es einen Austausch von Informationen und einen Transfer von Wissen nicht geben kann, wird im normativen Sprachgebrauch dennoch von „Informationsaustausch“ und „Wissenstransfer“ gesprochen. Dieser Sprachgebrauch bietet wiederum eine „Hintergrundfolie der Analyse“[219], weshalb auch er im Rahmen dieser Untersuchung nicht vollständig aufgegeben wird. Die Begriffe „Informationsaustausch“ und „Wissenstransfer“ umschreiben dabei richtigerweise den Austausch von Informationsgrundlagen und den Transfer von Wissensgrundlagen.

cc) Übertragung von Informations- und Wissensgrundlagen

Aus Sicht der Genossenschaften können die übertragbaren Informations- und Wissensgrundlagen sowie die damit in Zusammenhang stehenden Interpretations- und Verknüpfungshilfen zusammengefasst als *Wissensressourcen* bezeichnet werden. Darunter fallen auch Informationsgrundlagen in Gestalt eigener Beobachtungen der Genossenschaften im Zusammenhang mit den Mitgliedsunternehmen. Diese eigenen Beobachtungen verkörpern *keine Wis-*

---

218 *Trute*, in: H. C. Röhl, Wissen, S. 11 (16); siehe dazu auch *H. C. Röhl*, in: ders., Wissen, S. 65.

219 *Trute*, in: H. C. Röhl, Wissen, S. 11 (15).

sensressourcen der Mitgliedsunternehmen, sondern vielmehr *Wissensressourcen aus den Mitgliedsunternehmen*. Insofern kann der Begriff der *Wissensressourcen aus den Mitgliedsunternehmen* als Oberbegriff angesehen werden. Er umfasst sowohl eigene Beobachtungen der Genossenschaften im Zusammenhang mit den Mitgliedsunternehmen als auch Informations- und Wissensgrundlagen der Mitgliedsunternehmen. Auch der Begriff der *Wissensressourcen von Dritten* verkörpert einen Oberbegriff, der eigene Beobachtungen der Genossenschaften im Zusammenhang mit den Dritten ebenso wie Informations- und Wissensgrundlagen der Dritten erfasst.

Die unselbstständig erzeugenden kognitiven Potentiale sind mithin auf *Wissensressourcen aus den Mitgliedsunternehmen und von Dritten* ausgerichtet. Sie ermöglichen den Genossenschaften, sowohl Wissensressourcen in Gestalt eigener Beobachtungen zu gewinnen als auch Wissensressourcen in Gestalt von Informations- und Wissensgrundlagen der Mitgliedsunternehmen und Dritter zu aktualisieren und damit einhergehend auf die Ebene der jeweiligen Genossenschaft zu übertragen.

c) Zusammenführung

Auf Grundlage der bisherigen Erkenntnisse gilt es nun abschließend, die Aussagegehalte der verschiedenen Eigenschaften von Kommunikation mit den bisher getroffenen Aussagen zu den unselbstständig erzeugenden Potentialen und ihrem Gegenstand, den Wissensressourcen, zusammenzuführen. Dabei wird deutlich, dass die unselbstständig erzeugenden Potentiale einerseits durch Kommunikation vermittelte eigene Beobachtungen ermöglichen. Andererseits ermöglichen sie den Genossenschaften, durch *gezielte Interaktion* bzw. die *reflexive Wahrnehmung* von kommunikativen Akten Wissensressourcen der Mitgliedsunternehmen und Dritter zu aktualisieren und damit einhergehend auf die Ebene der Selbstverwaltung zu übertragen.

Anders gewendet ermöglichen die unselbstständig erzeugenden kognitiven Potentiale eine *kommunikative Integration* von Wissensressourcen aus den Mitgliedsunternehmen und von Dritten in die Genossenschaften. Die unselbstständig erzeugenden Potentiale können mithin als die mit den Mitteln des Rechts geschaffene Ausgestaltung und Steuerung der kommunikativen Integration von Informations- und Wissensgrundlagen aus den Mitgliedsunternehmen und von Dritten in die Genossenschaften umschrieben werden.

3. Vollendung von Wissensressourcen zu genossenschaftlichem Wissen

Allein durch die kommunikative Integration von Wissensressourcen in die Genossenschaften werden weder Informationen noch Wissen erzeugt. Dafür müssen die Wissensressourcen vielmehr erst noch durch Interpretation oder interpretatorische Verknüpfung der für die Genossenschaften handelnden Personen zu Informationen oder Wissen vollendet werden.[220]

Das auf diese Weise erzeugte Wissen der für die Genossenschaften handelnden Personen kann als Wissen der Genossenschaften beschrieben werden.[221] Diese Beschreibung stimmt mit den bisherigen Überlegungen zum Phänomen Wissen überein, weil Wissen durch kognitive Leistungen natürlicher Personen gewonnen wird. Daher kommen als Träger des genossenschaftlichen Wissens die für die Genossenschaften handelnden Personen in Betracht.[222] Diese Personen können das auf ihren kognitiven Leistungen beruhende Wissen aber nicht an andere Personen, auch nicht an andere Beschäftigte der Genossenschaften, übertragen. Sie können das Wissen vielmehr nur in Gestalt von mit Interpretations- und Verknüpfungshilfen angereicherten Wissensgrundlagen übertragen.[223]

a) Wissen der Genossenschaften: Organisationswissen?

An die vorangegangenen Ausführungen schließt sich die Frage an, ob das Wissen der Genossenschaften auf die Summe des Wissens der für sie handelnden Personen beschränkt ist oder ob es darüber hinaus auch noch ein Wissen der Genossenschaften unabhängig von natürlichen Personen geben kann.[224] Dazu vermag das im sozialwissenschaftlichen Diskurs herausgearbeitete Phänomen *Organisationswissen* weiterführende Erkenntnisse bereitzuhalten. In den Sozialwissenschaften wird heute die Existenz eines spezifischen Organisationswissens anerkannt,[225] wobei die Frage seiner Entstehung aufgrund der

220 Die Verknüpfung kann insbesondere in unmittelbarem Zusammenhang mit der Erzeugung stattfinden.

221 So auch allgemein *Lenk/Meyerholt/Wengelowski*, Wissen managen in Staat und Verwaltung, S. 45 f.

222 Allgemein *Willke*, Systemtheorie III: Steuerungstheorie, S. 214 f.

223 Die für die Genossenschaften handelnden Personen können die auf ihren kognitiven Leistungen beruhenden Informationen auch nur in Gestalt von gegebenenfalls mit Interpretationshilfen angereicherten Informationsgrundlagen an andere Personen übertragen.

224 Diese Frage stellt sich unabhängig davon, ob das Wissen auf Grundlage unselbstständiger oder selbstständiger kognitiver Potentiale erzeugt wurde.

225 *Nonaka/Takeuchi*, Die Organisation des Wissens, S. 28 ff.; *Willke*, Systemisches Wissensmanagement, S. 16, 105; *Romhardt*, Die Organisation aus der Wissensperspektive, S. 56 f.; siehe auch *Fried*, Wissensmanagement aus konstruktivistischer Perspektive, S. 61 m. w. N.; *Hiller*, Organisationswissen; *Reiling*, Der Hybride, S. 53; *Baecker*, Organisation als System, S. 68 ff., unterscheidet fünf verschiedene Arten von für Organisationen relevantem Wissen: (1) Produktwissen, (2) gesellschaftliches Wissen, (3) Führungswissen, (4) Expertenwissen und (5) Milieuwissen, wobei nur das

Komplexität des Phänomens[226] bislang noch keiner hinreichend eindeutigen Klärung zugeführt werden konnte.[227] Gleichwohl kann das Phänomen Organisationwissen immerhin hinreichend konkret beschrieben werden.

Unter dem Wissen einer Organisation wird im sozialwissenschaftlichen Diskurs „deren geschichtliche[r] Erfahrungsschatz [verstanden], der sich aus verschiedenen Komponenten zusammensetzt wie dem Beherrschen bestimmter Technologien, unterschiedlichen Kenntnissen über Strukturen und Prozessabläufe, Kenntnissen über Kundenerwartungen und weitere relevante externe Bezugsgruppen sowie dem Wissen über die Eigenheiten der eigenen Organisation und deren handelnden Personen“[228]. Insofern findet sich organisationales Wissen in *„personenunabhängigen, anonymisierten Strukturen, Prozessen und Regelsystemen, welche die Operationsweise eines Sozialsystems definieren*“[229]. Darunter sind vor allem „Standardverfahren [...], Leitlinien, Kodifizierungen, Arbeitsprozessbeschreibungen, etabliertes Rezeptwissen für bestimmte Situationen, Routinen, Traditionen und die Merkmale der spezifischen Kultur einer Organisation“[230] zu fassen.

Organisationswissen erschöpft sich demnach nicht in der Summe des Wissens der für eine Organisation handelnden Personen.[231] Es findet sich vielmehr unabhängig von einzelnen Personen und Gruppen in den „Operationsformen, Artefakten und sonstigen Verkörperungen von Problemlösungskompetenz eines sozialen Systems“[232] eingeschrieben.[233] Dafür muss es allerdings

---

Produktwissen und das Expertenwissen Gegenstand eines Wissensmanagements werden könnten.

226 Nach *Willke*, Systemtheorie III: Steuerungstheorie, S. 225, steckt das „Wissensmanagement in Organisationen [...] immer noch in den Kinderschuhen“.

227 Siehe dazu *Reiling*, Der Hybride, S. 53 m. w. N.; *dies.*, in: Augsberg/Schuppert, Wissen und Recht, S. 335 (338); *Voß*, Unternehmenswissen als Regulierungsressource, S. 10 ff., spricht vom *„kognitive[n] Potential von Organisationen*“.

228 *Drepper*, in: Schützeichel, Handbuch Wissenssoziologie und Wissensforschung, S. 588 (589).

229 *Willke*, Einführung in das systemische Wissensmanagement, S. 68; siehe auch *ders.*, Systemisches Wissensmanagement, S. 16; *ders.*, Systemtheorie III: Steuerungstheorie, S. 213.

230 *Willke*, Systemtheorie III: Steuerungstheorie, S. 213; ähnlich *ders.*, Einführung in das systematische Wissensmanagement, S. 69; *ders.*, Systemisches Wissensmanagement, S. 16.

231 *Fried*, Wissensmanagement aus konstruktivistischer Perspektive, S. 61; *Baecker*, Organisation als System, S. 77 f.; *Willke*, Systemtheorie III: Steuerungstheorie, S. 214 f.; *ders.*, Systemisches Wissensmanagement, S. 104.

232 *Willke*, Dystopia, S. 130; so auch *Augsberg*, Informationsverwaltungsrecht, S. 35.

233 *Lenk/Meyerholt/Wengelowski*, Wissen managen in Staat und Verwaltung, S. 48.

als „‚Gewißheit' von den Organisationsmitgliedern über die relevante Wirklichkeit geteilt"[234] werden.

Das ermöglicht nach Willke ein von der Organisation[235] herauszubildender und aufrechtzuerhaltender zusammenhängender Erfahrungskontext, der als eine „community of practice" umschrieben werden kann.[236] Dem Erfahrungskontext kommt dabei in verschiedener Hinsicht eine entscheidende Bedeutung zu. Er ermöglicht einerseits, dass innerhalb einer Organisation Informationen und Wissen anhand von Informations- und Wissensgrundlagen annähernd gleichgerichtet konstruiert werden können.[237] Das betrifft vor allem von außerhalb einer Organisation stammende Informations- und Wissensgrundlagen. Diese können von den für die Organisation handelnden Personen in dem zusammenhängenden Erfahrungskontext interpretiert bzw. interpretatorisch verknüpft werden und dadurch annähernd gleichgerichtet zu Informationen oder Wissen vollendet werden.[238] Andererseits kann über den zusammenhängenden Erfahrungskontext „spezifisch organisationales Wissen erzeugt"[239] werden. Dafür gilt es, relevante Wissensressourcen in den zusammenhängenden Erfahrungskontext zu integrieren,[240] die dadurch im Wege der Kommunikation mit den anderen an der Aufrechterhaltung des Erfahrungskontexts beteiligten Personen geteilt werden.[241] Sofern durch daran anschließende Interpretatio-

---

234 *Pawlowsky*, in: Staehle/Conrad, Managementforschung 2, S. 177 (203).

235 Zu organisatorisch verfestigten Einheiten einer Organisation und eigenständig verfestigten Organisationseinheiten siehe *Hilse*, in: Götz, Wissensmanagement, S. 155 (169), und 2. Teil, A. IV.

236 *Willke*, Systemisches Wissensmanagement, S. 11, 35; *ders.*, Systemtheorie III: Steuerungstheorie, S. 217, spricht von „Erwartungsmustern, die sich von den Erwartungen der Mitglieder unterscheiden"; siehe zum Erfahrungskontext auch *Augsberg*, Informationsverwaltungsrecht, S. 33 f.; *Baecker*, Organisation als System, S. 78; *Hilbert*, in: Münkler, Dimensionen des Wissens im Recht, S. 111 (121); *Lenk/Meyerholt/Wengelowski*, Wissen managen in Staat und Verwaltung, S. 45, sprechen demgegenüber von *collective mind* und *organizational memory*.

237 *Willke*, Systemisches Wissensmanagement, S. 17.

238 *Willke*, in: Clermont/Schmeisser/Krimphove, Personalführung und Organisation, S. 61 (71); *ders.*, Systemisches Wissensmanagement, S. 35; kritisch *Knoblauch*, Wissenssoziologie, S. 338 f.

239 *Willke*, in: Clermont/Schmeisser/Krimphove, Personalführung und Organisation, S. 61 (71); *ders.*, Systemisches Wissensmanagement, S. 35; so auch *Schicke*, Organisationsgebundene pädagogische Professionalität, S. 224.

240 Nach der Konzeption von *Willke*, Systemisches Wissensmanagement, S. 17, 35, werden Informationen in den Erfahrungskontext integriert; nach dem hier vertretenen Ansatz integrieren die für die Organisation handelnden Personen relevante Informationen und relevantes Wissen in Gestalt ihrer Grundlagen in den zusammenhängenden Erfahrungskontext.

241 *Willke*, Systemtheorie III: Steuerungstheorie, S. 215, 223, spricht von einer „‚Absonderung' des Wissens" und Regelsystemen, die die „organisationalen Abläufe

nen und insbesondere interpretatorische Verknüpfungen dieser Personen in dem zusammenhängenden Erfahrungskontext ein „neuer Cluster organisationsspezifischer Lernerfahrungen [hervorgebracht werden kann], [sind] dessen Ergebnisse dann als systemisches Wissen greifbar“[242].[243] Das insofern erzeugte systemische bzw. organisationale Wissen ist in Gestalt von Organisationswissensgrundlagen in die Strukturen einer Organisation eingeschrieben, sodass es unabhängig von den für die Organisationen handelnden Personen besteht.[244] Gleichwohl ist organisationales Wissen nicht losgelöst von natürlichen Personen, weil es sowohl bei seiner Erzeugung als auch Verwertung auf natürliche Personen angewiesen ist.[245]

Vor diesem Hintergrund können die für die Genossenschaften handelnden Personen nicht nur Wissensressourcen aus den Mitgliedsunternehmen und von Dritten gewinnen und zu Wissen vollenden, sondern darüber hinaus auch einen zusammenhängenden Erfahrungskontext herausbilden und aufrechterhalten. Dieser ermöglicht den für die Genossenschaften handelnden Personen sowohl die annähernd gleichgerichtete Vollendung von Informations- und Wissensgrundlagen zu Informationen und Wissen als auch die Erzeugung von organisationalem Wissen der Genossenschaften.[246] Das Wissen der Genossenschaften umfasst also deren Organisationswissen sowie das Wissen der für sie handelnden Personen.

Anhand des Phänomens Organisationswissen kann schließlich der Begriff der Wissensressourcen aus den Mitgliedsunternehmen und von Dritten noch weiter konkretisiert werden: Darunter sind – neben den eigenen Beobachtungen[247] der Genossenschaften – sowohl die übertragbaren Grundlagen des Organisationswissens der Mitgliedsunternehmen und Dritter als auch ihre weite-

---

und mithin auch die Prozesse [steuern], die organisationsspezifisches Wissen konstituieren und speichern“.

242 *Willke*, Systemisches Wissensmanagement, S. 35; siehe auch *ders.*, Systemtheorie III: Steuerungstheorie, S. 216; so auch *Schicke*, Organisationsgebundene pädagogische Professionalität, S. 224.

243 Die Ergebnisse dieser Lernerfahrungen stimmten insofern mit der Umschreibung von Wissen natürlicher Personen durch *H. C. Röhl*, in: ders., Wissen, S. 65 (66), als „gelernte Information“ überein.

244 *Willke*, Systemtheorie III: Steuerungstheorie, S. 216.

245 Vgl. *Baecker*, Organisation als System, S. 78; *Willke*, Systemisches Wissensmanagement, S. 104, spricht von „Aktivierung“; *ders.*, Systemtheorie III: Steuerungstheorie, S. 218; *Voß*, Unternehmenswissen als Regulierungsressource, S. 11, spricht von „in der Organisation handelnden Personen“ „als Träger von Wissen innerhalb einer Organisation“.

246 Allgemein *Willke*, Systemisches Wissensmanagement, S. 11, 16, 35.

247 Die eigenen Beobachtungen stehen dabei im Zusammenhang mit den Mitgliedsunternehmen oder Dritten.

ren Wissensressourcen, die in keinem Zusammenhang mit ihrem Organisationswissen stehen,[248] zu fassen.

b) Interorganisationales Lernen im System der gesetzlichen Unfallversicherung

Die Kombination von personengebundener und organisationaler Wissenserzeugung eröffnet den Genossenschaften die Möglichkeit zu organisationalem Lernen[249].[250] Dadurch lässt sich die Wissenserzeugung besser strukturieren, ausdifferenzieren und stabilisieren,[251] indem Wissen angesammelt, Annahmen geteilt und Regeln zum Aufbau einer Wissensbasis erarbeitet werden können.[252]

In engem Zusammenhang mit organisationalem Lernen steht das über eine einzelne Organisation hinausgehende Phänomen des interorganisationalen Lernens.[253] Dieses Phänomen beschäftigt sich mit der Frage des Teilens von Wissensressourcen bzw. des kooperativen Erzeugens von Wissen durch mehrere Organisationen,[254] vor allem im Bereich strategischer Kooperationen privater Unternehmen.[255]

Dabei erfolgt interorganisationales Lernen insbesondere durch eine sog. „Wissenskopplung", die sich durch eine Interaktion zwischen Personen und/oder Gruppen der beteiligten Organisationen vollzieht.[256] Dadurch wird ein wechselseitiger Zugriff auf die Wissensressourcen anderer Organisationen er-

---

248 Diese beruhen etwa auf dem unternehmensbezogenen Wissen der in den Mitgliedsunternehmen handelnden Personen.

249 Siehe zur historischen Entwicklung der Auseinandersetzung mit organisationalem Lernen und der nunmehr weitgehenden Anerkennung *Prange*, Organisationales Lernen und Wissensmanagement, S. 29 ff. m. w. N., die aber zwischen organisationalem Lernen und Wissensmanagement unterscheiden möchte; *dies.*, in: Sydow, Management von Netzwerkorganisationen, S. 187 ff.; kritisch zur Lernfähigkeit von Organisationen *Schmoch*, Hochschulforschung und Industrieforschung, S. 162 ff.

250 Allgemein *Willke*, in: Götz, Wissensmanagement, S. 15 (18); *ders.*, Systemtheorie III: Steuerungstheorie, S. 215; *Voß*, Unternehmenswissen als Regulierungsressource, S. 40 ff.

251 *Willke*, in: Götz, Wissensmanagement, S. 15 (20 ff.).

252 *Argyris/Schön*, Organizational Learning; *dies.*, Organizational Learning II.

253 Zuerst *G. Hamel*, Strategic Management Journal, Vol. 12 (1991), S. 83 ff.; siehe auch die weiteren Nachweise bei *Hülsmann/Lohmann*, Interorganisationales Lernen, S. 12 f.

254 Bei der kooperativen Wissenserzeugung bildet grundsätzlich jeder Akteur für sich, aber dennoch in Kooperation mit anderen Wissen.

255 *Prange*, in: Sydow, Management von Netzwerkorganisationen, S. 187 (188).

256 *Badaracco*, Strategische Allianzen, S. 25.

möglicht, wodurch in kooperativer Weise Wissen generiert werden kann.[257] Interorganisationales Lernen wird im sozialwissenschaftlichen Diskurs zwar bislang vor allem in Bezug auf Unternehmen untersucht. Da die Berufsgenossenschaften in Form von Organisationen aufgebaut sind, deren Mitglieder Träger von Unternehmen sind,[258] vermag das interorganisationale Lernen aber grundsätzlich auch Aussagen für die Genossenschaften bereitzuhalten.

Interorganisationales Lernen beruht vor allem auf einem Transfer von Wissensressourcen[259] zwischen verschiedenen Organisationen zur kooperativen Wissenserzeugung.[260] Solche Transfers können auch im gesetzlichen Unfallversicherungssystem identifiziert werden und zwar insbesondere zwischen den Mitgliedsunternehmen bzw. Dritten auf der einen und den Genossenschaften auf der anderen Seite. Sie sind auch zwischen unterschiedlichen Genossenschaften möglich. Bei diesen Kooperationen zur Wissenserzeugung im gesetzlichen Unfallversicherungssystem gilt es zwei Besonderheiten zu berücksichtigen: Die erste folgt aus der Tatsache, dass die Unternehmer Zwangsmitglieder der jeweiligen Berufsgenossenschaften sind und die Mitgliedsunternehmen aufgrund gesetzlicher Anordnung zur Kooperation mit den Berufsgenossenschaften angehalten sind.[261] Die zweite zeigt sich bei der Kooperation der verschiedenen Unfallversicherungsträger. Diese vollzieht sich vor allem in den Strukturen des körperschaftlich organisierten Spitzenverbandes, den die Berufsgenossenschaften zusammen mit den Unfallversicherungsträ-

---

[257] *Badaracco*, Strategische Allianzen, S. 123 f.

[258] Nach *Prange*, in: Sydow, Management von Netzwerkorganisationen, S. 187 (195), zählen beim interorganisationalen Lernen andere Organisationen zur Außenwelt.

[259] *Prange*, in: Sydow, Management von Netzwerkorganisationen, S. 187 (202 ff.), spricht von einem Transfer von Wissen und stellt daneben noch auf einen „Strategic change" und „Lernen zu lernen" ab.

[260] *Prange*, in: Sydow, Management von Netzwerkorganisationen, S. 187 (196 ff.).

[261] Dabei sind die Mitgliedsunternehmen sogar verpflichtet, bestimmte Stellen – wie die Sicherheitsbeauftragten nach § 22 SGB VII – einzurichten, die sich mit Fragen des Arbeitsschutzes zu beschäftigen haben und die den Berufsgenossenschaften als Ansprechpartner für Fragen des Arbeitsschutzes zur Verfügung stehen müssen. Als Ansprechpartner können diese Stellen von den Berufsgenossenschaften auch als Kommunikator bzw. Sender im Hinblick auf die Wissensressourcen aus den Mitgliedsunternehmen in Anspruch genommen werden. Darüber hinaus gilt es in diesem Zusammenhang zusätzlich zu berücksichtigen, dass sich im gesetzlichen Unfallversicherungsrecht teilweise Vorgaben – wie zu den Gefährdungsbeurteilungen – finden, die eine Erzeugung von Informationen und Wissen durch die Mitgliedsunternehmen zu bestimmten Arbeitsschutzfragen ausdrücklich anregen. Darauf vermögen die Genossenschaften anhand ihrer unselbstständig erzeugenden Potentiale, insbesondere unter Rückgriff auf ihre Ansprechpartner in den Mitgliedsunternehmen, zuzugreifen und die dabei gewonnenen Wissensressourcen für die Wissenserzeugung fruchtbar zu machen.

gern der öffentlichen Hand im Wege des Privatrechts selbst geschaffen haben.[262]

Unabhängig von diesen beiden Besonderheiten beruht das interorganisationale Lernen im gesetzlichen Unfallversicherungssystem auf dem kommunikativen Austausch von Wissensressourcen zwischen Organisationen, die auf der Ebene der Selbstverwaltung zu Wissen vollendet werden können. Dabei zielt die kooperative Wissensgenerierung insbesondere auf die Erzeugung von genossenschaftlichem Organisationswissen ab.

c) Herausforderung: Wissensmanagement

Der Herausbildung von genossenschaftlichem Organisationswissen, unter anderem im Wege des (inter-)organisationalen Lernens, stehen bestimmte Herausforderungen gegenüber, die die Strukturen einer Organisation mit sich bringen: (1) die dezentrale Verteilung von Wissen innerhalb der Organisation (2) das Phänomen impliziten Wissens und (3) die schiere Masse an Informationsgrundlagen, Informationen und Wissen.

Vor diesem Hintergrund sehen sich arbeitsteilig arbeitende Organisationen zuerst vor die Herausforderung gestellt, das über die gesamte Organisation verteilte Wissen so zu organisieren, dass es von den in der Organisation handelnden Personen ohne größere Probleme für die von ihnen zu treffenden Entscheidungen verfügbar gemacht werden kann.[263] Dabei stehen die Genossenschaften vor der zusätzlichen Herausforderung, dass sie das Wissen ihrer Mitgliedsunternehmen nicht ohne Weiteres aktivieren können, sondern dafür auf den gesetzlich ermöglichten Zugriff durch unselbstständig erzeugende Potentiale zurückgreifen müssen.

Damit in engem Zusammenhang steht die zweite Herausforderung, wonach nur ein Teil des Wissens einer Organisation explizites Wissen verkörpert.[264] Dieses ist gefasst oder fassbar, abstrakt oder abstrahierbar, grundsätzlich von jedermann zu nutzen und für jedermann zugänglich, kann durch mentale Aufnahme erworben werden, ist kognitiv oder deliberativ.[265] Davon zu unterscheiden ist das implizite Wissen,[266] das sich einem formalen sprachlichen

262 Der Spitzenverband stellt die äußere Form bereit, derer die Berufsgenossenschaften für ihre Kooperation bedürfen.

263 *Wilensky*, Organizational intelligence, S. 41; *Willke*, Systemtheorie III: Steuerungstheorie, S. 210.

264 *Fassbender*, in: Isensee/Kirchhof, HStR, Band IV, § 76, Rn. 8.

265 *Scherzberg*, in: Schuppert/Voßkuhle, Governance von und durch Wissen, S. 240 (243).

266 *Polanyi*, Implizites Wissen, S. 13 ff., der den Begriff in die Diskussion einführte, umschrieb implizites Wissen dahingehend, dass wir mehr wissen, als wir zu sagen

Ausdruck entzieht und insofern nicht kommuniziert werden kann, weshalb es teilweise auch als stilles Wissen bezeichnet wird.[267] Das implizite Wissen kann im Gegensatz zum expliziten Wissen weder festgehalten noch formalisiert werden, ist erfahrungsabhängig und lässt sich nicht ohne Weiteres an Dritte weitergeben.[268] Implizites Wissen verkörpert mithin ein Element unbewusster Selbststeuerung,[269] das dem Grunde nach immer nur bei dem jeweiligen „Wissensträger" vorhanden ist und sich daher einem Zugriff durch die Genossenschaften grundsätzlich entzieht.

Darüber hinaus zeigt sich die dritte Herausforderung schließlich in der schieren Fülle an Informationsgrundlagen, Informationen und Wissen innerhalb einer Organisation, aus der die relevanten Wissensressourcen als Grundlage für das zu erzeugende Organisationswissen erst herausgefiltert werden müssen.[270] Dabei stellt sich im Hinblick auf die Genossenschaften die doppelte Herausforderung, dass zunächst in einem ersten Schritt die relevanten Wissensressourcen aus den Mitgliedsunternehmen und von Dritten herausgefiltert und daran anschließend in einem zweiten Schritt auf der Ebene der Selbstverwaltung nochmals auf ihre Relevanz hin überprüft werden müssen.

Im Hinblick auf diese Herausforderungen, die mit dem komplexen Phänomen der Herausbildung von Organisationswissen einhergehen, plädiert Willke für ein organisationales Wissensmanagement, das sich auf verschiedene Aspekte zu konzentrieren hat:[271]

---

wissen; zu implizitem Wissen als „‚kognitive Infrastruktur' der gesellschaftlichen Prozesse" siehe *Augsberg*, in: ders./Schuppert, Wissen und Recht, S. 15 (28 f.) m. w. N.

267 *Fassbender*, in: Isensee/Kirchhof, HStR, Band IV, § 76, Rn. 8; ausführlich *Scherzberg*, in: Schuppert/Voßkuhle, Governance von und durch Wissen, S. 240 ff.

268 *Nonaka/Takeuchi*, Die Organisation des Wissens, beschreiben aber einen Versuch, implizites in explizites Wissen umzuwandeln.

269 *Scherzberg*, in: Schuppert/Voßkuhle, Governance von und durch Wissen, S. 240 (243).

270 *Willke*, Systemisches Wissensmanagement, S. 34.

271 *Willke*, Systemisches Wissensmanagement, S. 34 f.; *ders.*, Systemtheorie III: Steuerungstheorie, S. 229 ff., stellt dabei einen Zusammenhang zwischen organisationalem Lernen und organisationalem Wissensmanagement her und skizziert ein „organisationales Wissensmanagement in den systemtheoretisch relevanten fünf Dimensionen": (1) Personenwissen, (2) Strukturwissen, (3) Prozesswissen, (4) Projektwissen und (5) Steuerungswissen; siehe auch *Baecker*, Organisation als System, S. 93 ff.; zu verschiedenen „Anwendungsszenarien für Wissensmanagement in der öffentlichen Verwaltung" siehe *Lenk/Wengelowski*, in: Edeling/Jann/Wagner, Wissensmanagement in Politik und Verwaltung, S. 147 (154 ff.).

- Einerseits muss die Organisation über Instrumente verfügen, mit denen sie die für die Organisation bedeutsamen Informationsgrundlagen generieren kann.[272]
- Andererseits muss sie über „übergreifende Beobachtungsregeln und *Relevanzkriterien* für die Bewertung von Daten[, Beobachtungen und Mitteilungen] und mithin für die *Konstruktion von Informationen* verfügen"[273], anhand derer relevante Informationen generiert werden können, die auf „Strategien und Ziele der Organisation im Kontext ihrer relevanten Umwelten bezogen sind"[274].
- Schließlich muss die Organisation einen zusammenhängenden Erfahrungskontext herausbilden und aufrechterhalten, der „über das Wissen von Personen und Gruppen hinaus spezifisch organisationales Wissen erzeugt"[275].

Damit sind die Instrumente und Strukturen einer Organisation angesprochen, die die Steuerung der organisationalen Wissenserzeugung durch Wissensmanagement ermöglichen.[276]

Im gesetzlichen Unfallversicherungssystem finden sich verschiedene Instrumente und Strukturen, die im Rahmen dieser Arbeit als erzeugende kognitive Potentiale umschrieben werden und die die Grundlage für die Steuerung der Erzeugung von Organisationswissen der Genossenschaften durch Wissensmanagement bilden. Diese Potentiale, ihre Wechselwirkungen und das daran anknüpfende Wissensmanagement werden im 2. Teil unter den von Willke postulierten Prämissen konkret untersucht.

4. Fazit

Die für die Genossenschaften handelnden Personen können anhand der unselbstständig erzeugenden Potentiale Wissensressourcen aus den Mitgliedsunternehmen und von Dritten im Wege *kommunikativer Integration* erzeugen

[272] *Willke*, Systemtheorie III: Steuerungstheorie, S. 220, spricht von „Beobachtungsinstrumenten"; zum Individuum als Beobachtungsinstanz siehe *Baecker*, Organisation als System, S. 91.

[273] *Willke*, in: Clermont/Schmeisser/Krimphove, Personalführung und Organisation, S. 61 (70); *ders.*, Systemisches Wissensmanagement, S. 34; siehe auch *ders.*, Systemtheorie III: Steuerungstheorie, S. 220.

[274] *Willke*, in: Clermont/Schmeisser/Krimphove, Personalführung und Organisation, S. 61 (70); *ders.*, Systemisches Wissensmanagement, S. 34; zu dieser Herausforderung *Baecker*, Organisation als System, S. 95.

[275] *Willke*, in: Clermont/Schmeisser/Krimphove, Personalführung und Organisation, S. 61 (71); *ders.*, Systemisches Wissensmanagement, S. 35.

[276] *H. C. Röhl*, in: ders., Wissen, S. 65 (67); *Augsberg*, Informationsverwaltungsrecht, S. 35.

und durch Interpretation oder interpretatorische Verknüpfung zu Informationen oder Wissen vollenden.[277] Darüber hinaus vermögen sie einen zusammenhängenden Erfahrungskontext zu bilden und aufrechtzuerhalten. Dieser ermöglicht ihnen einerseits Informations- und Wissensgrundlagen annähernd gleichgerichtet zu Informationen oder Wissen zu vollenden.[278] Andererseits können sie anhand des zusammenhängenden Erfahrungskontexts Organisationswissen bilden. Dafür müssen Wissensressourcen in den zusammenhängenden Erfahrungskontext integriert werden, wodurch sie mit denjenigen Personen kommunikativ geteilt werden, die an seiner Aufrechterhaltung beteiligt sind. Sofern daran anschließend durch Interpretationen und interpretatorische Verknüpfungen dieser Personen in dem Erfahrungskontext ein neues Cluster organisationsspezifischer Lernerfahrungen entsteht, verkörpern dessen Ergebnisse Organisationswissen.

Auf die Erzeugung von Organisationswissen sind letztlich auch die selbstständig erzeugenden Potentiale ausgerichtet. Diese ermöglichen den für die Genossenschaften handelnden Personen, auch unabhängig von den Mitgliedsunternehmen oder Dritten, Informationen und Wissen zu erzeugen. Diese können in Gestalt ihrer Grundlagen ebenfalls in den zusammenhängenden Erfahrungskontext integriert werden und dadurch zur Bildung von Organisationswissen beitragen.

III. Zielrichtung verwertender Potentiale

Die Erzeugung von Wissensressourcen, Informationen und Wissen durch die Genossenschaften erfolgt nicht um ihrer selbst willen, sondern zur Verwirklichung des Präventionsauftrags. Dafür sind sie im Rahmen der im einfachen Recht geregelten Verwaltungsmaßnahmen, in denen verwertende Potentiale angelegt sind,[279] fruchtbar zu machen.

Bei der Verwertung von Wissensressourcen sind keine größeren Besonderheiten zu beachten. Diese können insbesondere durch Übermittlung verwertet und von ihren Empfängern auf- und wahrgenommen werden. Das zeigt sich unter anderem anhand reiner Beobachtungen, die etwa im Zusammenhang mit anderen Unternehmen gemacht wurden.

---

[277] Zum Begriff der Wissensressourcen aus den Mitgliedsunternehmen und von Dritten siehe 1. Teil, C. II. 2. b) cc).

[278] *Willke*, in: Clermont/Schmeisser/Krimphove, Personalführung und Organisation, S. 61 (71); *ders.*, Systemisches Wissensmanagement, S. 35; kritisch *Knoblauch*, Wissenssoziologie, S. 338 f.

[279] Zur Unterscheidung von verwertenden und doppelfunktionalen Potentialen siehe Einleitung, I.

Demgegenüber sind bei der Verwertung von Informationen und Wissen Besonderheiten zu berücksichtigen. Diese können zwar verwertet werden. Die verwerteten Informationen können aber nur in Gestalt von gegebenenfalls mit Interpretationshilfen angereicherten Informationsgrundlagen ausgedrückt werden. Auch das verwertete Wissen kann nur in Gestalt von mit Interpretations- und Verknüpfungshilfen angereicherten Wissensgrundlagen wiedergegeben werden. Das lässt sich beispielhaft anhand der Regelsetzung veranschaulichen. Das dabei verwertete Wissen kann nicht als solches, sondern nur in Gestalt von Wissensgrundlagen wiedergegeben werden. Diese Wissensgrundlagen sind in den Regeltext eingeschrieben und als solche übermittel- und wahrnehmbar.

Aufgrund der Tatsache, dass verwertete Informationen und verwertetes Wissen nur in Gestalt von Informations- und Wissensgrundlagen wiedergegeben und wahrgenommen werden können, kann unter den weiten Begriff der Weiterverwendung von Wissensressourcen schließlich auch die Verwertung von Informationen und Wissen gefasst werden.[280]

Obwohl die verwertenden Potentiale sowohl die Verwertung von Wissensressourcen und Informationen als auch von Wissen ermöglichen, werden sie schwerpunktmäßig zur Verwertung von Wissen herangezogen. Daher konzentriert sich die Untersuchung im Folgenden vorrangig auf diesen Aspekt.

D. Fazit

Der Präventionsauftrag der gesetzlichen Unfallversicherung stellt die Berufsgenossenschaften und die DGUV e. V. vor die grundlegende Herausforderung, zunächst Wissen über gesundheitsschädliche arbeitsbedingte Einwirkungen erzeugen zu müssen, um ihre gesetzlichen Befugnisse im Präventionsbereich überhaupt sachgerecht anwenden zu können.

Für solche kognitiven Herausforderungen hält die um die Governance-Perspektive ergänzte kognitive Analyseperspektive Beschreibungs- und Untersuchungsangebote bereit. Anhand dieser Perspektive konnte daher bereits abstrakt gezeigt werden, dass die gesetzlichen Regelungen den Genossenschaften die Möglichkeit eröffnen, Informationen und Wissen, insbesondere unter Einbeziehung ihrer Mitgliedsunternehmen und Dritter, zu erzeugen. Dafür stehen ihnen verschiedene – selbstständig und unselbstständig – erzeugende kognitive Potentiale zur Verfügung. Die auf diese Weise gewonnenen Wissensressourcen können die Genossenschaften auf der Ebene der Selbstverwaltung zu Wissen vollenden. Das insofern erzeugte Wissen können die Genos-

280 Das gilt gleichermaßen für die Übermittlung von Informationen und Wissen in Gestalt ihrer Grundlagen unter Inanspruchnahme von Verbundpotentialen.

senschaften schließlich anhand ihrer verwertenden Potentiale zur Verwirklichung des Präventionsauftrags fruchtbar machen.

Darüber hinaus konnten anhand der kognitiven Analyseperspektive die kognitiven Potentiale der Genossenschaften bereits abstrakt systematisiert und strukturiert werden und dadurch allgemeine Aussagen zu den verschiedenen Kategorien kognitiver Potentiale formuliert werden.[281] Dabei wurde unter anderem deutlich, dass die Genossenschaften die Wissenserzeugung unter Einbeziehung ihrer Mitgliedsunternehmen zur Verwirklichung des Präventionsauftrags in beachtlichem Maße steuern können.[282] Darauf aufbauend gilt es nun im Folgenden, die kognitiven Potentiale, ihre Wechselwirkungen und das daran anknüpfende Wissensmanagement der Genossenschaften konkret zu untersuchen.

---

281 Siehe 1. Teil, C. II. und III.

282 Siehe 1. Teil, C. II. 2. c).

2. Teil

Beziehungsgefüge kognitiver Potentiale

Im 2. Teil werden nun die verschiedenen Kategorien *erzeugender, verwertender* und *doppelfunktionaler* Potentiale, ihre Wechselwirkungen und das daran anknüpfende Wissensmanagement konkret herausgearbeitet. Dafür gilt es sich zunächst, den einfach-gesetzlichen Vorschriften mit den darin geregelten Verwaltungsmaßnahmen der Genossenschaften und Mitteilungspflichten der Mitgliedsunternehmen zuzuwenden, in denen erzeugende Potentiale angelegt sind (dazu A. I. und II.). Daran anschließend können die in der informationellen Zusammenarbeit mit Dritten angelegten Potentiale herausgearbeitet werden (dazu A. III.). Sodann werden die Verwaltungsmaßnahmen mit verwertenden Potentialen näher untersucht (dazu B.). Abschließend gilt es auf die Verwaltungsmaßnahmen mit Doppelfunktion einzugehen, in denen sowohl erzeugende als auch verwertende Potentiale angelegt sind (dazu C.). Dabei werden Verwaltungsmaßnahmen wieder aufgegriffen, die aufgrund ihrer erzeugenden Potentiale bereits unter A. untersucht wurden.

Die Genossenschaften bezeichnen ihre Verwaltungsmaßnahmen im Präventionsbereich als „Präventionsleistungen" und benennen konkret die folgenden Maßnahmen:[1]

(1) Beratung (auf Anforderung),[2]

---

[1] *DGUV e. V.* (Hrsg.), Präventionsleistungen der Unfallversicherungsträger der Deutschen Gesetzlichen Unfallversicherung; siehe dazu auch *Eichendorf*, in: jurisPK-SGB VII, Stand: 15.01.2022, § 14, Rn. 84; zu den Chancen durch die Digitalisierung siehe *DGUV e. V.* (Hrsg.), Überwachung und Beratung im Wandel, S. 6, *Appt*, DGUV Forum 3/2021, S. 3 (7); *Papenhoff*, DGUV Forum 3/2022, S. 16 (20); *DGUV e. V.* (Hrsg.), Neue Formen der Arbeit – Neue Formen der Prävention, S. 43 ff.; *Robelski/Sommer*, Betriebliche Prävention 2023, S. 392 ff.; *Bendiks*, DGUV Forum 11/2023, S. 26 f.; zu den Herausforderungen durch die Digitalisierung siehe *Siefert*, VSSAR 2019, S. 339 ff.; zur Digitalisierungsstrategie der gesetzlichen Unfallversicherung siehe *Herrmann/Schmitz*, DGUV Forum 11/2023, S. 3 f.; zu den Chancen durch Künstliche Intelligenz siehe *Herrmann/Schneider*, DGUV Forum 11/2023, S. 30 (31 ff.); *DGUV e. V.* (Hrsg.), Kompetenzzentrum Künstliche Intelligenz und Big Data (KKI); angelehnt an die Präventionsleistungen hat die DGUV e. V. nach *Fischer/Friedrich/Nöthen-Garunja/Portuné/Schmid*, DGUV Forum 1–2/2023, S. 61 ff., ein Muster-Handbuch Prävention erarbeitet, das sich an die Präventionsabteilungen der Unfallversicherungsträger wendet.

[2] § 17 Abs. 1 SGB VII.

(2) Überwachung einschließlich anlassbezogener Beratung,[3]

(3) Ermittlung,[4]

(4) Qualifizierung,[5]

(5) Prüfung/Zertifizierung,[6]

(6) Forschung, Entwicklung und Modellprojekte,[7]

(7) Information, Kommunikation und Präventionskampagnen,[8]

(8) Betriebsärztliche und sicherheitstechnische Betreuung,[9]

(9) Anreizsysteme[10] sowie

(10) Vorschriften- und Regelwerk[11].

Trotz der Vielzahl geeigneter Mittel zur Erfüllung des Präventionsauftrags konzentrieren sich die weiteren Überlegungen auf diese von den Genossenschaften konkret benannten Maßnahmen. Diese werden im Rahmen dieser Untersuchung weiterhin als Präventions*maßnahmen* bezeichnet. Darüber hinaus werden zusätzlich weitere Verwaltungsmaßnahmen herangezogen, sofern ihnen eine Bedeutung für das Beziehungsgefüge kognitiver Potentiale zukommt.

A. Erzeugende Potentiale

Die *erzeugenden kognitiven Potentiale* bilden den Ausgangspunkt des genossenschaftlichen Wissensmanagements. Sie lassen sich im Wesentlichen unterscheiden in:

– *unselbstständige* und

– *selbstständige*

kognitive Potentiale.

Die *unselbstständig erzeugenden Potentiale* sind in Verwaltungsmaßnahmen der Genossenschaften ebenso wie in gesetzlichen Mitteilungspflichten

[3] §§ 17, 18, 19, 209 SGB VII.

[4] § 19 Abs. 2 SGB VII.

[5] §§ 14, 17, 23 SGB VII.

[6] § 14 SGB VII, §§ 20–23 Produktsicherheitsgesetz.

[7] §§ 1, 9 Abs. 8, 14 SGB VII.

[8] § 14 SGB VII.

[9] § 24 SGB VII; DGUV Vorschrift 2.

[10] §§ 14, 162 SGB VII.

[11] §§ 14, 15, 16 SGB VII.

der Mitgliedsunternehmen angelegt (dazu I.). Sie zeigen sich auch bei der informationellen Zusammenarbeit mit Dritten (dazu III.).

Sie eröffnen den Genossenschaften die Möglichkeit, eigene Beobachtungen im Zusammenhang mit den Mitgliedsunternehmen und Dritten anzustellen ebenso wie deren Wissensressourcen im Rahmen von Kommunikationen zu aktualisieren und damit einhergehend auf die Ebene der Selbstverwaltung zu übertragen, wo sie zu Informationen und Wissen vollendet werden können.[12]

Die *unselbstständig erzeugenden Potentiale* lassen sich weiter ausdifferenzieren in:

– *initiativ erzeugende,*
– *reaktiv erzeugende* und
– *wechselinitiative.*

Diese können auch über die Grenzen einer Genossenschaft hinausreichen und auf Dritte ausgerichtet sein. In diesen Konstellationen der Einbeziehung Dritter sind die Potentiale konkretisierend als Verbundpotentiale zu bezeichnen und zwar als *initiativ erzeugende, reaktiv erzeugende* oder *wechselinitiative Verbundpotentiale*[13]. Für die Einordnung als Verbundpotential ist es dabei ausreichend, dass das Potential aus Sicht eines beteiligten Akteurs über die Grenzen *einer* Genossenschaft hinausreicht und somit mindestens die Grenze *einer* Genossenschaft überschreitet.

Initiativ erzeugende Potentiale können die Genossenschaften durch ein initiatives und konkretes Tätigwerden gegenüber den Mitgliedsunternehmen oder Dritten in Anspruch nehmen. Davon werden beispielsweise die genossenschaftlichen Auskunftsverlangen gegenüber den Mitgliedsunternehmen umfasst.

Demgegenüber sind die *reaktiv erzeugenden Potentiale* in Verpflichtungen oder Ermächtigungen der Mitgliedsunternehmen oder Dritter[14] zu Übermittlungen von Wissensressourcen an die Genossenschaften angelegt. Dazu zählen beispielsweise gesetzliche Mitteilungspflichten der Mitgliedsunternehmen sowie der Ärzteschaft gegenüber den Berufsgenossenschaften. Die reaktiv erzeugenden Potentiale werden von den Genossenschaften durch die Auf-

---

12 Siehe dazu 1. Teil, C. II. 2. c).

13 Wechselinitiative Verbundpotentiale umfassen sowohl Möglichkeiten für die übermittelnde als auch für die aufnehmende Stelle, vgl. dazu BVerfGE 130, 151 (184), zum sog. Doppeltürmodell, wonach die Rechtsgrundlagen für die Übermittlung und Aufnahme von Daten auch in einer Norm zusammengefasst werden können.

14 Sofern nicht nur die Mitgliedsunternehmen, sondern ausschließlich oder zusätzlich Dritte in die Wissenserzeugung involviert sind, werden die Potentiale als Verbundpotentiale bezeichnet.

nahme der übermittelten Wissensressourcen in Anspruch genommen. Die Aufnahme verkörpert dabei eine Maßnahme der aufnehmenden Genossenschaft, konkret eine Verwaltungsmaßnahme, bei der Wissensressourcen erzeugt werden.[15]

Wechselinitiative Potentiale, wie die Beratung, ermöglichen sowohl den Genossenschaften als auch den Mitgliedsunternehmen bzw. Dritten ein initiatives und konkretes Tätigwerden. Das initiative und konkrete Tätigwerden der Mitgliedsunternehmen bzw. Dritter zeigt sich dabei in der Übermittlung von Wissensressourcen an die Genossenschaften. Die wechselinitiativen Potentiale werden von den Genossenschaften entweder durch ein initiatives und konkretes Tätigwerden gegenüber den Mitgliedsunternehmen bzw. Dritten oder durch die Aufnahme der von diesen übermittelten Wissensressourcen in Anspruch genommen.[16] Mit der Inanspruchnahme wechselinitiativer Potentiale kann auch eine kooperative Wissenserzeugung einhergehen.[17]

Demgegenüber ermöglichen die *selbstständig erzeugenden Potentiale* den Genossenschaften als *initiativ erzeugende Potentiale* die Erzeugung von Wissensressourcen ebenso wie deren Vollendung zu Informationen und Wissen, ohne dass dabei die Mitgliedsunternehmen oder Dritte zwangsläufig einbezogen werden müssen (dazu II.). Prominentes Beispiel ist die genossenschaftliche Forschung.

I. Unselbstständig erzeugende Potentiale

Die Verwaltungsmaßnahmen der Genossenschaften in den drei Aufgabenbereichen der Prävention, der Rehabilitation und der Entschädigung enthalten verschiedene unselbstständig erzeugende Potentiale, die mehrere Bedeutungs-

---

[15] Da die Verwaltungsmaßnahme „Aufnahme" in einem untrennbaren Zusammenhang mit den jeweiligen Verpflichtungen und Ermächtigungen steht, strahlt das darin angelegte kognitive Potential so stark auf die Aufnahme aus, dass es letztlich auch Grundlage dieser Verwaltungsmaßnahme ist.

[16] Dementsprechende Vorgänge werden beispielsweise durch Verbundpotentiale, wie etwa § 14 Abs. 1 S. 1 (gegebenenfalls i. V. m. Abs. 4) SGB VII – gegebenenfalls in Ausprägung einer privatrechtlich ausgestalteten Zusammenarbeit, § 20 Abs. 1 S. 2 Nr. 3 SGB VII (Daten- und Informationsaustausch mit den staatlichen Arbeitsschutzbehörden über Betriebsbesichtigungen und deren wesentliche Ergebnisse), § 136 Abs. 1 S. 4 und 5 SGB VII (Übermittlung im Rahmen von Betriebsüberweisungen) und § 207 SGB VII (Datenverarbeitung zur Prävention) ermöglicht.

[17] Bei der kooperativen Wissenserzeugung bildet grundsätzlich jeder Akteur für sich, aber dennoch in Kooperation mit anderen, Wissen. Eine besondere Ausprägung der kooperativen Wissenserzeugung bildet die Erzeugung von Organisationswissen, das durch Kooperation mehrerer entsteht.

gehalte umfassen.[18] Sie ermöglichen einerseits die Erzeugung von Wissensressourcen aus den Mitgliedsunternehmen, um konkrete Verwaltungsmaßnahmen ausüben zu können.[19] Andererseits können die unter Einbeziehung der Mitgliedsunternehmen gewonnenen Wissensressourcen über einzelne Verwaltungsmaßnahmen und insbesondere über einzelne Mitgliedsunternehmen hinaus auf der Ebene der Selbstverwaltung zur Verwirklichung des Präventionsauftrags weiterverwendet werden.[20]

Dadurch können zumindest gewisse Risiko- bzw. Gefährdungsschwerpunkte identifiziert werden,[21] die gegebenenfalls zur Grundlage weitergehender Untersuchungen gemacht werden können.[22] Auf diese Weise konnten in verschiedenen Branchen bereits beachtliche Präventionserfolge erzielt werden.[23] Dabei sind nicht sämtliche unselbstständig erzeugenden Potentiale gleichermaßen für die Erzeugung von Wissensressourcen geeignet. Die Mitteilungspflichten der Mitgliedsunternehmer und Auskunftsverlangen der Berufsgenossenschaften (dazu 1.) ebenso wie die Verwaltungsmaßnahmen im Präventionsbereich (dazu 2.) nehmen hierbei jedenfalls eine herausgehobene Bedeutung ein. Daneben können die Berufsgenossenschaften auch anhand der Maßnahmen in den anderen Aufgabenbereichen der Rehabilitation und Entschädigung Wissensressourcen aus den Mitgliedsunternehmen erzeugen (dazu 3.). Das trifft ebenso auf die Ordnungswidrigkeitenverfahren (dazu 4.) zu.[24] Schließlich eignet sich auch die Prüfung und Zertifizierung (dazu 5.) zur Erzeugung von Wissensressourcen.

---

18 Einleitung, I. 1. b) bb).

19 Einleitung, I. 1. b) bb).

20 Das zeigt sich exemplarisch an § 207 SGB VII, gilt aber auch für alle anderen unselbstständig erzeugenden kognitiven Potentiale.

21 Vgl. *Kranig*, in: Hauck/Noftz, SGB VII, EL 1/2023, § 207, Rn. 4.

22 *Meffert* u. a., Die BG 2005, S. 220 (230 f.), im Hinblick auf die Forschung; *DGUV e. V.* (Hrsg.), Qualität in der Prävention: Wechselwirkungen der berufsgenossenschaftlichen Präventionsdienstleistungen, S. 30, weist darauf hin, dass Forschungsprojekte grundsätzlich erst initiiert werden, sofern sich Risiko- bzw. Gefährdungsschwerpunkte in mehreren Unternehmen zeigen.

23 *Meffert* u. a., Die BG 2005, S. 220 (230 f.), die die Präventionserfolge der Berufsgenossenschaften anhand ihres Erfahrungswissens in der Bauwirtschaft bis in die 1970er Jahre schildern.

24 Siehe allgemein zu den Effizienzpotentialen *Raschke*, Die BG 2004, S. 12 ff., 72 ff.

1. Mitteilungspflichten und Auskunftsverlangen

a) Mitteilungspflichten nach § 192 Abs. 1, 2 und 4 SGB VII

Die gesetzlichen Mitteilungspflichten in § 192 Abs. 1, 2 und 4 SGB VII enthalten reaktiv erzeugende Potentiale, die die Berufsgenossenschaften durch die Aufnahme der von den Unternehmern übermittelten Mitteilungen in Anspruch nehmen. Dabei verpflichtet § 192 Abs. 1 SGB VII den Unternehmer, binnen einer Woche nach Beginn des Unternehmens der zuständigen Berufsgenossenschaft bestimmte Angaben mitzuteilen.[25] Daneben enthält § 192 Abs. 2 und 4 SGB VII Mitteilungspflichten der Unternehmer bei bestimmten unternehmensbezogenen Veränderungen.[26] Obwohl diesen verschiedenen Mitteilungspflichten nur eine Ordnungsfunktion zugesprochen wird,[27] verschaffen sie der zuständigen Berufsgenossenschaft doch immerhin Kenntnis von neuen Mitgliedsunternehmen und von den diese betreffenden wesentlichen Änderungen. Damit bilden sie die Grundlage für alle weiteren Maßnahmen der Berufsgenossenschaften gegenüber den jeweiligen Unternehmen.[28]

b) Auskunftsverlangen gem. § 192 Abs. 3 S. 1 SGB VII

§ 192 Abs. 3 S. 1 SGB VII enthält ein initiativ erzeugendes Potential, anhand dessen die zuständige[29] Berufsgenossenschaft von einem Unternehmer Auskünfte und Beweisurkunden verlangen kann, die zur Erfüllung ihrer ge-

---

[25] Zum Inhalt der Mitteilungspflicht siehe *Leube*, NJ 2018, S. 229 (231 f.); *Schmitt*, SGB VII, § 192, Rn. 2 ff. Bei erstmaliger Aufnahme einer unternehmerischen Tätigkeit vergibt die DGUV e. V. gem. § 136a Abs. 1. S. 2 SGB VII nach der Mitteilung über den Unternehmensbeginn eine Unternehmernummer. Die dafür erforderlichen Angaben muss der Unternehmer gem. § 136a Abs. 3 S. 1 SGB VII übermitteln. Unternehmer, die bereits eine Unternehmernummer erhalten haben, müssen nach § 136a Abs. 1 S. 3 SGB VII den Beginn und das Ende eines oder mehrerer weiterer Unternehmen mitteilen.

[26] Zum Inhalt der Mitteilungspflicht siehe *Schmitt*, SGB VII, § 192, Rn. 6 ff., 13. § 192 Abs. 2 SGB VII gilt entsprechend bei Änderungen, die die nach § 136a Abs. 1 SGB VII zum Unternehmer oder zum Unternehmen gespeicherten Daten betreffen.

[27] Vgl. *Ricke*, in: Beck'scher Online-Grosskommentar (Kasseler Kommentar), SGB VII, Stand: 15.02.2024, § 192, Rn. 3.

[28] Falls die Mitteilung gegenüber einer unzuständigen Berufsgenossenschaft abgegeben wird, gibt diese die Mitteilung nach *Schmitt*, SGB VII, § 192, Rn. 4, formlos an den von ihr für zuständig angesehenen Unfallversicherungsträger ab.

[29] Mit *Keller*, in: Hauck/Noftz, SGB VII, EL 2/2023, § 192, Rn. 7, ist unter dem zuständigen Unfallversicherungsträger sowohl der für das jeweilige Unternehmen als auch der für die Bearbeitung eines Versicherungsfalls zuständige Träger zu verstehen; a. A. *Ricke*, in: Beck'scher Online-Grosskommentar (Kasseler Kommentar), SGB VII, Stand: 15.02.2024, § 192, Rn. 11.

setzlichen Aufgaben (§ 199 SGB VII) erforderlich sind.[30] Aus der Verweisung in § 192 Abs. 3 S. 1 SGB VII auf § 199 Abs. 1 S. 2 Nr. 5 SGB VII folgt, dass als gesetzliche Aufgabe unter anderem auch die Durchführung von Präventionsmaßnahmen in Betracht kommt.[31] Demnach können auch Auskünfte zur Erfüllung des Präventionsauftrags verlangt werden. Darüber hinaus können anhand von § 192 Abs. 3 S. 1 SGB VII i. V. m. § 199 SGB VII auch Auskünfte zur Erfüllung anderer in § 199 SGB VII genannter Aufgaben verlangt werden.

c) Auskunftsverlangen nach § 3 Abs. 4 DGUV Vorschrift 1

Das Auskunftsverlangen der Berufsgenossenschaften gem. § 3 Abs. 4 DGUV Vorschrift 1 enthält ebenfalls ein initiativ erzeugendes Potential. Es ermächtigt die zuständige Berufsgenossenschaft, von einem Unternehmer Auskunft über die im Betrieb getroffenen Arbeitsschutzmaßnahmen zu verlangen.

2. Maßnahmen im Präventionsbereich

a) Überwachung und Beratung (§§ 17 ff. SGB VII)

Die „*Kernaufgabe*[n]“[32] der Berufsgenossenschaften im Präventionsbereich bestehen darin, die Durchführung der Präventionsmaßnahmen in den Mitgliedsunternehmen zu überwachen sowie die Unternehmer und Versicherten zu beraten (§ 17 Abs. 1 SGB VII).[33] Diese Kernaufgaben korrespondieren mit der gesetzlichen Verpflichtung der Berufsgenossenschaften, Aufsichtspersonen in der für eine wirksame Überwachung und Beratung erforderlichen Zahl zu beschäf-

---

30 Die Auskunftspflicht gem. § 192 Abs. 3 S. 1 SGB VII ist mit *Keller*, in: Hauck/Noftz, SGB VII, EL 2/2023, § 192, Rn. 7, lex specialis gegenüber der allgemeinen Unterstützungspflicht aus § 191 SGB VII.

31 *Schmitt*, SGB VII, § 192, Rn. 11.

32 *Hussing*, in: Lauterbach, Unfallversicherung, 4. Aufl., 68. EL, August 2019, § 17 SGB VII, Rn. 2; siehe auch *DGUV e. V.* (Hrsg.), Überwachung und Beratung im Wandel, S. 1; *Nöthen-Garunja/Gravemeyer/Portuné/Appt*, DGUV Forum 9/2021, S. 39.

33 Für *Portuné/Appt*, DGUV Forum 4/2019, S. 38, sind Überwachung und Beratung „zwei ‚Seiten einer Medaille‘“; zum Beschuss des Vorstands der DGUV e. V. „Überwachung und Beratung im Wandel“ aus dem Jahr 2020 siehe *Nöthen-Garunja/Gravemeyer/Portuné/Appt*, DGUV Forum 9/2021, S. 39 (41); *Schöpf/Nöthen-Garunja/Portuné/Schmid*, DGUV Forum 6/2023, S. 3; zur Optimierung und zukunftsorientierten Ausrichtung der Überwachung und Beratung siehe *Arenz/Dienstbühl/Schäfer*, DGUV Forum 6/2023, S. 5 ff.; zu Künstlicher Intelligenz in der Überwachung und Beratung siehe *Appt*, DGUV Forum 12/2019, S. 10 (11 f.); *Büsse/Fochmann*, DGUV Forum 6/2023, S. 19 (20); zur Überwachung und Beratung während der SARS-CoV-2-Pandemie siehe *Büsse*, DGUV Forum 5–6/2020, S. 13 ff.; *Appt*, DGUV Forum 3/2021, S. 3 ff.

tigen (§ 18 Abs. 1 SGB VII).[34] Diesen Aufsichtspersonen sind die Aufsichtsbefugnisse gem. §§ 17, 19 SGB VII übertragen, damit sie ihre Aufgaben sachgerecht erfüllen können.[35] Die damit verbundenen Eingriffsbefugnisse erfordern eine besondere Befähigung[36], die die Aufsichtspersonen durch eine Prüfung[37] nachweisen müssen (§ 18 Abs. 2 SGB VII).[38] Organisatorisch können die Berufsgenossenschaften ihre Aufsichtspersonen i. S. d. § 18 SGB VII sowie ihre weiteren mit Präventionsaufgaben betrauten Beschäftigten, denen keine Aufsichtsaufgaben i. S. d. §§ 17, 19 SGB VII übertragen sind, in sog. Aufsichts- bzw. Präventionsdiensten oder Präventionsabteilungen zusammenfassen.[39]

aa) Überwachungsbefugnisse[40] (§ 19 Abs. 2 SGB VII)

Um die Überwachungsaufgabe aus § 17 Abs. 1 SGB VII erfüllen zu können, vermittelt § 19 Abs. 2 SGB VII den Aufsichtspersonen vielfältige Befug-

---

34 Das Unfallversicherungsgesetz vom 06.07.1884, RGBl. 1884, No 19, S. 69, sah in seinem § 82 lediglich die Befugnis der Genossenschaften vor, durch Beauftragte die Befolgung der zur Verhütung von Unfällen erlassenen Vorschriften zu überwachen. Von dieser Befugnis machten die Genossenschaften zunehmend Gebrauch. Bereits 1887 beschäftigten 21 Genossenschaften insgesamt 57 Beauftragte. Bis zum Jahr 1900 stieg die Zahl der Beauftragten nach *Wickenhagen*, Geschichte der gewerblichen Unfallversicherung, S. 71, auf 233.

35 *Kranig/Timm*, in: Hauck/Noftz, SGB VII, 48. EL, September 2010, § 18, Rn. 7 f.; außerhalb der Überwachung können Präventionsaufgaben auch von anderen Beschäftigten der Berufsgenossenschaften ausgeübt werden, siehe dazu *Ricke*, in: Beck'scher Online-Grosskommentar (Kasseler Kommentar), SGB VII, Stand: 15.05.2023, § 18; zu Überlegungen zur zukünftigen Rolle der Aufsichtspersonen in der Betreuung der Betriebe siehe *Kunz*, DGUV Forum 3/2020, S. 3 ff.

36 Die Befähigung setzt sich aus beruflichen Kenntnissen, praktischer Berufserfahrung und spezifischen Fähigkeiten zusammen, wobei sich die Einzelheiten aus den jeweiligen Prüfungsordnungen der Unfallversicherungsträger ergeben, siehe dazu *Kranig/Timm*, in: Hauck/Noftz, SGB VII, 48. EL, September 2010, § 18, Rn. 13; *Felsch/Gerten*, DGUV Forum 6/2023, S. 27; *DGUV e. V.* (Hrsg.), Der Mensch im Mittelpunkt, S. 48, spricht davon, dass die Aufsichtspersonen eine „branchenspezifische als auch übergreifende Expertise" haben.

37 Der Inhalt der Prüfungen wird gem. § 18 Abs. 2 S. 2 SGB VII durch Prüfungsordnungen der Unfallversicherungsträger festgelegt.

38 Aufgrund der zweigleisigen Aufgabe der Überwachung und Beratung muss sich nach *Schwede*, AiB 1998, S. 664 (665), die Befähigung auf beide Aspekte der Präventionstätigkeit beziehen, sofern die Aufsichtspersonen in beiden Tätigkeitsbereichen eingesetzt werden sollen. Die Aufsichtspersonen müssen daher, wie bereits *M. Weber*, Politik als Beruf, S. 19, allgemein bemerkte, qualifizierte geistige Arbeiter sein.

39 *Kurth/Schultis*, Lehrgang zum Arbeits- und Gesundheitsschutz, S. 42; *Kranig/Timm*, in: Hauck/Noftz, SGB VII, 48. EL, September 2010, § 18, Rn. 8; zur Zusammensetzung der Präventionseinheiten siehe *Schmid*, DGUV Forum 6/2023, S. 35.

40 Die Unfallversicherungsträger unterteilen nach *DGUV e. V.* (Hrsg.), Präventionsleistungen der Unfallversicherungsträger der Deutschen Gesetzlichen Unfallversi-

nisse[41].[42] Diese enthalten initiativ erzeugende Potentiale und dürfen ausschließlich zur Überwachung der Präventionsmaßnahmen der Mitgliedsunternehmen eingesetzt werden, nicht aber zu anderweitigen Zwecken, wie der Beratung.[43]

Die Aufsichtspersonen sind nach § 19 Abs. 2 S. 1 Nr. 1 SGB VII zunächst befugt, Grundstücke und Betriebsstätten zu besichtigen und zu prüfen. Daneben können sie sämtliche Auskünfte zur Durchführung der Überwachung[44] verlangen (§ 19 Abs. 2 S. 1 Nr. 2 SGB VII). Zudem können geschäftliche und betriebliche Unterlagen[45] eingesehen werden (§ 19 Abs. 1 S. 1 Nr. 3 SGB VII)[46] und Arbeitsmittel sowie persönliche Schutzausrüstungen ebenso wie deren bestimmungsgemäße Verwendung geprüft werden (§ 19 Abs. 2 S. 1 Nr. 4 SGB VII). Darüber hinaus können auch Arbeitsverfahren und Arbeitsabläufe untersucht werden (§ 19 Abs. 2 S. 1 Nr. 5 SGB VII). Dazu gehören neben der Ausgestaltung der betriebsinternen Abläufe auch das Zusammenwirken der Versicherten und deren Umgang mit ihren jeweiligen Arbeitsgeräten.[47] Die Aufsichtspersonen können zudem Proben von Arbeitsmitteln, vor allem von gefährlichen Stoffen und deren Zubereitungen, fordern oder selbst

---

cherung, S. 9, 14, die Überwachungsbefugnisse aus § 19 Abs. 2 SGB VII in die Präventionsleistungen „Ermittlung" sowie „Überwachung einschließlich anlassbezogener Beratung"; zu den Unterschieden in der Überwachung durch Unfallversicherungsträger und staatliche Arbeitsschutzbehörden siehe *Kunz*, DGUV Forum 6/2023, S. 9 ff.; zu den Unterschieden zwischen Besichtigungen mit Systembewertung und Besichtigungen mit Bewertung betrieblicher Arbeitsschutzprozesse siehe *Ernst/Heidrich/Römer*, DGUV Forum 6/2023, S. 17 f.; zu den Unterschieden zwischen aktiver und reaktiver Überwachung siehe *Merz*, DGUV Forum 6/2023, S. 21 (22).

41 *DGUV e. V.* (Hrsg.), Qualität in der Prävention: Liste der Präventionsdienstleistungen, S. 15 ff., fasst diese Befugnisse unter dem Begriff „Präventionsdienstleistung Ermittlung" zusammen, führt sie dann aber auch nochmal auf S. 29 ff. unter dem Begriff „Präventionsdienstleistung Überwachung" auf.

42 Das erste Unfallversicherungsgesetz vom 06.07.1884, RGBl. 1884, No 19, S. 69, enthielt in seinem § 82 lediglich beschränkte Befugnisse der Beauftragten der Genossenschaften zur Überwachung der betrieblichen Unfallverhütungsmaßnahmen. Dazu zählten die Kenntnisnahme von Einrichtungen der Betriebe, die Einsichtnahme in bestimmte Geschäftsbücher und Listen sowie der Zutritt zu den Betriebsstätten.

43 *Kranig/Timm*, in: Hauck/Noftz, SGB VII, EL 1/2016, § 19, Rn. 8.

44 *Kranig/Timm*, in: Hauck/Noftz, SGB VII, EL 1/2016, § 19, Rn. 17.

45 Der Begriff ist mit *Kranig/Timm*, in: Hauck/Noftz, SGB VII, EL 1/2016, § 19, Rn. 19, weit gefasst.

46 Davon erfasst ist mit *Anzinger/Bieneck*, Arbeitssicherheitsgesetz, § 13, Rn. 28, beispielsweise auch die Einsichtnahme in Berichte von Betriebsärzten und Fachkräften für Arbeitssicherheit nach § 5 DGUV Vorschrift 2.

47 *P. Becker*, in: Krasney/ders./Heinz/Bieresborn, Gesetzliche Unfallversicherung, 25. EL, Juni 2016, § 19 SGB VII, Rn. 44.

entnehmen (§ 19 Abs. 2 S. 1 Nr. 6 SGB VII[48]).[49] Schließlich können die Aufsichtspersonen untersuchen, auf welche betrieblichen Ursachen ein Unfall, eine Erkrankung oder ein Schadensfall zurückzuführen ist (§ 19 Abs. 2 S. 1 Nr. 7 SGB VII), unter anderem um sie – auch über das einzelne Unternehmen hinaus – in der Zukunft zu vermeiden bzw. wenigstens zu verringern.[50] Die Ermächtigung in § 19 Abs. 2 S. 1 Nr. 7 SGB VII erfasst auch Untersuchungen zum verantwortlichen Verursacher wegen etwaiger präventionsbezogener Sanktionen, wie etwa Rückgriffen nach § 110 Abs. 1 SGB VII[51] oder Bußgeldern nach § 209 SGB VII[52].[53] Schließlich können die Aufsichtspersonen jederzeit die Begleitung durch den Unternehmer oder eine von ihm beauftragte Person während der Überwachungsmaßnahme verlangen (§ 19 Abs. 2 S. 1 Nr. 8 SGB VII).[54] Da § 19 Abs. 2 SGB VII die in Betracht kommenden Befugnisse im Wege einer „insbesondere"-Aufzählung nennt,[55] sind die Aufsichtspersonen zu weiteren, nicht ausdrücklich genannten, aber gleichwohl erforderlichen Maßnahmen ermächtigt.

Der umfassende Katalog des § 19 Abs. 2 SGB VII ermöglicht den Aufsichtspersonen in seiner Gesamtschau eine Art „Betriebsprüfung"[56], anhand derer die Präventionsmaßnahmen der Mitgliedsunternehmen umfassend überprüft werden können. Dadurch können die Aufsichtspersonen in umfassender Weise Wissensressourcen zu verschiedenen Fragen der betrieblichen Prävention aus den Mitgliedsunternehmen gewinnen.[57]

---

[48] Soweit der Unternehmer nicht ausdrücklich darauf verzichtet, ist ein Teil der Proben amtlich verschlossen oder versiegelt zurückzulassen.

[49] *Kranig/Timm*, in: Hauck/Noftz, SGB VII, EL 1/2016, § 19, Rn. 25.

[50] *Ricke*, in: Beck'scher Online-Grosskommentar (Kasseler Kommentar), SGB VII, Stand: 15.05.2023, § 19, Rn. 20.

[51] In diesem Zusammenhang enthält auch § 199 Abs. 1 S. 2 Nr. 4 SGB VII eine Ermächtigung zur Erhebung von Sozialdaten ebenso wie von Betriebs- und Geschäftsgeheimnissen.

[52] Siehe dazu im Konkreten 2. Teil, A. I. 4.

[53] *Ricke*, in: Beck'scher Online-Grosskommentar (Kasseler Kommentar), SGB VII, Stand: 15.05.2023, § 19, Rn. 20.

[54] *Schmitt*, SGB VII, § 19, Rn. 27.

[55] *Kranig/Timm*, in: Hauck/Noftz, SGB VII, EL 1/2016, § 19, Rn. 10; *Hussing*, in: Lauterbach, Unfallversicherung, 4. Aufl., 68. EL, August 2019, § 19 SGB VII, Rn. 2.

[56] *Marschner*, in: Beck'scher Online-Kommentar Sozialrecht, 72. Edition, Stand: 01.03.2024, § 19 SGB VII, Rn. 1.

[57] Vgl. *Gerhard Wagner*, Kollektives Umwelthaftungsrecht auf genossenschaftlicher Grundlage, S. 98; *Schäfer/Klockmann/Wetzel/Mahlberg*, DGUV Forum 11/2022, S. 9 (17); zum Einsatz „digitale[r] Wissensmanagementsysteme" durch Aufsichtspersonen im Rahmen der Überwachung siehe *Keller/Mays/Scharmentke/Nöthen-Garunja/Portuné/Schimd*, DGUV Forum 3/2022, S. 3 ff.

bb) Beratung (§ 17 Abs. 1 SGB VII)

Die Berufsgenossenschaften sind gem. § 17 Abs. 1 SGB VII verpflichtet, sowohl Unternehmer als auch Versicherte zu beraten.[58] Dadurch soll der Sicherheits- und Gesundheitsschutz in den Mitgliedsunternehmen gewährleistet werden.[59] Die Beratung ist in erster Linie darauf ausgerichtet, abstrakte Pflichten zur Sicherheit und zum Gesundheitsschutz bei der Arbeit unter Berücksichtigung der in den jeweiligen Unternehmen konkret vorherrschenden Besonderheiten (Räumlichkeiten, Technik, Organisation, Personal)[60] konkret umzusetzen.[61] Seitdem die Beratung auf die Versicherten[62] erstreckt wurde, verkörpert sie auch einen „partizipativen Ansatz moderner Präventionsstrategien und Personalführungsinstrumente“[63]. Dabei beziehen die Berufsgenossenschaften aufgrund der Sachnähe der Beratungsinhalte insbesondere die mit Arbeitsschutzaspekten betrauten Versicherten in die Beratung mit ein.[64]

Die Beratung nach § 17 Abs. 1 SGB VII kann im Wesentlichen in drei verschiedene Typen unterschieden werden: die Beratung auf Anforderung (1), die gezielte Beratung (2) und die inklusive Beratung (3).[65] Dabei geht die Beratung auf Anforderung von den Mitgliedsunternehmen aus, die sich mit einem Beratungsanliegen an die zuständige Berufsgenossenschaft wenden, wohingegen die gezielte Beratung, insbesondere zur Umsetzung konkreter Präventionsstrategien, auf einer Initiative der Berufsgenossenschaften beruht.[66] Das trifft auch auf die inklusive bzw. anlassbezogene Beratung zu, die mit der

---

[58] Die Pflicht zur Beratung der Mitgliedsunternehmen wurde ursprünglich durch das Unfallversicherungs-Neuregelungsgesetz vom 30.04.1963 (BGBl. I, S. 214) in § 712 Abs. 1 RVO eingeführt.

[59] *P. Becker*, in: Krasney/ders./Heinz/Bieresborn, Gesetzliche Unfallversicherung, 35. EL, September 2019, § 17 SGB VII, Rn. 14; *Kranig/Timm*, in: Hauck/Noftz, SGB VII, 48. EL, September 2010, § 17, Rn. 17.

[60] *Kranig/Timm*, in: Hauck/Noftz, SGB VII, 48. EL, September 2010, § 17, Rn. 17.

[61] *Leichsenring*, Die BG 1999, S. 468 (470 f.); *ders.*, Die BG 1998, S. 407 f.

[62] Die Pflicht zur Beratung der Versicherten korrespondiert dabei mit deren Pflicht, nach ihren Möglichkeiten alle Maßnahmen zur Verhütung von Arbeitsunfällen, Berufskrankheiten und arbeitsbedingten Gesundheitsgefahren zu unterstützen und die entsprechenden Anweisungen des Unternehmers zu befolgen.

[63] *Kranig/Timm*, in: Hauck/Noftz, SGB VII, 48. EL, September 2010, § 17, Rn. 18.

[64] *Schmitt*, SGB VII, § 17, Rn. 6: „in der Regel also Betriebsärzte, Sicherheitsfachkräfte, Sicherheitsbeauftragte, Betriebsräte und zuständige Personen der Unternehmensleitung“; vergleichbar *Kranig/Timm*, in: Hauck/Noftz, SGB VII, 48. EL, September 2010, § 17, Rn. 18.

[65] *DGUV e. V.* (Hrsg.), Qualität in der Prävention: Liste der Präventionsdienstleistungen, S. 11; *Eichendorf*, in: jurisPK-SGB VII, Stand: 15.01.2022, § 17, Rn. 46.

[66] *DGUV e. V.* (Hrsg.), Qualität in der Prävention: Liste der Präventionsdienstleistungen, S. 11; *Kranig/Timm*, in: Hauck/Noftz, SGB VII, 48. EL, September 2010, § 17, Rn. 13; *Eichendorf*, in: jurisPK-SGB VII, Stand: 15.01.2022, § 17, Rn. 46.

Überwachung durch die Aufsichtspersonen, etwa im Zusammenhang mit einer Betriebsbesichtigung oder einer Untersuchung der Arbeitsabläufe, einhergeht.[67]

Diese verschiedenen Typen von Beratungen machen deutlich, dass in der Verwaltungsmaßnahme Beratung ein wechselinitiativ erzeugendes Potential zur Erzeugung von Wissensressourcen aus den Mitgliedsunternehmen angelegt ist. Im Rahmen der gezielten und inklusiven Beratungen können insbesondere durch Nachfragen[68] weiterführende Kenntnisse, unter anderem auch zu den Auswirkungen moderner Technologien,[69] aus den Mitgliedsunternehmen gewonnen werden. Diese Möglichkeit besteht auch in der umgekehrten Konstellation, in der sich ein Unternehmen mit einem Beratungsanliegen an eine Berufsgenossenschaft wendet.[70] In dieser Konstellation der Beratung auf Anforderung erhält die Berufsgenossenschaft anhand der entsprechenden Fragen zu den betrieblichen Präventionsaspekten unaufgefordert Problemstellungen aus dem jeweiligen Unternehmen geschildert und kann durch Nachfragen wiederum weiterführende Kenntnisse gewinnen.

b) Aus- und Fortbildung (§ 23 Abs. 1 SGB VII)

Nach § 23 Abs. 1 SGB VII haben die Berufsgenossenschaften für die erforderliche Aus- und Fortbildung derjenigen Personen in ihren Mitgliedsunternehmen zu sorgen, die mit Präventionsaufgaben betraut sind.[71] Hierzu zählen zunächst der Unternehmer und die zu seiner Vertretung befugten Personen.[72] Daneben gehören Betriebsärzte[73], Sicherheitsingenieure und Fachkräfte für Arbeitssicherheit[74], Ersthelfer[75], Betriebssanitäter[76], Beschäftigte mit präven-

---

[67] *Eichendorf*, in: jurisPK-SGB VII, Stand: 15.01.2022, § 17, Rn. 46.

[68] Diese Nachfragen verkörpern ein in der Beratung angelegtes kognitives Potential. Unabhängig davon können sie jedenfalls auch auf Grundlage von § 192 Abs. 3 S. 1 SGB VII i. V. m. § 199 Abs. 1 Nr. 5 i. V. m. § 17 Abs. 1 SGB VII hergeleitet werden.

[69] *DGUV e. V.* (Hrsg.), Der Mensch im Mittelpunkt, S. 48, spricht von „Zukunftsscouts".

[70] *Kranig/Timm*, in: Hauck/Noftz, SGB VII, 48. EL, September 2010, § 17, Rn. 13.

[71] Die Ausbildungspflicht wurde ursprünglich durch das Unfallversicherungs-Neuregelungsgesetz vom 30.04.1963 (BGBl. I, S. 214) in § 720 Abs. 1 RVO eingeführt.

[72] § 21 Abs. 1 SGB VII.

[73] §§ 2 ff. ASiG in Bezug auf Fortbildungsmaßnahmen.

[74] §§ 5 ff. ASiG; siehe zu den aktuellen Herausforderungen der Fachkräfte für Arbeitssicherheit *Bücks/Zittlau*, Betriebliche Prävention 2023, S. 397 ff.

[75] § 26 DGUV Vorschrift 1.

[76] § 27 DGUV Vorschrift 1.

tionsbezogenen Aufsichts- und Leitungsfunktionen, Betriebs-[77] und Personalräte sowie die betrieblichen Sicherheitsbeauftragten[78] zu diesem Personenkreis.[79]

In engem Zusammenhang mit den Aus- und Fortbildungsmaßnahmen gem. § 23 Abs. 1 SGB VII stehen die Motivations-, Informations- sowie Fortbildungsmaßnahmen im Rahmen der alternativen bedarfsorientierten betriebsärztlichen und sicherheitstechnischen Betreuung des sog. Unternehmermodells[80].[81] Sofern ein Unternehmer dieses Modell für die betriebsärztliche und sicherheitstechnische Betreuung seines Unternehmens freiwillig wählt, muss er zunächst an Motivations- und Informationsmaßnahmen und nach Ablauf einer von der jeweiligen Berufsgenossenschaft bestimmten Zeit an Fortbildungsmaßnahmen der Berufsgenossenschaften teilnehmen.[82]

Der primäre Zweck der Aus-[83] und Fortbildungsmaßnahmen besteht zwar darin, den mit Präventionsaufgaben betrauten Personen in den Mitgliedsunternehmen die erforderlichen Kenntnisse für ihre Tätigkeit zu vermitteln.[84] Das

---

77 §§ 80, 87 ff. BetrVG.

78 Sicherheitsbeauftragte sind gem. § 22 Abs. 1 S. 1 SGB VII in Unternehmen mit regelmäßig mehr als 20 Beschäftigten vom Unternehmer aus dem Kreis der Beschäftigten zu bestellen. Ihre Aufgabe besteht nach § 22 Abs. 2 SGB VII darin, den Unternehmer bei der Durchführung der Maßnahmen zur Verhütung von Arbeitsunfällen und Berufskrankheiten zu unterstützen und in Fragen der betrieblichen Prävention als Bindeglied zwischen Unternehmensleitung und Belegschaft zu fungieren, siehe dazu *P. Becker*, in: Krasney/ders./Heinz/Bieresborn, Gesetzliche Unfallversicherung, 33. EL, Februar 2019, § 22 SGB VII, Rn. 41; *Kuntzemann/Wetzstein/Schmidt*, DGUV Forum 12/2022, S. 3 ff. Aufgrund ihrer Stellung dürfen nach *Kranig/Timm/Waldeck*, in: Hauck/Noftz, SGB VII, 10. EL, Dezember 1999, § 22, Rn. 11, weder Mitglieder der Unternehmensleitung noch andere bereits mit Präventionsaufgaben betraute Personen zu Sicherheitsbeauftragten bestellt werden.

79 Siehe zu dieser Aufzählung *Kranig/Timm/Waldeck*, in: Hauck/Noftz, SGB VII, 10. EL, Dezember 1999, § 23, Rn. 9; *Kanzenbach/Zakrzewski*, in: Becker/Franke/Molkentin/Hedermann, SGB VII, § 23, Rn. 3.

80 Nach § 2 Abs. 4 DGUV Vorschrift 2 kann das Unternehmermodell nur gewählt werden, sofern der Unternehmer aktiv in das Betriebsgeschehen eingebunden ist und die Zahl der Beschäftigten eine bestimmte Obergrenze nicht überschreitet. Dabei dürfen die Berufsgenossenschaften keine Zahl über 50 Beschäftigten wählen.

81 Siehe dazu *Peters-Lange*, in: Schuler-Harms, Konsensuale Handlungsformen im Sozialleistungsrecht, S. 113 (124); siehe auch *Strothotte*, Die BG 1999, S. 458 (459 ff.); *ders.*, Die BG 2004, S. 362; *DGUV e. V.* (Hrsg.), Evaluation der DGUV Vorschrift 2, DGUV Report 1/2017, S. 25.

82 Anlage 3 (zu § 2 Abs. 4) DGUV Vorschrift 2, Nr. 1, Nr. 2; *DGUV e. V.* (Hrsg.), DGUV Vorschrift 2: Betriebsärzte und Fachkräfte für Arbeitssicherheit: Hintergrundinformation für die Beratungspraxis, S. 54.

83 Betriebsärzte müssen nicht ausgebildet, sondern nur fortgebildet werden.

84 *Kranig/Timm/Waldeck*, in: Hauck/Noftz, SGB VII, 10. EL, Dezember 1999, § 23, Rn. 2.

gilt sinngemäß auch für die Motivations-, Informations- und Fortbildungsmaßnahmen im Rahmen des sog. Unternehmermodells. Dennoch können jedenfalls ab dem Zeitpunkt der Fortbildungsmaßnahmen, die dazu dienen, die notwendigen Kenntnisse zu erneuern, zu vertiefen und zu erweitern, die fortzubildenden Teilnehmer über ihre Beobachtungen und Erfahrungen aus den jeweiligen Unternehmen in sach- und fachkundiger Art und Weise berichten.[85] Dementsprechende Berichte können auch durch die Aus- und Fortbilder angeregt werden.[86] Daher ist in den Maßnahmen ein wechselinitiativ erzeugendes Potential angelegt.

Weiterführende Berichte aus den Mitgliedsunternehmen vermögen vor allem die Ersthelfer und die Sicherheitsbeauftragten i. S. d. § 22 Abs. 1 S. 1 SGB VII[87] zu liefern. Eine der Aufgaben der Sicherheitsbeauftragten besteht nämlich darin, einen kommunikativen Austausch mit den übrigen Versicherten eines Unternehmens zu etablieren und aufrechtzuerhalten und in diesem Rahmen Fragen des betrieblichen Arbeitsschutzes zu besprechen, wodurch unter anderem Kenntnisse von potentiell jedem Versicherten gewonnen werden können.[88] Aufgrund der Tatsache, dass im Jahr 2022 ungefähr 562.988 Sicherheitsbeauftragte in den Mitgliedsunternehmen der Berufsgenossenschaften tätig waren,[89] besteht allein über diese Personen ein erhebliches Potential, Wissensressourcen der Mitgliedsunternehmen zu gewinnen.

Darüber hinaus können betriebliche Sicherheitsbeauftragte, unabhängig von den Aus- und Fortbildungsmaßnahmen, zur Beseitigung von Sicherheitsmängeln in dem jeweiligen Mitgliedsunternehmen unter anderem Rücksprache mit den Berufsgenossenschaften halten.[90] Darin kann eine Form von „Kooperation“[91] gesehen werden, durch die die Berufsgenossenschaften weitere Kenntnisse über die Gefährdungslagen in ihren Mitgliedsunternehmen gewinnen können.

---

85 Dementsprechende Berichte können die fachkundigen Betriebsärzte, Sicherheitsingenieure und Fachkräfte für Arbeitssicherheit im Rahmen jeglicher Maßnahme liefern.

86 Diese Anregungen verkörpern ein in der Aus- und Fortbildung angelegtes kognitives Potential. Unabhängig davon können sie jedenfalls auch auf Grundlage von § 192 Abs. 3 S. 1 SGB VII i. V. m. § 199 Abs. 1 Nr. 5 i. V. m. § 23 Abs. 1 SGB VII hergeleitet werden.

87 Siehe dazu auch § 20 DGUV Vorschrift 1.

88 *Faber*, Die arbeitsschutzrechtlichen Grundpflichten des § 3 ArbSchG, S. 323 f.; *Magiera*, Betriebliche Prävention 2022, S. 183 (184 f.).

89 *DGUV e. V.* (Hrsg.), DGUV-Statistiken für die Praxis 2022, S. 95, Übersicht 45.

90 DGUV Information 211-042, S. 14.

91 *Kohte*, Die BG 2010, S. 384 (385).

c) Zusammenarbeit mit betrieblichen Arbeitsschutzausschüssen (§ 11 ASiG)

Die Sicherheitsbeauftragten i. S. d. § 22 Abs. 1 S. 1 SGB VII sind auch Mitglieder der Arbeitsschutzausschüsse gem. § 11 ASiG.[92] Diesen kommt in Betrieben[93] ab einer bestimmten Größe[94] die Aufgabe zu, mindestens einmal vierteljährlich die Anliegen des Arbeitsschutzes und auch der Unfallverhütung zu beraten.[95] Dadurch eröffnet der Ausschuss insbesondere die Möglichkeit, dass sich die mit Arbeitsschutz- und Unfallverhütungsaspekten betrauten Personen eines Betriebes „austauschen, bzw. ihre Arbeit koordinieren können"[96]. Neben den in § 11 ASiG ausdrücklich benannten Personen können, insbesondere in Kleinbetrieben, zusätzlich externe Fachleute in die Arbeitsschutzausschüsse einbezogen werden.[97] Dafür kommen, auch für einzelne Sitzungen, insbesondere die Aufsichtspersonen der Berufsgenossenschaften in Betracht.[98]

Der mit der Einrichtung von Arbeitsschutzausschüssen verfolgte Zweck kann einerseits darin gesehen werden, dass aus der Perspektive aller mit Arbeitsschutzaspekten in einem Betrieb betrauten Personen betriebsübergreifende Gefährdungslagen ermittelt und bewertet werden.[99] Dafür können gegebenenfalls auch externe Fachleute hinzugezogen werden. Andererseits kann der Ausschuss auch einen Beitrag dazu leisten, Fragen des Arbeitsschutzes effektiver in die betrieblichen Abläufe zu integrieren, sofern er in die betrieblichen Planungen und Entscheidungen miteinbezogen wird.[100]

---

[92] Der Arbeitgeber beruft die Mitglieder des Ausschusses, siehe dazu *Anzinger/Bieneck*, Arbeitssicherheitsgesetz, § 11, Rn. 27.

[93] Zum Betriebs-Begriff des ASiG siehe *Anzinger/Bieneck*, Arbeitssicherheitsgesetz, § 1, Rn. 45 ff.

[94] In Betrieben mit mehr als zwanzig Beschäftigten ist nach § 11 S. 1 ASiG ein Arbeitsschutzausschuss zu bilden, siehe dazu *Aligbe*, ArbRAktuell 2019, S. 410 (411 f.).

[95] § 11 S. 3 und 4 ASiG; siehe dazu *Aligbe*, ArbRAktuell 2019, S. 410.

[96] *HVBG e. V.* (Hrsg.), Analyse der Arbeit im Arbeitsschutzausschuss (ASA), S. 23; siehe auch die BT-Drs. 7/260, S. 15.

[97] *Anzinger/Bieneck*, Arbeitssicherheitsgesetz, § 11, Rn. 28 ff.; siehe auch *Schucht*, in: Kollmer/Klindt/ders., ArbSchG, Systematische Darstellungen, A., Arbeitssicherheitsgesetz, Rn. 36.

[98] *HVBG e. V.* (Hrsg.), Analyse der Arbeit im Arbeitsschutzausschuss (ASA), S. 13. Die Mitwirkung der Aufsichtspersonen kann auf Grundlage des § 14 Abs. 1 S. 1 SGB VII („mit allen geeigneten Mitteln") erfolgen.

[99] *Magiera/Geyer*, Betriebliche Prävention 2021, S. 266 f.; *Anzinger/Bieneck*, Arbeitssicherheitsgesetz, § 11, Rn. 38.

[100] *Anzinger/Bieneck*, Arbeitssicherheitsgesetz, § 11, Rn. 36 f.

Obwohl der Arbeitsschutzausschuss ein Instrument des staatlichen Arbeitsschutzrechts verkörpert, organisiert er die Zusammenarbeit der mit Arbeitsschutz- und Unfallverhütungsfragen betrauten Personen eines Betriebes.[101] Durch die gesetzliche Einbindung der Sicherheitsbeauftragten und die mögliche Einbeziehung von Aufsichtspersonen als externe Fachleute besteht eine gesetzlich institutionalisierte Möglichkeit für die Berufsgenossenschaften, mit den Ausschüssen zusammenzuarbeiten. Diese Zusammenarbeit eröffnet den Berufsgenossenschaften in Gestalt eines wechselinitiativ erzeugenden Potentials die Möglichkeit, Wissensressourcen zu den Gefährdungslagen in ihren Mitgliedsunternehmen zu gewinnen.

d) Überbetriebliche Dienste (§ 24 SGB VII)

Die Berufsgenossenschaften können gem. § 24 Abs. 1 S. 1 SGB VII überbetriebliche arbeitsmedizinische und sicherheitstechnische Dienste einrichten.[102] Diese Dienste sind als unselbstständige Bestandteile[103] der jeweiligen Berufsgenossenschaft zu errichten und organisatorisch, räumlich und personell von ihren übrigen Organisationseinheiten zu trennen.[104]

Daneben können auch mehrere Unfallversicherungsträger gemeinsam arbeitsmedizinische und sicherheitstechnische Dienste in Form von Verwaltungsgemeinschaften einrichten.[105]

Darüber hinaus besteht auch die Möglichkeit, dass eine Berufsgenossenschaft oder mehrere Unfallversicherungsträger gemeinsam selbstständige arbeitsmedizinische und sicherheitstechnische Dienste errichten.[106] Diese selbstständigen Dienste sind allerdings keine Dienste i. S. d. § 24 Abs. 1 S. 1 SGB VII und müssen daher nach Privatrecht errichtet werden.[107] Die Ermächtigung hierfür bietet § 14 Abs. 1 S. 1 SGB VII („mit allen geeigneten Mitteln").[108]

---

101 *Anzinger/Bieneck*, Arbeitssicherheitsgesetz, § 11, Rn. 5.

102 Dabei können mit *Kranig/Timm*, in: Hauck/Noftz, SGB VII, EL 4/2022, § 24, Rn. 8, entweder arbeitsmedizinische oder sicherheitstechnische Dienste eingerichtet werden oder aber beide miteinander kombiniert werden.

103 *Ricke*, in: Beck'scher Online-Grosskommentar (Kasseler Kommentar), SGB VII, Stand: 15.05.2023, § 24, Rn. 3; *Kranig/Timm*, in: Hauck/Noftz, SGB VII, EL 4/2022, § 24, Rn. 5.

104 § 24 Abs. 1 S. 3 SGB VII.

105 *Schmitt*, SGB VII, § 24, Rn. 4; vgl. auch BT-Drs. 13/2204, S. 82.

106 *Hussing*, in: Lauterbach, Unfallversicherung, 4. Aufl., 54. EL, Juni 2014, § 24 SGB VII, Rn. 14.

107 *Hussing*, in: Lauterbach, Unfallversicherung, 4. Aufl., 54. EL, Juni 2014, § 24 SGB VII, Rn. 14 f.

Die durch § 24 SGB VII eröffnete Möglichkeit, arbeitsmedizinische und sicherheitstechnische Dienste einzurichten, steht in unmittelbarem Zusammenhang mit § 19 ASiG. Danach können Arbeitgeber ihre Verpflichtung, Betriebsärzte und Fachkräfte für Arbeitssicherheit zu bestellen, auch dadurch erfüllen, dass sie einen überbetrieblichen Dienst mit der Wahrnehmung der entsprechenden Aufgaben verpflichten.

Sofern sich die Berufsgenossenschaften zur Einrichtung eines überbetrieblichen Dienstes entschließen, können sie in ihrer Satzung eine eingeschränkte Anschlusspflicht[109] der Unternehmer vorsehen.[110] Im Endeffekt bleibt es den Unternehmern allerdings freigestellt, ob sie die Vorgaben des ASiG zur arbeitsmedizinischen und sicherheitstechnischen Betreuung, die durch die DGUV Vorschrift 2 konkretisiert werden,[111] selbstständig und eigenverantwortlich erfüllen,[112] einen überbetrieblichen Dienst mit der Aufgabenwahrnehmung[113] betrauen oder sich der eingeschränkten Anschlusspflicht unterwerfen.[114] Sofern sich die Unternehmer dazu entschließen, die Vorgaben aus der DGUV Vorschrift 2 selbstständig zu erfüllen, werden sie dabei von den Berufsgenossenschaften überwacht.[115] Diese können die Einhaltung der Vorgaben aus der DGUV Vorschrift 2 auf Grundlage der §§ 17, 19 SGB VII überwachen und dadurch wiederum Wissensressourcen über arbeitsmedizinische und sicherheitstechnische Fragen gewinnen.

Sofern sich Mitgliedsunternehmen durch überbetriebliche Dienste arbeitsmedizinisch und sicherheitstechnisch betreuen lassen, vermag der Dienst dabei unter anderem personenbezogene[116] Sozialdaten i. S. d. § 35 SGB I, § 67 Abs. 2 SGB X sowie unternehmensbezogene Wissensressourcen zu gewin-

---

108 *Eichendorf*, in: jurisPK-SGB VII, Stand: 15.01.2022, § 24, Rn. 40 f.; *Schmitt*, SGB VII, § 24, Rn. 5, lässt die Frage offen, ob § 24 Abs. 1 S. 1 SGB VII oder § 14 Abs. 1 SGB VII heranzuziehen ist.

109 Die Einschränkung folgt daraus, dass Unternehmer nach § 24 Abs. 2 S. 2 SGB VII von der Anschlusspflicht zu befreien sind, wenn sie nachweisen, dass sie ihre Pflicht nach dem ASiG erfüllt haben.

110 *Schmitt*, SGB VII, § 24, Rn. 11; *Hussing*, in: Lauterbach, Unfallversicherung, 4. Aufl., 54. EL, Juni 2014, § 24 SGB VII, Rn. 27; mit *Kranig/Timm*, in: Hauck/Noftz, SGB VII, EL 4/2022, § 24, Rn. 19, kann die Anschlusspflicht nur auf den Dienst der jeweiligen Berufsgenossenschaft bezogen werden.

111 § 15 Abs. 1 S. 1 Nr. 6 SGB VII; *Kunz/Dreller*, DGUV Forum 10/2018, S. 10.

112 *Eichendorf*, in: jurisPK-SGB VII, Stand: 15.01.2022, § 24, Rn. 51.

113 §§ 3, 6 ASiG.

114 *Kranig/Timm*, in: Hauck/Noftz, SGB VII, EL 4/2022, § 24, Rn. 20; *Schmitt*, SGB VII, § 24, Rn. 13 f.

115 *Eichendorf*, in: jurisPK-SGB VII, Stand: 15.01.2022, § 24, Rn. 51.

116 Der Personenbezug ist mit § 67 Abs. 2 S. 1 SGB X zu beschreiben. Dieser verweist für den Begriff der personenbezogenen Daten auf Art. 4 Nr. 1 DS-GVO (EU) 2016/679.

nen.[117] Aufgrund der sog. datenschutzrechtlichen „Abschottungsregelung“[118] in § 24 Abs. 1 S. 2–4 SGB VII dürfen aber weder personenbezogene Sozialdaten noch Betriebs- und Geschäftsgeheimnisse von den überbetrieblichen Diensten an die Berufsgenossenschaften übermittelt werden.[119] Eine Ausnahme von diesem Grundsatz ist nur möglich, sofern die Betroffenen in die Übermittlung einwilligen.[120] Unabhängig von dieser Möglichkeit soll die „Abschottungsregelung“ im Ergebnis dazu dienen, „dass Unfallversicherungsträger mit überbetrieblichen Diensten von diesen Diensten keine Daten erhalten, auf die sie keinen Zugriff hätten, wenn die Funktionen des überbetrieblichen Dienstes anderweitig wahrgenommen würden“[121]. Das gilt allerdings nicht im Hinblick auf unternehmensbezogene Wissensressourcen, die keine Betriebs- und Geschäftsgeheimnisse verkörpern.[122] Diese sind von dem Verbot nicht betroffen und dürfen an die Berufsgenossenschaften weitergeleitet werden.[123] Die mit den Diensten in Zusammenhang stehenden Potentiale können daher als *reaktiv erzeugende Potentiale* qualifiziert werden.

Die Möglichkeiten der Berufsgenossenschaften, weiterführende Kenntnisse aus den Tätigkeiten der überbetrieblichen Dienste i. S. v. § 24 Abs. 1 S. 1 SGB VII zu gewinnen, sind aufgrund der gesetzlichen Vorgaben als gering einzuschätzen.[124] Das gilt gleichermaßen für die selbstständigen überbetrieblichen Dienste. Aus diesem Grund verkörpern die überbetrieblichen Dienste keinen wesentlichen Bestandteil des Beziehungsgefüges kognitiver Potentiale im gesetzlichen Unfallversicherungssystem.[125] Daher werden sie bei den folgenden Überlegungen nicht näher berücksichtigt.

---

117 *Kranig/Timm*, in: Hauck/Noftz, SGB VII, EL 4/2022, § 24, Rn. 12; *Ricke*, in: Beck'scher Online-Grosskommentar (Kasseler Kommentar), SGB VII, Stand: 15.05.2023, § 24, Rn. 7.

118 BT-Drs. 13/2204, S. 82.

119 *Ricke*, in: Beck'scher Online-Grosskommentar (Kasseler Kommentar), SGB VII, Stand: 15.05.2023, § 24, Rn. 7.

120 § 24 Abs. 1 S. 2 SGB VII.

121 *Schmitt*, SGB VII, § 24, Rn. 6. Das gilt insbesondere auch deshalb, weil die Unfallversicherungsträger nach *Ricke*, in: Beck'scher Online-Grosskommentar (Kasseler Kommentar), SGB VII, Stand: 15.05.2023, § 24, Rn. 8, aufgrund des gesetzlich angeordneten Trennungsgebots (§ 24 Abs. 1 S. 3 SGB VII) keinen Einfluss auf die Tätigkeit der Dienste ausüben können.

122 *Ricke*, in: Beck'scher Online-Grosskommentar (Kasseler Kommentar), SGB VII, Stand: 15.05.2023, § 24, Rn. 7, nennt etwa statistische Auswertungen.

123 *Ricke*, in: Beck'scher Online-Grosskommentar (Kasseler Kommentar), SGB VII, Stand: 15.05.2023, § 24, Rn. 7.

124 Vgl. *Schmitt*, SGB VII, § 24, Rn. 6.

125 Selbstständige überbetriebliche Dienste sind aus Sicht der jeweiligen Genossenschaft als Dritte zu qualifizieren, weshalb die damit in Zusammenhang stehenden Potentiale als Verbundpotentiale einzuordnen sind.

e) Datenverarbeitung zur Prävention (§ 207 SGB VII)

Die Unfallversicherungsträger und ihre Verbände dürfen nach § 207 Abs. 1 SGB VII Daten zu Stoffen, Zubereitungen und Erzeugnissen (Nr. 1) ebenso wie Betriebs- und Expositionsdaten zur Gefährdungsanalyse (Nr. 2) erheben, speichern, verändern, löschen, nutzen und untereinander übermitteln, soweit dies zur Verhütung von Versicherungsfällen und arbeitsbedingten Gesundheitsgefahren erforderlich ist. Die Betriebs- und Expositionsdaten zur Gefährdungsanalyse[126] betreffen chemische, biologische oder physikalische Einwirkungen bei der Arbeit, wie z. B. Lärm, Vibrationen oder Strahlungen, und sind entweder rein betriebsbezogen (Betriebsdaten) oder beziehen sich zusätzlich auch auf die gefahrgeneigt beschäftigt Versicherten (Expositionsdaten).[127]

Die Ermächtigung des § 207 Abs. 1 SGB VII enthält ein initiativ erzeugendes Potential und basiert auf der weitgehend unbestrittenen Grundannahme, dass die Präventionsarbeit der Genossenschaften auf umfassende Kenntnisse über chemische, biologische oder physikalische Einwirkungen auf die Versicherten am Arbeitsplatz angewiesen ist.[128] Allgemein zugängliche wissenschaftliche Erkenntnisse über dementsprechende Einwirkungen können zwar Hilfestellungen für die Präventionsarbeit liefern, aber erst die genaue Kenntnis über den konkreten Einsatz gesundheitsgefährdender und -schädlicher Komponenten in den Mitgliedsbetrieben ermöglicht den Genossenschaften, gezielt und frühzeitig Risiken und Gefahren zu erkennen.[129]

3. Rehabilitation und Entschädigung

Neben den aufgezeigten Verwaltungsmaßnahmen im Präventionsbereich können die Berufsgenossenschaften auch in den beiden anderen Aufgabenbereichen der Rehabilitation und Entschädigung unternehmensbezogene Wissensressourcen erzeugen.

a) Unfall- und Berufskrankheits-Verdachts-Anzeigen

Den Anzeigen eines Versicherungsfalles kommt eine besondere Bedeutung bei der Erzeugung von Wissensressourcen der Mitgliedsunternehmen zu. Ein wesentlicher Zweck der Anzeigen besteht darin, die Berufsgenossenschaften möglichst frühzeitig über mögliche Versicherungsfälle in Form von Arbeits-

---

126 *Kranig*, in: Hauck/Noftz, SGB VII, EL 1/2023, § 207, Rn. 1, 11.

127 BT-Drs. 13/2204, S. 119; *Kranig*, in: Hauck/Noftz, SGB VII, EL 1/2023, § 207, Rn. 7 f.

128 Vgl. BT-Drs. 13/4853, S. 23.

129 *Kranig*, in: Hauck/Noftz, SGB VII, EL 1/2023, § 207, Rn. 4, 11.

unfällen und Berufskrankheiten in Kenntnis zu setzen, damit sie sich umgehend mit deren Feststellung und den daran gegebenenfalls anknüpfenden Leistungen auseinandersetzen können.[130] Die Anzeigepflichten enthalten also reaktiv erzeugende Potentiale und bilden dem Grunde nach den Ausgangspunkt für die Leistungen der Berufsgenossenschaften in den Bereichen der Rehabilitation und Entschädigung.

Damit einhergehend korrespondiert die gesetzliche Verpflichtung der Unternehmer nach § 193 Abs. 1 SGB VII, sämtliche Unfälle von Versicherten in ihren Unternehmen, die eine bestimmte Bagatellgrenze überschreiten,[131] der zuständigen Berufsgenossenschaft anzuzeigen. Daneben besteht nach § 193 Abs. 2 SGB VII eine weitere Anzeigepflicht der Unternehmer, sofern Anhaltspunkte vorliegen, die auf das Vorliegen einer Berufskrankheit[132] bei einem Versicherten hindeuten, sog. Berufskrankheits-Verdachts-Anzeigen.[133] Da diese Anzeigepflicht nur bei Vorliegen von Anhaltspunkten ausgelöst wird, bedarf es konkreter Hinweise, die Rückschlüsse auf eine Berufskrankheit zulassen.[134]

Neben der zügigen Erfassung eines potentiellen Versicherungsfalls liegt ein weiterer mit den Unfallanzeigen verfolgter Zweck darin, den Berufsgenossenschaften eine breite Basis von Wissensressourcen über verwirklichte Gefahren zu vermitteln, die sie für ihre Präventionstätigkeit benötigen. Das macht nicht nur die Gesetzesbegründung zu der ursprünglich in § 51 des Unfallversicherungsgesetzes vom 6. Juli 1884 geregelten Anzeige,[135] sondern auch § 193 Abs. 8 SGB VII deutlich. Darin wird das BMAS ermächtigt, durch Rechtsverordnung mit Zustimmung des Bundesrats den unter anderem für Aufgaben der Prävention erforderlichen Inhalt der Anzeige zu bestimmen. Obwohl die

---

130 *Winter*, SGb 2006, S. 657 (658); *Ricke*, in: Beck'scher Online-Grosskommentar (Kasseler Kommentar), SGB VII, Stand: 15.08.2023, § 193, Rn. 3; *Köhler*, WzS 2024, S. 75 (76).

131 *Sautter*, ARP 2021, S. 375: Die Unfälle müssen entweder zum Tod des Versicherten oder einer mehr als dreitägigen Arbeitsunfähigkeit führen.

132 Lediglich die Berufskrankheiten, die in der Anlage der auf Grundlage von § 9 Abs. 1 S. 2 SGB VII erlassenen Rechtsverordnung enthalten sind, unterfallen der Anzeigepflicht, nicht aber die sog. Wie-Berufskrankheiten nach § 9 Abs. 2 SGB VII; a.A. *P. Becker*, Die BG 2011, S. 70 (71).

133 *Köhler*, WzS 2024, S. 75 (76); eine dementsprechende Anzeigepflicht besteht auch für die Krankenkassen, § 20c Abs. 1 S. 3 SGB V.

134 *Keller*, in: Hauck/Noftz, SGB VII, EL 1/2024, § 193, Rn. 11 ff.; *Krasney*, in: ders./Becker/Heinz/Bieresborn, Gesetzliche Unfallversicherung, 34. EL, Juli 2019, § 193 SGB VII, Rn. 18 ff.

135 Stenographische Berichte über die Verhandlungen des Reichstages, 5. Legislaturperiode – IV. Session 1884, Anlagen zu den Verhandlungen, Aktenstück Nr. 4, S. 82.

Letztentscheidung über das Formularmuster demnach beim BMAS liegt,[136] können die Berufsgenossenschaften insbesondere durch die „ausführliche Schilderung des Unfallhergangs" dennoch in umfassender Weise Kenntnisse über spezifische Unfallgefahren aus ihren Mitgliedsunternehmen anhand der Unfallanzeigen erhalten.[137] Diese werden auch den für die Prävention zuständigen Einheiten der Berufsgenossenschaften zugeleitet, wo sie nicht nur in ihrer Gesamtheit statistisch[138] verarbeitet werden,[139] sondern auch unabhängig davon Kenntnisse über Unfallschwerpunkte liefern können.[140]

Daneben können auch die Berufskrankheits-Verdachts-Anzeigen auf Probleme im betrieblichen Arbeitsschutz hinweisen, weil sie den Berufsgenossenschaften in ihrer Gesamtheit immerhin die Ermittlung von Problemschwerpunkten ermöglichen,[141] insbesondere durch Statistiken.[142] Jede einzelne Anzeige verlangt neben der Schilderung der Krankheitserscheinungen unter anderem auch die Aufzählung der gefährdenden Tätigkeiten des Versicherten und die Beschreibung, welchen gefährdenden Stoffen und Einwirkungen er ausgesetzt war sowie eine Aussage dazu, ob die Gefährdungsfaktoren bereits überprüft worden sind.[143] Diese vielfältigen Angaben können durch daran anknüpfende Betriebsbegehungen näher untersucht werden und wiederum zu weiterführenden Kenntnissen führen.[144]

---

136 § 193 Abs. 8 SGB VII ermächtigt das BMAS, die inhaltliche Ausgestaltung der Anzeigen eines Versicherungsfalles zu bestimmen. Dem ist das BMAS mit der Unfallversicherungs-Anzeigeverordnung (UVAV) nachgekommen, siehe dazu *Kreizberg*, Betriebliche Prävention 2023, S. 470f.

137 § 4 Abs. 1 Nr. 5 UVAV; siehe auch *Abt/Engelmann/Schilling*, Die BG 1973, S. 485.

138 *Merz/Arenz*, DGUV Forum 12/2021, S. 8 (9ff.); siehe dazu auch § 204 Abs. 1 S. 1 Nr. 3 SGB VII im Hinblick auf sog. Gemeinschaftsdateien.

139 *Raschke*, Die BG 2004, S. 12 (13); zur statistischen Verarbeitung siehe auch *Ricke*, in: Beck'scher Online-Grosskommentar (Kasseler Kommentar), SGB VII, Stand: 15.08.2023, § 193, Rn. 3.

140 *Jung*, Die BG 2005, S. 334 (338): Das hat bereits zu Sonderaktionen „gegen Lärmschwerhörigkeit, zur Handhabung schwerer Mauersteine, gegen Absturzunfälle, zur Vermeidung von Stolper- und Rutschunfällen" geführt; *Raschke*, Die BG 2004, S. 12 (14), hebt die Kenntnisse aus den sog. Leichtfällen hervor.

141 Zum Floristikbereich siehe *Appl/Löhr/Schöpf*, Die BG 2000, S. 144ff.; allgemein *Raschke*, Die BG 2004, S. 12 (13, 16f.).

142 *Merz/Arenz*, DGUV Forum 12/2021, S. 8 (9ff.); im Hinblick auf sog. Gemeinschaftsdateien siehe § 204 Abs. 1 S. 1 Nr. 4 SGB VII.

143 § 5 Abs. 1 Nr. 2 lit. g), i), k) UVAV; siehe auch *B. Hoffmann*, Die BG 2002, S. 299f.

144 Siehe dazu im Hinblick auf Anzeigen wegen des Verdachtes auf Vorliegen einer Hautkrankheit im Metallbereich *Lahr*, Die BG 1999, S. 762ff.; zum Floristikbereich siehe *Appl/Löhr/Schöpf*, Die BG 2000, S. 144ff.; allgemein *Raschke*, Die BG 2004, S. 12 (16).

b) Rehabilitations- und Entschädigungsleistungen

Die Berufsgenossenschaften können auch bei der Feststellung eines Versicherungsfalles[145] und den daran gegebenenfalls anschließenden Rehabilitations-[146] und Entschädigungsleistungen Wissensressourcen aus den Mitgliedsunternehmen, insbesondere durch initiativ erzeugende Potentiale, gewinnen.

Einen potentiellen[147] Versicherungsfall i. S. v. § 7 Abs. 1 SGB VII[148] (Arbeitsunfall oder Berufskrankheit) können die Berufsgenossenschaften auf Grundlage von § 103 Abs. 2 SGB VII untersuchen. Diese Untersuchungen sind in erster Linie leistungsbezogen[149] und daher von den Untersuchungen im Rahmen der Prävention zu unterscheiden.[150] Gleichwohl können anhand der Untersuchungen eines potentiellen Versicherungsfalles selbstverständlich auch Kenntnisse für die Prävention gewonnen werden, weshalb sich Untersuchungen gem. § 103 Abs. 2 SGB VII und § 19 Abs. 2 S. 1 Nr. 7 SGB VII nur schwerlich voneinander trennen lassen.[151] In der Praxis werden sie daher grundsätzlich gemeinsam durchgeführt.[152]

Bei der Untersuchung eines potentiellen Versicherungsfalls kommt der Amtsermittlungsgrundsatz des § 20 Abs. 1 SGB X zum Tragen,[153] wonach die zuständige Berufsgenossenschaft den Sachverhalt von Amts wegen zu ermitteln hat.[154] Dafür bedient sie sich gem. § 21 Abs. 1 S. 1 SGB X derjenigen Beweismittel, die sie nach pflichtgemäßem Ermessen zur Ermittlung des

---

145 Der Versicherte hat gem. BSGE 108, 274 (277), auch unabhängig von einem Leistungsanspruch einen Anspruch auf Feststellung des Versicherungsfalls gegenüber der Berufsgenossenschaft.

146 Zu den Einflüssen des Präventionsbereichs auf den Rehabilitationsbereich, insbesondere im Kooperationswege, siehe *Raschke*, Die BG 2004, S. 72 (75 f.); *Glombik*, WzS 2013, S. 135 (136), spricht von einem großen „Fundus an rehabilitativem Wissen".

147 *Köhler*, in: Hauck/Noftz, SGB VII, EL 4/2017, § 103, Rn. 1a.

148 Zum Begriff siehe *Keller*, in: Hauck/Noftz, SGB VII, EL 3/2023, § 7, Rn. 3 ff.

149 *Ricke*, in: Beck'scher Online-Grosskommentar (Kasseler Kommentar), SGB VII, Stand: 15.02.2024, § 103, Rn. 11; *Köhler*, in: Hauck/Noftz, SGB VII, EL 4/2017, § 103, Rn. 5.

150 *Köhler*, in: Hauck/Noftz, SGB VII, EL 4/2017, § 103, Rn. 1a, 5; *Ricke*, in: Beck'scher Online-Grosskommentar (Kasseler Kommentar), SGB VII, Stand: 15.02.2024, § 103, Rn. 12.

151 *Ricke*, in: Beck'scher Online-Grosskommentar (Kasseler Kommentar), SGB VII, Stand: 15.05.2023, § 19, Rn. 20.

152 *Kranig/Timm*, in: Hauck/Noftz, SGB VII, EL 1/2016, § 19, Rn. 27.

153 *Gundolf Wagner*, in: jurisPK-SGB VII, Stand: 22.05.2024, § 7, Rn. 39.

154 Dafür bedarf es nach § 19 S. 2 SGB IV grundsätzlich keines Antrages, denn die zuständige Berufsgenossenschaft muss tätig werden, sobald sie Kenntnisse über einen entsprechenden Sachverhalt erhält.

Sachverhalts für erforderlich hält. Nach § 21 Abs. 1 S. 2 SGB X kann sie insbesondere Auskünfte jeder Art einholen (Nr. 1)[155], Beteiligte anhören, Zeugen und Sachverständige vernehmen oder deren schriftliche oder elektronische Äußerung einholen (Nr. 2), Urkunden und Akten beiziehen (Nr. 3) ebenso wie den Augenschein einnehmen (Nr. 4)[156].[157] Da § 21 Abs. 1 SGB X keine Auskunftspflicht enthält, müssen die Berufsgenossenschaften für etwaige Auskünfte der Unternehmer auf § 192 Abs. 3 S. 1 SGB VII zurückgreifen.[158]

Anhand dieser verschiedenen Möglichkeiten können die Berufsgenossenschaften bei der Untersuchung von potentiellen Versicherungsfällen umfassende Kenntnisse aus ihren Mitgliedsunternehmen gewinnen. Daneben bieten insbesondere die festgestellten Versicherungsfälle die Möglichkeit zu weiter- und tiefergehenden Analysen unter den unterschiedlichsten Gesichtspunkten, beispielsweise zu Branche, Unfallgrund, Art und Schwere der Verletzung sowie Kosten.[159] Dafür können die Einzelfälle analysiert und darauf aufbauend weiterführende Kenntnisse gewonnen werden.[160] Das ermöglichen insbesondere die Verfahren im Zusammenhang mit Berufskrankheiten.[161] Dabei können beispielsweise Bereiche identifiziert werden, deren Risiko- und Gefahrenpotential erst durch die Auswertung von Berufskrankheitsfällen offensichtlich

---

155 *Mutschler*, in: Beck'scher Online-Grosskommentar (Kasseler Kommentar), SGB X, Stand: 01.11.2022, § 21, Rn. 11; ein verpflichtendes Auskunftsverlangen gegenüber den Unternehmern findet sich in § 192 Abs. 3 S. 1 SGB VII.

156 Zu den dabei zu beachtenden Einschränkungen siehe *Kranig*, in: Hauck/Noftz, SGB VII, EL 4/2022, § 199, Rn. 13a.

157 In diesem Zusammenhang enthält § 199 Abs. 1 S. 2 Nr. 2 SGB VII eine Ermächtigung zur Erhebung von Sozialdaten ebenso wie von diesen gleichgestellten Betriebs- und Geschäftsgeheimnissen.

158 *D. Weber*, in: Beck'scher Online-Kommentar Sozialrecht, 72. Edition, Stand: 01.03.2024, § 21 SGB X, Rn. 9 ff.

159 *Raschke*, Die BG 2004, S. 12 (14): Die dabei gewonnenen Wissensressourcen und das daraus erzeugte Wissen können beispielsweise für die Recht- und Regelsetzung, für Aus- und Fortbildungsmaßnahmen, aber auch für ein verstärktes Engagement in der Beratung fruchtbar gemacht werden.

160 *Schäfer/Klockmann/Wetzel/Mahlberg*, DGUV Forum 11/2022, S. 9; *Jung*, Die BG 2005, S. 334 (338), im Hinblick auf die Auswertung von Versicherungsfällen im Zusammenhang mit Chromaten im Zement; *Raschke*, Die BG 2004, S. 12 (15): Die Analyse der Absturzunfälle im Baugewerbe hat beispielsweise einerseits zu Änderungen der Unfallverhütungsvorschriften „Bauarbeiten" und „Leiter und Gerüste" geführt und andererseits weitere Forschungsprojekte nach sich gezogen.

161 Siehe dazu im Hinblick auf Anzeigen wegen des Verdachtes auf Vorliegen einer Hautkrankheit im Metallbereich *Lahr*, Die BG 1999, S. 762 ff.; siehe auch *Raschke*, Die BG 2004, S. 12 (16 f.), mit konkreten Beispielen zu asbestbedingten Erkrankungen, Wirbelsäulen-Berufskrankheiten im Metallbereich, Hauterkrankungen durch Chromate im Zement und Atemwegserkrankungen bei Frisören.

wird.[162] Darüber hinaus können in diesem Zusammenhang auch für Bereiche, die an sich als bereits hinreichend geregelt angesehen werden, weiterführende Kenntnisse gewonnen werden.[163]

Anhand der im Anschluss an die Feststellung eines Versicherungsfalls in Betracht kommenden Rehabilitations- (§§ 26 ff. SGB VII) und Entschädigungsleistungen (§§ 56 ff. SGB VII) können ebenfalls Wissensressourcen für den Präventionsbereich gewonnen werden.[164] Dafür kommen vor allem die Rehabilitationsleistungen in Betracht. Dabei können insbesondere im Rahmen der medizinischen Rehabilitation und der psychologischen Betreuung[165], sogar durch einzelne Heilverfahrensberichte, Wissensressourcen gewonnen werden.[166] Daneben nimmt im Rehabilitationsbereich insbesondere der Austausch der mit Präventionsaufgaben betrauten Mitarbeiter der Berufsgenossenschaften mit den die Rehabilitationsleistungen erbringenden Organisationseinheiten der Berufsgenossenschaften eine besondere Bedeutung ein. Dieser erfolgt unter anderem in Form von Berichten[167].

4. Ordnungswidrigkeitenverfahren

Auf Grundlage des § 209 SGB VII können die Berufsgenossenschaften Verstöße von Unternehmern, Versicherten sowie auskunfts- und meldepflichtigen Dritten gegen bestimmte Vorschriften des gesetzlichen Unfallversicherungsrechts, insbesondere solchen zur Sicherheit und Gesundheit,[168] im Wege von Bußgeldverfahren nach dem Ordnungswidrigkeitengesetz (OWiG) sanktionieren.[169] Zur Aufklärung der jeweiligen Sachverhalte stehen den Berufsgenossenschaften nach § 46 Abs. 2 OWiG in Form initiativ erzeugender Potentiale grundsätzlich die gleichen Rechte und Pflichten wie der Staatsanwaltschaft zu.[170] Das bedeutet, dass die Berufsgenossenschaften mit den Ein-

---

[162] *Raschke*, Die BG 2004, S. 12 (17).

[163] *Raschke*, Die BG 2004, S. 12 (17), zum Bereich Lärm, wo die hohe Zahl von arbeitsbedingten Gehörschäden Anlass zu arbeitsmedizinischen Untersuchungen in diesem Bereich bot.

[164] Vgl. dazu § 204 Abs. 1 S. 1 Nr. 5 und 6 SGB VII und 2. Teil, A. III. 2. d).

[165] Siehe dazu insbesondere *Hehling/Mehrhoff*, Die BG 2002, S. 623 ff.; allgemein *Raschke*, Die BG 2004, S. 72 (75).

[166] *Raschke*, Die BG 2004, S. 72 ff.

[167] *Hehling/Mehrhoff*, Die BG 2002, S. 623 (627).

[168] *Köhler*, in: Hauck/Noftz, SGB VII, EL 2/2020, § 209, Rn. 3.

[169] *Ricke*, in: Beck'scher Online-Grosskommentar (Kasseler Kommentar), SGB VII, Stand: 15.05.2023, § 209, Rn. 2; *Köhler*, in: Hauck/Noftz, SGB VII, EL 2/2020, § 209, Rn. 1; *Söhngen*, in: jurisPK-SGB VII, Stand: 15.01.2022, § 209, Rn. 7.

[170] *Söhngen*, in: jurisPK-SGB VII, Stand: 15.01.2022, § 209, Rn. 26; *Köhler*, in: Hauck/Noftz, SGB VII, EL 2/2020, § 209, Rn. 12.

schränkungen des § 46 Abs. 3–5 OWiG Ermittlungen gem. § 161 StPO durchführen, Zeugen und Sachverständige vernehmen und sogar Blutproben entnehmen lassen können.[171] Im Rahmen der Sachverhaltsaufklärung können die Berufsgenossenschaften in gewissem Umfang Wissensressourcen aus den Mitgliedsunternehmen gewinnen, die sie auch über das konkrete Bußgeldverfahren hinaus für die Erfüllung des Präventionsauftrags fruchtbar machen können.[172] Das betrifft vor allem Zuwiderhandlungen gegen bußgeldbewehrte Unfallverhütungsvorschriften gem. § 209 Abs. 1 S. 1 Nr. 1 SGB VII.

5. Prüfung und Zertifizierung

Neben den gesetzlich ausdrücklich geregelten Verwaltungsmaßnahmen können die Genossenschaften bei der Prüfung und Zertifizierung Kenntnisse über die von Arbeitsmitteln ausgehenden Gesundheitsrisiken und -gefahren durch wechselinitiative Potentiale gewinnen.

Bereits in den 1920er Jahren begannen die Berufsgenossenschaften, Maschinen unter sicherheitsrechtlichen Gesichtspunkten zu prüfen und Bescheinigungen über ihre Prüfergebnisse auszustellen.[173] Aus dieser frühen Tätigkeit entwickelten sich schließlich die berufsgenossenschaftlichen Prüf- und Zertifizierungsstellen, die im Zuge der fortschreitenden Entwicklung des europäischen Binnenmarkts in den 1990er Jahren in dem Prüf- und Zertifizierungssystem BG PRÜFZERT, heute DGUV Test,[174] zusammengefasst wurden.[175]

Die verschiedenen Prüf- und Zertifizierungsstellen sind, mit Ausnahme der Prüf- und Zertifizierungsstelle der Dienststelle Schiffssicherheit,[176] Einrichtungen der DGUV e. V. und gehören dem Prüf- und Zertifizierungssystem der DGUV e. V. (DGUV Test) an.[177]

---

171 *Köhler*, in: Hauck/Noftz, SGB VII, EL 2/2020, § 209, Rn. 12.

172 Nachdem eine das Ordnungswidrigkeitenverfahren abschließende Geldbuße mit *Lampe*, in: Karlsruher Kommentar zum OWiG, § 35, Rn. 2, eine nachdrückliche Pflichtenermahnung verkörpert, die von einer Verwaltungsbehörde i. S. d. § 210 SGB VII i. V. m. § 36 Abs. 1 Nr. 1 OWiG ausgesprochen wird, wird sie auch unter den im Rahmen dieser Arbeit verwendeten Begriff der Verwaltungsmaßnahme gefasst.

173 Zur geschichtlichen Entwicklung siehe *Reitz/Reinert/Stoll*, Die BG 2004, S. 419 f.; *Barth/Nimmesgern*, DGUV Forum 7–8/2021, S. 40.

174 BG PRÜFZERT wurde im Zuge der Fusion der beiden Spitzenverbände HVBG e. V. und BUK e. V. zur DGUV e. V. in DGUV Test umbenannt.

175 Die Zusammenfassung sollte nach *Schulze-Halberg*, in: Schulin, HSozVR, Band 2, § 41, Rn. 340, den Prüf- und Zertifizierungsstellen im BG PRÜFZERT ermöglichen, weiterhin effizient und einheitlich aufzutreten.

176 Nr. 1.3 DGUV Grundsatz 300-003.

177 Kapitel I Nr. 5.1 DGUV Grundsatz 300-001.

Obwohl die Zusammenarbeit der Unfallversicherungsträger in und über ihren Spitzenverband als eine informationelle Zusammenarbeit mit Dritten eingeordnet wird,[178] sind die Prüf- und Zertifizierungstätigkeiten auf Private ausgerichtet. Daher können sie grundsätzlich im Zusammenhang mit den genossenschaftlichen Verwaltungsmaßnahmen eingeordnet werden.[179] Die über die Grenzen der Prüf- und Zertifizierungsstellen hinausgehende Übermittlung von Wissensressourcen an andere Einrichtungen des Spitzenverbandes oder die Berufsgenossenschaften muss demgegenüber jedoch als informationelle Zusammenarbeit mit Dritten qualifiziert werden.

Konkret beteiligen sich die Prüf- und Zertifizierungsstellen in erheblichem Maße an der Prüfung und Zertifizierung von technischen Produkten und Qualitätsmanagementsystemen.[180] Dafür können sie auf die Generalklausel des § 14 Abs. 1 S. 1 (i.V.m. Abs. 4) SGB VII zurückgreifen. Da diese Norm die Auswahl der Handlungsformen offen lässt,[181] greifen die Prüf- und Zertifizierungsstellen im DGUV Test für ihre Prüfungen und Zertifizierungen auf das Verwaltungsprivatrecht[182] zurück[183] und üben diese auf Grundlage von Verträgen mit ihren Kunden aus.[184] Bestandteil dieser Verträge wird neben den Allgemeinen Geschäftsbedingungen auch die sog. Prüf- und Zertifizierungsordnung, ein DGUV Grundsatz[185].

---

178 Siehe dazu 2. Teil, A. III. 2.

179 Bei der Zusammenarbeit der Unfallversicherungsträger im und über den Spitzenverband stehen sich verschiedene Genossenschaften und nicht nur eine Genossenschaft – DGUV e.V. – und Private gegenüber.

180 *DGUV e.V.* (Hrsg.), Qualität in der Prävention: Zertifikate, S. 2ff.

181 Obwohl die Prüfung und Zertifizierung von der Beleihung durch § 14 Abs. 4 SGB VII erfasst und dadurch zu einer hoheitlichen Aufgabe wird, lässt diese Norm jedoch offen, welche konkreten Handlungsformen für die Erfüllung dieser Aufgabe zu wählen sind.

182 Mit *Maurer/Waldhoff*, Allgemeines Verwaltungsrecht, § 3, Rn. 25, ist unter Verwaltungsprivatrecht die Erledigung unmittelbarer Verwaltungsaufgaben in der Form des Privatrechts zu verstehen; *Höfling*, in: Sachs, GG, Art. 1, Rn. 106, versteht unter Verwaltungsprivatrecht die „Wahrnehmung von öffentlichen Aufgaben in der Form des Privatrechts"; *Sauer*, in: Dreier, GG, Band I, Art. 1 III, Rn. 74, verlangt demgegenüber einschränkend die „Erfüllung originär öffentlicher Aufgaben leistender und lenkender Art"; kritisch zur Lehre vom Verwaltungsprivatrecht *H. C. Röhl*, VerwArch 86 (1995), S. 531 (573ff.).

183 Die Prüfung und Zertifizierung ist als eine Ausprägung der Leistungsverwaltung nicht durch öffentlich-rechtliche Vorschriften umfassend geregelt, sodass es den Prüf- und Zertifizierungsstellen im DGUV Test freisteht, die Prüfungen und Zertifizierungen in *öffentlich-rechtlichen* oder *privatrechtlichen Rechtsformen* zu erbringen, siehe dazu allgemein *Maurer/Waldhoff*, Allgemeines Verwaltungsrecht, § 3, Rn. 25.

184 Nr. 2.1 DGUV Grundsatz 300-003.

185 DGUV Grundsatz 300-003.

Die verschiedenen Prüf- und Zertifizierungsstellen im DGUV Test werden vorrangig als GS-Stellen (§ 2 Nr. 12 ProdSG) und als notifizierte Stellen (§ 2 Abs. 19 ProdSG) tätig. Da das ProdSG ebenfalls keine bestimmten Handlungsformen vorschreibt,[186] greifen die Prüf- und Zertifizierungsstellen im DGUV Test als GS-Stellen und notifizierte Stellen i. S. d. ProdSG ebenfalls auf das Verwaltungsprivatrecht zurück.[187] Als GS-Stellen können sie das GS-Zeichen zuerkennen und als notifizierte Stellen Konformitätsbewertungen durchführen.[188] Daneben unterstützen die verschiedenen Stellen im DGUV Test auch Hersteller bei Fragen zu CE-Kennzeichnungen.[189] Seit 1984 vergeben sie auch ein eigenes Prüfzeichen, das sog. „DGUV Test-Zeichen" (ehemals „BG-Zeichen")[190].

Bei diesen verschiedenen Prüf- und Zertifizierungstätigkeiten stehen die Stellen im DGUV Test im Wettbewerb mit anderen Stellen, die mit Ausnahme der Vergabe des DGUV Test-Zeichens die gleichen Tätigkeiten ausüben.[191] Darüber hinaus ist nur eine gewisse Anzahl von Prüfungen, wie die EU-Baumusterprüfung,[192] verpflichtend, wohingegen die meisten Prüfungen und Zertifizierungen auf freiwilliger Basis erfolgen.[193] Vor diesem Hintergrund müssen sich die Stellen im DGUV Test sowohl gegenüber ihren Mitbewerbern behaupten als auch Anreize für die Hersteller zu freiwilligen Prüfungen und Zertifizierungen setzen[194], um in diesem Bereich weiterhin eine maßgebliche Rolle einnehmen und Wissensressourcen gewinnen zu können.

---

186 Vgl. zu den Vorgängerregelungen *H. C. Röhl*, Akkreditierung und Zertifizierung im Produktsicherheitsrecht, S. 23 ff.; *BGH*, NVwZ-RR 2011, S. 556 (557); *Pünder*, ZHR 170 (2006), S. 567 (578 ff.); a. A. noch *BGH*, DB 1998, S. 621; *Scheel*, DVBl. 1999, S. 442 ff.

187 Nr. 2.1 DGUV Grundsatz 300-003.

188 Nr. 2.2 DGUV Grundsatz 300-003.

189 *DGUV Test, Prüf- und Zertifizierungssystem der Deutschen Gesetzlichen Unfallversicherung* (Hrsg.), CE-Kennzeichnung und Konformitätserklärung.

190 *DGUV Test, Prüf- und Zertifizierungssystem der Deutschen Gesetzlichen Unfallversicherung* (Hrsg.), DGUV Test Information 03, 06/2023, Vergleich von CE-Kennzeichnung und Prüfzeichen, S. 1.

191 Neben den Prüf- und Zertifizierungsstellen des DGUV Test gibt es noch eine erhebliche Anzahl weiterer GS-Stellen i. S. d. § 2 Nr. 12 ProdSG, die ebenfalls das GS-Zeichen zuerkennen dürfen. Darüber hinaus sind neben den Stellen des DGUV Test weitere Stellen ermächtigt, Konformitätsbewertungen von Produkten gemäß den Binnenmarktrichtlinien (notifizierte Stellen i. S. d. § 2 Nr. 19 ProdSG) durchzuführen.

192 *Wende*, in: Klindt, ProdSG, § 7, Rn. 3.

193 Die Pflichtprüfungen machen insgesamt einen Anteil von 30 % sämtlicher Prüfungen des DGUV Test aus. Der restliche Anteil entfällt auf diejenigen Prüfungen, zu denen die Hersteller nicht verpflichtet sind.

194 Nach *DGUV e. V.* (Hrsg.), Qualität in der Prävention: Zertifikate, S. 13, lassen Hersteller freiwillige Prüfungen hauptsächlich durchführen, da sie sich Marketingeffekte durch das Anbringen von Prüfzeichen (GS-Zeichen, DGUV-Zeichen) auf ihren

Obwohl die vorrangige Aufgabe der Stellen im DGUV Test in der Prüfung und Zertifizierung von Produkten und Qualitätsmanagementsystemen besteht, wurde bereits im Zuge der Gründung des BG PRÜFZERT klargestellt, dass die Prüf- und Zertifizierungstätigkeiten einen unverzichtbaren Bestandteil zur Gewinnung des notwendigen Wissens für die Erarbeitung des Vorschriften- und Regelwerks sowie von Normen bilden und hierfür gezielt einzusetzen sind.[195] Dementsprechend wird das im Rahmen der Prüfung und Zertifizierung gewonnene Wissen im Rahmen der informationellen Zusammenarbeit über die Grenzen der Stellen im DGUV Test hinaus auf der Ebene der Selbstverwaltung weiterverwendet.[196] Dort kann es in das Vorschriften- und Regelwerk der Unfallversicherungsträger und die Normung[197] einfließen und dadurch im Hinblick auf sicherheitstechnische Aspekte zu deren Weiterentwicklung beitragen.[198]

6. Erkenntnisorientierte Instrumente

In sämtlichen der dargestellten Verwaltungsmaßnahmen und Mitteilungspflichten sind, trotz aller Unterschiede im Einzelnen, unselbstständig erzeugende Potentiale angelegt.[199] Obwohl diese unterschiedlich stark ausgeprägt sind, ermöglicht jedes dieser Potentiale den Genossenschaften die Erzeugung unternehmensbezogener Wissensressourcen. Daher können sämtliche Maßnahmen und Pflichten, in denen entsprechende erzeugende Potentiale angelegt sind, als erkenntnisorientierte Instrumente[200] bezeichnet werden.

Produkten erhoffen. Durch die Zeichen soll einerseits ein überobligatorischer sicherheitstechnischer Einsatz im Fertigungsprozess, aber auch eine sachkundige Bestätigung für die sicherheitstechnische Unbedenklichkeit des Produkts nachgewiesen werden.

195 Auszug aus dem Beschluss der Mitgliederversammlung des HVBG e. V. zur Gründung des BG PRÜFZERT, abgedruckt in: *DGUV e. V.* (Hrsg.), Qualität in der Prävention: Zertifikate, S. 6.

196 Diese Weiterverwendung beruht auf der Inanspruchnahme von Verbundpotentialen.

197 *Nimmesgern*, DGUV Forum 6/2019, S. 12 f.; *Barth/Nimmesgern*, DGUV Forum 7–8/2021, S. 40 f.; dafür werden Wissensressourcen und daraus gebildetes Organisationswissen vor allem an die Aufsichtspersonen, die in Normungsorganisationen tätig sind, weitergegeben.

198 *DGUV e. V.* (Hrsg.), Qualität in der Prävention: Zertifikate, S. 2 f.; allgemein *Reitz/Reinert/Stoll*, Die BG 2004, S. 419 f.

199 Dabei kommt den überbetrieblichen Diensten nur eine nachrangige Rolle zu, weshalb sie im Folgenden nicht näher berücksichtigt werden.

200 Zu informationsorientierten Controllinginstrumenten siehe *Dahlhaus*, Investitions-Controlling in dezentralen Unternehmen, S. 51; zu informationsorientierten Instrumenten im Marken- und Personalmanagement siehe *Kremmel/Hofer-Fischer/von Walter*, in: von Walter/Kremmel, Employer Brand Management, S. 169 (185 f.).

Die grundlegende Gemeinsamkeit dieser erkenntnisorientierten Instrumente besteht darin, dass sie neben eigenen Beobachtungen der Genossenschaften auf die Aktualisierung von Informations- (Daten, fremde Beobachtungen und Mitteilungen) und Wissensgrundlagen ebenso wie auf das Verfügbarmachen von Informationen und Wissen abzielen. Darüber hinaus ermöglichen verschiedene erkenntnisorientierte Instrumente den Genossenschaften, Rückfragen an die Mitgliedsunternehmen zu richten. In der jeweiligen Rückfrage ist dabei die Inanspruchnahme eines kognitiven Potentials bei der Ausübung der Verwaltungsmaßnahme zu sehen.[201] Durch diese Rückfragen und die entsprechenden Antworten können schließlich besondere Kommunikationsprozesse in Form von Dialogen zustande kommen, die zu einer kooperativen Wissenserzeugung führen können.[202]

Neben diesen Gemeinsamkeiten lassen sich auch Unterschiede zwischen den erkenntnisorientierten Instrumenten feststellen. Diese resultieren aus ihrer konkreten Ausgestaltung. Anhand dieser Unterschiede können die erkenntnisorientierten Instrumente weiter ausdifferenziert werden. Während ein Großteil der erkenntnisorientierten Instrumente, wie die Auskunftsverlangen und die Überwachung, ordnungsrechtliche Instrumente verkörpert (dazu a)), sind die Aus- und Fortbildungen ebenso wie die gezielten und inklusiven Beratungen als anregende Instrumente zu charakterisieren (dazu b)). Die Beratung auf Anforderung, die Verwaltungsmaßnahmen im Rahmen der Zusammenarbeit mit den Arbeitsschutzausschüssen und die Prüfung und Zertifizierung können schließlich als kooperative Instrumente umschrieben werden (dazu c)).

a) Ordnungsrechtliche Instrumente

Als ordnungsrechtliche Instrumente sind die Mitteilungspflichten, Auskunftsverlangen, Überwachung, Datenverarbeitung zur Prävention, Verwaltungsmaßnahmen in den Bereichen der Rehabilitation und Entschädigung ebenso wie die Rechte zur Aufklärung des Sachverhalts in Ordnungswidrigkeitenverfahren zu qualifizieren. Da die gesetzlichen Regelungen zu diesen Instrumenten kaum Vorgaben für ihren erkenntnisorientierten Einsatz enthalten,[203] muss dafür ergänzend auf die Vorschriften des Sozialdatenschutzrechts

[201] Sofern man in einer bestimmten Verwaltungsmaßnahme keine kognitiven Potentiale, etwa in Gestalt der Möglichkeit zu Rückfragen, angelegt sehen möchte, können kognitive Potentiale aber jedenfalls auf Grundlage der jeweiligen Maßnahme i. V. m. §§ 20, 21 Abs. 1 S. 2 Nr. 1 SGB X (Auskünfte jeder Art zur Ermittlung des Sachverhalts) bzw. i. V. m. § 192 Abs. 3 S. 1 SGB VII i. V. m. § 199 SGB VII hergeleitet werden.

[202] Siehe 2. Teil, A. I.

[203] Eine Ausnahme bildet der Erforderlichkeitsgrundsatz, der etwa ausdrücklich in § 19 Abs. 2 S. 1 Nr. 2 (Auskunftsverlangen), § 192 Abs. 3 S. 1 SGB VII (Auskunfts-

zurückgegriffen werden.[204] Diese führen immerhin einen wesentlichen Gegenstand der erkenntnisorientierten Instrumente, die Sozialdaten und Betriebs- und Geschäftsgeheimnisse[205], rechtlichen Regelungen zu.[206]

Die vielfach nur ansatzweise gesetzliche Ausgestaltung der in den ordnungsrechtlichen Instrumenten angelegten kognitiven Potentiale ist dem anfänglichen Umgang des Polizeirechts mit kognitiven Fragestellungen vergleichbar. Dort wurden die Generalklauseln als tradierte Ordnungsinstrumente lange Zeit als ausreichende und rechtmäßige Grundlage für die polizeiliche Datenerhebung und -verwendung angesehen.[207] Erst das Volkszählungsurteil des BVerfG[208] vom 15. Dezember 1983 und das darin anerkannte Grundrecht auf informationelle Selbstbestimmung führte zu umfassenden Novellierungen der Polizei- und Ordnungsgesetze der Länder.[209] Dabei wurden ausdrückliche Ermächtigungen zur Erhebung (personenbezogener) Daten in die Landesgesetze aufgenommen.[210] Daran anknüpfend überarbeitete auch der Bundesgesetzgeber den Sozialdatenschutz in den Sozialgesetzbüchern, indem er sowohl das Sozialgeheimnis[211] als auch den Schutz der Sozialdaten[212] neuen Regelungen zuführte.[213] Darauf aufbauend fügte er schließlich bereichsspezifische Sonderregelungen für die Unfallversicherung in das SGB VII (Kapitel über den Datenschutz in den §§ 199 ff.)[214] ein. Diese parallelen rechtspolitischen

---

verlangen) und § 207 SGB VII (Datenverarbeitung zur Prävention) aufgenommen wurde.

204 *Eichendorf*, in: jurisPK-SGB VII, Stand: 15.01.2022, § 19, Rn. 51, spricht von „Verknüpfung".

205 § 35 Abs. 4 SGB I, § 67 Abs. 2. S. 2 SGB X.

206 *Franke/Spanknebel*, in: Becker/Franke/Molkentin, SGB VII, 5. Aufl., § 199, Rn. 1; siehe zur Anwendbarkeit von § 35 Abs. 4 SGB I im Rahmen von § 199 SGB VII beispielsweise *VG Köln*, 20 K 2473/06 (juris); *LSG BW*, L 6 U 207/21 (juris).

207 *VGH Mannheim*, NJW 1982, S. 3022, zu §§ 1, 3 PolG BW; *BVerwG*, NJW 1990, S. 2765, zu § 1 ASOG Berlin; *Scholz/Pitschas*, Informationelle Selbstbestimmung und staatliche Informationsverantwortung, S. 174; a.A. *BayVerfGH*, NJW 1986, S. 915; aber auch *VGH Mannheim*, 10 S 1767/90 (juris); *Knemeyer*, NVwZ 1988, S. 193 (194 f.) m.w.N.

208 BVerfGE 65, 1 ff.

209 *Jelden/Fischer*, BWVP 1992, S. 79, die das Volkszählungsurteil als „rechtspolitischen Motor für die künftige Novellierung bzw. Schaffung der Rechtsgrundlagen für die informationelle Tätigkeit der Sicherheitsbehörden" bezeichnen.

210 *Schenke*, Polizei- und Ordnungsrecht, Rn. 193.

211 § 35 SGB I.

212 §§ 67–85a SGB X.

213 Gesetz zur Änderung von Vorschriften des Sozialgesetzbuchs über den Schutz der Sozialdaten sowie zur Änderung anderer Vorschriften vom 13.06.1994 (BGBl. I, S. 1229).

214 Gesetz zur Einordnung des Rechts der gesetzlichen Unfallversicherung in das Sozialgesetzbuch vom 07.08.1996 (BGBl. I, S. 1254).

Entwicklungen im Polizei- und Sozialdatenschutzrecht verdeutlichen, dass die an Ordnungsinstrumenten ausgerichtete Erzeugung und Weiterverwendung von Wissensressourcen in beiden Rechtsgebieten erst im Nachgang des Volkszählungsurteils durch datenschutzrechtliche Vorschriften beschränkt wurde und davor weitgehend unreglementiert stattfinden konnte.

Das Sozialdatenschutzrecht findet trotz der am 25. Mai 2018 in Kraft getretenen und gegenüber nationalem Recht vorrangigen[215] Datenschutz-Grundverordnung (EU) 2016/679[216] weiterhin Anwendung, weil es an deren Begriffsbestimmungen angepasst[217] wurde und dadurch nun die „grundsätzlichen Vorgaben zum bereichsspezifischen Sozialdatenschutz, auch im Hinblick auf dessen sachlichen und räumlichen Anwendungsbereich"[218], enthält.[219] Neben diesen bereichsspezifischen nationalen Vorschriften zum Sozialdatenschutz ist die Datenschutz-Grundverordnung (EU) 2016/679 unmittelbar anwendbar.[220]

aa) Sozialdatenschutzrechtliche Beschränkungen

Das Sozialrecht macht den Schutz der sog. Sozialdaten zum Ausgangspunkt seiner datenschutzrechtlichen Regelungen. Sozialdaten sind „personenbezogene Daten (Artikel 4 Nummer 1 der Verordnung (EU) 2016/679), die von einer in § 35 des Ersten Buches genannten Stelle im Hinblick auf ihre Aufgaben nach diesem Gesetzbuch verarbeitet werden"[221]. Darüber hinaus schützt das Sozialdatenschutzrecht auch Betriebs- und Geschäftsgeheimnisse in grundsätzlich demselben Umfang wie Sozialdaten, § 35 Abs. 4 SGB I. Be-

---

215 *Rombach*, in: Hauck/Noftz, SGB X, EL 4/2018, Vorbemerkungen zu §§ 67–85a, Rn. 4, 18.

216 Verordnung (EU) 2016/679 des Europäischen Parlaments und des Rates vom 27.04.2016 zum Schutz natürlicher Personen bei der Verarbeitung personenbezogener Daten, zum freien Datenverkehr und zur Aufhebung der Richtlinie 95/46/EG (Datenschutz-Grundverordnung), Abl. (EU) L 119, S. 1.

217 BT-Drs. 18/12611, S. 96 f., zu § 35 SGB I, S. 101 ff., zu §§ 67 ff. SGB X. Dabei wurden im Hinblick auf § 35 SGB I und §§ 67–85a SGB X mit Ausnahme der §§ 75, 81 ff. SGB X vereinzelt Anpassungen vorgenommen, die der Verständlichkeit (BT-Drs. 18/12611, S. 96, ausdrücklich zu § 35 Abs. 2 SGB I) und Kohärenz (BT-Drs. 18/12611, S. 96, ausdrücklich zu § 35 Abs. 2 SGB I) der Vorschriften dienen oder systematische bzw. begriffliche Fragen betreffen (BT-Drs. 18/12611, S. 108 ff., zu § 75 SGB X, S. 115 ff., zu §§ 81 ff. SGB X). Gleichwohl enthält das deutsche Sozialdatenschutzrecht auch Abweichungen von der DS-GVO (EU) 2016/679, die mit *Kunkel*, ZFSH/SGB 2017, S. 443 ff., von deren Öffnungsklauseln gedeckt sind.

218 *Bieresborn*, NZS 2017, S. 887 (890).

219 *Greiner*, in: Knickrehm/Roßbach/Waltermann, Kommentar zum Sozialrecht, § 35 SGB I, Rn. 1 ff.; *H. Marburger*, Betriebliche Prävention 2020, S. 172 ff.

220 BT-Drs. 18/12611, S. 96; *Bieresborn*, in: Schütze, SGB X, § 67, Rn. 4.

221 § 67 Abs. 2 S. 1 SGB X.

triebs- und Geschäftsgeheimnisse sind nach der Definition in § 67 Abs. 2 S. 2 SGB X „alle betriebs- oder geschäftsbezogenen Daten, auch von juristischen Personen, die Geheimnischarakter haben". Durch das Merkmal des Geheimnischarakters wird deutlich, dass nicht sämtliche, sondern nur besonders schutzwürdige „Daten" eines Unternehmens geschützt werden.

Der Schutz der Betriebs- und Geschäftsgeheimisse ist aber nicht absolut gewährleistet. Diese dürfen im Bereich des Unfallversicherungsrechts von den Berufsgenossenschaften gem. § 199 Abs. 1 SGB VII i. V. m. § 35 Abs. 4 SGB I, § 67 Abs. 2 S. 2 SGB X[222] erhoben und gespeichert werden, soweit dies zur Erfüllung ihrer gesetzlich übertragenen Aufgaben[223] erforderlich ist.[224] Nach § 199 Abs. 2 S. 1 SGB VII i. V. m. § 35 Abs. 4 SGB I, § 67 Abs. 2 S. 2 SGB X dürfen Betriebs- und Geschäftsgeheimnisse zudem für die den Berufsgenossenschaften gesetzlich übertragenen Aufgaben in dem jeweils erforderlichen Umfang verändert, genutzt, übermittelt oder in der Verarbeitung eingeschränkt werden.[225]

Diese Vorgaben gelten im Ergebnis auch für die Erzeugung und Weiterverwendung von Betriebs- und Geschäftsgeheimnissen durch die DGUV e. V. Da diese in § 199 SGB VII nicht genannt wird, gilt es hierfür aber die Vorschriften des allgemeinen Sozialdatenschutzrechts in § 35 Abs. 1 S. 4, Abs. 4 SGB I i. V. m. §§ 67 ff. SGB X heranzuziehen.[226]

Diese verschiedenen Vorschriften des Sozialdatenschutzrechts zum Schutz von Betriebs- und Geschäftsgeheimnissen sind subjektiv-abwehrrechtlich geprägt.[227] Daher vermögen sie weder eigene Beobachtungen der Genossenschaften noch die Weiterverwendung von Wissensressourcen aus den Mitgliedsunternehmen auf der Ebene der Selbstverwaltung durch Interpretation und interpretatorische Verknüpfung hinreichend zu erfassen. Das folgt aus der Erwägung, dass den Mitgliedsunternehmen an den eigenen Beobachtungen

---

222 Mit *C. Wagner*, in: jurisPK-SGB VII, Stand: 15.01.2022, § 199, Rn. 10, enthält § 199 SGB VII „*bereichsspezifische Regelungen* der Verarbeitung von Daten".

223 Da der Aufgabenkatalog des § 199 Abs. 1 S. 2 SGB VII sämtliche Aufgaben der Unfallversicherungsträger abdecken soll, werden sämtliche in § 199 Abs. 1 S. 2 SGB VII genannten Aufgabenbereiche weit ausgelegt, siehe hierzu *Schmitt*, SGB VII, § 199, Rn. 4; *Kranig*, in: Hauck/Noftz, SGB VII, EL 4/2022, § 199, Rn. 12; für *Ricke*, in: Beck'scher Online-Grosskommentar (Kasseler Kommentar), SGB VII, Stand: 15.05.2024, § 199, Rn. 9, ist die Norm präzisierungsfern und lückenhaft.

224 *Ricke*, in: Beck'scher Online-Grosskommentar (Kasseler Kommentar), SGB VII, Stand: 15.05.2024, § 199, Rn. 6 ff.; *H. Marburger*, BPUVZ 2013, S. 315 (316).

225 *Kranig*, in: Hauck/Noftz, SGB VII, EL 4/2022, § 199, Rn. 14.

226 *Paulus/Fromm*, in: jurisPK-SGB I, Stand: 30.06.2021, § 35 SGB I, Rn. 28; *Schifferdecker*, in: Beck'scher Online-Grosskommentar (Kasseler Kommentar), SGB I, Stand: 15.05.2024, § 35, Rn. 73.

227 *C. Wagner*, in: jurisPK-SGB VII, Stand: 15.01.2022, § 199, Rn. 35.

und Interpretationsleistungen der Genossenschaften keine Rechte zustehen, die sie anhand des abwehrrechtlich geprägten Sozialdatenschutzes geltend machen könnten.[228] Vor diesem Hintergrund kann der Schutz von Betriebs- und Geschäftsgeheimnissen durch das Sozialdatenschutzrecht weder als umfassend noch als abschließend qualifiziert werden.

bb) Keine weiterführenden Vorgaben durch das europäische Datenwirtschaftsrecht

Aus dem derzeit entstehenden europäischen Datenwirtschaftsrecht folgen keine weiterführenden Vorgaben für die ordnungsrechtlichen Instrumente. Dieses soll im Wesentlichen in Gestalt einer Querschnittsmaterie das Teilen von und Handeln mit Daten innerhalb der EU fördern.[229] Im Bereich des europäischen Datenwirtschaftsrechts ist bereits die Verordnung (EU) 2022/868 über europäische Daten-Governance in Kraft getreten.[230] Diese schafft einen rechtlichen Rahmen für das Verhältnis von Datenproduzenten, -inhabern und -interessenten.[231] Sie regelt unter anderem die Bedingungen für den Zugang zu Daten, die im Besitz öffentlicher Stellen sind,[232] und damit nicht den Zugriff öffentlicher Stellen auf die Daten Privater und deren Weiterverwendung zur Erfüllung öffentlicher Aufgaben.

Davor ist bereits die Verordnung (EU) 2018/1807 über einen Rahmen für den freien Verkehr nicht-personenbezogener Daten in der Europäischen Union in Kraft getreten.[233] Diese zielt darauf ab, den freien Verkehr von elektronischen nicht-personenbezogenen Daten in der Europäischen Union zu gewährleisten.[234] Dabei lässt sie die Befugnisse der zuständigen Behörden, zur Erfüllung ihrer Pflichten nach dem nationalen Recht, Zugang zu Daten zu verlangen oder zu erhalten, unberührt[235] und vermag daher keine weiterführenden

---

228 Allgemein *Trute*, in: Roßnagel, Handbuch Datenschutzrecht, 2.5, Rn. 19.

229 *Hennemann/Steinrötter*, NJW 2022, S. 1481; *dies*., NJW 2024, S. 1, mit einem Überblick über die verschiedenen Gesetzgebungsakte.

230 Verordnung (EU) 2022/868 des Europäischen Parlaments und des Rates vom 30.05.2022 über europäische Daten-Governance und zur Änderung der Verordnung (EU) 2018/1724 (Daten-Governance-Rechtsakt), Abl. (EU) L 152, S. 1.

231 *Hennemann/Steinrötter*, NJW 2022, S. 1481.

232 Art. 1 Abs. 1 lit. a), Art. 3 ff. Verordnung (EU) 2022/868; *Hennemann/von Ditfurth*, NJW 2022, S. 1905 (1906); *Brauneck*, WRP 2023, S. 28 ff.

233 Verordnung (EU) 2018/1807 des Europäischen Parlaments und des Rates vom 14.11.2018 über einen Rahmen für den freien Verkehr nicht-personenbezogener Daten in der Europäischen Union, Abl. (EU) L 303, S. 59.

234 Art. 1, 2 Verordnung (EU) 2018/1807; *Nebel*, ITRB 2019, S. 113.

235 Art. 5 Abs. 1 S. 1 Verordnung (EU) 2018/1807.

Vorgaben für die erkenntnisorientierten Maßnahmen der Berufsgenossenschaften bereitzuhalten.[236]

Der grundlegende Rechtsakt des europäischen Datenschutzrechts ist der Data Act[237]. Dieser ist bereits in Kraft getreten, gilt aber erst nach einer Übergangszeit ab dem 12. September 2025.[238] Der Data Act sieht u. a. eine Pflicht von Dateninhabern zur Bereitstellung von Daten auf Verlangen öffentlicher Stellen bei außergewöhnlicher Notwendigkeit vor.[239] Da der Data Act mit dem Begriff der außergewöhnlichen Notwendigkeit[240] wesentlich strengere Vorgaben an das Datenverlangen als das SGB VII enthält und zudem die im nationalen Recht festgelegten Pflichten nicht berührt[241], hält er ebenfalls keine weiterführenden Vorgaben für die erkenntnisorientierten Maßnahmen der Genossenschaften bereit.

Das wird vermutlich auch auf die beabsichtigte Verordnung über den europäischen Raum für Gesundheitsdaten[242] zutreffen. Diese soll ausweislich ihres Entwurfs unter anderem das nationale Recht in Bezug auf die Verarbeitung elektronischer Gesundheitsdaten zum Zwecke der Berichterstattung, der Beantwortung von Anträgen auf Zugang zu Informationen oder des Nachweises oder der Überprüfung der Einhaltung rechtlicher Verpflichtungen ebenso wie die besonderen Bestimmungen des nationalen Rechts über den Zugang zu elektronischen Gesundheitsdaten für die Weiterverarbeitung durch öffentliche

---

236 Daneben sind auch noch weitere Gesetzgebungsakte wie der Digital Markets Act (Verordnung (EU) 2022/1925 des Europäischen Parlaments und des Rates vom 14.09.2022 über bestreitbare und faire Märkte im digitalen Sektor und zur Änderung der Richtlinien (EU) 2019/1937 und (EU) 2020/1828 (Gesetz über digitale Märkte) – Abl. (EU) L 265, S. 1) und der Digital Services Act (Verordnung (EU) 2022/2065 des Europäischen Parlaments und des Rates vom 19.10.2022 über einen Binnenmarkt für digitale Dienste und zur Änderung der Richtlinie 2000/31/EG (Gesetz über digitale Dienste) – Abl. (EU) L 277, S. 1) in Kraft getreten.

237 Verordnung (EU) 2023/2854 des Europäischen Parlaments und des Rates vom 13.12.2023 über harmonisierte Vorschriften für einen fairen Datenzugang und eine faire Datennutzung sowie zur Änderung der Verordnung (EU) 2017/2394 und der Richtlinie (EU) 2020/1828 (Datenverordnung), Abl. (EU) L 71, S. 1.

238 Art. 50 Verordnung (EU) 2023/2854; *Heinzke/Herbers/Kraus*, BB 2024, S. 649.

239 Art. 1 Abs. 1 lit. c), 14 ff. Verordnung (EU) 2023/2854.

240 Art. 15 Abs. 1 Verordnung (EU) 2023/2854; *Hennemann/Steinrötter*, NJW 2022, S. 1481 (1485); *dies.*, NJW 2024, S. 1 (5); *M. Schröder*, MMR 2019, S. 104 (105); *Wilkening/Müller*, DB 2024, S. 166 (172).

241 Art. 16 Abs. 1 Verordnung (EU) 2023/2854; für *M. Schröder*, MMR 2019, S. 104 (108 f.), sind die Befugnisse aus Art. 14 ff. Verordnung (EU) 2023/2854 ultima ratio.

242 Vorschlag für eine Verordnung des Europäischen Parlaments und des Rates über den Europäischen Raum für Gesundheitsdaten, Europäisches Parlament, Legislative Entschließung vom 24.04.2024, P9_TA(2024)0331.

Stellen der Mitgliedstaaten unberührt lassen.[243] Die beabsichtigte Primärnutzung soll insbesondere dazu dienen, dass Patienten einen Zugriff auf ihre personenbezogenen elektronischen Gesundheitsdaten erhalten.[244] Die Sekundärnutzung von elektronischen Gesundheitsdaten[245] soll schließlich über sog. Zugangsstellen[246] erfolgen und somit andere Konstellationen als das Verhältnis der Genossenschaften und der Mitgliedsunternehmen betreffen.

cc) Beschränkungen bei Gleichzeitigkeit unternehmens- und personenbezogener Gehalte

Neben dem punktuellen sozialrechtlichen Schutz von Betriebs- und Geschäftsgeheimnissen enthält die Datenschutz-Grundverordnung (EU) 2016/679 grundsätzlich keine weiterführenden Aussagen zum Schutz unternehmensbezogener Wissensressourcen. Sie enthält vielmehr Vorschriften zum Schutz natürlicher Personen bei der Verarbeitung personenbezogener Daten[247] und gilt nach ihrem Erwägungsgrund 14 S. 2 „nicht für die Verarbeitung personenbezogener Daten juristischer Personen und insbesondere als juristische Person gegründeter Unternehmen, einschließlich Name, Rechtsform oder Kontaktdaten der juristischen Person"[248].[249] Daneben gilt sie auch nicht für

---

243 Art. 1 Abs. 6 und Abs. 6a des Vorschlags für eine Verordnung des Europäischen Parlaments und des Rates über den Europäischen Raum für Gesundheitsdaten, Legislative Entschließung des Europäischen Parlaments vom 24.04.2024, P9_TA(2024)0331.

244 Kapitel II, Abschnitt 1 des Vorschlags für eine Verordnung des Europäischen Parlaments und des Rates über den Europäischen Raum für Gesundheitsdaten, Legislative Entschließung des Europäischen Parlaments vom 24.04.2024, P9_TA(2024)0331.

245 Kapitel IV des Vorschlags für eine Verordnung des Europäischen Parlaments und des Rates über den Europäischen Raum für Gesundheitsdaten, Legislative Entschließung des Europäischen Parlaments vom 24.04.2024, P9_TA(2024)0331.

246 Art. 36 ff. des Vorschlags für eine Verordnung des Europäischen Parlaments und des Rates über den Europäischen Raum für Gesundheitsdaten, Legislative Entschließung des Europäischen Parlaments vom 24.04.2024, P9_TA(2024)0331.

247 Art. 1 Abs. 1 DS-GVO (EU) 2016/679.

248 Erwägungsgrund 14 S. 2 DS-GVO (EU) 2016/679.

249 Der *EuGH*, Slg. 2010, I-11063, Rn. 53, sowie Rs. C-419/14 (juris), scheint den Schutz von Daten juristischer Personen weiter zu verstehen. Diese Rechtsprechung führt dazu, dass die Anwendung der DS-GVO (EU) 2016/679 auf kleinere Einheiten oder solche juristischen Personen erwogen wird, deren Name eine oder mehrere natürliche Personen bestimmt, siehe dazu *Ernst*, in: Paal/Pauly, DS-GVO, Art. 4 DS-GVO, Rn. 5. Demgegenüber differenziert *Gola*, in: ders./Heckmann, DS-GVO, Art. 4, Rn. 26, richtigerweise zwischen dem Anwendungsbereich der DS-GVO (EU) 2016/679 und dem Schutzbereich des Art. 8 GRCharta, der eben einen weitergehenden Schutzbereich aufweise.

sonstige Zusammenschlüsse von Personen und Organisationen, wie etwa offene Handelsgesellschaften.[250]

Unabhängig davon gilt es aber eine Besonderheit zu berücksichtigen. Diese folgt aus der Tatsache, dass betriebs- oder geschäftsbezogene Wissensressourcen bzw. einzelne ihrer Bestandteile zugleich auch personenbezogene Daten i. S. d. Art. 4 Nr. 1 Datenschutz-Grundverordnung (EU) 2016/679 und gegebenenfalls auch Sozialdaten i. S. d. § 67 Abs. 2 S. 1 SGB X verkörpern können,[251] sofern sie einen Bezug zu einzelnen identifizierten oder identifizierbaren natürlichen Personen haben und auf diese „durchschlagen"[252]. Diese Möglichkeit zeigt sich beispielhaft bei den Firmen von Einzelkaufleuten und kommt vor allem bei Unternehmen in Betracht, die von Unternehmern in Gestalt von Einzelunternehmern, Einzelkaufleuten,[253] Personengesellschaften[254] oder Kapitalgesellschaften mit nur einem einzigen Gesellschafter[255] – etwa Ein-Mann-GmbHs[256] – getragen werden.[257] In diesen Konstellationen können betriebs- oder geschäftsbezogene Wissensressourcen bzw. einzelne ihrer Bestandteile, die zugleich auch personenbezogene Wissensressourcen verkörpern, jedenfalls unter den Anwendungsbereich Datenschutz-Grundverordnung (EU) 2016/679 fallen.[258] Darüber hinaus können sie als Sozialdaten[259] auch

---

[250] *Klabunde/Horváth*, in: Ehmann/Selmayr, DS-GVO, Art. 4, Rn. 14; *Eßer*, in: Auernhammer, DS-GVO, Art. 4 DS-GVO, Rn. 12.

[251] *Drozd*, MittLVA Oberfranken und Mittelfranken 1986, S. 93 (98).

[252] *Klar/Kühling*, in: Kühling/Buchner, DS-GVO, Art. 4 Nr. 1 DS-GVO, Rn. 4; enger wohl *Karg*, in: Simitis/Hornung/Spiecker, Art. 4 Nr. 1 DS-GVO, Rn. 45, der einen erkennbaren Inhalts-, Zweck- oder Ergebnisbezug verlangt.

[253] *Gola*, in: ders./Heckmann, DS-GVO, Art. 4, Rn. 28, wonach zur „Firma gespeicherte Angaben […] stets Daten zur Person des Inhabers" sind; siehe auch das *VG München*, M 17 K 06.3145, Rn. 28 (juris).

[254] *Klar/Kühling*, in: Kühling/Buchner, DS-GVO, Art. 4 Nr. 1 DS-GVO, Rn. 4; für *Dammann*, in: Simitis, BDSG, § 3, Rn. 44, beziehen sich Angaben über eine Personengesellschaft regelmäßig zugleich auf die einzelnen Gesellschafter.

[255] *Eßer*, in: Auernhammer, DS-GVO, Art. 4 DS-GVO, Rn. 12; für *Klabunde/Horváth*, in: Ehmann/Selmayr, DS-GVO, Art. 4, Rn. 14, beziehen sich die Angaben zu einer Kapitalgesellschaft mit nur einem Gesellschafter indirekt auch auf den Gesellschafter; a. A. *Dammann*, in: Simitis, BDSG, § 3, Rn. 44, wonach „Daten einer Kapitalgesellschaft […] nicht deshalb zugleich Daten eines Gesellschafters [sind], weil es sich um eine Ein-Mann-GmbH handelt".

[256] *Klar/Kühling*, in: Kühling/Buchner, DS-GVO, Art. 4 Nr. 1 DS-GVO, Rn. 4.

[257] *Eßer*, in: Auernhammer, DS-GVO, Art. 4 DS-GVO, Rn. 12; *Gola*, in: ders./ Heckmann, DS-GVO, Art. 4, Rn. 28.

[258] Nach Art. 2 Abs. 1 DS-GVO (EU) 2016/679 ist ihr Anwendungsbereich auf die ganz oder teilweise automatisierte Verarbeitung personenbezogener Daten sowie auf die nichtautomatisierte Verarbeitung personenbezogener Daten, die in einem Dateisystem gespeichert sind oder gespeichert werden sollen, beschränkt. Darüber hinaus finden nach § 35 Abs. 2 S. 2 SGB I für die Verarbeitungen von Sozialdaten im Rahmen von nicht in den Anwendungsbereich der DS-GVO (EU) 2016/679 fallenden Tätigkei-

vom Sozialdatenschutzrecht geschützt werden, sofern die Genossenschaften die Wissensressourcen im Hinblick auf ihre Aufgaben nach dem SGB VII erzeugen oder weiterverwenden.[260]

dd) Weiterführende Vorgaben des Sozialdatenschutzrechts

Das Sozialdatenschutzrecht unterstellt Betriebs- und Geschäftsgeheimnisse der Mitgliedsunternehmen zwar vordergründig einem beachtlichen Schutzregime. Gleichwohl dürfen diese Geheimnisse für die Aufgaben der Genossenschaften in umfassender Weise erzeugt und weiterverwendet werden.[261] Darüber hinaus werden betriebs- und geschäftsbezogene Wissensressourcen ohne Geheimnischarakter grundsätzlich nicht geschützt. Eine Ausnahme kommt immerhin für diejenigen betriebs- und geschäftsbezogenen Wissensressourcen bzw. einzelne ihrer Bestandteile in Betracht, die zugleich auch personenbezogene Wissensressourcen verkörpern und insofern dem Schutz der Datenschutz-Grundverordnung (EU) 2016/679 und des nationalen Sozialdatenschutzrechts unterfallen können.

Vor diesem Hintergrund eignen sich die Vorschriften des Sozialdatenschutzrechts und der Datenschutz-Grundverordnung (EU) 2016/679 jedenfalls nur ansatzweise, um Aussagen zum Einsatz ordnungsrechtlicher Instrumente zur Erzeugung und Weiterverwendung von unternehmensbezogenen Wissensressourcen zu beschreiben. Das folgt nicht nur aus der beschränkten Aussagekraft der gesetzlichen Regelungen, sondern insbesondere aus der Erwägung, dass das Sozialdatenschutzrecht subjektiv-abwehrrechtlich geprägt ist und daher keine Aussagen für die eigenen Beobachtungen und Interpretationsleistungen der Genossenschaften bereithält.

---

ten aber die DS-GVO (EU) 2016/679 und das SGB I entsprechende Anwendung, soweit nicht im SGB I oder einem anderen Gesetz Abweichendes geregelt ist.

259 Siehe dazu *Drozd*, MittLVA Oberfranken und Mittelfranken 1986, S. 93 (98).

260 § 67 Abs. 2 S. 1 SGB X.

261 Zwar erörtert *Leube*, NZS 1997, S. 564 (567), dass den Mitgliedsunternehmen im Falle des Geheimnisbruchs durch Aufsichtspersonen (vorbeugende) Unterlassungsklagen in Form allgemeiner Leistungsklagen nach der VwGO und Amtshaftungsansprüche nach § 839 Abs. 1 BGB i. V. m. Art. 34 GG zustehen. Dabei wird der sog. Geheimnisbruch durch Aufsichtspersonen anhand der hier erörterten Gründe allerdings regelmäßig gerechtfertigt werden können. Dafür spricht auch die geringe Anzahl von Verfahren, die sich mit dieser Frage beschäftigen: siehe beispielsweise *VG Köln*, 20 K 2473/06 (juris).

b) Anregende Instrumente

Im Gegensatz zu den ordnungsrechtlichen Instrumenten sind die gezielten und inklusiven Beratungen sowie die Aus- und Fortbildungen auf Information und Motivation ausgerichtet. Sie ermöglichen den Genossenschaften die Erzeugung von Wissensressourcen aus ihren Mitgliedsunternehmen vor allem im Rahmen von kommunikativen Austauschen. Solche kommunikativen Austausche können die Genossenschaften bei diesen Beratungen und Aus- und Fortbildungen anregen, weshalb diese Verwaltungsmaßnahmen als anregende erkenntnisorientierte Instrumente umschrieben werden können. Aus ihrem anregenden Charakter folgen zwei Aspekte, die für ihre Effektivität zur Wissenserzeugung entscheidend sind. Zum einen die Partizipationspflicht der Mitgliedsunternehmen (dazu aa)) und zum anderen deren Partizipationsbereitschaft (dazu bb)).

aa) Zumindest faktische Partizipationspflicht

Da sowohl die Mitgliedsunternehmer als auch Versicherten verpflichtet sind, sich von den Berufsgenossenschaften gezielt und inklusiv beraten zu lassen, besteht bei diesen Instrumenten eine Partizipationspflicht. Eine solche besteht auch im Hinblick auf die Motivations-, Informations- und Fortbildungsmaßnahmen im Rahmen des sog. Unternehmermodells. Sofern ein Unternehmer dieses Modell für die betriebsärztliche und sicherheitstechnische Betreuung freiwillig wählt, ist er verpflichtet, an den Maßnahmen teilzunehmen.[262]

Demgegenüber besteht für die in den Mitgliedsunternehmen für die Prävention zuständigen Personen grundsätzlich keine Pflicht zur Teilnahme an den Aus- und Fortbildungen nach § 23 Abs. 1 SGB VII.[263] Daher muss der Impuls zur Teilnahme an diesen Maßnahmen von diesen Personen ausgehen. Da diese wissen, dass sie mit rechtlichen Konsequenzen rechnen müssen, sofern ihre Qualifikation für die Erfüllung ihrer Aufgaben nicht ausreichend ist, kann jedoch zumindest von einer faktischen Pflicht zur Partizipation an den Maßnahmen ausgegangen werden.[264]

---

262 2. Teil, A. I. 2. b).

263 *Ricke*, in: Beck'scher Online-Grosskommentar (Kasseler Kommentar), SGB VII, Stand: 15.05.2023, § 23, Rn. 3, der auch etwaige Ausnahmen nennt, wie eine arbeitsrechtliche Pflicht zur Teilnahme.

264 Vgl. *Schmitt*, SGB VII, § 23, Rn. 5.

bb) Maß der Partizipationsbereitschaft[265]

Neben der zumindest faktischen Partizipationspflicht hängt die Effektivität der anregenden Instrumente zur Wissenserzeugung vom Maß der Partizipationsbereitschaft der Kommunikationspartner aus den Mitgliedsunternehmen ab. Das folgt aus der Tatsache, dass keine über die bloße Teilnahme hinausgehende Pflicht der Unternehmer und Versicherten besteht, sich aktiv im Rahmen der gezielten und inklusiven Beratungen oder Schulungsmaßnahmen einzubringen. Daher eignen sich diese Instrumente nur dann zur Erzeugung von Wissensressourcen, sofern die Unternehmer und Versicherten im Rahmen der jeweiligen Maßnahmen in einen kommunikativen Austausch mit den Berufsgenossenschaften treten und dabei aus eigenem Antrieb Angaben machen oder freiwillig auf Nachfragen antworten. Dazu gilt es die Unternehmer und Versicherten zu motivieren.[266]

cc) Keine weiterführenden rechtlichen Vorgaben zu den anregenden Instrumenten

Der Einsatz der gezielten und inklusiven Beratungen ebenso wie der Schulungsmaßnahmen als anregende erkenntnisorientierte Instrumente ist weder im SGB VII noch in allgemeinen Gesetzen näher geregelt. Darüber hinaus hält auch das subjektiv-abwehrrechtlich geprägte Sozialdatenschutzrecht keine weiterführenden Aussagen zu den anregenden Instrumenten bereit, weil die Unternehmer und Versicherten im Rahmen der entsprechenden Maßnahmen aus eigenem Antrieb Auskünfte machen oder freiwillig auf bloße Nachfragen antworten, sodass keine Abwehrsituation vorliegt.[267]

c) Kooperative Instrumente

Die schwächste Ausprägung unselbstständig erzeugender Potentiale findet sich in den Beratungen auf Anforderung, der Zusammenarbeit mit den Arbeitsschutzausschüssen (dazu aa)) und in den Prüfungen und Zertifizierungen (dazu bb)). Diese Maßnahmen ermöglichen den Genossenschaften zwar ebenfalls die Erzeugung von Wissensressourcen aus ihren Mitgliedsunternehmen im Rahmen von kommunikativen Austauschen. Dafür sind sie aber allesamt von einer Initiative der Unternehmen und Ausschüsse abhängig.

---

265 *Kohte*, Die BG 2010, S. 384 (385), spricht von enger Kooperation.

266 Zu den motivierenden Elementen siehe *Kranig/Timm*, in: Hauck/Noftz, SGB VII, 48. EL, September 2010, § 17, Rn. 17.

267 Allgemein zum subjektiv-abwehrrechtlichen Charakter *C. Wagner*, in: jurisPK-SGB VII, Stand: 15.01.2022, § 199, Rn. 35.

aa) Beratung auf Anforderung und Zusammenarbeit mit den Arbeitsschutzausschüssen

Die Mitgliedsunternehmen sind weder rechtlich noch faktisch verpflichtet, Beratungen der Berufsgenossenschaften anzufordern. Auch die Arbeitsschutzausschüsse sind nicht verpflichtet, mit den Genossenschaften zusammenzuarbeiten. Daher kommen Beratungen auf Anforderung und die Zusammenarbeit mit den Arbeitsschutzausschüssen nur zu Stande, sofern die Mitgliedsunternehmen oder Ausschüsse aus eigenem Antrieb die Initiative ergreifen und die Genossenschaften zu entsprechenden Beratungen oder zur Mitwirkung in den Arbeitsschutzausschüssen auffordern.[268] Gleichwohl bestehen vor allem für kleinere Unternehmen starke Anreize, mit den Genossenschaften aufgrund deren umfangreicher Expertise im Bereich der Unfallverhütung und des Arbeitsschutzes im Rahmen der entsprechenden Maßnahmen zusammenzuarbeiten. Prägendes Merkmal dieser Maßnahmen ist mithin die notwendige Bereitschaft der Mitgliedsunternehmen und Arbeitsschutzausschüsse zur Kooperation, weshalb sie als kooperative erkenntnisorientierte Instrumente umschrieben werden können.

bb) Prüfung und Zertifizierung

Die gleiche Beobachtung kann für die Prüfung und Zertifizierung gemacht werden. Die grundlegende Voraussetzung dieser Tätigkeiten besteht darin, dass die Unternehmen die Prüf- und Zertifizierungsstellen im DGUV Test und nicht andere Anbieter mit Prüfungen und Zertifizierungen beauftragen. Daher verkörpern auch die Prüfungen und Zertifizierungen kooperative erkenntnisorientierte Instrumente.

cc) Keine weiterführenden rechtlichen Vorgaben zu den kooperativen Instrumenten

Der Einsatz der Beratungen auf Anforderung, der Zusammenarbeit mit den Arbeitsschutzausschüssen und der Prüfung und Zertifizierung als kooperative erkenntnisorientierte Instrumente ist ebenfalls nicht im SGB VII oder in allgemeinen Gesetzen näher geregelt. Auch zu diesen kooperativen Instrumenten vermag das subjektiv-abwehrrechtlich geprägte Sozialdatenschutzrecht keine weiterführenden Aussagen bereitzuhalten, weil bereits die Initiative zu den

[268] Anders als für die Schulungsmaßnahmen nach § 23 SGB VII besteht bereits keine gesetzliche Regelung, die Vorgaben für eine Zusammenarbeit der Ausschüsse mit den Berufsgenossenschaften enthält.

entsprechenden Maßnahmen von den Unternehmen und Ausschüssen ausgehen muss, sodass wiederum keine Abwehrsituation vorliegt.[269]

d) Optimierung durch Gefährdungsbeurteilungen

Abschließend gilt es festzuhalten, dass das Recht neuerdings versucht, Voraussetzungen zu schaffen, damit die erkenntnisorientierten Instrumente eine größtmögliche Wirkung entfalten können. In diesem Zusammenhang sind §§ 5 f. Arbeitsschutzgesetz (ArbSchG) und der daran angelehnte § 3 DGUV Vorschrift 1 zu nennen. Diese verpflichten die Unternehmer[270], Gefährdungsbeurteilungen zu erarbeiten, gegebenenfalls zu aktualisieren[271] und vor allem zu dokumentieren.

Diese Vorschriften verfolgen zwar in erster Linie das Ziel, die Eigenverantwortung des Unternehmers hervorzuheben. Dieser soll durch die Gefährdungsbeurteilung und ihre Dokumentation die in seinem Unternehmen bestehenden Arbeitsverhältnisse durchdenken, dadurch Gefahren erkennen und letztlich Schutzmaßnahmen ergreifen.[272] Gleichwohl sollen durch die Dokumentation der Gefährdungsbeurteilung und der darauf beruhenden Folgemaßnahmen die Gefahren- und Risikopotentiale sowie die Arbeitsschutzsituation in dem jeweiligen Unternehmen transparent gemacht werden.[273]

Dadurch wird zusätzlich eine effektive Überwachung sowohl durch die Arbeitsschutzbehörden als auch die Berufsgenossenschaften ermöglicht.[274] Anders gewendet werden die Unternehmen durch §§ 5 f. ArbSchG und § 3 DGUV Vorschrift 1 verpflichtet, Wissensressourcen zu arbeitsbedingten Gesundheitsrisiken und -gefahren zu erzeugen und für den Zugriff durch die staatlichen Arbeitsschutzbehörden und die Berufsgenossenschaften bereitzu-

---

269 Allgemein zum subjektiv-abwehrrechtlichen Charakter *C. Wagner*, in: jurisPK-SGB VII, Stand: 15.01.2022, § 199, Rn. 35.

270 Das ArbSchG spricht vom „Arbeitgeber".

271 Zwar findet sich eine Pflicht zur Aktualisierung der Gefährdungsbeurteilung im ArbSchG nicht; diese ergibt sich mit *Wiebauer*, in: Landmann/Rohmer, GewO, 81. EL, März 2019, § 5 ArbSchG, Rn. 28, aber aus der Anpassungspflicht des § 3 Abs. 1 S. 2 ArbSchG.

272 *Kreizberg*, in: Kollmer/Klindt/Schucht, ArbSchG, § 5, Rn. 77; *Schneider*, Betriebliche Prävention 2018, S. 295, bezeichnet die Gefährdungsbeurteilung als „Erkenntnisinstrument".

273 BT-Drs. 13/3540, S. 12; *Kreizberg*, in: Kollmer/Klindt/Schucht, ArbSchG, § 6, Rn. 6.

274 *Schucht*, in: Kollmer/Klindt/ders., ArbSchG, § 21, Rn. 24b; *Kreizberg*, in: Kollmer/Klindt/Schucht, ArbSchG, § 6, Rn. 7.

stellen.[275] In diesem Zusammenhang ist insbesondere das Auskunftsverlangen nach § 3 Abs. 4 DGUV Vorschrift 1 zu nennen, das den Berufsgenossenschaften ermöglicht, Auskünfte über alle im Betrieb getroffenen Arbeitsschutzmaßnahmen zu verlangen.[276]

In die gleiche Richtung zielt auch § 5 DGUV Vorschrift 2. Diese Vorschrift verlangt von den Mitgliedsunternehmern, dass sie die auf Grundlage von § 2 DGUV Vorschrift 2 bestellten Betriebsärzte und Fachkräfte für Arbeitssicherheit verpflichten, über die Erfüllung der ihnen übertragenen Aufgaben regelmäßig schriftlich zu berichten. Diese Berichte sollen auch Auskunft über die Zusammenarbeit der Betriebsärzte und Fachkräfte für Arbeitssicherheit geben.[277] Anhand dieser Berichte wird immerhin ein Teilbereich der Risiko- und Gefahrenpotentiale des Unternehmens transparent gemacht und für einen Zugriff durch die Berufsgenossenschaften bereitgestellt. Diese können darauf unter anderem im Rahmen der Überwachung nach § 19 Abs. 2 S. 1 Nr. 3 SGB VII zugreifen.

7. Fazit

Die verschiedenen Verwaltungsmaßnahmen und Mitteilungspflichten, in denen unselbstständig erzeugende Potentiale angelegt sind, ermöglichen den Genossenschaften, aus der schieren Masse an Wissensressourcen aus den Mitgliedsunternehmen die für die Erfüllung des Präventionsauftrags relevanten zu identifizieren und auf die Ebene der Selbstverwaltung zu übertragen. Auf diese Weise können die über sämtliche Mitgliedsunternehmen dezentral verteilten präventionsbezogenen Wissensressourcen auf der Ebene der Selbstverwaltung zusammengeführt werden.

Durch die Einteilung der unterschiedlichen Verwaltungsmaßnahmen und Mitteilungspflichten in verschiedene Kategorien erkenntnisorientierter Instrumente wurden bereits ihre Gemeinsamkeiten und Unterschiede deutlich. Al-

---

275 Eine ähnliche Vorgabe findet sich in § 4 Abs. 1 Hs. 3 DGUV Vorschrift 1: Demnach muss die Unterweisung der Versicherten über Sicherheit und Gesundheitsschutz bei der Arbeit gem. § 4 Abs. 1 Hs. 1 und 2 dokumentiert werden. Eine weitere Dokumentationspflicht findet sich schließlich in § 24 Abs. 6 DGUV Vorschrift 1. Darin wird der Unternehmer verpflichtet, jede Erste-Hilfe-Leistung in seinem Unternehmen zu dokumentieren und die Dokumentation fünf Jahre lang aufzubewahren.

276 Siehe dazu 2. Teil, A. I. 1. c).

277 Darüber hinaus sind für die betriebsärztliche und sicherheitstechnische Betreuung gem. § 2 Abs. 4 DGUV Vorschrift 2 (alternative bedarfsorientierte betriebsärztliche und sicherheitstechnische Betreuung) neben den Berichten nach § 5 DGUV Vorschrift 2 noch weitere schriftliche Nachweise zur Einsichtnahme durch die zuständigen Aufsichtsorgane vorzuhalten, siehe dazu Anlagen 3 und 4 (zu § 2 Abs. 4) DGUV Vorschrift 2.

lein daraus lassen sich aber weder konkrete Vorgaben und Anforderungen für die Inanspruchnahme der darin angelegten unselbstständig erzeugenden kognitiven Potentiale entnehmen noch abschließende Aussagen zum genossenschaftlichen Wissensmanagement treffen.

Dafür gilt es nun die weiteren Potentiale zu untersuchen, die die Genossenschaften zur Erzeugung und Weiterverwendung von Wissensressourcen einsetzen. Dazu zählen die selbstständigen Potentiale (dazu II.) ebenso wie die Verbundpotentiale (dazu III.). Anhand dieser Bereiche lässt sich einerseits eine umfassendere und konkretere Vorstellung erzeugender Potentiale gewinnen. Andererseits können dabei auch weitere Spezifika herausgearbeitet werden.

II. Selbstständig erzeugende Potentiale

Die verschiedenen unselbstständig erzeugenden Potentiale der Genossenschaften sehen sich trotz ihrer vielfältigen Möglichkeiten und Optimierungen tatsächlichen Grenzen ausgesetzt. Das ist insbesondere dem Umstand geschuldet, dass die darüber gewonnenen Wissensressourcen aus den unterschiedlichen Mitgliedsunternehmen oftmals nur Anstöße und Hinweise für eine vertiefte, insbesondere wissenschaftliche, Auseinandersetzung mit bestimmten Fragen liefern.[278]

Die Notwendigkeit einer wissenschaftlichen Auseinandersetzung mit bestimmten Problem- und Fragestellungen haben die Berufsgenossenschaften bereits früh erkannt und eigene Forschungstätigkeiten aufgenommen. Diese reichen zurück bis zum Ende des 19. Jahrhunderts.[279] Mangels ausdrücklicher gesetzlicher Ermächtigung wurden die genossenschaftlichen Forschungstätigkeiten bis zum Inkrafttreten des Unfallversicherungs-Einordnungsgesetzes[280] (UVEG) unter den allgemein gehaltenen Präventionsauftrag gefasst.[281] Auf dessen Grundlage haben die Genossenschaften sowohl eigene Forschung betrieben als auch Forschungsaufträge an Dritte vergeben.[282]

Durch das UVEG wurden schließlich ausdrückliche gesetzliche Regelungen zur genossenschaftlichen Forschung geschaffen. Dadurch sollte einerseits die Bedeutung der unfallversicherungsrechtlichen Forschung besonders her-

---

278 Vgl. *Meffert* u. a., Die BG 2005, S. 220 (230 f.).

279 *Wickenhagen*, Geschichte der gewerblichen Unfallversicherung, S. 420; *Meffert* u. a., Die BG 2005, S. 220 f.

280 Gesetz zur Einordnung des Rechts der gesetzlichen Unfallversicherung in das Sozialgesetzbuch (Unfallversicherungs-Einordnungsgesetz – UVEG) vom 07.08.1996 (BGBl. I, S. 1254).

281 *Meffert/Rentrop*, Die BG 2005, S. 237.

282 *Meffert/Rentrop*, Die BG 2005, S. 237.

vorgehoben (§ 14 Abs. 1 S. 2 SGB VII)[283] und andererseits eine in der Praxis bereits seit langem von den Berufsgenossenschaften wahrgenommene Aufgabe gesetzlich geregelt (§ 9 Abs. 8 S. 1 SGB VII)[284] werden.

Diese gesetzlichen Anpassungen verdeutlichen, dass auch der Gesetzgeber für die Frage der Wissenserzeugung durch die Genossenschaften nicht mehr nur die Erzeugung von Wissensressourcen aus den Mitgliedsunternehmen in den Blick nimmt, sondern die Bedeutung der von den Mitgliedsunternehmen unabhängigen Wissenserzeugung erkannt und durch die beiden gesetzlichen Regelungen ausdrücklich weitere kognitive Potentiale geschaffen hat.[285] Diese selbstständigen Potentiale werden durch ausdrückliche Forschungsaufträge bzw. -pflichten[286] ausgestaltet:[287]

In § 14 Abs. 1 S. 2 SGB VII hat der Gesetzgeber allgemein die Verpflichtung der Unfallversicherungsträger zur Erforschung von Ursache-Wirkbeziehungen arbeitsbedingter Gesundheitsgefahren gesetzlich festgeschrieben und dadurch die Bedeutung der genossenschaftlichen Forschung besonders hervorgehoben.[288] Dieser allgemein formulierte gesetzliche Auftrag des § 14 Abs. 1 S. 2 SGB VII bedarf der Konkretisierung.[289] Dem sind die Unfallversicherungsträger insbesondere mit dem „Positionspapier für die Forschung der Träger der gesetzlichen Unfallversicherung – Prävention – Berufskrankheiten – Rehabilitation“ nachgekommen. Daneben hat der Gesetzgeber durch die Möglichkeit der Datenverarbeitung zur Prävention gem. § 207 SGB VII ein ergänzendes erkenntnisorientiertes Instrument geschaffen,[290] das insbesondere in Zusammenhang mit der Forschung eingesetzt werden kann.

---

[283] BT-Drs. 13/2204, S. 79, diese ausdrückliche Normierung erfolgte aufgrund der „zunehmende[n] Bedeutung von Dokumentation und Forschung auf dem Gebiet der Berufskrankheiten und der arbeitsbedingten Gesundheitsgefahren“.

[284] BT-Drs. 13/4853, S. 16.

[285] Für den Zusammenhang von Wissenschaft und politischen Entscheidungsträgern in der Wissenschaftsgesellschaft siehe *Fischer*, Democracy expertise, S. 143 ff.; *Tetlock*, Expert Political Judgment.

[286] Nach § 14 Abs. 1 S. 2 SGB VII sollen die Unfallversicherungsträger auch den Ursachen von arbeitsbedingten Gefahren für Leben und Gesundheit nachgehen, sodass es anhand des Wortlauts des Gesetzes gerechtfertigt erscheint, von einer Forschungspflicht zu sprechen, vgl. auch BT-Drs. 13/2204, S. 79.

[287] Daneben kann auch weiterhin der allgemein formulierte Präventionsauftrag für Fragen der unfallversicherungsrechtlichen Forschung herangezogen werden.

[288] BT-Drs. 13/2204, S. 79.

[289] Nach *DGUV e. V.* (Hrsg.), Qualität in der Prävention: Liste der Präventionsdienstleistungen, S. 61, erstreckt sich die Forschung auf alle Aufgabenbereiche des gesetzlichen Unfallversicherungsrechts, insbesondere Sicherheitstechnik, Arbeitsmedizin, Unfallheilkunde, Rehabilitation und die psychischen und psychologischen Voraussetzungen menschlichen Verhaltens.

[290] Siehe hierzu 2. Teil, A. I. 2. e).

Als eine gesetzliche Konkretisierung des „Alles-aus-einer-Hand"-Prinzips[291] verpflichtet § 9 Abs. 8 S. 1 SGB VII die Berufsgenossenschaften, Ursachenzusammenhänge zwischen Erkrankungshäufigkeiten in einer bestimmten Personengruppe und gesundheitsschädlichen Einwirkungen im Zusammenhang mit versicherten Tätigkeiten durch eigene Forschung oder durch Beteiligung an fremden Forschungsvorhaben aufzuklären.[292] Dadurch sollen insbesondere neue medizinisch-wissenschaftliche Erkenntnisse zur Fortentwicklung des Berufskrankheitenrechts gewonnen werden.[293]

1. Forschung als Bestandteil der Präventionsstrategie

Die nun ausdrücklich gesetzlich geregelte Forschung darf nicht losgelöst vom Präventionsauftrag gesehen werden. Sie verkörpert vielmehr einen entscheidenden Bestandteil der unfallversicherungsrechtlichen Präventionsstrategie[294] und steht in einem engen Zusammenhang mit den anderen Präventionsmaßnahmen. Einen umfassenden Überblick über die Wechselbeziehungen zwischen der Forschung und den anderen Präventionsmaßnahmen liefert das „Positionspapier für die Forschung der Träger der gesetzlichen Unfallversicherung – Prävention – Berufskrankheiten – Rehabilitation". Demnach berücksichtigt die Forschung im Besonderen vorhandene Wissensressourcen aus den Mitgliedsunternehmen über verwirklichte Unfälle, Berufskrankheiten und arbeitsbedingte Gefahren,[295] die anhand der verschiedenen unselbstständig erzeugenden Potentiale gewonnen werden. Die unter anderem daran anknüpfenden Forschungsergebnisse werden schließlich bei Präventionsmaßnahmen, insbesondere der Recht- und Regelsetzung sowie der Prüfung und Zertifizierung, fruchtbar gemacht.[296]

---

291 *Raschke*, Die BG 2004, S. 12 (18): Die Forschungsaufträge beruhen insbesondere auf den Kenntnissen zu den Erkrankungshäufigkeiten und den daraus folgenden Kosten.

292 Nach § 9 Abs. 8 S. 2 und 3 SGB VII veröffentlichen die Verbände der Unfallversicherungsträger jährlich einen gemeinsamen Bericht über ihre Forschungsaktivitäten und die Forschungsaktivitäten der Unfallversicherungsträger, der sich u. a. auf die Themen der Forschungsvorhaben und die Forschungsnehmer externer Projekte erstrecken soll. Dadurch sollen nach *SVLFG*, Betriebliche Prävention 2020, S. 234, insbesondere Wissensgrundlagen über die Ursachen von Berufskrankheiten gewonnen werden.

293 *Wolf/Palfner*, DGUV Forum 12/2017, S. 13 f.

294 *Meffert*, Die BG 2005, S. 104.

295 *Reinert/Jahn/Brüning/Herrmann*, DGUV Forum 3/2018, S. 9; siehe die Beispiele bei *DGUV e. V.* (Hrsg.), Qualität in der Prävention: Wechselwirkungen der berufsgenossenschaftlichen Präventionsdienstleistungen, S. 30 ff.

296 *Meffert/Rentrop*, Die BG 2005, S. 237 (239); *Kutscher/Stoy*, in: Schulin, HSozVR, Band 2, § 40, Rn. 30.

2. Konkrete Ausgestaltung des allgemeinen Forschungsauftrags

Die DGUV e. V. und ihre Vorgängerinstitutionen – Hauptverband der gewerblichen Berufsgenossenschaften e. V. (HVBG e. V.) und Bundesverband der Unfallkassen e. V. (BUK e. V.) – waren bereits an der Forschung beteiligt und haben dafür Strukturen etabliert,[297] bevor der Gesetzgeber diese tatsächliche Situation gesetzlich nachvollzogen und die DGUV e. V. in § 14 Abs. 4 S. 2 Nr. 1 SGB VII unter anderem mit der Unterstützungsaufgabe der Koordinierung, Durchführung und Förderung der Forschung auf dem Gebiet der Prävention beliehen[298] hat.[299] Dadurch soll die hohe Qualität der Forschung nicht nur weiterhin gewährleistet, sondern zusätzlich sogar noch verbessert werden.[300] Daneben erhofft sich der Gesetzgeber durch diese Ausgestaltung weitere positive Effekte: Einerseits sollen dadurch wirtschaftliche und personelle Ressourcen gebündelt und andererseits branchenübergreifend geforscht und auf diese Weise die Aussagekraft der Untersuchungsergebnisse gestärkt werden können.[301]

Obwohl bei der Forschung auf der Ebene des Spitzenverbandes Wissensressourcen der verschiedenen Unfallversicherungsträger verwendet und die Forschungsergebnisse mit ihnen geteilt werden können,[302] ist die Forschung nicht zwangsläufig auf die Wissenserzeugung unter Einbeziehung anderer Akteure ausgerichtet, sondern steht als Maßnahme für sich, die von dem jeweiligen Akteur eigenständig durchgeführt werden kann. Sowohl die Forschung durch den Spitzenverband als auch durch die einzelnen Berufsgenossenschaften verkörpert also dem Grunde nach kein genuines Verbundpotential,

---

[297] Die Anfänge berufsgenossenschaftlicher Forschung reichen bis ans Ende des 19. Jahrhunderts zurück. Damals standen Fragen der medizinischen Heilbehandlung und Rehabilitation im Vordergrund, die mit *Meffert* u. a., Die BG 2005, S. 220 f., erst in den 1930er Jahren durch Forschungen zu Berufskrankheiten und Präventionsmöglichkeiten ergänzt und dadurch ausgebaut wurden.

[298] BT-Drs. 16/9154, S. 26; für *Bulla*, VSSR 2008, S. 351 (376), sprechen „mehr Gründe für als gegen das Verdikt einer rechtsstaatswidrigen willkürlichen Beleihung der DGUV mit hoheitlichen Präventionsaufgaben"; nachdem mit *Axer*, Normsetzung der Exekutive in der Sozialversicherung, S. 281, sogar privatrechtsförmig soziale Versicherungsträger als Beliehene tätig werden können, muss das erst recht für den mit ausgewählten Aufgaben beliehenen Spitzenverband DGUV e. V. gelten.

[299] *Eichendorf*, in: jurisPK-SGB VII, Stand: 15.01.2022, § 14, Rn. 171 ff.; zur Koordinierung, Durchführung und Förderung der Forschung auf den Gebieten der Rehabilitation und der Kompensation siehe § 2 Abs. 4 Nr. 3 DGUV Satzung i. d. F. vom 23.08.2021.

[300] BT-Drs. 16/9154, S. 26.

[301] *Kranig/Timm*, in: Hauck/Noftz, SGB VII, EL 4/2016, § 14, Rn. 48.

[302] Darin kann jeweils die Inanspruchnahme eines Verbundpotentials gesehen werden.

sondern vielmehr ein selbstständiges Potential, das ein Akteur gänzlich eigenständig in Anspruch nehmen kann.

Die Forschung auf der Ebene des Spitzenverbandes wird insbesondere durch drei Forschungsinstitute wahrgenommen: Das Institut für Arbeitsschutz[303] (IFA),[304] das im Besonderen an der Recht- und Regelsetzung ebenso wie an der Normung mitwirkt,[305] das Institut für Prävention und Arbeitsmedizin[306] (IPA), das insbesondere die Ursachen von Berufskrankheiten und arbeitsbedingten Gesundheitsgefahren erforscht und Verfahren zu deren Erkennung und Prävention erarbeitet,[307] ebenso wie das Institut für Arbeit und Gesundheit[308] (IAG).[309] Neben der eigenen Forschung der drei Institute werden auch Forschungsaufträge an externe Forschungseinrichtungen vergeben, sofern die Kapazitäten oder Möglichkeiten der drei Institute zur Durchführung bestimmter Vorhaben nicht ausreichen.[310]

Neben der Forschung auf der Ebene des Spitzenverbandes können auch die einzelnen Berufsgenossenschaften eigenständig forschen oder Forschungsaufträge an externe Dritte vergeben.[311] Daher bestehen neben den drei Forschungseinrichtungen des Spitzenverbandes weitere Forschungseinrichtungen einzelner Unfallversicherungsträger, die sich konkreten branchenspezifischen Fragestellungen widmen.[312]

---

303 Das IFA ist nach *Meffert*, Die BG 2005, S. 242 ff., auf naturwissenschaftlich-technische Fragen ausgerichtet und forscht in den Bereichen der chemischen, biologischen und physikalischen Einwirkungen, Unfallverhütung und Produktsicherheit, Arbeitswissenschaft und Ergonomie; *Buss*, Die BG 1996, S. 88 (93), stellt die „unbestritten erstrangige Rolle" des Instituts in diesem Bereich heraus.

304 Auf das Fachwissen des IFA wurde nach *Raschke*, Die BG 2004, S. 12 (19), beispielsweise auch in einem Gerichtsverfahren zur Benzol-Problematik zurückgegriffen.

305 *Kranig/Timm*, in: Hauck/Noftz, SGB VII, EL 4/2016, § 14, Rn. 48.

306 *Brüning*, DGUV Forum 5/2021, S. 7 ff.; siehe auch *ders.*, Die BG 2005, S. 255 ff., zu den Vorgängerinstitutionen.

307 *Raschke*, Die BG 2004, S. 12 (18).

308 Das IAG konzentriert seine Forschung auf sozial-, wirtschafts-, erziehungswissenschaftliche sowie arbeitspsychologische und -organisatorische Fragestellungen. Dabei verfolgt es nach *Pfeiffer/Jahn*, Die BG 2005, S. 249 ff., einen ganzheitlichen Ansatz.

309 *Kranig/Timm*, in: Hauck/Noftz, SGB VII, EL 4/2016, § 14, Rn. 48.

310 *Kranig/Timm*, in: Hauck/Noftz, SGB VII, EL 4/2016, § 14, Rn. 48.

311 *Kranig/Timm*, in: Hauck/Noftz, SGB VII, EL 4/2016, § 14, Rn. 48; *DGUV e. V.* (Hrsg.), Qualität in der Prävention: Liste der Präventionsdienstleistungen, S. 62.

312 *Kranig/Timm*, in: Hauck/Noftz, SGB VII, EL 4/2016, § 14, Rn. 48; siehe auch *Römer*, in: Hauck/Noftz, SGB VII, EL 1/2023, § 9, Rn. 282.

a) *Mitwirkung bei der Fortbildung des Berufskrankheitenrechts*

Neben der allgemein formulierten Verpflichtung in § 14 Abs. 1 S. 2 SGB VII wirken die Unfallversicherungsträger gem. § 9 Abs. 8 S. 1 SGB VII auch bei der Gewinnung neuer medizinisch-wissenschaftlicher Erkenntnisse, insbesondere zur Fortentwicklung des Berufskrankheitenrechts, mit. Dabei sollen sie durch eigene Forschung oder durch Beteiligung an fremden Forschungsvorhaben dazu beitragen, Ursachenzusammenhänge zwischen Erkrankungshäufigkeiten in einer bestimmten Personengruppe und gesundheitsschädlichen Einwirkungen im Zusammenhang mit der versicherten Tätigkeit aufzuklären. Mit dieser Aufgabe werden vor allem die verschiedenen Institute der DGUV e. V. betraut, die sich mit diesen Fragen beschäftigen: IFA, IAG sowie IPA.[313]

Daneben beteiligt sich die DGUV e. V. finanziell an Forschungseinrichtungen Dritter und fördert darüber hinaus einzelne externe Forschungsprojekte, die sich wissenschaftlich mit Fragen der Verhütung und Bekämpfung von Berufskrankheiten beschäftigen und dadurch einen Beitrag zur Fortbildung des Berufskrankheitenrechts leisten.[314]

Der Forschungsauftrag des § 9 Abs. 8 SGB VII wird aus datenschutzrechtlicher Sicht durch die Spezialvorschrift des § 206 SGB VII ergänzt. Diese ermächtigt die Unfallversicherungsträger und ihre Verbände unter bestimmten Voraussetzungen, Daten ihrer Versicherten und früheren Versicherten zu verarbeiten, um damit Forschungsvorhaben zur Bekämpfung von Berufskrankheiten durchzuführen.[315]

b) *Risikoobservatorium*

Obwohl die unselbstständig erzeugenden Potentiale den Genossenschaften die Möglichkeit eröffnen, Entwicklungen in den Mitgliedsunternehmen nachzuvollziehen,[316] können sie anhand dieser Potentiale grundsätzlich nicht vorausschauend künftige Herausforderungen an den Präventionsauftrag antizipieren. Um Risiken und Gefahren für die Gesundheit der Versicherten durch neue Arbeitsformen und -verhältnisse, technologische Entwicklungen der Industrie 4.0 sowie eine zunehmende Vernetzung möglichst frühzeitig erkennen zu können, haben die Unfallversicherungsträger daher ein sog. Risikoobservatorium der gesetzlichen Unfallversicherung am IFA eingerichtet.[317] Dessen

[313] Siehe dazu 2. Teil, A. II. 2.

[314] *Römer*, in: Hauck/Noftz, SGB VII, EL 1/2023, § 9, Rn. 282.

[315] *Kranig*, in: Hauck/Noftz, SGB VII, EL 1/2023, § 206, Rn. 4.

[316] 2. Teil, A. I.

[317] *Hauke/Neitzner/Flaspöler/Klüser*, DGUV Forum 11/2021, S. 27.

Ziel besteht darin, durch einen strategischen Blick in die Zukunft der Arbeit künftige Sicherheits- und Gesundheitsrisiken für die Versicherten zu erkennen und dazu beizutragen, den Präventionsauftrag proaktiv auszugestalten.[318] Dafür werden Präventionsschwerpunkte für die nähere Zukunft frühzeitig ermittelt.[319]

Am Risikoobservatorium sind neben den Hauptabteilungen der DGUV e. V. auch Aufsichtspersonen sämtlicher Unfallversicherungsträger beteiligt.[320] Das maßgebliche Planungsinstrument des Risikoobservatoriums ist die sog. *Trendsuche*[321].[322] Dabei werden im Rahmen von Befragungen Trends identifiziert, die für die künftigen Tätigkeiten der Genossenschaften eine besondere Bedeutung haben werden.[323]

Die Besonderheit des Risikoobservatoriums besteht einerseits darin, dass es sich ganz allgemein mit den Fragen zur Zukunft der Arbeit auseinandersetzt. Andererseits liefert es auch maßgeschneiderte Erläuterungen zu den künftigen Entwicklungen in den Zuständigkeitsbereichen der einzelnen Berufsgenossenschaften und macht gleichzeitig Vorschläge für gezielte Präventionsmaßnahmen.[324] Darüber hinaus ermöglicht die übergreifende Perspektive des Risikoobservatoriums ein abgestimmtes Vorgehen der Unfallversicherungsträger bei branchenübergreifenden Entwicklungen.[325]

3. Fazit: Umfassendes Engagement in der Forschung

Die Genossenschaften füllen die allgemein gehaltenen gesetzlichen Forschungsaufträge bzw. -pflichten in §§ 14 Abs. 1 S. 2, 9 Abs. 8 SGB VII um-

---

318 *Neitzner*, AkademieJournal 2014, S. 3; *dies.*, Das Risikoobservatorium der Deutschen Gesetzlichen Unfallversicherung, ErgoMed 40 (2016), S. 28; *DGUV e. V.* (Hrsg.), Der Mensch im Mittelpunkt, S. 49.

319 *DGUV e. V.* (Hrsg.), Der Mensch im Mittelpunkt, S. 48; *Hauke/Neitzner/Flaspöler/Klüser*, DGUV Forum 11/2021, S. 27 (28 f.).

320 *Reinert*, Technische Sicherheit 4 (2014) Nr. 7/8, S. 3.

321 *Neitzner*, AkademieJournal 2014, S. 3; *Reinert*, Technische Sicherheit 4 (2014) Nr. 7/8, S. 3.

322 *Reinert*, Technische Sicherheit 4 (2014) Nr. 7/8, S. 3; *Neitzner*, AkademieJournal 2014, S. 3; *Klüser/Neitzner*, DGUV Forum 6/2015, S. 37; *DGUV e. V.* (Hrsg.), Das Trendportal im Risikoobservatorium.

323 *DGUV e. V.* (Hrsg.), Das Trendportal im Risikoobservatorium, wonach die wichtigsten Trends neuerdings im sog. Trendportal dargestellt werden.

324 *DGUV e. V.* (Hrsg.), Der Mensch im Mittelpunkt, S. 49.

325 *Flaspöler/Birska/Hauke/Klüser/Neitzner/Paszkiewicz/Reinert*, in: GfA, VerANTWORTung für die Arbeit der Zukunft, S. 6, sehen im Falle thematischer Überschneidungen die Möglichkeit zu Kooperationen verschiedener Unfallversicherungsträger.

fassend aus und verwirklichen damit beispielhaft die genossenschaftliche Idee[326]: In den verschiedenen Forschungseinrichtungen können zunächst Wissensressourcen aus den Mitgliedsunternehmen als Anknüpfungspunkt für konkrete Forschungsvorhaben genutzt und die dabei gefundenen Forschungsergebnisse anschließend zum Wohle aller Mitgliedsunternehmen verwendet werden.

III. Verbundpotentiale

Im Gegensatz zu den bisher dargestellten unselbstständig und selbstständig erzeugenden Potentialen beziehen Verbundpotentiale Dritte in die Wissenserzeugung mit ein. Verbundpotentiale finden sich sowohl in der gesetzlich geregelten informationellen Zusammenarbeit mit Dritten (dazu 1.) als auch in der institutionalisierten Zusammenarbeit der einzelnen Unfallversicherungsträger im und über den Spitzenverband. Auf dieser horizontalen Ebene können sie nicht nur Wissensressourcen aus den Mitgliedsunternehmen, sondern auch das auf der Ebene der jeweiligen Berufsgenossenschaft gebildete Organisationswissen in Gestalt seiner Grundlagen zusammenführen und daraus weiteres Wissen erzeugen (dazu 2.).[327] Darüber hinaus haben die Unfallversicherungsträger, vor allem über ihren Spitzenverband, ein weltweites Netzwerk von Arbeitsschutzakteuren aufgebaut (dazu 3.).[328]

Die in den jeweiligen Maßnahmen enthaltenen Verbundpotentiale reichen zumindest aus Sicht eines beteiligten Akteurs über die Grenzen *einer* Genossenschaft hinaus und überschreiten somit mindestens die Grenze *einer* Genossenschaft. Dabei ermöglichen sie sowohl eine Übermittlung von Wissensressourcen durch Dritte an die Genossenschaften als auch durch die Genossenschaften an Dritte, womit eine kooperative Wissenserzeugung einhergehen kann. Verbundpotentiale werden also entweder durch die Übermittlung von Wissensressourcen an Dritte oder durch die Aufnahme übermittelter Wissensressourcen in Anspruch genommen.[329] Sofern dabei Betriebs- und Geschäfts-

---

326 Siehe dazu insbesondere *Kluthe*, Genossenschaften und Staat in Deutschland, S. 21 ff., und *Häcker*, Genossenschaftliche Zukunftsperspektiven in marktwirtschaftlich geprägten Industriegesellschaften, S. 1 ff.

327 Der Hauptverband der Berufsgenossenschaften wurde bereits am 27.07.1887 als Verband der deutschen Berufsgenossenschaften von 32 Berufsgenossenschaften gegründet, siehe dazu und zur geschichtlichen Entwicklung des Bundesverbandes der Unfallversicherungsträger der öffentlichen Hand *Breuer*, in: Schulin, HSozVR, Band 2, § 1, Rn. 228 ff.

328 Siehe dazu die Aufzählung bei *DGUV e. V.* (Hrsg.), Präventionsnetzwerke.

329 Die Ermächtigung der aufnehmenden Stelle, die übermittelten Wissensressourcen aufzunehmen, folgt gleichsam aus der Ermächtigung der übermittelnden Stelle zur Übermittlung.

geheimnisse betroffen sind, gilt es ergänzend[330] (§§ 199 ff. SGB VII i. V. m.) § 35 Abs. 1, Abs. 4 SGB I i. V. m. §§ 67 ff. SGB X zu berücksichtigen.

1. Gesetzlich festgeschriebene Wissensgenerierung im Verbund

a) Informationelle „Zusammenarbeit mit Dritten" (§ 20 SGB VII)

Die Zusammenarbeit der Berufsgenossenschaften als Unfallversicherungsträger mit „Dritten" ist allgemein in § 20 SGB VII geregelt.[331] Diese Vorschrift greift insbesondere den historisch bedingten Dualismus[332] des deutschen Arbeitsschutzrechts auf und regelt schwerpunktmäßig die Zusammenarbeit der Unfallversicherungsträger mit den staatlichen Arbeitsschutzbehörden.[333] Dafür konkretisiert § 20 Abs. 1 S. 1 SGB VII eine zentrale Vorgabe der Gemeinsamen Deutschen Arbeitsschutzstrategie (GDA)[334] aus § 20a Abs. 2 Nr. 4 ArbSchG zum kooperativen Vorgehen der Unfallversicherungsträger und der staatlichen Arbeitsschutzbehörden in den Bereichen „Beratung" und „Überwachung"[335].[336]

Diese Zielsetzung führt zu einem Paradigmenwechsel im deutschen Arbeitsschutzrecht, das früher durch ein unkoordiniertes Vorgehen[337] der staatlichen Arbeitsschutzbehörden und der Unfallversicherungsträger gekennzeichnet war.[338] Gleichwohl sind die beiden Vorschriften sehr allgemein formuliert, weshalb sie der konkreten Ausgestaltung durch die Arbeitsschutzakteure bedürfen.[339] Das erfolgt einerseits im Rahmen der täglichen Verwaltungspraxis und andererseits durch Vereinbarungen bzw. Verwaltungsvorschriften.[340]

---

330 *Eichendorf*, in: jurisPK-SGB VII, Stand: 15.01.2022, § 19, Rn. 51.

331 Daneben finden sich auch noch konkrete Regelungen zur Zusammenarbeit mit Dritten, wie etwa in § 211 SGB VII im Hinblick auf die Verfolgung und Ahndung von Ordnungswidrigkeiten.

332 Siehe dazu 1. Teil, B. II. 2.

333 *Marschner*, in: Beck'scher Online-Kommentar Sozialrecht, 72. Edition, Stand: 01.03.2024, § 20 SGB VII, Rn. 1; die Komplementärregelung für die Zusammenarbeit der staatlichen Arbeitsschutzbehörden mit den Unfallversicherungsträgern findet sich in § 21 Abs. 3 ArbSchG.

334 In der Gemeinsamen Deutschen Arbeitsschutzstrategie ist im Allgemeinen ein wechselinitiatives Verbundpotential angelegt.

335 § 17 SGB VII.

336 § 20 Abs. 1 S. 1 SGB VII.

337 Siehe hierzu: *Jansen/Timm*, DGUV Forum 4/2010, S. 20 (21).

338 Zur GDA (§§ 20a, 20b ArbSchG) siehe 2. Teil, B. III. 1.

339 *Ricke*, in: Beck'scher Online-Grosskommentar (Kasseler Kommentar), SGB VII, Stand: 15.05.2023, § 20, Rn. 3, spricht davon, dass § 20 Abs. 1 SGB VII und § 20a ArbSchG „sehr abstrakt und nicht ohne Redundanz formuliert" seien.

340 §§ 20 Abs. 2 S. 3, 20 Abs. 3 S. 1 Nr. 2 SGB VII.

aa) Informationelle Zusammenarbeit mit den staatlichen Arbeitsschutzbehörden

Ein Kernelement der Zusammenarbeit zwischen den Berufsgenossenschaften und den staatlichen Arbeitsschutzbehörden besteht seit der Einführung der GDA und der damit einhergehenden Anpassung des § 20 SGB VII[341] in der Verpflichtung zu einem Daten- und sonstigen Informationsaustausch, insbesondere über Betriebsbesichtigungen und deren wesentliche Ergebnisse, § 20 Abs. 1 S. 2 Nr. 3 SGB VII[342].[343]

Neben den allgemeinen Aussagen in § 20 Abs. 1 S. 2 Nr. 3 SGB VII wird die konkrete Zusammenarbeit der Unfallversicherungsträger mit den staatlichen Arbeitsschutzbehörden seit Einführung der GDA vorrangig durch Vereinbarungen i. S. v. § 20 Abs. 2 S. 3 SGB VII und nur noch subsidiär durch Verwaltungsvorschriften geregelt.[344] Diese Vereinbarungen werden für die Unfallversicherungsträger im Namen der Gemeinsamen Landesbezogenen Stellen[345] mit dem jeweiligen Land als Träger der staatlichen Arbeitsschutzbehörden auf Grundlage der sog. „Rahmenvereinbarung über das Zusammenwirken der staatlichen Arbeitsschutzbehörden der Länder und der Träger der gesetzlichen Unfallversicherung im Rahmen der Gemeinsamen Deutschen Arbeitsschutzstrategie (GDA)" geschlossen. Nach deren Art. 3 Abs. 2 verpflichten sich die Unfallversicherungsträger und die staatlichen Arbeitsschutzbehörden in Konkretisierung von § 20 Abs. 1 S. 2 Nr. 3 SGB VII und seiner Komplementärvorschrift in § 21 Abs. 3 S. 2 Nr. 3 ArbSchG zu einem gegenseitigen Daten- und Informationsaustausch. Dafür sollen beide Seiten eine internetgestützte Daten- und Informationsbasis gemeinsam erarbeiten und

---

341 Nach *Marschner*, in: Beck'scher Online-Kommentar Sozialrecht, 72. Edition, Stand: 01.03.2024, § 20 SGB VII, Rn. 1, und *Schmitt*, SGB VII, § 20, Rn. 2, wurde insbesondere der Aussagegehalt von § 20 SGB VII und § 21 Abs. 2 ArbSchG angepasst, dadurch die Zusammenarbeit der Unfallversicherungsträger und der staatlichen Arbeitsschutzbehörden besser abgestimmt und die Zusammenarbeit der Unfallversicherungsträger und der staatlichen Arbeitsschutzbehörden im Rahmen der Gemeinsamen Deutschen Arbeitsschutzstrategie (§§ 20a, 20b ArbSchG) konkretisiert.

342 Während die Zuständigkeit für das staatliche Arbeitsschutzrecht ursprünglich vor allem bei den staatlichen Gewerbeaufsichtsämtern lag, haben die Verwaltungsreformen der jüngeren Vergangenheit zu neuen Strukturen der Zuständigkeit im Arbeitsschutzrecht geführt, siehe zu den zuständigen Arbeitsschutzbehörden *Wiebauer*, in: Landmann/Rohmer, GewO, 87. EL, September 2021, § 21 ArbSchG, Rn. 70.

343 Die Übermittlung seitens der staatlichen Arbeitsschutzbehörden erfolgt nach *Eichendorf*, in: jurisPK-SGB VII, Stand: 15.01.2022, § 20, Rn. 2, 7, im Wesentlichen auf Grundlage von § 21 Abs. 3 S. 2 Nr. 3 ArbSchG, der die Komplementärvorschrift des staatlichen Arbeitsschutzrechts enthält.

344 § 20 Abs. 3 S. 3 SGB VII.

345 Siehe 1. Teil, B. II. 3.

pflegen. Dabei sollen landesbezogen und datenschutzgerecht insbesondere betriebliche Basisdaten, vor allem Termine, Auskünfte über erfolgte und geplante Betriebsbesichtigungen, ebenso wie Angaben zu den Ansprechpartnern in den Aufsichtsdiensten in die gemeinsame Daten- und Informationsbasis aufgenommen werden.[346]

Diese Vereinbarungen führten jedoch nicht zu dem beabsichtigten Erfolg, weil der Datenaustausch zwischen den staatlichen Arbeitsschutzbehörden und den Unfallversicherungsträgern im Ergebnis nur ansatzweise verwirklicht wurde.[347] Vor diesem Hintergrund hat der Gesetzgeber mit dem Arbeitsschutzkontrollgesetz[348] eine gesetzliche Verpflichtung zu einem Austausch über Betriebsbesichtigungen und deren Ergebnisse mit Wirkung zum 1. Januar 2023 in § 21 Abs. 3a ArbSchG eingeführt.[349] Dadurch werden die staatlichen Arbeitsschutzbehörden verpflichtet, bestimmte Kenntnisse aus der Überwachung auf elektronischem Wege an die zuständigen Unfallversicherungsträger zu übermitteln. Die Komplementärvorschrift mit der Verpflichtung der Unfallversicherungsträger zu entsprechenden Übermittlungen an die zuständigen staatlichen Arbeitsschutzbehörden wurde in § 20 Abs. 1a SGB VII geschaffen. Durch diese wechselseitigen Verpflichtungen soll eine gemeinsame, aktuelle, IT-gestützte Datenbasis für eine effiziente und arbeitsteilige Überwachungstätigkeit geschaffen werden.[350]

Die in den genannten Vereinbarungen und gesetzlichen Vorschriften angelegten Verbundpotentiale berechtigen und verpflichten die Genossenschaften und die staatlichen Arbeitsschutzbehörden gleichermaßen, sodass sie als wechselinitiative Potentiale qualifiziert werden können.

Durch diese konkrete Ausgestaltung der informationellen Zusammenarbeit wird nicht gegen das Verbot der *Mischverwaltung* verstoßen.[351] Diesem kann kein Verbot entnommen werden, einen gemeinsamen Bestand an Wissensressourcen – selbst anhand informationstechnischer Systeme[352] – zur Konkreti-

---

346 Art. 3 Abs. 3 GDA-Rahmenvereinbarung.

347 *Ledwig*, in: Beck'scher Online-Kommentar ArbSchR, 18. Edition, Stand: 01.04.2024, § 21 ArbSchG, Rn. 118.

348 Gesetz zur Verbesserung des Vollzugs im Arbeitsschutz (Arbeitsschutzkontrollgesetz) vom 22.12.2020 (BGBl. I, S. 3334).

349 BT-Drs. 19/25141, S. 27, 33; *Nöthen-Garunja*, DGUV Forum 4/2021, S. 32 (34).

350 BT-Drs. 19/22772, S. 3.

351 Siehe dazu 1. Teil, B. II. 2.

352 Dabei ist mit *Gröpl*, in: Dürig/Herzog/Scholz, GG, 84. EL, August 2018, Art. 91c, Rn. 7, die Entwicklung von IT-Programmen unter bestimmten Voraussetzungen verfassungsrechtlich nicht zu beanstanden; in diese Richtung auch *Mager*, in: von Münch/Kunig, 6. Aufl., Band II, Art. 91c GG, Rn. 1; in diesem Zusammenhang ist auch nicht auf Art. 91c GG abzustellen, weil dieser mit *Suerbaum*, in: Beck'scher On-

sierung des gesetzlich vorgeschriebenen Daten- und Informationsaustausches einzurichten. Dadurch dürfen aber nur die tatsächlichen Grundlagen geschaffen werden, anhand derer die beteiligten Akteure ihr jeweiliges Ziel, für das sie parallel zuständig sind, in getrennten Organisationen anstreben können und nicht deren Organisation, Aufgaben, Befugnisse oder Verfahren in einer Weise vermengt werden, sodass quasi eine neue Verwaltungseinheit entsteht.[353] Eine insofern ausgestaltete informationelle Zusammenarbeit ermöglicht auch keine „Mitplanungs-, Mitverwaltungs- […] [oder] Mitentscheidungsbefugnisse“[354] und lässt die Entscheidungsspielräume der jeweiligen Akteure unberührt.[355]

Diese Vorgaben werden bei der informationellen Zusammenarbeit der Unfallversicherungsträger und der staatlichen Arbeitsschutzbehörden eingehalten, weshalb diese nicht am Verbot der *Mischverwaltung*, sondern vielmehr am Recht auf informationelle Selbstbestimmung bzw. dem Gebot der informationellen Gewaltenteilung[356] zu beurteilen sind,[357] was im 3. Teil näher untersucht wird.[358]

bb) Informationelle Zusammenarbeit mit den Betriebsvertretungen

Die Zusammenarbeit der Unfallversicherungsträger mit den Betriebsvertretungen wird gem. § 20 Abs. 3 S. 1 Nr. 1 SGB VII in einer Verwaltungsvorschrift geregelt.[359] Obwohl sich die Betriebsvertretungen aus Arbeitnehmern[360] und damit Versicherten zusammensetzen, verkörpern sie – im Gegensatz zu den Arbeitsschutzausschüssen – in ihrem Wirkungskreis eigenständige

line-Kommentar GG, 57. Edition, Stand: 15.01.2024, Art. 91c, Rn. 3, im Allgemeinen die „*verfassungsrechtliche Grundlage für die Zusammenarbeit von Bund und Ländern auf dem Gebiet der Informationstechnik*“ schafft; so auch *Braun/Albrecht*, jurisPR-IT 1/2010, Anm. 2.

353 Allgemein *F. Kirchhof*, in: Dürig/Herzog/Scholz, GG, 93. EL, Oktober 2020, Art. 83, Rn. 120.

354 BVerfGE 119, 331 (365); siehe auch *Siegel*, NVwZ 2009, S. 1128 (1129); *Schallbruch/Städler*, CR 2009, S. 619 (621).

355 BVerfGE 119, 331 (367).

356 BVerfGE 65, 1 (68 f.); *Stubenrauch*, Gemeinsame Verbunddateien von Polizei und Nachrichtendiensten, S. 131 f.

357 In diese Richtung *Gröpl*, in: Dürig/Herzog/Scholz, GG, 68. EL, Januar 2013, Art. 91c, Rn. 7, der von vielgestaltigen Möglichkeiten der IT-Zusammenarbeit spricht, die eine Querschnittsmaterie darstellen.

358 Siehe dazu 3. Teil, D. V. 1. b) bb) (2).

359 Siehe hierzu die Darstellung bei *Ricke*, in: Beck'scher Online-Grosskommentar (Kasseler Kommentar), SGB VII, Stand: 15.05.2023, § 20, Rn. 6.

360 §§ 7 S. 1, 8 S. 1 BetrVG.

Rechtssubjekte.[361] Daher kann die Zusammenarbeit der Berufsgenossenschaften mit den Betriebsvertretungen als eine Zusammenarbeit mit Dritten qualifiziert werden, was auch durch ihre Verortung in § 20 Abs. 3 S. 1 Nr. 1 SGB VII (Zusammenarbeit mit Dritten) deutlich wird.

Die Zusammenarbeit mit den Betriebsvertretungen steht in einem engen Zusammenhang mit den Verwaltungsmaßnahmen der Berufsgenossenschaften im Präventionsbereich und eröffnet ihnen insbesondere die Möglichkeit, die Sichtweise der jeweiligen Unternehmensleitungen und der sonstigen mit Präventionsaufgaben betrauten Personen durch diejenige der Betriebsvertretungen zu ergänzen und dadurch einen abgerundeten Blick auf die Risiko- und Gefahrenpotentiale in den Unternehmen zu erhalten.

Dementsprechend schreibt die derzeit gültige Verwaltungsvorschrift den Grundsatz der engen Zusammenarbeit zwischen den Aufsichtspersonen[362] und den Betriebsvertretungen[363] fest.[364] Dafür enthält sie unter anderem die Verpflichtung zu einem Erfahrungsaustausch bei allen sich bietenden Anlässen, wie Aus- und Fortbildungen, Betriebsbesichtigungen und Unfalluntersuchungen.[365] Darüber hinaus haben die Aufsichtspersonen den Betriebsvertretungen im Rahmen von Betriebsbesichtigungen die Möglichkeit einzuräumen, sie über Mängel auf dem Gebiet der Unfallverhütung zu unterrichten und ihnen Verbesserungsvorschläge zu unterbreiten.[366] Schließlich sind die Aufsichtspersonen auch verpflichtet, die Betriebsvertretungen auf deren Wunsch hin in Fragen der Unfallverhütung zu beraten.[367] Insofern weisen die in der informationellen Zusammenarbeit mit den Betriebsvertretungen angelegten Verbundpotentiale einen wechselinitiativen Charakter auf.

b) Informationelle Zusammenarbeit mit anderen Sozialversicherungsträgern

Daneben arbeiten die Berufsgenossenschaften gem. § 14 Abs. 2 SGB VII bei der Verhütung arbeitsbedingter Gesundheitsgefahren auch mit den Kran-

[361] *Richardi*, Betriebsverfassungsgesetz, Einleitung, Rn. 111.

[362] Die Verwaltungsvorschrift verwendet noch den veralteten Begriff der technischen Aufsichtsbeamten.

[363] Hierzu zählen nach § 2 der Verwaltungsvorschrift unter anderem Betriebsräte und Personalvertretungen.

[364] Allgemeine Verwaltungsvorschrift über das Zusammenwirken der technischen Aufsichtsbeamten der Träger der Unfallversicherung mit den Betriebsvertretungen vom 21.06.1968 (BAnz Nr. 116), geändert durch die Allgemeine Verwaltungsvorschrift vom 28.11.1977 (BAnz Nr. 225), siehe dazu *Eichendorf*, in: jurisPK-SGB VII, Stand: 15.01.2022, § 20, Rn. 21.

[365] § 3 der Verwaltungsvorschrift.

[366] § 6 Abs. 1 der Verwaltungsvorschrift.

[367] § 6 Abs. 2 der Verwaltungsvorschrift.

kenkassen zusammen (dazu aa)).[368] Die Komplementärregelungen für die Krankenkassen finden sich in §§ 20b, 20c SGB V.[369] Darüber hinaus arbeiten die Berufsgenossenschaften im Rahmen der Nationalen Präventionsstrategie auch mit weiteren Sozialversicherungsträgern zusammen (dazu bb)).

aa) Informationelle Zusammenarbeit mit den Krankenkassen

Die Zusammenarbeit zwischen den Unfallversicherungsträgern und den Krankenkassen im Bereich der Prävention arbeitsbedingter Gesundheitsgefahren beruht insbesondere auf dem Gedanken, dass die Unfallversicherungsträger für ihre Präventionsarbeit auf Kenntnisse über das Krankheitsgeschehen angewiesen sind.[370] Diese fallen vor allem bei den Krankenkassen an und werden von diesen ausgewertet,[371] weshalb darüber ein Austausch zwischen den Krankenkassen und den Unfallversicherungsträgern erforderlich ist.

Die Grundlage hierfür bildet die allgemeine Pflicht der Krankenkassen aus § 20c Abs. 1 S. 1 SGB V, die Unfallversicherungsträger bei der Vermeidung von arbeitsbedingten Gesundheitsgefahren zu unterstützen.[372] Diese Verpflichtung wird durch § 20c Abs. 1 S. 2 SGB V konkretisiert. Danach gewinnen die Krankenkassen Kenntnisse über arbeitsbedingte Gefahren und übermitteln diese an die Unfallversicherungsträger. Dementsprechende Kenntnisse können insbesondere durch die Auswertung von bescheinigten Arbeitsunfähigkeiten oder Beratungsgesprächen mit Versicherten und Leistungserbringern gewonnen werden.[373] Abgerundet wird die Unterstützungsverpflichtung durch die in § 20c Abs. 1 S. 3 SGB V geregelte Mitteilungspflicht. Diese verpflichtet die Krankenkassen, unter anderem die Unfallversicherungsträger bei Anhaltspunkten zu berufsbedingten gesundheitlichen Gefährdungen oder zu Berufskrankheiten in Kenntnis zu setzen.[374]

Daneben sollen die Krankenkassen mit den Unfallversicherungsträgern ebenso wie mit den für den Arbeitsschutz zuständigen Landesbehörden in den Bereichen der betrieblichen Gesundheitsförderung (§ 20b Abs. 2 SGB V) und der Prävention arbeitsbedingter Gesundheitsgefahren (§ 20c Abs. 2 SGB V)

---

368 *Kranig/Timm*, in: Hauck/Noftz, SGB VII, EL 4/2016, § 14, Rn. 39 ff.; daneben besteht noch eine Auskunftspflicht der Krankenkassen aus § 188 SGB VII.

369 *Kranig/Timm*, in: Hauck/Noftz, SGB VII, EL 4/2016, § 14, Rn. 39.

370 BT-Drs. 16/3100, S. 98.

371 BT-Drs. 16/3100, S. 98.

372 *Buchholtz*, in: Beck'scher Online-Kommentar Sozialrecht, 72. Edition, Stand: 01.12.2023, § 20c SGB V, Rn. 3 f.

373 *Welti*, in: Becker/Kingreen, SGB V, § 20c, Rn. 3.

374 Nach *Hagemeyer/Butz/Otten*, Das Gesundheitswesen 2005, S. 189 (191), führt jedoch nur ein sehr geringer Prozentsatz dieser Anzeigen zu festgestellten Berufskrankheiten.

eng zusammenarbeiten.[375] Eine konkrete Ausprägung dieser Zusammenarbeitsverpflichtungen kann in der Unterrichtung der Unfallversicherungsträger über die Zusammenhänge zwischen Erkrankungen und Arbeitsbedingungen gesehen werden.[376] Während § 20b Abs. 2 SGB V keine verpflichtenden Vorgaben für die Ausgestaltung der Zusammenarbeit enthält, soll die Zusammenarbeit nach § 20c Abs. 2 SGB V demgegenüber anhand von regionalen Arbeitsgemeinschaften ausgestaltet werden.[377]

Zudem bestehen verschiedene Kooperationen zwischen den Krankenkassen und den Unfallversicherungsträgern, die durch die DGUV e. V. gebündelt werden.[378] In der *Initiative Gesundheit und Arbeit* (iga) arbeiten der BKK Dachverband, die DGUV e. V., der Verband der Ersatzkassen e. V. (vdek) und die Gemeinsame Vertretung der Innungskrankenkassen e. V. (IKK e. V.) zusammen, um arbeitsbedingten Gesundheitsgefahren durch Arbeitsschutz und betriebliche Gesundheitsförderung vorzubeugen.[379] Dafür werden im Rahmen von Projekten vorhandene Methoden und Kenntnisse zum Arbeitsschutz und zur Gesundheitsförderung für die Praxis nutzbar gemacht und Präventionsansätze für die Arbeitswelt weiterentwickelt.[380] Hierbei wird vor allem eine eng abgestimmte Zusammenarbeit von Betrieben und Forschungseinrichtungen angestrebt, um Wissenschaft und Praxis bestmöglich zu verflechten. Ein wesentliches Merkmal der iga zeigt sich in der Vernetzung ihrer Kooperationspartner und dem dadurch ermöglichten Austausch. Dieser interne Austausch wird durch externe Gespräche mit verschiedenen Institutionen aus Wirtschaft, Politik und der Arbeitsschutzverwaltung ergänzt.[381]

Im Rahmen der iga wurde das *Deutsche Netzwerk für betriebliche Gesundheitsförderung* (DNBGF) angesiedelt, das von der iga und ihren Kooperationspartnern getragen wird.[382] Das vorrangige Ziel des Netzwerks besteht in der Verbesserung der Zusammenarbeit auf dem Gebiet der betrieblichen Gesundheitsförderung. Das Netzwerk gliedert sich in verschiedene Foren[383], die

375 Siehe dazu *Welti*, in: Becker/Kingreen, SGB V, § 20b, Rn. 5 f.; § 20c, Rn. 6 f.

376 *Joussen*, in: Knickrehm/Roßbach/Waltermann, Kommentar zum Sozialrecht, § 20b SGB V, Rn. 3, spricht auch von einem „Informationsfluss".

377 §§ 20b Abs. 2, 20c Abs. 2 S. 2 SGB V.

378 *Kranig/Timm*, in: Hauck/Noftz, SGB VII, EL 4/2016, § 14, Rn. 46.

379 *Initiative Gesundheit und Arbeit* (Hrsg.), Die iga.Verbände; *Jahn/Hausmann/Schmidt*, DGUV Forum 6/2017, S. 20.

380 *Schreiter*, DGUV Forum 1–2/2011, S. 18 (19); *Jahn/Hausmann/Schmidt*, DGUV Forum 6/2017, S. 20.

381 *DGUV e. V.* (Hrsg.), Zusammenarbeit mit den Sozialversicherungsträgern.

382 *DNBGF* (Hrsg.), Imagebroschüre, S. 2.

383 Großunternehmen, kleine und mittlere Unternehmen, Öffentlicher Dienst, Gesundheitsversorgung und Wohlfahrtspflege, Bildung und Erziehung und Arbeitsmarktintegration und Gesundheitsförderung.

selbstständig und unabhängig voneinander ihre jeweiligen Handlungsfelder und Arbeitsschwerpunkte festlegen.[384] Die Foren werden von Koordinatoren-Teams geleitet und von der Geschäftsstelle des Netzwerks unterstützt. Der forenübergreifende Austausch erfolgt im Rahmen von Netzwerk-Konferenzen, auf denen die Foren ihre jeweils erarbeiteten Ergebnisse vorstellen.[385] Durch die Einbindung in das *Europäische Netzwerk für betriebliche Gesundheitsförderung* (ENWHP) und dessen regelmäßige Konferenzen können sowohl das Netzwerk als auch einzelne Foren zudem einen internationalen Austausch pflegen.[386]

Daneben wirkt die DGUV e. V. in der Kommission zur Beratung der Spitzenverbände der Krankenkassen zu Fragen der betrieblichen Prävention mit.[387]

Bei diesen verschiedenen Formen der Zusammenarbeit gilt es gewisse Begrenzungen zu berücksichtigen. Diese folgen für die Unfallversicherungsträger aus § 14 Abs. 2 SGB VII. Anhand dieser Vorschrift dürfen nämlich weder Sozialdaten noch Betriebs- und Geschäftsgeheimnisse bei der Zusammenarbeit mit den Krankenkassen an diese weitergegeben werden.[388] Dafür können jedoch ergänzend die (§§ 199 ff. SGB VII i. V. m.) § 35 Abs. 1, Abs. 4 SGB I i. V. m. §§ 67 ff. SGB X Anwendung finden.

Aus Sicht der Krankenkassen sind bei der Zusammenarbeit die restriktiven Datenschutzvorschriften des SGB V[389] zu beachten.[390] Wegen der darin enthaltenen relativ kurzen Fristen zur Datenlöschung ermöglicht die informationelle Zusammenarbeit zwischen den Krankenkassen und den Unfallversicherungsträgern nur in einem begrenzten Umfang, Wissensressourcen über arbeitsbedingte Gesundheitsgefahren zu erzeugen.[391] Trotz dieser restriktiven Datenschutzregelungen kann der Austausch für komplexe Risiko- und Gefährdungslagen, in denen verschiedene Faktoren zum Tragen kommen, aber immerhin Anhaltspunkte liefern.

---

[384] *DNBGF* (Hrsg.), Imagebroschüre, S. 2.

[385] *DNBGF* (Hrsg.), Imagebroschüre, S. 3.

[386] *DNBGF* (Hrsg.), Imagebroschüre, S. 2.

[387] *Kranig/Timm*, in: Hauck/Noftz, SGB VII, EL 4/2016, § 14, Rn. 41.

[388] BT-Drs. 13/2204, S. 79.

[389] Siehe §§ 284 ff. SGB V und die Datenlöschungsvorschrift des § 304 SGB V.

[390] *Kranig/Timm*, in: Hauck/Noftz, SGB VII, EL 4/2016, § 14, Rn. 40.

[391] *Kranig/Timm*, in: Hauck/Noftz, SGB VII, EL 4/2016, § 14, Rn. 40.

bb) Nationale Präventionsstrategie (§§ 20d-20f SGB V)

Darüber hinaus wurde die Zusammenarbeit der Krankenkassen mit den Trägern der gesetzlichen Rentenversicherung, der gesetzlichen Unfallversicherung und den Pflegekassen durch die mit dem Präventionsgesetz[392] eingeführte nationale Präventionsstrategie (§§ 20d–20f SGB V) intensiviert.[393] Diese ähnelt[394] in ihrer Ausgestaltung der Gemeinsamen Deutschen Arbeitsschutzstrategie (GDA) und verlangt von den Krankenkassen „im Interesse einer wirksamen und zielgerichteten Gesundheitsförderung und Prävention“[395] mit den genannten Trägern eine gemeinsame nationale Präventionsstrategie zu entwickeln, umzusetzen und fortzuschreiben.[396]

Da sich auch die Pflegekassen[397] und die Träger der gesetzlichen Rentenversicherung[398] mit Fragen der Prävention beschäftigen, geht das Verbundpotential der nationalen Präventionsstrategie über die auf Grundlage der §§ 20b, 20c SGB V ermöglichte informationelle Zusammenarbeit mit den Krankenkassen hinaus. Es reicht zusätzlich in die Verantwortungsbereiche weiterer Leistungsträger hinein, die sich – wenn auch aus einer anderen Perspektive – ebenfalls mit Fragen der Prävention beschäftigen. Die nationale Präventionsstrategie und der dadurch ermöglichte Austausch von Wissensressourcen eröffnet den Berufsgenossenschaften mithin eine neue und weiterreichende Perspektive im Hinblick auf die Fragen der Prävention in den unterschiedlichen Lebenswelten.[399]

Das wechselinitiative Verbundpotential der nationalen Präventionsstrategie zeigt sich neben der Zusammenarbeit der verschiedenen Träger zu Fragen der

---

392 Gesetz zur Stärkung der Gesundheitsförderung und der Prävention (Präventionsgesetz) vom 17.07.2015 (BGBl. I, S. 1368, 1781).

393 § 14 Abs. 3 SGB VII; siehe dazu *Petersen-Ewert/Wehowsky*, MedR 2015, S. 867 ff.; *Bindzius/Knoll/Appt*, DGUV Forum 4/2016, S. 10 ff.; *Appt/Bindzius/Knoll*, DGUV Forum 1–2/2016, S. 26 ff.; *Grimm/Siewerts/Siebeneich*, Betriebliche Prävention 2017, S. 67 (68).

394 Nach *Kunz*, Sicherheitsingenieur 9/2016, S. 10 (11 f.), basieren die „Ziele der Nationalen Präventionsstrategie zur betrieblichen Gesundheitsförderung auf denen der Gemeinsamen Deutschen Arbeitsschutzstrategie“.

395 § 20d Abs. 1 SGB V.

396 § 20d Abs. 1 SGB V.

397 § 5 SGB XI.

398 § 14 SGB VI; nach *Kater*, in: Beck'scher Online-Grosskommentar (Kasseler Kommentar), SGB VI, Stand: 15.02.2024, § 14, Rn. 6, könne die Prävention vergleichbar der gesetzlichen Krankenversicherung und der gesetzlichen Unfallversicherung als Kernaufgabe der gesetzlichen Rentenversicherung angesehen werden; siehe auch *Roßbach*, Sozialrecht und Praxis 1/2017, S. 27 ff.; *Weinbrenner*, DGUV Forum 4/2016, S. 15.

399 § 20d Abs. 3 S. 1 SGB V.

Prävention und Gesundheitsförderung einerseits in ihrer Verpflichtung, erforderliche Auskünfte für den alle vier Jahre von der Nationalen Präventionskonferenz[400] zu erstellenden Präventionsbericht i. S. d. § 20d Abs. 2 Nr. 2, Abs. 4 SGB V zu liefern.[401] Dafür wurden in den auf Grundlage von § 20d Abs. 3 SGB V vereinbarten Bundesrahmenempfehlungen[402] der Nationalen Präventionskonferenz Empfehlungen zu Berichts- und Dokumentationspflichten getroffen, die ausschließlich die Frage der Bereitstellung der relevanten Wissensressourcen für den Präventionsbericht betreffen.[403]

Andererseits zeigt sich das Verbundpotential in den zur Umsetzung der nationalen Präventionsstrategie geschlossenen Landesrahmenvereinbarungen nach § 20f SGB V. Diese werden von den Landesverbänden der Krankenkassen und den Ersatzkassen, auch für die Pflegekassen, mit den Trägern der gesetzlichen Rentenversicherung, den Trägern der gesetzlichen Unfallversicherung sowie mit den in den Ländern zuständigen Stellen geschlossen. Die Landesrahmenvereinbarungen enthalten die konkrete Ausgestaltung der wechselseitigen Information, Abstimmung und Zusammenarbeit der Träger untereinander und mit weiteren Verantwortlichen, die bis zur gemeinsamen Durchführung von Maßnahmen reicht.[404]

c) Informationelle Zusammenarbeit mit Ärzten und Psychotherapeuten (§§ 201–203 SGB VII)

Das SGB VII enthält zudem vereinzelte Anzeigepflichten von Ärzten, Zahnärzten und Psychotherapeuten sowie Auskunftsverlangen der Genossenschaften gegenüber Ärzten und Zahnärzten.[405] Diese waren ursprünglich dazu

---

[400] § 20e SGB V; die Nationale Präventionskonferenz wird gem. § 20e Abs. 2 SGB V von einem Präventionsforum beraten, siehe dazu *Grossmann*, Betriebliche Prävention 2019, S. 56 (57 ff.).

[401] § 20d Abs. 4 S. 5 SGB V.

[402] Diese sind nach § 20d Abs. 3 S. 1 SGB V zur Sicherung und Weiterentwicklung der Qualität von Gesundheitsförderung und Prävention sowie der Zusammenarbeit der für die Erbringung von Leistungen zur Prävention in Lebenswelten und in Betrieben von den Trägern der Nationalen Präventionsstrategie zu vereinbaren.

[403] Bundesrahmenempfehlungen der Nationalen Präventionskonferenz nach § 20d Abs. 3 SGB V, Erste weiterentwickelte Fassung vom 29.08.2018, S. 41.

[404] Bundesrahmenempfehlungen der Nationalen Präventionskonferenz nach § 20d Abs. 3 SGB V, Erste weiterentwickelte Fassung vom 29.08.2018, S. 10, 28; *Kunz*, Sicherheitsingenieur 9/2016, S. 10 (12).

[405] *Hehling/Mehrhoff*, Die BG 2002, S. 623, sehen ein Alleinstellungsmerkmal der gesetzlichen Unfallversicherung im Vergleich zu anderen Sozialversicherungsbereichen darin, dass sie im Hinblick auf Unfälle und deren Folgen über frühe Informationen, vor allem der Ärzte, verfügen und darauf angemessen reagieren können.

gedacht, die Schweigepflicht der Ärzte zu suspendieren.[406] Ihre gegenwärtige gesetzliche Ausgestaltung ermöglicht nun eine umfassende Übermittlung von Wissensressourcen der Ärzte, Zahnärzte und Psychotherapeuten an die Berufsgenossenschaften. Aus der Perspektive der Primärprävention liefern sie insbesondere Anhaltspunkte für weitergehende Analysen und weisen ein statistisches Potential auf.

aa) Datenverarbeitung durch Ärzte und Psychotherapeuten (§ 201 SGB VII)

§ 201 SGB VII enthält unter anderem Anzeigepflichten von Ärzten, Zahnärzten und Psychotherapeuten, die an einer Heilbehandlung anlässlich eines Versicherungsfalles[407] beteiligt sind, sog. Durchgangsärzte. Diese erheben, speichern und übermitteln Daten über die Behandlung und den Zustand des Versicherten sowie andere personenbezogene Daten an die Berufsgenossenschaften, soweit dies für Zwecke der Heilbehandlung und die Erbringung sonstiger Leistungen einschließlich der Überprüfung der Leistungsvoraussetzungen und der Abrechnung der Leistungen erforderlich ist.[408] Das Gleiche gilt für die zur Beurteilung eines Versicherungsfalls erforderlichen Daten, deren Aussagekraft gegebenenfalls größer sein kann, als die Angaben in einer Unfallanzeige.[409]

Die Durchgangsärzte werden dadurch als eine Art Erfüllungsgehilfe der Berufsgenossenschaften tätig, der nicht nur medizinische Daten, sondern vor allem die für die Beurteilung eines Versicherungsfalles notwendigen Daten erhebt und an die Berufsgenossenschaften weiterleitet.[410] Insofern sind in der Norm reaktiv erzeugende Verbundpotentiale angelegt.

Die Anzeigepflichten in § 201 SGB VII finden ihre Beschränkung im datenschutzrechtlichen Erforderlichkeitsgrundsatz.[411] Daher dürfen nur diejenigen Daten erhoben, gespeichert und übermittelt werden, die für die sachgerechte, vollständige und rechtzeitige Aufgabenerfüllung der Berufsgenossenschaften notwendig sind.[412] Obwohl die Anzeigepflichten des § 201 SGB VII vorrangig auf Fragen der Rehabilitation zugeschnitten sind, erhalten die Berufsgenossenschaften darüber auch umfassende Kenntnisse über Versiche-

---

406 § 1543d RVO.

407 § 34 SGB VII.

408 § 201 Abs. 1 S. 1 SGB VII.

409 § 201 Abs. 1 S. 2 SGB VII; *Kranig*, in: Hauck/Noftz, SGB VII, EL 5/2022, § 201, Rn. 9b.

410 *Kranig*, Medizinischer Sachverständiger 1994, S. 73.

411 § 201 Abs. 1 S. 1 SGB VII.

412 BSGE 90, 162 (168).

rungsfälle,[413] die nicht nur auf rein medizinische Fragen beschränkt sein müssen. Diese Kenntnisse können die Genossenschaften, vergleichbar zu den Unfallanzeigen, beispielsweise für statistische Zwecke verwenden.

bb) Anzeigepflicht von Ärzten bei Berufskrankheiten (§ 202 SGB VII)

Sofern Ärzte oder Zahnärzte, die nicht an einer Heilbehandlung anlässlich eines Versicherungsfalles[414] beteiligt sind, den begründeten Verdacht hegen, dass Versicherte unter Berufskrankheiten leiden, sind sie nach § 202 SGB VII verpflichtet, ihren Verdacht der zuständigen Berufsgenossenschaft unverzüglich anzuzeigen[415]. Demnach enthält die Vorschrift ein reaktiv erzeugendes Verbundpotential. Diese Berufskrankheits-Verdachts-Anzeigen von Ärzten verkörpern ebenso wie die Berufskrankheits-Verdachts-Anzeigen der Unternehmer gem. § 193 Abs. 2 SGB VII[416] ein Kernelement des unfallversicherungsrechtlichen Leistungssystems.[417] Erst durch die Anzeigen werden die Berufsgenossenschaften in die Lage versetzt, tätig zu werden und gegebenenfalls ihre von Amts wegen zu erbringenden Leistungen zu gewähren. Aus diesem Grund dürfen die Anforderungen an die Anzeigepflicht nicht überstrapaziert werden; es muss bereits ein begründeter Verdacht ausreichen.[418]

Die Anzeigepflicht nach § 202 SGB VII weist zwar in erster Linie eine individuelle Schutzrichtung zu Gunsten des jeweiligen Betroffen auf.[419] Aufgrund ihrer besonderen Qualität, die anhand der mit Abstand höchsten Bestätigungsquoten offensichtlich wird,[420] lassen die Anzeigen aber zumindest gewisse Schwerpunkte oder Tendenzen erkennen, an die die Berufsgenossenschaften anknüpfen können. Darüber hinausgehende Kenntnisse können aus

---

[413] Der Bundesbeauftragte für den Datenschutz (BT-Drs. 13/1150, S. 94) spricht zur Rechtslage unter Geltung der Vorgängervorschrift des § 201 SGB VII in § 1543d RVO von „einem Austausch unterschiedlichster personenbezogener medizinischer und nicht-medizinischer Daten der Versicherten zwischen […] behandelnden und früher behandelnden Ärzten einerseits und den Unfallversicherungsträgern andererseits sowie insbesondere mit den von ihnen beauftragten ärztlichen Gutachtern“.

[414] § 34 SGB VII.

[415] Die Anzeige erfolgt in der für Berufskrankheiten vorgeschriebenen Form (§§ 3, 5 Abs. 1 Nr. 1 UVAV).

[416] Siehe dazu 2. Teil, A. I. 3. a).

[417] *BSG*, B 8 KN 1/97 U R (juris); *Dahm*, Die Sozialversicherung 1999, S. 183 (184), spricht davon, dass die Ärzte über die Anzeigepflichten in das Leistungssystem der Unfallversicherungsträger „exemplarisch einbezogen seien“.

[418] *H. Marburger*, BPUVZ 2013, S. 315 (319); *Dahm*, Die Sozialversicherung 1999, S. 183 (184).

[419] Nach *Dahm*, Die Sozialversicherung 1999, S. 183 (184), ermöglichen die Anzeigen „Individualprävention“.

[420] *Hagemeyer/Butz/Otten*, Das Gesundheitswesen 2005, S. 189 (191).

den Anzeigen aber grundsätzlich nicht gewonnen werden. Das folgt insbesondere aus der mangelnden Flexibilität des Formularmusters mit seinen verpflichtenden Angaben. Dieses erschwert die Analyse der Krankheitsursachen anhand der Anzeigen, weshalb die Wissenschaft nur ein geringes Interesse daran zeigt.[421]

Im Zusammenhang mit § 202 SGB VII gilt es noch auf § 9 Abs. 9 SGB VII hinzuweisen. Die Norm enthält in ihrem S. 1 Hs. 1 die Rechtsgrundlage für die Verarbeitung von Daten im Zusammenhang mit der Feststellung von Berufskrankheiten durch die für den medizinischen Arbeitsschutz zuständigen Stellen.[422] Diese Daten dürfen sie nach § 9 Abs. 9 S. 1 Hs. 2 SGB VII auch an die zuständigen Berufsgenossenschaften übermitteln. Im Gegensatz zu § 202 SGB VII besteht hierzu aber keine Pflicht.[423]

cc) Auskunftsverlangen der Berufsgenossenschaften (§ 203 SGB VII)

Nach § 203 SGB VII sind Ärzte und Zahnärzte, die nicht an einer Heilbehandlung anlässlich eines Versicherungsfalles gem. § 34 SGB VII beteiligt sind, verpflichtet, der Berufsgenossenschaft auf Verlangen Auskunft über die Behandlung, den Zustand sowie über Erkrankungen und frühere Erkrankungen des Versicherten zu erteilen, soweit das für seine Heilbehandlung und die Erbringung sonstiger Leistungen erforderlich ist. Dieses Auskunftsverlangen, das ein initiativ erzeugendes Verbundpotential enthält, wird damit ebenfalls durch den datenschutzrechtlichen Erforderlichkeitsgrundsatz[424] beschränkt. Das bedeutet, dass die Berufsgenossenschaften ihr Auskunftsverlangen auf solche Erkrankungen oder auf solche Bereiche von Erkrankungen beschränken sollen, die mit dem Versicherungsfall in einem ursächlichen Zusammenhang stehen können.

Da das Auskunftsverlangen aus § 203 SGB VII grundsätzlich auf den rein medizinischen Bereich beschränkt ist und die zur Beurteilung eines Versicherungsfalls erforderlichen Wissensressourcen nicht erfasst,[425] können die Be-

---

421 *Hagemeyer/Butz/Otten*, Das Gesundheitswesen 2005, S. 189 (190).

422 *Römer*, in: Hauck/Noftz, SGB VII, EL 1/2023, § 9, Rn. 284.

423 *Brandenburg*, in: jurisPK-SGB VII, Stand: 19.01.2022, § 9, Rn. 231, verlangt zusätzlich, dass die Übermittlung erforderlich sein muss.

424 *H. Marburger*, BPUVZ 2013, S. 315 (319).

425 *Kranig*, in: Hauck/Noftz, SGB VII, EL 1/2023, § 203, Rn. 8; *C. Wagner*, in: jurisPK-SGB VII, Stand: 15.01.2022, § 203, Rn. 38f.; a.A. *Ricke*, in: Beck'scher Online-Grosskommentar (Kasseler Kommentar), SGB VII, Stand: 15.02.2024, § 203, Rn. 9f., der von § 203 SGB VII die gleichen Daten wie von § 201 SGB VII erfasst ansieht.

rufsgenossenschaften anhand des Auskunftsverlangens jedoch grundsätzlich keine Wissensressourcen für den Präventionsbereich gewinnen.

d) Ergänzende allgemeine Vorschriften

Neben der gesetzlich konkret ausgestalteten informationellen Zusammenarbeit mit Dritten eröffnet auch § 14 Abs. 1 S. 1 SGB VII eine Möglichkeit zur Übermittlung von Wissensressourcen an Dritte und zur kooperativen Wissenserzeugung mit ihnen. Sofern dabei Betriebs- und Geschäftsgeheimnisse betroffen werden, gilt es ergänzend[426] (§§ 199 ff. SGB VII i. V. m.) § 35 Abs. 1, Abs. 4 SGB I i. V. m. §§ 67 ff. SGB X zu berücksichtigen. Diese enthalten insbesondere in § 199 Abs. 2 S. 1 SGB VII und § 67b Abs. 1 S. 1 SGB X i. V. m. § 69 Abs. 1 Nr. 1 SGB X[427] konkrete Aussagen zur Übermittlung von Betriebs- und Geschäftsgeheimnissen.

2. Zusammenarbeit der Unfallversicherungsträger im Spitzenverband

a) Stetiger Bedeutungszuwachs des Spitzenverbandes

Mit Ausnahme der Sozialversicherung für Landwirtschaft, Forsten und Gartenbau[428] sind sämtliche gewerblichen Berufsgenossenschaften und Unfallversicherungsträger der öffentlichen Hand in dem als eingetragenen Verein verfassten Spitzenverband Deutsche Gesetzliche Unfallversicherung e. V. (DGUV e. V.) organisiert.[429] Die Zusammenarbeit im und über den Spitzenverband wird den Unfallversicherungsträgern durch § 14 Abs. 1 S. 1 SGB VII („mit allen geeigneten Mitteln") ermöglicht. Im Rahmen dieser auf Grundlage des § 14 Abs. 1 S. 1 SGB VII ausgestalteten Zusammenarbeit sind verschiedene Verbundpotentiale angelegt.[430]

Die DGUV e. V. unterstützt ihre Mitglieder in verschiedenen Bereichen, unter anderem bei der Prävention und der Rehabilitation. Die Wahrnehmung

---

426 *Eichendorf*, in: jurisPK-SGB VII, Stand: 15.01.2022, § 19, Rn. 51.

427 Weitere konkrete Aussagen zur Übermittlung von Betriebs- und Geschäftsgeheimnissen finden sich in § 67b Abs. 2 S. 2 SGB X i. V. m. §§ 67d SGB X.

428 § 114 Abs. 1 S. 1 Nr. 2 SGB VII.

429 Zur geschichtlichen Entwicklung seit dem 1887 gegründeten Verband der deutschen Berufsgenossenschaften, der seit dem 28.10.1948 unter dem Vereinsnamen Hauptverband der gewerblichen Berufsgenossenschaften e. V. (HVBG e. V.) firmierte und am 1. Juni 2007 mit dem Bundesverband der Unfallkassen e. V. (BUK e. V.) fusionierte, siehe *Wickenhagen*, Geschichte der gewerblichen Unfallversicherung, S. 80 ff.; *Breuer*, in: Schulin, HSozVR, Band 2, § 1, Rn. 228 ff.

430 Siehe beispielsweise Kapitel I Nr. 1.7 DGUV Grundsatz 300-001 zum intensiven Erfahrungsaustausch.

dieser Aufgaben wurde durch den Bundesgesetzgeber gestärkt, indem er die DGUV e. V. im Unfallversicherungsmodernisierungsgesetz (UVMG)[431] mit verschiedenen bis dahin in ihrer Satzung[432] geregelten Aufgaben beliehen[433] hat.[434] § 14 Abs. 4 S. 2 SGB VII nennt im Wege einer insbesondere-Aufzählung die Unterstützungsaufgaben, mit denen die DGUV e. V. im Präventionsbereich beliehen wurde:[435] Dazu zählt unter anderem die Koordinierung, Durchführung und Förderung gemeinsamer Maßnahmen sowie der Forschung auf dem Gebiet der Prävention von Arbeitsunfällen, Berufskrankheiten und arbeitsbedingten Gesundheitsgefahren.[436]

Die Beleihung der DGUV e.V. kann aufgrund des Wortlauts von § 14 Abs. 4 SGB VII weit ausgelegt werden, sodass grundsätzlich sämtliche Unterstützungsmaßnahmen der DGUV e. V. im Präventionsbereich unter § 14 SGB VII gefasst und als hoheitliche Aufgaben eingeordnet werden können.[437] Dabei ist die DGUV e. V. aber bestimmten Begrenzungen unterworfen. Diese folgen aus dem in § 14 Abs. 4 S. 1 SGB VII verwendeten Begriff „unterstützt". Demnach darf die DGUV e. V. die in §§ 15 ff. SGB VII geregelten Aufgaben und Pflichten nicht übernehmen, sondern die Unfallversicherungsträger bei deren Ausübung lediglich unterstützen. Gleichwohl darf die DGUV e. V. aber unabhängig von §§ 15 ff. SGB VII generelle trägerübergreifende Aufgaben übernehmen, „die auf Verbandsebene besser und/oder wirtschaftlicher wahrgenommen werden können"[438]. Darunter kann beispielsweise die Bündelung der Mitwirkung der Unfallversicherungsträger an der Normung[439] und die Prüfung und Zertifizierung durch die Prüf- und Zertifizierungsstellen im DGUV Test gefasst werden.[440]

---

431 Gesetz zur Modernisierung der gesetzlichen Unfallversicherung (Unfallversicherungsmodernisierungsgesetz – UVMG) vom 30.10.2008 (BGBl. I, S. 2130).

432 *Eichendorf*, in: jurisPK-SGB VII, Stand: 15.01.2022, § 14, Rn. 171.

433 BT-Drs. 16/9154, S. 26.

434 Für den Präventionsbereich siehe §§ 14 Abs. 4, 15 Abs. 1 S. 1 und 3, 20 Abs. 2 S. 2 SGB VII.

435 *Eichendorf*, in: jurisPK-SGB VII, Stand: 15.01.2022, § 14, Rn. 171.

436 § 14 Abs. 4 S. 2 Nr. 1 SGB VII; zur Forschung siehe 2. Teil, A. II. 2.

437 Vgl. *Kranig/Timm*, in: Hauck/Noftz, SGB VII, EL 4/2016, § 14, Rn. 44, 46.

438 *Kranig/Timm*, in: Hauck/Noftz, SGB VII, EL 4/2016, § 14, Rn. 46.

439 *Kranig/Timm*, in: Hauck/Noftz, SGB VII, EL 4/2016, § 14, Rn. 46, mit weiteren Verbandsaufgaben.

440 Nach *DGUV e. V.* (Hrsg.), Präventionsleistungen der Unfallversicherungsträger der Deutschen Gesetzlichen Unfallversicherung, S. 12, verkörpert die Prüfung und Zertifizierung eine sog. Präventionsleistung der Unfallversicherungsträger gem. § 14 SGB VII.

b) Präventionsausgerichteter Aufbau der DGUV e. V.

Innerhalb der DGUV e. V. wurden neben den satzungsgemäßen Organen[441] spezielle Organisationseinheiten geschaffen, die sog. Fachbereiche. Diese unterstützen die Unfallversicherungsträger bei der Erfüllung des Präventionsauftrags und setzen sich aus den Vertretungen verschiedener Arbeitsschutzakteure zusammen.[442] Ihre vorrangige Aufgabe besteht darin, im Rahmen ihres Zuständigkeitsbereichs die DGUV e. V., die Unfallversicherungsträger, staatliche Stellen, Hersteller und interessierte Kreise fachlich zu beraten und zu unterstützen.[443] Hierfür sollen die Fachbereiche insbesondere eine für sämtliche Unfallversicherungsträger „verbindliche, einheitliche und gesicherte Fachmeinung bilden und die fachlichen Interessen aller UV-Träger vertreten"[444].

Zur Erfüllung dieser Aufgaben können die Fachbereiche sog. Sachgebiete bilden.[445] Diese sind als spezifische Arbeitsebenen eines Fachbereiches ausgestaltet und sollen interdisziplinär sowie projektbezogen arbeiten.[446] Mitglieder der Sachgebiete sind neben den Vertretungen der DGUV e. V. unter anderem auch Aufsichtspersonen und sonstige Präventionsfachleute der Unfallversicherungsträger.[447] Eine ihrer wesentlichen Aufgaben besteht in der „Zusammenführung von Erkenntnissen, Erfahrungswissen und Fachmeinungen"[448] – oder anders gesagt in der kooperativen Wissenserzeugung anhand von Verbundpotentialen.[449]

Die DGUV e. V. kann sowohl die Federführung eines Fachbereiches als auch die Federführung eines Sachgebietes einvernehmlich auf einen Unfallversicherungsträger übertragen.[450] Als Träger eines Fachbereiches können

---

441 Mitgliederversammlung und Vorstand.

442 Kapitel I Nr. 1.2, Nr. 2.3.1 DGUV Grundsatz 300-001.

443 Kapitel I Nr. 1.3 DGUV Grundsatz 300-001.

444 Kapitel I Nr. 1.3 DGUV Grundsatz 300-001.

445 Kapitel I Nr. 1.3 DGUV Grundsatz 300-001.

446 Kapitel I Nr. 3.1.2 DGUV Grundsatz 300-001.

447 Kapitel I Nr. 3.3.1 lit. b) und lit. c) DGUV Grundsatz 300-001.

448 Kapitel I Nr. 3.1.2 2. Bullet Point DGUV Grundsatz 300-001; zum Wissensnetzwerk UV-NET, in dem die „Mitarbeiterinnen und Mitarbeiter der gesetzlichen Unfallversicherung [...] eine Vielzahl an Informationen unter anderem zur Prävention, zu Leistungen der Rehabilitation und zu Entschädigungen", insbesondere für die Sachbearbeitung, finden, siehe *Busche*, DGUV Forum 9/2018, S. 43 f.

449 Kapitel I Nr. 1.7 DGUV Grundsatz 300-001: Daneben existieren auch besondere Präventionsgremien, wie die Arbeitsgruppe Aus- und Weiterbildung (AAW) oder der Ausschuss Arbeitsmedizin der Gesetzlichen Unfallversicherung (AAMED-GUV), die sich mit branchenübergreifenden Themen des Arbeitsschutzes beschäftigen.

450 Kapitel I Nr. 2.1.3, 3.1.4 DGUV Grundsatz 300-001.

diese auch die Trägerschaft aller oder einzelner Sachgebiete übernehmen.[451] Üblicherweise übernehmen die Berufsgenossenschaften die Trägerschaften derjenigen Fachbereiche samt Sachgebieten, die ihrem Zuständigkeitszuschnitt entsprechen: Dementsprechend ist beispielsweise die Berufsgenossenschaft Holz und Metall Träger des Fachbereichs Holz und Metall und die Berufsgenossenschaft der Bauwirtschaft Träger des Fachbereichs Bauwesen.[452] Durch diese Ausgestaltung sind die Berufsgenossenschaften gleichzeitig Träger einer Einrichtung eines anderen Arbeitsschutzakteurs – des Spitzenverbandes. Das ändert jedoch nichts an der Qualifizierung der kognitiven Potentiale im Zusammenhang mit den Fachbereichen und Sachgebieten als Verbundpotentiale, weil dort verschiedene Arbeitsschutzakteure zusammenwirken.[453]

c) *Intensiver „Erfahrungsaustausch"*

Der Zuschnitt der verschiedenen Fachbereiche entspricht dem Grunde nach der fachlichen Gliederung der gewerblichen Berufsgenossenschaften und den Problemstellungen der Unfallversicherungsträger der öffentlichen Hand (Fachbereich Bildungseinrichtungen oder Fachbereich Feuerwehren, Hilfeleistungen, Brandschutz). Diese Trennung soll durch die Verpflichtung an die Fachbereiche und Sachgebiete überwunden werden, einen intensiven Erfahrungsaustausch zu pflegen und dadurch ein Kompetenznetzwerk Prävention[454] zu bilden.[455]

Diese im Regelwerk der Unfallversicherungsträger (DGUV Grundsatz 300-001) enthaltene Verpflichtung zu einem „intensiven Erfahrungsaustausch"[456] bildet die Grundlage für einen horizontalen Austausch von Wissensressourcen, vor allem aus den Mitgliedsunternehmen und von Dritten, ebenso wie des vor allem daraus gebildeten Organisationswissens in Gestalt seiner Grundlagen über die Grenzen der einzelnen Sachgebiete und Fachbereiche hinweg. Dadurch werden nicht nur die tatsächlichen Grenzen zwischen den einzelnen Unfallversicherungsträgern überwunden, sondern Möglichkeiten für die verschiedenen am Austausch beteiligten Akteure eröffnet, weiteres Organisationswissen zu bilden.

---

451 Kapitel I Nr. 3.1.4 DGUV Grundsatz 300-001.

452 Anhang 2 DGUV Grundsatz 300-001.

453 Kapitel I Nr. 2.3.1, 3.3.1 DGUV Grundsatz 300-001.

454 Kapitel I Nr. 1.7 DGUV Grundsatz 300-001.

455 Die Zusammenarbeit der Fachbereiche und ihre Abstimmung untereinander wird gem. Kapitel I Nr. 1.7 DGUV Grundsatz 300-001 durch den sog. Koordinierungskreis (KoK FB) gefördert.

456 Kapitel I Nr. 1.7 DGUV Grundsatz 300-001.

Neben diesem intensiven Erfahrungsaustausch finden sich auch im einfachen Recht Regelungen, die eine Übermittlung von Wissensressourcen ermöglichen. § 14 Abs. 1 S. 1 SGB VII ermöglicht nicht nur die Zusammenarbeit der Unfallversicherungsträger im und über den Spitzenverband, sondern eröffnet in seiner Ausprägung als Verbundpotential gleichzeitig auch eine Möglichkeit zur Übermittlung von Wissensressourcen von einem Unfallversicherungsträger an den Spitzenverband und damit einhergehend zur kooperativen Wissenserzeugung.[457] Die entsprechenden Komplementärvorschriften für die DGUV e. V. finden sich in § 14 Abs. 1 S. 1 i. V. m. Abs. 4 SGB VII. Sofern dabei Betriebs- und Geschäftsgeheimnisse betroffen werden, muss ergänzend[458] § 35 Abs. 1, Abs. 4 SGB I i. V. m. §§ 67 ff. SGB X zur Anwendung kommen. Anhand von § 207 SGB VII können die Unfallversicherungsträger und der Spitzenverband zudem untereinander Daten i. S. d. Norm übermitteln.[459] Schließlich ermächtigt § 204 Abs. 5 SGB VII die Berufsgenossenschaften zur Übermittlung von Daten zur Aufnahme in sog. Gemeinschaftsdateien i. S. d. § 204 SGB VII.

d) Gemeinschaftsdateien (§ 204 SGB VII)

Gemeinschaftsdateien können gem. § 204 Abs. 1 S. 1 SGB VII[460] bei einem Unfallversicherungsträger oder dem Spitzenverband für mehrere Unfallversicherungsträger errichtet werden.[461] Damit geht die Ermächtigung der Unfallversicherungsträger nach § 204 Abs. 5 SGB VII einher, Daten zur Aufnahme in eine Gemeinschaftsdatei an den die Datei führenden Unfallversicherungsträger oder Verband zu übermitteln.

Diese Ermächtigungen beruhen auf der Erwägung, dass der statistischen Verarbeitung bestimmter Wissensressourcen in Gemeinschaftsdateien eine wich-

---

457 Siehe dazu 2. Teil, A. III. 1. d). Die Ermächtigung des § 14 Abs. 1 S. 1 SGB VII umfasst auch die Übermittlung von einem Unfallversicherungsträger an einen anderen. Daneben können mehrere Unfallversicherungsträger § 14 Abs. 1 S. 1 SGB VII auch unabhängig von Spitzenverbandsstrukturen zur kooperativen Wissenserzeugung in Anspruch nehmen.

458 *Eichendorf*, in: jurisPK-SGB VII, Stand: 15.01.2022, § 19, Rn. 51.

459 Siehe dazu 2. Teil, A. I. 2. e).

460 Datei über Verfahren und Entscheidungen nach § 9 Abs. 2 SGB VII (Nr. 1), Vorsorgedateien (Nr. 2), Unfalldokumentation (Nr. 3), Berufskrankheiten-Dokumentation (Nr. 4), Rehabilitations- und Teilhabe-Dokumentation (Nr. 5), Rentendokumentation (Nr. 6).

461 Nach *Kranig*, in: Hauck/Noftz, SGB VII, EL 1/2024, § 204, Rn. 1, wurde durch § 204 Abs. 1 SGB VII auch eine Rechtsgrundlage geschaffen, damit die bei den Verbänden der Unfallversicherungsträger bei Einführung der Vorschrift bereits vorhandenen Dateien weitergeführt werden konnten.

tige Bedeutung für die genossenschaftliche Wissenserzeugung zukommt.[462] Dadurch können nämlich über die Grenzen der einzelnen Unfallversicherungsträger hinweg unter anderem präventionsbezogene Wissensressourcen zusammengeführt, ausgewertet und daraus schließlich präventionsbezogenes Wissen erzeugt werden.

Obwohl sämtliche Gemeinschaftsdateien i. S. v. § 204 Abs. 1 SGB VII unter anderem einen Präventionsbezug[463] aufweisen, sind insbesondere die *Unfall-*, die *Berufskrankheiten-*, die *Rehabilitations- und Teilhabe-* sowie die *Renten-Dokumentation* auf die Erzeugung von Wissen zur Verbesserung der Prävention ausgerichtet.[464]

Als Grundlage für die *Unfall-Dokumentation*, die wiederum die Grundlage für weitere speziellere Statistiken bildet,[465] dienen die Unfallanzeigen.[466] In die Unfall-Dokumentation fließen anonymisierte Angaben zur Person des Verletzten, zum Arbeitsumfeld, zur Verletzung und zum Unfallgeschehen aus den Unfallanzeigen ein.[467] Dabei findet wegen der großen Anzahl der zu verschlüsselnden Merkmale nur eine Stichprobe von rund 6,7 % der meldepflichtigen Unfälle, die auf das Gesamtunfallgeschehen hochgerechnet wird, Berücksichtigung in der Dokumentation.[468] Daneben werden neue Unfallrenten und die Todesfälle umfänglich erfasst, sodass die Statistik auch Angaben zu schweren Unfällen enthält.[469] Aus dieser Ausgestaltung folgt, dass die letzten Endes allgemein gehaltene Unfall-Dokumentation komplexe Ursache-Wirkungs-Abläufe nicht abzubilden vermag und somit auch keine methodisch

462 *Kranig*, in: Hauck/Noftz, SGB VII, EL 1/2024, § 204, Rn. 2.

463 § 204 Abs. 1 S. 1 Nr. 1, Nr. 2, Nr. 3, Nr. 4, Nr. 5 und Nr. 6.

464 Gleichwohl können nach *Kranig*, in: Hauck/Noftz, SGB VII, EL 1/2024, § 204, Rn. 2, 14, 19, auch durch die § 9 Abs. 2-Datei gem. § 204 Abs. 1 S. 1 Nr. 1 SGB VII und die Vorsorgedateien gem. § 204 Abs. 1 S. 1 Nr. 2 SGB VII weiterführende Erkenntnisse für den Präventionsbereich gewonnen werden.

465 *B. Hoffmann*, Die BG 1988, S. 704 (705 ff.), der sich auch umfassend mit den gegen die Unfallstatistik vorgebrachten Einwänden auseinandersetzt und diese entkräftet.

466 *Kranig*, in: Hauck/Noftz, SGB VII, EL 1/2024, § 204, Rn. 25; *Schulz*, Statistik als Grundlage der Unfallforschung, S. 107 ff., sieht in Unfallakten, Befragungen von Unternehmern und Arbeitnehmern sowie amtlichen Statistiken weitere Grundlagen für unfallstatistische Untersuchungen.

467 *DGUV e. V.* (Hrsg.), Arbeitsunfallgeschehen 2022, S. 7.

468 *DGUV e. V.* (Hrsg.), Arbeitsunfallgeschehen 2022, S. 6, wobei als statistisches Erhebungskriterium das sog. Geburtstagsverfahren angewendet wird, wonach nur Unfälle in die Stichprobe einfließen, bei denen der Betroffene am 10. oder 11. eines Monats Geburtstag hat.

469 *DGUV e. V.* (Hrsg.), Arbeitsunfallgeschehen 2022, S. 8.

abgesicherte Unfallursachenforschung ermöglicht.[470] Gleichwohl können die in der Statistik zusammengestellten Unfallzahlen immerhin als Grundlage für die Auswertungen von Unfallschwerpunkten herangezogen werden und anhand der Abschätzung und Interpretation von Unfallbelastungen in bestimmten Bereichen Ansatzpunkte für weiterführende analytische Unfallstudien gewonnen werden.[471]

Demgegenüber erfasst die *Berufskrankheiten-Dokumentation* sowohl die Berufskrankheits-Verdachts-Anzeigen von Ärzten nach § 202 SGB VII, Angaben über das Berufskrankheitenverfahren als auch Entscheidungen über Berufskrankheiten.[472] Dadurch sollen „Häufigkeiten und Entwicklungen im Berufskrankheitengeschehen sowie wesentliche Einwirkungen und Erkrankungsfolgen [dargestellt werden], damit Erkenntnisse zur Verbesserung der Prävention […] gewonnen werden können."[473]

Daneben werden in der *Rehabilitations- und Teilhabe-Dokumentation* Daten über Entschädigungsfälle, in denen Leistungen zur Teilhabe erbracht werden, verarbeitet.[474] Dadurch sollen Schwerpunkte der Maßnahmen zur Teilhabe dargestellt werden, woraus unter anderem auch Wissen zur Verbesserung der Prävention gewonnen werden kann.[475]

In der *Renten-Dokumentation* werden schließlich Daten über Entschädigungsfälle, in denen Rentenleistungen oder Leistungen bei Tod erbracht werden, verarbeitet,[476] wodurch unter anderem Wissen zur Verbesserung der Prävention gewonnen werden soll.[477]

Diese vier verschiedenen Gemeinschaftsdateien werden allesamt bei der DGUV e. V. geführt.[478] Sie enthalten ein umfassendes statistisches Material, das nicht nur Schwerpunkte aufzeigt, sondern auch Anlass für konkrete Forschungsvorhaben liefert, anhand derer wiederum präventionsbezogenes Wissen gewonnen werden kann.

---

470 *DGUV e. V.* (Hrsg.), Arbeitsunfallgeschehen 2022, S. 6; so auch *B. Hoffmann*, Die BG 1988, S. 704 (705).

471 *Kranig*, in: Hauck/Noftz, SGB VII, EL 1/2024, § 204, Rn. 25; *B. Hoffmann*, Die BG 1988, S. 704 (705).

472 *Kranig*, in: Hauck/Noftz, SGB VII, EL 1/2024, § 204, Rn. 25; *C. Wagner*, in: jurisPK-SGB VII, Stand: 15.01.2022, § 204, Rn. 60.

473 § 204 Abs. 1 S. 1 Nr. 4 SGB VII.

474 § 204 Abs. 1 S. 1 Nr. 5 SGB VII.

475 *C. Wagner*, in: jurisPK-SGB VII, Stand: 15.01.2022, § 204, Rn. 62.

476 § 204 Abs. 1 S. 1 Nr. 6 SGB VII.

477 *C. Wagner*, in: jurisPK-SGB VII, Stand: 15.01.2022, § 204, Rn. 64.

478 *Kranig*, in: Hauck/Noftz, SGB VII, EL 1/2024, § 204, Rn. 25.

3. Autonome Kooperation mit Dritten

Über die DGUV e. V.[479] arbeiten die Berufsgenossenschaften auch autonom mit verschiedenen Arbeitsschutzorganisationen auf nationaler und internationaler Ebene zusammen.[480] Dabei eröffnet § 14 Abs. 1 S. 1 (gegebenenfalls i. V. m. Abs. 4) SGB VII sowohl die Möglichkeit zur Übermittlung von Wissensressourcen an die Dritten und damit einhergehend zur kooperativen Wissenserzeugung als auch zu autonomen Kooperationen mit ihnen.[481] Dabei können in der auf Grundlage des § 14 Abs. 1 S. 1 (gegebenenfalls i. V. m. Abs. 4) SGB VII ausgestalteten autonomen Kooperation ebenfalls Verbundpotentiale angelegt sein.

a) Zusammenarbeit auf nationaler Ebene

Die autonome Kooperation mit Dritten auf nationaler Ebene findet hauptsächlich über die Kommission Arbeitsschutz und Normung (KAN) statt, wobei daneben noch eine Vielzahl weiterer Kooperationen besteht.

aa) Kommission Arbeitsschutz und Normung (KAN)

Die Kommission Arbeitsschutz und Normung (KAN) wird von dem Verein zur Förderung der Arbeitssicherheit in Europa e. V. (VFA) getragen.[482] Dessen Mitglieder sind die gewerblichen Berufsgenossenschaften und die Unfallversicherungsträger der öffentlichen Hand.[483] Die Geschäftsstelle der KAN ist daher bei der DGUV e. V. angesiedelt.[484] Das vorrangige Ziel des VFA besteht in der Förderung der Arbeitssicherheit in Europa. Zur Verwirklichung dieses Ziels setzt sich die KAN dafür ein, dass nur Produkte mit einem hohen Schutzniveau auf den europäischen Markt kommen.[485]

In der KAN arbeiten die Vertreter der DGUV e. V. mit Vertretern der Sozialpartner, des Staates und des DIN e. V. zusammen und erörtern arbeitsschutz-

---

479 Dabei wird die DGUV e. V. sowohl als Kooperationspartner als auch als Steuerungs- und Koordinierungsinstitution der Unfallversicherungsträger tätig.

480 Siehe dazu die Aufzählung bei *DGUV e. V.* (Hrsg.), Präventionsnetzwerke.

481 Im Hinblick auf Betriebs- und Geschäftsgeheimnisse ist mit *Eichendorf*, in: jurisPK-SGB VII, Stand: 15.01.2022, § 19, Rn. 51, ergänzend auf (§§ 199 ff. SGB VII i. V. m.) § 35 Abs. 1, Abs. 4 SGB I i. V. m. §§ 67 ff. SGB X abzustellen.

482 *KAN* (Hrsg.), Träger; *Lambert*, Die BG 2005, S. 460 (461).

483 *Lambert*, Die BG 2005, S. 460 (461).

484 *Kranig/Timm*, in: Hauck/Noftz, SGB VII, EL 4/2016, § 14, Rn. 46.

485 *Turowski*, DGUV Forum 1–2/2012, S. 34 (37).

bezogene Aspekte der Normung.[486] Die darauf folgenden Beschlüsse der KAN repräsentieren das Meinungsbild der in der KAN vertretenen Arbeitsschutzakteure. Dadurch soll ein Beitrag dazu geleistet werden, bereits im Rahmen der Entwicklung und Konstruktion von Arbeitsmitteln Gefahren für Unfälle und Berufskrankheiten zu minimieren.[487] Die KAN selbst übt keine Normungstätigkeiten aus, sondern wirkt vielmehr an der Normung mit. Hierfür kann die KAN Stellungnahmen im Rahmen von Normungsvorhaben abgeben, Normungsvorhaben oder die Überarbeitung einer Norm beantragen, Arbeitsschutzexperten in der Normung unterstützen, Stellungnahmen zu Normentwürfen abgeben, Überarbeitungsanträge fertiger Normen unterstützen,[488] aber auch erarbeitete Meinungsbilder in europäische Normungsorganisationen, wie das CEN[489] oder das CENELEC[490], ebenso wie in internationale Normungsorganisationen einbringen.[491]

In der KAN treten die Vertreter der DGUV e. V. unter der Perspektive der Normung mit verschiedenen Arbeitsschutzakteuren in einen Austausch[492] über arbeitsschutzrechtliche Fragen. Dadurch kann nicht nur ein Meinungsbild abgebildet werden,[493] das schließlich öffentlich gemacht wird, sondern insbesondere auch ein Austausch von Wissensressourcen zwischen den verschiedenen Akteuren stattfinden.

bb) Weitere Kooperationen

Neben diesen Kooperationen ist die DGUV e. V. noch Mitglied der *Bundesvereinigung für Prävention und Gesundheitsförderung e. V.* (BVPG), in der alle maßgeblichen Institutionen und Verbände, die auf dem Gebiet der Prävention und Gesundheitsförderung tätig sind, zusammenarbeiten. Das Ziel der Bundesvereinigung besteht darin, nicht nur im deutschen Gesundheitswesen, sondern in allen Politik- und Lebensbereichen, eine koordinierte präventive

486 *Kranig/Timm*, in: Hauck/Noftz, SGB VII, EL 4/2016, § 14, Rn. 46; *Lambert*, Die BG 2005, S. 460 (461); *Meyer*, DGUV Forum 12/2022, S. 13 (14).

487 *Lambert*, Die BG 2005, S. 460.

488 *Janowitz/Robert*, Die BG 2005, S. 463 (464 f.).

489 Europäisches Komitee für Normung (französisch: Comité européen de normalisation).

490 Europäisches Komitee für elektrotechnische Normung (französisch: Comité européen de normalisation en électronique et en électrotechnique).

491 *Janowitz/Robert*, Die BG 2005, S. 463 f.

492 *Janowitz/Robert*, Die BG 2005, S. 463, sprechen von einem „umfassende[n] Austausch mit allen interessierten Arbeitsschutzkreisen“; *Meyer*, DGUV Forum 12/2022, S. 13 (14).

493 Siehe dazu die Beschlüsse der KAN.

und gesundheitsfördernde Ausrichtung zu etablieren.[494] Darüber hinaus arbeitet die DGUV e.V. insbesondere noch mit dem *Deutschen Verkehrssicherheitsrat e. V.* (DVR), der *Bundesarbeitsgemeinschaft für Sicherheit und Gesundheit bei der Arbeit e. V.* (Basi), der *Bundesarbeitsgemeinschaft Mehr Sicherheit für Kinder e. V.* (BAG) und den staatlichen Marktüberwachungsbehörden zusammen.[495]

b) Zusammenarbeit auf internationaler Ebene

Auf internationaler Ebene beteiligen sich die Unfallversicherungsträger an dem Arbeitsschutznetzwerk *EUROSHNET* (EURopean Occupational Safety and Health NETwork). Dieses wird von der DGUV e.V., der KAN und mehreren europäischen Arbeitsschutzinstitutionen getragen und soll die europaweite Zusammenarbeit von Experten aus Normung, Prüfung und Zertifizierung nicht nur ermöglichen, sondern auch fördern.[496] Die wesentlichen Ziele von EUROSHNET bestehen darin, Kontakte zwischen Arbeitsschutzexperten herzustellen, gemeinsame Diskussionen zu fördern und relevante Fragen des Arbeitsschutzes zu verbreiten.[497] Das Netzwerk besteht im Wesentlichen aus thematisch gegliederten Internetforen, die jeder in europäischen Arbeitsschutzinstitutionen tätige Arbeitsschutzexperte nutzen kann. Dabei können insbesondere Informations- und Wissensgrundlagen zum Thema Sicherheit und Gesundheit am Arbeitsplatz abgerufen, verbreitet und diskutiert werden.[498]

Die DGUV e.V. ist auch einer von drei nationalen Hauptakteuren der *Europäischen Agentur für Sicherheit und Gesundheitsschutz am Arbeitsplatz*, die online ein Informationsnetzwerk für Sicherheit und Gesundheit am Arbeitsplatz in Europa bereithält.[499] Dieses Informationsnetzwerk ist vorrangig darauf ausgelegt, Wissensressourcen zum Arbeitsschutz für Unternehmer bereitzustellen,[500] wobei auch ein Austausch zwischen den europäischen Arbeitsschutzakteuren ermöglicht wird.

Die DGUV e.V. ist ebenfalls Vollmitglied der im Jahre 1927 gegründeten *Internationalen Vereinigung für Soziale Sicherheit* (IVSS). In der IVSS existieren verschiedene Fachausschüsse, unter anderem für die Versicherung gegen Arbeitsunfälle und Berufskrankheiten. Daneben ist ein besonderer Aus-

---

494 *BVPG e. V.* (Hrsg.), Aufgaben und Ziele.

495 Siehe dazu *DGUV e. V.* (Hrsg.), Präventionsnetzwerke.

496 *Turowski*, DGUV Forum 1–2/2012, S. 34 (37); *Reitz/Jacques/Lambert*, Die BG 2008, S. 458.

497 *Reitz/Schlüter/Lambert*, Die BG 2003, S. 590 ff.; *Reitz*, Die BG 2007, S. 399.

498 *Robert/Schlüter*, Die BG 2005, S. 484 (487 f.).

499 *EU-OSHA* (Hrsg.), Unsere Tätigkeiten.

500 *EU-OSHA* (Hrsg.), Unsere Tätigkeiten.

schuss für Prävention eingerichtet, den die DGUV e. V. und verschiedene Unfallversicherungsträger unterstützen.[501]

Darüber hinaus beteiligt sich die DGUV e. V. an Expertensitzungen der *EU-Kommission* zu Vorhaben, die die Verbesserung von Sicherheit und Gesundheitsschutz betreffen. Mit der *Internationalen Arbeitsschutzorganisation* (ILO) arbeitet die DGUV e. V. auf Grundlage eines bilateralen Kooperationsvertrags zusammen und kooperiert mit der *Weltgesundheitsorganisation* (WHO) im Rahmen von Strategien, Programmen und Projekten zur Gesundheit von Beschäftigten.[502] Des Weiteren arbeitet die DGUV e. V. noch mit der *Europäischen Stiftung zur Verbesserung der Lebens- und Arbeitsbedingungen* (EWCS), dem *Europäischen Netzwerk Aus- und Weiterbildung in Sicherheit und Gesundheitsschutz* (ENETOSH) sowie *PEROSH* (Partnerschaft für europäische Forschung im Arbeitsschutz) zusammen.[503]

c) Vielfältige Kooperationen

Die autonome Kooperation der Berufsgenossenschaften mit Dritten, die größtenteils über den Spitzenverband stattfindet, erfolgt im Rahmen unterschiedlicher Kooperationsformen und verdeutlicht die enge Vernetzung der auf nationaler und internationaler Ebene im Arbeits- und Gesundheitsschutz tätigen Akteure. Diese führt zu einem kleingliedrigen und nicht klar strukturierten Gebilde von Netzwerken, das vor der Herausforderung steht, die wesentlichen Fragen nicht aus den Augen zu verlieren.

4. Fazit

Die Verbundpotentiale im Rahmen der informationellen Zusammenarbeit mit Dritten ergänzen die auf die Mitgliedsunternehmen ausgerichteten unselbstständig erzeugenden ebenso wie die selbstständig erzeugenden Potentiale.

Es gilt zwischen der informationellen Zusammenarbeit mit Dritten auf einer konkreten gesetzlichen Grundlage, der informationellen Zusammenarbeit der gewerblichen Berufsgenossenschaften und der Unfallversicherungsträger der öffentlichen Hand im und über den Spitzenverband und der autonomen Kooperation mit Dritten zu unterscheiden.

---

501 Zur ersten weltweiten VISION ZERO-Kampagne der IVSS siehe *Herbst/Timm*, DGUV Forum 1–2/2019, S. 30 f.; *Ehnes*, DGUV Forum 7–8/2023, S. 8 ff.

502 Siehe zu allem *DGUV e. V.* (Hrsg.), Präventionsnetzwerke.

503 Siehe dazu *DGUV e. V.* (Hrsg.), Präventionsnetzwerke.

Insbesondere die informationelle Zusammenarbeit mit Dritten auf konkreter gesetzlicher Grundlage wurde in der Vergangenheit immer stärker ausgebaut, was sich beispielsweise anhand des Austauschs mit den Krankenkassen zeigt. Demgegenüber ist die informationelle Zusammenarbeit der Unfallversicherungsträger im und über den Spitzenverband bereits seit Langem sehr intensiv ausgestaltet. Dieser wurde schließlich sogar mit verschiedenen Aufgaben im Präventionsbereich beliehen. Mit Ausnahme der Beteiligung am IVSS verkörpert die autonome Kooperation mit Dritten schließlich eine Erscheinung jüngeren Datums, die vor allem den vielfältigen Einflussfaktoren auf die Primärprävention geschuldet ist.

IV. Wissensmanagement anhand der vielfältigen erzeugenden Potentiale

Anhand der Wissensperspektive konnten die verschiedenen erzeugenden Potentiale im gesetzlichen Unfallversicherungssystem herausgearbeitet, systematisiert und strukturiert werden. Dabei wurde insbesondere deutlich, dass die Genossenschaften anhand der Gesamtheit erzeugender Potentiale in umfassender Weise relevantes Wissen für die Verwirklichung ihres Präventionsauftrags erzeugen können.

1. Erzeugung und Weiterverwendung von Wissensressourcen

Die *unselbstständig erzeugenden Potentiale* sind auf die Erzeugung von Wissensressourcen aus den Mitgliedsunternehmen und von Dritten ausgerichtet.[504] Diese Potentiale sind in verschiedenen erkenntnisorientierten Instrumenten angelegt und enthalten aus sich heraus Kriterien für die Erzeugung von Wissensressourcen, die eine Relevanz für die Verwirklichung des Präventionsauftrags besitzen. Daher können die Genossenschaften anhand der unselbstständig erzeugenden Potentiale aus der schieren Masse der über sämtliche Mitgliedsunternehmen und bestimmte Dritte dezentral verteilten präventionsbezogenen Wissensressourcen diejenigen erzeugen, die für die Erfüllung des Präventionsauftrags relevant sind.

Demgegenüber ermöglichen die *selbstständig erzeugenden Potentiale* den Genossenschaften die Erzeugung von Wissensressourcen, ohne dass dabei die Mitgliedsunternehmen oder Dritte zwangsläufig einbezogen werden müssen.[505] Dadurch runden sie die genossenschaftlichen Möglichkeiten zur Wissenserzeugung ab.

---

504 Siehe dazu 2. Teil, A. I., III.

505 Siehe dazu 2. Teil, A. II.

Die insofern erzeugten Wissensressourcen können die Genossenschaften anschließend auf vielfältige Weise weiterverwenden. Sie können sie entweder durch Interpretation bzw. interpretatorische Verknüpfung vor allem zu Informationen oder Wissen vollenden[506] oder ohne diese kognitiven Leistungen interpretations*frei* weiterverwenden, etwa durch bloßes Speichern. Diese verschiedenen Formen der Weiterverwendung beruhen immer noch auf dem jeweiligen erzeugenden Potential und können daher immer noch als dessen Inanspruchnahme qualifiziert werden.

2. Bildung von Organisationswissen

Die Informationen und das Wissen können schließlich auf der Ebene der Selbstverwaltung weiterverwendet werden. Dort können sie in Gestalt ihrer Grundlagen unter anderem mit anderen Akteuren derselben Berufsgenossenschaft geteilt werden.[507] Dabei werden in den Berufsgenossenschaften nicht nur anlass- und einzelfallbezogen Informations- und Wissensgrundlagen im Wege der Kommunikation geteilt. Es findet vielmehr eine regelmäßige Kommunikation der mit Präventionsaufgaben betrauten Personen ebenso wie weiterer relevanter Personen statt.[508] Dabei kann sowohl ein zusammenhängender Erfahrungskontext einzelner organisatorisch verfestigter Einheiten der Berufsgenossenschaften,[509] wie der Präventionsabteilungen, als auch ein zusammenhängender Erfahrungskontext der gesamten Berufsgenossenschaft herausgebildet und aufrechterhalten werden. Über diese jeweiligen Erfahrungskontexte kann sowohl Organisationswissen der Präventionsabteilungen als auch der Berufsgenossenschaften gewonnen werden.[510] Dafür gilt es, die erzeugten Wissensressourcen ebenso wie daraus gebildete Informationen und gebildetes

---

506 Siehe dazu 1. Teil, C. II. 3.

507 Das Teilen mit Akteuren derselben Berufsgenossenschaft stellt eine eigene Verwaltungsmaßnahme dar, die jedenfalls auf § 14 Abs. 1 S. 1 SGB VII („mit allen geeigneten Mitteln") gestützt werden kann. Dabei hängt die anwendbare Norm vom jeweiligen Einzelfall und der Auslegung der jeweils in Betracht kommenden Normen ab. Obwohl in dieser Konstellation ein Akteur der Berufsgenossenschaft Wissensressourcen an andere Akteure derselben Berufsgenossenschaft übermittelt, kommt es dabei durch ein initiatives und konkretes Tätigwerden der Berufsgenossenschaft zur Erzeugung von Wissensressourcen auf der Ebene der Berufsgenossenschaft. Es handelt sich dabei um eine Weiterverwendung von Wissensressourcen zur Erzeugung weiterer Wissensressourcen.

508 Vgl. *DGUV e. V.* (Hrsg.), Qualität in der Prävention: Liste der Präventionsdienstleistungen, S. 11 ff.

509 Allgemein *Hilse*, in: Götz, Wissensmanagement, S. 155 (169), zu communities of practice.

510 Sofern Organisationswissen in organisatorisch verfestigten Einheiten von Berufsgenossenschaften gebildet wird, kann es in Gestalt seiner Grundlagen schließlich auch in den zusammenhängenden Erfahrungskontext der Berufsgenossenschaften inte-

Wissen in Gestalt ihrer Grundlagen in den jeweiligen zusammenhängenden Erfahrungskontext zu integrieren.[511] Sofern durch Interpretationen und vor allem interpretatorische Verknüpfungen der beteiligten Personen in dem jeweiligen Erfahrungskontext ein neuer Cluster organisationsspezifischer Lernerfahrungen entsteht, werden dessen Ergebnisse als spezifisches Organisationswissen der Präventionsabteilungen oder Berufsgenossenschaften greifbar.[512]

Die Sachgebiete der DGUV e.V. werden im Gegensatz zu den Berufsgenossenschaften ausdrücklich dazu verpflichtet, „Erkenntnisse, Erfahrungswissen und Fachmeinungen“[513] zusammenzuführen. Aus dieser Verpflichtung folgt, dass die Sachgebiete als eigenständig verfestigte Organisationseinheiten[514] der DGUV e.V. einen zusammenhängenden Erfahrungskontext herausbilden und aufrechterhalten müssen.[515] Dieser ermöglicht den Mitgliedern der Sachgebiete einerseits, Informations- und Wissensgrundlagen annähernd gleichgerichtet zu Informationen und Wissen zu vollenden. Andererseits kann über den zusammenhängenden Erfahrungskontext auch Organisationswissen der Sachgebiete gewonnen werden. Dafür gilt es in den Sachgebieten Wissensressourcen nicht nur schlicht zusammenzufassen, sondern in den zusammenhängenden Erfahrungskontext zu integrieren,[516] wodurch sie mit Mitgliedern der Sachgebiete im Wege der Kommunikation geteilt werden.[517] Sofern daran anschließend durch Interpretationen und vor allem interpretatorische Verknüpfungen der Sachgebietsmitglieder in dem zusammenhängenden Erfahrungskontext ein neuer Cluster organisationsspezifischer Lernerfahrungen entsteht,[518] werden dessen Ergebnisse als spezifisches Organisationswissen

griert werden, wodurch wiederum Organisationswissen der Berufsgenossenschaft gewonnen werden kann.

511 Die Integration in den Erfahrungskontext verkörpert ebenfalls eine Verwaltungsmaßnahme, die wiederum jedenfalls auf § 14 Abs. 1 S. 1 SGB VII gestützt werden kann. Dabei werden Wissensressourcen zur Erzeugung von Organisationswissen unter Inanspruchnahme eines initiativ erzeugenden Potentials weiterverwendet.

512 In der Entstehung eines Clusters durch Interpretationen verschiedener Personen kann *eine* Verwaltungsmaßnahme der beteiligten Akteure i.S.d. § 14 Abs. 1 S. 1 SGB VII gesehen werden. Dabei werden Wissensressourcen zur Erzeugung von Organisationswissen weiterverwendet.

513 Kapitel I Nr. 3.1.2 2. Bullet Point DGUV Grundsatz 300-001.

514 Kapitel I Nr. 1.4 DGUV Grundsatz 300-001.

515 Allgemein *Hilse*, in: Götz, Wissensmanagement, S. 155 (169).

516 Dabei handelt es sich um eine Verwaltungsmaßnahme i.S.d. § 14 Abs. 1 S. 1 SGB VII i.V.m. Kapitel I Nr. 3.1.2 2. Bullet Point DGUV Grundsatz 300-001.

517 Das gilt in gleicher Weise für die Grundlagen des im Rahmen der Forschung gewonnenen Wissens.

518 Dabei handelt es sich wiederum um eine Verwaltungsmaßnahme i.S.d. § 14 Abs. 1 S. 1 SGB VII i.V.m. Kapitel I Nr. 3.1.2 2. Bullet Point DGUV Grundsatz 300-001.

der Sachgebiete greifbar,[519] das unter den weiten Begriff des genossenschaftlichen Organisationswissens gefasst werden kann.

Vergleichbar zu den Sachgebieten kann auch in den eigenständig verfestigten Fachbereichen[520] der DGUV e. V. über einen zusammenhängenden Erfahrungskontext Organisationswissen des Fachbereichs gebildet werden, das ebenfalls unter den weiten Begriff des genossenschaftlichen Organisationswissens gefasst werden kann. Da die Berufsgenossenschaften üblicherweise die Trägerschaft desjenigen Fachbereichs übernehmen, der ihrem Zuständigkeitszuschnitt entspricht, müssen keine wesentlichen Unterschiede zwischen dem Erfahrungskontext der Berufsgenossenschaft und demjenigen des jeweiligen Fachbereichs bestehen.[521]

Darüber hinaus wird schließlich auch Organisationswissen der DGUV e. V. gebildet. Das macht der im DGUV Grundsatz 300-001 enthaltene Auftrag zu einem intensiven Erfahrungsaustausch der Sachgebiete und der Fachbereiche instruktiv deutlich.[522] Dabei wird ein zusammenhängender Erfahrungskontext des gesamten Spitzenverbandes herausgebildet und aufrechterhalten, worüber schließlich Organisationswissen der DGUV e. V. gewonnen werden kann.[523]

3. Genossenschaftliches Wissensmanagement

Auf Grundlage der Überlegungen Willkes zum organisationalen Wissensmanagement[524] wird anhand der Ausführungen zu den vielfältigen erzeugenden Potentialen deutlich,[525] dass diese den Genossenschaften ein Wissensmanagement ermöglichen, das letztlich auf die Herausbildung von präventionsbezogenem Organisationswissen ausgerichtet ist:

(1) Die Genossenschaften verfügen mit den erzeugenden Potentialen einerseits über Instrumente für die Erzeugung von präventionsbezogenen Wissensressourcen.[526]

---

519 Siehe dazu allgemein 1. Teil, C. II. 3. a).

520 Kapitel I Nr. 1.4, 2 DGUV Grundsatz 300-001.

521 Vgl. allgemein *Hilse*, in: Götz, Wissensmanagement, S. 155 (169), wonach communities of practice auch über einzelne Organisationen hinausgehen können.

522 Kapitel I Nr. 1.7 DGUV Grundsatz 300-001.

523 Sowohl bei der Integration in den zusammenhängenden Erfahrungskontext als auch bei den Interpretationen handelt es sich um Verwaltungsmaßnahmen i. S. d. § 14 Abs. 1 S. 1 SGB VII i. V. m. Kapitel I Nr. 1.7 DGUV Grundsatz 300-001.

524 Siehe dazu 1. Teil, C. II. 3. c).

525 2. Teil, A. IV. 1. und 2.

526 Allgemein *Willke*, Systemtheorie III: Steuerungstheorie, S. 220, spricht von „Beobachtungsinstrumente[n]“; zum Individuum als Beobachtungsinstanz siehe *Baecker*, Organisation als System, S. 91.

(2) Andererseits wohnen den erzeugenden Potentialen Kriterien inne, anhand derer die Genossenschaften aus der schieren Masse an Wissensressourcen aus den Mitgliedsunternehmen und von Dritten die für die Verwirklichung des Präventionsauftrags relevanten identifizieren können.[527]

(3) Schließlich bilden die erzeugenden Potentiale auch die Grundlage für die Herausbildung von Erfahrungskontexten der Genossenschaften bzw. einzelner ihrer organisatorisch verfestigten Einheiten.[528] Dabei sorgt neben den einzelnen Berufsgenossenschaften insbesondere der DGUV Grundsatz 300-001 dafür, dass die Sachgebiete und Fachbereiche der DGUV e. V. zusammenhängende Erfahrungskontexte bilden und aufrechterhalten. Anhand dieser unterschiedlichen Kontexte kann schließlich organisationales Wissen der Präventionsabteilungen und der Berufsgenossenschaften sowie der Sachgebiete, Fachbereiche und letztlich sogar der DGUV e. V. erzeugt werden.[529]

Die Genossenschaften betreiben dieses Wissensmanagement anhand der unterschiedlichen erzeugenden Potentiale, um Wissen für die Verwirklichung ihres Präventionsauftrags zu erzeugen. Darauf ist die Wissenserzeugung anhand des genossenschaftlichen Wissensmanagements im Besonderen ausgerichtet. Um das insofern erzeugte Wissen rechtlich zu nutzen, stehen den Genossenschaften verschiedene verwertende Potentiale zur Verfügung. Diese werden im Folgenden konkret untersucht. Dabei werden auch die Wechselbeziehungen zwischen der Erzeugung von Wissensressourcen, ihrer Vollendung zu genossenschaftlichem Wissen ebenso wie dessen Verwertung noch offensichtlicher,[530] wodurch sich das Verständnis für die kognitiven Potentiale und das daran anknüpfende Wissensmanagement insgesamt weiter erhöhen wird.

B. Verwertende Potentiale

Das anhand der erzeugenden Potentiale gewonnene Wissen können die Genossenschaften anhand der verwertenden Potentiale rechtlich nutzbar machen. Diese finden sich vor allem in den Ermächtigungen zur Recht- und Regelsetzung (dazu I.), die insofern einen Stabilisator des genossenschaftlichen Wissensmanagements verkörpert. Daneben dürfen verschiedene Anreizsysteme (dazu II.) ebenso wie Maßnahmen im Rahmen der verlagerten Tätig-

---

527 Allgemein *Willke*, in: Clermont/Schmeisser/Krimphove, Personalführung und Organisation, S. 61 (70); *ders.*, Systemisches Wissensmanagement, S. 34; *ders.*, Systemtheorie III: Steuerungstheorie, S. 220.

528 Allgemein *Willke*, Systemisches Wissensmanagement, S. 35.

529 Allgemein *Willke*, Systemisches Wissensmanagement, S. 35.

530 Siehe dazu Einleitung, I. 1.

keitsschwerpunkte der Genossenschaften (dazu III.) im Hinblick auf die verwertenden Potentiale nicht außer Acht gelassen werden. Schließlich finden sich auch in den Verwaltungsmaßnahmen mit Doppelfunktion verwertende Potentiale. Diese werden in dem eigenständigen Abschnitt C. näher untersucht.

I. Recht- und Regelsetzungsermächtigungen

Die Berufsgenossenschaften können im Präventionsbereich autonomes Recht in Form von Unfallverhütungsvorschriften (§ 15 SGB VII) setzen (dazu 1.). Daneben erarbeitet und veröffentlicht vor allem die DGUV e.V. Regelwerke ohne Rechtsnormcharakter in Form von (Branchen-)Regeln, Informationen und Grundsätzen (dazu 2.). Diese Vorschriften und Regeln können schließlich auf vielfältige Weise durchgesetzt werden (dazu 3.).

1. Unfallverhütungsvorschriften

Bereits das Unfallversicherungsgesetz von 1884 ermächtigte die Genossenschaften zum Erlass von Unfallverhütungsvorschriften.[531] Diese Ermächtigung wurde ursprünglich vor allem zum Erlass von Vorschriften zum technischen Arbeitsschutz[532] genutzt und besteht bis heute fort. Sie ist derzeit in § 15 Abs. 1 S. 1 SGB VII enthalten. Die Unfallverhütungsvorschriften der Berufsgenossenschaften verkörpern „autonomes Recht“[533] und werden nach überwiegender Ansicht als Satzungen[534] qualifiziert.[535] In ihrer Gesamtheit

---

531 § 78 des Unfallversicherungsgesetzes vom 06.07.1884, RGBl. 1884, No 19, S. 69.

532 *Wilhelm*, Die Unfallverhütungsvorschriften im System des deutschen und des europäischen Rechts, S. 5.

533 § 15 Abs. 1 S. 1 SGB VII.

534 *Gitter/Nunius*, in: Schulin, HSozVR, Band 2, § 6, Rn. 93; obwohl das *BSG*, BSGE 85, 98 (102), lediglich davon spricht, dass Unfallverhütungsvorschriften „*autonome Rechtsnormen (BSGE 65, 5, 6 = SozR 2200 § 708 Nr. 4)* und als solche einer körperschaftlichen Satzung vergleichbar“ sind, zitiert die Literatur das Urteil, um die Unfallverhütungsvorschriften als Satzungen zu qualifizieren; siehe zur früheren Diskussion, wonach u. a. vertreten wurde, Unfallverhütungsvorschriften seien Rechtsverordnungen *Hänlein*, SGb 1996, S. 462 (464 f.); das BVerfG hat bereits in BVerfGE 1, 91 (94 f.), die Festsetzung des Durchschnitts-Jahresverdienstes durch Berufsgenossenschaften in formeller Hinsicht als autonome Satzung bezeichnet.

535 Zwar folgt die Ermächtigung zum Erlass der Unfallverhütungsvorschriften nicht aus der allgemeinen Satzungsermächtigung in § 34 SGB IV, sondern aus § 15 Abs. 1 S. 1 SGB VII. Dennoch erfüllen Unfallverhütungsvorschriften mit *Gitter/Nunius*, in: Schulin, HSozVR, Band 2, § 6, Rn. 84 ff., sämtliche Anforderungen und Merkmale einer körperschaftlichen Satzung.

bilden sie das autonome Arbeitsschutzrecht[536], das das staatliche Vorschriftenwerk ergänzt und sich im Laufe der Zeit zu einer „tragende[n] Säule“[537] des dualen deutschen Arbeitsschutzrechtes entwickelt hat. Das war vor allem deshalb möglich, weil die Unfallverhütungsvorschriften, wie bereits das Reichsgericht feststellte, auf Grundlage von analysierten Betriebserfahrungen typische Gefährdungssituationen regeln.[538]

a) Die Rechtsetzungskompetenz nach der Novellierung im Jahr 2008

Dieser historisch gewachsene Dualismus von staatlichem und autonomem Recht wurde durch das UVMG im Jahr 2008 aufgegeben. Dieses führte im „Interesse eines überschaubaren und anwenderfreundlichen Vorschriften- und Regelwerks“[539] die Kompetenz der Unfallversicherungsträger zum Erlass von Unfallverhütungsvorschriften „auf ein unabdingbar notwendiges Maß“[540] zurück.

Diese Beschränkung ist letztlich auf Entwicklungen des europäischen Rechts zurückzuführen. Diese veränderten nicht nur das staatliche deutsche Arbeitsschutzrecht nachhaltig, sondern wirkten sich auch auf die Kompetenz der Berufsgenossenschaften zum Erlass von Unfallverhütungsvorschriften aus. Art. 153 AEUV (ex-Art. 137 EGV, ex-Art. 118a EWG) spricht der Europäischen Union umfassende Kompetenzen im Bereich des betrieblichen Arbeitsschutzes zu. Auf dieser Grundlage ist unter anderem die Arbeitsschutzrahmen-Richtlinie 89/391/EWG vom 12. Juni 1989 erlassen worden. Deren Art. 16 Abs. 1 verkörpert nicht nur den „‚Grundstein‘ des betrieblichen europäischen Arbeitsschutzrechts“[541],[542] sondern bildet wiederum die Grundlage

---

536 Nach § 115 Abs. 1 S. 1 SGB VII kann die Unfallversicherung Bund und Bahn keine Unfallverhütungsvorschriften erlassen. Demgegenüber können die anderen Unfallversicherungsträger der öffentlichen Hand i. S. v. § 114 Abs. 1 S. 1 Nr. 4–7 aber Unfallverhütungsvorschriften erlassen.

537 *Wilhelm*, Die Unfallverhütungsvorschriften im System des deutschen und des europäischen Rechts, S. 23.

538 *RG*, RGZ 95, 238 (240); JW 1929, S. 1461; so auch *BGH*, VersR 1953, S. 335; VersR 1972, S. 149 (150); VersR 1972, S. 767 (768); siehe auch *Rink*, Der Präventionsauftrag der gesetzlichen Unfallversicherung, S. 97; *Kanzenbach/Zakrzewski*, in: Becker/Franke/Molkentin/Hedermann, SGB VII, § 15, Rn. 6.

539 BT-Drs. 16/9154, S. 26.

540 BT-Drs. 16/9154, S. 26.

541 *Wiebauer*, in: Landmann/Rohmer, GewO, 70. EL, Juni 2015, Vorbemerkung zu § 1 ArbSchG, Rn. 4.

542 Nach *Wiebauer*, in: Landmann/Rohmer, GewO, 70. EL, Juni 2015, Vorbemerkung zu § 1 ArbSchG, Rn. 38, und *Kollmer*, in: ders./Klindt/Schucht, ArbSchG, Überblick Vor § 1, Rn. 34, setzt das ArbSchG die Arbeitsschutzrahmen-Richtlinie 89/391/EWG weitgehend eins zu eins um.

verschiedener Einzelrichtlinien[543], die insbesondere anhand von Rechtsverordnungen auf Grundlage der §§ 18, 19 ArbSchG in deutsches Recht umgesetzt worden sind.[544]

Vor dem Hintergrund dieser Entwicklung wurde der Handlungsspielraum der Berufsgenossenschaften, arbeitsschutzrechtliche Fragestellungen durch autonomes Recht eigenständig zu regeln, immer weiter eingeschränkt. Diese Entwicklung wurde durch das UVMG schließlich rechtlich nachvollzogen, indem die Ermächtigung der Berufsgenossenschaften zum Erlass von Unfallverhütungsvorschriften in § 15 SGB VII beschränkt wurde.[545] Seitdem steht die Rechtsetzungskompetenz der Berufsgenossenschaften in § 15 Abs. 1 S. 1 SGB VII unter einer restriktiven Trias.[546]

Demnach können Unfallverhütungsvorschriften über Maßnahmen zur Prävention nur noch erlassen werden, soweit dies zur Prävention geeignet[547] und erforderlich[548] ist und das staatliche Arbeitsschutzrecht hierüber keine Regelung trifft[549].[550] Nachdem dieses durch die Umsetzung der europäischen Richt-

---

543 Siehe die Aufzählung bei *Wiebauer*, in: Landmann/Rohmer, GewO, 70. EL, Juni 2015, Vorbemerkung zu § 1 ArbSchG, Rn. 8, und *Kranig/Timm*, in: Hauck/Noftz, SGB VII, EL 4/2016, § 14, Rn. 11.

544 Siehe die Aufzählung bei *Kollmer*, in: ders./Klindt/Schucht, ArbSchG, Überblick Vor § 1, Rn. 62ff.; *Kranig/Timm*, in: Hauck/Noftz, SGB VII, EL 4/2016, § 14, Rn. 11a; *Wiebauer*, in: Landmann/Rohmer, GewO, 70. EL, Juni 2015, Vorbemerkung zu § 1 ArbSchG, Rn. 39.

545 *Kranig/Timm*, in: Hauck/Noftz, SGB VII, EL 4/2016, § 14, Rn. 12.

546 *Hussing/Pinter*, Die BG, 2008, S. 419 (420), sprechen demgegenüber von einer „dreistufigen Prüfung“.

547 Eine Unfallverhütungsvorschrift kann mit *Schmitt*, SGB VII, § 15, Rn. 14, auch ohne Konkretisierung des Begriffs der Geeignetheit durch das SGB VII oder die Gesetzesbegründung unter Rückgriff auf das im Verfassungsrecht entwickelte Begriffsverständnis als geeignet qualifiziert werden, sofern sie den mit ihr verfolgten Zweck zumindest fördern wird, siehe dazu auch *Pabst*, EK-UVMG, § 15 SGB VII, S. 55.

548 Die Erforderlichkeit kann im Rahmen des § 15 SGB VII anhand der formellen Verfahrensvoraussetzungen in § 15 Abs. 4 S. 6 Nr. 1 und 2 SGB VII näher konkretisiert werden, vgl. hierzu *Pabst*, EK-UVMG 2008, § 15 SGB VII, S. 55; *Hussing/Pinter*, Die BG 2008, S. 419 (420).

549 Durch diese Bestimmung wird das der allgemeinen Vorschriftenhierarchie zugrundeliegende Prinzip des Vorrangs des staatlichen Arbeitsschutzrechts gegenüber dem autonomen Recht der Unfallversicherungsträger festgeschrieben. Dieses gilt nicht nur für Parlamentsgesetze, sondern auch für Verordnungen und technische Regeln, vgl. dazu *Pabst*, EK-UVMG 2008, § 15 SGB VII, S. 55; *Schmitt*, SGB VII, § 15, Rn. 14.

550 Für *Ricke*, in: Beck'scher Online-Grosskommentar (Kasseler Kommentar), SGB VII, Stand: 15.05.2023, § 15, Rn. 3, ist es auch ohne gesetzliche Erwähnung selbstverständlich, dass Unfallverhütungsvorschriften für Zwecke der Prävention geeignet und erforderlich sein müssen.

linien eine erhebliche Ausweitung erfahren hat,[551] ist die Ermächtigung der Berufsgenossenschaften zum Erlass von Unfallverhütungsvorschriften nunmehr erheblich beschränkt.[552] Daher wird sich auf lange Sicht der quantitative Umfang des autonomen Vorschriftenwerks erheblich reduzieren.[553]

b) Maßgebliche Verantwortung der DGUV e.V. im Rechtsetzungsverfahren

Durch das UVMG wurde zudem die Mitwirkung der DGUV e.V. beim Erlass der Unfallverhütungsvorschriften gesetzlich festgeschrieben.[554] Deren Mitwirkungs- und Koordinierungsaufgaben haben zwar nur unterstützenden Charakter und vermitteln der DGUV e.V. keine Entscheidungskompetenzen.[555] Dennoch darf ihr Einfluss im Rahmen der Erarbeitung der Unfallverhütungsvorschriften nicht unterschätzt werden.

Die DGUV e.V. hat ihre Mitwirkung bei der Erarbeitung von Unfallverhütungsvorschriften im DGUV Grundsatz[556] 300-001 ausführlich geregelt.[557] Demnach geht die Initiative zur Er- und Überarbeitung[558] von Unfallverhütungsvorschriften vom zuständigen Sachgebiet, dem unter anderem Aufsichtspersonen und sonstige Präventionsfachleute der Unfallversicherungsträger

---

551 *Kranig/Timm*, in: Hauck/Noftz, SGB VII, EL 4/2023, § 15, Rn. 23; siehe auch *Wilhelm*, Die Unfallverhütungsvorschriften im System des deutschen und des europäischen Rechts, S. 160ff.

552 Die gesetzliche Regelung knüpft damit an die mit den Grundsätzen zur Neuordnung des Arbeitsschutzrechts (BArbBl. 10/1999, S. 46f.) und den Leitlinien zur künftigen Gestaltung des Vorschriften- und Regelwerks im Arbeitsschutz (BArbBl. 6/2003, S. 48ff.) eingeleitete Entwicklung an, das deutsche Arbeitsschutzrecht zu konzentrieren und zu straffen, um ein in sich abgestimmtes und kohärentes Arbeitsschutzrechtsregime zu schaffen.

553 Bereits vor der Novelle durch das UVMG hat *Rentrop*, Die BG 2003, S. 226 (229), darauf hingewiesen, dass es in Zukunft wohl nur noch eine erheblich reduzierte Zahl von Unfallverhütungsvorschriften geben werde. Er ging sogar so weit, davon zu sprechen, dass allein die BGV A 1 (heute: DGUV Vorschrift 1 – Grundsätze der Prävention) ausreichend sei.

554 § 15 Abs. 1 S. 1 SGB VII; nach § 15 Abs. 1a SGB VII wirkt die DGUV e.V. jedoch nicht beim Erlass der Unfallverhütungsvorschriften der landwirtschaftlichen Berufsgenossenschaft mit.

555 *Ricke*, in: Beck'scher Online-Grosskommentar (Kasseler Kommentar), SGB VII, Stand: 15.05.2023, § 15, Rn. 12b; *P. Becker*, in: Krasney/ders./Heinz/Bieresborn, Gesetzliche Unfallversicherung, 35. EL, September 2019, § 15 SGB VII, Rn. 58f.

556 Zu den DGUV Grundsätzen siehe 2. Teil, B. I. 2. c).

557 Kapitel II DGUV Grundsatz 300-001.

558 Nach Kapitel II Nr. 4 DGUV Grundsatz 300-001 gilt für die Überarbeitung einer Unfallverhütungsvorschrift grundsätzlich das gleiche Verfahren wie für die Ausarbeitung einer neuen Unfallverhütungsvorschrift.

angehören,[559] und der DGUV e. V. aus. Dafür erstellen sie zunächst eine gemeinsame Projektbeschreibung.[560] Diese wird rechtlich und formal durch die DGUV e. V. geprüft und danach dem Grundsatzausschuss Prävention des Vorstands der DGUV e. V. und auf dessen Beschluss dem BMAS und den Ländern zur Vorprüfung vorgelegt.[561] Nachdem das BMAS einen Bedarf für die Unfallverhütungsvorschrift festgestellt hat, erarbeitet das zuständige Sachgebiet im Zusammenwirken mit der DGUV e. V. einen Entwurf der Unfallverhütungsvorschrift.[562] Dabei kann vor allem auf das Organisationswissen der Sachgebiete, aber auch auf das Organisationswissen der Fachbereiche sowie der DGUV e. V. zurückgegriffen werden.

Der Entwurf wird schließlich von der jeweiligen Sachgebietsleitung, den Mitgliedern des Sachgebiets und damit auch den entsprechenden Aufsichtspersonen und sonstigen Präventionsfachleuten, den Mitgliedern des Fachbereichs und den Unfallversicherungsträgern zur Stellungnahme vorgelegt. Etwaige Stellungnahmen werden von den Sachgebieten berücksichtigt und können in den abschließenden Entwurf der Unfallverhütungsvorschrift einfließen.[563]

Dieser wird von der Sachgebietsleitung dem zuständigen Fachbereich zur Verabschiedung und danach über den Grundsatzausschuss Prävention der DGUV e. V. dem Vorstand der DGUV e. V. zur Beschlussfassung vorgelegt.[564] Daran anschließend wird der Entwurf dem zuständigen Bundesministerium zugeleitet, damit dieses das Benehmen mit den zuständigen obersten Verwaltungsbehörden der Länder nach § 15 Abs. 4 S. 2 SGB VII herstellen und prüfen kann, ob ein Notifizierungsverfahren nach EU-Recht notwendig ist.[565] Nach der Vorgenehmigung durch das BMAS leitet die DGUV e. V. den Entwurf der Vorschrift den einzelnen Unfallversicherungsträgern mit dem Vorschlag eines einheitlichen Termins für das Inkrafttreten zu.[566]

Die Vertreterversammlungen der einzelnen Unfallversicherungsträger beschließen sodann die für ihren Zuständigkeitsbereich in Betracht kommenden

559 Kapitel I 3.3.1 lit. c) DGUV Grundsatz 300-001; *Buss*, Die BG 1996, S. 88 (91), stellt in diesem Zusammenhang fest, dass die Aufsichtspersonen von heute „Entwürfe für rechtsverbindliche Normen und technische Regeln" entwickeln können müssen.

560 Kapitel II Nr. 2.1 DGUV Grundsatz 300-001.

561 Abstimmungen im Rahmen der Vorprüfung erfolgen nach Kapitel II Nr. 2.2 DGUV Grundsatz 300-001 im Einvernehmen mit der Leitung des Sachgebiets, der Leitung des Fachbereichs und der DGUV e. V.

562 Kapitel II Nr. 2.2, 2.3 DGUV Grundsatz 300-001.

563 Kapitel II Nr. 2.3 DGUV Grundsatz 300-001.

564 Kapitel II Nr. 2.3 DGUV Grundsatz 300-001.

565 Kapitel II Nr. 2.3 DGUV Grundsatz 300-001.

566 Kapitel II Nr. 2.3 DGUV Grundsatz 300-001.

Unfallverhütungsvorschriften unter Berücksichtigung der Besonderheiten ihres jeweiligen Zuständigkeitsbereichs und legen sie über die DGUV e.V. der zuständigen Genehmigungsbehörde vor.[567] Obwohl die Satzungen schließlich durch das mit Rechtsetzungsbefugnissen ausgestattete Selbstverwaltungsorgan der Unfallversicherungsträger[568] erlassen werden, wird die Vertreterversammlung dem Grunde nach als eine nachvollziehende Institution tätig, die die auf der Ebene des Spitzenverbandes erarbeiteten Entwürfe, trotz der Abweichungsmöglichkeiten wegen etwaiger Besonderheiten, letztlich entweder nur absegnen oder verwerfen kann.[569]

Diese konkrete Ausgestaltung des Verfahrens zur Erarbeitung der Unfallverhütungsvorschriften verdeutlicht, dass die Sachgebiete als Arbeitsebenen eines Fachbereichs entscheidende Aufgaben im Rechtsetzungsprozess übernehmen. Da die Fachbereiche im Wesentlichen auf die Zuständigkeitsbereiche der jeweiligen Berufsgenossenschaften fachlich zugeschnitten und grundsätzlich samt Sachgebieten den jeweiligen Berufsgenossenschaften federführend übertragen sind,[570] werden die Kompetenzen der einzelnen Unfallversicherungsträger dadurch im Ergebnis nicht beschnitten. Sie werden vielmehr auf eine formal andere Ebene, die Arbeitsebene der Sachgebiete, verlagert. Die Unfallversicherungsträger erarbeiten die Vorschriften also nicht innerhalb der Körperschaft, sondern auf der Ebene der Sachgebiete. Auf diese Weise können zusätzlich auch alle anderen Unfallversicherungsträger ihr Wissen durch Stellungnahmen[571] in den Rechtsetzungsprozess einbringen, wodurch die Qualität der Rechtsetzung optimiert wird. Gleichwohl verbleibt die Letztentscheidung über die Vorschriften selbstverständlich den Vertreterversammlungen der jeweiligen Unfallversicherungsträger vorbehalten.

c) Konkrete Ausgestaltung des Vorschriftenwerks

Die Unfallverhütungsvorschriften aus der jüngeren Vergangenheit beruhen – vergleichbar zum staatlichen Arbeitsschutzrecht[572] – grundsätzlich auf dem Schutzzielkonzept.[573] Das bedeutet, die Vorschriften enthalten Aussagen

567 Kapitel II Nr. 3 DGUV Grundsatz 300-001; siehe auch *Ricke*, in: Beck'scher Online-Grosskommentar (Kasseler Kommentar), SGB VII, Stand: 15.05.2023, § 15, Rn. 3, 4.

568 § 33 Abs. 1 SGB IV.

569 Zum bloßen „Abnicken" vorgelegter Entwürfe im Rahmen der Parlamentsgesetzgebung siehe *Kloepfer*, NJW 2011, S. 131 (133).

570 *DGUV e. V.* (Hrsg.), Fachbereiche der DGUV.

571 Kapitel II Nr. 2.3 lit. c) DGUV Grundsatz 300-001.

572 *Kranig/Timm*, in: Hauck/Noftz, SGB VII, EL 4/2016, § 14, Rn. 10a.

573 *Kilian/Meyer*, DGUV Forum 12/2022, S. 26 (27).

zum Schutzziel, ohne gleichzeitig konkrete Vorgaben zu machen, wie das Schutzziel zu erreichen ist.[574] Dafür finden sich aber Detailfestlegungen in DGUV Regeln,[575] staatlichen Regeln sowie DIN-Normen, die im Regelfall allesamt den Stand der Technik abbilden.[576]

Die DGUV Vorschrift 1 Grundsätze der Prävention[577] stellt die Basisvorschrift des autonomen Rechts der Unfallversicherungsträger dar. Dementsprechend enthält sie für alle Mitgliedsunternehmen grundlegende Bestimmungen über die Grundpflichten des Unternehmers (§§ 2–14) und der Versicherten (§§ 15–18) ebenso wie Vorschriften zur Organisation des betrieblichen Arbeitsschutzes (§§ 19–31). Daher wird die DGUV Vorschrift 1 auch als das sog. „Grundgesetz der Prävention“[578] bezeichnet. Diese Bezeichnung ist insbesondere deshalb zutreffend, weil mit der DGUV Vorschrift 1 erstmals sämtliche Unfallversicherungsträger gleichlautende Versionen einer Unfallverhütungsvorschrift erlassen haben.[579]

Ein Kernelement der DGUV Vorschrift 1 ist ihr § 2 Abs. 1[580]. Dieser verknüpft das Vorschriftenwerk der Unfallversicherungsträger mit dem staatlichen Arbeitsschutzrecht, indem die Unternehmer verpflichtet werden, ihre betrieblichen Präventionsmaßnahmen insbesondere an den staatlichen Arbeitsschutzvorschriften[581] sowie an den Unfallverhütungsvorschriften auszurichten. Durch diese Reihenfolge wird der Vorrang des staatlichen Rechts gegenüber dem autonomen Recht festgeschrieben.[582] Dadurch setzt die DGUV

---

574 *Zakrzewski*, in: Becker/Franke/Molkentin, SGB VII, 5. Aufl., § 15, Rn. 16; *ders.*, faktor arbeitsschutz 3/2004, S. 6 (7).

575 *Zakrzewski*, faktor arbeitsschutz, 3/2004, S. 6 (7).

576 *Zakrzewski*, in: Becker/Franke/Molkentin, SGB VII, 5. Aufl. § 15, Rn. 17 f.

577 Die DGUV Vorschrift 1 Grundsätze der Prävention führt die nach der Fusion der beiden Spitzenverbände der Unfallversicherungsträger, dem Hauptverband der gewerblichen Berufsgenossenschaften e. V. (HVBG e. V.) und dem Bundesverband der Unfallkassen e. V. (BUK e. V.), zur DGUV e. V. die bisherigen Musterbasis-Unfallverhütungsvorschriften BGV A1 (HVBG e. V.) und GUV-V A1 (BUK e. V.) zusammen. Siehe zu den Änderungen in der DGUV Vorschrift 1 gegenüber der BGV A1 und der GUV-V A1 *Hussing/Bell*, DGUV Forum 1–2/2014, S. 52 ff.

578 *Rentrop*, Die BG 2003, S. 401, zur Vorgänger-Unfallverhütungsvorschrift BGV A1; *Reinke/Korte*, BGW-Mitteilungen 3/2014, S. 12, sprechen von der „Basis für den Gesundheitsschutz“.

579 *Kranig/Timm*, in: Hauck/Noftz, SGB VII, EL 4/2016, § 14, Rn. 16a.

580 Wie bereits die Vorgängernormen in § 2 Abs. 1 BGV A1 und GUV-V A1.

581 Die zu beachtenden staatlichen Vorschriften werden in Anlage 1 der DGUV Vorschrift 1 aufgeführt.

582 *Rentrop*, Die BG 2003, S. 401 (403), zur Vorgänger-Unfallverhütungsvorschrift BGV A1.

Vorschrift 1 die Intention des UVMG in anschaulicher Weise um.[583] Demnach soll das autonome Recht neben seiner quantitativen Begrenzung auch keine Detailfragen mehr klären, sondern – dem Schutzzielkonzept entsprechend – vor allem einen allgemeinen Rahmen vorgeben. Sofern dieser Rahmen nicht durch vorrangige staatliche Vorschriften ausgefüllt wird, kann er subsidiär durch das genossenschaftliche Regelwerk[584] ausgefüllt werden.[585]

Neben der DGUV Vorschrift 1 sind gegenwärtig noch verschiedene weitere DGUV Vorschriften in Kraft.[586] Hierzu zählen beispielsweise die DGUV Vorschrift 2 (Betriebsärzte und Fachkräfte für Arbeitssicherheit), die DGUV Vorschrift 25 (Überfallprävention) und letztlich die DGUV Vorschrift 84 (Unfallverhütungsvorschrift Seeschifffahrt). Dieses nur angedeutete weiterhin breite Spektrum des autonomen Vorschriftenwerks verdeutlicht, dass trotz der Überarbeitung und Anpassung des autonomen Rechts weiterhin verschiedene Unfallverhütungsvorschriften zu Spezialfragen in Kraft sind und sogar weiterhin aktualisiert werden.[587]

2. Regelwerk der Unfallversicherungsträger

Neben der autonomen Rechtsetzung durch die Unfallversicherungsträger erarbeitet und veröffentlicht vor allem die DGUV e. V. auf Grundlage des § 14 Abs. 1, 4 SGB VII sog. DGUV (Branchen-)Regeln, (DGUV) Informationen und DGUV Grundsätze[588].[589] Obwohl diese (Branchen-)Regeln, Informationen und Grundsätze keine Rechtsnormen verkörpern, enthalten sie doch im-

---

583 Das UVMG nahm die Vorgaben der Grundsätze zur Neuordnung des Arbeitsschutzrechts (BArbBl. 10/1999, S. 46 f.) aus dem Jahr 1999 und der Leitlinien zur künftigen Gestaltung des Vorschriften- und Regelwerks im Arbeitsschutz (BArbBl. 6/2003, S. 48 ff.) vom 01.04.2003 auf und führte die darin vereinbarte und beschlossene Neuordnung des Arbeitsschutzrechts auf gesetzlicher Ebene fort.

584 Das Regelwerk (Regeln, Informationen und Grundsätze) hat keinen Rechtsnormcharakter.

585 *Rentrop*, Die BG 2003, S. 401 (402, 406), zur Vorgänger-Unfallverhütungsvorschrift BGV A1, spricht demgegenüber von einem Verzicht „auf knappe, verständliche, praxisnahe und eigenständige Vorschriften".

586 Siehe etwa *DGUV e. V.* (Hrsg.), Transferliste DGUV Regelwerk, S. 4 ff.; *DGUV e. V.* (Hrsg.), Regelwerk: DGUV Vorschriften; *Kilian/Meyer*, DGUV Forum 12/2022, S. 26.

587 Dazu zählen beispielsweise die DGUV Vorschrift 40 Taucherarbeiten in der Fassung vom 01.01.2012 und die DGUV Vorschrift 84 Unfallverhütungsvorschrift Seeschifffahrt in der Fassung vom 01.04.2018.

588 Früher BG Regeln, BG Informationen und BG Grundsätze.

589 *Hussing*, KANBrief 1/12, S. 6; *Ricke*, in: Beck'scher Online-Grosskommentar (Kasseler Kommentar), SGB VII, Stand: 15.05.2023, § 15, Rn. 4.

merhin Konkretisierungen, Empfehlungen und Hinweise für die betriebliche Prävention.[590]

a) *DGUV (Branchen-)Regeln*

aa) DGUV Regeln

Die DGUV Regeln werden im zuständigen Sachgebiet der DGUV e.V. erarbeitet und von dieser herausgegeben.[591] Dabei wird in umfassender Weise das Wissen der Genossenschaften verwertet, weshalb die DGUV Regeln bereichs-, arbeitsverfahrens- oder arbeitsplatzbezogene Inhalte für konkrete betriebliche Abläufe oder Einsatzbereiche (Branchen-/Betriebsarten-/Bereichsorientierung) in Form von Empfehlungen enthalten.[592] Diese Empfehlungen dienen dazu, Unternehmern die Umsetzung der ihnen auferlegten Arbeitsschutz- und Unfallverhütungspflichten zu erleichtern und ihnen Hilfestellungen in Bezug auf konkrete Präventionsmaßnahmen zu geben.[593] Dafür werden Inhalte aus dem staatlichen Arbeitsschutzrecht (Gesetze, Verordnungen), den Unfallverhütungsvorschriften und technischen Spezifikationen zusammengestellt und vor allem das auf Grundlage der Präventionsarbeit der Unfallversicherungsträger erzeugte Wissen verwertet.[594] Darüber hinaus können durch DGUV Regeln auch Unfallverhütungsvorschriften und ausnahmsweise[595] allgemein gehaltene staatliche Arbeitsschutzvorschriften sowie deren allgemeine Schutzziele[596] konkretisiert und erläutert werden.[597]

---

[590] *Ricke*, in: Beck'scher Online-Grosskommentar (Kasseler Kommentar), SGB VII, Stand: 15.05.2023, § 15, Rn. 4; siehe auch *Zakrzewski*, in: Becker/Franke/Molkentin, SGB VII, 5. Aufl., § 15, Rn. 18.

[591] Kapitel III DGUV Grundsatz 300-001.

[592] Leitlinienpapier zur Neuordnung des Vorschriften- und Regelwerks vom 31.08.2011, S. 8, mit dem Hinweis, dass die Vorbemerkungen der Regeln im Sinne der Vorgaben im Leitlinienpapier überarbeitet werden sollen; siehe auch die Einleitung der DGUV Regel 100-001.

[593] Die DGUV Regeln werden anhand der Vorgaben des Kapitels III DGUV Grundsatz 300-001 erarbeitet, das im Wesentlichen dem Verfahren der Erarbeitung der Unfallverhütungsvorschrift in Kapitel II ähnelt.

[594] *Schulze-Halberg*, in: Schulin, HSozVR, Band 2, § 41, Rn. 274 ff., 258 ff., 262 ff.

[595] Leitlinienpapier zur Neuordnung des Vorschriften- und Regelwerks vom 31.08.2011, S. 10.

[596] *Au*, in: Schmatz/Nöthlichs, Sicherheitstechnik digital, Kennzahl 4700, ST Lfg. 8/11, S. 22.

[597] *P. Becker*, in: Krasney/ders./Heinz/Bieresborn, Gesetzliche Unfallversicherung, 35. EL, September 2019, § 15 SGB VII, Rn. 23. Die DGUV Regel 100-001 wurde als Arbeitshilfe zur DGUV Vorschrift 1 erarbeitet und enthält dementsprechend Erläuterungen und Konkretisierungen zu den einzelnen Paragraphen der Unfallverhütungsvorschrift.

Das Verhältnis der DGUV Regeln zu den Regeln staatlicher Ausschüsse i. S. d. § 18 Abs. 2 Nr. 5 ArbSchG wurde im Leitlinienpapier zur Neuordnung des Vorschriften- und Regelwerks aus dem Jahr 2011 näher beschrieben.[598] Demnach kommt den DGUV Regeln neben den staatlichen Regeln ein eigenständiges Wirkungsfeld mit einer eigenen Funktionszuweisung zu.[599] Nach dem Leitlinienpapier sollen DGUV Regeln neben der Erläuterung[600] von Anforderungen aus Unfallverhütungsvorschriften dem Grunde nach aber nur noch in denjenigen Bereichen erarbeitet werden, in denen Rechtsverordnungen keine staatlichen Ausschüsse i. S. d. § 18 Abs. 2 Nr. 5 ArbSchG vorsehen oder in denen das BMAS keinen Bedarf für eine staatliche Regel festgestellt hat.[601] Darüber hinaus soll der Inhalt von DGUV Regeln, die das Aufgabengebiet eines staatlichen Ausschusses berühren, in das staatliche Regelwerk übernommen werden.[602]

Dieses im Leitlinienpapier beschriebene sog. Kooperationsmodell[603] und die damit einhergehende Beschränkung der Unfallversicherungsträger bei der Erarbeitung von DGUV Regeln wird im Kapitel III DGUV Grundsatz 300-001, in dem das Verfahren zur Erarbeitung von DGUV Regeln geregelt ist, nicht näher abgebildet. Dort wird aber immerhin festgehalten, dass das zuständige Bundesministerium und der Länderausschuss für Arbeitsschutz und Sicherheitstechnik (LASI) die Projektbeschreibung geplanter Regeln zur Kenntnis erhalten,[604] sodass im Falle von unlösbaren Meinungsverschiedenheiten, ob und ggfs. in welchem Gremium eine Regel erarbeitet werden soll, eine Stellungnahme der Nationalen Arbeitsschutzkonferenz (NAK) eingeholt werden kann.[605]

598 Nach dem Leitlinienpapier zur Neuordnung des Vorschriften- und Regelwerks vom 31.08.2011, S. 10, werden staatliche Regeln nur erarbeitet, sofern ein staatlicher Ausschuss einen Bedarf festgestellt hat.

599 *Hussing/Felz*, NZS 2017, S. 577 (579).

600 Das gilt insbesondere für die DGUV Vorschrift 2 – Betriebsärzte und Fachkräfte für Arbeitssicherheit. Daneben können DGUV Regeln gem. Leitlinienpapier zur Neuordnung des Vorschriften- und Regelwerks vom 31.08.2011, S. 10, im Rahmen der Anwendung der DGUV Vorschrift 1 – Grundsätze der Prävention und unter Beachtung des Vorranges staatlicher Regeln ausnahmsweise auch Erläuterungen zu staatlichen Arbeitsschutzvorschriften geben.

601 Leitlinienpapier zur Neuordnung des Vorschriften- und Regelwerks vom 31.08.2011, S. 10: Das gilt auch für Personengruppen, auf die staatliche Arbeitsschutzvorschriften nicht anwendbar sind.

602 Die DGUV Regel ist dann im Hinblick auf den übernommenen Teil zurückzuziehen.

603 Siehe dazu *Rahmen*, DGUV Forum 12/2022, S. 3; *Kellner/Meyer/Mattiuzzo/Meier*, DGUV Forum 12/2022, S. 7 ff.

604 Kapitel III Nr. 1 DGUV Grundsatz 300-001.

605 Leitlinienpapier zur Neuordnung des Vorschriften- und Regelwerks vom 31.08. 2011, S. 11.

bb) DGUV Branchenregeln

Darüber hinaus wurde im Leitlinienpapier zur Neuordnung des Vorschriften- und Regelwerks aus dem Jahr 2011 eine besondere Form von DGUV Regeln beschrieben, die sog. Branchenregeln.[606] Diese unterliegen nicht den im Leitlinienpapier beschriebenen Beschränkungen und werden künftig eine zunehmend wichtigere Bedeutung im Regelwerk der Unfallversicherungsträger einnehmen.[607] Das folgt aus der Erwägung, dass die Branchenregeln für bestimmte Sparten von Unternehmen und öffentlichen Einrichtungen die in staatlichen Arbeitsschutzvorschriften,[608] Unfallverhütungsvorschriften, Normen und vielen gesetzlichen Regelungen konkretisierten Anforderungen des betrieblichen Arbeitsschutzes in Form eines Gesamtkompendiums (branchenspezifische Arbeitsverfahren/Tätigkeiten/Arbeitsplätze) aufbereiten und durch Hinweise und Vorschläge zu konkreten Maßnahmen ergänzen.[609]

Branchenregeln wurden bereits für die verschiedensten Branchen herausgegeben, etwa die Branche Rohbau[610], die Branche Erzeugung von Roheisen und Stahl[611], die Branche Abfallwirtschaft (Abfallsammlung und Abfallbehandlung)[612], die Branche Bürobetriebe[613] oder die Branche Metallbau[614]. Diese Branchenregeln haben einen hohen Praxisbezug und beschreiben unter Einbeziehung des Wissens[615] der Unfallversicherungsträger in Form einer Orientierungshilfe Präventionsmaßnahmen, mit denen Unternehmer[616] ihre rechtlichen Pflichten[617] zur Verhütung von Arbeitsunfällen, Berufskrankheiten und arbeitsbedingten Gesundheitsgefahren erfüllen können.[618]

---

606 Leitlinienpapier zur Neuordnung des Vorschriften- und Regelwerks vom 31.08.2011, S. 9f.; *Zakrzewski*, in: Becker/Franke/Molkentin, SGB VII, 5. Aufl., § 15, Rn. 6, bezeichnet sie als Unterfall der DGUV Regeln.

607 *Hussing/Kolbinger*, DGUV Forum 3/2012, S. 16 (17), sprechen von einer „Sonderstellung“ im Gegensatz zu DGUV Regeln.

608 *Ponto*, BGHM-Aktuell, 3/2014, S. 5, mit dem Beispiel der Konkretisierung der Verordnung zur arbeitsmedizinischen Vorsorge durch DGUV Branchenregeln.

609 Leitlinienpapier zur Neuordnung des Vorschriften- und Regelwerks vom 31.08.2011, S. 11; DGUV Regel 113-601, 101-601, 109-601, 115-402, 114-601, jeweils S. 5; *Mehrtens*, in: Bereiter-Hahn/ders., Gesetzliche Unfallversicherung, EL 1/2020, § 15 SGB VII, Rn. 5.10; *Bünger/Brüning*, IPA-Journal 02/2015, S. 31.

610 DGUV Regel 101-601.

611 DGUV Regel 109-601.

612 DGUV Regel 114-601 und DGUV Regel 114-602; siehe dazu *Bünger/Brüning*, IPA-Journal 02/2015, S. 31ff.

613 DGUV Regel 115-401.

614 DGUV Regel 109-607.

615 *Ponto*, BGHM-Aktuell, 3/2014, S. 5; *Hussing*, KANBrief 1/12, S. 6.

616 Die Branchenregeln sind dabei besonders für kleinere und mittlere Unternehmen hilfreich.

Vor diesem Hintergrund können die Branchenregeln als fachliche Empfehlungen zur Gewährleistung von Sicherheit und Gesundheit qualifiziert werden.[619] Daneben haben sie auch einen Nutzen für alle weiteren mit Fragen des Arbeitsschutzes betrauten Personen in den Unternehmen.[620] Gleichwohl enthalten die Branchenregeln keine Doppelregelungen zu staatlichen Regeln, sondern ergänzen diese. Zusammen bilden sie ein kohärentes und abgestimmtes Gesamtregelwerk i. S. e. Kombinationsmodells.[621] Aufgrund ihres hohen Praxisbezugs werden die Branchenregeln nicht nur von Unternehmern, sondern auch von anderen Arbeitsschutzakteuren, wie den Fachkräften für Arbeitssicherheit und den Aufsichtspersonen im Rahmen der Beratung und Überwachung der Mitgliedsunternehmen, herangezogen.[622]

cc) Erarbeitung von DGUV (Branchen-)Regeln

Das Verfahren zur Erarbeitung von DGUV Regeln ist in Kapitel III DGUV Grundsatz 300-001 geregelt. Dieses Verfahren ist auch bei der Erarbeitung von DGUV Branchenregeln anzuwenden.[623]

Demnach geht die Initiative zur Erarbeitung von DGUV (Branchen-)Regeln von der Leitung eines Sachgebiets aus. Diese muss im Einvernehmen mit der Leitung des Fachbereichs eine Projektbeschreibung erstellen und der DGUV e. V. zuleiten.[624] Nach deren formaler Prüfung wird die Projektbeschreibung dem Grundsatzausschuss Prävention des Vorstands der DGUV e. V. vorgelegt.[625] Dieser kann eine Empfehlung zur Entwurfserarbeitung aussprechen. Daran anschließend beginnt das Sachgebiet im Zusammenwirken mit der DGUV e. V. mit der Erarbeitung des Entwurfs. Diesen legt die Sachgebietsleitung schließlich den Mitgliedern des Sachgebiets, den Mitgliedern des Fachbereichs und den Unfallversicherungsträgern vor.[626] Die abgegebenen

617 § 21 Abs. 1 SGB VII.

618 *Kranig/Timm*, in: Hauck/Noftz, SGB VII, EL 4/2023, § 15, Rn. 23c f.; *Hussing/Kolbinger*, DGUV Forum 3/2012, S. 16 ff.; *Ponto*, BGHM-Aktuell, 3/2014, S. 5.

619 *Ponto*, BGHM-Aktuell, 3/2014, S. 5.

620 *Bünger/Brüning*, IPA-Journal 02/2015, S. 31.

621 Leitlinienpapier zur Neuordnung des Vorschriften- und Regelwerks vom 31.08.2011, S. 11; *Mehrtens*, in: Bereiter-Hahn/ders., Gesetzliche Unfallversicherung, EL 1/2020, § 15 SGB VII, Rn. 5.10; *Hussing/Felz*, NZS 2017, S. 577 (579 f.); *Rahmen*, DGUV Forum 12/2022, S. 3 f.; *Kellner/Meyer/Mattiuzzo/Meier*, DGUV Forum 12/2022, S. 7 (9 f.).

622 *Hussing/Kolbinger*, DGUV Forum 3/2012, S. 16.

623 *Hussing/Kolbinger*, DGUV Forum 3/2012, S. 16 (17).

624 Kapitel III Nr. 1 DGUV Grundsatz 300-001.

625 Kapitel III Nr. 1 DGUV Grundsatz 300-001.

626 Kapitel III Nr. 2 DGUV Grundsatz 300-001.

Stellungnahmen werden im zuständigen Sachgebiet unter Beteiligung der an den Arbeitsergebnissen interessierten Kreise im Einvernehmen mit der DGUV e. V. beraten und fließen in eine gemeinsame Schlussfassung der DGUV (Branchen-)Regel ein.[627] Diese wird von der Leitung des Sachgebiets dem Fachbereich zur Verabschiedung vorgelegt.[628] Der Fachbereich leitet die Schlussfassung der DGUV (Branchen-)Regel schließlich an den Grundsatzausschuss Prävention des Vorstands der DGUV e. V. zur Beschlussfassung über die Aufnahme der (Branchen-)Regel in das Regelwerk der DGUV e. V. weiter.[629]

Im Falle unvereinbarer Auffassungsunterschiede verschiedener Unfallversicherungsträger stellt der Grundsatzausschuss Prävention des Vorstands der DGUV e. V. nach Anhörung der beteiligten Unfallversicherungsträger und einer Schlichtung die abschließende Fassung der DGUV (Branchen-)Regel auf.[630]

dd) Rechtliche Bedeutung der DGUV (Branchen-)Regeln

DGUV (Branchen-)Regeln sind keine Rechtsnormen und daher rechtlich nicht verbindlich.[631] Darüber hinaus enthalten die Einleitungen der DGUV Regeln in Umsetzung der Vorgaben aus dem Leitlinienpapier zur Neuordnung des Vorschriften- und Regelwerks aus dem Jahr 2011 die Aussage,[632] dass eine Vermutungswirkung bei DGUV Regeln nicht entstehe.[633] Gleichwohl werden die Unternehmer in § 2 Abs. 2 DGUV Vorschrift 1 verpflichtet, bei ihren Präventionsmaßnahmen unter anderem „das Regelwerk der Unfallversicherungsträger heranzuziehen“. Diese Formulierung verdeutlicht, dass die Unternehmer bei ihren Präventionsmaßnahmen das Regelwerk zu berücksichtigen haben.[634] Im Gegensatz zu Vorschriften mit Rechtsnormcharakter müssen die Unternehmer das Regelwerk aber nicht zwingend befolgen; sie können auch andere Präventionsmaßnahmen treffen, sofern diese zu dem gleichen Maß an Sicherheit wie die Vorgaben der DGUV Regeln führen.[635] Nach

[627] Kapitel III Nr. 3.1 DGUV Grundsatz 300-001.

[628] Kapitel III Nr. 3.3 DGUV Grundsatz 300-001.

[629] Kapitel III Nr. 3.5 DGUV Grundsatz 300-001.

[630] Kapitel III Nr. 3.4 DGUV Grundsatz 300-001.

[631] Für Regeln: *BAG*, NZA 2010, S. 506 (510); für Branchenregeln: *Hussing/Kolbinger*, DGUV Forum 3/2012, S. 16 (20).

[632] Leitlinienpapier zur Neuordnung des Vorschriften- und Regelwerks vom 31.08.2011, S. 8, S. 11, im Hinblick auf Branchenregeln.

[633] Siehe beispielsweise DGUV Regel 100-001, S. 3.

[634] Nr. 2.1.2 DGUV Regel 100-001.

[635] Nr. 2.1.2 DGUV Regel 100-001.

Nr. 2.1.2 DGUV Regel 100-001 kann ein Unternehmer aber jedenfalls davon ausgehen, geeignete Präventionsmaßnahmen getroffen zu haben, sofern er die Vorgaben der DGUV Regeln beachtet.[636] Diese auf den ersten Blick widersprüchliche Aussage zu den Einleitungen der DGUV Regeln, wonach bei diesen keine Vermutungswirkung entstehe, kann anhand von § 2 Abs. 1, 2 DGUV Vorschrift 1 i. V. m. § 4 Nr. 3 ArbSchG erklärt werden.[637]

Nach § 2 Abs. 1 S. 1 DGUV Vorschrift 1 hat der Unternehmer die erforderlichen Maßnahmen zur Verhütung von Arbeitsunfällen, Berufskrankheiten und arbeitsbedingten Gesundheitsgefahren zu treffen. Dabei muss er nach § 2 Abs. 1 S. 2 DGUV Vorschrift 1 insbesondere diejenigen Pflichten beachten, die sich aus bestimmten staatlichen Arbeitsschutzvorschriften[638] und den Unfallverhütungsvorschriften ergeben. Dadurch wird nicht das staatliche Recht als solches, sondern sein Inhalt in Bezug[639] genommen und zum Gegenstand des autonomen Satzungsrechts gemacht.[640] Daneben schreibt § 2 Abs. 2 DGUV Vorschrift 1 ausdrücklich vor, dass Unternehmer bei ihren Präventionsmaßnahmen nach § 2 Abs. 1 DGUV Vorschrift 1 von den allgemeinen Grundsätzen nach § 4 ArbSchG auszugehen und dabei unter anderem das Regelwerk der Unfallversicherungsträger heranzuziehen haben. Nach § 4 Nr. 3 ArbSchG sind für Maßnahmen des Arbeitsschutzes „der Stand von Technik, Arbeitsmedizin und Hygiene sowie sonstige gesicherte arbeitswissenschaftliche Erkenntnisse zu berücksichtigen". Demnach müssen Unternehmer gem. § 2 Abs. 1, 2 DGUV Vorschrift 1 i. V. m. § 4 Nr. 3 ArbSchG bei ihren Präventionsmaßnahmen diesen Stand sowie die sonstigen Erkenntnisse berücksichtigen.

---

636 Nr. 2.1.2 DGUV Regel 100-001: „Beachtet der Unternehmer die im Regelwerk aufgeführten Maßnahmen, kann er davon ausgehen, dass er damit geeignete Maßnahmen zur Verhütung von Arbeitsunfällen, Berufskrankheiten und arbeitsbedingter Gesundheitsgefahren getroffen hat".

637 Siehe zu dieser Normkette noch im Hinblick auf die GUV-V-A1, einer Vorgänger-Unfallverhütungsvorschrift der DGUV Vorschrift 1, *Zakrzewski*, faktor arbeitsschutz 3/2004, S. 6 (8).

638 Das gilt für das ArbSchG und die in Anlage 1 der DGUV Vorschrift 1 exemplarisch aufgezählten Vorschriften sowie alle weiteren staatlichen Arbeitsschutzvorschriften, die Pflichten enthalten; kritisch *Zakrzewski*, in: Becker/Franke/Molkentin, SGB VII, 5. Aufl., § 15, Rn. 42, wegen der Ausgestaltung in Form einer gleitenden Verweisung.

639 Nr. 2.1.1 DGUV Regel 100-001; *Nöthen-Garunja/Gravemeyer/Portuné/Appt*, DGUV Forum 9/2021, S. 39 (42).

640 *Zakrzewski*, in: Becker/Franke/Molkentin, SGB VII, 5. Aufl., § 15, Rn. 41; *ders.*, faktor arbeitsschutz 3/2004, S. 6 (8), der darauf hinweist, dass dadurch neben den Pflichten aus dem ArbSchG auch diejenigen aus den Arbeitsschutzverordnungen zu unfallversicherungsrechtlichen Pflichten werden; *Hussing*, DGUV Forum 12/2018, S. 40 f.

Der „Stand von Technik" wird in § 4 Nr. 3 ArbSchG zwar weder näher definiert noch beschrieben. Durch diese Formulierung greift die Vorschrift aber auf die im technischen Sicherheitsrecht anerkannte Stufung des Schutz- und Sicherheitsniveaus durch Technikklauseln zurück und nimmt auf die Stufe des „Stands der Technik" Bezug.[641] Der Stand der Technik wird im Anschluss an die Kalkar-Entscheidung des BVerfG[642] in einzelnen Arbeitsschutzverordnungen[643] mit im Wesentlichen gleichlautendem Inhalt legal definiert. Da der Begriff des Stands der Technik nach allgemeiner Meinung im gesamten deutschen Arbeitsschutzrecht einheitlich ausgelegt werden muss,[644] kann er auch im Hinblick auf § 4 Nr. 3 ArbSchG umschrieben werden als der „Entwicklungsstand fortschrittlicher Verfahren, Einrichtungen oder Betriebsweisen, der die praktische Eignung einer Maßnahme zum Schutz der Gesundheit und zur Sicherheit der Beschäftigten gesichert erscheinen lässt. Bei der Bestimmung des Stands der Technik sind insbesondere vergleichbare Verfahren, Einrichtungen oder Betriebsweisen heranzuziehen, die mit Erfolg in der Praxis erprobt worden sind. Gleiches gilt für die Anforderungen an die Arbeitsmedizin und die Arbeitsplatzhygiene"[645].

Die DGUV (Branchen-)Regeln bilden neben gesicherten arbeitswissenschaftlichen Erkenntnissen i. S. d. § 4 Nr. 3 ArbSchG[646] den insofern definierten Stand der Technik im Arbeitsschutzrecht ab.[647] Dieses Verständnis findet sich sowohl in der Rechtsprechung als auch in der Literatur. Dort werden die

641 *Blume/Faber*, in: Kohte/Faber/Busch, Gesamtes Arbeitsschutzrecht, § 4 ArbSchG, Rn. 83 f.

642 Das *BVerfG*, NJW 1979, S. 359 (362), umschreibt den Stand der Technik wie folgt: „Der rechtliche Maßstab für das Erlaubte oder Gebotene wird hierdurch an die Front der technischen Entwicklung verlagert, da die allgemeine Anerkennung und die praktische Bewährung allein für den Stand der Technik nicht ausschlaggebend sind. Bei der Formel vom Stand der Technik gestaltet sich die Feststellung und Beurteilung der maßgeblichen Tatsachen für Behörden und Gerichte allerdings schwieriger. Sie müssen in die Meinungsstreitigkeiten der Techniker eintreten, um zu ermitteln, was technisch notwendig, geeignet, angemessen und vermeidbar ist".

643 § 2 Abs. 15 Gefahrstoffverordnung, § 2 Abs. 12 Biostoffverordnung, § 2 Abs. 8 Lärm- und Vibrations-Arbeitsschutzverordnung, § 2 Abs. 11 Arbeitsschutzverordnung zu künstlicher optischer Strahlung.

644 *Wiebauer*, in: Landmann/Rohmer, GewO, 81. EL, März 2019, § 4 ArbSchG, Rn. 30; *Kohte*, in: Kollmer/Klindt/Schucht, ArbSchG, § 4, Rn. 14.

645 § 2 Abs. 15 Gefahrstoffverordnung, § 2 Abs. 8 Lärm- und Vibrations-Arbeitsschutzverordnung, § 2 Abs. 11 Arbeitsschutzverordnung zu künstlicher optischer Strahlung, vgl. auch § 2 Abs. 12 Biostoffverordnung.

646 *Blume/Faber*, in: Kohte/Faber/Busch, Gesamtes Arbeitsschutzrecht, § 4 ArbSchG, Rn. 90.

647 *Seibel*, NJW 2013, S. 3000 (3002), bezweifelt, dass technische Normen den Stand der Technik abbilden können.

DGUV (Branchen-)Regeln, sofern sie nicht veraltet sind, „in der Regel“[648] als Beschreibung des Stands der Technik im Arbeitsschutzrecht angesehen.[649] Das BAG hat im Hinblick auf die BG Regeln, die Vorgänger der DGUV Regeln, ausdrücklich festgestellt, dass diese den Stand der Technik und des Arbeitsschutzes beschreiben.[650] Sofern ein Unternehmer als Rechtsbetroffener also die DGUV (Branchen-)Regeln befolgt, berücksichtigt er den Stand der Technik und wird der Vorgabe des § 2 Abs. 1, 2 DGUV Vorschrift 1 i. V. m. § 4 Nr. 3 ArbSchG gerecht. Deshalb[651] können sowohl die Unternehmer als auch die Überwachungsbehörden davon ausgehen, dass bei Einhaltung der Vorgaben aus den DGUV (Branchen-)Regeln geeignete Präventionsmaßnahmen in Konkretisierung der Schutzziele aus Unfallverhütungsvorschriften bzw. dem staatlichen Arbeitsschutzrecht getroffen worden sind.[652]

Trotz der einschränkenden Vorbemerkungen in den DGUV (Branchen-)Regeln und der Aussagen des Leitlinienpapiers zur Neuordnung des Vorschriften- und Regelwerks aus dem Jahr 2011 kann ein Unternehmer daher, entsprechend Nr. 2.1.2 DGUV Regel 100-001, dennoch davon ausgehen, geeignete Präventionsmaßnahmen getroffen zu haben, sofern er die Vorgaben der DGUV (Branchen-)Regeln beachtet. Dementsprechend spricht *Faber* den DGUV Regeln auch ausdrücklich eine Vermutungswirkung zu:[653] Diese sei zwar schwächer ausgeprägt als diejenige von Regeln staatlicher Ausschüsse i. S. d. § 18 Abs. 2 Nr. 5 ArbSchG. Gleichwohl komme ihnen immerhin eine, wenn auch schwächer ausgeprägte, Vermutungswirkung zu.

---

648 *Zakrzewski*, in: Becker/Franke/Molkentin, SGB VII, 5. Aufl., § 15, Rn. 17, 44.

649 Für *Regeln*: *BAG*, NZA 2010, S. 506 (510); *Hussing*, KANBrief 1/12, S. 6; *Howald*, Haftungsrecht für die Pflege, S. 94; *Zimmermann*, Die Gefährdungsbeurteilung, S. 25; für *K. H. Weber*, Engineering verfahrenstechnischer Anlagen, S. 124 f., gehören DGUV Regeln zum Stand der Sicherheitstechnik, für die das Gleiche wie für technische Regeln bzw. allgemein anerkannte Regeln der Technik gelte; *Meinel*, Betrieblicher Gesundheitsschutz, S. 107, sieht in DGUV Regeln „allgemein anerkannte Regeln für Sicherheit und Gesundheitsschutz“; für *Branchenregeln*: *Hussing/Kolbinger*, DGUV Forum 3/2012, S. 16 (18), wonach Branchenregeln den „Stand der Technik“ enthalten; für *Ponto*, BGHM-Aktuell, 3/2014, S. 5, enthalten Branchenregeln „rechtssichere Informationen“; kritisch *Meyer*, NZBau 2017, S. 642 ff.

650 *BAG*, NZA 2010, S. 506 (510).

651 *Zakrzewski*, in: Becker/Franke/Molkentin, SGB VII, 5. Aufl., § 15, Rn. 17.

652 *Zakrzewski*, in: Becker/Franke/Molkentin, SGB VII, 5. Aufl., § 15, Rn. 17; siehe auch *Faber*, in: Kohte/ders./Busch, Gesamtes Arbeitsschutzrecht, § 24a ArbSchG, Rn. 33.

653 *Faber*, in: Kohte/ders./Busch, Gesamtes Arbeitsschutzrecht, § 24a ArbSchG, Rn. 38.

b) (DGUV) Informationen

(DGUV) Informationen können Hinweise und Empfehlungen zur praktischen Anwendung von Regelungen auf bestimmte Sachgebiete oder Sachverhalte geben und dadurch deren Handhabung erleichtern.[654] Hierfür zeigen sie für bestimmte Branchen, Tätigkeiten oder Zielgruppen konkrete praxistaugliche Arbeitsschutzmaßnahmen auf, wie z. B. für den Betrieblichen Brandschutz in der Praxis[655] oder Rohrleitungsbauarbeiten[656].[657]

Für (DGUV) Informationen findet das im DGUV Grundsatz 300-001 beschriebene Verfahren keine Anwendung.[658] Daher geben neben der DGUV e. V. auch die Fachbereiche und die Berufsgenossenschaften Informationsschriften heraus.[659] Ein Beispiel für eigene Informationen der Berufsgenossenschaften sind beispielsweise die Baustein-Merkhefte der Berufsgenossenschaft der Bauwirtschaft, die früher als DGUV Informationen herausgegeben wurden.[660]

Nach dem Leitlinienpapier zur Neuordnung des Vorschriften- und Regelwerks im Arbeitsschutz aus dem Jahr 2011[661] entsteht bei DGUV Informationen ebenfalls keine Vermutungswirkung. Gleichwohl enthalten die Vorbemerkungen verschiedener DGUV Informationen den Hinweis, dass Unternehmer bei „Beachtung der in diesen DGUV Informationen enthaltenen Empfehlungen, insbesondere den beispielhaften Lösungsmöglichkeiten, da-

---

654 *P. Becker*, in: Krasney/ders./Heinz/Bieresborn, Gesetzliche Unfallversicherung, 35. EL, September 2019, § 15 SGB VII, Rn. 24; das *VG Düsseldorf*, 17 K 3631/15 (juris), spricht von „nicht rechtsverbindliche[n] Hinweise[n] und Empfehlungen".

655 DGUV Information 205-001.

656 DGUV Information 201-052.

657 Siehe die Auflistung unter *DGUV e. V.* (Hrsg.), Regelwerk: DGUV Informationen.

658 Gleichwohl können (DGUV) Informationen auch antizipierte Sachverständigengutachten verkörpern. Das ist insbesondere möglich, sofern sie – wie die DGUV Information 203-016, Vorbemerkung, S. 5 – aufgrund „ihres besonderen Entstehungsverfahrens und ihrer inhaltlichen Ausrichtung auf konkrete betriebliche Abläufe oder Einsatzbereiche […] eine fachliche Empfehlung zur Gewährleistung von Sicherheit und Gesundheit bei Arbeiten [sind und] […] einen hohen Praxisbezug und Erkenntniswert [haben], […] von den beteiligten Kreisen mehrheitlich für erforderlich gehalten [werden] und […] deshalb als geeignete Richtschnur für das betriebliche Präventionshandeln herangezogen werden" können.

659 *Hussing*, KANBrief 1/12, S. 6.

660 Laut *DGUV e. V.* (Hrsg.), Präventionsleistungen der Unfallversicherungsträger der Deutschen Gesetzlichen Unfallversicherung, S. 11, sollen die Baustein-Merkhefte unter die Präventionsleistung „Information, Kommunikation und Präventionskampagnen" zu fassen sein.

661 Leitlinienpapier zur Neuordnung des Vorschriften- und Regelwerks im Arbeitsschutz vom 31.08.2011, S. 11.

von ausgehen [können], dass die in DGUV Vorschriften und Regeln geforderten Schutzziele erreicht werden“[662].[663] Diese Aussage lässt sich ebenso wie im Hinblick auf die DGUV (Branchen-)Regeln erklären. Sofern Informationsschriften den Stand der Technik,[664] Arbeitsmedizin, Hygiene oder sonstige gesicherte arbeitswissenschaftliche Erkenntnisse[665] abbilden, kann ihnen die in den Vorbemerkungen verschiedener DGUV Informationen beschriebene und für die DGUV (Branchen-)Regeln aufgezeigte Wirkung über § 2 Abs. 1, 2 DGUV Vorschrift 1 i. V. m. § 4 Nr. 3 ArbSchG zukommen.[666] In diesen Konstellationen können sowohl die Unternehmer als auch die Überwachungsbehörden davon ausgehen, dass bei Einhaltung der Vorgaben aus den Informationsschriften geeignete Präventionsmaßnahmen in Konkretisierung der Schutzziele aus Unfallverhütungsvorschriften bzw. dem staatlichen Arbeitsschutzrecht getroffen worden sind.[667] Insofern werden DGUV Informationen auch von der Rechtsprechung zur Konkretisierung von Vorgaben aus Unfallverhütungsvorschriften herangezogen.[668]

c) DGUV Grundsätze

DGUV Grundsätze enthalten Maßstäbe für bestimmte Verfahrensfragen, z. B. für die Durchführung von Prüfungen technischer Arbeitsmittel sowie zu arbeitsmedizinischen Fragen.[669] Für die DGUV Grundsätze findet das im DGUV Grundsatz 300-001 beschriebene Verfahren ebenfalls keine Anwendung; sie sind rechtlich auch nicht verbindlich und nach dem Leitlinienpapier

---

662 Beispielsweise DGUV Information 201-022, Vorbemerkung, S. 5; so auch *Au*, in: Schmatz/Nöthlichs, Sicherheitstechnik digital: Kennzahl 4700, ST Lfg. 8/11, S. 23.

663 *Faber*, in: Kohte/ders./Busch, Gesamtes Arbeitsschutzrecht, § 24a ArbSchG, Rn. 38, spricht DGUV Informationen ebenso wie DGUV (Branchen-)Regeln ausdrücklich eine Vermutungswirkung zu, die wiederum schwächer ausgeprägt ist, als diejenige von staatlichen Regeln der Ausschüsse nach § 18 Abs. 2 Nr. 5 ArbSchG.

664 In diesem Sinne *LSG Rheinland-Pfalz*, L 6 R 504/14 (juris), Rn. 30 ff.; *Blume/Faber*, in: Kohte/Faber/Busch, Gesamtes Arbeitsschutzrecht, § 4 ArbSchG, Rn. 84; für *K. H. Weber*, Engineering verfahrenstechnischer Anlagen, S. 124 f., gehören DGUV Informationen zum Stand der Sicherheitstechnik, für die das Gleiche wie für technische Regeln bzw. allgemein anerkannte Regeln der Technik gelte.

665 *Blume/Faber*, in: Kohte/Faber/Busch, Gesamtes Arbeitsschutzrecht, § 4 ArbSchG, Rn. 90.

666 Siehe 2. Teil, B. I. 2. a) dd).

667 Vgl. 2. Teil, B. I. 2. a) dd).

668 *BayVGH*, 22 ZB 17.733 (juris), Rn. 21.

669 *Ricke*, in: Beck’scher Online-Grosskommentar (Kasseler Kommentar), SGB VII, Stand: 15.05.2023, § 15, Rn. 4.

zur Neuordnung des Vorschriften- und Regelwerks im Arbeitsschutz aus dem Jahr 2011 soll bei ihnen ebenfalls keine Vermutungswirkung entstehen.[670]

Sofern ein DGUV Grundsatz von der Mitgliederversammlung der DGUV e. V. beschlossen worden ist, ist er aber immerhin für die Mitglieder der DGUV e. V. verbindlich.[671] Darüber hinaus können auch DGUV Grundsätze den Stand der Technik,[672] Arbeitsmedizin, Hygiene oder sonstige gesicherte arbeitswissenschaftliche Erkenntnisse[673] abbilden,[674] sodass ihnen in diesen Konstellationen über § 2 Abs. 1, 2 DGUV Vorschrift 1 i. V. m. § 4 Nr. 3 ArbSchG die gleiche Wirkung wie DGUV (Branchen-)Regeln und (DGUV) Informationen zukommen kann.[675] In diesen Konstellationen können sowohl die Unternehmer als auch die Überwachungsbehörden davon ausgehen, dass bei Einhaltung der Vorgaben aus den DGUV Grundsätzen geeignete Präventionsmaßnahmen in Konkretisierung der Schutzziele aus Unfallverhütungsvorschriften bzw. dem staatlichen Arbeitsschutzrecht getroffen worden sind.[676]

3. Durchsetzung des Vorschriften- und Regelwerks

In engem Zusammenhang mit der rechtlichen Nutzbarmachung des genossenschaftlichen Wissens im Rahmen der Recht- und Regelsetzung steht die Frage, inwiefern das Vorschriften- und Regelwerk durchgesetzt werden kann. Dafür gilt es den Blick insbesondere auf das gesetzliche Unfallversicherungsrecht (dazu a)) und das Produktsicherheitsrecht (dazu b)) zu richten.

a) Unfallversicherungsrecht

aa) Durchsetzung der Unfallverhütungsvorschriften

Die Unfallverhütungsvorschriften, die rechtlich nutzbar gemachtes Wissen verkörpern, können anhand von Maßnahmen mit unterschiedlicher Intensität

---

670 Leitlinienpapier zur Neuordnung des Vorschriften- und Regelwerks im Arbeitsschutz vom 31.08.2011, S. 11; so auch *Au*, in: Schmatz/Nöthlichs, Sicherheitstechnik digital, Kennzahl 4700, ST Lfg. 8/11, S. 23.

671 *Hussing*, KANBrief 1/12, S. 6.

672 So ausdrücklich der DGUV Grundsatz 305-002, Vorbemerkung, S. 6; siehe auch DGUV Grundsatz 315-390, Vorbemerkung, S. 6.

673 *Blume/Faber*, in: Kohte/Faber/Busch, Gesamtes Arbeitsschutzrecht, § 4 ArbSchG, Rn. 90.

674 Für *K. H. Weber*, Engineering verfahrenstechnischer Anlagen, S. 124 f., gehören DGUV Grundsätze zum Stand der Sicherheitstechnik, für die das Gleiche wie für technische Regeln bzw. allgemein anerkannte Regeln der Technik gelte.

675 Siehe 2. Teil, B. I. 2. a) dd), b).

676 Vgl. 2. Teil, B. I. 2. a) dd).

durchgesetzt werden. Dabei ist zwischen unverbindlichen Maßnahmen (dazu (1)), Revisions- und Besichtigungsschreiben (dazu (2)), Anordnungen nach § 19 Abs. 1 SGB VII (dazu (3)) und Maßnahmen mit finanzieller Zielrichtung (dazu (4)) zu unterscheiden.

(1) Unverbindliche Maßnahmen

Um das Bewusstsein der Unternehmer und Versicherten für Fragen des Gesundheits- und Arbeitsschutzes zu sensibilisieren, gilt es, sie über die Inhalte der Unfallverhütungsvorschriften aufzuklären. Dafür können die Berufsgenossenschaften insbesondere auf die Beratung (§ 17 Abs. 1 SGB VII) und Schulung (§ 23 Abs. 1 SGB VII) zurückgreifen.[677] Daneben kommt hierfür auch die Unterrichtung der Unternehmer gem. § 15 Abs. 5 SGB VII über die für sie geltenden Unfallverhütungsvorschriften in Betracht.[678] Diese unverbindlichen Aufklärungs- und Sensibilisierungsmaßnahmen verkörpern bloße Vorfeldmaßnahmen, die eine verbindliche Durchsetzung der Unfallverhütungsvorschriften idealerweise unnötig machen.

(2) Beanstandung und Revisions- bzw. Besichtigungsschreiben

Sofern Vorgaben aus Unfallverhütungsvorschriften nicht eingehalten werden, haben die Berufsgenossenschaften die Möglichkeit zu einer grundsätzlich mündlichen Beanstandung, die durch ein Revisions- bzw. Besichtigungsschreiben schriftlich bestätigt wird.[679] Diese Schreiben führen die beanstandeten Arbeitsschutzmängel sowie die Aufforderung, diese innerhalb einer bestimmten Frist durch näher beschriebene Maßnahmen abzustellen, schriftlich auf.[680] Gleichwohl enthalten die Schreiben keine Rechtspflichten und sind daher nicht als Anordnungen zu qualifizieren.[681] Sie werden insbesondere in denjenigen Konstellationen eingesetzt, in denen aufgrund der festgestellten Arbeitsschutzmängel keine unmittelbaren Gefahren für die Beschäftigten bestehen und anhand der Gesamtumstände davon ausgegangen werden kann,

677 *Kranig/Timm*, in: Hauck/Noftz, SGB VII, EL 4/2023, § 15, Rn. 12.

678 *Kranig/Timm*, in: Hauck/Noftz, SGB VII, EL 4/2023, § 15, Rn. 12.

679 Dieses Instrument wurde in Literatur und Rechtsprechung zu § 22 ArbSchG entwickelt und ist heute auch im Rahmen des SGB VII anerkannt, siehe dazu *Kranig/Timm*, in: Hauck/Noftz, SGB VII, 48. EL, September 2010, § 17, Rn. 15; *dies.*, in: Hauck/Noftz, SGB VII, EL 1/2016, § 19, Rn. 6a.; *dies.*, in: Hauck/Noftz, SGB VII, EL 4/2023, § 15, Rn. 13; vgl. auch *Kohte*, Die BG 2010, S. 384 (386).

680 *Kranig/Timm*, in: Hauck/Noftz, SGB VII, 48. EL, September 2010, § 17, Rn. 15.

681 *Leube*, NZS 1997, S. 564 (565).

dass den Mängeln abgeholfen werden wird.[682] Sollte das innerhalb der festgesetzten Frist nicht geschehen, besteht entweder die Möglichkeit zu einer erneuten Fristsetzung oder einer Anordnung nach § 19 Abs. 1 SGB VII.[683] Da die Schreiben im Gegensatz zu verbindlichen Anordnungen flexibel gehandhabt und eingesetzt werden können, kommen sie in der täglichen Praxis bevorzugt zum Einsatz.[684]

(3) Anordnungen nach § 19 Abs. 1 SGB VII

Sofern Unternehmer die in einem Revisions- bzw. Besichtigungsschreiben festgesetzte Frist verstreichen lassen, ohne die festgestellten Mängel zu beseitigen, können die Aufsichtspersonen Vorgaben aus Unfallverhütungsvorschriften letztlich durch verbindliche Anordnungen nach § 19 Abs. 1 S. 1 Nr. 1 SGB VII durchsetzen. Dementsprechende Anordnungen können auch unmittelbar erlassen werden, sofern unter Berücksichtigung des Gewichts der Gefahr und der Eintrittswahrscheinlichkeit eines Versicherungsfalles eine Beanstandung mit anschließendem Revisions- bzw. Besichtigungsschreiben nicht als milderes Mittel in Betracht kommt.[685]

Auf Grundlage des § 19 Abs. 1 S. 1 Nr. 1 SGB VII können die Aufsichtspersonen anordnen, welche Maßnahmen Unternehmer oder Versicherte zur Erfüllung ihrer Pflichten aufgrund von Unfallverhütungsvorschriften zu treffen haben.[686] Dabei können sie sowohl Verstöße gegen Vorgaben aus Unfallverhütungsvorschriften ahnden als auch die darin vorgegebenen Schutzziele für den jeweiligen Einzelfall konkretisieren. In diesem Zusammenhang gilt es zu beachten, dass sich die Anordnungsbefugnis grundsätzlich auf Unfallverhütungsvorschriften der jeweiligen Berufsgenossenschaft bezieht. Da § 2 Abs. 1, 2 DGUV Vorschrift 1 bestimmte staatliche Arbeitsschutzvorschriften in Bezug nimmt[687] und dadurch deren Inhalt zum autonomen Satzungsrecht macht,[688] werden die damit einhergehenden Pflichten des staatlichen Arbeits-

---

682 *Kranig/Timm*, in: Hauck/Noftz, SGB VII, 48. EL, September 2010, § 17, Rn. 15; *dies*., in: Hauck/Noftz, SGB VII, EL 1/2016, § 19, Rn. 6a.

683 *Kohte*, Die BG 2010, S. 384 (386).

684 Vgl. *Faber*, Die arbeitsschutzrechtlichen Grundpflichten des § 3 ArbSchG, S. 400, im Hinblick auf die staatliche Arbeitsschutzaufsicht; vgl. auch *Kranig/Timm*, in: Hauck/Noftz, SGB VII, 48. EL, September 2010, § 17, Rn. 15.

685 *Kranig/Timm*, in: Hauck/Noftz, SGB VII, EL 1/2016, § 19, Rn. 6a.

686 Zur Frage des Entschließungsermessens siehe *Ricke*, in: Beck'scher Online-Grosskommentar (Kasseler Kommentar), SGB VII, Stand: 15.05.2023, § 19, Rn. 5.

687 Siehe dazu auch Nr. 2.1.1 DGUV Regel 100-001.

688 *Zakrzewski*, in: Becker/Franke/Molkentin, SGB VII, 5. Aufl., § 15, Rn. 41; *ders*., faktor arbeitsschutz 3/2004, S. 6 (8).

schutzrechts gleichzeitig zu unfallversicherungsrechtlichen Pflichten. Auch diese können von den Berufsgenossenschaften überwacht und über § 19 Abs. 1 S. 1 Nr. 1 SGB VII durchgesetzt werden.[689]

Da Anordnungen nach § 19 Abs. 1 S. 1 Nr. 1 SGB VII Verwaltungsakte verkörpern, die mit den Mitteln des Verwaltungszwangs durchgesetzt werden können,[690] sind die Berufsgenossenschaften letztlich in der Lage, sämtliche Vorgaben aus ihren Unfallverhütungsvorschriften eigenständig durchzusetzen.

(4) Maßnahmen mit finanzieller Zielrichtung

Sofern eine Unfallverhütungsvorschrift nach § 15 SGB VII für die Zuwiderhandlung gegen eine ihrer Vorschriften auf die Bußgeldvorschrift des § 209 Abs. 1 S. 1 Nr. 1 SGB VII verweist, können fahrlässige oder vorsätzliche Verstöße gegen die entsprechende Vorschrift mit einer Geldbuße in Höhe von bis zu 10.000 € geahndet werden.[691] Durch die Ahndung des Verstoßes, die im Ermessen[692] der zuständigen[693] Berufsgenossenschaft steht, kann dem Handelnden der Unrechtsgehalt seines Verstoßes konkret vor Augen geführt werden.[694]

Neben Bußgeldern können die Berufsgenossenschaften noch weitere finanzielle Maßnahmen ergreifen. Obwohl das gesetzliche Unfallversicherungssystem auf dem Gedanken beruht, dass die Unternehmer durch ihre Beiträge von der Haftung für Arbeitsunfälle und Berufskrankheiten freigestellt werden, werden nach § 110 SGB VII ausnahmsweise Rückgriffsansprüche der Berufsgenossenschaften gegen den nach §§ 104 bis 107 SGB VII haftungsprivilegierten Schädiger zugelassen, sofern dieser einen Versicherungsfall vorsätzlich oder grob fahrlässig herbeigeführt hat.[695] Der Verstoß gegen eine Unfallverhütungsvorschrift kann dabei zwar noch nicht pauschal als grob fahrlässig qualifiziert werden; sofern er aber nach vorangegangener Beanstandung oder Anordnung erfolgt, kann von einem grob fahrlässigen Verhalten ausgegangen

---

689 *Zakrzewski*, in: Becker/Franke/Molkentin, SGB VII, 5. Aufl., § 15, Rn. 41; *Eichendorf*, in: jurisPK-SGB VII, Stand: 15.01.2022, § 19, Rn. 9, 15, 37.

690 *Kranig/Timm*, in: Hauck/Noftz, SGB VII, EL 1/2016, § 19, Rn. 6a, 6g; zur Durchsetzung von Anordnungen mittels Zwangsgeldern siehe *Behrendsen/Braband/Spanoudakis/Nöthen-Garunja/Portuné/Schmid*, DGUV Forum 6/2023, S. 23 (24 f.).

691 *Kranig/Timm*, in: Hauck/Noftz, SGB VII, EL 4/2023, § 15, Rn. 14; *Köhler*, in: Hauck/Noftz, SGB VII, EL 2/2020, § 209, Rn. 3, 7 ff.

692 § 209 Abs. 3 SGB VII.

693 § 210 SGB VII.

694 *Kranig/Timm*, in: Hauck/Noftz, SGB VII, EL 4/2023, § 15, Rn. 14.

695 *Ricke*, in: Beck'scher Online-Grosskommentar (Kasseler Kommentar), SGB VII, Stand: 15.08.2023, § 110, Rn. 3.

werden.[696] In diesen Fällen kann gegenüber demjenigen, der gegen Vorgaben aus einer Unfallverhütungsvorschrift verstößt, aus „‚erzieherische[n]‘ Gründe[n]“[697] Regress genommen und dadurch der Verstoß sanktioniert werden.[698]

bb) Durchsetzung des Regelwerks

Die Durchsetzung der DGUV (Branchen-)Regeln, Informationen und Grundsätze, die ebenfalls rechtlich nutzbar gemachtes Wissen verkörpern, kann nicht vergleichbar zur Durchsetzung der Unfallverhütungsvorschriften erfolgen, weil das Regelwerk keine verbindlichen Rechtsnormen enthält[699].

Daraus folgen noch keine Auswirkungen auf die Anwendung des Regelwerks im Rahmen von unverbindlichen Maßnahmen oder Beanstandungen samt anschließender Revisions- bzw. Besichtigungsschreiben.

Demgegenüber können die Vorgaben in DGUV (Branchen-)Regeln, Informationen und Grundsätzen nicht im Anordnungswege durchgesetzt werden.[700] Gleichwohl kann das Regelwerk bei Anordnungen der Berufsgenossenschaften Anwendung finden,[701] weil Unfallverhütungsvorschriften neuerdings vor allem Sicherheits- und Schutzziele sowie allgemein formulierte Anforderungen enthalten,[702] die erst konkretisiert werden müssen – etwa durch Vorgaben aus dem Regelwerk.[703]

Dabei kann im Rahmen von Anordnungen nach § 19 Abs. 1 SGB VII jedenfalls darauf hingewiesen werden, dass bestimmte Vorgaben in DGUV (Branchen-)Regeln, Informationen oder Grundsätzen besonders geeignet sind,

---

696 *P. Becker*, in: Krasney/ders./Heinz/Bieresborn, Gesetzliche Unfallversicherung, 35. EL, September 2019, § 15 SGB VII, Rn. 131; siehe auch *OLG Frankfurt a. M.*, 1 U 191/10 (juris).

697 *Ricke*, in: Beck'scher Online-Grosskommentar (Kasseler Kommentar), SGB VII, Stand: 15.08.2023, § 110, Rn. 3.

698 Zur Bedeutung des genossenschaftlichen Vorschriften- und Regelwerks im allgemeinen Zivilrecht, Zivil- und Strafprozessrecht siehe 2. Teil, B. I. 4.

699 *P. Becker*, in: Krasney/ders./Heinz/Bieresborn, Gesetzliche Unfallversicherung, 35. EL, September 2019, § 15 SGB VII, Rn. 23 ff.

700 Siehe für technische Regeln der Ausschüsse nach § 18 Abs. 2 Nr. 5 ArbSchG *Faber*, in: Kohte/ders./Busch, Gesamtes Arbeitsschutzrecht, § 24a ArbSchG, Rn. 25.

701 Auch die staatlichen Arbeitsschutzbehörden können nach *Busch*, in: Kohte/Faber/dies., Gesamtes Arbeitsschutzrecht, § 22 ArbSchG, Rn. 46, das unfallversicherungsrechtliche Regelwerk bei Anordnungen gem. § 22 Abs. 3 S. 1 Nr. 1 ArbSchG ausnahmsweise heranziehen, um die Sicherheits- und Schutzziele des staatlichen Arbeitsschutzrechts zu konkretisieren.

702 *Zakrzewski*, in: Becker/Franke/Molkentin, SGB VII, 5. Aufl., § 15, Rn. 16.

703 *Zakrzewski*, in: Becker/Franke/Molkentin, SGB VII, 5. Aufl., § 15, Rn. 16 f.; *Busch*, in: Kohte/Faber/dies., Gesamtes Arbeitsschutzrecht, § 22 ArbSchG, Rn. 46.

das vorgegebene Ziel zu erreichen oder dem Stand der Technik, Arbeitsmedizin oder Hygiene oder den sonstigen gesicherten arbeitswissenschaftlichen Erkenntnissen entsprechen.[704] Diese muss der Unternehmer jedenfalls zur Kenntnis nehmen und sich mit ihnen auseinandersetzen.[705]

b) Produktsicherheitsrecht

Früher konnten aus den technischen Bestimmungen der Unfallverhütungsvorschriften Beschaffenheitsanforderungen für bestimmte Arbeitsmittel entnommen werden, weil das deutsche Produktsicherheitsrecht ausdrückliche Verweise auf diese enthielt.[706]

Aufgrund der seit Mitte der 1980er Jahre supranational[707] angestoßenen Rechtsentwicklung im deutschen Produktsicherheitsrecht finden Unfallversicherungsvorschriften in diesem Rechtsgebiet gegenwärtig nur noch in einem beschränkten Maße Anwendung.

Seit dem Inkrafttreten des Geräte- und Produktsicherheitsgesetzes (GPSG) Anfang des Jahres 2004[708] kann das unfallversicherungsrechtliche Vorschriften- und Regelwerk nur noch in Gestalt von Normen oder sog. anderen technischen Spezifikationen[709] mit Vermutungswirkung Berücksichtigung bei der Beurteilung von Produkten finden, die nicht von den europäischen Harmonisierungsrichtlinien erfasst werden (nicht harmonisierter Bereich).[710] Dafür müssen die Vorschriften oder Regeln vom sog. Ausschuss für Produktsicherheit[711] (AfPS)[712] als Normen oder andere technische Spezifikationen[713] ermit-

---

[704] Vgl. *Busch*, in: Kohte/Faber/dies., Gesamtes Arbeitsschutzrecht, § 22 ArbSchG, Rn. 46, für Anordnungen auf Grundlage des staatlichen Rechts.

[705] Vgl. *Faber*, in: Kohte/ders./Busch, Gesamtes Arbeitsschutzrecht, § 24a ArbSchG, Rn. 25.

[706] § 3 Abs. 1 GSG i. d. F. v. 13.08.1979; siehe dazu *Klindt*, in: ders., ProdSG, Einführung, Rn. 1, 16, 18.

[707] Zur geschichtlichen Entwicklung siehe *Klindt*, in: ders., ProdSG, Einführung, Rn. 1 ff.; *Kapoor/Klindt*, EuZW 2008, S. 649 ff.; *dies.*, NVwZ 2012, S. 719; *Schucht*, EuZW 2017, S. 848 ff.; *Deutlmoser*, NVwZ 2013, S. 1058 f.

[708] BGBl. I 2004, S. 2, ber. S. 219.

[709] Zunächst § 4 Abs. 2 S. 4 GPSG i. d. F. v. 06.01.2004 und nach dessen Aufhebung § 5 Abs. 2 des Produktsicherheitsgesetzes (ProdSG).

[710] § 5 Abs. 2 ProdSG (nicht harmonisierter Bereich); *Klindt*, in: ders., ProdSG, § 5, Rn. 14; *Turowski*, DGUV Forum 1–2/2012, S. 34 (36).

[711] § 27 ProdSG.

[712] Zwar sollen dem AfSP gem. § 27 Abs. 3 S. 1 ProdSG auch sachverständige Personen aus dem Kreis der Unfallversicherungsträger angehören. Neben der Vielzahl der weiteren Mitglieder aus dem Kreis der Marktüberwachungsbehörden, der Konformitätsbewertungsstellen, des DIN e. V., der Kommission Arbeitsschutz und Normung, der Arbeitgebervereinigungen, der Gewerkschaften und der beteiligten Verbände ha-

telt und anschließend im Gemeinsamen Ministerialblatt bekannt gegeben werden.[714] Die Ermittlung von Normen und technischen Spezifikationen steht dabei nach dem ProdSG unter dem Vorbehalt, dass es für ein Produkt keine harmonisierte Norm[715] gibt.[716]

Auf die von anerkannten Normen oder technischen Spezifikationen vermittelte Vermutungswirkung können sich die Hersteller von Produkten unmittelbar berufen; sie bewirkt eine „Beweislastumkehr“, die die Marktüberwachungsbehörden zu berücksichtigen haben.[717] Demgegenüber begründet die Nichtbeachtung von Normen und technischen Spezifikationen noch nicht die Gesetzeswidrigkeit eines Produktes; die Marktüberwachungsbehörde muss in dieser Konstellation vielmehr einen begründeten Verdacht in Bezug auf dessen Non-Konformität nachweisen.[718]

4. Fazit

Nachdem die Unfallverhütungsvorschriften mehr als einhundert Jahre lang eine tragende Säule des deutschen Arbeitsschutzsystems gebildet haben, wird ihnen aufgrund der Beschränkung der genossenschaftlichen Rechtsetzungskompetenzen in Zukunft keine vergleichbare Bedeutung mehr zukommen.

Die nur noch wenigen Unfallverhütungsvorschriften können die Berufsgenossenschaften jedoch anhand eines ausdifferenzierten Instrumentariums durchsetzen. Dabei können sie sich insbesondere auf unverbindliche Maßnahmen stützen und einen Schwerpunkt auf die Beratung und Schulung legen.[719] Dieses Vorgehen wird ihrem in den vergangenen Jahren zunehmend stärker in

---

ben die Vertreter der Unfallversicherungsträger keine Stimmenmehrheit und können lediglich versuchen, die Entscheidungen des AfSP zu beeinflussen.

713 Technischen Spezifikationen kommt eine Vermutungswirkung zu: Sofern ein Produkt die Vorgaben technischer Spezifikationen einhält, wird vermutet, dass es die sicherheitstechnischen Anforderungen für die Bereitstellung auf dem Markt erfüllt. Diese Wirkung kann allerdings auch durch gleichwertige technische Alternativlösungen herbeigeführt werden.

714 Aus der Bekanntmachung Normen und andere technische Spezifikationen nach dem Produktsicherheitsgesetz – ProdSG: Verzeichnis 2: Nicht harmonisierter Bereich: Teil 2: Nationale technische Spezifikationen, (GMBl. 2022, S. 31), wird ersichtlich, dass derzeit eine Unfallverhütungsvorschrift, DGUV Regeln und ein DGUV Grundsatz als technische Spezifikationen ermittelt und bekannt gemacht sind.

715 §§ 2 Nr. 14, 4 ProdSG.

716 § 27 Abs. 2 Nr. 2 ProdSG.

717 *Klindt*, in: ders., ProdSG, § 5, Rn. 12 f.

718 *Kapoor/Klindt*, NVwZ 2012, S. 719 (722); *Klindt*, in: ders., ProdSG, § 4, Rn. 17; § 5, Rn. 13.

719 Siehe dazu *Hussing/Pinter*, Die BG, 2008, S. 419 (420 f.).

den Vordergrund getretenen Selbstverständnis als „partnerschaftliche Berater und Dienstleister“[720] der Mitgliedsunternehmen eher gerecht als verbindliche Anordnungen oder finanzielle Maßnahmen, die als *ultima ratio* ergriffen werden können.

Im Gegensatz zu den Unfallverhütungsvorschriften enthält das genossenschaftliche Regelwerk keine Rechtsnormen und ist rechtlich nicht verbindlich. Die DGUV (Branchen-)Regeln, Informationen und Grundsätze können aber immerhin als Stand der Technik, Arbeitsmedizin, Hygiene oder sonstige gesicherte arbeitswissenschaftliche Erkenntnisse über § 2 Abs. 1, 2 DGUV Vorschrift 1 i.V.m. § 4 Nr. 3 ArbSchG eine Vermutungswirkung entfalten.

In Zukunft wird sich die Verwertung des genossenschaftlichen Wissens noch stärker von der Recht- auf die Regelsetzung verlagern. Anstatt rechtlich verbindliche Unfallverhütungsvorschriften zu erlassen und durchzusetzen, werden die Genossenschaften ihren Schwerpunkt noch weiter auf die Erarbeitung von DGUV (Branchen-)Regeln, Informationen und Grundsätzen verlegen. Sofern diese den Stand der Technik, Arbeitsmedizin oder Hygiene oder sonstige gesicherte arbeitswissenschaftliche Erkenntnisse abbilden, können sie die Schutzziele der Unfallverhütungsvorschriften konkretisieren und von den Genossenschaften im Rahmen der Anordnung geeigneter Präventionsmaßnahmen herangezogen werden.

Demgegenüber können genossenschaftliche Vorschriften und Regeln im Produktsicherheitsrecht nur noch zur Beurteilung von Produkten im nicht harmonisierten Bereich herangezogen werden. Dafür müssen sie vom Ausschuss für Produktsicherheit (AfPS) als Normen oder andere technische Spezifikationen ermittelt und bekannt gemacht worden sein. Auf die Anwendung ihrer Vorschriften und Regeln im Produktsicherheitsrecht haben die Genossenschaften jedoch keinen Einfluss. Das ist unterschiedlichen Zuständigkeiten geschuldet und verdeutlicht in anschaulicher Weise, dass das genossenschaftliche Vorschriften- und Regelwerk auch außerhalb des gesetzlichen Unfallversicherungsrechts zur Anwendung gelangt.

Das wird auch im Zivilprozessrecht[721], Strafprozessrecht[722] und insbesondere im allgemeinen Zivilrecht offensichtlich. Anhand dieser Rechtsgebiete

---

720 *DGUV e. V.*, Positionspapier der Selbstverwaltung der DGUV zur Prävention, DGUV Forum 1/2009, S. 21; siehe auch *DGUV e. V.* (Hrsg.), Überwachung und Beratung im Wandel, S. 1, 4 ff.

721 In der Rechtsprechung der Zivilsenate des *BGH*, VersR 2008, S. 1551 (1552), ist es inzwischen anerkannt, dass bei der Verletzung von Unfallverhütungsvorschriften „ein Beweis des ersten Anscheins dafür spricht, dass der Verstoß für den Schadenseintritt ursächlich war, sofern sich gerade diejenige Gefahr verwirklicht hat, der […] die Unfallverhütungsvorschrift entgegen wirken soll“. Die Rechtsprechung des BGH sieht in Verstößen gegen die Vorgaben aus Unfallverhütungsvorschriften und deren Folgen

wird deutlich, dass das rechtlich nutzbar gemachte Wissen der Genossenschaften in Gestalt des Vorschriften- und Regelwerks weit über den Bereich der gesetzlichen Unfallversicherung hinauswirkt.

Dabei wird im allgemeinen Zivilrecht gelegentlich auf DGUV Regeln[723] und hauptsächlich auf Unfallverhütungsvorschriften zurückgegriffen. Diese dienen anerkanntermaßen dazu, die Verkehrssicherungspflichten[724] der Unternehmer und Versicherten[725] im Rahmen des § 823 Abs. 1 BGB zu konkretisieren.[726] Demgegenüber qualifiziert die bisher ständige Rechtsprechung Unfallverhütungsvorschriften, im Gegensatz zu Teilen der Literatur, noch nicht als

---

also typische Geschehensabläufe, bei denen ein bestimmter Tatbestand nach der Lebenserfahrung auf eine bestimmte Ursache für den Eintritt eines bestimmten Erfolges hinweist. Bei Verstößen gegen Unfallverhütungsvorschriften geht die Rechtsprechung des *BGH*, VersR 1972, S. 149 (150); VersR 1974, S. 263 (264); VersR 1983, S. 440; VersR 1984, S. 775 (776); NJW 1994, S. 945 (946); NJW-RR 2010, S. 1378 (1379), mithin regelmäßig von dem Erfahrungsgrundsatz aus, dass sich die mit der Vorschrift bekämpften Gefahren tatsächlich verwirklicht haben. Siehe dazu auch *Felz*, NZV 2017, S. 117 (119).

[722] Im Strafprozessrecht können Verstöße gegen Unfallverhütungsvorschriften wegen der Unschuldsvermutung und des Grundsatzes der freien richterlichen Beweiswürdigung aus § 261 StPO nach *OLG Karlsruhe*, NStZ-RR 2000, S. 141 (142), und *Felz*, NZV 2017, S. 117 (119), nur als Beweisanzeichen für die Beurteilung der Voraussehbarkeit bei Fahrlässigkeitsdelikten herangezogen werden. Die Berücksichtigung als Beweisanzeichen begründet das *OLG Karlsruhe*, NStZ-RR 2000, S. 141 (142), damit, dass durch Verstöße gegen die Vorgaben aus Unfallverhütungsvorschriften gegen Verhaltensvorschriften verstoßen wird, die gerade zur Vermeidung von Unfällen dienen und das Ergebnis einer auf langer Erfahrung und Überlegung beruhenden Voraussicht möglicher Gefahren sind.

[723] Die DGUV Regeln werden im Zivilrecht insbesondere zur Beurteilung des Verschuldens bzw. Konkretisierung von Verkehrssicherungspflichten herangezogen: *Thüringer OLG*, 4 U 76/13 (juris); *OLG Celle*, 14 U 113/23 (juris).

[724] Dabei können Unfallverhütungsvorschriften mit *Wellner*, in: Geigel, Der Haftpflichtprozess, 32. Kapitel, Rn. 16, aber nicht alle zur Erfüllung von Verkehrssicherungspflichten in Betracht kommenden Maßnahmen erschöpfend regeln. Daher geben sie mit *OLG Stuttgart*, NJW-RR 2000, S. 752 (753), *OLG Köln*, 3 U 19/18, 3 U 45/18 (juris), den Unternehmern und Versicherten nur einen Mindestinhalt der sie treffenden Pflichten vor. Aufgrund dieser Tatsache entbindet mit *Wellner*, in: Geigel, Der Haftpflichtprozess, 32. Kapitel, Rn. 16, allein die abstrakte Einhaltung von Unfallverhütungsvorschriften Unternehmer nicht gänzlich davon, die Sicherheit der von ihnen geschaffenen Gefahrenlage im Konkreten bestmöglich sicherzustellen.

[725] Eine analoge Anwendung der Vorgaben aus Unfallverhütungsvorschriften auf Jedermann steht die Rechtsprechung kritisch gegenüber: so beispielsweise das *OLG Bamberg*, NStZ-RR 2007, S. 90 (91 f.).

[726] *RG*, RGZ 128, 320 (329); *BGH*, VersR 1955, S. 105 (106); NJW 1957, S. 499; VersR 1964, S. 942 (944); VersR 1975, S. 812 (813); NJW 1978, S. 2032 (2033); VersR 1984, S. 63 (64); NJW 2001, S. 2019 (2020); VersR 2009, S. 1364 (1365); VersR 2020, S. 180 (181); *OLG Stuttgart*, NJW-RR 2000, S. 752 (753); *OLG Karlsruhe*, NJW-RR 2023, S. 656 (658); *KG Berlin*, 8 U 24/22 (juris); *Gerhard Wagner*, in:

Schutzgesetze i. S. d. § 823 Abs. 2 BGB.[727] Gleichwohl können die Unfallverhütungsvorschriften aber immerhin die im Verkehr erforderliche Sorgfalt i. S. d. § 276 Abs. 1 S. 2 BGB konkretisieren.[728]

5. Annex: Präventionsmaßnahmen Information und Kommunikation

In engem Zusammenhang mit der Verwertung des genossenschaftlichen Wissens in der Recht- und Regelsetzung steht seine Verwertung im Rahmen der sog. Präventionsmaßnahmen Information und Kommunikation[729]. Für diese rechtlich unverbindlichen Maßnahmen können die Genossenschaften auf § 14 Abs. 1 S. 1 (i. V. m. Abs. 4) SGB VII[730] zurückgreifen und dabei insbesondere Wissen über Unfall- und Gesundheitsgefahren, deren Ursachen so-

---

MüKo BGB, § 823, Rn. 559; *Kanzenbach/Zakrzewski*, in: Becker/Franke/Molkentin/Hedermann, SGB VII, § 15, Rn. 4.

[727] *RG*, RGZ 48, 327 (331), zu § 26 ALR, das noch darauf abstellte, Unfallverhütungsvorschriften dienten nicht dem Schutz der Arbeitnehmer vor Arbeitsunfällen, sondern vielmehr ausschließlich dazu, die Unfallversicherungsträger vor Vermögensnachteilen zu beschützen; *RG*, RGZ 95, 180 (182); 95, 238 (240); 128, 320 (329); *BGH*, VersR 1961, S. 160 (161); *BGH*, NJW 1968, S. 641 (642), erkennt die nicht tragende Begründung in RGZ 48, 327 (331), verneint aber dennoch die Schutzgesetzeigenschaft von Unfallverhütungsvorschriften, deren Zweck darin zu sehen sei, „Leben und Gesundheit der beteiligten Arbeiter zu schützen"; *OLG Hamm*, MDR 2014, S. 657; *OLG Oldenburg*, 2 U 89/16 (juris); *OLG Koblenz*, 1 U 296/18 (juris); *OLG Rostock*, 5 U 21/18 (juris); offen gelassen von *BGH*, NJW 1984, S. 360 (362), und *OLG Karlsruhe*, VersR 2003, S. 1584 (1587); 7 U 92/11 (juris). Dem folgen wie *Musielak*, Die Beweislast im Zivilprozess, S. 163 m. w. N., oder *Kanzenbach/Zakrzewski*, in: Becker/Franke/Molkentin/Hedermann, SGB VII, § 15, Rn. 4, weite Teile der Literatur. Demgegenüber wenden sich auch verschiedene Autoren gegen die Rechtsprechung und herrschende Meinung: *P. Marburger*, Regeln der Technik im Recht, S. 477 ff.; *ders.*, VersR 1983, S. 597 (605 f.), versucht die gegen die Schutzcharaktereigenschaft vorgebrachten Argumente zu entkräften, insbesondere dasjenige, wonach Unfallversicherungsvorschriften ausschließlich den Vermögensinteressen der Unfallversicherungsträger dienten; *Gerhard Wagner*, in: MüKo BGB, § 823, Rn. 600, bejaht den individualschützenden Charakter der Unfallverhütungsvorschriften und versteht sie als Schutzgesetze i. S. v. § 823 Abs. 2 BGB.

[728] *BGH*, VersR 1988, S. 735; NJW-RR 1991, S. 1240, (1241); NJW-RR 2009, S. 1398 (1399); NZM 2019, S. 893 (895); *Schmidt*, in: Geigel, Der Haftpflichtprozess, 1. Kapitel, Rn. 71; *Kanzenbach/Zakrzewski*, in: Becker/Franke/Molkentin/Hedermann, SGB VII, § 15, Rn. 6.

[729] *DGUV e. V.* (Hrsg.), Präventionsleistungen der Unfallversicherungsträger der Deutschen Gesetzlichen Unfallversicherung, S. 11; zur Kommunikationsarbeit der Berufsgenossenschaft der Bauwirtschaft (BG Bau) siehe *Schittly*, DGUV Forum 5/2023, S. 3 ff.; zur Kommunikationsstrategie der Berufsgenossenschaft Handel und Warenlogistik (BGHW) siehe *Becker/Stelter/Thielen/Zec*, DGUV Forum 5/2023, S. 10 ff.

[730] *Kranig/Timm*, in: Hauck/Noftz, SGB VII, EL 4/2016, § 14, Rn. 46.

wie effektive Vermeidungsstrategien verwerten.[731] Dafür greifen sie vor allem auf analoge, digitale, audiovisuelle und visuelle Medien, aber auch Messen, Kongresse, Kampagnen, Aktionen, Veranstaltungen oder Werbemaßnahmen, wie Plakate oder Kalender, zurück.[732]

II. Anreizsysteme

Die Genossenschaften können ihr Wissen auch im Rahmen von sog. Anreizsystemen fruchtbar machen. Dazu zählen neben den Gefahrtarifen (dazu 1.), auch Wettbewerbe, Auszeichnungen und Beitragsprämien (dazu 2.).

1. Gefahrtarife

Anhand der Gefahrtarife gem. § 157 SGB VII können die Berufsgenossenschaften die Beiträge der Unternehmer zur gesetzlichen Unfallversicherung risikogerecht berechnen und dadurch finanzielle Anreize zur Verbesserung der Prävention setzen.[733] Dafür werden in den Gefahrtarifen Gefahrklassen festgestellt.[734] Diese bilden neben dem Finanzbedarf (Umlagesoll)[735] und den Arbeitsentgelten der Versicherten die Berechnungsgrundlage[736] für die Einzelbeiträge der Unternehmer zur gesetzlichen Unfallversicherung.[737]

Diese Beiträge können die Berufsgenossenschaften anhand der Gefahrklassen nach dem Grad der Gefährdungsrisiken in dem jeweiligen Gewerbezweig

---

731 *Kanzenbach/Zakrzewski*, in: Becker/Franke/Molkentin/Hedermann, SGB VII, § 14, Rn. 19.

732 *DGUV e. V.* (Hrsg.), Präventionsleistungen der Unfallversicherungsträger der Deutschen Gesetzlichen Unfallversicherung, S. 11; *Kanzenbach/Zakrzewski*, in: Becker/Franke/Molkentin/Hedermann, SGB VII, § 14, Rn. 19; zur Präventionskampagne „kommmitmensch" siehe *Doepke*, DGUV Forum 10/2017, S. 8 ff.; *ders.*, Betriebliche Prävention 2018, S. 108 ff.; *ders.*, DGUV Forum 4/2019, S. 32 ff.; zu den von der Berufsgenossenschaft Energie Textil Elektro Medienerzeugnisse (BG ETEM) eingesetzten verschiedenen Medien siehe *Zingsheim*, DGUV Forum 5/2023, S. 7 ff.

733 *Kranig/Timm*, in: Hauck/Noftz, SGB VII, EL 4/2016, § 14, Rn. 37.

734 *Heldmann*, Die BG 2007, S. 36; *Brosius-Gersdorf*, SGb 2023, S. 461 (462).

735 Die Beitragsansprüche der Unfallversicherungsträger entstehen grundsätzlich in jedem Kalenderjahr, werden aber erst im darauffolgenden Kalenderjahr festgesetzt, weshalb das Beitragssystem der gesetzlichen Unfallversicherung mit *Kranig*, in: Hauck/Noftz, SGB VII, EL 4/2023, § 152, Rn. 1, 4, als Prinzip der nachträglichen Bedarfsdeckung bezeichnet werden kann.

736 § 153 Abs. 1 SGB VII.

737 Die Beiträge werden im Konkreten gem. § 167 SGB VII i. V. m. der Satzung berechnet.

bzw. für bestimmte Tätigkeiten abstrakt abstufen[738].[739] Dafür werden die Gefahrklassen sog. Tarifstellen zugeordnet. Diese Tarifstellen fassen diejenigen Unternehmen zusammen, die anhand abstrakter Gefährdungsrisiken sinnvollerweise eine Gefahrengemeinschaft bilden.[740] Diese Gemeinschaften werden nach dem Gewerbezweigprinzip für bestimmte Gewerbezweige oder nach dem Tätigkeitsprinzip für bestimmte Tätigkeiten oder anhand beider Prinzipien gebildet.[741] Dadurch werden diejenigen Unternehmen zusammengefasst, die durch vergleichbare Gefährdungen gekennzeichnet sind.[742] Dabei können die Berufsgenossenschaften in umfassender Weise auf ihr Wissen zurückgreifen[743] und das Beitragssystem ausdifferenziert und risikobezogen ausgestalten.[744]

Da die Gefahrklassen nur die abstrakten Gefährdungen abbilden, müssen die Berufsgenossenschaften nach § 162 Abs. 1 SGB VII zusätzlich ein sog. Beitragsausgleichsverfahren[745] – auch Bonus-Malus-System genannt – durchführen.[746] Dieses dient der Beitragsabstufung nach dem betrieblichen Unfallgeschehen.[747] Dabei können etwa Verstöße gegen Vorgaben aus Unfallverhütungsvorschriften durch Zuschläge auf die Versicherungsbeiträge sanktioniert

---

738 Siehe dazu *Möller/Brinkmann*, in: Becker/Franke/Molkentin/Hedermann, SGB VII, § 157, Rn. 2.

739 Die Aufteilung nach Betriebszweigen macht eine Differenzierung zwischen den Mitgliedern der Unfallversicherungsträger nach dem Grad der Unfallgefahr erforderlich, wozu sich die Unfallversicherungsträger nach *BSG*, SGb 1998, S. 340, und *Spellbrink*, in: Beck'scher Online-Grosskommentar (Kasseler Kommentar), SGB VII, Stand: 01.05.2017, § 157, Rn. 2, des Gefahrtarifs bedienen können.

740 *Möller/Brinkmann*, in: Becker/Franke/Molkentin/Hedermann, SGB VII, § 157, Rn. 7; *Brosius-Gersdorf*, SGb 2023, S. 461.

741 *Kranig*, in: Hauck/Noftz, SGB VII, EL 3/2022, § 157, Rn. 9ff.; *Spellbrink*, in: Beck'scher Online-Grosskommentar (Kasseler Kommentar), SGB VII, Stand: 01.05. 2017, § 157, Rn. 8ff.; *Platz*, in: Schulin, HSozVR, Band 2, § 58, Rn. 37. Den Unfallversicherungsträgern kommt nach *Schulz*, Der Gefahrtarif der gewerblichen Berufsgenossenschaften, S. 31, ein erheblicher Entscheidungsspielraum bei der Bildung der Tarifstellen zu.

742 *Eichendorf*, in: jurisPK-SGB VII, Stand: 15.01.2022, § 14, Rn. 95.

743 Vgl. *BSG*, Die BG 2007, S. 102 (105); *Brandenburg/K. Palsherm*, in: jurisPK-SGB VII, Stand: 15.01.2022, § 157, Rn. 24, die von „gesichertem Zahlenmaterial" sprechen.

744 *Colella/Kranig*, Die BG 2008, S. 388 (396).

745 Dabei können sich die Berufsgenossenschaften mit *Brandenburg/K. Palsherm*, in: jurisPK-SGB VII, Stand: 15.01.2022, § 162, Rn. 18ff., nach ihrem Ermessen für ein Zuschlags-, Nachlass- oder kombiniertes Zuschlags- und Nachlassverfahren entscheiden.

746 *Möller/Brinkmann*, in: Becker/Franke/Molkentin/Hedermann, SGB VII, § 162, Rn. 4.

747 *Spellbrink*, in: Beck'scher Online-Grosskommentar (Kasseler Kommentar), SGB VII, Stand: 01.12.2020, § 162, Rn. 2.

werden.[748] Durch dieses Verfahren werden letztlich Beitragsanreize zur Förderung der Prävention gesetzt.[749]

2. Wettbewerbe, Auszeichnungen und Beitragsprämien

Die Genossenschaften setzen vermehrt Anreize durch Wettbewerbe, Auszeichnungen und Beitragsprämien.[750] Dabei werden den Mitgliedsunternehmen immaterielle oder finanzielle Vorteile eingeräumt, sofern sie bestimmte Präventionsmaßnahmen durchführen und/oder ein gewisses Schutzniveau erreichen.[751] Im Konkreten werden dafür unter Rückgriff auf das genossenschaftliche Wissen Wettbewerbe durchgeführt, Auszeichnungen vergeben oder Beitragsprämien[752] gem. § 162 Abs. 2 SGB VII für bestimmte freiwillige Unfallverhütungsmaßnahmen gewährt.[753]

III. Maßnahmen außerhalb der gesetzlichen Unfallversicherung

Die Genossenschaften können ihr präventionsbezogenes Wissen nicht nur im Rahmen verschiedener Maßnahmen auf Grundlage des SGB VII, sondern auch außerhalb des gesetzlichen Unfallversicherungssystems fruchtbar machen. Dafür kommen insbesondere die Gemeinsame Deutsche Arbeitsschutzstrategie[754] (dazu 1.), die Regelsetzung durch staatliche Ausschüsse i. S. d. § 18 Abs. 2 Nr. 5 ArbSchG (dazu 2.) und die Normung (dazu 3.) in Betracht.

---

[748] *P. Becker*, in: Krasney/ders./Heinz/Bieresborn, Gesetzliche Unfallversicherung, 35. EL, September 2019, § 15 SGB VII, Rn. 132; siehe auch *OLG Frankfurt a. M.*, 1 U 191/10 (juris).

[749] *Eichendorf*, in: jurisPK-SGB VII, Stand: 15.01.2022, § 14, Rn. 96.

[750] *DGUV e. V.* (Hrsg.), Präventionsleistungen der Unfallversicherungsträger der Deutschen Gesetzlichen Unfallversicherung, S. 6; *Dürr/Schmid*, DGUV Forum 7–8/2018, S. 26 ff.; *Ernst/Marx/Nöthen-Garunja/Portuné/Schmid*, DGUV Forum 4/2023, S. 33 f.

[751] *Kanzenbach/Zakrzewski*, in: Becker/Franke/Molkentin/Hedermann, SGB VII, § 14, Rn. 15.

[752] *Eichendorf*, in: jurisPK-SGB VII, Stand: 15.01.2022, § 14, Rn. 96; zu verschiedenen Beispielen für Prämienverfahren siehe *Kranig/Timm*, in: Hauck/Noftz, SGB VII, EL 4/2016, § 14, Rn. 36b ff.; zu den bei der Ausgestaltung von Prämiensystemen zu beachtenden Vorgaben siehe *Brandenburg/K. Palsherm*, in: jurisPK-SGB VII, Stand: 15.01.2022, § 162, Rn. 59 ff.

[753] *Brandenburg/K. Palsherm*, in: jurisPK-SGB VII, Stand: 15.01.2022, § 162, Rn. 60, sprechen immerhin von „Erfahrungen"; *DGUV e. V.* (Hrsg.), Präventionsleistungen der Unfallversicherungsträger der Deutschen Gesetzlichen Unfallversicherung, S. 6: z. B. der Förderpreis Arbeit-Sicherheit-Gesundheit der Berufsgenossenschaft Rohstoffe und Chemische Industrie.

[754] Siehe dazu 1. Teil, B. II. 3.

Die darin angelegten verwertenden Potentiale ermöglichen die Verwertung von Wissen unter Einbeziehung Dritter, weshalb sie als verwertende Verbundpotentiale umschrieben werden können.

1. Gemeinsame Deutsche Arbeitsschutzstrategie (GDA) – §§ 20a, 20b ArbSchG

Das UVMG hat nicht nur die Rechtsetzungskompetenz der Berufsgenossenschaften beschränkt, sondern durch die Einführung des § 20a Abs. 1 S. 1 ArbSchG auch Bund, Länder und Unfallversicherungsträger dazu verpflichtet, eine Gemeinsame Deutsche Arbeitsschutzstrategie (GDA) zu entwickeln und ihre Umsetzung sowie Fortschreibung zu gewährleisten.[755] Diese Verpflichtung beruht insbesondere auf internationalen und europäischen Entwicklungen[756] und macht deutlich, dass die Kompetenzen der Genossenschaften durch das UVMG in erheblichem Umfang auf die Ebene der Konkretisierung gesetzlicher Vorgaben zu betrieblichen Präventionsmaßnahmen verlagert wurden.

a) Gemeinsame Arbeitsschutzziele, Handlungsfelder und Arbeitsprogramme

Die Gemeinsame Deutsche Arbeitsschutzstrategie verkörpert einen wesentlichen Baustein zur Weiterentwicklung des dualen deutschen Arbeitsschutzsystems, indem sie von den im Arbeitsschutz tätigen Akteuren eine verstärkte und strategisch ausgerichtete kooperative Zusammenarbeit verlangt.[757] Vor diesem Hintergrund werden Bund, Länder und Unfallversicherungsträger verpflichtet, *gemeinsame Arbeitsschutzziele*[758] zu entwickeln sowie *vorrangige Handlungsfelder* und *Arbeitsprogramme* für eine Periode von rund fünf Jahren festzulegen und diese nach einheitlichen Grundsätzen auszuführen.[759]

---

[755] Art. 6 Nr. 1 des UVMG vom 30.10.2008 (BGBl. I, S. 2130).

[756] Durch die GDA sollte nach BT-Drs. 16/9154, S. 43, die Grundlage für die Ratifizierung des IAO-Übereinkommens Nr. 187 vom 15.06.2006 über einen Förderungsrahmen für den Arbeitsschutz geschaffen werden. Die Ratifizierung erfolgte schließlich mit Gesetz vom 26.05.2010 (BGBl. II, S. 378). Daneben enthielt laut *Timm*, Die BG 2007, S. 438 f., auch der strategische Rahmen der Europäischen Union in Sachen Gesundheit und Sicherheit am Arbeitsplatz in Form der Gemeinschaftsstrategie für Gesundheit und Sicherheit am Arbeitsplatz für den Zeitraum von 2007–2012 die Vorgabe an die Mitgliedstaaten, nationale Arbeitsschutzstrategien zu entwickeln und umzusetzen.

[757] *Schucht*, in: Kollmer/Klindt/ders., ArbSchG, § 20a, Rn. 5.

[758] Zu diesem Begriff unter Hinweis auf BT-Drs. 16/9154, S. 44, siehe *Wiebauer*, in: Landmann/Rohmer, GewO, 70. EL, Juni 2015, § 20a ArbSchG, Rn. 41.

[759] § 20a Abs. 2 Nr. 1 und 2 ArbSchG.

Dabei lassen sich die *Arbeitsschutzziele* in *Sicherheits- und Gesundheitsziele*[760] sowie in *Struktur- und Prozessziele*[761] unterscheiden.[762] Diese betreffen die Bereiche Verhütung von Arbeitsunfällen, Berufskrankheiten und arbeitsbedingten Gesundheitsgefahren sowie die menschengerechte Gestaltung der Arbeit.[763] Für die Ermittlung der konkreten Arbeitsschutzziele haben die Träger der GDA das sog. GDA-Fachkonzept[764] beschlossen,[765] wonach die Arbeitsschutzziele in einem mehrstufigen Verfahren gewonnen werden.[766] Dieses Verfahren und der damit einhergehende partizipativ-pragmatische Priorisierungsprozess sind auf aussagekräftiges und repräsentatives Wissen angewiesen,[767] wofür unter anderem auf das genossenschaftliche Wissen zurückgegriffen wird.[768]

Die *gemeinsamen Arbeitsschutzziele*[769] werden durch *vorrangige Handlungsfelder*[770] konkretisiert.[771] Diese werden wiederum mit *Arbeitsprogrammen*[772]

---

[760] Hierzu zählt die Verhütung bestimmter Berufskrankheiten.

[761] Z.B. die Verbesserung des Arbeitsschutzsystems, die Systemkontrolle und die Systemberatung.

[762] *GDA* (Hrsg.), Fachkonzept und Arbeitsschutzziele 2008 – 2012, S. 4f.; *Schucht*, in: Kollmer/Klindt/ders., ArbSchG, § 20a, Rn. 22.

[763] § 20a Abs. 1 S. 2 ArbSchG.

[764] *GDA* (Hrsg.), Fachkonzept und Arbeitsschutzziele 2008 – 2012.

[765] Das GDA-Fachkonzept basiert nach *GDA* (Hrsg.), Fachkonzept und Arbeitsschutzziele 2008–2012, S. 6 und Anlage 1, auf dem von den Spitzenverbänden der Unfall- und Krankenversicherungsträger entwickelten IGA-Rangordnungsverfahren, anhand dessen in mehreren Schritten die Ziele ermittelt werden: In das Verfahren der Zielfindung fließen darüber hinaus objektive Kriterien, wie die Zahl der Schadensfälle, Arbeitsunfähigkeiten, Kosten und Präventionsmöglichkeiten, ein und ermöglichen eine Entscheidungsfindung auf wissenschaftlicher Grundlage.

[766] *Meffert*, Die BG 2008, S. 49, Bild 1.

[767] *Meffert*, Die BG 2008, S. 49.

[768] Siehe dazu den in Art. 3 Abs. 2–6 GDA-Rahmenvereinbarung vereinbarten Daten- und Informationsaustausch der GDA-Träger.

[769] Für die erste Periode 2008–2012 siehe *Timm*, Die BG 2008, S. 422; für die zweite Periode 2013–2018 siehe *Jansen/Stamm/Timm*, DGUV Forum 9/2011, S. 29 (30); für die dritte Periode 2019–2024 siehe *Schucht*, in: Kollmer/Klindt/ders., ArbSchG, § 20a, Rn. 25.

[770] Zur ersten Periode 2008–2012 siehe *Timm*, Die BG 2008, S. 422; zur zweiten Periode 2013 – 2018 siehe *Wiebauer*, in: Landmann/Rohmer, GewO, 70. EL, Juni 2015, § 20a ArbSchG, Rn. 34.

[771] BT-Drs. 16/9154, S. 44; BR-Drs. 113/08, S. 110.

[772] Zur ersten Periode 2008–2012 siehe *Jansen/Timm*, DGUV Forum 4/2010, S. 20 (22f.); zur zweiten Periode 2013 – 2018 siehe *Wiebauer*, in: Landmann/Rohmer, GewO, 70. EL, Juni 2015, § 20a ArbSchG, Rn. 37; zur dritten Periode 2019 – 2024 siehe *Gabriel/Ermer/Schneider/Hanke-Roos/Schneider/Wellhäußer*, DGUV Forum, 4/2020, S. 3ff.

untersetzt,[773] die die GDA letztlich entscheidend prägen.[774] Zur Umsetzung der Arbeitsprogramme schließen die Unfallversicherungsträger und die zuständigen staatlichen Arbeitsschutzbehörden Vereinbarungen ab.[775]

Nach Ablauf der jeweiligen Periode werden die Arbeitsschutzziele, Handlungsfelder und Arbeitsprogramme schließlich *evaluiert*.[776] Vor Beginn der dritten Periode 2019–2024 haben die Träger der GDA zudem intensiv über die Struktur und Zielsetzung der GDA diskutiert und die dabei gefundenen Ergebnisse in die Ausgestaltung der dritten Periode einfließen lassen.[777]

Die im Rahmen der GDA entwickelten gemeinsamen Arbeitsschutzziele können ebenso wenig wie die vorrangigen Handlungsfelder und Arbeitsprogramme isoliert durchgesetzt werden. Dafür stellen weder das ArbSchG noch das SGB VII Grundlagen bereit. Die Berufsgenossenschaften müssen die gemeinsamen Arbeitsschutzziele auf den vorrangigen Handlungsfeldern und die entsprechenden Arbeitsprogramme daher im Zuge ihrer Präventionsmaßnahmen berücksichtigen und umsetzen.

b) Gemeinsames Vorgehen bei Beratung und Überwachung

Daneben umfasst die GDA die Festlegung eines abgestimmten Vorgehens der für den Arbeitsschutz zuständigen Landesbehörden und der Unfallversicherungsträger bei der Beratung und Überwachung der Betriebe.[778] Dafür werden einerseits Gemeinsame Grundsätze für die Beratungs- und Überwachungstätigkeit, sog. GDA-Leitlinien,[779] erarbeitet. Andererseits werden hierfür Vereinbarungen zwischen den Ländern und den Unfallversicherungsträgern abgeschlossen sowie ein Austausch von Informations- und Wissensgrundlagen gepflegt.[780]

---

[773] BT-Drs. 16/9154, S. 44; BR-Drs. 113/08, S. 110.

[774] *Schucht*, in: Kollmer/Klindt/ders., ArbSchG, § 20a, Rn. 26; *Wiebauer*, in: Landmann/Rohmer, GewO, 70. EL, Juni 2015, § 20a ArbSchG, Rn. 35.

[775] § 20 Abs. 2 S. 3 Nr. 2 SGB VII, § 21 Abs. 3 S. 3 ArbSchG.

[776] § 20a Abs. 2 Nr. 3 ArbSchG.

[777] *Hussy*, APR 2020, S. 2 (3 f.).

[778] § 20a Abs. 2 Nr. 4 ArbSchG.

[779] Diese verkörpern nach *Faber/Kohte*, in: Kohte/Faber/Busch, Vorbemerkung zu §§ 20a, 20b ArbSchG, Rn. 12, arbeitswissenschaftliche Erkenntnisse i. S. d. § 4 Nr. 3 ArbSchG; siehe Beispiele bei *Wiebauer*, in: Landmann/Rohmer, GewO, 70. EL, Juni 2015, § 20a ArbSchG, Rn. 46.

[780] § 20 Abs. 2 S. 3 Nr. 1 SGB VII, § 21 Abs. 3 S. 3 ArbSchG; siehe zu den Verbesserungen beim Austausch von Informations- und Wissensgrundlagen in der dritten Periode *Hussy*, APR 2020, S. 2 (5).

c) *Nationale Arbeitsschutzkonferenz (NAK)*

Nach § 20b Abs. 1 S. 1 ArbSchG wird die Aufgabe der Entwicklung, Steuerung und Fortschreibung der GDA von der Nationalen Arbeitsschutzkonferenz (NAK) wahrgenommen. Diese beschließt die gemeinsamen Arbeitsschutzziele, formuliert die Handlungsfelder und legt die Arbeitsprogramme fest.[781]

Die NAK setzt sich aus je drei stimmberechtigten Vertretern von Bund, Ländern und Unfallversicherungsträgern zusammen,[782] die auf Grundlage einer einstimmig anzunehmenden Geschäftsordnung tätig werden. Die NAK wird von ihrer Geschäftsstelle[783] unterstützt, bei der alle für die Aufgaben der NAK notwendigen Kommunikationsstränge zusammenlaufen.[784] Daher kommt es für den Erfolg der GDA in entscheidender Weise darauf an, dass die Geschäftsstelle nicht nur einen Austausch zwischen den verschiedenen Mitgliedern der NAK initiiert, sondern diesen auch aufrechterhält. Da die Unfallversicherungsträger lediglich drei Vertreter in die NAK entsenden können, müssen diese wenigen Vertreter die Interessen sämtlicher Unfallversicherungsträger in diesem Gremium vertreten.

Die NAK wird bei ihren Aufgaben durch ein Arbeitsschutzforum[785] unterstützt, das in der Regel einmal jährlich tagt.[786] Durch das Forum soll eine kritische Rückkopplung der NAK mit den beteiligten Fachkreisen und ein systematischer Dialog mit den im Gesundheitsschutz tätigen Akteuren ermöglicht werden.[787]

---

781 *Wiebauer*, in: Landmann/Rohmer, GewO, 70. EL, Juni 2015, § 20a ArbSchG, Rn. 28, 34 f.

782 § 20b Abs. 1 S. 2 ArbSchG.

783 Diese wurde gem. § 20b Abs. 5 S. 1 ArbSchG bei der Bundesanstalt für Arbeitsschutz und Arbeitsmedizin eingerichtet.

784 *Jansen/Timm*, DGUV Forum 4/2010, S. 20 (21).

785 Am Arbeitsschutzforum sollen gem. § 20b Abs. 3 S. 2 ArbSchG sachverständige Vertreter der Spitzenorganisationen der Arbeitgeber und Arbeitnehmer, der Berufs- und Wirtschaftsverbände, der Wissenschaft, der Kranken- und Rentenversicherungsträger, von Einrichtungen im Bereich Sicherheit und Gesundheit bei der Arbeit sowie von Einrichtungen, die der Förderung der Beschäftigungsfähigkeit dienen, teilnehmen.

786 § 20b Abs. 3 S. 1 ArbSchG.

787 BT-Drs. 16/9154, S. 44.

2. Berufsgenossenschaften als integraler Bestandteil des staatlichen Ausschusswesens

Die Unfallversicherungsträger sind „integraler Bestandteil des staatlichen Ausschusswesens“[788]. Dessen Grundlagen sind in § 18 Abs. 2 Nr. 5 ArbSchG angelegt. Die Norm ermächtigt die Bundesregierung durch Rechtsverordnung Ausschüsse zu bilden, die unter anderem Regeln zum Stand der Technik, Arbeitsmedizin und Hygiene sowie sonstige gesicherte arbeitswissenschaftliche Erkenntnisse zu ermitteln haben.[789] Daneben haben die Ausschüsse auch Regeln zu ermitteln, wie die in den Arbeitsschutzverordnungen gestellten Anforderungen erfüllt werden können.[790]

Die Mitwirkung der Unfallversicherungsträger in den verschiedenen Ausschüssen wird in den jeweiligen Verordnungen konkret geregelt.[791] Dadurch erhalten sie die Möglichkeit, an der Erarbeitung staatlicher Regeln[792] mitzuwirken und dabei ihr genossenschaftliches Wissen einzubringen. Es besteht sogar die Möglichkeit, dass staatliche Regeln nach einer Bedarfsprüfung durch den staatlichen Ausschuss direkt in den Sachgebieten und Fachbereichen der DGUV e. V. erarbeitet werden. Der abschließende Beschluss der Regeln bleibt selbstverständlich dem jeweiligen staatlichen Ausschuss vorbehalten.[793]

Daneben schreibt § 24a ArbSchG neuerdings vor, dass beim BMAS ein „Ausschuss für Sicherheit und Gesundheit bei der Arbeit“ gebildet wird. Seine Aufgaben sind vergleichbar mit denen der Ausschüsse nach § 18 Abs. 2 Nr. 5

---

788 Leitlinienpapier zur Neuordnung des Vorschriften- und Regelwerks vom 31.08. 2011, S. 9.

789 Ein prominentes Beispiel aus der SARS-CoV-2-Pandemie ist die SARS-CoV-2-Arbeitsschutzregel, GMBl. 2020, S. 484.

790 § 18 Abs. 2 Nr. 5 ArbSchG; Leitlinienpapier zur Neuordnung des Vorschriften- und Regelwerks vom 31.08.2011, S. 5, 9.

791 Siehe etwa § 21 Abs. 1 S. 2 Betriebssicherheitsverordnung (Ausschuss für Betriebssicherheit), § 20 Abs. 1 S. 1 Gefahrstoffverordnung (Ausschuss für Gefahrstoffe), § 7 Abs. 1 S. 1 Arbeitsstättenverordnung (Ausschuss für Arbeitsstätten), § 19 Abs. 1 S. 1 Biostoffverordnung (Ausschuss für Biologische Arbeitsstoffe), § 9 Abs. 1 S. 1 Verordnung zur arbeitsmedizinischen Vorsorge (Ausschuss für Arbeitsmedizin); nach BT-Drs. 14/3798, S. 24, sind die Ausschüsse „pluralistisch mit Vertretern der Länder, der Unfallversicherungsträger, der Sozialpartner, der Wissenschaft und der Fachverbände zu besetzen“.

792 Siehe zu den Grundsätzen für die Erarbeitung staatlicher Regeln das Leitlinienpapier zur Neuordnung des Vorschriften- und Regelwerks vom 31.08.2011, S. 6 ff., das von einer aktiven Mitwirkung der Unfallversicherungsträger spricht.

793 Leitlinienpapier zur Neuordnung des Vorschriften- und Regelwerks vom 31.08.2011, S. 9; siehe dazu auch *Koll*, KANBrief 1/12, S. 3.

ArbSchG.[794] Der Ausschuss für Sicherheit und Gesundheit bei der Arbeit ist aber nicht nur auf die Bereiche einzelner Verordnungen begrenzt, sondern für die Umsetzung des ArbSchG an sich zuständig.[795] In diesem Ausschuss wirken analog zu den Ausschüssen nach § 18 Abs. 2 Nr. 5 ArbSchG ebenfalls Vertreter der gesetzlichen Unfallversicherung mit.[796]

3. Normung

Die Genossenschaften wirken sowohl an der produktbezogenen Normung (dazu a)) als auch an der Normung im Bereich des betrieblichen Arbeitsschutzes (dazu b)) mit.

a) Verstärkung des Engagements in der produktbezogenen Normung

Durch eine Verstärkung ihres Engagements in der produktbezogenen Normung können die Unfallversicherungsträger den Bedeutungsverlust ihres Vorschriftenwerks im Produktsicherheitsrecht abmildern.

aa) Bedeutung der Normung für die betriebliche Prävention

Die Beteiligung an der produktbezogenen Normung ermöglicht den Unfallversicherungsträgern, Einfluss auf die Konstruktion sicherer und gesundheitlich unschädlicher Arbeitsgeräte[797] auszuüben und dadurch bereits in einem sehr frühen Stadium auf die Vermeidung von Arbeitsunfällen und Berufskrankheiten hinzuwirken.[798]

Dafür kommen zunächst harmonisierte Normen in Betracht, die auf europäischer Ebene erarbeitet werden.[799] Diese verkörpern die „*tragenden Säulen des europäischen Produktsicherheitsrechts*“[800], da sie die im geltenden Recht allgemein gehaltenen Sicherheitsanforderungen an Produkte konkretisieren, den aktuellen Stand der Technik wiedergeben und für die Auslegung unbestimmter Rechtsbegriffe herangezogen werden können.[801]

---

794 Vgl. § 24a Abs. 3 S. 1 ArbSchG.

795 *Aligbe*, Betriebliche Prävention 2021, S. 124 (127); *Schucht*, Betriebliche Prävention 2021, S. 176 (180).

796 § 24a Abs. 1 S. 1 ArbSchG.

797 *Turowski*, DGUV Forum 1–2/2012, S. 34 (36 ff.).

798 *Palka*, Sicherheitsingenieur 7/2011, S. 18; *Stegherr*, DGUV Forum 6/2019, S. 14 (15).

799 §§ 2 Nr. 14, 4 ProdSG.

800 *Klindt*, in: ders., ProdSG, § 4, Rn. 2.

801 *Klindt*, in: ders., ProdSG, § 4, Rn. 2.

Daneben können die technischen Normen von (privaten) Normungsorganisationen, etwa des DIN e. V., auf nationaler Ebene zur Beurteilung von Produkten im nicht harmonisierten Bereich herangezogen werden, sofern sie im Wege des bereits dargestellten Verfahrens vom Ausschuss für Produktsicherheit (AfPS) ermittelt und bekannt gemacht werden.[802] Darüber hinaus nehmen nationale technische Normen von (privaten) Normungsorganisationen auch außerhalb des Produktsicherheitsrechts eine erhebliche Bedeutung ein.[803] Sofern sie den Stand der Technik, Arbeitsmedizin, Hygiene oder sonstige gesicherte arbeitswissenschaftliche Erkenntnisse abbilden, können ihre Vorgaben zudem im Rahmen von § 2 Abs. 1, 2 DGUV Vorschrift 1 i. V. m. § 4 Nr. 3 ArbSchG berücksichtigt werden.[804]

bb) Beteiligung der Unfallversicherungsträger in der Normung

Vor diesem Hintergrund entsenden die Berufsgenossenschaften über den Spitzenverband Vertreter in die verschiedensten Normungsorganisationen auf nationaler, europäischer und internationaler Ebene[805].[806] Dafür kommen vorrangig Aufsichtspersonen (§ 18 SGB VII)[807] in Betracht. Diese sind einerseits prädestiniert, das genossenschaftliche Wissen in die Normung einzubringen.

---

802 2. Teil, B. I. 3. b); siehe auch die Bekanntmachung im GMBl. 2023, S. 1092 ff., zu Normen und anderen technischen Spezifikationen nach dem Produktsicherheitsgesetz – ProdSG: Verzeichnis 2: Nicht harmonisierter Bereich: Teil 1: Nationale Normen.

803 *Bayerlein*, Der Sachverständige 2008, S. 49 ff.

804 *Zakrzewski*, in: Becker/Franke/Molkentin, SGB VII, 5. Aufl., § 15, Rn. 17; *Blume/Faber*, in: Kohte/Faber/Busch, Gesamtes Arbeitsschutzrecht, § 4 ArbSchG, Rn. 84; *Faber*, in: Kohte/ders./Busch, Gesamtes Arbeitsschutzrecht, § 24a ArbSchG, Rn. 39, spricht technischen Normen von DIN, VDE und DRGW eine gewisse Richtigkeitsgewähr und eine Vermutungswirkung zu; *Bayerlein*, Der Sachverständige 2008, S. 49 (52 f.), ordnet DIN-Normen demgegenüber als Regeln der Technik ein; kritisch *Seibel*, NJW 2013, S. 3000 (3002); mit *Kloepfer*, Umweltrecht, § 16, Rn. 37, verkörpern technische Normen (privater) Normungsorganisationen antizipierte Sachverständigengutachten; *BVerwG*, NVwZ 2007, S. 831, spricht von „Orientierungshilfe".

805 Zur Normung auf internationaler Ebene siehe *Mattiuzzo/Meier*, DGUV Forum 10/2020, S. 16 ff.

806 Die Entsendung wird dabei nach Kapitel I Nr. 4 DGUV Grundsatz 300-001 durch die Sachgebiete des DGUV e. V. koordiniert; die Kommission Arbeitsschutz und Normung (KAN) hat nach *Turowski*, DGUV Forum 1–2/2012, S. 34 (37), demgegenüber unter anderem die Aufgabe, den Belangen des Arbeitsschutzes in der Normung zur Geltung zu verhelfen.

807 Die Mehrzahl der entsandten Personen hat einen naturwissenschaftlich-technischen Bildungshintergrund, vor allem in den Bereichen Ingenieurwissenschaften, Chemie und Physik. Daneben werden allerdings auch Arbeitsmediziner, Arbeitswissenschaftler und Psychologen entsandt. Die überwiegende Zahl der Entsandten hat dabei nach *DIN e. V.* (Hrsg.), Gesamtwirtschaftlicher Nutzen der Normung, S. 65, die Ausbildung als Aufsichtspersonen durchlaufen.

Andererseits können sie gleichzeitig dafür Sorge tragen, dass die teilweise gegenläufigen Interessen des Arbeits- und Gesundheitsschutzes auf der einen und der Unternehmerschaft auf der anderen Seite im Rahmen der Normung angemessen berücksichtigt werden.[808]

Im Normungsprozess nehmen die entsandten Vertreter aufgrund ihrer Qualifikation vor allem zu sicherheitstechnischen Fragen Stellung. Darüber hinaus regen sie die Erarbeitung neuer Normen an, sofern sie aus ihrer täglichen Praxis hierfür einen Bedarf erkennen. Um das genossenschaftliche Wissen umfassend abbilden zu können, stimmen sich die in die Normungsorganisationen entsandten Vertreter eng mit den Präventionsabteilungen, den Prüf- und Zertifizierungsstellen des DGUV Test und dem Institut für Arbeitsschutz (IFA) ab.[809]

(1) Nationale Normungsorganisationen

Auf nationaler Ebene entsenden die Unfallversicherungsträger ihre Vertreter vor allem in die Gremien des DIN e. V. Diese Beteiligung beruht auf einer entsprechenden Vereinbarung mit dem DIN e. V.,[810] das sich darin verpflichtet hat, den Vertretern der Unfallversicherungsträger eine erforderliche Anzahl von Sitzen in den Arbeits- und Lenkungsgremien seiner Ausschüsse einzuräumen.[811]

(2) Europäische und internationale Normungsorganisationen

Für den Bereich der europäischen und internationalen Normung werden von den nationalen Normungsinstituten sog. Spiegelausschüsse gebildet, in denen ein nationales Meinungsbild erarbeitet und von einer aus dem Spiegelausschuss entsandten Delegation in den entsprechenden europäischen und internationalen Gremien[812] vertreten wird.[813] Dabei ermöglicht das DIN e. V. mindestens einem Vertreter der Unfallversicherungsträger, in diesen Delegationen mitzuwirken.[814]

808 *Turowski*, DGUV Forum 1–2/2012, S. 34 (37).

809 *DIN e. V.* (Hrsg.), Gesamtwirtschaftlicher Nutzen der Normung, S. 64.

810 Siehe dazu *Turowski*, DGUV Forum 1–2/2012, S. 34 (38).

811 *Turowski*, DGUV Forum 1–2/2012, S. 34 (38).

812 Zu den europäischen Normungsorganisationen zählen nach Anhang I der VO (EU) Nr. 1025/2012 das CEN (Europäisches Komitee für Normung), das CENELEC (Europäisches Komitee für elektrotechnische Normung) und das ETSI (Europäisches Institut für Telekommunikationsstandard). Zu den internationalen Normungsorganisationen zählt insbesondere die International Organization for Standardization (IOS).

813 *Palka*, Sicherheitsingenieur 7/2011, S. 18.

814 *Voelzkow*, Private Regierungen in der Techniksteuerung, S. 107; *Turowski*, DGUV Forum 1–2/2012, S. 34 (38).

b) Normung im Bereich des betrieblichen Arbeitsschutzes

Neben der produktbezogenen Normung gewinnt neuerdings die Normung im Bereich des betrieblichen Arbeitsschutzes an Bedeutung.[815] Diese umfasst sog. terminologische Verständigungsnormen mit Festlegungen von Begriffen, Definitionen und Zeichen sowie Normen zur Sicherung des Arbeitsschutzniveaus, etwa im Hinblick auf Prüf-, Mess-, Analyse-, Probenahmeverfahren sowie statistische Methoden.[816] Diese Normen ergänzen das staatliche sowie das unfallversicherungsrechtliche Vorschriften- und Regelwerk und sind diesen gegenüber nachrangig.[817] Bei der Erarbeitung der entsprechenden Normen bringen die Vertreter der gesetzlichen Unfallversicherung das genossenschaftliche Wissen vergleichbar zur produktbezogenen Normung in die jeweiligen Normungsorganisationen ein.[818]

4. Fazit

Im Gegensatz zur Beschränkung der genossenschaftlichen Rechtsetzungskompetenzen wurden die verschiedenen Möglichkeiten der Genossenschaften zur rechtlichen Nutzbarmachung ihres präventionsbezogenen Wissens außerhalb des gesetzlichen Unfallversicherungssystems ausgeweitet. Dabei bringen sie ihr Wissen vor allem in die GDA, zur Regelsetzung in staatliche Ausschüsse sowie zur Normung in Normungsorganisationen ein. In diesen Bereichen können die Genossenschaften keine eigenständigen Entscheidungen treffen, sondern müssen sich mit anderen Akteuren abstimmen. Je besser die Genossenschaften diese anhand fachlicher Argumente zu überzeugen vermögen, desto stärker gestaltet sich ihr Einfluss in diesen Bereichen.

IV. Vielfältige Möglichkeiten zur Wissensverwertung

Die durch das europäische Recht angestoßenen Veränderungen im deutschen Arbeitsschutzrecht haben dazu geführt, dass die Ermächtigung der Genossenschaften zum Erlass von Unfallverhütungsvorschriften beschränkt wurde. Eine entscheidende Konsequenz dieser Entwicklung ist, dass die Ge-

---

815 Grundsatzpapier zur Rolle der Normung im betrieblichen Arbeitsschutz, GMBl. 2021, S. 163.

816 *Meyer*, DGUV Forum 12/2022, S. 13 f.; Grundsatzpapier zur Rolle der Normung im betrieblichen Arbeitsschutz, GMBl. 2021, S. 163.

817 *Kellner/Meyer/Mattiuzzo/Meier*, DGUV Forum 12/2022, S. 7 (11 f.); Grundsatzpapier zur Rolle der Normung im betrieblichen Arbeitsschutz, GMBl. 2021, S. 163 (164).

818 *Meyer*, DGUV Forum 12/2022, S. 13 f.

nossenschaften ihr präventionsbezogenes Wissen nicht mehr vorrangig anhand von Unfallverhütungsvorschriften rechtlich nutzbar machen können.

Dafür müssen sie nun verstärkt andere Maßnahmen in den Blick nehmen.[819] Im Rahmen des gesetzlichen Unfallversicherungssystems stehen ihnen hierfür insbesondere das DGUV Regelwerk mit seinen (Branchen-)Regeln, Informationen und Grundsätzen sowie verschiedene Anreizsysteme zur Verfügung. Außerhalb des gesetzlichen Unfallversicherungssystems kann das genossenschaftliche Wissen vor allem in der GDA, bei der Mitwirkung an der Regelsetzung staatlicher Ausschüsse und der Beteiligung an der Normung rechtlich nutzbar gemacht werden.

Durch die Verlagerung der Wissensverwertung von der Rechtsetzung auf verschiedene andere Maßnahmen, insbesondere auf die Regelsetzung, können die Genossenschaften ihr präventionsbezogenes Wissen jedoch weiterhin in umfassender Weise rechtlich nutzbar machen.

C. Doppelfunktionale Potentiale

Nachdem bislang zwischen erzeugenden und verwertenden Potentialen unterschieden wurde, gilt es abschließend herauszuarbeiten, in welchen Verwaltungsmaßnahmen sowohl erzeugende als auch verwertende Potentiale enthalten sind. Diese Verwaltungsmaßnahmen ermöglichen einerseits die Erzeugung von Wissensressourcen und deren Vollendung zu Informationen und Wissen sowie andererseits die Verwertung von Wissensressourcen, Informationen und Wissen. Daher können sie als Verwaltungsmaßnahmen mit Doppelfunktion umschrieben werden. Die darin angelegten erzeugenden und verwertenden Potentiale können zusammengefasst als doppelfunktionale Potentiale bezeichnet werden.

Diese Doppelfunktion von Verwaltungsmaßnahmen zeigt sich exemplarisch anhand der *Beratungen* der Mitgliedsunternehmen gem. § 17 Abs. 1 SGB VII. Dabei können die Berufsgenossenschaften anhand des in dieser Präventionsmaßnahme enthaltenen erzeugenden Potentials einerseits Wissensressourcen aus ihren Mitgliedsunternehmen gewinnen. Im Zuge der Beratungen können sie andererseits aber auch Informationen und Wissen verwerten – beispielsweise durch Aufklärung.

Diese Doppelfunktion kommt noch weiteren Verwaltungsmaßnahmen zu. Sie zeigt sich insbesondere im Zusammenhang mit der *Aus- und Fortbildung*, der *Datenverarbeitung zur Prävention*, der *Zusammenarbeit mit den betrieblichen Arbeitsschutzausschüssen* ebenso wie der *Prüfung und Zertifizierung*.

---

[819] *Kohte*, Die BG 2010, S. 384 (385).

Sie kann aber auch anlässlich der *Ausübung der Überwachungsbefugnisse*, etwa im Rahmen der Begleitung durch den Unternehmer oder eine von ihm beauftragte Person[820] sowie bei *Verwaltungsmaßnahmen in den Bereichen der Rehabilitation und Entschädigung* zum Tragen kommen.

Eine Doppelfunktion kann auch bei der *informationellen Zusammenarbeit der Unfallversicherungsträger mit Dritten (staatlichen Arbeitsschutzbehörden, Betriebsvertretungen* und *anderen Sozialversicherungsträgern)*, bei der *Zusammenarbeit der Unfallversicherungsträger im und über den Spitzenverband* sowie bei *autonomen Kooperationen mit Dritten* zum Tragen kommen. Darin sind zunächst die aufgezeigten erzeugenden Verbundpotentiale enthalten.[821] Daneben treten im Rahmen dieser Kooperationen aber auch verschiedene verwertende Potentiale zu Tage. Diese zeigen sich bei der informationellen Zusammenarbeit mit Dritten exemplarisch anhand der Zusammenarbeit mit den anderen Sozialversicherungsträgern im Rahmen der Nationalen Präventionsstrategie i. S. v. §§ 20d ff. SGB V. Auch auf der Ebene des Spitzenverbandes finden sich Maßnahmen, die anhand der darin angelegten verwertenden Potentiale eine Verwertung des genossenschaftlichen Wissens ermöglichen. Das verdeutlichen nicht nur die auf Grundlage des § 14 Abs. 4 SGB VII ausgeübten Verbandsaufgaben der DGUV e. V.,[822] sondern auch verschiedene Aufgaben der Sachgebiete, die die Verbandsaufgaben konkretisieren. Dazu zählen etwa die „Erarbeitung praktischer Lösungen zu Problemen in Bezug auf Sicherheit und Gesundheit“ sowie die „Entwicklung praxis- und zielgruppenorientierter Medien, Seminar- und Schulungskonzeptionen“.[823] Daneben zeigen sich verwertende Potentiale bei den autonomen Kooperationen im Zusammenhang mit konkreten Projekten und Programmen.

Demgegenüber kommt den *Mitteilungspflichten der Unternehmer* und *Unfall- und Berufskrankheits-Verdachts-Anzeigen* ebenso wie den *Auskunftsverlangen der Genossenschaften*, in denen erzeugende Potentiale angelegt sind, grundsätzlich keine Doppelfunktion zu. Das trifft auch auf die *informationelle Zusammenarbeit mit Ärzten, Zahnärzten und Psychotherapeuten* sowie die *statistische Verarbeitung in Gemeinschaftsdateien* zu.

Bei der *Forschung* können Wissensressourcen aus den Mitgliedsunternehmen und von Dritten weiterverwendet werden. Daraus kann im Rahmen der Forschung Wissen erzeugt werden, das schließlich im Rahmen anderer Prä-

---

820 § 19 Abs. 2 S. 1 Nr. 8 SGB VII.

821 2. Teil, A. III.

822 *Kranig/Timm*, in: Hauck/Noftz, SGB VII, EL 4/2016, § 14, Rn. 46 f.

823 Siehe Kapitel I Nr. 3.1.2 DGUV Grundsatz 300-001 mit der Nennung weiterer Verwaltungsmaßnahmen der Sachgebiete, in denen verwertende Potentiale angelegt sind.

ventionsmaßnahmen verwertet werden kann. Insofern ist das verwertende Potential im Rahmen der Forschung an sich eher schwach ausgeprägt.

Eine Sonderstellung nehmen schließlich die Potentiale im Rahmen von *Ordnungswidrigkeitenverfahren* ein. Durch die Ermächtigung zur Verfolgung und Ahndung von Verstößen gegen bestimmte Vorgaben in Unfallverhütungsvorschriften wird neben deren Durchsetzung gleichzeitig die Möglichkeit zur Erzeugung von weiteren Wissensressourcen aus den Mitgliedsunternehmen eröffnet.

Ausschließlich verwertende Potentiale sind dem Grunde nach in den Ermächtigungen zum *Erlass von Unfallverhütungsvorschriften und Gefahrtarifen* ebenso wie in der Ermächtigung zur *Regelsetzung* angelegt.

Demgegenüber zeigen sich im Zusammenhang mit *Wettbewerben, Auszeichnungen und Beitragsprämien*[824] neben verwertenden auch erzeugende Potentiale. Im Rahmen dieser Maßnahmen können die Mitgliedsunternehmen und die Genossenschaften wechselseitig aufeinander zugehen, wodurch Situationen wie bei der Beratung auf Anforderung oder bei der gezielten Beratung entstehen können[825]. Das gilt auch für verschiedene Ausprägungen der Präventionsmaßnahmen *Information und Kommunikation*, wie Messen oder Kongresse.

Obwohl bei der *Mitwirkung in staatlichen Ausschüssen i. S. d. § 18 Abs. 2 Nr. 5 ArbSchG und Normungsorganisationen* der verwertende Charakter überwiegt, können von den in diesen Ausschüssen und Organisationen tätigen Dritten auch Wissensressourcen gewonnen werden. Die Erarbeitung staatlicher Regeln und die Normung ermöglichen mithin neben der Verwertung von genossenschaftlichem Wissen auch die Erzeugung von Wissensressourcen Dritter. Das gilt letztlich auch für das *Engagement in der GDA* und zeigt sich besonders deutlich in der gesetzlich vorgeschriebenen Evaluierung der Arbeitsschutzziele, Handlungsfelder und Arbeitsprogramme am Ende jeder Periode.[826] Dadurch erhalten die Träger der GDA Ergebnisse über die Wirkungsweise der einzelnen Arbeitsprogramme vermittelt. Diese Effektivitätskontrolle ermöglicht auch eine Überprüfung, inwiefern das in die GDA eingeflossene genossenschaftliche Wissen zu Verbesserungen im Präventionsbereich beitragen konnte.

---

[824] *Kanzenbach/Zakrzewski*, in: Becker/Franke/Molkentin/Hedermann, SGB VII, § 14, Rn. 15.

[825] 2. Teil, A. I. 2. a) bb).

[826] § 20a Abs. 2 Nr. 3 ArbSchG.

D. Beziehungsgefüge verschiedener Kategorien kognitiver Potentiale[827]

Anhand der Wissensperspektive konnten verschiedene kognitive Potentiale im gesetzlichen Unfallversicherungssystem herausgearbeitet, systematisiert und strukturiert werden. Dabei wurde ein Beziehungsgefüge unterschiedlicher Kategorien kognitiver Potentiale deutlich. Diese lassen sich im Wesentlichen unterscheiden in *erzeugende*[828], *verwertende*[829] und *doppelfunktionale*[830] *Potentiale*. Anhand dieser Potentiale können die Genossenschaften präventionsbezogene Wissensressourcen erzeugen, zu genossenschaftlichem Wissen vollenden und dieses schließlich im Rahmen von verschiedenen Präventionsmaßnahmen zur Verwirklichung des Präventionsauftrags verwerten.

Die Ausgestaltung der gesetzlichen Unfallversicherung in Form funktionaler Selbstverwaltung bildet dabei die Grundlage und den Rahmen für die Entfaltung der kognitiven Potentiale, die den Genossenschaften bereits seit deren Anfängen zur Verfügung stehen. Anhand der verschiedenen *erzeugenden Potentiale* können die Genossenschaften Wissensressourcen erzeugen[831] und diese zu genossenschaftlichem Wissen vollenden. Damit Wissensressourcen aus den Mitgliedsunternehmen für den Zugriff durch die Genossenschaften anhand der *unselbstständig erzeugenden Potentiale* bereitstehen, sieht das Recht neuerdings Vorkehrungen für Organisation und Verfahren der Unternehmen vor, die deren Erkenntnisbildung beeinflussen sollen. Dementsprechend müssen Unternehmer Gefährdungsbeurteilungen[832] erarbeiten, aktualisieren und dokumentieren sowie in größeren Betrieben Arbeitsschutzausschüsse[833] bilden. Diese Vorkehrungen erleichtern die Erzeugung von Wissensressourcen aus den Mitgliedsunternehmen anhand der *unselbstständig erzeugenden Potentiale* im Wege *kommunikativer Integration* und verkörpern damit eine entscheidende Vorbedingung für deren Funktionalität.

---

[827] Zur Zirkulation von medizinischem Wissen rund um den Globus siehe *Hase*, in: Buchner/Ladeur, Wissensgenerierung und -verarbeitung im Gesundheits- und Sozialrecht, S. 125 (134).

[828] 2. Teil, A.

[829] 2. Teil, B.

[830] 2. Teil, C.

[831] *Augsberg*, Informationsverwaltungsrecht, S. 41 ff., spricht nach seiner entwickelten Terminologie von „Wissensproduktion" und *Spiecker gen. Döhmann*, RW 2010, S. 247 (250, 261 ff.), nach der von ihr entwickelten Terminologie von „Wissensgewinnung".

[832] 2. Teil, A. I. 6. d).

[833] 2. Teil, A. I. 2. c).

Die *unselbstständig erzeugenden Potentiale* werden durch die *selbstständig erzeugenden Potentiale*[834] und die *erzeugenden Verbundpotentiale*[835] ergänzt. In ihrer Gesamtheit ermöglichen diese *erzeugenden Potentiale* den Genossenschaften ein beachtliches Wissensmanagement, das auf die Bildung von präventionsbezogenem Organisationswissen ausgerichtet ist.[836]

Die Genossenschaften können das anhand ihres Wissensmanagements gewonnene Wissen schließlich im Rahmen verschiedener Präventionsmaßnahmen, in denen *verwertende Potentiale* angelegt sind, fruchtbar machen. Dabei verkörpert die Recht- und Regelsetzung einen Stabilisator des genossenschaftlichen Wissensmanagements. Im Rahmen der Recht- und Regelsetzung können die Genossenschaften ihr Wissen in Form von abstrakt-generellen Rechtsnormen und Regeln stabilisieren und diese schließlich gegenüber den Mitgliedsunternehmen durchsetzen.[837]

Anhand der *doppelfunktionalen Potentiale*[838] wird schließlich deutlich, dass es keine starren Grenzen zwischen erzeugenden und verwertenden Potentialen gibt, sondern vielfältige Wechselwirkungen zwischen ihnen bestehen.[839]

Trotz ihrer erheblichen Bedeutung für die Verwirklichung des Präventionsauftrags werden die kognitiven Potentiale, ihre Wechselwirkungen und das daran anknüpfende Wissensmanagement der Genossenschaften im einfachen Recht weder entsprechend berücksichtigt noch abgebildet. Durch die Systematisierung und Strukturierung der kognitiven Potentiale konnten zwar bereits aus einer rechtstatsächlichen und verwaltungswissenschaftlichen Perspektive verschiedene Kategorien kognitiver Potentiale – *erzeugende, verwertende* und *doppelfunktionale* – gebildet und ihre Wechselwirkungen offengelegt werden. Allein durch diese Kategorisierung können die kognitiven Potentiale und das daran anknüpfende Wissensmanagement der Genossenschaften aber noch nicht hinreichend rechtlich durchdrungen werden. Dafür verbleibt letzten Endes nur ein Rückgriff auf die Bestimmungskraft der Verfassung.

---

[834] 2. Teil, A. II.

[835] 2. Teil, A. III.

[836] 2. Teil, A. IV. 3.

[837] Nach der von *Augsberg*, Informationsverwaltungsrecht, S. 79 ff., 115 ff., entwickelten Terminologie lässt sich die Verwertung im Rahmen der Recht- und Regelsetzung mit „Wissenstransfer“ und „Wissensübernahme“ und nach der Terminologie von *Spiecker gen. Döhmann*, RW 2010, S. 247 (250, 270 ff., 277 f.) mit „Wissenstransfer“ und „Wissensverarbeitung“ umschreiben.

[838] 2. Teil, C.

[839] Zur Wechselwirkung zwischen der Gewinnung und Verwertung von Informationen siehe allgemein *Spiecker gen. Döhmann*, RW 2010, S. 247 (282); *Müller-Terpitz*, in: VVDStRL (83) 2024, S. 278 (295 ff.), spricht von einem „iterativen Informationszyklus“.

3. Teil

Verfassungsrechtlicher Rahmen kognitiver Potentiale

Im 3. Teil werden die verschiedenen kognitiven Potentiale durch einen Rückgriff auf die Bestimmungskraft der Verfassung rechtlich durchdrungen. Diese wird in der Rechtswissenschaft mit der Formel vom Verwaltungsrecht als konkretisiertem Verfassungsrecht[1] näher beschrieben.[2] Durch den Rückgriff auf die Verfassung und deren Bestimmungskraft wird zunächst ganz grundsätzlich deutlich, dass die Ausübung von Staatsgewalt durch die Berufsgenossenschaften als Träger funktionaler Selbstverwaltung zwangsläufig vor Legitimationsproblemen steht. Diese wirken sich auch auf die Inanspruchnahme kognitiver Potentiale und das dabei zu beachtende Legitimationsniveau aus. Durch die Ausrichtung einer Vielzahl der unselbstständig erzeugenden Potentiale auf die Erzeugung und Weiterverwendung von Wissensressourcen aus den Mitgliedsunternehmen wird zudem ihre Grundrechtsrelevanz offensichtlich.

Demnach stehen die verschiedenen Kategorien kognitiver Potentiale, ihre Wechselwirkungen und das daran anknüpfende Wissensmanagement der Genossenschaften aus der verfassungsrechtlichen Perspektive in einem Spannungsfeld, das vor allem durch Fragen der demokratischen Legitimation auf der einen und Fragen zum Grundrechtsschutz auf der anderen Seite aufgespannt wird. Aus demokratieprinzipieller Sicht gilt es dabei zunächst, die Ambivalenz der kognitiven Potentiale zu untersuchen. Ihre Inanspruchnahme bedarf als Ausübung von Staatsgewalt einerseits der demokratischen Legitimation. Andererseits kommen gleichzeitig bestimmte, mit ihrer Inanspruchnahme einhergehende Vorgänge, die die Art und Weise der Erzeugung und Weiterverwendung von Wissensressourcen betreffen, als eine Form ergänzender demokratischer Legitimation in Betracht. Hierfür müssen allerdings verschiedene tatsächliche und rechtliche Vorbedingungen erfüllt sein, die es konkret herauszuarbeiten gilt. Demgegenüber gilt es, aus der grundrechtlichen Perspektive die Gefährdungen für die Mitgliedsunternehmen durch informationelle Maßnahmen der Genossenschaften einzuhegen. Diese Gefährdungen folgen nicht aus eigentumsanalogen Erwägungen, sondern aus der Weiterver-

[1] *Werner*, DVBl. 1959, S. 527 ff.

[2] Einleitung, III.

wendung von Wissensressourcen auf der Ebene der Selbstverwaltung. Insofern müssen konkrete Vorgaben sowohl zunächst für die Erzeugung als auch für die anschließende Weiterverwendung von Wissensressourcen aus den Mitgliedsunternehmen durch die Genossenschaften formuliert werden.

Da das gesetzliche Unfallversicherungssystem als eine Ausprägung funktionaler Selbstverwaltung den Rahmen für die kognitiven Maßnahmen der Genossenschaften vorgibt, gilt es sich jedoch zunächst den verfassungsrechtlichen Vorgaben zur Sozial- und Unfallversicherung (dazu A.) und deren Einordnung als funktionale Selbstverwaltung (dazu B.) zuzuwenden, bevor die verschiedenen Kategorien kognitiver Potentiale verfassungsrechtlich durchdrungen werden können. Dabei gilt es die kognitiven Potentiale zunächst aus demokratieprinzipieller Sicht zu untersuchen (dazu C.) und daran anschließend etwaige Vorgaben für ihre Inanspruchnahme anhand der betroffenen Grundrechte (dazu D.) herauszuarbeiten.

A. Verfassungsrechtlicher Unfallversicherungsbegriff

Das Grundgesetz kennt den Begriff der Unfallversicherung nicht. Es verwendet vielmehr an verschiedenen Stellen den allgemeinen Begriff der Sozialversicherung: Art. 74 Abs. 1 Nr. 12 GG weist die Sozialversicherung der konkurrierenden Gesetzgebung zu (dazu I.), Art. 87 Abs. 2 GG enthält organisationsrechtliche Regelungen in Bezug auf die sozialen Versicherungsträger (dazu II.) und nach Art. 120 Abs. 1 S. 4 GG trägt der Bund die Zuschüsse zu den Lasten der Sozialversicherung (dazu III.). Unabhängig von diesen ausdrücklichen Benennungen der Sozialversicherung im Grundgesetz kann sie nicht losgelöst vom Sozialstaatsprinzip gesehen werden (dazu IV.). Daraus können schließlich Anhaltspunkte für die verfassungsrechtliche Garantie der Sozialversicherung entnommen werden (dazu V.).

I. Sozialversicherung als Bestandteil der konkurrierenden Gesetzgebung

Die Kompetenznorm des Art. 74 Abs. 1 Nr. 12 GG knüpft mit ihrem Sozialversicherungsbegriff an das hergebrachte Bild der Sozialversicherung seit den Bismarck'schen Sozialreformen an.[3] Danach umfasst die Sozialversicherung nicht jedwede Form sozialer Sicherung, sondern konzentriert sich auf die beitragsfinanzierte Versicherung bestimmter sozialer Risiken.[4]

---

3 *Wittreck*, in: Dreier, GG, Band II, Art. 74, Rn. 57, 61.

4 BVerfGE 75, 108 (146); *Degenhart*, in: Sachs, GG, Art. 74, Rn. 56.

Das BVerfG versteht den Sozialversicherungsbegriff in Art. 74 Abs. 1 Nr. 12 GG als einen weitgefassten verfassungsrechtlichen Gattungsbegriff, der alles umfasst, was sich der Sache nach als Sozialversicherung darstellt.[5] Entscheidend kommt es dabei auf die wesentlichen Strukturelemente an, die dem Bild der klassischen Sozialversicherung entsprechen müssen.[6] Dazu zählen nach Ansicht des Gerichts zumindest „die gemeinsame Deckung eines möglichen, in seiner Gesamtheit schätzbaren Bedarfs durch Verteilung auf eine organisierte Vielheit“[7] sowie die Trägerschaft durch „selbständige [...] Körperschaften des öffentlichen Rechts, die ihre Mittel durch Beiträge von ‚Beteiligten‘ aufbringen“[8]. Diese Definition wird in der Literatur als „normativ-rezeptive [...] Benennung der Kompetenzmaterie“[9] umschrieben, deren Bezugspunkt in den ehemals umfassenden Regelungen der RVO zu den verschiedenen Sozialversicherungszweigen gesehen wird.[10]

Demnach können klassischerweise die Kranken-, Renten-, Arbeitslosen- sowie die *Unfallversicherung* unter den verfassungsrechtlichen Sozialversicherungsbegriff gefasst werden. Daneben ist dieser aber auch offen für neue Versicherungszweige, wie beispielsweise die Pflegeversicherung.[11]

II. Organisationsrechtliche Regelungen zu den Sozialversicherungsträgern

Neben Art. 74 Abs. 1 Nr. 12 GG enthält die Organisationsvorschrift des Art. 87 Abs. 2 GG weiterführende Aussagen zu den Sozialversicherungsträgern. Diese sind nach Art. 87 Abs. 2 S. 1 GG als bundesunmittelbare Körperschaften des öffentlichen Rechts zu führen, sofern sich ihr Zuständigkeitsbereich über das Gebiet eines Landes hinaus erstreckt. Davon sieht Art. 87 Abs. 2 S. 2 GG eine Ausnahme vor: Demnach werden soziale Versicherungsträger, deren Zuständigkeitsbereich sich zwar über das Gebiet eines Landes, aber nicht über mehr als drei Länder hinaus erstreckt, als landesunmittelbare Körperschaften des öffentlichen Rechts geführt, wenn das aufsichtsführende Land durch die beteiligten Länder bestimmt ist.[12]

---

5 St. Rspr. seit BVerfGE 11, 105 (111 f.); 75, 108 (146 f.).

6 BVerfGE 11, 105 (112); 75, 108 (146).

7 St. Rspr. seit BVerfGE 11, 105 (112); siehe auch BVerfGE 75, 108 (146); 88, 203 (313).

8 BVerfGE 11, 105 (113); siehe auch BVerfGE 75, 108 (146).

9 *Degenhart*, in: Sachs, GG, Art. 74, Rn. 56.

10 *Degenhart*, in: Sachs, GG, Art. 74, Rn. 56.

11 BVerfGE 103, 197 (215).

12 Siehe dazu BT-Drs. 12/6000, S. 41 f.

Die Rechtsprechung und Teile der Literatur ziehen aus dem Wortlaut des Art. 87 Abs. 2 GG, der Selbstverwaltungstradition in der Sozialversicherung sowie dem systematischen Vergleich zu Art. 86 S. 1 GG und zu Art. 87 Abs. 3 GG den Rückschluss, dass Sozialversicherungsträger ausschließlich in der Rechtsform einer Körperschaft des öffentlichen Rechts geführt werden können.[13] Demgegenüber vertreten große Teile der Literatur die Ansicht, der Begriff Körperschaft in Art. 87 Abs. 2 GG sei untechnisch zu verstehen und umfasse sämtliche juristische Personen des öffentlichen Rechts und damit auch die Rechtsformen Anstalt und Stiftung.[14] Dabei argumentiert insbesondere Axer[15] mit dem Willen des historischen Verfassungsgebers und der Tatsache, dass der Begriff der Körperschaft bei Verabschiedung des Grundgesetzes noch nicht seinen heutigen Bedeutungsgehalt aufgewiesen habe.[16]

Unabhängig von diesen beiden unterschiedlichen Auffassungen verhindert Art. 87 Abs. 2 GG jedenfalls, dass der Bund die Sozial- und damit auch die Unfallversicherung in Form unmittelbarer Staatsverwaltung durch Bundesoberbehörden an sich zieht.[17] Demgegenüber würde die Norm dem Bund aber nicht verwehren, die gesamte gesetzliche Unfallversicherung auf eine einzige bundesunmittelbare Körperschaft des öffentlichen Rechts zu übertragen.[18] Die gewerbliche Gliederung der gesetzlichen Unfallversicherung genießt nämlich keinen Verfassungsrang, da das Grundgesetz keine Aufgliederung der Unfallversicherungsträger in selbstständige, voneinander unabhängige und nach dem Selbstverwaltungsprinzip organisierte Einheiten verlangt.[19]

---

[13] BVerfGE 113, 167 (201); *Schmidt-Aßmann*, in: GS Martens, S. 249 (253); *Ibler*, in: Dürig/Herzog/Scholz, GG, 64. EL, Januar 2012, Art. 87, Rn. 186 m.w.N., der insbesondere auf Systematik und Wortlaut abstellt; ebenso *Sachs*, in: ders., GG, Art. 87, Rn. 54.

[14] Siehe nur *Burgi*, in: Huber/Voßkuhle, GG, Band 3, Art. 87, Rn. 71 m.w.N.; *Stern*, Staatsrecht, Band II, § 41, VII., 5., c). Auch das BVerfG hat noch in BVerfGE 11, 105 (113), und BVerfGE 87, 1 (34), davon gesprochen, dass „Träger der Sozialversicherung […] selbständige Anstalten oder Körperschaften des öffentlichen Rechts" seien. Später spricht es in BVerfGE 113, 167 (201), nur noch vom „körperschaftlichen Status der Sozialversicherungsträger".

[15] *Axer*, Normsetzung der Exekutive in der Sozialversicherung, S. 280 m.w.N.

[16] *Axer*, Normsetzung der Exekutive in der Sozialversicherung, S. 281.

[17] BVerfGE 36, 383 (393); 63, 1 (36); *Sachs*, in: ders., GG, Art. 87, Rn. 53; *Ibler*, in: Dürig/Herzog/Scholz, GG, 64. EL, Januar 2012, Art. 87, Rn. 194.

[18] BVerfGE 36, 383 (393); *Axer*, in: Isensee/Kirchhof, HStR, Band IV, § 95, Rn. 13; siehe zu den ursprünglichen Plänen einer einzigen Körperschaft für die Unfallversicherung die Anlagen zu den Verhandlungen des Reichstags, 4. Legislaturperiode – IV. Session 1881, Aktenstück Nr. 41, S. 222.

[19] BVerfGE 36, 383 (393).

III. Zuschüsse des Bundes zu Lasten der Sozialversicherung

Nach Art. 120 Abs. 1 S. 4 GG trägt der Bund die Zuschüsse zu den Lasten der Sozialversicherung mit Einschluss der Arbeitslosenversicherung und der Arbeitslosenhilfe. Darunter sind nur die sich aus den gesetzlichen Leistungspflichten ergebenden Sachausgaben der Sozialversicherung zu verstehen,[20] nicht aber die Lasten der Sozialversicherungsträger, wie etwa Verwaltungs- oder Personalkosten.[21]

Durch Art. 120 Abs. 1 S. 4 GG wird dem Bund die Aufgabenverantwortung für Zuschüsse zu den Lasten der Sozialversicherung übertragen, die er nicht den Ländern überantworten darf.[22] Da die Norm lediglich das Verhältnis zwischen Bund und Ländern im Hinblick auf die Zuschüsse regelt, können die Sozialversicherungsträger aus Art. 120 Abs. 1 S. 4 GG keine eigenen Rechte gegen den Bund herleiten.[23] Darüber hinaus kann Art. 120 Abs. 1 S. 4 GG keine materielle Pflicht des Bundes zur Leistung von Zuschüssen entnommen werden, denn er kann etwaigen Defiziten in den Sozialversicherungszweigen auch durch andere Maßnahmen, etwa durch die Erhöhung des Beitragssatzes oder die Kürzung gesetzlich vorgesehener Leistungen, entgegenwirken.[24] Gleichwohl wird verschiedentlich aus Art. 120 Abs. 1 S. 4 GG eine Garantiehaftung des Bundes für die Zahlungsfähigkeit der Sozialversicherungsträger herausgelesen.[25]

IV. Sozialstaatsprinzip ohne ausdrückliche Aussage zur Sozialversicherung

Das Grundgesetz erwähnt die Sozialversicherung im Zusammenhang mit dem Sozialstaatsprinzip nicht ausdrücklich. Gleichwohl kann die Sozialversicherung nicht losgelöst vom Sozialstaatsprinzip gesehen werden. Da dieses

---

20 *Butzer*, in: Dürig/Herzog/Scholz, GG, 81. EL, September 2017, Art. 120 GG, Rn. 165.

21 *Barczak*, in: Beck'scher Online-Kommentar GG, 57. Edition, Stand: 15.01.2024, Art. 120, Rn. 5.

22 BVerfGE 9, 305 (323).

23 *Muckel/Krewerth*, in: Huber/Voßkuhle, GG, Band 3, Art. 120, Rn. 39; *Barczak*, in: Beck'scher Online-Kommentar GG, 57. Edition, Stand: 15.01.2024, Art. 120, Rn. 14.

24 *Barczak*, in: Beck'scher Online-Kommentar GG, 57. Edition, Stand: 15.01.2024, Art. 120, Rn. 10; a.A. *F. Kirchhof*, NZS 1999, S. 161 (162).

25 *F. Kirchhof*, in: Isensee/Kirchhof, HStR, Band V, § 125, Rn. 51 ff.; siehe auch die Nachweise bei *Muckel/Krewerth*, in: Huber/Voßkuhle, GG, Band 3, Art. 120, Rn. 41; a.A. *Siekmann*, in: Sachs, GG, Art. 120, Rn. 31; *Barczak*, in: Beck'scher Online-Kommentar GG, 57. Edition, Stand: 15.01.2024, Art. 120, Rn. 13.

in Art. 20 Abs. 1 GG sehr weit und unbestimmt gefasst ist, vermag es aber auch zur Sozialversicherung grundsätzlich keine konkreten Einzelaussagen bereitzuhalten.[26] Aufgrund seiner begrifflichen Weite bedarf das Sozialstaatsprinzip daher auch im Hinblick auf die Sozialversicherung einfach-gesetzlicher Konkretisierungen.[27]

Dafür kann dem Sozialstaatsprinzip trotz seiner Unbestimmtheit immerhin die Forderung an den Gesetzgeber entnommen werden, Sicherungs- und Ausgleichssysteme gegen die Wechselfälle des Lebens (Alter, Krankheit, Arbeitslosigkeit, Unfall, Pflegebedürftigkeit) zu schaffen,[28] die einen besonders prägnanten „Ausdruck des Sozialstaatsprinzips"[29] verkörpern. Dementsprechend kann die in den verschiedenen Büchern des Sozialgesetzbuchs geregelte Sozial- und damit auch die Unfallversicherung als einfach-gesetzlicher Ausfluss des Sozialstaatsprinzips qualifiziert werden.

V. Verfassungsrechtliche Garantie der Sozialversicherung?

Das BVerfG erkennt trotz der verstreuten Regelungen zur Sozialversicherung im Grundgesetz „ein in sich geschlossenes Regelungssystem [der Verfassung] für die Sozialversicherung"[30] an. Gleichwohl entnimmt es dem Grundgesetz aber weder eine Verfassungsgarantie des bestehenden Sozialversicherungssystems noch seiner tragenden Organisationsprinzipien.[31] Hierfür führt es insbesondere die Tatsache an, dass das Grundgesetz die Institution Sozialversicherung lediglich an unterschiedlichen Stellen mit verschiedenen Bedeutungsinhalten erwähne.[32] Darüber hinaus verkörpere Art. 87 Abs. 2 GG lediglich eine Organisations- und Kompetenznorm, die kein Indiz für die verfassungsrechtliche Garantie der Sozialversicherung liefere.[33]

---

26 *Hebeler*, NZS 2008, S. 238 (240).

27 *Axer*, Normsetzung der Exekutive in der Sozialversicherung, S. 288.

28 BVerfGE 28, 324 (348); 68, 193 (209).

29 BVerfGE 28, 324 (348).

30 *BVerfG*, NVwZ 2006, S. 559 (561).

31 BVerfGE 21, 362 (371); siehe auch BVerfGE 39, 302 (314 f.); 113, 167 (201); so auch *Hebeler*, NZS 2008, S. 238 (240); *Axer*, Normsetzung der Exekutive in der Sozialversicherung, S. 270.

32 Siehe dazu 3. Teil, A. I., II. und III.

33 BVerfGE 21, 362 (371); 39, 302 (314 f.); *Burgi*, in: Huber/Voßkuhle, GG, Band 3, Art. 87, Rn. 82 m. w. N.; siehe auch *Ibler*, in: Dürig/Herzog/Scholz, GG, 64. EL, Januar 2012, Art. 87, Rn. 201; *Oebbecke*, VerwArch 81 (1990), S. 349 (354).

Auf Grundlage dieser rechtlichen Einordnung des Art. 87 Abs. 2 GG[34] könnte sich der Bund letztlich ganz oder zumindest teilweise von der Aufgabe Sozialversicherung zurückziehen und sie den Ländern oder sogar Privaten[35] überantworten.[36] Dadurch dürfte der Schutz vor den Wechselfällen des Lebens aber nicht preisgegeben werden.[37] Insofern müsste der Staat bei einer etwaigen Umgestaltung des bisherigen Sozialversicherungssystems sicherstellen, dass der Schutz gegen Krankheit, Alter, Invalidität, Unfall und Arbeitslosigkeit durch das neue System in vergleichbarer Weise wie bisher gewährleistet wird.[38]

B. Gesetzliche Unfallversicherung als Ausprägung funktionaler Selbstverwaltung

Die verschiedenen Aussagen des Grundgesetzes zur Sozialversicherung betreffen neben den Gesetzgebungskompetenzen im Wesentlichen Fragen der Verwaltungsorganisation. Daneben enthält die Verfassung zur Organisationsform der funktionalen Selbstverwaltung[39] in der Sozial- und damit auch in der Unfallversicherung keine ausdrücklichen Aussagen.

---

34 Art. 87 Abs. 2 GG steht mit *Ibler*, in: Dürig/Herzog/Scholz, GG, 64. EL, Januar 2012, Art. 87, Rn. 200, einer formellen Privatisierung entgegen. Zur umstrittenen Frage der Beleihung Privater siehe *Burgi*, in: Huber/Voßkuhle, GG, Band 3, Art. 87, Rn. 80 m. w. N.

35 *Burgi*, in: Huber/Voßkuhle, GG, Band 3, Art. 87, Rn. 82; *Jestaedt*, in: Umbach/Clemens, GG, Band II, Art. 87, Rn. 92; *Sachs*, in: ders., GG, Art. 87, Rn. 57; *Hermes*, in: Dreier, GG, Band III, Art. 87, Rn. 60; zur funktionalen Privatisierung in Gestalt eines privatrechtlich organisierten Pflichtversicherungssystems siehe *Waltermann*, VSSR 2005, S. 103 (118 ff.); *Ibler*, in: Dürig/Herzog/Scholz, GG, 64. EL, Januar 2012, Art. 87, Rn. 201; nach *Seewald*, SGb 2006, S. 569 (578), könnte die Unfallversicherung völlig abgeschafft und dabei die ihr obliegenden Aufgabenbereiche auf die anderen Sozialversicherungszweige verteilt sowie eine Unternehmerhaftpflicht eingeführt werden.

36 Zur strikt ablehnenden Haltung der DGUV e. V. gegenüber Privatisierungsbestrebungen siehe deren Positionspapier, Die BG 2006, S. 300 (302); zu den Privatisierungsvorstellungen des Bundesverbandes der Arbeitgeber (BDA), des Deutschen Industrie- und Handelskammertages (DIHK) und des Hauptverbandes des Deutschen Einzelhandels (HDE) siehe zusammenfassend *Ricke*, Die BG 2008, S. 13 (16 f.).

37 Nach *Sachs*, in: ders., GG, Art. 87, Rn. 57, dürfte „(nur) die Preisgabe des Sicherungszwecks überhaupt […] an Sozialstaatsprinzip und Menschenwürdegarantie scheitern".

38 *Sachs*, in: ders., GG, Art. 87, Rn. 57; *Jestaedt*, in: Umbach/Clemens, GG, Band II, Art. 87, Rn. 92.

39 *Kluth*, Funktionale Selbstverwaltung, VIII, S. 189.

Teile des staatsrechtlichen Schrifttums weisen aber immerhin auf die Bezüge des Art. 87 Abs. 2 GG zur Selbstverwaltung hin.[40] Den Ausgangspunkt der Überlegungen zu diesen Bezügen der Sozial- und damit auch der Unfallversicherung zur Organisationsform funktionaler Selbstverwaltung bildet der staatsrechtliche Selbstverwaltungsbegriff mit seinen verschiedenen Merkmalen (dazu I.). Darauf aufbauend können die Bezüge der Sozial- und damit auch der Unfallversicherung zur funktionalen Selbstverwaltung konkret beschrieben werden (dazu II.).

I. Verfassungsrechtlicher Begriff der Selbstverwaltung

1. Aussagegehalt des Grundgesetzes

Das Grundgesetz verwendet den Begriff der Selbstverwaltung[41] ausdrücklich in Art. 28 Abs. 2 S. 2 und S. 3 Hs. 1, Art. 93 Abs. 1 Nr. 4b sowie in Art. 90 Abs. 3 und Art. 143e Abs. 1 S. 1. In Art. 28 Abs. 2 S. 2 GG wird den Gemeindeverbänden nach Maßgabe der Gesetze „das Recht der Selbstverwaltung" eingeräumt. Nach Art. 28 Abs. 2 S. 3 Hs. 1 GG umfasst die „Gewährleistung der Selbstverwaltung" auch „die Grundlagen der finanziellen Eigenverantwortung". Art. 93 Abs. 1 Nr. 4b GG gewährleistet den Gemeinden und Gemeindeverbänden das Recht, eine Verfassungsbeschwerde wegen Verletzung des „Rechts auf Selbstverwaltung" nach Art. 28 GG zu erheben. Art. 90 Abs. 3 GG ordnet an, dass die Länder oder die nach Landesrecht „zuständigen Selbstverwaltungskörperschaften" die sonstigen Bundesstraßen des Fernverkehrs im Auftrage des Bundes verwalten.[42] Schließlich werden nach Art. 143e Abs. 1 S. 1 GG die Bundesautobahnen abweichend von Art. 90 Abs. 2 GG längstens bis zum 31. Dezember 2020 in Auftragsverwaltung durch die Länder oder die nach Landesrecht „zuständigen Selbstverwaltungskörperschaften" geführt.

Darüber hinaus enthalten weitere Grundgesetznormen den Selbstverwaltungsgedanken, ohne ihn ausdrücklich zu erwähnen.[43] Dazu zählt insbeson-

---

[40] *Stern*, Staatsrecht, Band I, § 12, I., 1.; *Schmidt-Aßmann*, in: GS Martens, S. 249 (253), spricht insofern von einer „immerhin rezipierten Selbstverwaltung".

[41] *Schmidt-Aßmann*, in: GS Martens, S. 249, spricht insofern von einem „Staatsrechtliche[n] Schlüsselbegriff"; *ders.*, in: FS Sendler, S. 121, spricht von „*wichtigen Gestaltungselementen* der deutschen Verwaltungsrechtsordnung".

[42] Zu den Neuerungen im Bereich der Verwaltung der Bundesautobahnen und sonstigen Bundesstraßen des Fernverkehrs durch das 62. Gesetz zur Änderung des Grundgesetzes vom 13.07.2017 (BGBl. I, S. 2347) siehe *Ibler*, in: FS Ebke, S. 427 (430 ff.).

[43] Art. 140 GG i.V.m. Art. 137 WRV spricht von Organisationen, die ihre Angelegenheiten innerhalb der Schranken des für alle geltenden Gesetzes ordnen und verwalten.

dere Art. 28 Abs. 2 S. 1 GG. Darin wird den Gemeinden gewährleistet, „alle Angelegenheiten der örtlichen Gemeinschaft im Rahmen der Gesetze in eigener Verantwortung zu regeln". Daneben ist nach ganz überwiegender Ansicht in Art. 5 Abs. 3 GG die verfassungsrechtliche Garantie der Selbstverwaltung der Hochschulen und in Art. 5 Abs. 1 S. 2 GG[44] diejenige der öffentlich-rechtlichen Rundfunkanstalten[45] verankert. Zudem werden in Art. 87 Abs. 2 GG die bereits erwähnten Bezüge zur Selbstverwaltung ausgemacht, weil die dort angesprochenen sozialen Versicherungsträger klassischerweise Selbstverwaltungsträger sind.[46] Anhand dieser über die Verfassung verstreuten Regelungen kann mit Stern festgehalten werden, dass das Grundgesetz „von der Idee der *Selbstverwaltung nur an wenigen Stellen* Notiz"[47] nimmt.

2. Verfassungsrechtliche Begriffsmerkmale der Selbstverwaltung

Die vereinzelten Aussagen des Grundgesetzes lassen immerhin den Rückschluss zu, dass es die Selbstverwaltung als „staatsrechtliches Ordnungsprinzip"[48] anerkennt. Daraus lässt sich aber noch kein konkreter verfassungsrechtlicher Selbstverwaltungsbegriff ableiten. Dafür sind vielmehr weitere Überlegungen notwendig. Diese müssen an Art. 28 Abs. 2 GG und seinem Bedeutungsgehalt ansetzen, denn die Aussagen zur kommunalen Selbstverwaltung sind die umfassendsten Aussagen des Grundgesetzes zur Selbstverwaltung.

Art. 28 Abs. 2 S. 2 GG spricht ausdrücklich vom „Recht der Selbstverwaltung" der Gemeindeverbände. Durch dessen Verknüpfung mit Art. 28 Abs. 2 S. 1 GG („Auch") wird klargestellt, dass auch den einzelnen Gemeinden das Selbstverwaltungsrecht gewährleistet wird. Deshalb werden nach allgemeiner Ansicht durch Art. 28 Abs. 2 GG insgesamt Selbstverwaltungsrechte für den kommunalen Bereich geregelt und die Norm als Garantie der kommunalen Selbstverwaltung verstanden.[49] Diese umfasst nach der heute allgemein anerkannten Unterscheidung von Stern[50] drei Arten von Garantien: Eine institutio-

---

44 *Hendler*, Selbstverwaltung als Ordnungsprinzip, S. 208 ff., 301.

45 *Hendler*, Selbstverwaltung als Ordnungsprinzip, S. 253 ff., 286 f., 301; a.A. aus systematischer Sicht *Schmidt-Aßmann*, in: GS Martens, S. 249 (262), da die Rundfunkanstalten nicht von den „unmittelbaren Interessenten" geführt werden.

46 *Stern*, Staatsrecht, Band I, § 12, I., 1.; *Schmidt-Aßmann*, in: GS Martens, S. 249 (253).

47 *Stern*, Staatsrecht, Band I, § 12, I., 1.

48 *Schmidt-Aßmann*, in: FS Sendler, S. 121 (125).

49 *Kluth*, Funktionale Selbstverwaltung, S. 14; *Mehde*, in: Dürig/Herzog/Scholz, GG, 101. EL, Mai 2023, Art. 28, Rn. 177, leitet die Garantie bereits normsystematisch aus Art. 28 Abs. 2 S. 1 GG her.

50 *Stern*, Staatsrecht, Band I, § 12, II., 4., b); zur allgemeinen Anerkennung siehe *Mehde*, in: Dürig/Herzog/Scholz, GG, 101. EL, Mai 2023, Art. 28, Rn. 178.

nelle Rechtssubjektsgarantie, eine objektive Rechtsinstitutionsgarantie und eine subjektive Rechtsstellungsgarantie.[51] Aus diesen drei Garantiegehalten und den ausdrücklichen Vorgaben des Art. 28 Abs. 2 S. 1 GG werden die wesentlichen Merkmale des verfassungsrechtlichen Begriffs der kommunalen Selbstverwaltungsgarantie abgeleitet. Dabei handelt es sich einerseits um die Zuweisung eines eigenen Aufgabenbereichs und andererseits um die Eigenverantwortlichkeit der Aufgabenerfüllung.[52]

Da sich die weiteren verfassungsrechtlichen Vorschriften mit Bezügen zur Selbstverwaltung entweder auf Art. 28 Abs. 2 GG beziehen,[53] ausschließlich organisationsrechtliche[54] Fragen betreffen oder keine ausdrücklichen Aussagen zur Selbstverwaltung enthalten[55], können sie nicht für eine über die beiden genannten Merkmale hinausgehende weitere Konkretisierung des allgemeinen verfassungsrechtlichen Selbstverwaltungsbegriffs herangezogen werden.[56]

Vor diesem Hintergrund beschreibt Schmidt-Aßmann[57] das grundgesetzliche Konzept der Selbstverwaltung anhand eines Modellcharakters: Demnach verkörpert auf der einen Seite die kommunale Selbstverwaltung ein Modell demokratisch überformter Betroffenenverwaltung, wohingegen der akademischen Selbstverwaltung letztlich ein Modell grundrechtssichernder Betroffenenverwaltung zu Grunde liegt.[58] Der verbandsgesteuerten sozialversicherungsrechtlichen Selbstverwaltung kommt zwischen diesen beiden Formen eine Mittler-Position zu. Der Kerngehalt des verfassungsrechtlichen Selbstverwaltungsbegriffs liegt demnach jedenfalls im Modell der Betroffenenverwaltung.[59]

---

[51] *Mehde*, in: Dürig/Herzog/Scholz, GG, 101. EL, Mai 2023, Art. 28, Rn. 178, spricht davon, dass diese Dreiteilung bereits zum „Allgemeingut" geworden sei.

[52] *Schmidt-Aßmann*, in: FS Sendler, S. 121 (128 ff.); *Stern*, Staatsrecht, Band I, § 12, I., 1., a), spricht insofern von „Selbstständigkeit und Selbstbestimmung". Das trifft im Kern auch den von *Hendler*, Selbstverwaltung als Ordnungsprinzip, S. 284, entwickelten Begriff der Selbstverwaltung, der nicht auf das Verfassungsrecht beschränkt ist.

[53] Art. 28 Abs. 3 und Art. 93 Abs. 1 Nr. 4b GG.

[54] Art. 90 Abs. 3 GG und Art. 143e Abs. 1 S. 1 GG.

[55] Art. 5 Abs. 3, Art. 5 Abs. 1 S. 2 GG und Art. 87 Abs. 2 und 3 GG.

[56] *Kluth*, Funktionale Selbstverwaltung, S. 14 f.

[57] *Schmidt-Aßmann*, in: GS Martens, S. 249 (251 ff.).

[58] Da *Schmidt-Aßmann*, in: GS Martens, S. 249 (262), die Rundfunkanstalten nicht als Träger von Selbstverwaltung einordnet, werden sie in seinem Modell nicht näher berücksichtigt.

[59] *Schmidt-Aßmann*, in: GS Martens, S. 249 (254).

II. Unfallversicherung als verbandsgesteuerte sozialversicherungsrechtliche Selbstverwaltung

Auf Grundlage des Betroffenenverwaltungsmodells kann die funktionale Selbstverwaltung in der Sozialversicherung als eine „grundgesetzlich immerhin rezipierte […] Selbstverwaltung“[60] eingeordnet werden. Dafür spricht insbesondere die Entstehungsgeschichte des Art. 87 Abs. 2 GG.

Nachdem Art. 116 Abs. 3 des Herrenchiemsee-Entwurfs zunächst noch vorsah, dass bestimmte soziale Versicherungsträger als „bundesunmittelbare Selbstverwaltungseinrichtungen“[61] eingerichtet werden müssen, ersetzte der Allgemeine Redaktionsausschuss[62] des Parlamentarischen Rates diesen Begriff ohne nähere Diskussion[63] schließlich durch den Begriff „bundesunmittelbare Körperschaften des öffentlichen Rechts“. Diese Fassung lag dem Hauptausschuss des Parlamentarischen Rates in seiner zweiten Lesung vor und wurde in dieser Gestalt angenommen.[64]

Aus dieser Ersetzung lässt sich nicht entnehmen, dass dadurch die Idee der Selbstverwaltung für die Sozialversicherung aufgegeben werden sollte.[65] Dafür spricht unter anderem der Wortbeitrag des Abg. Dr. Schäfer im Hauptausschuss, der trotz des geänderten Wortlauts in Bezug auf die Unfallversicherung weiterhin davon sprach, Art. 87 Abs. 2 GG enthalte Regelungen zum Erfordernis einer bundesunmittelbaren Selbstverwaltung.[66]

Die Tatsache, dass der Allgemeine Redaktionsausschuss den Begriff der bundesunmittelbaren Selbstverwaltungseinrichtungen parallel zu den Änderungen der Begriffe Selbstverwaltungen, Selbstverwaltungseinrichtungen und Selbstverwaltungskörperschaften in verschiedenen anderen Vorschriften[67] ersetzte, wird aber von verschiedenen Stimmen als Argument angeführt, dass

---

60 *Schmidt-Aßmann*, in: GS Martens, S. 249 (253).

61 Siehe hierzu *von Doemming/Füsslein/Matz*, JöR 1 (1951), S. 644.

62 Parlamentarischer Rat, Drs. 374.

63 *Burgi*, in: Huber/Voßkuhle, GG, Band 3, Art. 87, Rn. 71.

64 Parlamentarischer Rat, Verhandlungen des Hauptausschusses, Bonn 1948/1949, 36. Sitzung, Mittwoch, den 12.01.1949, S. 445 (448); *von Doemming/Füsslein/Matz*, JöR 1 (1951), S. 649.

65 *Schmidt-Aßmann*, in: GS Martens, S. 249 (253).

66 Abg. *Dr. Schäfer* (FDP), in: Parlamentarischer Rat, Verhandlungen des Hauptausschusses, Bonn 1948/1949, 36. Sitzung, Mittwoch, den 12.01.1949, S. 445 (446).

67 *Jestaedt*, in: Umbach/Clemens, GG, Band II, Art. 87, Rn. 15; *ders.*, Demokratieprinzip und Kondominialverwaltung, S. 484 ff.; *Emde*, Die Demokratische Legitimation der funktionalen Selbstverwaltung, S. 366 ff.

dem Bund dadurch die Möglichkeit eröffnet werden sollte, soziale Versicherungsträger ohne Selbstverwaltungsrechte zu etablieren.[68]

Dafür werden auch Vergleiche mit der Weimarer Reichsverfassung und den Verfassungen einzelner Länder gezogen. Die Weimarer Reichsverfassung enthielt in ihrem Art. 161 Abs. 1 die Verpflichtung des Reichs, ein umfassendes Versicherungswesen unter maßgebender Mitwirkung der Versicherten zu schaffen. Daneben enthalten verschiedene Landesverfassungen[69] umfassende Garantien der sozialversicherungsrechtlichen Selbstverwaltung.

Diese Vergleiche greifen allerdings zu kurz. Einerseits können dem Vergleich mit der Weimarer Reichsverfassung die Entstehungsgeschichte des Art. 87 Abs. 2 GG und die Abläufe im Parlamentarischen Rat entgegengehalten werden. Andererseits darf auch die Bedeutung des Körperschaftsbegriffs in Art. 87 Abs. 2 GG nicht verkannt werden. Dadurch wird klargestellt, dass die von Art. 87 Abs. 2 GG erfassten Sozialversicherungsträger gerade keinen Bestandteil des staatlichen Behördenaufbaus verkörpern, sondern vielmehr als „verbandliche Institution“[70] einen eigenständigen Rahmen für eine mitgliedschaftliche Willensbildung mit eigenen und nicht nur vom Staat vorgegebenen Aufgaben bereithalten.[71]

Demnach kann zumindest ein „*Grundbestand [...] an Selbstverwaltungsrechten*“[72] der in Art. 87 Abs. 2 GG genannten Sozialversicherungsträger anerkannt werden. Aus der Verantwortung der Sozialversicherungsträger für ein Versicherungssystem wird man also „eine Mindestgarantie verbandlicher Institutionen entnehmen können, in denen eine mitgliedschaftliche Willensbil-

---

68 *Ibler*, in: Dürig/Herzog/Scholz, GG, 64. EL, Januar 2012, Art. 87, Rn. 169; *Jestaedt*, Demokratieprinzip und Kondominialverwaltung, S. 484 ff.

69 Siehe zu den landesverfassungsrechtlichen Garantien der sozialversicherungsrechtlichen Selbstverwaltung die Verfassungen der Länder Bremen, Hessen, Rheinland-Pfalz und des Saarlandes: So enthält Art. 57 Abs. 1 Verf HB die Vorgabe, dass „eine das gesamte Volk verbindende Sozialversicherung zu schaffen“ sei und Art. 57 Abs. 4 S. 2 Verf HB stellt klar: „Die Selbstverwaltung der Versicherten wird anerkannt“. Daneben enthält Art. 35 Abs. 1 Verf HE die Vorgabe, dass „eine das gesamte Volk verbindende Sozialversicherung zu schaffen“ sei und die „Selbstverwaltung der Versicherten […] anerkannt“ werde. Nach Art. 53 Abs. 4 S. 1 Verf RP unterstehen die „Sozial- und Arbeitslosenversicherung […] der Selbstverwaltung der Arbeitgeber und Arbeitnehmer“. Nach Art. 46 S. 2 Verf SL unterstehen die „Sozial- und Arbeitslosenversicherung […] der Selbstverwaltung der Versicherten unter Mitwirkung der Arbeitgeber und haben besondere Gerichtsbarkeit“.

70 *Schmidt-Aßmann*, in: GS Martens, S. 249 (253).

71 *Schnapp*, in: FS von Unruh, S. 881 (891 f.).

72 *Burgi*, in: Huber/Voßkuhle, GG, Band 3, Art. 87, Rn. 77; *Schmidt-Aßmann*, in: GS Martens, S. 249 (253), spricht von einer „Mindestgarantie“.

dung erfolgt"[73]. Wegen des bloßen Grundbestands an Selbstverwaltungsrechten kommt dem Gesetzgeber aber ein weiter Gestaltungsspielraum bei der konkreten einfach-gesetzlichen Ausgestaltung der verschiedenen Sozialversicherungsbereiche zu.[74]

Die grundgesetzlich immerhin rezipierte funktionale Selbstverwaltung in der Sozialversicherung hat der Gesetzgeber im einfach-gesetzlichen Sozialrecht aufgegriffen. Dort hat er insbesondere in § 29 Abs. 1 SGB IV klargestellt, dass die „Träger der Sozialversicherung (Versicherungsträger) […] rechtsfähige Körperschaften des öffentlichen Rechts mit Selbstverwaltung" sind.[75]

C. Kognitive Potentiale aus demokratieprinzipieller Sicht

Der vielschichtige Begriff der funktionalen Selbstverwaltung umfasst eine Vielzahl unterschiedlicher Erscheinungsformen.[76] Daher lassen sich allein aus dem Begriff und den dahinter stehenden Überlegungen noch keine weiterführenden Aussagen zur verfassungsrechtlichen Durchdringung der kognitiven Potentiale und des daran anknüpfenden Wissensmanagements gewinnen. Die Einordnung der gesetzlichen Unfallversicherung als eine Erscheinungsform funktionaler Selbstverwaltung macht aber immerhin deutlich, dass die Berufsgenossenschaften und die DGUV e. V. auf Grundlage des klassischen Modells der Verwaltungslegitimation[77] zwangsläufig Legitimationsdefiziten ausgesetzt sind. Diese dürfen bei der Ausübung von Staatsgewalt durch die Genossenschaften nicht unberücksichtigt bleiben. Gleichzeitig vermögen aber bestimmte mit der Inanspruchnahme kognitiver Potentiale einhergehende Vorgänge, die

---

73 *Schmidt-Aßmann*, in: GS Martens, S. 249 (253); siehe auch *Burgi*, in: Huber/Voßkuhle, GG, Band 3, Art. 87, Rn. 77; *Schnapp*, in: FS von Unruh, S. 881 (891 f.).

74 Davon hat der Gesetzgeber in den vergangenen Jahren umfassend Gebrauch gemacht. Siehe hierzu ausführlich *Seewald*, SGb 2006, S. 569 ff. Nach *Schnapp*, Die BG 1978, S. 525 (527), hat „die Selbstverwaltung im Bereich von Prävention und Rehabilitation den gesetzlich eingeräumten Gestaltungsspielraum […] konstruktiv und schöpferisch ausgenutzt". Demgegenüber hat *Wertenbruch*, SGb 1975, S. 261 (264 ff.), und *ders.*, in: FS Peters, S. 203 (214 ff.), bereits Mitte der 1970er Jahre die These vertreten, es gebe im Sozialrecht überhaupt keine Selbstverwaltung mehr.

75 Siehe dazu anstatt vieler *Maurer/Waldhoff*, Allgemeines Verwaltungsrecht, § 23, Rn. 34; *Hendler*, Selbstverwaltung als Ordnungsprinzip, S. 218 ff.: „Die sozialversicherungsrechtliche Selbstverwaltung"; *Schmidt-Aßmann*, in: GS Martens, S. 249 (253); *Wallerath*, NZS 1997, S. 1 ff.; *Seewald*, SGb 2006, S. 569 ff.; *Bieback*, in: Schulin, HSozVR, Band 2, § 54, Rn. 1 ff.

76 Siehe dazu die Aufzählung bei *Kluth*, Funktionale Selbstverwaltung, S. 30–126.

77 Siehe dazu *Trute*, in: Voßkuhle/Eifert/Möllers, GVwR, Band I, § 9, Rn. 4 ff.

die Art und Weise der Erzeugung und Weiterverwendung[78] von Wissensressourcen betreffen, eine ergänzende demokratische Legitimation zu vermitteln.

Diese Aussagen verdeutlichen die demokratieprinzipielle Ambivalenz der kognitiven Potentiale. Ihre Inanspruchnahme bedarf als Ausübung von Staatsgewalt der demokratischen Legitimation (dazu I.). Diese ist im gesetzlichen Unfallversicherungssystem defizitär, was anhand des Beziehungsgefüges kognitiver Potentiale offensichtlich wird (dazu II.). Gleichwohl können bestimmte mit der Inanspruchnahme kognitiver Potentiale einhergehende Vorgänge, die die Art und Weise der Erzeugung und Weiterverwendung von Wissensressourcen betreffen und als Modalitäten umschrieben werden können, gleichzeitig eine ergänzende Legitimation stiften (dazu IV. und V.). Dafür muss allerdings ein Perspektivenwechsel für die Beurteilung demokratischer Legitimation eingenommen werden (dazu III.).

I. Staatsgewalt im Sinne des Art. 20 Abs. 2 S. 1 GG

Der Ausgangspunkt sämtlicher Überlegungen zu Fragen demokratischer Legitimation[79] liegt in Art. 20 Abs. 2 S. 1 GG. Danach muss alle Staatsgewalt vom Volke ausgehen. Das bedeutet, dass die Organe von Bund, Ländern, Gemeinden und Gemeindeverbänden sowie aller sonstigen juristischen Personen des öffentlichen Rechts für die Ausübung von Staatsgewalt demokratisch legitimiert sein müssen.[80] Insofern bedürfen auch die Körperschaften des öffentlichen Rechts mit Selbstverwaltung demokratischer Legitimation, sofern sie Staatsgewalt i. S. d. Art. 20 Abs. 2 S. 1 GG ausüben.[81]

---

[78] Die Weiterverwendung von Wissensressourcen umfasst dabei sowohl die interpretations*freie* als auch die interpretations*getragene* Weiterverwendung. Interpretations*freie* Weiterverwendungen, also solche, bei denen die Informations- und Wissensgrundlagen weder durch Interpretation noch durch interpretatorische Verknüpfung bearbeitet werden, treten insbesondere bei der Weiterverwendung von Wissensressourcen im Zusammenhang mit den Verwaltungsmaßnahmen, in deren Rahmen und für deren Ausübung sie erzeugt wurden, bei der Übermittlung und bei der Verwertung auf. Interpretations*getragene* Weiterverwendungen zeigen sich demgegenüber bei der Vollendung von Informations- und Wissensgrundlagen zu Informationen und Wissen ebenso wie deren Weiterverwendung. Darunter fällt sowohl die Weiterverwendung in Form der Übermittlung der Informationen und des Wissens in Gestalt ihrer Grundlagen ebenso wie die Verwertung der Informationen und des Wissens.

[79] Für den Unterschied zur Legitimität als Eigenschaft von Herrschaft siehe *Hofmann*, Legitimität und Rechtsgeltung, S. 77 f.; siehe auch *Emde*, Die demokratische Legitimation der funktionalen Selbstverwaltung, S. 26 ff.

[80] *Dreier*, in: ders., GG, Band II, Art. 20 (Demokratie), Rn. 86; *Di Fabio*, in: VVDStRL 56 (1997), S. 235 (263), sieht den „für die Wirkung des Demokratieprinzips einschlägige[n] Schlüsselbegriff […] [in dem Begriff] der Staatsgewalt".

[81] *Bieback*, in: Schulin, HSozVR, Band 2, § 54, Rn. 28; allgemein BVerfGE 107, 59 (94); *Schmidt-Aßmann*, AöR 116 (1991), S. 329 (344, 377); *Böckenförde*, in: Isensee/

Der Schlüsselbegriff der Staatsgewalt wird im Grundgesetz nicht konkretisiert. Daher wurde er bisher durch die Rechtsprechung des BVerfGs und die Literatur näher konturiert. Mangels weiterführender Anhaltspunkte aus der Entstehungsgeschichte des Art. 20 Abs. 2 GG werden dafür vor allem systematische und teleologische Argumente herangezogen.[82]

Das BVerfG versteht unter Staatsgewalt i. S. d. Art. 20 Abs. 2 S. 1 GG „alles amtliche Handeln mit Entscheidungscharakter“[83], denn staatliche Herrschaft werde durch Entscheidungen gesteuert.[84] Dabei macht das Gericht keinen Unterschied, ob die Entscheidungen unmittelbar nach außen wirken oder etwa nur behördenintern die Voraussetzungen für die Wahrnehmung einer Amtsaufgabe schaffen; entscheidend sei deren rechtserhebliche Wirkung.[85] Gleichwohl nimmt das BVerfG aber „bloß vorbereitende und rein konsultative Tätigkeiten“[86] mit nur untergeordneter Bedeutung, also die „*Wahrnehmung unwichtiger Aufgaben*“[87], vom Begriff der Staatsgewalt aus.

Dagegen wenden sich Stimmen in der Literatur mit dem Hinweis, dass das Demokratieprinzip keinen Bagatellvorbehalt kenne und unabhängig von der Intensität der jeweiligen Tätigkeit ausschließlich an das Vorliegen von Staatsgewalt anknüpfe.[88] Erst bei der Beurteilung der Frage, wie intensiv die demokrati-

---

Kirchhof, HStR, Band II, § 24, Rn. 34; *Hendler*, Selbstverwaltung als Ordnungsprinzip, S. 302 ff.; siehe im Hinblick auf die Normsetzung *F. Becker*, Kooperative und konsensuale Strukturen in der Normsetzung, S. 439 ff.; zu den früheren Kontroversen in dieser Frage siehe allgemein *Oebbecke*, VerwArch 81 (1990), S. 349 (356 ff.) m. w. N.

82 *Kluth*, Funktionale Selbstverwaltung, VIII, S. 355; *Jestaedt*, Demokratieprinzip und Kondominialverwaltung, S. 233 f.

83 BVerfGE 83, 60 (73); 93, 37 (68); 107, 59 (87); 136; 194 (261); 146, 164 (209); 147, 50 (134); für *Böckenförde*, in: Isensee/Kirchhof, HStR, Band II, § 24, Rn. 12, *Sommermann*, in: Huber/Voßkuhle, GG, Band 2, Art. 20, Rn. 146, und *Kluth*, Funktionale Selbstverwaltung, S. 355, ist es dabei unerheblich, ob es sich um hoheitlich eingreifendes oder leistendes Staatshandeln oder schlicht-hoheitliche bzw. privatrechtliche Betätigungsformen handelt.

84 BVerfGE 83, 60 (73).

85 BVerfGE 47, 253 (273); 83, 60 (73); 93, 37 (68 f.); 107, 59 (87); *Jestaedt*, Demokratieprinzip und Kondominialverwaltung, S. 257 f., führt anstelle des in der Rechtsprechung verwendeten Begriffs der Entscheidung die Begrifflichkeit des „formellen Aspektes von Staatsgewalt“ ein.

86 BVerfGE 83, 60 (74); so auch *Böckenförde*, in: Isensee/Kirchhof, HStR, Band II, § 24, Rn. 13; *Emde*, Die demokratische Legitimation der funktionalen Selbstverwaltung, S. 214 f.

87 *Grzeszick*, in: Dürig/Herzog/Scholz, 97. EL, Januar 2022, Art. 20, II., Rn. 94: das BVerfG formuliere in BVerfGE 47, 253 (274), dass die Aufgaben der nordrhein-westfälischen Bezirksvertretungen „nicht so unwichtig“ seien, „daß sie nicht mehr unter den Begriff ‚Ausübung der Staatsgewalt‘ fallen“.

88 *Grzeszick*, in: Dürig/Herzog/Scholz, 97. EL, Januar 2022, Art. 20, II., Rn. 94; *Sommermann*, in: Huber/Voßkuhle, GG, Band 2, Art. 20, Rn. 146; *Jestaedt*, Demokratieprinzip und Kondominialverwaltung, S. 251 ff.; *Schmidt-Aßmann*, AöR 116 (1991),

sche Legitimation zu erfolgen habe, solle die unterschiedliche Bedeutung der Tätigkeiten in den Blick genommen werden. Auf dieser Ebene könnten die verschiedenen Konstellationen differenzierter und angemessener beurteilt werden.[89]

Demgegenüber schließen sich weite Teile der Literatur dem bundesverfassungsgerichtlichen Verständnis des Begriffs der Staatsgewalt an, vor allem unter Hinweis auf den Wortteil Gewalt[90].[91] Daraus folge, dass der jeweiligen Betätigung eine rechtlich gesehen erhebliche Wirkung zukommen müsse. Insofern werden unter den Begriff der Staatsgewalt sämtliche rechtserheblichen legislativen, exekutiven und judikativen Tätigkeiten von Staatsorganen und Amtswaltern, unabhängig von ihrer Rechts- und Handlungsform, gefasst.[92] Insofern wird der Begriff der Staatsgewalt weiter verstanden als derjenige der Hoheitsgewalt.

Vor diesem Hintergrund hat insbesondere Jestaedt versucht, die verschiedenen Argumente in Literatur und Rechtsprechung in einer Kurzformel zusammenzufassen.[93] Danach kann die Ausübung von Staatsgewalt als die „Inanspruchnahme von Entscheidungsbefugnissen in Wahrnehmung einer [zumindest formalen] Staatsaufgabe“[94] umschrieben werden.

1. Ausübung von Staatsgewalt durch die Genossenschaften

In Rechtsprechung und Literatur wird ein breites Meinungsspektrum zu der Frage vertreten, inwieweit die Tätigkeiten von Trägern funktionaler Selbstver-

---

S. 329 (367); *Oebbecke*, VerwArch 81 (1990), S. 349 (356); *Brenner*, in: Stern/Sodan/Möstl, Staatsrecht, Band I, § 14, Rn. 69.

89 *Schmidt-Aßmann*, AöR 116 (1991), S. 329 (367); *Mehde*, Neues Steuerungsmodell und Demokratieprinzip, S. 177; *Grzeszick*, in: Dürig/Herzog/Scholz, 97. EL, Januar 2022, Art. 20, II., Rn. 95.

90 Insbesondere *Emde*, Die demokratische Legitimation der funktionalen Selbstverwaltung, S. 214 f., knüpft an den Wortbestandteil Gewalt an und nutzt dessen „semantischen Gehalt“, um daraus zu schlussfolgern, Staatsgewalt komme nur Tätigkeiten mit einem gewissen rechtlichen Gehalt zu, weshalb unselbstständige Hilfstätigkeiten nicht von dem Begriff erfasst würden; so auch *Köller*, Funktionale Selbstverwaltung und ihre demokratische Legitimation, S. 39; siehe auch *Kluth*, Funktionale Selbstverwaltung, S. 355 f.

91 *Sachs*, in: ders., GG, Art. 20, Rn. 29, und *Böckenförde*, in: Isensee/Kirchhof, HStR, Band II, § 24, Rn. 13, erkennen auch den Bagatellvorbehalt an; *Grzeszick*, in: Dürig/Herzog/Scholz, 97. EL, Januar 2022, Art. 20, II., Rn. 92 ff., spricht sich gegen den Bagatellvorbehalt aus.

92 *Dreier*, in: ders., GG, Band II, Art. 20 (Demokratie), Rn. 87.

93 *Köller*, Funktionale Selbstverwaltung und ihre demokratische Legitimation, S. 42.

94 *Jestaedt*, Demokratieprinzip und Kondominialverwaltung, S. 263; ähnlich *Kluth*, Funktionale Selbstverwaltung, S. 356, der als „Entscheidung jede Tätigkeit der Staatsorgane definiert […], durch die gestaltend auf den Gemeinschaftsbereich, d. h. die staatliche oder private Sphäre, eingewirkt wird“.

waltung generell als Ausübung von Staatsgewalt qualifiziert werden können.[95] Dabei weist Schmidt-Aßmann darauf hin, dass die Ausgestaltung der Träger funktionaler Selbstverwaltung in Form von juristischen Personen des öffentlichen Rechts ihnen „ein solches Maß staatlicher Herrschaftsmöglichkeit an die Hand gibt, daß sie über eine demokratische Legitimation für diesen äußeren Tatbestand verfügen müssen“[96].[97]

Diese Einschätzung wird auch für das Handeln privatrechtlich organisierter Spitzenverbände von Selbstverwaltungsträgern – wie der DGUV e.V. – vertreten.[98] Die Verbände werden dabei als besondere Handlungsinstrumente der Selbstverwaltungsträger zur Erfüllung ihrer Aufgaben eingeordnet, die die Selbstverwaltung organisatorisch ergänzen und abrunden.[99] Die Beurteilung des Handelns von Spitzenverbänden bereitet jedenfalls keine Probleme, sofern sie – wie die DGUV e.V. – mit hoheitlichen Aufgaben beliehen[100] worden sind.[101] Da die Beleihung der DGUV e.V. gem. § 14 Abs. 4 SGB VII weit auszulegen ist,[102] werden grundsätzlich sämtliche ihrer Maßnahmen im Präventionsbereich[103],[104] auch durch verwaltungsprivatrechtliches Handeln,[105] von der Beleihung erfasst.[106]

---

95 Siehe dazu die Auswertung bei *Emde*, Die demokratische Legitimation der funktionalen Selbstverwaltung, S. 229 ff.

96 *Schmidt-Aßmann*, AöR 116 (1991), S. 329 (344); für *H. C. Röhl*, Der Wissenschaftsrat, S. 132, besteht „wohl Einigkeit […], daß alles durch öffentlich-rechtlich verfaßte Organisationen produzierte staatliche Handeln zur Staatsgewalt zu zählen ist“; so auch *Brenner*, in: Stern/Sodan/Möstl, Staatsrecht, Band I, § 14, Rn. 70.

97 So auch *Oebbecke*, VerwArch 81 (1990), S. 349 (356 ff.); siehe auch *Kuhlmann*, Die Genossenschaft des öffentlichen Rechts, S. 183.

98 Allgemein *Hendler*, in: Isensee/Kirchhof, HStR, Band IV, 2. Aufl., § 106, Rn. 27; *Schmidt-Aßmann*, AöR 116 (1991), S. 329 (346), beschränkt die Ausübung von Staatsgewalt demgegenüber auf den Gründungsakt und die Herkunft der Finanzmittel.

99 *Hendler*, in: Isensee/Kirchhof, HStR, Band IV, 2. Aufl., § 106, Rn. 27; *ders.*, DÖV 1986, S. 675 (681).

100 *J. Schröder*, JA 2017, S. 809 (812).

101 Vgl. *Hussing*, in: Lauterbach, Unfallversicherung, 4. Aufl., 68. EL, August 2019, § 14, Rn. 46 ff.

102 Trotz der weiten Auslegung wird mit *Diehl*, in: Hauck/Noftz, SGB VII, EL 3/2023, § 114, Rn. 70, der „verfassungsrechtlich gebotenen hinreichend klaren Zuordnung von Verwaltungszuständigkeiten Rechnung getragen“, weil die weit auszulegenden Kompetenzen der DGUV e.V. in § 14 Abs. 4 SGB VII konkret benannt werden.

103 Siehe zu den weiteren hoheitlichen Aufgaben der DGUV e.V. im Präventionsbereich §§ 15 Abs. 1 S. 1 und 3, 20 Abs. 2 S. 2 SGB VII; BR-Drs. 113/08, S. 104.

104 Siehe 2. Teil, A. III. 2. a): Das gilt auch für die Unterstützungsmaßnahmen im Rahmen von §§ 15 Abs. 1 S. 1 und 3, 20 Abs. 2 S. 2 SGB VII.

105 Allgemein *J. Schröder*, JA 2017, S. 809 (812).

106 Sofern man die Prüf- und Zertifizierungstätigkeit der Prüf- und Zertifizierungsstellen im DGUV Test oder andere Maßnahmen des Spitzenverbandes mit Präven-

Dementsprechend können die verschiedenen im 2. Teil untersuchten Verwaltungsmaßnahmen der Berufsgenossenschaften und der DGUV e. V. als Ausübung von Staatsgewalt i. S. d. Art. 20 Abs. 2 GG qualifiziert werden.[107] Daraus folgt für die Einordnung der Inanspruchnahme der in diesen Maßnahmen angelegten kognitiven Potentiale folgendes:

Sofern im Zusammenhang mit der Ausübung einer Verwaltungsmaßnahme ein darin angelegtes *erzeugendes Potential* zur Generierung von Wissensressourcen in Anspruch genommen wird, erstreckt sich die Qualifizierung der Verwaltungsmaßnahme als Ausübung von Staatsgewalt auch auf die Inanspruchnahme des Potentials.[108] Das gilt sowohl für die *selbstständig erzeugenden* als auch die *unselbstständig erzeugenden Potentiale* in Gestalt von *initiativ, wechselinitiativ* oder *reaktiv erzeugenden (Verbund-)Potentialen* und zeigt sich zunächst instruktiv anhand derjenigen erzeugenden Potentiale, deren Inanspruchnahme dem Grunde nach deckungsgleich mit der Ausübung einer Verwaltungsmaßnahme zusammenfällt. Das betrifft beispielsweise die Auskunftsverlangen gem. §§ 19 Abs. 2 S. 1 Nr. 2 SGB VII, 192 Abs. 3 S. 1 SGB VII und die darin angelegten *initiativ erzeugenden Potentiale.*[109] Die Inanspruchnahme dieser Potentiale fällt dem Grunde nach deckungsgleich mit der jeweiligen Verwaltungsmaßnahme zusammen und teilt damit deren Einordnung als Ausübung von Staatsgewalt.

Diese Einschätzung wird auch anhand derjenigen erzeugenden Potentiale deutlich, die nur anlässlich der Ausübung einer Verwaltungsmaßnahme in Anspruch genommen werden, wie etwa im Rahmen der Beratung[110]. Die In-

---

tionsbezug nicht von der Beleihung umfasst ansehen möchte, können sie dennoch mit *Hendler*, in: Isensee/Kirchhof, HStR, Band IV, 2. Aufl., § 106, Rn. 27, als Ausübung von Staatsgewalt eingeordnet werden.

107 *Kranig/Timm*, in: Hauck/Noftz, SGB VII, 48. EL, September 2010, § 18, Rn. 9, ordnet die nicht zur Eingriffsverwaltung zählenden Präventionsmaßnahmen der Berufsgenossenschaften als schlicht-hoheitliche Leistungsverwaltung ein und qualifiziert sie damit als Ausübung von Staatsgewalt; kritisch *Emde*, Die demokratische Legitimation der funktionalen Selbstverwaltung, S. 268, für den aufgrund der vielfältigen Erscheinungsformen funktionaler Selbstverwaltung eine pauschale Aussage zur Ausübung von Staatsgewalt durch Träger funktionaler Selbstverwaltung nicht getroffen werden könne; siehe dazu auch *Kluth*, Funktionale Selbstverwaltung, S. 372 f.; darin kommt für den Bereich funktionaler Selbstverwaltung zum Ausdruck, was *Reiling*, Der Hybride, S. 242, allgemein mit der Aussage umschreibt, dass „die Identifikation dessen, was als ‚Staatsgewalt' im Sinne des Art. 20 II GG auszumachen ist, immer schwerer" fällt.

108 Das gilt gleichermaßen, sofern im Zusammenhang mit der Ausübung einer Verwaltungsmaßnahme erzeugte Wissensressourcen anhand des in dieser Maßnahme angelegten erzeugenden Potentials weiterverwendet werden.

109 Die *initiativ erzeugenden Potentiale* werden durch ein initiatives und konkretes Tätigwerden der Genossenschaften in Anspruch genommen.

110 Darin ist ein *wechselinitiativ erzeugendes Potential* angelegt, das entweder durch ein initiatives und konkretes Tätigwerden der Genossenschaften zur Erzeugung

anspruchnahme des in der Beratung angelegten *wechselinitiativ erzeugenden Potentials*, etwa durch Nachfragen oder Aufnahme übermittelter Auskünfte, steht in einem unmittelbaren Zusammenhang mit der Ausübung der Maßnahme. Daher erstreckt sich die Qualifizierung der Beratung als Ausübung von Staatsgewalt auch auf die Inanspruchnahme des darin angelegten erzeugenden Potentials.

Eine Besonderheit gilt es schließlich bei *reaktiv erzeugenden (Verbund-) Potentialen* zu beachten. Diese werden von den Genossenschaften in Anspruch genommen, indem sie Wissensressourcen aufnehmen, die Mitgliedsunternehmen oder Dritte auf Grundlage von Verpflichtungen oder Ermächtigungen übermitteln. Dazu zählt beispielsweise die Unfallanzeigepflicht. Die Aufnahme der Wissensressourcen steht dabei nicht nur in einem unmittelbaren Zusammenhang mit den Übermittlungen der Mitgliedsunternehmen oder Dritter und den diese verpflichtenden oder ermächtigenden Regelungen, sondern verkörpert auch eine eigene Verwaltungsmaßnahme der Genossenschaften. Als eigene Verwaltungsmaßnahme kann die Aufnahme und damit die Inanspruchnahme des reaktiv erzeugenden (Verbund-)Potentials ebenfalls als Ausübung von Staatsgewalt eingeordnet werden.

Im Zusammenhang mit den *zusätzlichen Bedeutungsgehalten*[111] *der erzeugenden Potentiale* gilt es schließlich noch eine weitere Besonderheit zu berücksichtigen. Sofern erzeugte Wissensressourcen ebenso wie daraus gewonnene Informationen und gewonnenes Wissen in Gestalt ihrer Grundlagen, unabhängig von der Ausübung einer Verwaltungsmaßnahme gegenüber einem Mitgliedsunternehmen, auf der Ebene der Selbstverwaltung weiterverwendet werden, kann darin eine eigene Verwaltungsmaßnahme gesehen werden. Diese kann jedenfalls auf § 14 Abs. 1 S. 1 SGB VII („mit allen geeigneten Mitteln")[112] gestützt werden und verkörpert gewissermaßen das erzeugende Potential.[113] Daher fällt die Inanspruchnahme dieses erzeugenden Potentials dem Grunde nach deckungsgleich mit der Ausübung der Verwaltungsmaßnahme zusammen. Das zeigt sich exemplarisch bei der Integration von Wissensressourcen in einen zusammenhängenden Erfahrungskontext. Darin kann eine Verwaltungsmaßnahme gesehen werden, bei der Wissensressourcen im Wege der Kommunikation mit bestimmten Personen geteilt werden. Diese

---

von Wissensressourcen oder durch die Aufnahme der von den Mitgliedsunternehmen übermittelten Wissensressourcen in Anspruch genommen wird.

[111] Die zusätzlichen Bedeutungsgehalte der erzeugenden Potentiale zeigen sich darin, dass die im Rahmen von einzelnen Verwaltungsmaßnahmen erzeugten Wissensressourcen ebenso wie daraus gewonnene Informationen und gewonnenes Wissen über diese Maßnahmen, insbesondere auch über ein einzelnes Mitgliedsunternehmen, hinaus weiterverwendet werden können.

[112] Siehe dazu 2. Teil, A. IV. 2.

[113] Siehe dazu 2. Teil, A. IV. 2.

Verwaltungsmaßnahme verkörpert das erzeugende Potential,[114] dessen Inanspruchnahme dem Grunde nach deckungsgleich mit der Ausübung der Verwaltungsmaßnahme zusammenfällt. Diese Beurteilung gilt schließlich auch für die Interpretationen derjenigen Personen in einem Erfahrungskontext, mit denen die Wissensressourcen zuvor im Wege der Kommunikation geteilt wurden. Dabei handelt es sich um eine Verwaltungsmaßnahme der entsprechenden Personen, die zur Bildung von Organisationswissen führen kann. Diese Verwaltungsmaßnahme verkörpert wiederum das erzeugende Potential,[115] sodass auch dessen Inanspruchnahme dem Grunde nach deckungsgleich mit der Ausübung der Verwaltungsmaßnahme zusammenfällt.[116]

Sofern im Zusammenhang mit der Ausübung einer Verwaltungsmaßnahme ein darin angelegtes *verwertendes Potential* in Anspruch genommen wird, betrifft seine Inanspruchnahme einen wesentlichen Bestandteil der tatsächlichen Grundlagen der Maßnahme. Die Inanspruchnahme des verwertenden Potentials steht also in einem unmittelbaren Zusammenhang mit der Ausübung der Maßnahme, sodass die Inanspruchnahme des verwertenden Potentials die Einordnung der Maßnahme als Ausübung von Staatsgewalt teilt.

Abschließend gilt es im Hinblick auf die *Verbundpotentiale* noch eine letzte Besonderheit zu berücksichtigen. Sofern eine Genossenschaft im Zusammenhang mit der Ausübung einer Verwaltungsmaßnahme ein darin angelegtes Verbundpotential in Anspruch nimmt und Wissensressourcen an Dritte übermittelt, teilt die Inanspruchnahme des Verbundpotentials die Qualifizierung der Verwaltungsmaßnahme als Ausübung von Staatsgewalt. Das gilt gleichermaßen, sofern im Zusammenhang mit der Ausübung einer Verwaltungsmaßnahme ein darin angelegtes Verbundpotential zur kooperativen Wissenserzeugung der jeweiligen Genossenschaft mit Dritten in Anspruch genommen wird.

---

[114] Siehe dazu 2. Teil, A. IV. 2.

[115] Siehe dazu 2. Teil, A. IV. 2.

[116] Das Teilen von Wissensressourcen bzw. daraus vollendeten Informationen und vollendetem Wissen in Gestalt ihrer Grundlagen zwischen Akteuren des Spitzenverbandes muss allerdings auf § 14 Abs. 1 S. 1 i. V. m. Abs. 4 („mit allen geeigneten Mitteln" – „insbesondere") gestützt werden, sofern in der auf Grundlage des § 14 Abs. 1 S. 1 SGB VII rechtlich ausgestalteten Zusammenarbeit keine Regelung getroffen ist. Die Integrationen in einen zusammenhängenden Erfahrungskontext auf Ebene des Spitzenverbandes sind ebenso wie die Interpretationen zur Bildung von Organisationswissen auf § 14 Abs. 1 S. 1 SGB VII i. V. m. Kapitel I Nr. 3.1.2 2. Bullet Point DGUV Grundsatz 300-001 bzw. i. V. m. Kapitel I Nr. 1.7 DGUV Grundsatz 300-001 zu stützen, in denen wechselinitiative Verbundpotentiale angelegt sind.

2. Bekräftigung durch die Wissensperspektive

Die Aussagen zur Ausübung von Staatsgewalt durch die Inanspruchnahme erzeugender Potentiale werden durch die Wissensperspektive bekräftigt.

a) Beurteilung von Staatsgewalt aus der Wissensperspektive

Aus der Wissensperspektive gilt es bei der Frage nach der Ausübung von Staatsgewalt durch die Berufsgenossenschaften und die DGUV e.V. das kognitive Beziehungsgefüge, in das ihre verschiedenen Verwaltungsmaßnahmen eingebettet sind,[117] zu berücksichtigen.[118] Dabei muss beachtet werden, dass sämtliche Verwaltungsmaßnahmen, in denen erzeugende Potentiale angelegt sind,[119] den Genossenschaften die Möglichkeit eröffnen, Wissensressourcen zu gewinnen, auf die sie für die sachgerechte Erfüllung ihres Präventionsauftrags angewiesen sind.

Vor diesem Hintergrund kann für die Inanspruchnahme derjenigen erzeugenden Potentiale, die Bestandteil dieses kognitiven Beziehungsgefüges sind, die Schlussfolgerung gezogen werden, dass sie wesentlich dazu beitragen, „behördenintern die Voraussetzungen für die Wahrnehmung der Amtsaufgaben“[120] zu schaffen. Diese zunächst im Rahmen der Rechtsprechung zum Personalvertretungsrecht entwickelte Formel kann von ihrer Grundaussage her auch auf die Inanspruchnahme erzeugender Potentiale übertragen werden. Obwohl deren Inanspruchnahme zwar keine Fragen der Teilhabe an der innerstaatlichen Willensbildung[121] betrifft und letztlich auch keine „Entscheidung

---

117 Siehe dazu 2. Teil.

118 In diesem Zusammenhang könnte bereits daran gedacht werden, dass die Entscheidung, ob und inwiefern die kognitiven Potentiale in Anspruch genommen werden, Entscheidungscharakter besitzt: Einerseits können die Berufsgenossenschaften dabei entscheiden, ob sie die kognitiven Potentiale überhaupt in Anspruch nehmen, um Wissensressourcen, insbesondere aus ihren Mitgliedsunternehmen, zu erzeugen und andererseits liegt auch die weitere Entscheidung bei ihnen, inwiefern sie gewonnene Wissensressourcen auf der übergeordneten Ebene der Selbstverwaltung zusammenführen und das daraus gewonnene Wissen zur Verwirklichung ihres Präventionsauftrags verwerten.

119 Das gilt für die Inanspruchnahme *(wechsel-)initiativ erzeugender Potentiale, reaktiv erzeugender (Verbund-)Potentiale* und *wechselinitiativer Verbundpotentiale durch Aufnahme von Wissensressourcen.*

120 BVerfGE 93, 37 (68); 107, 59 (87); siehe auch BVerfGE 151, 202 (292); gegen die Ausübung von Staatsgewalt durch Personalräte und Einigungsstellen wandte sich insbesondere *Plander*, Personalvertretungen als Grundrechtshilfe im demokratischen und sozialen Rechtsstaat.

121 BVerfGE 93, 37 (68f.).

[…] im internen Bereich von Regierung und Verwaltung“[122] verkörpert, vermag sie doch immerhin dazu beizutragen, die tatsächlichen Voraussetzungen und Grundlagen für die sachgerechte Erfüllung des Präventionsauftrags zu schaffen. Daher kann der Inanspruchnahme erzeugender Potentiale „eine auf den Binnenbereich“[123] der Genossenschaften bezogene Bedeutung zugesprochen werden.

Diese Beurteilung muss für die Inanspruchnahme sämtlicher erzeugender Potentiale gelten, die in das kognitive Beziehungsgefüge im gesetzlichen Unfallversicherungssystem einbezogen sind. Allein die Möglichkeit der Weiterverwendung der dabei erzeugten Wissensressourcen auf der Ebene der Selbstverwaltung verleiht der Inanspruchnahme erzeugender Potentiale ein derartiges Gewicht, dass sie nicht nur als bloße Hilfstätigkeit eingeordnet werden kann.[124] Sie ist vielmehr als zumindest interne Hilfsaufgabe zu qualifizieren, die dazu beiträgt, die tatsächlichen Grundlagen für die Erfüllung des Präventionsauftrags anhand der verschiedenen in Betracht kommenden Verwaltungsmaßnahmen und der darin angelegten verwertenden Potentiale zu schaffen.

Insofern kann die Inanspruchnahme erzeugender Potentiale auch aus der Wissensperspektive als Ausübung von Staatsgewalt im Sinne des Art. 20 Abs. 2 S. 1 GG qualifiziert werden[125].[126] Diese Einordnung strahlt auch auf diejenigen Verwaltungsmaßnahmen aus, bei deren Ausübung die Potentiale in Anspruch genommen werden.

---

122 BVerfGE 93, 37 (68).

123 BVerfGE 93, 37 (68).

124 Siehe *Jestaedt*, Demokratieprinzip und Kondominialverwaltung, S. 252, zu den Hilfstätigkeiten, wie dem Anfertigen von Fotokopien, und den Hilfsaufgaben, wie fiskalischen Beschaffungstätigkeiten.

125 Diese Beurteilung muss letztlich auch für diejenigen Übermittlungen von Wissensressourcen an Dritte gelten, die im Rahmen von allgemeinen Kooperationsmaßnahmen vorgenommen werden. Dadurch werden auf Seiten der Genossenschaften zwar keine Wissensressourcen erzeugt. Gleichwohl verkörpern diese Übermittlungen, die in einem Gegenseitigkeitsverhältnis mit Übermittlungen Dritter an die Genossenschaften stehen, einen wesentlichen Bestandteil des kognitiven Beziehungsgefüges. Daher können sie ebenfalls als Ausübung von Staatsgewalt qualifiziert werden.

126 Zu diesem Ergebnis gelangt man auch unter Zugrundelegung der Ansichten von *Schmidt-Aßmann*, AöR 116 (1991), S. 329 (344), der die Ausübung von Staatsgewalt pauschal wegen des Maßes der einer Körperschaft verliehenen Herrschaftsmöglichkeit bejaht, und *Oebbecke*, VerwArch 81 (1990), S. 349 (356 ff.), der nur die Rundfunkanstalten von seiner pauschalen Bejahung der Ausübung von Staatsgewalt durch Träger nicht-kommunaler Selbstverwaltung ausnimmt.

b) Grenzen der Wissensperspektive

Die Wissensperspektive vermag den Bereich der Ausübung von Staatsgewalt erheblich auszuweiten.[127] Dadurch dürfen die Konturen des Begriffs aber nicht verwischt werden und der Kreis der legitimationsbedürftigen Maßnahmen nicht unbegrenzt ausufern. Daher bietet es sich an, die Frage nach der Ausübung von Staatsgewalt ab dem Überschreiten einer bestimmten Grenze zu bejahen und für die Frage nach der Legitimationsbedürftigkeit gegebenenfalls verschiedene Ebenen mit unterschiedlichen Anforderungen an das Legitimationsniveau zu unterscheiden.[128]

Diese Grenze ist für die Inanspruchnahme erzeugender Potentiale dort zu ziehen, wo ihr nicht mehr nur ein rein vorbereitender oder konsultativer Charakter zugesprochen werden kann,[129] weil sie einzeln oder im Zusammenwirken mit anderen Maßnahmen einen, wenn auch nicht mehr eindeutig identifizierbaren,[130] doch immerhin tatsächlichen Einfluss auf hoheitliche Maßnahmen auszuüben vermag.[131] Dabei darf nicht allein die abschließende Maßnahme in den Blick genommen werden. Es gilt vielmehr den gesamten vorgelagerten Prozess, der letztlich über die verwertenden Potentiale in konkrete Präventionsmaßnahmen mündet, in die Beurteilung einzubeziehen.[132] Nur auf diese Weise kann sichergestellt werden, dass sämtliche, die Präventionsmaßnahmen über die verwertenden Potentiale beeinflussenden Faktoren unter den Begriff der Staatsgewalt gefasst und als legitimationsbedürftig qualifiziert werden.[133]

---

[127] Für *Schmidt-Aßmann*, AöR 116 (1991), S. 329 (344), und *Oebbecke*, VerwArch 81 (1990), S. 349 (356 ff.), die die Tätigkeiten von Trägern funktionaler Selbstverwaltung grundsätzlich als Ausübung von Staatsgewalt beurteilen, ist das keine Ausweitung, sondern vielmehr die selbstverständliche Beurteilung.

[128] BVerfGE 93, 37 (70 ff.); dazu *Battis/Kersten*, DÖV 1996, S. 584 (586 f.), die hierbei von sog. „Subsumtionsvorgaben" sprechen, und *Kluth*, JA 1996, S. 636 (637).

[129] Vgl. dazu BVerfGE 47, 253 (273); 83, 60 (73); *Böckenförde*, in: Isensee/Kirchhof, HStR, Band II, § 24, Rn. 12 f.; *Emde*, Die demokratische Legitimation der funktionalen Selbstverwaltung, S. 215; *Jestaedt*, Demokratieprinzip und Kondominialverwaltung, S. 252.

[130] Das Kriterium der nicht mehr eindeutig identifizierbaren Mitwirkung wird bereits für die demokratische Rechtfertigungsbedürftigkeit der auf hoheitlichem Akt beruhenden förmlichen Mitwirkung Privater an staatlichen Entscheidungen, etwa im Wege der förmlichen Beratung des Staates durch Private, ins Feld geführt, siehe dazu *Brohm*, in: Isensee/Kirchhof, HStR, Band II, 2. Aufl., § 36, Rn. 38, und allgemein *H. C. Röhl*, Die Verwaltung (29) 1996, S. 487 (500).

[131] Zur förmlichen Beratung siehe *Brohm*, in: Isensee/Kirchhof, HStR, Band II, 2. Aufl., § 36, Rn. 38.

[132] Vgl. *H. C. Röhl*, Die Verwaltung (29) 1996, S. 487 (500).

[133] Zu diesem Ergebnis gelangen dem Grunde nach auch *Schmidt-Aßmann*, AöR 116 (1991), S. 329 (344), und *Oebbecke*, VerwArch 81 (1990), S. 349 (356 ff.).

Vor diesem Hintergrund wird die Einordnung der Inanspruchnahme erzeugender Potentiale ebenso wie der entsprechenden Verwaltungsmaßnahmen als Ausübung von Staatsgewalt aus der Wissensperspektive bekräftigt.

II. Demokratische Legitimation

Durch die Ausübung der im 2. Teil untersuchten Verwaltungsmaßnahmen des genossenschaftlichen Wissensmanagements und die damit einhergehende Inanspruchnahme kognitiver Potentiale wird Staatsgewalt i.S.d. Art. 20 Abs. 2 S. 1 GG ausgeübt, die einer hinreichenden demokratischen Legitimation[134] bedarf.

1. Monistisches Demokratieverständnis für die Legitimation der Verwaltung

Dem klassischen Modell der Verwaltungslegitimation[135] liegt ein als monistisch[136] bezeichnetes Demokratieverständnis zu Grunde, das Rechtspre-

134 Zur Legitimation der *Legislative* beispielsweise: BVerfGE 77, 1 (40f.); *Grzeszick*, in: Dürig/Herzog/Scholz, GG, 97. EL, Januar 2022, Art. 20, II., Rn. 136f.; *Schmidt-Aßmann*, AöR 116 (1991), S. 329 (364), spricht insoweit von einem Legitimationsvorsprung des Parlaments; zur Legitimation der *Exekutive* beispielsweise: *Schmidt-Aßmann*, AöR 116 (1991), S. 329ff.; *Czybulka*, Die Legitimation der öffentlichen Verwaltung; *Jestaedt*, Demokratieprinzip und Kondominialverwaltung, S. 301ff.; zur Legitimation der *funktionalen Selbstverwaltung* beispielsweise: *Emde*, Die demokratische Legitimation der funktionalen Selbstverwaltung; *Kluth*, Funktionale Selbstverwaltung, S. 342ff.; zur Legitimation der *Judikative* beispielsweise: *Tschentscher*, Demokratische Legitimation der Dritten Gewalt; *Voßkuhle/Sydow*, JZ 2002, S. 673ff. m.w.N.

135 Als klassisches Modell der Verwaltungslegitimation wird nach *Trute*, in: Voßkuhle/Eifert/Möllers, GVwR, Band I, § 9, Rn. 4, das Zusammenwirken von vier Elementen – Volk, Staatsgewalt, Legitimationsmodi, Legitimationsniveau – verstanden, das die demokratische Legitimation der Verwaltung herstellen soll; vom klassischen Modell sprechen auch *Peuker*, Bürokratie und Demokratie in Europa, S. 146; *A. von Münch*, Das Spannungsverhältnis zwischen funktionaler Privatisierung und demokratischer Legitimation, S. 83; *Holzner*, Konsens im Allgemeinen Verwaltungsrecht und in der Demokratietheorie, S. 88.

136 *Peuker*, Bürokratie und Demokratie in Europa, S. 146f., spricht vom monistischen Demokratieverständnis; *Unger*, Das Verfassungsprinzip der Demokratie, S. 56ff., spricht vom holistisch-monistischen Demokratieverständnis; so auch *Ingold*, Das Recht der Oppositionen, S. 267ff.; *Tschentscher*, Demokratische Legitimation der Dritten Gewalt, S. 28ff., bezeichnet es als organisatorisch-formales Modell; *Brandl-Michel*, Maßstäbe demokratischer Legitimation, S. 68ff.; *Groß*, in: Voßkuhle/Eifert/Möllers, GVwR, Band I, § 15, Rn. 61ff.

chung und Literatur in wechselseitiger Beeinflussung entwickelt haben.[137] Neben der Fixierung auf das Staatsvolk und das Parlament[138] unterscheidet das monistische Demokratieverständnis verschiedene Grundformen bzw. Modi demokratischer Legitimation: die institutionelle, die funktionelle,[139] die sachlich-inhaltliche[140] und die personelle Legitimation[141].[142]

Demgegenüber unterteilt insbesondere Böckenförde die unterschiedlichen Grundformen in die funktionell-institutionelle, die organisatorisch-personelle und die sachlich-inhaltliche Legitimation,[143] wobei aus diesen sprachlichen Abweichungen keine inhaltlichen Unterschiede folgen.[144]

Unabhängig von diesen sprachlichen Feinheiten sind die unterschiedlichen Grundformen aber nicht je für sich, sondern vielmehr in ihrem Zusammenwir-

---

137 Siehe dazu vor allem die Leitentscheidungen des BVerfGs während der 1990er Jahre: BVerfGE 83, 37 ff.; 83, 60 ff.; 93, 37 ff.; *Böckenförde*, in: Isensee/Kirchhof, HStR, Band II, § 24; *Schmidt-Aßmann*, AöR 116 (1991), S. 329 ff.; *Jestaedt*, Demokratieprinzip und Kondominialverwaltung; *ders.*, JuS 2004, S. 649 ff.

138 *Unger*, Das Verfassungsprinzip der Demokratie, S. 56 ff.; *Ingold*, Das Recht der Oppositionen, S. 267 ff.

139 Siehe dazu BVerfGE 49, 89 (125); 83, 60 (72); 107, 59 (87); *Böckenförde*, in: Isensee/Kirchhof, HStR, Band II, § 24, Rn. 15; *Schmidt-Aßmann*, AöR 116 (1991), S. 329 (363 ff.).

140 Siehe dazu beispielsweise BVerfGE 83, 60 (72); 93, 37 (67); 107, 59 (87 f.); 130, 76 (124); 139, 194 (225); 146, 1 (39 f.); 147, 50 (127 f.); 151, 202 (291); *Böckenförde*, in: Isensee/Kirchhof, HStR, Band II, § 24, Rn. 21 f.; *Grzeszick*, in: Dürig/Herzog/Scholz, GG, 97. EL, Januar 2022, Art. 20, II., Rn. 124; *Schmidt-Aßmann*, AöR 116 (1991), S. 329 (357 ff.); unter anderem *Jestaedt*, Demokratieprinzip und Kondominialverwaltung, S. 270 ff., umschreibt die sachlich-inhaltliche Grundform als „materielle demokratische Legitimation".

141 Siehe dazu beispielsweise BVerfGE 47, 253 (275); 52, 95 (130); 68, 1 (88); 77, 1 (40); 83, 60 (72 f.); 130, 76 (124); 139, 194 (225); 146, 1 (39 f.); 147, 50 (127 f.); 151, 202 (291); *Böckenförde*, in: Isensee/Kirchhof, HStR, Band II, § 24, Rn. 16 ff.; *Grzeszick*, in: Dürig/Herzog/Scholz, GG, 97. EL, Januar 2022, Art. 20, II., Rn. 123; *Schmidt-Aßmann*, AöR 116 (1991), S. 329 (360 ff.); *Jestaedt*, Demokratieprinzip und Kondominialverwaltung, S. 267 ff.

142 BVerfGE 83, 60 (72); 93, 37 (66 f.); 107, 59 (87); *Brenner*, in: Stern/Sodan/Möstl, Staatsrecht, Band I, § 14, Rn. 29 ff.

143 *Böckenförde*, in: Isensee/Kirchhof, HStR, Band II, § 24, Rn. 14 ff.; dem u. a. folgend *Voßkuhle*, in: Isensee/Kirchhof, HStR, Band III, § 43, Rn. 58; für die Verwaltung siehe *Schmidt-Aßmann*, AöR 116 (1991), S. 329 (355 ff.); *Trute*, in: Voßkuhle/Eifert/Möllers, GVwR, Band I, § 9, Rn. 8 ff.; *Mehde*, Neues Steuerungsmodell und Demokratieprinzip, S. 178 f.

144 *Voßkuhle*, in: Isensee/Kirchhof, HStR, Band III, § 43, Rn. 58; *Scherzberg*, Die Öffentlichkeit der Verwaltung, S. 296, hebt zusätzlich hervor, dass die „verfassungstextlichen Anhaltspunkte für diese Unterscheidung […] allerdings wenig aussagekräftig" sind.

ken zu betrachten.[145] Bei der Beurteilung der demokratischen Legitimation kommt es mithin entscheidend darauf an, ob durch das Zusammenwirken der einzelnen Grundformen ein insgesamt hinreichendes Legitimationsniveau erreicht wird.[146] Dabei finden die Grundformen der institutionellen und funktionellen Legitimation keine weitere Berücksichtigung. Diese beschreiben jeweils nur eine Form abstrakter Legitimation, die allein aus der Zuordnung eines Organwalters und seiner Tätigkeit zu einer der drei in Art. 20 Abs. 2 S. 2 GG verankerten Gewalten folgt,[147] ohne dass daraus weiterführende Aussagen für deren konkrete Legitimation abgeleitet werden könnten.[148]

Für die Gesamtbeurteilung des hinreichenden Legitimationsniveaus wird also auf die beiden Grundformen der personellen und der sachlich-inhaltlichen Legitimation zurückgegriffen.[149] Dabei fordert die personelle Legitimation, dass sämtliche Organe und Amtswalter, die Staatsgewalt ausüben, ihre Berufung unmittelbar oder zumindest mittelbar[150] durch „eine ununterbrochene Legitimationskette“[151] auf das Volk zurückführen können.[152] Demgegenüber

---

145 BVerfGE 83, 60 (72); 93, 37 (66f.); 107, 59 (87); 136, 194 (262); 151, 202 (291). Nach *Scherzberg*, Die Öffentlichkeit der Verwaltung, S. 296, verhindert das BVerfG durch das Abstellen auf die Effektivität, dass sich die unterschiedlichen Grundformen zu „Quasi-Verfassungssätze[n]“ entwickelten und damit einer Weiterentwicklung entzogen wären.

146 BVerfGE 83, 60 (72); 93; 37 (66f.); 107; 59 (87); 137, 185 (232f.); 139, 194 (225); 147, 50 (127f.); 151, 202 (291); *Trute*, in: Voßkuhle/Eifert/Möllers, GVwR, Band I, § 9, Rn. 14, 56f.; nach *Voßkuhle*, in: Isensee/Kirchhof, HStR, Band III, § 43, Rn. 58, können einzelne Elemente auch gänzlich ausfallen, sofern sie, insgesamt betrachtet, kompensiert werden; zum Diskurs in Rechtsprechung und Literatur im Hinblick auf das Legitimationsniveau siehe *Brandl-Michel*, Maßstäbe demokratischer Legitimation, S. 112ff.

147 BVerfGE 49, 89 (125); *Sachs*, in: ders., GG, Art. 20, Rn. 35; *Böckenförde*, in: Isensee/Kirchhof, HStR, Band II, § 24, Rn. 15.

148 *Böckenförde*, in: Isensee/Kirchhof, HStR, Band II, § 24, Rn. 15; *A. von Münch*, Das Spannungsverhältnis zwischen funktionaler Privatisierung und demokratischer Legitimation, S. 71.

149 *Böckenförde*, in: Isensee/Kirchhof, HStR, Band II, § 24, Rn. 15, 23ff.; zum Demokratieverständnis des BVerfGs siehe *Hanebeck*, DÖV 2004, S. 901 (904ff.).

150 Mittelbar lässt sich die personelle Legitimation über ihrerseits demokratisch legitimierte Organe und Amtswalter vermitteln. Für diese Weitergabe ist mit *Schmidt-Aßmann*, AöR 116 (1991), S. 327 (362), eine besondere Legitimationsbefugnis vonnöten.

151 BVerfGE 47, 253 (275); siehe auch BVerfGE 77, 1 (40); 83, 60 (73); 130, 76 (124); 139, 194 (225); 144, 20 (209); 147, 50, (128); 149, 1 (42); so auch *Böckenförde*, in: Isensee/Kirchhof, HStR, Band II, § 24, Rn. 16; *Brenner*, in: Stern/Sodan/Möstl, Staatsrecht, Band II, § 30, Rn. 22; zur Wirkungsweise der Legitimationskette siehe *A. von Münch*, Das Spannungsverhältnis zwischen funktionaler Privatisierung und demokratischer Legitimation, S. 72f.

152 Die vermittelte personelle Legitimation muss sich gerade auf das konkrete Amt und den konkreten Tätigkeitsbereich beziehen, wofür eine generelle Legitimation des

dient die sachlich-inhaltliche Legitimation dazu, die „Ausübung der Staatsgewalt *ihrem Inhalt nach* vom Volk herzuleiten“[153]. Das kann auf unterschiedliche Weise erfolgen: Neben der Bindung der Verwaltung an Parlamentsgesetze[154] kommt dafür auch die „sanktionierte demokratische Verantwortlichkeit“[155] in Betracht. Diese zeigt sich in der grundsätzlichen Weisungsgebundenheit der Verwaltung gegenüber der Regierung und deren Verantwortlichkeit gegenüber dem Parlament.[156]

Die personelle und die sachlich-inhaltliche Legitimation liefern insbesondere nach Ansicht der Rechtsprechung zwei subsumtionsfähige Voraussetzungen, deren Vorliegen das notwendige Legitimationsniveau der unmittelbaren Staatsverwaltung und der kommunalen Selbstverwaltung indiziert.[157] Eine vergleichbare Bedeutung hat die Rechtsprechung diesen beiden Grundformen für die Beurteilung der demokratischen Legitimation der Träger funktionaler Selbstverwaltung noch nicht zugesprochen, dafür aber auch noch keine subsumtionsfähigen Voraussetzungen entwickelt.[158] Gleichwohl bieten die personelle und die sachlich-inhaltliche Legitimation immerhin Anknüpfungspunkte für die Beurteilung der demokratischen Legitimation von Selbstverwaltungsträgern.[159]

Amtswalters nicht ausreichend ist, siehe dazu *Maurer/Schwarz*, Staatsrecht I, § 5, Rn. 39; *Böckenförde*, in: Isensee/Kirchhof, HStR, Band II, § 24, Rn. 15.

153 *Böckenförde*, in: Isensee/Kirchhof, HStR, Band II, § 24, Rn. 21.

154 *Trute*, in: Voßkuhle/Eifert/Möllers, GVwR, Band I, § 9, Rn. 10 f.; *Böckenförde*, in: Isensee/Kirchhof, HStR, Band II, § 24, Rn. 21; zur beschränkten Möglichkeit, durch legislative Vorprogrammierung sachlich-inhaltliche Legitimation zu vermitteln siehe *Scherzberg*, Die Öffentlichkeit der Verwaltung, S. 307 f.

155 *Böckenförde*, in: Isensee/Kirchhof, HStR, Band II, § 24, Rn. 21; zweifelnd im Hinblick auf den Baustein der sanktionierten Verantwortlichkeit *Trute*, in: Voßkuhle/Eifert/Möllers, GVwR, Band I, § 9, Rn. 12 f.

156 BVerfGE 9, 268 (281 f.); 83, 60 (72); 93, 37 (67 f.); 107, 59 (88); 130, 76 (123); 139, 194 (225); 151 (202); siehe auch *Böckenförde*, in: Isensee/Kirchhof, HStR, Band II, § 24, Rn. 21; *A. von Münch*, Das Spannungsverhältnis zwischen funktionaler Privatisierung und demokratischer Legitimation, S. 71; explizit zur Fachaufsicht: *Emde*, Die demokratische Legitimation der funktionalen Selbstverwaltung, S. 85.

157 BVerfGE 107, 59 (87 f.); 139, 194 (225).

158 Das BVerfG hat weder in BVerfGE 107, 59 ff., noch in darauffolgenden Entscheidungen, wie BVerfGE 135, 155 ff., 136, 194 ff., oder 146, 164 ff., dementsprechende subsumtionsfähige Voraussetzungen für die demokratische Legitimation der funktionalen Selbstverwaltung entwickelt; *Sachs*, in: ders., GG, Art. 20, Rn. 44a, weist darauf hin, dass das BVerfG bei der funktionalen Selbstverwaltung nicht „zu abschließenden Regeln“ gekommen sei.

159 Die institutionelle und die funktionelle Legitimation können den Trägern funktionaler Selbstverwaltung mit *Tschentscher*, Demokratische Legitimation der Dritten Gewalt, S. 56 f., 100, keine Legitimation vermitteln, weil ihre Errichtung nicht durch die Verfassung, sondern durch ein einfaches Gesetz erfolgt.

2. Theorienvielfalt zur demokratischen Legitimation funktionaler Selbstverwaltung

a) *Meinungspluralität in der Literatur*

In der Literatur haben sich bereits verschiedene Stimmen intensiv mit der demokratischen Legitimation der Träger funktionaler Selbstverwaltung auseinandergesetzt. Dabei zeigen sich ausgehend vom monistischen Demokratieverständnis im Wesentlichen vier verschiedene Argumentationsstränge.

Für die Vertreter der *Ausnahmethese* ist aufgrund des Ausnahmecharakters funktionaler Selbstverwaltung in diesem speziellen Verwaltungsbereich ausnahmsweise eine bloß sachlich-inhaltliche Legitimation ausreichend.[160]

Demgegenüber sprechen sich andere Stimmen für eine Legitimationsvermittlung durch sachlich abgegrenzte *Teil- bzw. Verbandsvölker* aus.[161]

---

160 *Böckenförde*, in: Isensee/Kirchhof, HStR, Band II, § 24, Rn. 33 f.; siehe auch *Jestaedt*, Demokratieprinzip und Kondominialverwaltung, S. 552 f.: Nach der Ausnahmethese vermag nur das vom Volk gewählte Parlament demokratische Legitimation zu vermitteln. Da es den Trägern funktionaler Selbstverwaltung grundsätzlich an einer nicht kompensierbaren organisatorisch-personellen Legitimation fehle, könnten sie nur über Parlamentsgesetze und deren gestalterische Regelungen eine sachlich-inhaltliche Legitimation erfahren. Demokratische Legitimation werde im Rahmen funktionaler Selbstverwaltung demnach ausschließlich sachlich-inhaltlich über vom Parlament beschlossene Gesetze, deren steuernde Regelungen und die demokratisch legitimierte Aufsicht vermittelt. Aufgrund dieser beschränkten Legitimation sei die funktionale Selbstverwaltung nur in Ausnahmefällen zulässig. Das gelte beispielsweise in den Fällen der sachlich notwendigen Selbstverwaltung, wie derjenigen der Hochschulen, für die auch noch grundrechtliche Aspekte stritten, ebenso wie für die immerhin verfassungsrechtlich rezipierte Selbstverwaltung in Art. 87 Abs. 2 GG. Aufgrund der beschränkten demokratischen Legitimation sei die funktionale Selbstverwaltung auf die hergebrachten und typologischen Wesensmerkmale der Selbstverwaltung beschränkt, nämlich auf die Gruppenbezogenheit der durch Gesetz übertragenen Aufgaben und auf die Einrichtung zumindest einer Rechtsaufsicht über die Selbstverwaltungsträger.

161 *Herzog*, Allgemeine Staatslehre, S. 222 ff.; siehe auch *Oebbecke*, Weisungs- und unterrichtungsfreie Räume in der Verwaltung, S. 88 ff.; *ders.*, VerwArch 81 (1990), S. 349, (351 ff.); *Kleine-Cosack*, Berufsständische Autonomie und Grundgesetz, S. 111 f.: Insbesondere *Herzog* vertritt die Ansicht, dass demokratische Legitimation nicht in jedem Fall durch das Staatsvolk in seiner Gesamtheit vermittelt werden müsse. Teilvölker könnten ebenfalls demokratische Legitimation vermitteln. Die funktionale Selbstverwaltung sei demokratisch legitimiert, sofern die übertragenen Aufgaben ausschließlich die Teil- bzw. Verbandsvölker beträfen und somit der Grundsatz der Selbstbetroffenheit beachtet werde. In diesen Fällen bestehe eine dem Bundes- bzw. Landesvolk vergleichbare Gruppenidentität der innerhalb der Selbstverwaltung Zusammengeschlossenen. Darüber hinaus könne aus der verfassungsrechtlichen Grundlegung der funktionalen Selbstverwaltung die Anerkennung von Verbandsvölkern nach *Unruh*, JZ 2003, S. 1061 (1062), als „spezifische Legitimationsquelle" herausgelesen werden.

Daneben vertreten wiederum andere Stimmen die Ansicht, der gesetzliche Gründungsakt und die damit verbundene Zwangsmitgliedschaft verkörpere eine *kollektive personelle Legitimation.*[162]

Der Ansatz der *autonomen Legitimation* erkennt schließlich autonome Legitimationsstrukturen in der funktionalen Selbstverwaltung an und spricht ihnen eine kompensatorische Legitimation zu.[163]

---

162 *Kluth*, Funktionale Selbstverwaltung, S. 376 ff., 543; *ders.*, Die Verwaltung 35 (2002), S. 349 (352); ihm folgend *Dederer*, NVwZ 2000, S. 403 (405); *ders.*, Korporative Staatsgewalt, S. 226 ff., 236 ff.; *Unruh*, VerwArch 92 (2001), S. 531 (551 ff.); *ders.*, JZ 2003, S. 1061 (1063); *Grzeszick*, in: Dürig/Herzog/Scholz, GG, 97. EL, Januar 2022, Art. 20, II., Rn. 198: Die insbesondere von *Kluth* entwickelte Theorie der kollektiven personellen Legitimation möchte die im Rahmen der funktionalen Selbstverwaltung fehlende organisatorisch-personelle Legitimation durch eine kollektive personelle Legitimation ersetzen. Die (kollektive) personelle Legitimation könne in dem gesetzlichen Gründungsakt und der damit verbundenen (Zwangs-)Mitgliedschaft gesehen werden. Dadurch werde zwar das Erfordernis eines individuellen Bestellungsaktes zur Vermittlung organisatorisch-personeller Legitimation negiert. Eine Lockerung des individuellen Bestellungsaktes könne allerdings aus der im Rahmen der Wahlen zum Deutschen Bundestag zulässigen Listenwahl herausgelesen werden, für die die Lockerung der individuellen Bestimmungsfunktion charakteristisch sei.

163 *Emde*, Die demokratische Legitimation der funktionalen Selbstverwaltung, S. 42 ff., 382 ff., S. 405 ff.: Der umfassendste Ansatz zur Begründung demokratischer Legitimation in der funktionalen Selbstverwaltung wurde von *Emde* mit der Theorie der autonomen Legitimation entwickelt. Dieser Ansatz geht im Kern davon aus, dass das Demokratieprinzip auf dem Dogma der individuellen Selbstbestimmung beruhe. Sofern die organisationsrechtlichen Regelungen über die Staatsverwaltung diese Vorgabe berücksichtigten, seien sie mit dem grundgesetzlichen Demokratieprinzip vereinbar; Modifikationen des demokratischen Prinzips seien erlaubt; entscheidend sei allerdings, dass das erforderliche Maß an Selbstbestimmung i. S. e. Untermaßverbots nicht unterschritten werde, denn Art. 20 Abs. 2 GG verlange lediglich eine Mindestration demokratischer Legitimation. Diese werde dadurch gewahrt, dass die Mitglieder der Organe der Selbstverwaltungsträger aus dem Kreis der von den Verwaltungsaufgaben Betroffenen gewonnen werden, die regelmäßig über den Selbstverwaltungsträger körperschaftlich zusammengeschlossen sind und als dessen Mitglieder bezeichnet werden können. Durch diese auf die betroffenen Mitglieder bezogene Ausgestaltung der funktionalen Selbstverwaltungsträger werde eine autonome, nicht auf das Staatsvolk bezogene Legitimation gewählt, die eine besondere Ausgestaltung demokratischer Legitimation verkörpere, welche allerdings nicht ohne eine Beachtung der Strukturprinzipien des Demokratieprinzips auskomme. Auch *Schmidt-Aßmann*, AöR 116 (1991), S. 329 (376 ff.), spricht u. a. für den Bereich der Selbstverwaltung von autonomer Legitimation, verlangt aber im Gegensatz zu *Emde* eine doppelte Vermittlungsfunktion. Diese zeige sich in der demokratischen Legitimation der Organisationsbestandteile und der autonomen Legitimation durch die Mitglieder; so auch *Trute*, in: Voßkuhle/Eifert/Möllers, GVwR, Band I, § 9, Rn. 54 f., 82 ff.; siehe auch die Nachweise bei *Krekeler*, Berufsordnungen im Rahmen der Verfassung, S. 141.

b) Argumentationslinie des BVerfGs

Nachdem die skizzierten Argumente in der Literatur im Wesentlichen ausgetauscht waren, setzte sich das BVerfG in seiner Entscheidung vom 5. Dezember 2002 über die Verfassungsmäßigkeit verschiedener Vorschriften der nordrhein-westfälischen Gesetze über den Lippeverband und über die Emschergenossenschaft erstmals ausführlich mit der demokratischen Legitimation von Trägern funktionaler Selbstverwaltung auseinander.[164] Dabei hat sich das Gericht nicht einem der in der Literatur entwickelten Argumentationsstränge angeschlossen, sondern vielmehr für die funktionale Selbstverwaltung die sektorielle Durchbrechung des Demokratieprinzips durch gegenläufige Verfassungsprinzipien anerkannt und einen eigenen Begründungsansatz unter Heranziehung verschiedener Argumente entwickelt.[165] Dafür bedient sich das BVerfG vor allem verschiedener Argumente der Ausnahmethese und des Ansatzes der autonomen Legitimation, ohne sich aber eindeutig zu den verschiedenen Ansichten zu positionieren.[166]

Vor diesem Hintergrund formulierte das BVerfG für die personelle Legitimation in der funktionalen Selbstverwaltung erhebliche Einschränkungen. Diese knüpfen insbesondere an den entwicklungsoffenen Prinzipiencharakter des Demokratieprinzips an, den das Gericht ausdrücklich betonte.[167] Auf Grund dessen soll das Demokratieprinzip außerhalb der unmittelbaren Staatsverwaltung „offen für andere, insbesondere vom Erfordernis lückenloser personeller demokratischer Legitimation aller Entscheidungsbefugten abweichende Formen der Organisation und Ausübung von Staatsgewalt“[168] sein. Der Prinzipiencharakter des Demokratieprinzips erlaube es dabei „für abgegrenzte Bereiche der Erledigung öffentlicher Aufgaben besondere Organisationsformen der Selbstverwaltung zu schaffen“[169], in denen „ein wirksames Mitspracherecht der Betroffenen geschaffen und verwaltungsexterner Sachverstand aktiviert werden“[170] könne. Dafür müssen nach dem BVerfG aber

---

[164] BVerfGE 107, 59 ff.; zuvor wurde die Frage funktionaler Selbstverwaltung lediglich am Rande behandelt, wie BVerfGE 33, 125 (159 ff.), und BVerfGE 83, 37 (55), verdeutlichen.

[165] *Tschentscher*, Demokratische Legitimation der Dritten Gewalt, S. 8, 48 ff.; *Kuhlmann*, Die Genossenschaft des öffentlichen Rechts, S. 194.

[166] *Unruh*, JZ 2003, S. 1061 (1062), spricht davon, dass die Ausführungen des BVerfGs „in merkwürdiger Weise zwischen der Ausnahme-These und der Theorie der autonomen Legitimation oszillieren“; *Krekeler*, Berufsordnungen im Rahmen der Verfassung, S. 228.

[167] BVerfGE 107, 59 (91).

[168] BVerfGE 107, 59 (91); siehe auch BVerfGE 135, 155 (222); 136, 194 (262); 146, 164 (210); 151, 202 (291 f.).

[169] BVerfGE 107, 59 (92).

[170] BVerfGE 107, 59 (92).

kumulativ drei Merkmale vorliegen: (1) überwiegend überschaubare Aufgabenbereiche, (2) traditionelle Bewährung und (3) der Ausschluss von öffentlichen Aufgaben, die durch die unmittelbare Staatsverwaltung wahrgenommen werden müssen.[171]

Demgegenüber hat das BVerfG in seiner Entscheidung keine wesentlichen Anpassungen der sachlich-inhaltlichen Legitimation vorgenommen. Es verlangt vielmehr, dass die Ausübung von Staatsgewalt durch Träger funktionaler Selbstverwaltung durch ein vom Parlament beschlossenes Gesetz ausreichend vorherbestimmt sein müsse.[172] Daneben müsse ihre Tätigkeit zumindest einer Rechtsaufsicht durch personell demokratisch legitimierte Sachwalter unterliegen.[173]

c) Unzureichende Modifikation des monistischen Demokratieverständnisses

Die Entscheidung des BVerfGs vom 5. Dezember 2002 verdeutlicht ebenso wie die unterschiedlichen Ansätze in der Literatur, dass das am Idealbild der hierarchischen Verwaltung entwickelte monistische Demokratieverständnis nicht ohne Friktionen auf die funktionale Selbstverwaltung übertragen werden kann.[174] Obwohl der Ansatz der Teil- bzw. Verbandsvölker bestimmte Besonderheiten dieser Verwaltungsform berücksichtigt, nehmen die bisherigen Erklärungsansätze vor allem eine Art Subsumtion der funktionalen Selbstverwaltung unter die Vorgaben des monistischen Demokratieverständnisses vor und suchen nach etwaigen Ausnahmen von dessen Vorgaben für die verschiedenen Ausprägungen funktionaler Selbstverwaltung.[175]

Dabei besteht die Herausforderung, dass sich das monistische Demokratieverständnis nicht ohne Weiteres mit dem Grundgedanken und System funkti-

---

171 BVerfGE 107, 59 (93); zu den drei Merkmalen und deren Subsumtionsfähigkeit siehe *Kluth*, Der Gemeinsame Bundesausschuss (G-BA) nach § 91 SGB V aus der Perspektive des Verfassungsrechts, S. 72 ff.; *ders.*, in: Kahl/Ludwigs, HVwR, § 65, Rn. 40.

172 Nach BVerfGE 107, 59 (93), sind allerdings diejenigen öffentlichen Aufgaben von einer Übertragung auf Selbstverwaltungsträger ausgeschlossen, die der Staat als Staatsaufgaben im engeren Sinne selbst übernehmen muss.

173 BVerfGE 107, 59 (94), unter Hinweis auf *Emde*, Die demokratische Legitimation der funktionalen Selbstverwaltung, S. 331.

174 Das gilt mit *Tschentscher*, Demokratische Legitimation der Dritten Gewalt, S. 3, auch für die Judikative.

175 Das zeigt sich auch bei *Köller*, Funktionale Selbstverwaltung und ihre demokratische Legitimation, S. 240 f., 321, die keine weiteren Legitimationsarten neben organisatorisch-personeller und sachlich-inhaltlicher Legitimation zulässt und letztlich eine Ausnahmebestimmung zugunsten der funktionalen Selbstverwaltung im Grundgesetz vorschlägt.

onaler Selbstverwaltung in Einklang bringen lässt. Das folgt aus der Tatsache, dass das monistische Demokratieverständnis im Wesentlichen einen auf Personen konzentrierten Begründungsansatz wählt,[176] der auf das Zusammenwirken verschiedener Legitimationskomponenten abstellt. Auf Grundlage dieses Demokratieverständnisses ist die funktionale Selbstverwaltung grundsätzlich durch eine personelle Legitimationslücke gekennzeichnet. Diese spricht bereits für sich genommen gegen das Erreichen eines hinreichenden Legitimationsniveaus. Daher müssen Rechtsprechung und Literatur nach Erklärungen bzw. Rechtfertigungen suchen, um diese Lücke mit dem monistischen Demokratieverständnis in Einklang zu bringen.

Dieser Herausforderung ist das BVerfG in seinem Beschluss zu den Gesetzen über den Lippeverband und über die Emschergenossenschaft nur unzureichend gerecht geworden. Trotz der Benennung verschiedener Merkmale, die die Übertragung von öffentlichen Aufgaben auf Träger funktionaler Selbstverwaltung in Einklang mit dem grundgesetzlichen Demokratieprinzip rechtfertigen, hat das BVerfG mit seinem Beschluss mehr Fragen hervorgerufen, als beantwortet.[177] Das mag der Tatsache geschuldet sein, dass eine Begründung für die Entscheidung gefunden werden musste, die von sämtlichen Senatsmitgliedern getragen werden konnte.[178] Diese haben ihren Ausführungen zur demokratischen Legitimation der funktionalen Selbstverwaltung die Vorstellungen über Demokratie zu Grunde gelegt, die das BVerfG für die unmittelbare Staatsverwaltung und die kommunale Selbstverwaltung entwickelt hat. Daran anknüpfend wurde in Anlehnung an verschiedene Argumente aus der Literatur nach Ausnahmen von diesem Demokratieverständnis für die funktionale Selbstverwaltung gesucht. Dabei formulierten das Gericht ebenso wie die verschiedenen Ansätze in der Literatur[179] vor allem Ausnahmen im Hinblick

---

[176] *Tschentscher*, Demokratische Legitimation der Dritten Gewalt, S. 73, sieht in der personellen Komponente eine „Primärstellung".

[177] *Unruh*, JZ 2003, S. 1061 (1063), begrüßt die Tendenz der Entscheidung, äußert aber Zweifel an der Argumentation; *J. Becker*, DÖV 2004, S. 910 (915), stimmt dem BVerfG in der Sache zu, findet in der Begründung aber Formulierungen und Argumentationsketten, die eher verwirren, als Klarheit stiften; *Musil*, DÖV 2004, S. 116 (119), stimmt dem Beschluss ebenfalls im Ergebnis zu, verlangt für die Aufgabenübertragung auf Träger funktionaler Selbstverwaltung aber eine stark ausgeprägte Selbstbetroffenheit; erheblichen Widerspruch formuliert *Jestaedt*, JuS 2004, S. 649 (651 ff.); *Köller*, Funktionale Selbstverwaltung und ihre demokratische Legitimation, S. 311 ff., sieht in dem Beschluss des BVerfGs keine überzeugende Lösung für die Fragen der demokratischen Legitimation funktionaler Selbstverwaltung; für *Brünen*, Demokratische Legitimation des Gemeinsamen Bundesausschusses zum Ausschluss von Arzneimitteln durch Richtlinien, S. 70 ff., ist dem Beschluss kein stringentes Begründungsmuster zu entnehmen; siehe auch die umfassende Kritik bei *Krekeler*, Berufsordnungen im Rahmen der Verfassung, S. 212 ff. m. w. N.

[178] So die Vermutung von *Jestaedt*, JuS 2004, S. 649 (653).

[179] Siehe dazu beispielsweise *Herzmann*, Konsultationen, S. 275 ff.

auf die personelle Legitimationskomponente. Diese führen zwar zu einer Modifikation des monistischen Demokratieverständnisses,[180] setzen sich dabei aber nicht mit der Frage auseinander, welche Bedeutung den unterschiedlichen Legitimationskomponenten im Rahmen funktionaler Selbstverwaltung überhaupt zukommen kann.[181]

Darüber hinaus haben sowohl das BVerfG als auch die skizzierten Ansätze in der Literatur die Tatsache vernachlässigt, dass das monistische Demokratieverständnis ein statisches Modell der Kombination verschiedener Legitimationskomponenten verkörpert, das vom formalen Schlussakt einer Entscheidung her denkt. Auf dieser Grundlage können die unterschiedlichen Erscheinungsformen funktionaler Selbstverwaltung kaum abschließend erfasst werden. Die gesetzliche Unfallversicherung beruht beispielsweise auf einem System, in dem zur Erfüllung des Präventionsauftrags fortwährend Wissen erzeugt und verwertet wird. Dabei werden durch die Wissenserzeugung erst die wesentlichen tatsächlichen Grundlagen für die sachgerechte Ausübung der gesetzlichen Präventionsaufgaben und damit auch für die Ausübung von Staatsgewalt geschaffen. Dieser äußerst komplexe Prozess lässt sich nur schwerlich auf einen formalen Schlussakt reduzieren, ohne dass dabei entscheidende Aspekte vernachlässigt werden.[182]

Für das hinreichende Legitimationsniveau der Genossenschaften sind daher nicht nur die personelle und die sachlich-inhaltliche Komponente zu betrachten. Hierfür gilt es zusätzlich die „Formen, Verfahren […] und das Umfeld der Entscheidungssituation“[183] heranzuziehen, die das Beziehungsgefüge kognitiver Potentiale konstituieren. Diese eröffnen den Genossenschaften erst die Möglichkeit, den Begrenzungen im Hinblick auf die tatsächlichen Grundlagen[184] ihrer Präventionsmaßnahmen durch die Erzeugung von Wissen entgegenzuwirken.[185] Insofern verkörpern sie eine zwingende Voraussetzung für die sachgerechte Ausübung von Staatsgewalt.

---

180 *Hanebeck*, DÖV 2004, S. 901 (907 f.), spricht davon, dass das BVerfG in Abkehr vom monistischen Demokratieverständnis eine Öffnung des Demokratieprinzips vornehme; auch *Augsberg*, Informationsverwaltungsrecht, S. 234, spricht davon, dass in „epistemischer Perspektive […] damit zugleich auch eine Demokratiekonzeption plausibel [wird], die den traditionell dominierenden Ansatz modifiziert, indem sie von Identität […] auf Differenz […] umschaltet und dementsprechend am demokratischen Verfahren nicht länger klassisch das Denken in Legitimationsketten hervorhebt“.

181 Siehe dazu unten 3. Teil, C. III.

182 Allgemein *Scherzberg*, Die Öffentlichkeit der Verwaltung, S. 307.

183 *Schmidt-Aßmann*, AöR 116 (1991), S. 329 (333), spricht insofern davon, dass auch die „Formen, Verfahren, Zuständigkeiten und das Umfeld der Entscheidungssituation“ legitimatorischer Betrachtung bedürften.

184 Zum Begriff der Sachverhaltsherrschaft siehe *Hoffmann-Riem*, DVBl. 1996, S. 225 (232).

185 Einleitung, I.

Vor diesem Hintergrund verliert im gesetzlichen Unfallversicherungssystem nicht nur die personelle Legitimationskomponente an Bedeutung,[186] sondern auch die sachlich-inhaltliche Komponente an Vermittlungskraft.[187] Dieser Aspekt wird von den bisherigen Erklärungsansätzen in Literatur und Rechtsprechung noch nicht hinreichend berücksichtigt. Das zeigt sich unter anderem anhand der Untersuchungen zur autonomen Rechtsetzung der Berufsgenossenschaften. Dabei wurde die demokratische Legitimation der Berufsgenossenschaften zum Erlass von Unfallverhütungsvorschriften, trotz unterschiedlicher Begründungen im Einzelnen,[188] zwar durchgängig als hinreichend qualifiziert,[189] ohne dass dabei aber auf den oben genannten Aspekt vertieft eingegangen wurde. Unabhängig davon bilden die personelle und die sachlich-inhaltliche Legitimation jedenfalls den Ausgangspunkt der Überlegungen zur demokratischen Legitimation der Berufsgenossenschaften (dazu 3.) und der DGUV e.V. (dazu 4.), bevor daran anschließend ein Perspektivenwechsel für ihre demokratische Legitimation vorgenommen werden kann (dazu III.).

[186] Siehe dazu 3. Teil, C. III. 1. und allgemein *Scherzberg*, Die Öffentlichkeit der Verwaltung, S. 307.

[187] Siehe dazu ausführlich 3. Teil, C. III. 2.; aus dem fortwährenden Prozess der Generierung und Verarbeitung von Wissen folgt eine besondere Kompetenz der Genossenschaften im Präventionsbereich, was in den bisherigen Erklärungsansätzen noch nicht ausdrücklich berücksichtigt wurde.

[188] *Axer*, Normsetzung der Exekutive in der Sozialversicherung, S. 298 ff., fordert allgemein für die Rechtsetzung durch verselbstständigte Einheiten im Bereich der Sozialversicherung ein dem Art. 80 Abs. 1 GG entsprechendes Legitimationsniveau und somit eine dem vergleichbare personelle und materielle Legitimation; darüber hinaus sieht *Axer* in Art. 87 Abs. 2 GG eine Ermächtigung an den Parlamentsgesetzgeber, Normsetzungsbefugnisse unmittelbar auf Sozialversicherungsträger zu übertragen, sofern die Ermächtigung auf den inhaltlich-gegenständlichen Bereich der Sozialversicherung beschränkt ist, eine staatliche Rechtsaufsicht besteht und die ermächtigten Sozialversicherungsträger in ihrer Organisation denen der Weimarer Zeit vergleichbar sind; *Hänlein*, Rechtsquellen im Sozialversicherungsrecht, S. 151 ff., möchte das Legitimationsdefizit mit Hilfe einer Analogie zu Art. 9 Abs. 3 GG durch eine sozialpartnerschaftliche-mitgliedschaftliche Legitimation kompensieren; *Clemens*, NZS 1994, S. 337 ff., lässt im Hinblick auf körperschaftliche Satzungen eine ununterbrochene Legitimationskette von den Normunterworfenen bis hin zum Normsetzer ausreichen; nach *F. Becker*, Kooperative und konsensuale Strukturen in der Normsetzung, S. 457, wird heute die Zulässigkeit der „Einräumung von Satzungsautonomie […] nicht mehr bestritten".

[189] *Hänlein*, Rechtsquellen im Sozialversicherungsrecht, S. 162 ff., spricht von sozialpartnerschaftlich-mitgliedschaftlicher Legitimation der Unfallversicherungsvorschriften; *Clemens*, NZS 1994, S. 337 (340 f.).

3. Berufsgenossenschaften

a) Personelle Legitimation

Die anhand der unmittelbaren Staatsverwaltung in Rechtsprechung und Literatur entwickelten grundsätzlichen Anforderungen an die personelle Legitimation vermögen die Organe[190] und Organmitglieder[191] der Berufsgenossenschaften anhand der allgemeinen Vorschriften des Sozialversicherungsrechts im SGB IV nicht zu erfüllen. Danach haben weder das deutsche Staatsvolk[192], das auch im Rahmen funktionaler Selbstverwaltung das maßgebliche Legitimationssubjekt verkörpert,[193] noch mit Legitimationsbefugnis ausgestattete staatliche Organe oder Amtswalter Einfluss auf die konkrete Zusammensetzung der Organe der Berufsgenossenschaften.[194] Die Mitglieder des paritätisch besetzten Legislativorgans Vertreterversammlung werden ohne staatliche Mitwirkung gem. § 46 Abs. 1 Hs. 1 SGB IV von der Gruppe der

---

190 Der Geschäftsführer ist nach *Köster*, in: Kreikebohm/Dünn, SGB IV, § 31, Rn. 3, auch Organ.

191 Vertreterversammlung und Vorstand sind nach § 31 Abs. 1 S. 1 SGB IV Selbstverwaltungsorgane, weshalb deren Mitglieder Organwalter sind.

192 Nach Art. 20 Abs. 2 GG ist das Volk das Legitimationssubjekt demokratischer Legitimation. Das ist nach ganz überwiegender Ansicht, wie beispielsweise BVerfGE 83, 37 (50 ff.); 83, 60 (74); 107, 59 (87); *Grzeszick*, in: Dürig/Herzog/Scholz, GG, 97. EL, Januar 2022, Art. 20, II., Rn. 81 m. w. N.; *Schmidt-Aßmann*, AöR 116 (1991), S. 329 (348 ff.), das jeweilige Bundes- oder Landesstaatsvolk. *Möllers*, Staat als Argument, XXIV, sieht im Lissabon-Urteil des BVerfGs das Bemühen um eine „demokratietheoretisch kommunikative Rekonstruktion des Volksbegriffs“, was aus dem 3. Leitsatz in BVerfGE 123, 267 f., folgen solle.

193 Obwohl einzelne Stimmen in der Literatur wie *Herzog*, Allgemeine Staatslehre, S. 222, 225 f. (Teilvölker); *Brohm*, Strukturen der Wirtschaftsverwaltung, S. 243 ff. (Verbandsvölker); *Oebbecke*, Weisungs- und unterrichtungsfreie Räume in der Verwaltung, S. 88 ff. (Verbandsvölker); *Kleine-Cosack*, Berufsständische Autonomie und Grundgesetz, S. 111 f. (Teilvölker), neben den in Art. 28 Abs. 1 S. 2 GG ausdrücklich genannten territorialen Untergliederungen des Staatsvolks auch weitere Untergliederungen nach sachlichen Gesichtspunkten in Form von Teil- bzw. Verbandsvölkern anerkennen, haben sich neben BVerfGE 83, 37 (50 ff.), auch viele Stimmen in der Literatur richtigerweise dafür ausgesprochen, dass es neben dem ausdrücklich im GG anerkannten Staatsvolk der Bundesrepublik Deutschland und seinen territorialen Untergliederungen keine weiteren Teil- bzw. Verbandsvölker geben kann: *Jestaedt*, Demokratieprinzip und Kondominialverwaltung, S. 213 ff. m. w. N.; *Kluth*, Funktionale Selbstverwaltung, S. 369 ff.; *F. Becker*, Kooperative und konsensuale Strukturen in der Normsetzung, S. 448 f.; umfassend *Köller*, Funktionale Selbstverwaltung und ihre demokratische Legitimation, S. 45 ff.

194 *Emde*, Die demokratische Legitimation der funktionalen Selbstverwaltung, S. 164.

Arbeitgeber[195] und der Gruppe der Versicherten[196] getrennt aufgrund von Vorschlagslisten gewählt. Dabei kommt zusätzlich die Besonderheit der sog. Friedenswahlen i. S. d. § 46 Abs. 2 SGB IV zum Tragen.[197] Danach gelten die Vorgeschlagenen als gewählt, wenn aus einer Gruppe nur eine Vorschlagsliste zugelassen wird oder auf mehreren Vorschlagslisten insgesamt nicht mehr Bewerber benannt werden, als Mitglieder zu wählen sind.[198]

Die Mitglieder der Vertreterversammlungen wählen schließlich gem. § 52 Abs. 1 Hs. 1 SGB IV Vertreter ihrer jeweiligen Gruppe in den paritätisch besetzten Vorstand und gem. § 36 Abs. 2 Hs. 1 SGB IV den Geschäftsführer der Berufsgenossenschaft sowie seinen Stellvertreter.[199] Zudem eröffnet § 51 Abs. 4 SGB IV den Gewerkschaften und den Arbeitgebervereinigungen sowohl für die Wahlen zur Vertreterversammlung als auch für die Wahlen zum Vorstand die Möglichkeit, für ein Drittel der jeweiligen Sitze in den beiden Organen sog. Beauftragte wählen zu lassen, die den jeweiligen Sozialversicherungsträgern überhaupt nicht angehören müssen.

Diese für die funktionale Selbstverwaltung charakteristischen Abweichungen von den Anforderungen der personellen Legitimation können die Berufsgenossenschaften durch eine Neufassung des § 149 SGB VII zum 1. Januar 2023 kompensieren. Dadurch haben nun sämtliche gewerblichen Berufsgenossenschaften die Dienstherrenfähigkeit erhalten und damit die Möglichkeit,

---

195 § 47 Abs. 2 SGB IV.

196 § 47 Abs. 1 SGB IV.

197 Siehe dazu *Wimmer*, NJW 2004, S. 3369 ff., der in den Friedenswahlen einen Verstoß gegen Art. 20 Abs. 2 GG sieht; a. A. BSGE 36, 242 (246); 39, 244; auch im Schrifttum werden die Friedenswahlen beispielsweise von *Jung*, SGb 2007, S. 65 (70), *Kruse/Kruse*, WzS 2005, S. 25 (33), und *Holzner*, Konsens im Allgemeinen Verwaltungsrecht und in der Demokratietheorie, S. 222 ff., als zulässig erachtet.

198 Obwohl neben den Gewerkschaften auch andere Vereinigungen und sogar die Versicherten, Selbstständigen ohne fremde Arbeitskräfte und Arbeitgeber Vorschlagslisten gem. § 48 Abs. 1 SGB IV einreichen können, reichen nach *Bieback*, in: Schulin, HSozVR, Band 2, § 54, Rn. 33, grundsätzlich nur diejenigen Verbände Vorschlagslisten ein, die durch die Besonderheit der Friedenswahlen die Wahlen zu den Vertreterversammlungen dominieren; *Emde*, Die demokratische Legitimation der funktionalen Selbstverwaltung, S. 165, geht sogar so weit, davon zu sprechen, dass eine „Befugnis der Gewerkschaften und der Arbeitgeberverbände [bestünde], die Organe der Sozialversicherer nach eigenem Gusto zu besetzen".

199 In der paritätischen Besetzung der Selbstverwaltungsorgane mit Repräsentanten der Arbeitgeber und Versicherten gem. § 44 Abs. 1 Nr. 1 SGB IV wird für *Emde*, Die demokratische Legitimation der funktionalen Selbstverwaltung, S. 162 f., eine Abkehr vom klassischen mitgliedschaftlichen Körperschaftsbegriff hin zu einem verbandsparitätischen Modell deutlich; siehe dazu auch *Bieback*, in: Schulin, HSozVR, Band 2, § 54, Rn. 32.

Beamtenverhältnisse zu begründen.[200] Mit Ausnahme der Berufsgenossenschaft Verkehrswirtschaft Post-Logistik Telekommunikation müssen die Berufsgenossenschaften bei der Begründung von Beamtenverhältnissen die Vorrangstellung des Arbeitnehmerverhältnisses beachten.[201] Dadurch wird der Einsatz von Beamten auf den Kernbereich hoheitlicher Tätigkeiten der Berufsgenossenschaften sowie auf ihre wesentlichen funktionalen Bereiche begrenzt.[202] Demnach können beispielsweise die Geschäftsführer zu Beamten ernannt werden.[203] Die Ernennung und Entlassung der Beamten erfolgt durch das BMAS auf Vorschlag des Vorstands.[204] Das BMAS kann diese Befugnis auf den Vorstand übertragen mit dem Recht, sie wiederum ganz oder teilweise auf die Geschäftsführung weiter zu übertragen.[205] Laut Gesetzesbegründung soll letztlich ein zahlenmäßiges Verhältnis von ein Fünftel Beamten zu vier Fünfteln der übrigen Beschäftigten nicht überschritten werden.[206]

Sofern das BMAS auf Vorschlag des Vorstands ab dem 1. Januar 2023 Beamte ernennt, besteht eine für den Bereich der funktionalen Selbstverwaltung an sich systemwidrige ununterbrochene Legitimationskette und damit eine hinreichende personelle Legitimation der jeweiligen Beamten. Dabei kann es sich sowohl um Organe, Organmitglieder als auch um nachrangig Beschäftigte handeln. Deren personelle Legitimation ist allerdings geschwächt, sofern das BMAS die Befugnis zu Beamtenernennungen auf den Vorstand überträgt.[207] Sie wird weiter abgeschwächt, sofern der Vorstand die Befugnis

---

200 § 149 Abs. 2 S. 1 SGB VII; die Berufsgenossenschaft Verkehrswirtschaft Post-Logistik Telekommunikation besitzt bereits durch § 4 Abs. 1 des Gesetzes zur Errichtung der Berufsgenossenschaft Verkehrswirtschaft Post-Logistik Telekommunikation die Dienstherrnfähigkeit; sie kann nach BT-Drs. 19/19037, S. 53, nun seit dem 01.01.2023 neue Beamtenverhältnisse begründen, weil die in der Gesetzesbegründung des Errichtungsgesetzes bestehende Einschränkung, dass keine neuen Beamtenverhältnisse begründet werden dürfen, seitdem keine Anwendung mehr findet.

201 § 149 Absatz 1 gilt aufgrund des dort angeordneten Ausschlusses nicht für die Berufsgenossenschaft Verkehrswirtschaft Post-Logistik Telekommunikation, weil diese nach BT-Drs. 19/19037, S. 53 f., neben ihren Aufgaben nach dem SGB VII auch in erheblichem Umfang Aufgaben des Bundes, vor allem auf dem Gebiet der See- und Binnenschifffahrt, als Teil der Bundesverwaltung in Form staatlicher Hoheitsgewalt wahrnimmt.

202 § 149 Abs. 1 SGB VII; siehe dazu BT-Drs. 19/19037, S. 53.

203 *I. Palsherm*, in: jurisPK-SGB VII, Stand: 25.01.2023, § 149, Rn. 15.

204 § 149 Abs. 3 S. 1 SGB VII; siehe dazu BT-Drs. 19/19037, S. 54.

205 § 149 Abs. 3 S. 2 SGB VII; siehe dazu *Köhler*, in: Hauck/Noftz, SGB VII, EL 2/2023, § 149, Rn. 10.

206 BT-Drs. 19/19037, S. 53; *I. Palsherm*, in: jurisPK-SGB VII, Stand: 25.01.2023, § 149, Rn. 11 ff., lehnt die 20-Prozentgrenze mit nachvollziehbaren Gründen ab.

207 § 149 Abs. 3 S. 2 SGB VII; siehe dazu BT-Drs. 19/19037, S. 54.

seinerseits auf die Geschäftsführung weiterüberträgt und diese die Beamten ernennt.[208]

Im Ergebnis fehlte bis zum 1. Januar 2023 den Organen und Organmitgliedern der Berufsgenossenschaften grundsätzlich eine lückenlose Rückführung auf das Staatsvolk,[209] die zumindest bis zu diesem Zeitpunkt zu einer für die Erscheinungsform funktionaler Selbstverwaltung charakteristischen Lücke[210] in der personellen Legitimation führte.[211] Diese konnte wegen der paritätischen Beteiligung der Versicherten an den Wahlen zur Vertreterversammlung auch nicht im Sinne des Ansatzes autonomer Legitimation durch eine besondere Form rein mitgliedschaftlicher Legitimation ergänzt werden,[212] weil die Versicherten keine Mitglieder der Berufsgenossenschaften sind.[213] Diese Abweichungen von den personellen Legitimationsanforderungen im Hinblick auf Organe und Organmitglieder wirken auf die nachgeordneten Beschäftigten der Berufsgenossenschaften fort. Das betrifft die bis zum 31. Dezember 2022[214] dienstordnungsmäßig Angestellten (sog. DO-Angestellte)[215] sowie die nach Tarifvertrag (sog. Tarifangestellte) oder außertariflich Angestellten.[216] Diese

---

208 § 149 Abs. 3 S. 2 SGB VII; siehe dazu BT-Drs. 19/19037, S. 54.

209 Ausnahmen waren lediglich bei der Berufsgenossenschaft Verkehrswirtschaft Post-Logistik Telekommunikation möglich, die bereits vor dem 01.01.2023 gem. § 4 Abs. 1 des Gesetzes zur Errichtung der Berufsgenossenschaft Verkehrswirtschaft Post-Logistik Telekommunikation die Dienstherrnfähigkeit besaß.

210 Siehe zum Begriff der Legitimationslücke *Tschentscher*, Demokratische Legitimation der Dritten Gewalt, S. 96, und *Bröhmer*, Transparenz als Verfassungsprinzip, S. 46; *Böckenförde*, in: Isensee/Kirchhof, HStR, Band II, § 24, Rn. 34, spricht nicht von Legitimationslücken, sondern von einem Defizit an demokratischer Legitimation.

211 *Tschentscher*, Demokratische Legitimation der Dritten Gewalt, S. 98 ff.

212 *Schmidt-Aßmann*, AöR 116 (1991), S. 329 (376 ff.), spricht im Hinblick auf die Selbstverwaltung von einer „*doppelschichtigen Legitimationsordnung*"; so auch *Trute*, in: Voßkuhle/Eifert/Möllers, GVwR, Band I, § 9, Rn. 54 f., 82 ff.

213 *Vogel*, Die Rechtsbindung der Arbeitnehmer an Unfallverhütungsvorschriften gemäß § 15 Abs. 1 S. 1 Nr. 2 SGB VII, S. 142 f.; demgegenüber ist die Mitgliedschaft in Sozialversicherungsträgern für *Emde*, Die demokratische Legitimation der funktionalen Selbstverwaltung, S. 162 f., nicht anhand der Mitgliedschaft bei dem Träger selbst, sondern anhand der Vertretung in deren Organen zu beurteilen.

214 Durch Art. 7 Nr. 19 des Siebten Gesetzes zur Änderung des Vierten Buches Sozialgesetzbuch und anderer Gesetze vom 12.06.2020 (BGBl. I, S. 1248) wurde das DO-Recht der Unfallversicherungsträger zum 01.01.2023 geschlossen und § 144 SGB VII entsprechend geändert, sodass Beschäftigungsverhältnisse, die einer Dienstordnung untersehen, nicht mehr neu begründet werden können, siehe dazu BT-Drs. 19/17586, S. 109 f.

215 DO-Angestellte sind mit *Ricke*, in: Beck'scher Online-Grosskommentar (Kasseler Kommentar), SGB VII, Stand: 15.02.2024, § 144, Rn. 3, Beamten in der unmittelbaren Staatsverwaltung vergleichbar; siehe auch *Wolber*, ZfPR 2000, S. 157 ff.

216 *Köhler*, in: Hauck/Noftz, SGB VII, EL 1/2023, § 144, Rn. 10 ff.; *Bieback*, in: Schulin, HSozVR, Band 2, § 55, Rn. 1.

wurden bis zum 31. Dezember 2022 ohne staatliche Mitwirkung ausschließlich durch die zuständigen Entscheidungsträger der Berufsgenossenschaften eingestellt.[217]

Seit dem 1. Januar 2023 können diese Lücken durch die Ernennung von Beamten jedenfalls teilweise geschlossen werden. Bei den bis zum 31. Dezember 2022 begründeten Beschäftigungsverhältnissen bestehen sie weiterhin fort, sofern die entsprechenden Personen nicht zu Beamten ernannt werden.

b) Sachlich-inhaltliche Legitimation

Neben der personellen Legitimationskomponente kommt der sachlich-inhaltlichen Legitimation der Berufsgenossenschaften eine besondere Bedeutung für das Erreichen des hinreichenden Legitimationsniveaus zu. Das ist ebenfalls kennzeichnend für die funktionale Selbstverwaltung.[218]

aa) Eingeschränkte Bindungswirkung des einfachen Rechts

Ein maßgebliches Instrument zur Vermittlung sachlich-inhaltlicher Legitimation sind Parlamentsgesetze.[219] Das gilt in besonderer Weise für die Träger funktionaler Selbstverwaltung: Deren Bestand, Struktur, Aufgaben und Befugnisse gehen einerseits auf Parlamentsgesetze[220] zurück und andererseits unterliegen sie gem. Art. 20 Abs. 3 GG der Bindung an die Gesetze.[221]

---

[217] Im Hinblick auf die Einstellung der DO-Angestellten bestand über §§ 144 ff. SGB VII immerhin ein gewisser staatlicher Einfluss: § 144 Abs. 1 SGB VII verpflichtet nämlich die Vertreterversammlungen der Berufsgenossenschaften, Dienstordnungen zu erlassen, in denen auch bestimmte inhaltliche Anforderungen, wie die Ein- und Anstellungsbedingungen, geregelt werden müssen und die nach § 147 Abs. 2 SGB VII der Genehmigung der Aufsichtsbehörde bedürfen.

[218] *Tschentscher*, Demokratische Legitimation der Dritten Gewalt, S. 49, ist unter Berufung auf BVerfGE 107, 59 ff., der Ansicht, die sachlich-inhaltliche Legitimation vermöge im Rahmen funktionaler Selbstverwaltung die personelle Legitimationslücke vollständig zu kompensieren.

[219] *Trute*, in: Voßkuhle/Eifert/Möllers, GVwR, Band I, § 9, Rn. 11; *Musil*, DÖV 2004, S. 116 (118); demgegenüber sieht *Scherzberg*, Die Öffentlichkeit der Verwaltung, S. 307 f., nur eine beschränkte Möglichkeit, durch legislative Vorprogrammierung sachlich-inhaltliche Legitimation zu vermitteln.

[220] Siehe *Schmidt-Aßmann*, AöR 116 (1991), S. 329 (358 f.), für das für die Frage sachlich-inhaltlicher Legitimation ebenfalls zu berücksichtigende Haushaltsgesetz. Kritisch zur steuernden Wirkung des Haushaltsgesetzes im Rahmen der gesetzlichen Unfallversicherung *Köller*, Funktionale Selbstverwaltung und ihre demokratische Legitimation, S. 191.

[221] *Köller*, Funktionale Selbstverwaltung und ihre demokratische Legitimation, S. 190.

Im Hinblick auf die Berufsgenossenschaften gilt es dabei insbesondere § 30 Abs. 1 SGB IV zu beachten. Danach dürfen sie als Sozialversicherungsträger nur Geschäfte zur Erfüllung ihrer gesetzlich vorgeschriebenen oder zugelassenen Aufgaben führen und ihre Mittel nur für diese Aufgaben sowie die Verwaltungskosten verwenden.[222]

In Anlehnung an diese strikte gesetzliche Determinierung hat das BVerfG festgestellt, dass die „Hauptaufgabe der Sozialversicherungsträger [...] in dem Vollzug einer detaillierten Sozialgesetzgebung [besteht], gleichsam nach Art einer übertragenen Staatsaufgabe. In diesem Bereich lässt sich der Sache nach nur bedingt von Selbstverwaltung sprechen. Als ‚Selbstverwaltung' kann hier nur die vom Gesetz eingeräumte und im Rahmen des Gesetzes bestehende organisatorische Selbständigkeit und die Erledigung dessen verstanden werden, was die Kassen als Maßnahmen vorbeugender, heilender und rehabilitierender Fürsorge für ihre Versicherten – nach den gesetzlichen Vorschriften zwar weisungsfrei, aber nicht frei von Rechtsaufsicht – ins Werk setzen"[223].

Demnach liegt nicht nur die Entscheidung über die grundlegende Gestalt der Berufsgenossenschaften, sondern auch über ihre Aufgaben und Befugnisse zu einem ganz maßgeblichen Teil beim Parlament. Dieses kann unter anderem die gesetzlichen Regelungen in den Sozialgesetzbüchern ändern, Aufsichtsbefugnisse erweitern und letztlich sogar die Auflösung oder Neuordnung der Berufsgenossenschaften beschließen.[224]

Der Parlamentsgesetzgeber hat die Aufgaben und Befugnisse der Berufsgenossenschaften im Präventionsbereich vor allem in den §§ 14 ff. SGB VII geregelt. Diese Vorschriften weisen eine nicht zu vernachlässigende Regelungsdichte[225] auf, schränken unabhängige Gestaltungen der Berufsgenossenschaften ein und bestimmen ihre Präventionsmaßnahmen in weiten Teilen vor.[226]

---

[222] Unter „*gesetzlich vorgeschriebenen* Aufgaben" sind nach *Köster*, in: Kreikebohm/Dünn, SGB IV, § 30, Rn. 2, die Pflichtaufgaben der Sozialversicherungsträger, also die Regelleistungen zu verstehen, unter „*gesetzlich zugelassenen* Aufgaben" sind solche Aufgaben zu verstehen, die die Versicherungsträger durch Ermessensbestimmungen berechtigen oder verpflichten sowie die durch Satzung bestimmten Mehrleistungen der Sozialversicherungsträger.

[223] BVerfGE 39, 302 (313 f.).

[224] *Kluth*, Funktionale Selbstverwaltung, S. 380; darin zeigen sich mit *Köller*, Funktionale Selbstverwaltung und ihre demokratische Legitimation, S. 190, aber nur abstrakte und keine konkreten Kontrollmöglichkeiten des Parlaments.

[225] Zur Bedeutung der Regelungsdichte gesetzlicher Vorgaben für die Vermittlung sachlich-inhaltlicher Legitimation siehe BVerfGE 93, 37 (66); BVerwGE 106, 64 (74 f.); *Sommermann*, in: Huber/Voßkuhle, GG, Band 2, Art. 20, Rn. 170; *Gassner*, NZS 2016, S. 121 (126); *R. Hoffmann*, Demokratische Legitimation im Verbund der Energieregulierung, S. 84 f.

[226] Siehe allgemein für den Sozialversicherungsbereich *Emde*, Die demokratische Legitimation der funktionalen Selbstverwaltung, S. 168 f.

Trotz dieser Regelungsdichte sind die Tatbestände der §§ 14 ff. SGB VII teilweise sehr weit gefasst,[227] wodurch ihre Bestimmungskraft eingeschränkt ist.[228] Das zeigt sich instruktiv anhand der Regelsetzung, die auf die Formulierung „mit allen geeigneten Mitteln“ in § 14 Abs. 1 S. 1 SGB VII gestützt wird und daher weitgehend frei von einfach-gesetzlicher Determinierung ausgeübt werden kann.

Darüber hinaus können die Berufsgenossenschaften anhand der im 2. Teil untersuchten kognitiven Potentiale Wissensressourcen erzeugen, weiterverwenden und verwerten, ohne dass diese vielgestaltigen Möglichkeiten einer umfassenden Determinierung durch das einfache Recht unterliegen.[229]

Vor diesem Hintergrund vermögen die im 2. Teil untersuchten Vorschriften des einfachen Rechts die Maßnahmen der Berufsgenossenschaften nicht umfassend zu determinieren[230].[231] Daher kann ihre Bindungswirkung als grundsätzlich[232] eingeschränkt qualifiziert werden.

---

227 Siehe z.B. § 19 Abs. 2 S. 1 SGB VII: „sind die Aufsichtspersonen insbesondere befugt“; siehe dazu auch *Jung*, Die BG 2005, S. 334 (336).

228 Siehe allgemein zur Determinierungsleistung des Gesetzes *Trute*, in: Voßkuhle/Eifert/Möllers, GVwR, Band I, § 9, Rn. 3, 11.

229 Eine gewisse Determinierung vermögen aber beispielsweise der Erforderlichkeitsgrundsatz in § 192 Abs. 3 S. 1 SGB VII und die Vorschriften über den Sozialdatenschutz in §§ 199 ff. SGB VII zu liefern; *Scherzberg*, Die Öffentlichkeit der Verwaltung, S. 308, sieht in der Verwaltung nicht mehr nur die Ausführung „normativer Programme, sondern [...] politisch-wertende Rechts- und Wirklichkeitsgestaltung“.

230 Davon zu unterscheiden sind die Möglichkeiten der Genossenschaften, die Erzeugung und Weiterverwendung von Wissensressourcen auf Grundlage der in den einfach-gesetzlichen Vorschriften angelegten Potentiale zu steuern, siehe dazu 1. Teil, B. III. 2. a).

231 Siehe allgemein zur mangelnden Steuerungsleistung von Gesetzen *Groß*, Das Kollegialprinzip in der Verwaltungsorganisation, S. 180 ff.; *Unger*, Das Verfassungsprinzip der Demokratie, S. 41 f.

232 Die Durchsetzung von Vorgaben aus Unfallverhütungsvorschriften mittels Anordnungen nach § 19 Abs. 1 SGB VII und mittels Bußgeldern beruht beispielsweise auf hinreichend konkreten gesetzlichen Regelungen und kann damit an der sachlich-inhaltlichen Legitimation des einfachen Rechts teilhaben. Das gilt gleichermaßen für konkrete Ermächtigungen der Genossenschaften, Wissensressourcen an Dritte zu übermitteln, wie etwa § 20 Abs. 1 S. 2 Nr. 3 SGB VII (Daten- und Informationsaustausch mit den staatlichen Arbeitsschutzbehörden über Betriebsbesichtigungen und deren wesentliche Ergebnisse) oder § 136 Abs. 1 S. 4, 5 SGB VII (Übermittlung im Rahmen von Betriebsüberweisungen), § 204 Abs. 5 SGB VII (Austausch im Zusammenhang mit Dateien), § 207 SGB VII (Datenverarbeitung zur Prävention) und § 199 Abs. 2 S. 1 SGB VII.

bb) Sanktionierte demokratische Verantwortlichkeit

Die grundsätzlich nur eingeschränkte Bindungswirkung der einfach-gesetzlichen Vorschriften führt für sich allein genommen noch nicht zu sachlich-inhaltlichen Legitimationslücken, sondern kann in Zusammenschau mit demokratischer Verantwortlichkeit noch zu einer hinreichenden sachlich-inhaltlichen Legitimation führen.[233]

Die demokratische Verantwortlichkeit zeigt sich im Verhältnis der Verwaltung zur Regierung vor allem in den Instrumenten der Aufsicht, Weisung und Kontrolle.[234] Dabei kann insbesondere über die Fachaufsicht und die damit einhergehenden Möglichkeiten fachlicher Weisungen bzw. über deren Absehen und der damit einhergehenden Billigung von Maßnahmen sachlich-inhaltliche Legitimation vermittelt werden.[235]

Anhand dieses Maßstabs ist die demokratische Verantwortlichkeit der Berufsgenossenschaften im Präventionsbereich insbesondere anhand des § 87 Abs. 2 SGB IV zu beurteilen. Demnach erstreckt sich die in § 87 Abs. 1 SGB IV angeordnete staatliche Rechtsaufsicht auf den Gebieten der Prävention in der gesetzlichen Unfallversicherung auch auf den Umfang und die Zweckmäßigkeit der Maßnahmen der Berufsgenossenschaften.[236] Durch diese ungewöhnliche und selten anzutreffende Durchbrechung der Selbstverwaltungskonzeption wird zwar nicht ausdrücklich die Fachaufsicht für den Präventionsbereich angeordnet. Gleichwohl ermöglicht § 87 Abs. 2 SGB IV der Aufsichtsbehörde zu überprüfen, ob die Maßnahmen auf den Gebieten der Prävention „nach Art, Inhalt und Umfang sowie nach Zeit und Ort angemessen und sachdienlich“[237] getroffen worden sind. Letzten Endes kann die Aufsichtsbehörde das Ermessen der Berufsgenossenschaften ersetzen und eigene

---

233 Zum korrelativen Zusammenhang zwischen demokratischer Verantwortlichkeit und Gesetzesbindung siehe *Böckenförde*, in: Isensee/Kirchhof, HStR, Band II, § 24, Rn. 22; *Unger*, Das Verfassungsprinzip der Demokratie, S. 41 f.; *Scherzberg*, Die Öffentlichkeit der Verwaltung, S. 67 f.; *Trute*, in: Voßkuhle/Eifert/Möllers, GVwR, Band I, § 9, Rn. 10.

234 *Trute*, in: Voßkuhle/Eifert/Möllers, GVwR, Band I, § 9, Rn. 10, 12 f., äußert sich kritisch zur demokratischen Verantwortlichkeit.

235 *Emde*, Die demokratische Legitimation der funktionalen Selbstverwaltung, S. 85; zur sachlich-inhaltlichen Legitimation durch Aufsicht und Weisung übergeordneter staatlicher Stellen siehe BVerfGE 93, 37 (67 f.); 107, 59 (88); 136, 194 (262), und *Böckenförde*, in: Isensee/Kirchhof, HStR, Band II, § 24, Rn. 34.

236 *Emde*, Die demokratische Legitimation der funktionalen Selbstverwaltung, S. 85.

237 *Schütte-Geffers*, in: Kreikebohm/Dünn, SGB IV, § 87, Rn. 18.

Ermessenserwägungen anstellen.[238] Diese Möglichkeiten verkörpern klassische Elemente der Fachaufsicht.[239]

Daher versteht der weit überwiegende Teil der Literatur § 87 Abs. 2 SGB IV als eine Ausprägung der Fachaufsicht.[240] Diese soll sich pauschal auf die in §§ 14 ff. SGB VII geregelten Präventionsmaßnahmen erstrecken und sogar für den Erlass von Unfallverhütungsvorschriften gelten.[241]

Diese pauschale Betrachtungsweise verkennt jedoch wesentliche Erwägungen, die es bei der Beurteilung des § 87 Abs. 2 SGB IV zu berücksichtigen gilt. Dazu zählen die historische Dimension dieses Aufsichtsrechts (dazu (1)), die tatsächlichen Begrenzungen der Aufsicht (dazu (2)) und schließlich auch der systematische Zusammenhang zwischen § 87 Abs. 2 SGB IV und den einzelnen Präventionsmaßnahmen[242]. Dabei wirft insbesondere das Verhältnis von § 87 Abs. 2 SGB IV und § 15 SGB VII Fragen auf (dazu (3)).[243]

---

238 *Seewald*, SGb 2006, S. 569 (573), spricht davon, dass die Selbstverwaltung im Rahmen der Prävention lediglich als eine „Kompetenz zum ‚ersten Versuch' oder im Sinne einer Anhörung verstanden werden kann, nicht jedoch im Sinne einer wirklichen Verantwortlichkeit".

239 *Wallerath*, Rechtsetzungsbefugnis der Berufsgenossenschaften und Fachaufsicht, S. 25, 35; *H. Marburger*, DÖD 2003, S. 232, spricht indessen von Zweckmäßigkeitsaufsicht.

240 Siehe nur *Schütte-Geffers*, in: Kreikebohm/Dünn, SGB IV, § 87, Rn. 18; *Gitter/Nuntius*, in: Schulin, HSozVR, Band 2, § 6, Rn. 104; *Bieback*, in: Schulin, HSozVR, Band 2, § 57, Rn. 8; *Emde*, Die demokratische Legitimation der funktionalen Selbstverwaltung, S. 85; *Seewald*, SGb 2017, S. 361 (364).

241 *Wallerath*, NZS 1997, S. 1; *P. Becker*, in: Krasney/ders./Heinz/Bieresborn, Gesetzliche Unfallversicherung, 35. EL, September 2019, § 15 SGB VII, Rn. 62.

242 Obwohl im Hinblick auf die Präventionsmaßnahmen nach §§ 14, 17 ff. SGB VII grundsätzlich keine Modifizierungen des Aufsichtsrechts aus § 87 Abs. 2 SGB IV nötig sind, gilt es in diesem Zusammenhang dennoch zu berücksichtigen, dass die Berufsgenossenschaften ihrer Präventionsaufgabe nach § 14 Abs. 1 S. 1 SGB VII „mit allen geeigneten Mitteln" nachzukommen haben, wodurch ihnen ein weiter Gestaltungsspielraum eingeräumt wird, der die Aufsicht mit *Rink*, der Präventionsauftrag der gesetzlichen Unfallversicherung, S. 131 f., an gewisse Grenzen führt. Darüber hinaus folgt bereits aus dem Verweis in § 87 Abs. 2 SGB IV auf die Gebiete der Prävention, dass die Maßnahmen der Berufsgenossenschaften außerhalb der Prävention nur der Rechtsaufsicht nach § 87 Abs. 1 SGB IV unterliegen. Ebenfalls nur der Rechtsaufsicht unterliegt die DGUV e. V. in denjenigen Fällen, in denen ihr hoheitliche Aufgaben im Wege der Beleihung übertragen worden sind.

243 Siehe insbesondere für die Frage des § 15 SGB VII *Kranig/Timm*, in: Hauck/Noftz, SGB VII, EL 4/2023, § 15, Rn. 53 f.

(1) Historische Dimension der Aufsichtsrechte

Die Bedeutung und Reichweite der Aufsichtsrechte in § 87 Abs. 2 SGB IV werden zunächst aus dem Vergleich mit der ursprünglichen Fassung der Vorschrift in § 722 Abs. 2 RVO deutlich. Der erste Entwurf dieser Vorschrift sah vor, das Aufsichtsrecht im Bereich der Unfallverhütung darauf zu erstrecken, dass die Genossenschaften wirksame Maßnahmen zur Unfallverhütung treffen, soweit es nach dem Stand der Technik und Heilkunde und nach der Leistungsfähigkeit der Wirtschaft möglich ist.[244]

Im Zuge der Beratungen des 9. Ausschusses (Soziale Angelegenheiten) wurde dieser erste Entwurf verworfen und die in ihrem Kern bis heute fortbestehende Formulierung gewählt,[245] dass sich das „Aufsichtsrecht […], soweit es die Unfallverhütung […] betrifft, auch auf Umfang und Zweckmäßigkeit der Maßnahmen der Genossenschaft"[246] erstreckt. Diese Formulierung fand letztlich Eingang in § 722 Abs. 2 RVO und erweiterte die seit Einführung der gesetzlichen Unfallversicherung bestehende Rechtsaufsicht.

Diese Erweiterung der Rechtsaufsicht beruhte auf dem Grundgedanken, die Aufsicht im Bereich der Unfallverhütung auch auf Zweckmäßigkeitsfragen zu erstrecken.[247] Das war laut der Gesetzesbegründung notwendig, da in diesem Bereich vor allem Zweckmäßigkeitsfragen eine Rolle spielen, die bis dato allein der Beurteilung der Genossenschaften überlassen worden waren.[248] Daneben sollte durch die Novellierung sichergestellt werden, dass die Genossenschaften die Unfallverhütung nicht vernachlässigen.[249] Obwohl entsprechende Probleme seit der Einführung des gesetzlichen Unfallversicherungs-

---

[244] Verhandlungen des Reichstags, III. Wahlperiode 1924, Band 399, Anlagen zu den Stenographischen Berichten, Anlage zu Nr. 691, S. 14.

[245] § 87 Abs. 2 SGB IV spricht heute von den Gebieten der Prävention, enthält aber immer noch die Formulierung „auch auf den Umfang und die Zweckmäßigkeit der Maßnahmen".

[246] Siehe Antrag Nr. 188 XVII im 9. Ausschuss des Reichstags (Soziale Angelegenheiten), Verhandlungen des Reichstags, III. Wahlperiode 1924, Band 402, Anlagen zu den Stenographischen Berichten, Nr. 1060, Anlage 2, S. 212. Ausweislich des Berichts des 9. Ausschusses (Soziale Angelegenheiten) über den Entwurf eines Zweiten Gesetzes über Änderungen in der Unfallversicherung, Verhandlungen des Reichstags, III. Wahlperiode 1924, Band 402, Anlagen zu den Stenographischen Berichten, Nr. 1060, S. 26, wurde der genannte Antrag angenommen, sodass dessen Fassung schließlich Eingang in das Gesetz fand.

[247] Verhandlungen des Reichstags, III. Wahlperiode 1924, Band 399, Anlagen zu den Stenographischen Berichten, Nr. 691, S. 18.

[248] Verhandlungen des Reichstags, III. Wahlperiode 1924, Band 399, Anlagen zu den Stenographischen Berichten, Nr. 691, S. 18.

[249] Verhandlungen des Reichstags, III. Wahlperiode 1924, Band 399, Anlagen zu den Stenographischen Berichten, Nr. 691, S. 18.

systems nicht aufgetreten waren, sollten die Unfallverhütung und die damit in Zusammenhang stehenden Belange der Versicherten (Leben, Gesundheit und Erwerbsfähigkeit) dennoch nicht allein den Genossenschaften überlassen bleiben.[250] Schließlich sollte sichergestellt werden, dass die Aufsichtsbehörden den jeweils neuesten technischen, ärztlichen und wirtschaftlichen Erkenntnissen im Bereich der Unfallverhütung zum Durchbruch verhelfen konnten.[251]

Diese Erwägungen der Gesetzesbegründung zu der ursprünglichen Fassung des § 87 Abs. 2 SGB IV sind aufgrund tatsächlicher und rechtlicher Entwicklungen weitgehend obsolet geworden: Einerseits können die staatlichen Arbeitsschutzbehörden über das staatliche Arbeitsschutzrecht den Schutz des Lebens, der Gesundheit und der Erwerbsfähigkeit der Beschäftigten bei der Arbeit ebenfalls umfassend überwachen und verwirklichen. Andererseits sind die Berufsgenossenschaften als Teil der funktionalen Selbstverwaltung im Staat des Grundgesetzes an die Grundrechte gebunden und den aus ihnen folgenden Schutzpflichten verpflichtet. Der Aspekt, neue Erkenntnisse im Rahmen der staatlichen Aufsicht in den Präventionsbereich einzubringen, mag erwägenswert gewesen sein, als noch eine Vielzahl unterschiedlicher Genossenschaften für die Prävention zuständig war. Durch die Bündelung der Präventionsaufgaben bei gegenwärtig neun gewerblichen Berufsgenossenschaften[252], die zudem über ihren Spitzenverband mit verschiedensten Arbeitsschutzinstitutionen in einem teilweise institutionalisierten Austausch stehen, finden neueste Erkenntnisse im Präventionsbereich vorrangig darüber und nicht im Rahmen der Aufsicht Eingang in die Präventionsarbeit der Genossenschaften. Allein die Erwägung, dass die im Präventionsbereich zu Tage tretenden Zweckmäßigkeitsfragen der staatlichen Aufsicht nicht entzogen sein sollten, trifft auch heute noch zu.

(2) Tatsächliche Grenzen der Aufsicht

Neben diesen Entwicklungen seit der Verabschiedung der ursprünglichen Fassung des § 87 Abs. 2 SGB IV deutet ein Vergleich zwischen dem gesetzlichen Unfallversicherungs- und dem staatlichen Arbeitsschutzsystem auf einen Wissensvorsprung der Berufsgenossenschaften gegenüber der staatlichen Arbeitsschutzverwaltung im Präventionsbereich hin. Dieser vermag die staatliche Zweckmäßigkeitsaufsicht auf den Gebieten der Prävention an tatsächliche Grenzen zu führen.

---

[250] Verhandlungen des Reichstags, III. Wahlperiode 1924, Band 399, Anlagen zu den Stenographischen Berichten, Nr. 691, S. 18.

[251] Verhandlungen des Reichstags, III. Wahlperiode 1924, Band 399, Anlagen zu den Stenographischen Berichten, Nr. 691, S. 18.

[252] § 114 Abs. 1 Nr. 1 i. V. m. Anlage 1 SGB VII.

Obwohl auch den staatlichen Arbeitsschutzbehörden kognitive Potentiale zur Verfügung stehen,[253] vermögen diese keine den genossenschaftlichen Potentialen vergleichbare Wirkung zu entfalten. Das folgt einerseits aus der Tatsache, dass das staatliche Arbeitsschutzrecht durch die Bundesländer als eigene Angelegenheit vollzogen wird. Diese regeln demnach den Behördenaufbau und das Verwaltungsverfahren (Art. 83 f. GG). Das hat zur Folge, dass der Arbeitsschutz von Land zu Land unterschiedlichen Behörden zugeordnet ist.[254] Diese vielen unterschiedlichen staatlichen Arbeitsschutzbehörden, die für sämtliche Unternehmen in einem räumlich begrenzten Bereich zuständig sind, vermögen keine den Berufsgenossenschaften vergleichbare Spezialisierung und Fachkompetenz[255] zu erreichen.[256] Neben diesen grundsätzlichen und strukturellen Bedenken haben andererseits die Verwaltungsreformen der jüngeren Vergangenheit dazu geführt, dass die früher größtenteils als eigenständige Fachbehörden für das staatliche Arbeitsschutzrecht zuständigen staatlichen Gewerbeaufsichtsämter in die allgemeine Verwaltung eingegliedert wurden (sog. Kommunalisierung).[257] Dadurch wurden Kapazitäten abgebaut und die staatliche Arbeitsschutzverwaltung geschwächt. Schließlich stehen den Ländern keine Recht- und Regelsetzungskompetenzen zu, sodass die

[253] Die kognitiven Potentiale der staatlichen Arbeitsschutzbehörden sind insbesondere in Überwachungs- und Beratungsbefugnissen (§ 21 Abs. 1 S. 2 ArbSchG) angelegt. Zur Durchführung der Überwachungsaufgabe können die staatlichen Arbeitsschutzbehörden von den Betrieben die erforderlichen Auskünfte und die Überlassung von entsprechenden Unterlagen verlangen (§ 22 Abs. 1 S. 1 ArbSchG). Daneben können die mit der Überwachung beauftragten Personen Betriebsstätten, Geschäfts- und Betriebsräume betreten, besichtigen und prüfen sowie in die geschäftlichen Unterlagen der auskunftspflichtigen Person Einsicht nehmen (§ 22 Abs. 2 S. 1 ArbSchG). Außerdem sind sie befugt, Betriebsanlagen, Arbeitsmittel und persönliche Schutzausrüstungen zu prüfen, Arbeitsverfahren und Arbeitsabläufe zu untersuchen, Messungen vorzunehmen und insbesondere arbeitsbedingte Gesundheitsgefahren festzustellen und zu untersuchen, auf welche Ursachen ein Arbeitsunfall, eine arbeitsbedingte Erkrankung oder ein Schadensfall zurückzuführen ist (§ 22 Abs. 2 S. 2 ArbSchG). Schließlich können sie auch eine Begleitung durch den Arbeitgeber oder eine von ihm beauftragte Person verlangen (§ 22 Abs. 2 S. 3 ArbSchG). Daneben steht die staatliche Arbeitsschutzverwaltung auch in einem informationellen Austausch mit verschiedenen Arbeitsschutzakteuren über Fragen der Sicherheit und des Gesundheitsschutzes bei der Arbeit.

[254] Eine aktuelle Auflistung der verschiedenen Arbeitsschutzbehörden, nach Ländern geordnet, findet sich bei *Schucht*, in: Kollmer/Klindt/ders., ArbSchG, § 21, Rn. 65 ff.

[255] *Schnapp*, Die BG 1978, S. 525.

[256] Das vermag auch nicht durch die Abstimmung der Länder im Länderausschuss für Arbeitsschutz und Sicherheitstechnik (LASI) erreicht zu werden.

[257] BT-Drs. 17/10229, insbesondere S. 2; siehe dazu auch *Wiebauer*, in: Landmann/Rohmer, GewO, 87. EL, September 2021, § 21 ArbSchG, Rn. 8 ff.; zu den Problemen der Länder, genügend Personal für die Arbeitsschutzaufsicht bereitzustellen, siehe BT-Drs. 16/9154, S. 44.

Wechselwirkungen zwischen erzeugenden und verwertenden Potentialen im staatlichen Arbeitsschutzsystem beschränkt sind. Dort kann sich also wegen der mangelnden Spezialisierung der Arbeitsschutzbehörden, ihrer heterogenen Verwaltungsstruktur und der Trennung der Kompetenzen für die Inanspruchnahme der erzeugenden (Länderbehörden) und der verwertenden Potentiale im Rahmen der Recht-[258] und Regelsetzung[259] (Bund) grundsätzlich kein vergleichbares Beziehungsgefüge kognitiver Potentiale wie im gesetzlichen Unfallversicherungsrecht herausbilden.[260]

Diese Beobachtung lässt sich anhand der Regelsetzung exemplarisch verdeutlichen. In die staatlichen Ausschüsse i. S. d. § 18 Abs. 2 Nr. 5 ArbSchG, die unter anderem staatliche Regeln ermitteln, werden in umfassender Weise Vertreter der Unfallversicherungsträger einbezogen.[261] Demgegenüber nehmen Vertreter der staatlichen Arbeitsschutzverwaltung im Rahmen der unfallversicherungsrechtlichen Regelsetzung keine ansatzweise vergleichbare Stellung ein.[262] Dadurch wird offensichtlich, dass die staatlichen Ausschüsse auf Wissen der Genossenschaften, diese aber nicht auf Wissen der staatlichen Arbeitsschutzverwaltung angewiesen sind, weil dort eben keine der gesetzlichen Unfallversicherung vergleichbaren Möglichkeiten zur Wissenserzeugung bestehen.

Dieser Vorsprung der Genossenschaften gegenüber der staatlichen Arbeitsschutzverwaltung bei der Wissenserzeugung im Präventionsbereich führt letztlich dazu, dass die staatliche Aufsicht ihre auf den Gebieten der Prävention zwar nominell bestehenden Fachaufsichtsrechte aufgrund des kognitiven Ungleichgewichts gegenüber den Berufsgenossenschaften aus tatsächlichen

258 ArbSchG und darauf gestützte Arbeitsschutzverordnungen.

259 Die staatlichen Ausschüsse i. S. d. § 18 Abs. 2 Nr. 5 ArbSchG haben u. a. Regeln zu ermitteln.

260 Umfassende Systeme kognitiver Potentiale können sich im Rahmen der Regelungsmaterien, die der Gesetzgebung des Bundes (Art. 73 f. GG) unterliegen, im Grunde nur in begrenzter Weise ausbilden, denn dort sind parlamentarische Gesetzgebung (Bund) und Gesetzesvollzug (Art. 83 ff. GG) grundsätzlich zwischen unterschiedlichen Hoheitsträgern aufgeteilt. Das steht der Ausbildung entsprechender Systeme kognitiver Potentiale grundsätzlich entgegen. Gleichwohl sind auch im Rahmen der unmittelbaren Staatsverwaltung kognitive Potentiale in erheblichem Umfang vorhanden, denen insbesondere in den Bereichen der bundeseigenen Verwaltung (Art. 86 ff. GG) und der Verordnungsgebung der Exekutive nach Art. 80 GG eine gesteigerte Bedeutung zukommen kann.

261 BT-Drs. 14/3798, S. 24, spricht davon, dass die Ausschüsse „pluralistisch […] zu besetzen sind"; *Wiebauer*, in: Landmann/Rohmer, GewO, 87. EL, September 2021, § 18 ArbSchG, Rn. 39.

262 Auf der Ebene der Selbstverwaltung sind gem. Kapitel I Nr. 2.3.1 lit. g) DGUV Grundsatz 300-001 lediglich bzw. immerhin Vertreter des BMAS sowie der Länder, ggf. der KMK, Mitglieder der Fachbereiche.

Gründen nicht in einem Maße auszuüben vermag, wie es für die Fachaufsicht eigentlich erforderlich wäre.[263]

(3) Modifizierte Rechtsaufsicht beim Erlass von Unfallverhütungsvorschriften

Neben den tatsächlichen Grenzen der Aufsicht stellt sich abschließend die Frage nach der Reichweite der Aufsichtsrechte beim Erlass von Unfallverhütungsvorschriften. Vor Inkrafttreten des Gesetzes zur Modernisierung der gesetzlichen Unfallversicherung (UVMG) wurden zur Reichweite der Befugnisse der Genehmigungsbehörde bei der Beurteilung der beschlussreifen Entwürfe von Unfallverhütungsvorschriften verschiedene Ansichten vertreten. Diese reichten von einer bloßen Rechtskontrolle bis hin zu einer vollständigen Recht- und Zweckmäßigkeitskontrolle der Entwürfe.[264]

Durch das UVMG hat der Gesetzgeber der Genehmigungsbehörde in § 15 Abs. 4 SGB VII schließlich in einem gewissen Umfang ausdrücklich Zweckmäßigkeitserwägungen bei der Genehmigung der Entwürfe zugestanden.[265] Dadurch hat er sich der differenzierenden Auffassung angeschlossen, wonach die Genehmigungsbehörde zu Zweckmäßigkeitserwägungen ermächtigt ist, die sich auf den Sinn und Zweck des § 15 SGB VII beschränken müssen.[266] Diese Zweckmäßigkeitserwägungen dürfen insbesondere die Frage der Abstimmung der Unfallverhütungsvorschriften mit dem staatlichen Arbeitsschutzrecht und dadurch letztlich auch die Effektivität der Prävention betreffen.[267] Aus der ausdrücklichen Ermächtigung zu Zweckmäßigkeitserwägun-

---

[263] *Buss*, Die BG 1996, S. 88 (94), stellt zusätzlich heraus, dass die staatliche Arbeitsschutzverwaltung oftmals keine den Berufsgenossenschaften vergleichbaren personellen Ressourcen aufzubieten vermag.

[264] Siehe hierzu *Kranig/Timm*, in: Hauck/Noftz, SGB VII, EL 4/2023, § 15, Rn. 53: Während vereinzelt, wie von *Leube*, in: Kater/ders., Gesetzliche Unfallversicherung, § 15, Rn. 35, § 114, Rn. 18, dafür plädiert wurde, die Genehmigungsbehörde sei nur zu einer Rechtskontrolle befugt, forderten andere Autoren, wie *Hänlein*, Rechtsquellen im Sozialversicherungsrecht, S. 163, unter Bezugnahme auf § 87 Abs. 2 SGB IV eine vollständige Recht- und Zweckmäßigkeitskontrolle der Genehmigungsbehörde. Die differenzierende Auffassung von *Gitter/Nuntius*, in: Schulin, HSozVR, Band 2, § 6, Rn. 105 f., geht vom Grundsatz der Rechtskontrolle aus und gesteht den Genehmigungsbehörden darüber hinaus zu, in eingeschränkter Art und Weise Zweckmäßigkeitserwägungen anzustellen, sofern sie den Vorrang des Selbstverwaltungsrechts hinreichend berücksichtigen.

[265] § 15 Abs. 4 S. 6 Nr. 1 SGB VII.

[266] *Kranig/Timm*, in: Hauck/Noftz, SGB VII, EL 4/2023, § 15, Rn. 53; *Lilienfeld*, in: Beck'scher Online-Grosskommentar (Kasseler Kommentar), SGB VII, Stand: 01.09.2017, § 114, Rn. 16, spricht von einer Beschränkung der Zweckmäßigkeitserwägungen auf „*Grundsatzaspekte*".

[267] *Kranig/Timm*, in: Hauck/Noftz, SGB VII, EL 4/2023, § 15, Rn. 53.

gen in § 15 Abs. 4 SGB VII folgt zudem, dass der Genehmigungsbehörde keine darüber hinausgehenden Befugnisse aus § 87 Abs. 2 SGB IV zugesprochen werden können. Insofern besteht beim Erlass von Unfallverhütungsvorschriften eine auf Grundsatzaspekte bezogene beschränkte Zweckmäßigkeitskontrolle durch die Genehmigungsbehörde,[268] die auch als modifizierte Rechtsaufsicht umschrieben werden kann.

Daneben darf bei der Beurteilung der Aufsichtsrechte das Stadium der Erarbeitung der Unfallverhütungsvorschriften nicht unberücksichtigt bleiben. Dabei wirkt die DGUV e. V. nach § 15 Abs. 1 S. 1 und S. 3 SGB VII maßgeblich mit. Diese Mitwirkung wird im DGUV Grundsatz 300-001 umfassend ausgestaltet.[269] Da die DGUV e. V. nach § 87 Abs. 3 SGB IV nur der Rechtsaufsicht unterliegt, ist die Aufsicht im Stadium der Erarbeitung der Unfallverhütungsvorschriften auf Rechtmäßigkeitserwägungen beschränkt.[270]

Im Ergebnis können die Genossenschaften bei der Erarbeitung der Unfallverhütungsvorschriften auf der Ebene des Spitzenverbandes weiterhin unabhängig von staatlichen Zweckmäßigkeitserwägungen tätig werden und ihre Wissensressourcen selbstverantwortlich in die Vorschriftenentwürfe einbringen. Die auf diese Weise erarbeiteten Entwürfe der Unfallverhütungsvorschriften unterliegen abschließend einer beschränkten Recht- und Zweckmäßigkeitskontrolle durch die Genehmigungsbehörde.

cc) Zwischenfazit

Die Präventionsmaßnahmen der Berufsgenossenschaften und insbesondere die damit einhergehende Inanspruchnahme kognitiver Potentiale können grundsätzlich nur eingeschränkt durch die einfach-gesetzlichen Regelungen in §§ 14 ff. SGB VII determiniert werden. Darüber hinaus sieht sich die auf Zweckmäßigkeitserwägungen erweiterte Aufsicht auf den Gebieten der Prävention tatsächlichen Grenzen ausgesetzt. Diese stehen einer hinreichenden demokratischen Verantwortlichkeit der Berufsgenossenschaften im Präventionsbereich entgegen.

---

268 *Lilienfeld*, in: Beck'scher Online-Grosskommentar (Kasseler Kommentar), SGB VII, Stand: 01.09.2017, § 114, Rn. 16.

269 Zum Verfahren siehe 2. Teil, B. I. 1. b).

270 *Hussing*, in: Lauterbach, Unfallversicherung, 4. Aufl., 73. EL, September 2022, § 14, Rn. 60. Obwohl das BSG heute davon ausgeht, dass Private mit Rechtsetzungsaufgaben beliehen werden können, BSGE 94, 50 (79); 97, 47 (52), kann für die DGUV e. V. eine entsprechende Übertragung im SGB VII allerdings nicht festgestellt werden.

Aus diesen Gründen trägt die allgemein anerkannte Konstruktion, sachlich-inhaltliche Legitimation über die Bindung an das Gesetz und die Aufsicht zu vermitteln, für die genossenschaftlichen Präventionsmaßnahmen grundsätzlich nicht.[271] Insofern kann dem Grunde nach eine sachlich-inhaltliche Legitimationslücke auf den Gebieten der Prävention ausgemacht werden.[272] Daran vermag auch die in § 87 Abs. 1 SGB IV angeordnete und subsidiär anwendbare Rechtsaufsicht nichts zu ändern,[273] weil darüber die nur eingeschränkte Bindungswirkung der einfach-gesetzlichen Vorschriften nicht vollständig kompensiert werden kann.

Diese Einschätzung gilt auch für die Recht- und Regelsetzung der Genossenschaften im Präventionsbereich. Diese ist nur in einem beschränkten Maße durch das einfache Recht vorprogrammiert und sieht sich lediglich einer sowohl in tatsächlicher als auch in rechtlicher Hinsicht beschränkten sog. modifizierten Rechtsaufsicht gegenüber. Diese Beurteilung muss grundsätzlich[274] auch für die weiteren im 2. Teil untersuchten Maßnahmen außerhalb des Präventionsbereichs gelten. Dafür ordnet § 87 Abs. 1 SGB IV nur eine Rechtsaufsicht an. Diese vermag in Zusammenschau mit der grundsätzlich nur eingeschränkten Bindungswirkung der betroffenen einfach-gesetzlichen Vorschriften[275] wiederum nicht zu einer hinreichenden sachlich-inhaltlichen Legitimation zu führen.

c) *Fazit*

Die Berufsgenossenschaften sehen sich einerseits mit Herausforderungen im Hinblick auf die personelle Legitimation konfrontiert, die charakteristisch für die funktionale Selbstverwaltung sind. Diese werden jedoch durch die

271 Zu den Ausnahmen siehe die Beispiele im 3. Teil, C. II. 3. b) aa).

272 Im Anschluss an die im 3. Teil, C. II. 3. b) aa) identifizierte eingeschränkte Bindungswirkung.

273 Obwohl die Anordnung von Rechtsaufsicht im Bereich der Selbstverwaltung grundsätzlich als ausreichend für die demokratische Verantwortlichkeit von Selbstverwaltungsträgern angesehen wird, können dadurch weder die Herausforderungen im Hinblick auf die personelle Legitimation entschärft noch die sachlich-inhaltliche Legitimationslücke durch die nur eingeschränkte Bindungswirkung der einfach-gesetzlichen Regelungen in §§ 14 ff. SGB VII und der Vorschriften außerhalb des Präventionsbereichs, in denen kognitive Potentiale angelegt sind, hinreichend ausgeglichen werden. Unter Rückgriff auf die Rechtsaufsicht wird man aber immerhin die hinreichend vorprogrammierten Maßnahmen als hinreichend sachlich-inhaltlich legitimiert qualifizieren können.

274 Für die hinreichend vorprogrammierten Maßnahmen kann die sachlich-inhaltliche Legitimation bejaht werden, siehe dazu die Beispiele im 3. Teil, C. II. 3. b) aa).

275 Siehe 3. Teil, C. II. 3. b) aa).

zum 1. Januar 2023 geschaffene Möglichkeit, Beamtenverhältnisse zu begründen, entschärft.

Andererseits zeigen sich auch sachlich-inhaltliche Legitimationslücken auf den Gebieten der Prävention und den weiteren im 2. Teil untersuchten Maßnahmen außerhalb des Präventionsbereichs. Diese Lücken in der sachlich-inhaltlichen Legitimation verkörpern kein Charakteristikum funktionaler Selbstverwaltung. Dafür liefern weder die Literatur noch die Rechtsprechung hinreichende Erklärungsansätze. Daher besteht trotz der vielschichtigen Überlegungen in Rechtsprechung und Literatur zur demokratischen Legitimation funktionaler Selbstverwaltung ein Bedürfnis nach einer mit dem Demokratieprinzip konformen Beschreibung der demokratischen Legitimation der Berufsgenossenschaften. Bevor diese Beschreibung auf Grundlage eines Perspektivenwechsels (dazu III.) angegangen werden kann, gilt es sich zunächst noch der demokratischen Legitimation der DGUV e. V. zuzuwenden (dazu 4.).

4. Spitzenverband DGUV e.V.

Bei der Beurteilung der demokratischen Legitimation der DGUV e. V. gilt es zu berücksichtigen, dass sie sowohl ein Spitzenverband von Selbstverwaltungsträgern als auch eine Beliehene[276] ist. Aus diesem Zusammenspiel zwischen Selbstverwaltung und Beleihung kommt eine Modifizierung des hinreichenden Legitimationsniveaus in Betracht.

Im Rahmen der Beleihung verlangt das BVerfG im Wesentlichen die gleichen Anforderungen für die demokratische Legitimation wie im Rahmen der unmittelbaren Staatsverwaltung.[277] Dabei lässt das Gericht aber „Abweichungen von der Regelanforderung uneingeschränkter personeller Legitimation“[278] zu und fordert, dass „die Möglichkeiten parlamentarischer Kontrolle der Aufgabenwahrnehmung unbeeinträchtigt bleiben“[279]. Das soll im Hinblick auf die sachlich-inhaltliche Legitimation durch die Bindung an das Gesetz in Verbindung mit umfassenden Weisungsbefugnissen sichergestellt werden.[280] Obwohl im Rahmen der Beleihung die sachlich-inhaltliche Legitimation die zentrale Rolle einnimmt, wird zudem ein notwendiges Minimum an personeller Legitimation gefordert.[281] Demnach werden die Anforderungen an die demokrati-

[276] Z.B. §§ 14 Abs. 4, 15 Abs. 1 S. 1 und 3, 20 Abs. 2 S. 2 SGB VII.

[277] BVerfGE 130, 76 (123 ff.); 136, 194 (263); 141, 143 (175).

[278] BVerfGE 136, 194 (263).

[279] BVerfGE 130, 76 (123).

[280] BVerfGE 130, 76 (125 f.); siehe dazu auch *Sachs*, in: ders., GG, Art. 20, Rn. 41; *Klement*, VerwArch 101 (2010), S. 112 ff.

[281] *Sommermann*, in: Huber/Voßkuhle, GG, Band 2, Art. 20, Rn. 176; BVerfGE 130, 76 (123 ff.); 136, 194 (263).

sche Legitimation Beliehener im Ergebnis also weder in entscheidender Weise abgesenkt noch modifiziert.[282]

Unabhängig davon wird die DGUV e. V. mit Aufgaben beliehen, die dem Bereich der funktionalen Selbstverwaltung zuzurechnen sind. Aufgrund des Zusammenspiels von Selbstverwaltung und Beleihung kann im Ergebnis für die DGUV e. V. nur ein Legitimationsniveau verlangt werden, das im Wesentlichen demjenigen Niveau entspricht, welches im Rahmen funktionaler Selbstverwaltung gefordert wird.[283] Sofern man wegen des Aspekts der Beleihung gleichwohl strengere Anforderungen an die sachlich-inhaltliche Komponente stellen möchte, gilt es im Rahmen der gesetzlichen Unfallversicherung die tatsächlichen Grenzen der Fachaufsicht und die damit einhergehenden verminderten Möglichkeiten der Legitimationsvermittlung zu berücksichtigen.[284]

a) Personelle Legitimation

Die DGUV e. V. vermochte als Spitzenverband verschiedener Selbstverwaltungsträger ebenso wie die Berufsgenossenschaften jedenfalls bis zum 1. Januar 2023 die von Rechtsprechung und Literatur anhand der unmittelbaren Staatsverwaltung entwickelten grundsätzlichen Anforderungen an die personelle Legitimationskomponente nicht zu erfüllen.

Die Organe der DGUV e. V. sind ihre Mitgliederversammlung und ihr Vorstand.[285] In der Mitgliederversammlung der DGUV e. V. wird jeder Unfallversicherungsträger durch je einen Arbeitgebervertreter und je einen Versichertenvertreter seines Vorstands vertreten.[286] Das sind in der Regel der Vorsitzende und der stellvertretende Vorsitzende des Vorstands des jeweiligen Unfallversicherungsträgers.[287] Die Mitgliederversammlung der DGUV e. V. wählt schließlich den Vorstand.[288] Dieser besteht aus je vierzehn Vertretern der Arbeitgeber und der Versicherten.[289] Dabei können nur Personen zu Vorstandsmitgliedern und deren Stellvertretern gewählt werden, die auch den Vorständen der Unfallversicherungsträger angehören.[290] Der Vorstand der

282 Zu diesem Verständnis siehe *Sommermann*, in: Huber/Voßkuhle, GG, Band 2, Art. 20, Rn. 176.

283 So offensichtlich der Gesetzgeber mit der Schaffung des § 87 Abs. 3 SGB IV.

284 Siehe dazu 3. Teil, C. II. 3. b) bb) (2).

285 § 5 Abs. 1 DGUV Satzung i. d. F. vom 23.08.2021.

286 § 7 Abs. 1 DGUV Satzung i. d. F. vom 23.08.2021.

287 § 7 Abs. 1 S. 1 DGUV Satzung i. d. F. vom 23.08.2021.

288 § 8 lit. a) DGUV Satzung i. d. F. vom 23.08.2021.

289 § 9 Abs. 1 S. 1 DGUV Satzung i. d. F. vom 23.08.2021.

290 § 9 Abs. 3 S. 1 DGUV Satzung i. d. F. vom 23.08.2021.

DGUV e. V. wählt schließlich den Hauptgeschäftsführer und seinen Stellvertreter.[291]

Demnach lassen sich die Organe und die Geschäftsführung der DGUV e. V. auf die Vorstände der Unfallversicherungsträger zurückführen. Sofern diese keine Beamte sind, wirkt die personelle Legitimationslücke im Bereich der DGUV e. V. fort. Das betrifft schließlich auch die sonstigen für die DGUV e. V. tätigen Personen sowie die regionalen Gliederungen der DGUV e. V.[292] und die für diese tätigen Personen. Daran ändert auch die Tatsache nichts, dass die DGUV e. V. mit verschiedenen Aufgaben beliehen[293] ist.[294] Diese Beleihung bezieht sich auf die DGUV e. V. als Spitzenverband und nicht auf die konkreten Mitglieder ihrer Mitgliederversammlung, ihres Vorstands, ihrer Geschäftsführung oder sonstige im Rahmen der DGUV e. V. tätige Personen.

b) Sachlich-inhaltliche Legitimation

Die Frage nach der sachlich-inhaltlichen Legitimation der DGUV e. V. beurteilt sich ebenfalls vergleichbar zu derjenigen der Berufsgenossenschaften. Das folgt insbesondere aus der Erwägung, dass die Tatbestände der Vorschriften, die die hoheitlichen Aufgaben der DGUV e. V. im Präventionsbereich regeln, recht weit gefasst sind.[295] Nach § 14 Abs. 4 S. 1 SGB VII unterstützt die DGUV e. V. unter anderem die Berufsgenossenschaften bei der Erfüllung ihrer Präventionsaufgaben nach § 14 Abs. 1 SGB VII und nimmt insbesondere die in § 14 Abs. 4 S. 2 SGB VII genannten Aufgaben wahr. Aufgrund dieser weiten und offenen Formulierungen vermögen auch diese einfach-gesetzlichen Vorschriften nur eine beschränkte Bestimmungskraft zu entfalten und die in ihnen geregelten Aufgaben nicht umfassend zu determinieren. Das zeigt sich instruktiv an den vielfältigen Tätigkeiten des Spitzenverbandes im Präventionsbereich. Diese werden zwar auf Grundlage der §§ 14 Abs. 4, 15 Abs. 1 S. 1 und 3, 20 Abs. 2 S. 2 SGB VII ausgeübt,[296] sind aber durch diese Normen nicht umfassend vorherbestimmt. Daher ist auch die Bindungswirkung dieser Vorschriften zu schwach, um eine hinreichende sachlich-inhaltliche Legitimation vermitteln zu können.

Da die DGUV e. V. nach § 87 Abs. 3 SGB IV nur der Rechtsaufsicht untersteht, soweit sie Aufgaben nach §§ 14 Abs. 4, 15 Abs. 1 S. 1 und 3, 20 Abs. 2

291 §§ 10 Abs. 4 lit. d), 11 Abs. 1 S. 1 DGUV Satzung i. d. F. vom 23.08.2021.

292 Siehe dazu *Eichendorf*, in: jurisPK-SGB VII, Stand: 15.01.2022, § 14, Rn. 178.

293 Z. B. § 14 Abs. 4 SGB VII; BT-Drs. 16/9154, S. 26.

294 Vgl. dazu BVerfGE 130, 76 (125).

295 §§ 14 Abs. 4, 15 Abs. 1 S. 1 und 3, 20 Abs. 2 S. 2 SGB VII.

296 Siehe etwa die Aufgaben der Sachgebiete in Kapitel I Nr. 3.1.2 DGUV Grundsatz 300-001.

S. 2 SGB VII wahrnimmt, kann die nur eingeschränkte Bindungswirkung der einfach-gesetzlichen Regelungen auch nicht durch eine hinreichende demokratische Verantwortlichkeit kompensiert werden. Obwohl in dem ursprünglichen Gesetzentwurf der Bundesregierung zu § 87 Abs. 3 SGB IV noch eine Rechts- und Fachaufsicht über die DGUV e. V. vorgesehen war,[297] wurde die Aufsicht über die DGUV e. V. im Laufe des Gesetzgebungsverfahrens auf eine bloße Rechtsaufsicht reduziert.[298] Dadurch sollte „der Selbstverwaltung auch im Bereich der hoheitlichen Aufgaben des privatrechtlich organisierten Spitzenverbandes ein Höchstmaß an Eigenverantwortung übertragen"[299] werden. Durch die auf Rechtmäßigkeitserwägungen beschränkte Rechtsaufsicht kann die demokratische Verantwortlichkeit der DGUV e. V. letztlich nicht sichergestellt werden.[300]

c) Fazit

Die DGUV e. V. sieht sich ebenso wie die Berufsgenossenschaften Herausforderungen im Hinblick auf die personelle Legitimation ausgesetzt. Daneben wird sie im Hinblick auf §§ 14 Abs. 4, 15 Abs. 1 S. 1 und 3, 20 Abs. 2 S. 2 SGB VII mit sachlich-inhaltlichen Legitimationslücken konfrontiert.[301] Auch für diese Lücken können anhand der bisherigen Erklärungsansätze in Literatur und Rechtsprechung zur demokratischen Legitimation funktionaler Selbstverwaltung noch keine abschließenden Antworten formuliert werden.[302] Daher besteht im Ergebnis ebenfalls ein Bedürfnis nach einer mit dem Demokratieprinzip konformen Beschreibung der demokratischen Legitimation der DGUV e. V. Auch dafür gilt es nun im Folgenden einen Perspektivenwechsel einzunehmen (dazu III.).

III. Perspektivenwechsel für die demokratische Legitimation

Bei den im 2. Teil untersuchten Verwaltungsmaßnahmen des genossenschaftlichen Wissensmanagements und der damit einhergehenden Inanspruch-

---

[297] BR-Drs. 113/08, S.104.

[298] BR-Drs. 607/08, S. 7.

[299] BT-Drs. 16/9788, S. 22; *Schütte-Geffers*, in: Kreikebohm/Dünn, SGB IV, § 87, Rn. 32, spricht von einem ansonsten „unverhältnismäßigen Eingriff […] in das Selbstverwaltungsrecht der den Verein tragenden Körperschaften".

[300] *Fattler*, in: Hauck/Noftz, SGB IV, EL 2/2021, § 87, Rn. 3d; a. A. *Britz*, VerwArch 91 (2000), S. 418 (433 f.).

[301] Eine Ausnahme besteht lediglich in denjenigen Konstellationen, in denen die DGUV e. V. im Zusammenhang mit konkreten Übermittlungsermächtigungen tätig wird.

[302] Vgl. 3. Teil, C. II. 3. c).

nahme kognitiver Potentiale tritt neben die Herausforderungen an die personelle Legitimation zusätzlich ein sachlich-inhaltliches Legitimationsdefizit.[303] Dieses kann anhand der bisherigen Erklärungsansätze in Rechtsprechung und Literatur nicht in Einklang mit dem Demokratieprinzip gebracht werden und hält das Bedürfnis nach einer mit dem Demokratieprinzip konformen Beschreibung der demokratischen Legitimation der Berufsgenossenschaften und der DGUV e. V. aufrecht.

Eine vergleichbare Ausgangslage zeigt sich bei der demokratischen Legitimation der Judikative. Diese ist auf Grundlage des monistischen Demokratieverständnisses durch Lücken in der personellen und sachlich-inhaltlichen Legitimation gekennzeichnet.[304] Diese versucht Tschentscher zu schließen, indem er einen „Blickwechsel von der personellen zur inhaltlichen demokratischen Legitimation“[305] vorschlägt. Dabei soll nicht personenzentriert auf die jeweiligen Akteure, sondern auf deren Handeln abgestellt werden. Dieses soll als das entscheidende Kriterium in die Bewertung des notwendigen Legitimationsniveaus einfließen.[306] Obwohl dieser für die Dritte Gewalt vollzogene Perspektivenwechsel nicht ohne Weiteres auf die Genossenschaften übertragen werden kann, macht er doch folgendes deutlich: Demokratische Legitimation kann trotz Defiziten in der personellen und sachlich-inhaltlichen Legitimation durch einen Perspektivenwechsel in Einklang mit dem Demokratieprinzip beschrieben werden, ohne dass die Defizite dabei als bloßer Sonderfall oder Ausnahmetatbestand qualifiziert werden müssen.[307]

---

303 Zu den Ausnahmen bei den hinreichend vorprogrammierten Maßnahmen siehe die Beispiele im 3. Teil, C. II. 3. b) aa).

304 *Voßkuhle/Sydow*, JZ 2002, S. 673 (676 ff.); *Tschentscher*, Demokratische Legitimation der Dritten Gewalt, S. 148 ff.; *Groß*, ZRP 1999, S. 361 (362 f.), spricht ebenfalls von Legitimationslücken im Hinblick auf die demokratische Legitimation der Justiz.

305 *Tschentscher*, Demokratische Legitimation der Dritten Gewalt, S. 9.

306 *Tschentscher*, Demokratische Legitimation der Dritten Gewalt, S. 8, 113 ff., entwickelt im Rahmen dieses Perspektivenwechsels ein „Kontrollmodell demokratischer Legitimation“, das er schließlich für die dritte Gewalt fruchtbar macht: Demnach soll das notwendige Legitimationsniveau nicht anhand des Zusammenwirkens der unterschiedlichen Legitimationskomponenten, sondern anhand einer potentiellen Inhaltskontrolle bemessen werden. Dieses Kontrollmodell stellt also für den inhaltlichen Kontrollzusammenhang zwischen dem Volk und den Staatsgewalt ausübenden Institutionen nicht auf das Zusammenwirken der unterschiedlichen Legitimationskomponenten ab, sondern fragt nach einer potentiellen Inhaltskontrolle, die entweder personell (Parlament), inhaltlich (Rechtsprechung) oder doch aus der Kombination unterschiedlicher Faktoren (exekutivischer Normalfall) erfolgen kann. Dabei wird das demokratische Legitimationsniveau jedoch als umso größer bewertet, je unmittelbarer und konkreter sich eine Sachentscheidung auf den Volkswillen zurückführen lässt.

307 Für *Ingold*, Das Recht der Oppositionen, S. 264, hat *Unger*, Das Verfassungsprinzip der Demokratie, S. 84 ff., einen Perspektivenwechsel im Hinblick auf das Verfassungsprinzip der Demokratie etabliert.

Vor diesem Hintergrund gilt es für eine mit dem Demokratieprinzip konforme Beschreibung der demokratischen Legitimation der Genossenschaften zur Ausübung der im 2. Teil untersuchten Verwaltungsmaßnahmen[308] und der damit einhergehenden Inanspruchnahme kognitiver Potentiale ebenfalls die Perspektive zu wechseln. Ausgangspunkt dieses Perspektivenwechsels ist die Feststellung, dass mit der Inanspruchnahme sämtlicher Potentiale bestimmte tatsächliche Vorgänge einhergehen können, denen eine wesentliche Bedeutung für die demokratische Legitimation der Genossenschaften zugesprochen werden kann.[309] Das gilt insbesondere für die *kommunikative Integration* von Wissensressourcen,[310] vor allem aus den Mitgliedsunternehmen,[311] in die Genossenschaften und *deren fortwirkenden Einfluss* auf der Ebene der Selbstverwaltung.[312]

Dadurch vermag zwar kein ausdrücklich formulierter Volkswille[313] in die genossenschaftlichen Präventionsmaßnahmen einzufließen. Ein solcher lässt sich für komplexe Fragestellungen wie die Prävention aber auch nur schwerlich formulieren.[314] Gleichwohl ermöglicht das gesetzliche Unfallversicherungssystem den Genossenschaften jedenfalls, Wissensressourcen von den Entscheidungsunterworfenen zu gewinnen, auf der Ebene der Selbstverwaltung zu Wissen[315] zu vollenden und dieses Wissen schließlich anhand verwertender Potentiale im Rahmen ihrer Präventionsmaßnahmen fruchtbar zu machen.[316]

---

308 Darunter fällt auch die Inanspruchnahme reaktiv erzeugender (Verbund-)Potentiale ebenso wie wechselinitiativer Verbundpotentiale durch die Aufnahme der von den Mitgliedsunternehmen oder Dritten auf Grundlage von Verpflichtungen oder Ermächtigungen übermittelten Wissensressourcen, die eine eigenständige Verwaltungsmaßnahme verkörpert.

309 Für eine insbesondere auf das Individuum bezogene Demokratietheorie aus der Wissensperspektive siehe *Ladeur*, in: Augsberg, Ungewissheit als Chance, S. 135 ff.

310 1. Teil, C. II. 2. c).

311 Wissensressourcen können auch durch andere Arbeitsschutzakteure an die Genossenschaften übermittelt werden. Diese können auch einen Bezug zu den Mitgliedsunternehmen haben, müssen sie aber nicht.

312 Siehe Einleitung, IV. 3.

313 Zur Funktion des Volkswillensbildungsprozesses in der freiheitlichen Demokratie siehe *Schmitt Glaeser*, in: Isensee/Kirchhof, HStR, Band III, § 38, Rn. 28 ff.; *Hesse*, Grundzüge des Verfassungsrechts der Bundesrepublik Deutschland, Rn. 149 ff.

314 Nach *Seiler*, Der souveräne Verfassungsstaat zwischen demokratischer Rückbindung und überstaatlicher Einbindung, S. 129, ist der Volkswille oftmals „nicht ausdifferenziert genug, um komplexe Fragen zu beantworten“; *Thiele*, Verlustdemokratie, S. 61 ff., sieht den Vorteil des parlamentarisch-repräsentativen Systems, komplexe Fragen mit der hinreichenden Streittiefe behandeln zu können.

315 Darunter ist einerseits das Wissen der einzelnen Beschäftigten der Genossenschaften mit Relevanz für die genossenschaftlichen Aufgaben zu verstehen. Andererseits fällt auch das Organisationswissen der Genossenschaften darunter.

316 Obwohl diese Maßnahmen einer abschließenden Kontrolle unterworfen sind, vermag allein der Aspekt der „Letztverantwortung“, die hier durch die abschließende

Für diesen Perspektivenwechsel zur Beurteilung der demokratischen Legitimation der Genossenschaften muss zunächst die Bedeutung der personellen und der sachlich-inhaltlichen Legitimation aus der Wissensperspektive durchdacht werden. Dabei vermag sich bereits die Grundlage eines Lösungsansatzes für den Umgang mit den anhand des monistischen Demokratieverständnisses identifizierten Legitimationslücken durch eine dem deutschen Recht an sich nicht fremde[317] ergänzende demokratische Legitimation[318] zu zeigen.[319] Diese gilt es anschließend konkret zu beschreiben.

1. Personelle Legitimation

Aus der Wissensperspektive kommt dem Erfordernis einer ununterbrochenen Legitimationskette zur Vermittlung personeller Legitimation für die im 2. Teil untersuchten Maßnahmen des genossenschaftlichen Wissensmanagements keine entscheidende Bedeutung zu.[320] Für die Ausübung dieser Maßnahmen sind – vergleichbar zum Leistungsprinzip des Art. 33 Abs. 2 und 5

Kontrolle ausgeübt wird, außerhalb des hierarchischen Modells der unmittelbaren Staatsverwaltung keine umfassende Legitimationsleistung zu erbringen, siehe dazu *Reiling*, Der Hybride, S. 242; kritisch im Hinblick auf die Aussagekraft abschließender Beurteilungen *Voßkuhle*, in: Isensee/Kirchhof, HStR, Band III, § 43, Rn. 61.

317 *Pünder*, Exekutive Normsetzung in den Vereinigten Staaten von Amerika und der Bundesrepublik Deutschland, S. 267; siehe auch *Schmidt-Aßmann*, Die kommunale Rechtsetzung im Gefüge der administrativen Handlungsformen und Rechtsquellen, S. 28 f., der einen „zusätzlichen Legitimationszug" identifiziert.

318 *Brohm*, in: VVDStRL 30 (1972), S. 245 (270), stellt ausdrücklich fest, dass sich die „verschiedenen Formen und Möglichkeiten demokratischer Legitimation […] gegenseitig zu ergänzen" vermögen; *Hoffmann-Riem*, DÖV 1997, S. 433 (438), betont, dass mit BVerfGE 83, 60 (72) „der Weg frei sein [dürfte] für die Suche nach legitimationssichernden Faktoren, die ergänzend, verstärkend oder ggf. sogar substituierend" wirken; *Mross*, Bürgerbeteiligung am Rechtsetzungsprozess in der Europäischen Union, S. 108 ff., spricht von der Bürgerbeteiligung als komplementärer Legitimationsquelle.

319 Eine Grenze ergänzender Legitimation wird letztlich dort zu ziehen sein, wo ein Stadium erreicht wurde, in dem ein Rückgriff auf Wissensressourcen privater Akteure für die Funktionsfähigkeit des gesetzlichen Unfallversicherungssystems nicht mehr erforderlich ist.

320 Zur Kritik am Erfordernis eines individuellen Bestellungsaktes siehe ausführlich *Kluth*, Funktionale Selbstverwaltung, S. 377 ff.; *Schliesky*, Souveränität und Legitimität von Herrschaftsgewalt, S. 295, stellt das Modell der ununterbrochenen Legitimationskette in Frage; *B.-O. Bryde*, Staatswissenschaften und Staatspraxis 5 (1994), S. 305 (324), spricht von „Legitimationskettenfetischismus"; in diese Richtung tendiert auch die abweichende Meinung der Richter *Broß*, *Osterloh* und *Gerhardt* in BVerfGE 119, 386 (392 f.), die das Bild der Legitimationskette als zu eng für moderne Verwaltungsstrukturen qualifizieren; siehe auch die Nachweise bei *Grzeszick*, in: Dürig/Herzog/Scholz, GG, 97. EL, Januar 2022, Art. 20, II., Rn. 155.

GG[321] – vielmehr die individuellen Fertigkeiten der Organe, Organmitglieder und vor allem der Bediensteten von entscheidender Bedeutung. Diese müssen die kognitiven Potentiale sachgerecht in Anspruch nehmen und dadurch die Erzeugung und Verwertung von Wissen im gesetzlichen Unfallversicherungssystem sicherstellen können.[322]

Die Bedeutung solcher Fertigkeiten wird bei der Verwertung von Wissen im Rahmen der Recht- und Regelsetzung in exemplarischer Weise deutlich. Dabei sind die Einheiten, die die Vorschriften- und Regelentwürfe erarbeiten, auf das unter Einbeziehung der Mitgliedsunternehmen und Dritter erzeugte genossenschaftliche Wissen angewiesen.[323] Dafür greifen diese Einheiten in personeller Hinsicht vor allem auf die Aufsichtspersonen zurück.[324] Diese sollen nämlich nicht nur auf Grundlage der Wissensressourcen aus den Mitgliedsunternehmen genossenschaftliches Wissen erzeugen,[325] sondern dieses Wissen auch in die Erarbeitung der Regelungsentwürfe[326] einbringen. Dazu existieren zwar keine gesetzlichen Regelungen, aber immerhin Vorgaben im DGUV Grundsatz 300-001. Diese schreiben die Mitwirkung der Aufsichtspersonen an der Erarbeitung der Entwürfe ausdrücklich fest.[327]

Aus der Wissensperspektive kommt es mithin bei bestimmten Tätigkeiten, wie den genossenschaftlichen Präventionsmaßnahmen, nicht entscheidend darauf an, wer die Organe, Organmitglieder und vor allem Beschäftigten bestellt, sondern dass diese bestimmte Qualifikationen besitzen. Anders gewendet sind bei bestimmten Tätigkeiten gewisse Qualifikationen entscheidender als ununterbrochene Legitimationsketten. Diese Qualifikationen vermögen letztlich bestimmte Legitimationslücken zu kompensieren. Dabei liegt es in der Verantwortung des Staates, zu gewährleisten, dass die entsprechenden

---

321 BVerfGE 121, 205 (226) m. w. N.; *Battis*, in: Sachs, GG, Art. 33, Rn. 73.

322 Dafür müssen ihre Fähigkeiten und Qualifikationen dem Grunde nach über dasjenige hinausgehen, was von den Organen und Organmitgliedern sowie Beschäftigten im Allgemeinen gefordert wird.

323 Siehe zu dieser Phase der Entwurfserarbeitung im Hinblick auf Gesetzesentwürfe einer Landesregierung *Blum*, in: Verhandlungen des 65. DJT, Band I, S. I 1 (I 74 ff.).

324 Bereits *Brohm*, in: VVDStRL 30 (1972), S. 245 (289 ff.), hat herausgestellt, dass bei komplexen Materien nicht nur auf die abschließende Entscheidung abgestellt werden darf, sondern auch die davor liegenden Stadien in den Blick genommen werden müssen, vor allem weil sich oftmals überhaupt nicht feststellen lässt, an welcher Stelle die Entscheidung fällt.

325 Kapitel I Nr. 3.1.2 2. Bullet Point DGUV Grundsatz 300-001.

326 Siehe 2. Teil, B. I. 1. b).

327 Kapitel II Nr. 2.1 und Nr. 2.3 lit. a) i. V. m. Kapitel I Nr. 3.3.1 lit. c) DGUV Grundsatz 300-001 (Vorschriften) sowie Kapitel III Nr. 2 i. V. m. Kapitel I Nr. 3.3.1 lit. c) DGUV Grundsatz 300-001 (Regeln).

Personen die erforderlichen Qualifikationen besitzen.[328] Dafür müssen Einflussmöglichkeiten von unmittelbar legitimierten staatlichen Repräsentanten, etwa durch einfach-gesetzliche Vorschriften zu den Einstellungsvoraussetzungen oder im Rahmen der Aufsicht, sichergestellt sein.

Dementsprechend verlangt § 18 Abs. 2 S. 1 SGB VII, dass die Aufsichtspersonen ihre Befähigung für die Überwachung und Beratung durch eine Prüfung nachweisen.[329] Durch diese gesetzliche Ausgestaltung wird sichergestellt, dass die Berufsgenossenschaften dem Grunde nach ausschließlich Aufsichtspersonen mit Qualifikationen beschäftigen, die sie unter anderem dazu befähigen, einen Beitrag zur Erzeugung genossenschaftlichen Wissens zu leisten und dieses im Rahmen ihrer Präventionsmaßnahmen zu verwerten.[330]

Demgegenüber gibt es keine vergleichbaren gesetzlichen Vorgaben für die sonstigen Beschäftigten der Genossenschaften, die Verwaltungsmaßnahmen außerhalb der Überwachung und Beratung ausüben. Das ist aus der Wissensperspektive im Hinblick auf die personelle Legitimation unerheblich, sofern sichergestellt ist, dass die sonstigen Beschäftigten ausreichende Qualifikationen besitzen, um die erzeugenden Potentiale sachgerecht in Anspruch zu nehmen und das genossenschaftliche Wissen bei ihren Präventionsmaßnahmen zu verwerten. Dabei wird man für ihre Fertigkeiten nur ein an die Aufsichtspersonen angenähertes Niveau verlangen können. Dementsprechende Befähigungen müssen einerseits die Genossenschaften bei der Einstellung der sonstigen Beschäftigten sicherstellen. Andererseits muss die staatliche Aufsicht in abstrakter Weise überwachen, dass entsprechende Fertigkeiten als Einstellungsvoraussetzungen der sonstigen Beschäftigten verlangt werden. Die Aufsicht greift dadurch nicht in die Personalhoheit der Berufsgenossenschaften ein,[331] weil Einstellungen von Beschäftigten ohne entsprechende Befähigungen „nicht mehr im Rahmen vernünftigen Verwaltungshandelns

---

328 Siehe zur Verantwortung des Staates, die Bestellung von Organen, Organmitgliedern und nachrangig Beschäftigten entsprechend den Anforderungen des Grundgesetzes auszugestalten, allgemein *Trute*, DVBl. 1996, S. 950 (955 f.); *Schmidt-Aßmann*, Das Allgemeine Verwaltungsrecht als Ordnungsidee, S. 100 f.; *Voßkuhle*, in: Isensee/Kirchhof, HStR, Band III, § 43, Rn. 61; *H. C. Röhl*, in: Berg/Fisch/Schmitt Glaeser/Schoch/Schulze-Fielitz, Die Wissenschaft vom Verwaltungsrecht, S. 33 (44).

329 Siehe dazu § 1 Abs. 1 Muster-Prüfungsordnung I für Aufsichtspersonen mit Hochschulqualifikation, wonach zur Prüfung nur zugelassen werden kann, wer u. a. die erforderliche Vorbildung (§ 2) und im Rahmen einer grundsätzlich zweijährigen Vorbereitungszeit die erforderlichen Kenntnisse erworben hat (§ 3).

330 Siehe zu diesem Aspekt der Struktursteuerung *Schuppert*, Die Verwaltung 40 (2007), S. 463 (485); *Peuker*, Bürokratie und Demokratie in Europa, S. 51 ff., und die Nachweise bei *Reiling*, Der Hybride, S. 242.

331 Zur Aufsicht im Bereich der Personalhoheit siehe *Köster*, in: Kreikebohm/Dünn, SGB IV, § 35, Rn. 6.

liegen"[332]. Dadurch verbleibt den Genossenschaften im Ergebnis trotzdem noch ein ausreichender Spielraum für die Gestaltung ihrer eigenen personellen Belange.[333]

Diese Ausführungen sind nicht dahingehend zu verstehen, dass Experten mit besonderen Qualifikationen in personeller Hinsicht per se als zur Ausübung von Staatsgewalt legitimiert angesehen werden können.[334] Sie machen vielmehr deutlich, dass aus der Wissensperspektive bei bestimmten Tätigkeiten an die personelle Legitimation keine der unmittelbaren Staatsverwaltung vergleichbaren Anforderungen gestellt werden müssen. Dabei sind vielmehr andere Aspekte, wie die Fertigkeiten der handelnden Akteure, von entscheidender Bedeutung.

2. Sachlich-inhaltliche Legitimation

Aus der Wissensperspektive ist auch die Bedeutung der Bindungswirkung von Parlamentsgesetzen und der sanktionierten demokratischen Verantwortlichkeit durch Aufsicht für die Vermittlung sachlich-inhaltlicher Legitimation für die im 2. Teil untersuchten Maßnahmen beschränkt. Es ist vielmehr entscheidend, dass die Genossenschaften im Stande sind, die tatsächlichen Grundlagen für ihre gesetzlich übertragenen Präventionsaufgaben in Gestalt von Wissen zu erarbeiten und dieses im Rahmen ihrer Präventionsmaßnahmen fruchtbar machen zu können.[335] Dementsprechende Kompetenzen bilden eine – wenn nicht sogar die – wesentliche Voraussetzung für die sachgerechte Ausübung von Staatsgewalt im Präventionsbereich.

Dabei kommt den gesetzlichen Rahmenbedingungen eine entscheidende Bedeutung zu. Diese müssen den Genossenschaften die Möglichkeit eröffnen, die tatsächlichen Grundlagen für ihre Präventionsmaßnahmen umfassend aufzuarbeiten. Dafür ist der Parlamentsgesetzgeber verantwortlich, der die entsprechenden gesetzlichen Rahmenbedingungen gewährleisten muss. Dieser Verantwortung ist er bislang nachgekommen. Das zeigt sich insbesondere daran, dass im gesetzlichen Unfallversicherungssystem verschiedenste erzeugende, verwertende und doppelfunktionale Potentiale angelegt sind, anhand

---

332 BSGE 31, 247 (257).

333 Vgl. *BSG*, SozR 3-2400, § 41 Nr. 1; *Fattler*, in: Hauck/Noftz, SGB IV, EL 2/2021, § 87, Rn. 4.

334 Das könnte in letzter Konsequenz auch als Argument zur Rechtfertigung von reinen „Expertendiktaturen" herangezogen werden; zur Expertokratie siehe *Münkler*, Expertokratie, passim; *Möllers*, Gewaltengliederung, S. 37, *Gärditz*, AöR 135 (2010), S. 251 (260).

335 Siehe zu vergleichbaren Ausprägungen im Risikorecht, Regulierungsrecht und öffentlichen Wirtschaftsrecht *H. C. Röhl*, in: GVwR, Band II, § 30, Rn. 20 ff.

derer die Genossenschaften die tatsächlichen Grundlagen für die Ausübung von Staatsgewalt im Präventionsbereich erarbeiten können.[336]

3. Zusammenführung

Die Wissensperspektive liefert zusätzliche Erklärungsansätze für die Bedeutungsinhalte der personellen und der sachlich-inhaltlichen Legitimation. Allein anhand dieser Beschreibungen lässt sich aber noch keine Erklärung für die demokratische Legitimation der Genossenschaften gewinnen. Dafür gilt es den Blick noch stärker auf die mit der Inanspruchnahme kognitiver Potentiale einhergehenden Vorgänge bei der Wissenserzeugung und -verwertung zu richten.

Diese Vorgänge betreffen vor allem die Art und Weise der Erzeugung und Weiterverwendung von Wissensressourcen und damit die Wirkungsmechanismen des Wissensmanagements. Sie zeigen sich zunächst bei der Erzeugung von Wissensressourcen aus den Mitgliedsunternehmen und von Dritten. Diese werden im Rahmen von *Kommunikation* erzeugt und damit einhergehend in die Genossenschaften *integriert*. Anders gewendet vollzieht sich die Erzeugung von Wissensressourcen im Wege einer *kommunikativen Integration*.[337] Auf der Ebene der Selbstverwaltung können die insofern erzeugten Wissensressourcen zu genossenschaftlichem Wissen vollendet werden, das schließlich anhand der in verschiedenen Präventionsmaßnahmen angelegten *verwertenden Potentiale*, beispielsweise im Rahmen der Recht- und Regelsetzung, fruchtbar gemacht werden kann. Dadurch können sich die Wissensressourcen aus den Mitgliedsunternehmen und von Dritten über den *fortwirkenden Einfluss* auf die Ausübung von Staatsgewalt durch die jeweilige Genossenschaft auswirken.

In personeller Hinsicht sind hierfür die mit Präventionsaufgaben betrauten Bediensteten der Genossenschaften entscheidend. Diese müssen die notwendigen Qualifikationen besitzen, damit bei der Inanspruchnahme kognitiver Potentiale die beiden Vorgänge der *kommunikativen Integration* von Wissensressourcen und ihres *fortwirkenden Einflusses* zum Tragen kommen können. Für die *kommunikative Integration* müssen die Bediensteten insbesondere mit den Mitgliedsunternehmen und den Dritten in Kommunikationsprozesse eintreten und die darüber gewonnenen Wissensressourcen in die Genossenschaft übertragen können.[338] Das daraus auf der Ebene der Selbstverwaltung er-

[336] Siehe dazu 2. Teil.

[337] Siehe dazu 1. Teil, C. II. 2. c).

[338] In diesem Zusammenhang gilt es auch zu beachten, dass sich die Mitgliedsunternehmen auch aufgrund autonomer Entscheidungen an die Genossenschaften wen-

zeugte genossenschaftliche Wissen müssen sie schließlich anhand der Präventionsmaßnahmen verwerten können.

Da die Genossenschaften durch die *kommunikative Integration* von Wissensressourcen aus den Mitgliedsunternehmen und von Dritten sowie durch den *fortwirkenden Einfluss* dieser Wissensressourcen die mit menschlichen Sinnen erfahrbare Tatsächlichkeit aufarbeiten, bewerten und schließlich auch verwerten, können diese beiden Vorgänge zusammenfassend als erkenntnisorientierte Modalitäten bezeichnet werden.

IV. Überschneidungen von *kommunikativer Integration* und *fortwirkendem Einfluss* mit ergänzenden Legitimationsformen

Die *kommunikative Integration* von Wissensressourcen und deren *fortwirkender Einfluss* auf der Ebene der Selbstverwaltung sind einerseits Wirkungsmechanismen des genossenschaftlichen Wissensmanagements. Andererseits vermögen sie sich in entscheidender Weise auf die Ausübung von Staatsgewalt durch die Genossenschaften im Rahmen ihrer Verwaltungsmaßnahmen auszuwirken.

Der legitimatorischen Berücksichtigung dieser beiden erkenntnisorientierten Modalitäten steht das hergebrachte monistische Demokratieverständnis vermeintlich entgegen, weil es im Gegensatz zu den offenen bzw. pluralistischen Demokratiekonzeptionen[339] ergänzenden Formen demokratischer Legitimation zurückhaltend begegnet.[340] Gleichwohl hat das BVerfG in dem bereits dargestellten Beschluss zu den Gesetzen über den Lippeverband und über die Emschergenossenschaft[341] den „Prinzipiencharakter“[342] des Demo-

den und dadurch Wissensressourcen über bestimmte Gefahren an diese weiterleiten können.

[339] Eine Unterscheidung zwischen den zwei Grundpositionen des monistischen und des offenen bzw. pluralistischen Demokratieverständnisses findet sich bei *Groß*, Das Kollegialprinzip in der Verwaltungsorganisation, S. 163 ff.; bei *Ingold*, Das Recht der Oppositionen, S. 267 ff., der auf S. 280 ff. eine Typisierung der pluralistischen Demokratiekonzeptionen vornimmt; bei *Brandl-Michel*, Maßstäbe demokratischer Legitimation, S. 66 ff.; bei *Krekeler*, Berufsordnungen im Rahmen der Verfassung, S. 135 ff.

[340] Siehe beispielsweise die restriktiven Entscheidungen des BVerfGs während der 1990er Jahre in BVerfGE 83, 37 ff.; 83, 60 ff.; 93, 37 ff.

[341] 3. Teil, C. II. 2. b).

[342] BVerfGE 107, 59 (91); siehe auch BVerfGE 135, 155 (222 f.); 136, 194 (263); 146, 164 (210); 151, 202 (293); zur „Prinzipialisierung“ des grundgesetzlichen Demokratieprinzips im Schrifttum und in der Rechtsprechung siehe auch *Unger*, Das Verfassungsprinzip der Demokratie, S. 107 ff.; für weitere Nachweise siehe *Ingold*, Das Recht der Oppositionen, S. 292.

kratieprinzips anerkannt und sich gegen diejenigen Stimmen gewandt, die im Demokratieprinzip eine Vollregel[343] sehen möchten.[344]

Die Argumentation in diesem Beschluss, wonach durch die Beteiligung der Betroffenen bei der Wahrnehmung öffentlicher Aufgaben das Demokratieprinzip gestärkt werden könne, wird in weiten Teilen der Literatur als Anerkennung einer Form ergänzender Legitimation verstanden.[345] Im Lissabon-Urteil hat das BVerfG in Bezug auf die Europäische Union schließlich von „Wegen demokratischer Ergänzung“[346] gesprochen und eine ergänzende Legitimationsfunktion[347] partizipatorischer Elemente auf der supranationalen Ebene ausdrücklich anerkannt.[348]

Anknüpfend an diese beiden Entscheidungen fordern verschiedene Stimmen in der Literatur eine Öffnung[349] bzw. Flexibilisierung[350] des starren monistischen Demokratieverständnisses. Dadurch können zusätzliche Aspekte bei der Vermittlung demokratischer Legitimation Berücksichtigung finden.[351]

---

343 *Jestaedt*, Demokratieprinzip und Kondominialverwaltung, S. 585 f., 592; *ders.*, JuS 2004, S. 649 (653); *Kaufmann*, Europäische Integration und Demokratieprinzip, S. 426, der von „Vollregel“ spricht.

344 Zum Demokratieverständnis des BVerfGs im Wandel der Zeit siehe *Hanebeck*, DÖV 2004, S. 901 (904 ff.).

345 So *Herzmann*, Konsultationen, S. 288 f.; *Petersen*, NVwZ 2013, 841 (845); *Thym*, in: Kischel/Kube, HStR, Band I, § 11, Rn. 19; *Reiling*, Der Hybride, S. 242, sieht in BVerfGE 107, 59 ff., eine „neue Rechtsprechungslinie“; für *Hanebeck*, DÖV 2004, S. 901 (908), hat das BVerfG mit BVerfGE 107, 59 ff., „eine Art Öffnungsklausel in die Interpretation des Demokratieprinzips eingebaut“; für *Ingold*, Das Recht der Oppositionen, S. 277 ff., hat das BVerfG auch in BVerfGE 123, 267 ff., ergänzende Legitimationsbausteine anerkannt.

346 BVerfGE 123, 267 (369).

347 BVerfGE 123, 267 (379); in BVerfGE 151, 202 (291), spricht das BVerfG davon, dass Art. 20 Abs. 1 und Abs. 2 GG offen ist „für begrenzte Modifikationen der demokratischen Legitimationsvermittlung […], durch die Einflussknicke kompensiert werden können“.

348 *Herzmann*, Konsultationen, S. 287, spricht hinsichtlich der Argumentation des BVerfGs von einer „‚Notlösung‘ für die supranationale Ebene“; *Ingold*, Das Recht der Oppositionen, S. 277 f., versteht das Urteil ebenfalls als Ausdruck einer individualistisch-pluralistischen Demokratiekonzeption.

349 *Reiling*, Der Hybride, S. 242.

350 *Sommermann*, in: Huber/Voßkuhle, GG, Band 2, Art. 20, Rn. 194; *Herzmann*, Konsultationen, S. 287 f., verwendet den Begriff eines „flexiblere(n) Legitimationsmodell(s)“.

351 So *Herzmann*, Konsultationen, S. 287; *Voß*, Unternehmenswissen als Regulierungsressource, S. 191 ff.; a.A. *Schmidt-Aßmann*, Das Allgemeine Verwaltungsrecht als Ordnungsidee, S. 101 ff., der die Beispiele autonome Legitimation, Akzeptanz, Partizipation und Öffentlichkeit als in den ideellen Schichten des Demokratieprinzips verortet sieht und daher von Art. 20 Abs. 2 GG trennt.

1. Vielzahl ergänzender Formen demokratischer Legitimation in der Literatur

Bereits vor dem Beschluss zu den Gesetzen über den Lippeverband und über die Emschergenossenschaft haben die Vertreter offener bzw. pluralistischer Demokratiekonzeptionen[352] verschiedene Möglichkeiten vorgeschlagen,[353] die in Ergänzung der klassischen Legitimationskomponenten eine Erhöhung des Legitimationsniveaus bewirken können. Diese bilden im Gegensatz zum monistischen Demokratieverständnis bislang aber kein geschlossenes Konzept[354].[355]

Aus der Vielzahl der verschiedenen Formen ergänzender Legitimation weisen vor allem die output-orientierte Legitimation[356], samt dem damit einhergehenden Grundsatz der Effektivität,[357] die prozedurale Legitimation,[358] die

---

352 *Ingold*, Das Recht der Oppositionen, S. 280, sieht in den pluralistischen Demokratiekonzeptionen „Legitimationsstränge bzw. -modi, die ihrem Anspruch nach die überkommene parlamentarisch-repräsentative Legitimation […] zwar nicht ersetzen, aber pluralistisch durch weitere Legitimationsbausteine ergänzen können".

353 *Lübbe-Wolff*, in: VVDStRL 60 (2001), S. 246 (273 ff.), schlug „Entschärfungsoptionen" vor; *Emde*, Die demokratische Legitimation der funktionalen Selbstverwaltung, S. 382 ff., und *Groß*, Das Kollegialprinzip in der Verwaltungsorganisation, S. 366 f., schlugen eine „Kompensation" vor; *Trute*, in: Voßkuhle/Eifert/Möllers, GVwR, Band I, § 9, Rn. 42 ff., zeigt eigenständige „Mittel der Legitimation" auf; *Kley*, in: VVDStRL 77 (2018), S. 125 (152), spricht sich für ein „Modell *pluraler Legitimation* [aus], das Input- und Output-Elemente verschränkt".

354 Siehe zu einer Systematisierung der verschiedenen pluralistischen Demokratiekonzeptionen *Ingold*, Das Recht der Oppositionen, S. 274 ff.

355 Darauf kommt es u. a. nach *Groß*, Das Kollegialprinzip in der Verwaltungsorganisation, S. 164, und *Lübbe-Wolff*, in: VVDStRL 60 (2001), S. 246 (281 f.), auch nicht entscheidend an, um ergänzende Legitimationsformen berücksichtigen zu können.

356 Grundlegend *Scharpf*, Demokratietheorie zwischen Utopie und Anpassung, S. 21 ff., 66 ff.; siehe auch *Schliesky*, Souveränität und Legitimität von Herrschaftsgewalt, S. 659 ff., 715 ff.; *Voß*, Unternehmenswissen als Regulierungsressource, S. 194 f.; *Trute*, in: Voßkuhle/Eifert/Möllers, GVwR, Band I, § 9, Rn. 53 m. w. N., der auf die in der Rechtswissenschaft uneinheitliche Begriffsverwendung hinweist; siehe auch die Nachweise bei *Krekeler*, Berufsordnungen im Rahmen der Verfassung, S. 146.

357 Siehe dazu *Mehde*, Neues Steuerungsmodell und Demokratieprinzip, S. 387, 390; *Hoffmann-Riem*, DÖV 1997, S. 433 (438); *Grzeszick*, in: Dürig/Herzog/Scholz, GG, 97. EL, Januar 2022, Art. 20, II., Rn. 156; *Herzmann*, Konsultationen, S. 287 ff., sieht in BVerfGE 107, 59 ff., eine Stärkung der ergänzenden Form der Effektivität, aber auch der Transparenz. Nach BVerfGE 107, 59 (99), zeigt sich der Grundsatz der Effektivität darin, dass „der im Gesetz manifestierte Volkswille […] sich erst in der praktischen Durchsetzung" vollendet. Da der Grundsatz der Legitimität große Überschneidungen mit der output-orientierten Konzeption der Einbeziehung materieller Faktoren aufweist, kann er mit *Köller*, Funktionale Selbstverwaltung und ihre demo-

kommunikative Rückkopplung,[359] und der Partizipations-Gedanke[360] Überschneidungen mit der *kommunikativen Integration* von Wissensressourcen und deren *fortwirkendem Einfluss* auf.[361]

Eine nähere Auseinandersetzung mit diesen Überschneidungen kann Anhaltspunkte liefern, anhand derer die beiden erkenntnisorientierten Modalitäten unter legitimatorischen Gesichtspunkten näher konturiert werden können.

---

kratische Legitimation, S. 240, vor allem in Zusammenhang mit diesem Ansatz gesehen werden, ohne dass ihm ein berücksichtigungsfähiges eigenes Gewicht zukommt.

358 *B. Wollenschläger*, Wissensgenerierung im Verfahren, S. 213 f.; *Grzeszick*, in: Dürig/Herzog/Scholz, GG, 97. EL, Januar 2022, Art. 20, II., Rn. 156; *Brandl-Michel*, Maßstäbe demokratischer Legitimation, S. 98; *Trute*, in: Voßkuhle/Eifert/Möllers, GVwR, Band I, § 9, Rn. 47 f., sieht in der prozeduralen Legitimation „eine Beschreibung des prozeduralen Charakters von Demokratie“, die die sachlich-inhaltliche Komponente dann verbessern kann, wenn es nur darum geht, ein materielles Entscheidungsprogramm aufzuarbeiten.

359 *Scherzberg*, Die Öffentlichkeit der Verwaltung, S. 297, sieht darin eine „ergänzende Legitimationsquelle“; *Krebs*, in: Isensee/Kirchhof, HStR, Band III, 2. Aufl., § 69, Rn. 80, unter Hinweis auf BVerfGE 44, 125 (139); *Schürmann*, Öffentlichkeitsarbeit der Bundesregierung, S. 130; a. A. *Jestaedt*, Demokratieprinzip und Kondominialverwaltung, S. 191 f.; siehe allgemein zur Responsivität *Brettschneider*, ZParl 1 (1996), S. 108 ff.; *von Bogdandy*, Gubernative Rechtsetzung, S. 32 f.; zur Legitimationsvermittlung durch Responsivität siehe *Unger*, Das Verfassungsprinzip der Demokratie, S. 80 ff.

360 *Schmidt*, in: VVDStRL 33 (1975), S. 183 (210 ff.); *Menzel*, Legitimation staatlicher Herrschaft durch Partizipation Privater?, S. 82 ff.; *Mehde*, Neues Steuerungsmodell und Demokratieprinzip, S. 260 ff.; *Grzeszick*, in: Dürig/Herzog/Scholz, GG, 97. EL, Januar 2022, Art. 20, II., Rn. 156; *Kersten*, in: Voßkuhle/Eifert/Möllers, GVwR, Band II, § 29, Rn. 47; *Lübbe-Wolff*, in: VVDStRL 60 (2001), S. 246 (279 ff.), legt den Schwerpunkt auf die dezentral-demokratische Partizipation; in diese Richtung der Partizipation Betroffener auch *Groß*, Das Kollegialprinzip in der Verwaltungsorganisation, S. 154 ff.; kritisch zum Partizipations-Gedanken *Schmitt Glaeser*, in: VVDStRL 31 (1973), S. 179 (209 ff.).

361 U. a. zu den ergänzenden Legitimationsformen der *Transparenz, Akzeptanz* und *gerichtlichen Kontrolle* weisen die kognitiven Potentiale keine wesentlichen Überschneidungen auf; siehe allgemein zur Transparenz *Lübbe-Wolff*, in: VVDStRL 60 (2001), S. 246 (276 ff.), zur Akzeptanz *Schliesky*, Souveränität und Legitimität von Herrschaftsgewalt, S. 175 ff., *Mehde*, Neues Steuerungsmodell und Demokratieprinzip, S. 282 ff., zur gerichtlichen Kontrolle *Mehde*, Neues Steuerungsmodell und Demokratieprinzip, S. 274 ff.; einen Überblick über verschiedene ergänzende Legitimationsformen bietet *Köller*, Funktionale Selbstverwaltung und ihre demokratische Legitimation, S. 217 ff.

2. Ausprägungen ergänzender Legitimationsformen im gesetzlichen Unfallversicherungssystem

a) Output-orientierte Legitimation

Die aus den Politikwissenschaften[362] stammende Konzeption der *Output-Legitimation*[363] orientiert sich an der zu erwartenden Qualität der Ergebnisse von Entscheidungsprozessen.[364] Obwohl diese aus den Nachbarwissenschaften stammende Konzeption an Vorgaben des Grundgesetzes[365] anknüpft,[366] verhalten sich Rechtsprechung[367] und Teile der Literatur ihr gegenüber zurückhaltend.[368]

[362] *Scharpf*, Demokratietheorie zwischen Utopie und Anpassung, S. 21 ff., hat die Frage der Input- und Output-Legitimation bereits grundlegend aufgearbeitet. Für *Brohm*, in: VVDStRL 30 (1972), S. 245 (276), verstehen bestimmte Organisationstheorien „Entscheidungen als Ergebnis eines Informationsverarbeitungsprozesses, der dadurch zustande kommt, daß in das Verwaltungssystem an der Inputgrenze Informationen eingegeben werden, die nach ihrer Verarbeitung an der Outputgrenze mit einem Mehr an Information wieder ausgegeben werden".

[363] Die Konzeption der Output-Legitimation wird in der Rechtswissenschaft insbesondere in Bezug auf die Frage der demokratischen Legitimation der Europäischen Union intensiv diskutiert, siehe dazu *Sydow*, Verwaltungskooperation in der Europäischen Union, S. 239 ff.; *Petersen*, JöR 58 (2010), S. 137 (144); siehe auch die Staatsrechtslehrerreferate von *Pache*, in: VVDStRL 66 (2007), S. 106 (140 f.), und *Groß*, in: VVDStRL 66 (2007), S. 152 (172 ff.).

[364] Dabei werden nach *Schliesky*, Souveränität und Legitimität von Herrschaftsgewalt, S. 601, unterschiedliche Bezugspunkte für die Frage der demokratischen Legitimation gewählt.

[365] Dafür kann mit *Schliesky*, Souveränität und Legitimität von Herrschaftsgewalt, S. 602 m. w. N., einerseits die Verankerung der Menschenwürde als oberstes Konstitutionsprinzip in Art. 1 Abs. 1 GG und andererseits die Tatsache, dass die Ausübung staatlicher Gewalt die Grundrechte zu beachten hat, angeführt werden. Darüber hinaus können mit *Petersen*, JöR 58 (2010), S. 137 (150), auch in der Gesetzgebung durch besondere Organe und im freien Mandat der Bundestagsabgeordneten Output-Verbürgungen gesehen werden. Schließlich können mit *Schliesky*, Souveränität und Legitimität von Herrschaftsgewalt, S. 668, auch in den Staatszielen des Grundgesetzes Anknüpfungspunkte für eine normative Ergebnisorientierung der Ausübung von Herrschaftsgewalt ausgemacht werden.

[366] Befürwortend z. B. *Schliesky*, Souveränität und Legitimität von Herrschaftsgewalt, S. 659 ff., 715 ff.; siehe auch *Trute*, in: Voßkuhle/Eifert/Möllers, GVwR, Band I, § 9, Rn. 53.

[367] Obwohl BVerfGE 107, 59 (92), zwar einzelne Argumente der Output-Legitimationskonzeption aktiviert, werden diese als solche weder ausdrücklich noch im Allgemeinen für die Frage der demokratischen Legitimation funktionaler Selbstverwaltung ausdrücklich benannt. Dabei rekurriert das Gericht durch die Argumente der Sachnähe, der Aktivierung verwaltungsexternen Sachverstands und der effektiven Umsetzung vom Parlament beschlossener Zwecke und Ziele nur auf bestimmte Charakteristika funktionaler Selbstverwaltung, nimmt aber nicht deren Grundlegungen in

Unabhängig davon findet sich im gesetzlichen Unfallversicherungssystem eine besondere Ausprägung der *Output-Legitimation.* Diese wird anhand der *kommunikativen Integration* von Wissensressourcen und *deren fortwirkendem Einfluss* auf der Ebene der Selbstverwaltung offensichtlich. Insbesondere anhand dieser beiden erkenntnisorientierten Modalitäten können die Genossenschaften die tatsächlichen Grundlagen für die Wahrnehmung ihrer gesetzlich übertragenen Aufgaben erarbeiten. Diese können sie schließlich in ihre verschiedenen Präventionsmaßnahmen einfließen lassen und dadurch zu einem effektiven Schutz vor Arbeitsunfällen, Berufskrankheiten und arbeitsbedingten Gesundheitsgefahren beitragen.[369] Die Entscheidungszusammenhänge im gesetzlichen Unfallversicherungssystem sind also der Output-Konzeption[370] entsprechend ausgestaltet, sodass die genossenschaftlichen Präventionsmaßnahmen die an sie gestellten Qualitätsanforderungen erfüllen können.

Darüber hinaus findet durch die *kommunikative Integration* von Wissensressourcen aus den Mitgliedsunternehmen und durch *deren fortwirkenden Einfluss* auf der Ebene der Selbstverwaltung über die Vorgaben der *Output-Legitimation* hinaus zusätzlich eine Rückbindung der Präventionsmaßnahmen bei den Entscheidungsunterworfenen statt.[371]

---

den Blick. Die später ergangene Entscheidung BVerfGE 119, 331 ff., zur Verfassungswidrigkeit der Arbeitsgemeinschaften nach § 44b SGB II legt darüber hinaus die Vermutung nahe, dass die Mehrheit der Richter des Zweiten Senats Output-Elemente außerhalb der funktionalen Selbstverwaltung nicht zur Begründung demokratischer Legitimation heranziehen möchte. In BVerfGE 119, 331 (366), hat das BVerfG eine Anlehnung an Output-Elemente unterlassen und sich in seiner Entscheidungsbegründung vielmehr auf die klassische Legitimationslehre (zurück-)besonnen.

368 *Peuker*, Bürokratie und Demokratie in Europa, S. 193 f., möchte die Legitimationskonzeption der Output-Legitimation nicht unter die demokratische Legitimation fassen; *Trute*, in: Voßkuhle/Eifert/Möllers, GVwR, Band I, § 9, Rn. 53, bezweifelt, dass diese Konzeption ein normatives Konzept zu begründen vermag, stellt aber gleichzeitig heraus, dass sie als Ergänzung der input-orientierten Ableitungszusammenhänge verstanden werden kann.

369 Dieses im Rahmen der gesetzlichen Unfallversicherung deutlich hervortretende Potential der Berufsgenossenschaften lässt sich als eine allgemeine Besonderheit funktionaler Selbstverwaltung beschreiben: Dort sind die Aufgaben und Befugnisse im Hinblick auf einen sachlich begrenzten Regelungsgegenstand bei einem Entscheidungsträger konzentriert, der aufgrund dieser Begrenzung eine besondere Sachkenntnis in dem von ihm verantworteten Bereich aufzuweisen vermag.

370 *Trute*, in: Voßkuhle/Eifert/Möllers, GVwR, Band I, § 9, Rn. 53.

371 Dadurch wird die Expertise der Berufsgenossenschaften gleichzeitig durch die Perspektive – potentiell – sämtlicher Mitgliedsunternehmen angereichert. Demnach können die Entscheidungsträger nicht nur aus einer auf die Verwaltung beschränkten Perspektive heraus tätig werden, sondern zusätzlich auch die Perspektive der Mitgliedsunternehmen und der dort tätigen Personen bei ihren Präventionsmaßnahmen berücksichtigen.

b) Kommunikative Rückkopplung

Diese Rückbindung der genossenschaftlichen Präventionsmaßnahmen wird durch ihre *kommunikative Rückkopplung*[372] bei den Entscheidungsunterworfenen ermöglicht. Durch die Möglichkeiten zu Kommunikationsprozessen[373] mit den in den Mitgliedsunternehmen tätigen Personen wird die genossenschaftliche Präventionsarbeit nicht nur bei den Herrschaftsunterworfenen rückgekoppelt, sondern darüber hinaus auch für Kenntnisse aus den Mitgliedsunternehmen geöffnet. Dadurch kann die Legitimation der Präventionsmaßnahmen durch eine *kommunikative Rückkopplung* ergänzt und zusätzlich deren besondere Qualität sichergestellt werden.[374]

c) Prozedurale Legitimation

Die *kommunikative Integration* von Wissensressourcen und deren *fortwirkender Einfluss* verkörpern auch eine Ausprägung des Verfahrensgedankens. Daher weisen sie gewisse Überschneidungen mit der Konzeption *prozeduraler Legitimation* auf.[375] Diese Legitimationsform beruht auf dem Grundgedanken, dass gesetzliche Vorgaben auf Grundlage von Verfahrens- und Organisationsregeln konkretisiert werden.[376]

Demgegenüber ist die Wissenserzeugung und -verwertung durch die Genossenschaften aber nicht ausschließlich von bestimmten Verfahren abhängig, sondern erfolgt im Zusammenhang mit verschiedenen Maßnahmen. Das gesetzliche Unfallversicherungssystem verkörpert folglich nicht nur einen verfahrensrechtlichen Rahmen[377], in dem Gemeinwohlziele möglichst effektiv erreicht werden können. Das zeigt sich exemplarisch daran, dass in der gesetzlichen Unfallversicherung nicht nur besondere Verfahrensvorschriften oder besonders gestaltete Tatbestände bei der Erzeugung und Verwertung von

---

[372] Allgemein *Scherzberg*, Die Öffentlichkeit der Verwaltung, S. 297; *Krebs*, in: Isensee/Kirchhof, HStR, Band III, 2. Aufl., § 69, Rn. 80.

[373] Siehe dazu 2. Teil, A. I. 6.

[374] Vgl. *Scherzberg*, Die Öffentlichkeit der Verwaltung, S. 302 f.; *Krebs*, in: Isensee/Kirchhof, HStR, Band III, 2. Aufl., § 69, Rn. 80; ablehnend *Jestaedt*, Demokratieprinzip und Kondominialverwaltung, S. 191 f., der im Volkswillensbildungsprozess nur eine Voraussetzung demokratischer Legitimationsfähigkeit sieht.

[375] Zur originär-prozeduralen Legitimation siehe allgemein *B. Wollenschläger*, Wissensgenerierung im Verfahren, S. 213 f., der zwischen deren Zielen und Mitteln unterscheidet.

[376] *Trute*, in: Voßkuhle/Eifert/Möllers, GVwR, Band I, § 9, Rn. 47 f.; *B. Wollenschläger*, Wissensgenerierung im Verfahren, S. 213.

[377] Allgemein zum Rahmen-Gedanken *B. Wollenschläger*, Wissensgenerierung im Verfahren, S. 214.

Wissen zum Tragen kommen. Mit Ausnahme von Anzeige- und Mitteilungspflichten sowie Auskunftsverlangen,[378] der Forschung und dem Informationsaustausch mit Dritten,[379] erfolgt die Erzeugung von Wissensressourcen vielmehr im Rahmen verschiedener Verwaltungsmaßnahmen.[380] Damit gehen weder besondere Verfahren einher noch weisen diese Maßnahmen eine besondere Verfahrensausrichtung auf.

Daher finden sich abgesehen von gewissen Überschneidungen keine darüber hinausgehenden weiteren Übereinstimmungen mit der Konzeption *prozeduraler Legitimation.*

d) Partizipations-Gedanke

Aus der Wissensperspektive wird auch der *Partizipations*[381]-Gedanke im Rahmen des gesetzlichen Unfallversicherungssystems offensichtlich. Darunter wird die gesetzlich geregelte Beteiligung eines bestimmten Personenkreises an Verwaltungsentscheidungen verstanden.[382] Dieser Gedanke zeigt sich vor allem in der *kommunikativen Integration* von Wissensressourcen.[383] Dadurch wird aber weder eine ausdrücklich gesetzlich geregelte noch eine sonstige Mitwirkung an konkreten Verwaltungsmaßnahmen ermöglicht. Den Mitgliedsunternehmen ist oftmals gar nicht bewusst, dass ihre Wissensressourcen in die Strukturen der Genossenschaften Eingang finden. Daher spielt der Integrationsaspekt weniger im Zusammenhang mit dem *Partizipations*-Gedanken, sondern vielmehr im Hinblick auf kommunikative Ausprägungen eine Rolle.

---

[378] Siehe dazu 2. Teil, A. I. 1., 3. a).

[379] Siehe dazu 2. Teil, A. II. und III.

[380] Siehe dazu 2. Teil, A. I. 2., 3. b), 4., 5.

[381] Zu den vielfältigen Erscheinungsformen siehe *Walter* und *Schmitt Glaeser*, in: VVDStRL 31 (1973), S. 147 ff., 179 ff.; *Menzel*, Legitimation staatlicher Herrschaft durch Partizipation Privater?; *Schmidt-Aßmann*, Das Allgemeine Verwaltungsrecht als Ordnungsidee, S. 104 ff.

[382] Siehe zum Begriff der Partizipation *Stern*, Staatsrecht, Band I, § 22, II., 5., d), γ); *Emde*, Die demokratische Legitimation der funktionalen Selbstverwaltung, S. 353 f., der echte Mitentscheidungsbefugnisse ausnimmt und nur „Formen der Bürgerbeteiligung am Verwaltungshandeln von minderer Intensität" erfassen möchte; anders *Köller*, Funktionale Selbstverwaltung und ihre demokratische Legitimation, S. 218 f., die „die bloße Mitwirkung von Betroffenen im Verwaltungsverfahren ohne Einfluss auf die Entscheidung" nicht unter den Begriff der Partizipation fassen möchte.

[383] Im Allgemeinen, nicht aus der Wissensperspektive, könnte man mit *Köller*, Funktionale Selbstverwaltung und ihre demokratische Legitimation, S. 220, in der gesetzlichen Unfallversicherung als Ausprägung funktionaler Selbstverwaltung eine Form der Partizipation sehen, in der die Betroffenen die Entscheidung selbst treffen; siehe zu mitgliedschaftlichen Partizipationsrechten im Rahmen funktionaler Selbstverwaltung *Kluth*, Funktionale Selbstverwaltung, S. 383 ff.

3. Fazit

Die *kommunikative Integration* von Wissensressourcen und deren *fortwirkender Einfluss* weisen zwar keine umfassenden Übereinstimmungen, aber immerhin unterschiedlich stark ausgeprägte Überschneidungen mit verschiedenen anerkannten ergänzenden Legitimationsformen auf. Dabei kommen entweder einzelne Elemente der verschiedenen Konzeptionen, wie etwa der *prozeduralen Legitimation* oder des *Partizipations*-Gedankens, zum Tragen oder aber die beiden erkenntnisorientierten Modalitäten enthalten im Vergleich zu den Konzeptionen zusätzliche Aspekte. Das betrifft beispielsweise die *output-orientierte Legitimation* und die *kommunikative Rückkopplung.* Die identifizierten Überschneidungen lassen jedenfalls die legitimatorische Bedeutung der beiden mit der Inanspruchnahme kognitiver Potentiale einhergehenden erkenntnisorientierten Modalitäten deutlich hervortreten. Diese gilt es nun aufzugreifen und darauf aufbauend die beiden erkenntnisorientierten Modalitäten als selbstständige Formen ergänzender Legitimation zu beschreiben.

V. *Kommunikative Integration* und *fortwirkender Einfluss* als selbstständige Formen ergänzender Legitimation

Die Beschreibung der *kommunikativen Integration* von Wissensressourcen und ihres *fortwirkenden Einflusses* als selbstständige Formen ergänzender Legitimation muss an den Überschneidungen mit den verschiedenen anerkannten Formen ergänzender Legitimation ansetzen und einen legitimatorischen Ausgleich für die erschöpfte personelle und insbesondere sachlich-inhaltliche Legitimation der Genossenschaften schaffen.[384] Dabei spielen die verschiedenen Möglichkeiten der modernen Informations- und Kommunikationstechnologien[385] keine entscheidende Rolle. Diese bringen zwar gewisse Erleichterungen mit sich. Darauf sind die beiden erkenntnisorientierten Modalitäten als Wirkungsmechanismen des genossenschaftlichen Wissensmanagements aber nicht angewiesen, um ihre Wirkungen entfalten zu können.

---

[384] Mit *Herzmann*, Konsultationen, S. 287, und *Ingold*, Das Recht der Oppositionen, S. 280, können sich ergänzende Legitimationsbausteine auf das Legitimationsniveau auswirken; zu den unbestrittenen „Verbindungslinien zwischen Demokratie und Wissen“ siehe *Münkler*, Expertokratie, S. 342.

[385] *Sommermann*, in: Huber/Voßkuhle, GG, Band 2, Art. 20, Rn. 195.

1. Rechtliche Anknüpfung

Die Beschreibung der *kommunikativen Integration* von Wissensressourcen und ihres *fortwirkenden Einflusses* als ergänzende Formen demokratischer Legitimation kann nicht losgelöst von den Vorgaben der Verfassung erfolgen, sondern bedarf eines verfassungsrechtlichen Anknüpfungspunktes. Dafür kommt der offene Wortlaut des Art. 20 Abs. 2 GG[386] in Betracht.

Da die beiden erkenntnisorientierten Modalitäten mit der Inanspruchnahme kognitiver Potentiale einhergehen, muss die Beschreibung ihrer legitimatorischen Bedeutung ihren Ausgang in der Struktur der kognitiven Potentiale nehmen.[387] Diese setzen sich aus einer *rechtlichen* und einer *faktischen Komponente* zusammen.[388]

Die *rechtliche Komponente* der kognitiven Potentiale rührt daher, dass sie grundsätzlich in einfach-gesetzlichen Regelungen in Form von Parlamentsgesetzen angelegt sind.[389] Insofern können sie letztlich auf das Staatsvolk i. S. v. Art. 20 Abs. 2 S. 1 GG zurückgeführt werden.[390] Dadurch wird immerhin ein gewisses, wenn auch nur lückenhaftes,[391] Maß an demokratischer Legitimation vermittelt.[392]

Die *faktische Komponente* der kognitiven Potentiale beruht auf den im Zusammenhang mit ihrer Inanspruchnahme tatsächlich ablaufenden Vorgängen

---

386 Für *Augsberg*, Informationsverwaltungsrecht, S. 234, ist der Gesetzeswortlaut des Art. 20 Abs. 2 GG „weitgehend unbestimmt".

387 Zur Methode der Kontextualisierung, insbesondere von Gerichtsurteilen, siehe *Lepsius*, in: Jestaedt/ders./Möllers/Schönberger, Das entgrenzte Gericht, S. 159 (200); *ders.*, JZ 2014, S. 488 (497 ff.); *ders.*, JZ 2015, S. 435 (441 ff.); *Wahl*, JZ 2013, S. 369, (375 f.); den Ansatz der Kontextualisierung verfolgen auch die Beiträge in *Albers* (Hrsg.), Bioethik, Biorecht, Biopolitik; kritisch *Michael*, JZ 2015, S. 425 (433 f.).

388 Siehe dazu Einleitung, III.

389 Bei Potentialen, die in den als Satzungen erlassenen Unfallverhütungsvorschriften – wie den Auskunftsverlangen gem. § 3 Abs. 4 DGUV Vorschrift 1 – angelegt sind, besteht immerhin eine Verbindung mit § 15 SGB VII.

390 *Sommermann*, in: Huber/Voßkuhle, GG, Band 2, Art. 20, Rn. 184, spricht im Hinblick auf Selbstverwaltungskörperschaften von einer „sachlich-inhaltliche[n] Anbindung".

391 Die rechtliche Komponente vermag unter Geltung des Grundgesetzes insofern demokratische Legitimation zu vermitteln, als über das SGB VII die Maßnahmen der Genossenschaften vorbestimmt werden. Dabei gilt es aber, wie bereits oben im 3. Teil, C. II. 3. b) und 4. b), aufgezeigt, zu berücksichtigen, dass die gesetzlichen Regelungen des SGB VII nur eine eingeschränkte Bindungswirkung entfalten und die Aufsicht über die Genossenschaften beschränkt ist. Demgegenüber folgt aus der faktischen Grundstruktur lediglich, dass Private und deren Wissensressourcen in die Körperschaften einbezogen werden.

392 3. Teil, C. II. 3. und 4.

der Erzeugung[393] von Wissensressourcen, deren Vollendung zu Wissen sowie dessen Verwertung. Die legitimatorische Bedeutung dieser *faktischen Komponente* zeigt sich dabei anhand der Art und Weise der Erzeugung und Weiterverwendung von Wissensressourcen aus den Mitgliedsunternehmen. Diese werden *kommunikativ* in die Genossenschaften *integriert* und *wirken* in deren Strukturen *fort*. Obwohl die Theorie der Teilvölker in gewisser Weise auf den Integrationsaspekt abstellt,[394] vernachlässigen die anderen pluralistischen Demokratiekonzeptionen und die Erklärungsansätze zur demokratischen Legitimation funktionaler Selbstverwaltung den Aspekt der *kommunikativen Integration* von Wissensressourcen in öffentlich-rechtliche Körperschaften bisher weitgehend.[395] Das mag der Tatsache geschuldet sein, dass dieser Aspekt für andere Formen der Selbstverwaltung keine vergleichbar wichtige Bedeutung einnimmt,[396] spricht aber nicht dagegen, ihn im Folgenden zu berücksichtigen.

Durch die *rechtliche Komponente* kognitiver Potentiale haben die *kommunikative Integration* von Wissensressourcen und deren *fortwirkender Einfluss* zum einen eine Anknüpfung an Art. 20 Abs. 2 S. 1 GG. Zum anderen macht die *faktische Komponente* kognitiver Potentiale deutlich, dass die legitimatorische Bedeutung der beiden erkenntnisorientierten Modalitäten davon abhängt, welche Wirkungen sie tatsächlich entfalten können.[397] Die grundle-

---

393 Durch die Aufnahme der von Mitgliedsunternehmen und Dritten auf Grundlage von Verpflichtungen oder Ermächtigungen übermittelten Wissensressourcen werden in der juristischen Sekunde der Aufnahme Wissensressourcen erzeugt.

394 Beispielsweise *Herzog*, Allgemeine Staatslehre, S. 222 (224 f.), sieht in der Zwangsmitgliedschaft ein notwendiges Kriterium für die Anerkennung von Teilvölkern.

395 Immerhin erkennt *Scherzberg*, Die Öffentlichkeit der Verwaltung, S. 297, allgemein die kommunikative Rückkopplung von Entscheidungsprozessen als „ergänzende Legitimationsquelle“ an.

396 Gleichwohl könnte dieser Aspekt auch für die kontrovers diskutierte Frage der demokratischen Legitimation des Gemeinsamen Bundesausschusses zum Erlass von Richtlinien fruchtbar gemacht werden, siehe dazu insbesondere *Ladeur*, GesR 2016, S. 650 ff.; allgemein *BSG*, B 1 KR 2/16 R (juris); BSGE 132, 1 (4) m. w. N.; zweifelnd BVerfGE 140, 229 (239); *Kluth*, Der Gemeinsame Bundesausschuss (G-BA) nach § 91 SGB V aus der Perspektive des Verfassungsrechts, S. 61 ff.; *ders.*, GesR 2017, S. 205 ff.; *Gassner*, NZS 2016, S. 121 ff.; *Kingreen*, MedR 2017, S. 8 ff.; *Brünen*, Demokratische Legitimation des Gemeinsamen Bundesausschusses zum Ausschluss von Arzneimitteln durch Richtlinien, S. 145 ff.

397 Durch die Grundstruktur der kognitiven Potentiale wird eine Verbindung zwischen dem für die rechtliche Komponente verantwortlichen Bundesgesetzgeber auf der einen und den für die faktische Komponente verantwortlichen Genossenschaften auf der anderen Seite ersichtlich. Diese Grundstruktur kann auch als eine legitimierende Klammer umschrieben werden; zum Klammer-Gedanken siehe *Ossenbühl*, in: Isensee/Kirchhof, HStR, Band V, § 100, Rn. 19; zur Klammerwirkung von Gesetzen siehe *Eichenberger*, in: VVDStRL 40 (1982), S. 7 (10).

gende tatsächliche Vorbedingung dafür ist, dass die kognitiven Potentiale überhaupt in Anspruch genommen werden.

2. Vorbedingungen

a) Tatsächliche Vorbedingungen

Für die Beschreibung *kommunikativer Integration* von Wissensressourcen und ihres *fortwirkenden Einflusses* als selbstständige Formen ergänzender Legitimation wird nicht auf die Inanspruchnahme kognitiver Potentiale an sich abgestellt. Es wird also nicht die Ausübung von Staatsgewalt – in Gestalt der Inanspruchnahme kognitiver Potentiale – durch die Ausübung von Staatsgewalt legitimiert.[398] Vielmehr wird an die beiden damit einhergehenden tatsächlichen Vorgänge der *kommunikativen Integration* von Wissensressourcen und ihres *fortwirkenden Einflusses* und damit an die Art und Weise der Erzeugung und Weiterverwendung von Wissensressourcen angeknüpft. Gleichwohl ist die Inanspruchnahme kognitiver Potentiale eine tatsächliche Vorbedingung, damit die beiden erkenntnisorientierten Modalitäten überhaupt Wirkung entfalten und ergänzende Legitimation stiften können.

Obwohl im einfachen Recht verschiedenste erzeugende, verwertende und doppelfunktionale Potentiale angelegt sind,[399] enthält dieses keine ausdrücklichen Verpflichtungen, die Potentiale auch tatsächlich in Anspruch zu nehmen und damit einhergehend die *kommunikative Integration*[400] von Wissensressourcen und deren *fortwirkenden Einfluss* zum Tragen kommen zu lassen.[401] Das zeigt sich insbesondere im Hinblick auf die Weiterverwendung von erzeugten Wissensressourcen in den Strukturen der Genossenschaften. Demgegenüber verpflichtet der DGUV Grundsatz 300-001 diejenigen Aufsichtsper-

[398] Das gilt es insbesondere im Hinblick auf die Aufnahme von Wissensressourcen, die von den Mitgliedsunternehmen oder Dritten auf Grundlage rechtlicher Verpflichtungen oder Ermächtigungen übermittelt werden, zu berücksichtigen. Allein die Aufnahme der Wissensressourcen als Ausübung von Staatsgewalt vermag noch keine Legitimation zu stiften. Gleichwohl ist die Aufnahme allerdings notwendige Voraussetzung des fortwirkenden Einflusses der Wissensressourcen, wodurch ergänzende Legitimation gestiftet werden kann.

[399] Siehe insbesondere 2. Teil, A., B., C.

[400] In denjenigen Konstellationen, in denen grundsätzlich kein Unterschied zwischen der Ausübung der Verwaltungsmaßnahme und der Inanspruchnahme des kognitiven Potentials besteht, findet eine kommunikative Integration von Wissensressourcen dem Grunde nach zwangsläufig statt.

[401] Das zeigt sich exemplarisch für die in verschiedenen Verwaltungsmaßnahmen angelegten Möglichkeiten, Kommunikationsprozesse in Gestalt von Dialogen zu initiieren, wovon die Berufsgenossenschaften Gebrauch machen können, aber nicht müssen.

sonen und sonstigen mit Präventionsaufgaben betrauten Beschäftigten, die Mitglieder der Sachgebiete der DGUV e. V. sind,[402] „Erkenntnisse“ und „Erfahrungswissen“ in diesen Sachgebieten zusammenzuführen.[403] Diese Aufgabe können sie nur erfüllen, sofern sie zuvor Wissensressourcen aus den Mitgliedsunternehmen und von Dritten gewinnen, um diese anschließend in die Sachgebiete zur Wissenserzeugung einzubringen. Ein Ergebnis des insofern zusammengeführten „Erfahrungswissens“ wird anhand der Vorbemerkungen zu den DGUV Regeln deutlich. Dort wird festgehalten, dass das Regelwerk „das Erfahrungswissen aus der Präventionsarbeit der Unfallversicherungsträger“[404] bündelt. Anhand dieser Aussage wird deutlich, dass den Genossenschaften die Bedeutung der Wissensressourcen aus der Präventionsarbeit für die Erfüllung ihres Präventionsauftrags bewusst ist und dass sie diese unter anderem erzeugen, um sie auf der Ebene der Selbstverwaltung fruchtbar zu machen.

Die Ausgestaltung des gesetzlichen Unfallversicherungssystems gewährleistet insofern, dass die im einfachen Recht angelegten kognitiven Potentiale tatsächlich in Anspruch genommen werden und damit einhergehend die *kommunikative Integration* von Wissensressourcen und deren *fortwirkender Einfluss* zum Tragen kommen. Daher können diese beiden erkenntnisorientierten Modalitäten für die Beurteilung der demokratischen Legitimation der Genossenschaften herangezogen werden.

b) Rechtliche Vorbedingungen

aa) Autonomie durch Wissen?

Durch die Verantwortung einzelner Beschäftigter der Genossenschaften für die Art und Weise der Erzeugung und Weiterverwendung von Wissensressourcen und damit die *kommunikative Integration* sowie den *fortwirkenden Einfluss* besteht die Gefahr einer Autonomie durch Wissen bzw. letzten Endes einer an Einzelinteressen ausgerichteten Aufgabenwahrnehmung.

Mit solchen Bedenken haben sich Literatur und Rechtsprechung bereits allgemein auseinandergesetzt. Dabei arbeitete Böckenförde heraus, dass in der „Verhinderung des Abgleitens der selbsthandelnden Repräsentanten in

---

402 Kapitel I Nr. 3.3.1 lit. c) DGUV Grundsatz 300-001.

403 Kapitel I Nr. 3.1.2 2. Bullet Point DGUV Grundsatz 300-001: „Zusammenführung von Erkenntnissen, Erfahrungswissen und Fachmeinungen“.

404 Siehe beispielsweise nur die DGUV Regel 100-001, S. 3, DGUV Regel 101-011, S. 4, DGUV Regel 115-002, S. 3.

eine souveräne Stellung“[405] ein Kernpunkt der Organisation demokratischer Staatsgewalt besteht. In diese Richtung äußerte sich auch das BVerfG für diejenigen Konstellationen, in denen Staatsgewalt außerhalb der unmittelbaren Staatsverwaltung oder kommunalen Selbstverwaltung ausgeübt wird. Die damit einhergehenden Lockerungen der personellen Legitimationsanforderungen sind nach Ansicht des Gerichts nur dann mit dem Demokratieprinzip vereinbar, sofern institutionelle Vorkehrungen existieren, die „eine nicht Einzelinteressen gleichheitswidrig begünstigende, sondern gemeinwohlorientierte und von Gleichachtung der Betroffenen geprägte Aufgabenwahrnehmung ermöglichen und gewährleisten“[406].

Damit die *kommunikative Integration* von Wissensressourcen und deren *fortwirkender Einfluss* legitimatorisch berücksichtigt werden können, müssen also institutionelle Vorkehrungen vorhanden sein, die ihre gemeinwohlorientierte Ausübung gewährleisten.

bb) Absicherung der gemeinwohlorientierten Aufgabenwahrnehmung?

Im gesetzlichen Unfallversicherungsrecht finden sich institutionelle Vorkehrungen zur Absicherung der gemeinwohlorientierten Aufgabenwahrnehmung sowohl im Hinblick auf die Aufsichtspersonen (dazu (1)) als auch im Hinblick auf die sonstigen mit Präventionsaufgaben betrauten Personen (dazu (2)).

(1) Vorkehrungen für Aufsichtspersonen

Aufsichtspersonen[407] wurden wegen der ihnen in § 18 Abs. 1 SGB VII übertragenen Überwachungsaufgabe bis zum 31. Dezember 2022 „in der Regel“[408] als sog. Dienstordnungs-Angestellte (DO-Angestellte) beschäftigt.[409] DO-Angestellte haben zwar keinen öffentlich-rechtlichen Status, aber

---

405 *Böckenförde*, in: FS Eichenberger, S. 301 (314); so auch *Brenner*, in: Stern/Sodan/Möstl, Staatsrecht, Band II, § 30, Rn. 27f.

406 BVerfGE 135, 155 (223); 136, 194 (263); 146, 164 (210); siehe dazu auch *Münkler*, Expertokratie, S. 316f.

407 Diese werden heute nicht mehr als technische Aufsichtsbeamte beschäftigt, weil der Präventionsauftrag der Berufsgenossenschaften nicht mehr nur auf die technische Aufsicht beschränkt ist, siehe dazu *Schmitt*, SGB VII, § 18, Rn. 1; BT-Drs. 13/2204, S. 81.

408 *Kranig/Timm*, in: Hauck/Noftz, SGB VII, 48. EL, September 2010, § 18, Rn. 11.

409 *Wolber*, ZfPR 2000, S. 157 (158), forderte, dass Aufsichtspersonen, die Eingriffsrechte wahrnehmen können, den besonderen Status eines DO-Angestellten haben müssen; *Zakrzewski*, in: Becker/Franke/Molkentin, SGB VII, 5. Aufl., § 18, Rn. 5, forderte den Status eines DO-Angestellten für diejenigen Aufsichtspersonen, die Über-

ihr Angestelltenverhältnis ist durch die Dienstordnungen der Berufsgenossenschaften[410] weitgehend öffentlich-rechtlich ausgestaltet.[411] Diese übernehmen Vorschriften des Beamtenrechts, um die DO-Angestellten im Hinblick auf ihre Rechte und Pflichten den Beamten gleichzustellen.[412] Diese Annäherung an das Beamtenrecht ist prägendes Merkmal des DO-Dienstverhältnisses.[413] Dadurch wird sichergestellt, dass die Aufsichtspersonen als DO-Angestellte ihre Tätigkeiten und damit auch die Art und Weise der Erzeugung und Weiterverwendung von Wissensressourcen unparteiisch, gerecht und gemeinwohlorientiert sowie nicht autonom bzw. an Einzelinteressen ausgerichtet ausüben.[414] Insofern galt es Aufsichtspersonen bis zum 31. Dezember 2022 nicht nur in der Regel, sondern grundsätzlich als DO-Angestellte zu beschäftigen. Seit dem 1. Januar 2023 können die Berufsgenossenschaften keine DO-Angestellten mehr einstellen. Ab diesem Zeitpunkt besteht aber die Möglichkeit, Beamtenverhältnisse zu begründen,[415] sodass die Aufsichtspersonen nunmehr als Beamte zu beschäftigen sind.[416]

Neben diesen ausdrücklichen Regelungen finden sich auch organisationsrechtliche Vorkehrungen, die eine gemeinwohlorientierte Aufgabenwahrnehmung durch die Aufsichtspersonen sicherstellen. Dafür streitet zunächst die Tatsache, dass Aufsichtspersonen eine Vorbereitungszeit von mindestens einem Jahr absolvieren müssen,[417] bevor sie die Prüfung zum Erhalt des Befähigungsnachweises nach § 18 Abs. 2 S. 1 SGB VII ablegen können. In dieser Karenzzeit nach ihrer praktischen betrieblichen Tätigkeit[418] erwerben die sog. Aufsichtspersonen in Vorbereitung unter anderem die praktischen Kenntnisse und Fertigkeiten zur Durchführung des gesetzlichen Beratungs- und Überwachungsauftrags, fachliche und rechtliche Kenntnisse im Bereich Prä-

wachungsaufgaben wahrnehmen, wohingegen diejenigen Aufsichtspersonen, die nur in der Beratung tätig sind, dieses Status nicht bedürften.

410 §§ 144 ff. SGB VII.

411 *BAG*, 3 AZR 391/04 (juris).

412 *Wolber*, ZfPR 2000, S. 157 (158).

413 *Köhler*, in: Hauck/Noftz, SGB VII, EL 1/2023, § 144, Rn. 17, unter Hinweis auf BSGE 41, 171; nach *BAG*, 3 AZR 391/04 (juris), verlangt das Gesetz allerdings nicht, das Dienstrecht dem Beamtenrecht in Gänze nachzubilden.

414 Nach *Grigoleit*, in: Battis, BBG, § 60, Rn. 5, ist die Gemeinwohlorientierung das Spezifikum des Beamtenethos, gerade im Verhältnis zu privaten Berufen.

415 BT-Drs. 19/19037, S. 53.

416 So auch *I. Palsherm*, in: jurisPK-SGB VII, Stand: 25.01.2023, § 149, Rn. 15.

417 Nach § 3 Abs. 2 S. 1 Muster-Prüfungsordnung I für Aufsichtspersonen mit Hochschulqualifikation dauert die Vorbereitungszeit in der Regel zwei Jahre. Nach § 3 Abs. 2 S. 1 Muster-Prüfungsordnung II für Aufsichtspersonen mit einer Qualifikation entsprechend dem Kompetenzniveau sechs des Deutschen Qualifikationsrahmens (DQR) (AP II) dauert die Vorbereitungszeit in der Regel ein Jahr.

418 § 2 Abs. 1 lit. b) Nr. 1) Muster-Prüfungsordnungen I und II.

vention sowie Handlungs- und Umsetzungskompetenzen.[419] Diese auf den Präventionsauftrag und damit das Gemeinwohl ausgerichtete Ausbildung spiegelt sich auch im Berufsrollenverständnis der Aufsichtspersonen wieder. Danach muss eine Aufsichtsperson unter anderem bei „der Umsetzung und Wahrnehmung der Aufgaben [...] die Zielsetzungen der Präventionsleistungen berücksichtigen"[420].

Daneben führt auch die große Zahl der Aufsichtspersonen der gewerblichen Berufsgenossenschaften (1.995 im Jahr 2022) mit 110 bis 530 Aufsichtspersonen pro Berufsgenossenschaft[421] dazu, dass die Bedeutung einzelner Aufsichtspersonen bei der *kommunikativen Integration* von Wissensressourcen und deren *fortwirkendem Einfluss* beschränkt ist. Entscheidend ist dabei nicht die einzelne Aufsichtsperson, sondern vielmehr deren Gesamtheit. Das führt bei der großen Zahl an Aufsichtspersonen dazu, dass sich etwaige Autonomiebestrebungen Einzelner,[422] die lediglich einen kleinen Bruchteil einer großen Gesamtheit darstellen, nicht realisieren lassen.

(2) Vorkehrungen für sonstige mit Präventionsaufgaben betraute Personen

Da die sonstigen mit Präventionsaufgaben betrauten Personen keine vergleichbaren Prüfungen wie die Aufsichtspersonen ablegen müssen, bestehen keine organisationsrechtlichen Vorkehrungen, anhand derer ihre gemeinwohlorientierte Aufgabenwahrnehmung sichergestellt wird.

Vor diesem Hintergrund galt es auch die sonstigen mit Präventionsaufgaben betrauten Personen bis zum 31. Dezember 2022 grundsätzlich als DO-Angestellte zu beschäftigen. Seit dem 1. Januar 2023 sind sie nunmehr grundsätzlich als Beamte zu beschäftigen.[423] Dadurch kann ihre gemeinwohlorientierte Aufgabenwahrnehmung normativ abgesichert werden. Auf diese Weise wird sie zwar nicht in dem gleichen Maße wie bei den Aufsichtspersonen, aber doch immerhin in einer hinreichenden Weise sichergestellt.

---

419 § 3 Abs. 1 Muster-Prüfungsordnung I für Aufsichtspersonen mit Hochschulqualifikation.

420 *DGUV e. V.* (Hrsg.), Berufsrollenverständnis der Aufsichtspersonen mit Hochschulqualifikation (AP I) in der gesetzlichen Unfallversicherung, S. 12.

421 *DGUV e. V.* (Hrsg.), Geschäfts- und Rechnungsergebnisse der gewerblichen Berufsgenossenschaften und Unfallversicherungsträger der öffentlichen Hand 2022, S. 84 (Tabelle 1).

422 Etwaige Autonomiebestrebungen würden auch den Pflichten aus der Dienstordnung, insbesondere der Gemeinwohlorientierung, zuwiderlaufen.

423 Vgl. *I. Palsherm*, in: jurisPK-SGB VII, Stand: 25.01.2023, § 149, Rn. 15, auch im Hinblick auf die in der Gesetzesbegründung, BT-Drs. 19/19037, S. 53, mit 20 Prozent zu niedrig angesetzte Grenze an Beamtenstellen.

Vergleichbare Vorkehrungen gibt es nicht für Personen, die ausschließlich in der DGUV e.V. tätig und somit nicht zugleich bei einem Unfallversicherungsträger beschäftigt sind. Daraus resultieren letzten Endes aber keine Gefahren, weil das auf der Ebene des Spitzenverbandes gebildete Wissen im Wesentlichen auf Wissensressourcen beruht, die durch die verschiedenen Unfallversicherungsträger erzeugt wurden. Insofern wirken die Absicherungen in den Berufsgenossenschaften auf der Ebene der DGUV e.V. fort.

cc) Gemeinwohlorientierte Aufgabenwahrnehmung

Durch normative und organisationsrechtliche Vorkehrungen wird verhindert, dass die Aufsichtspersonen ihre Aufgabenwahrnehmung und damit auch die *kommunikative Integration* von Wissensressourcen sowie deren *fortwirkenden Einfluss* an Einzelinteressen ausrichten. Das kann in vergleichbarer Weise auch bei den sonstigen mit Präventionsaufgaben betrauten Personen sichergestellt werden, sofern sie als DO-Angestellte bzw. Beamte beschäftigt werden.

Unter diesen Voraussetzungen ist sichergestellt, dass die Art und Weise der Erzeugung und Weiterverwendung von Wissensressourcen und damit die *kommunikative Integration* sowie der *fortwirkende Einfluss* gemeinwohlorientiert erfolgen.

3. Konkreter Aussagegehalt der selbstständigen Legitimationsformen

Da die *kommunikative Integration* von Wissensressourcen und deren *fortwirkender Einfluss* auf Grundlage der tatsächlichen und rechtlichen Vorbedingungen legitimatorische Berücksichtigung finden können, gilt es nun, aufbauend auf die bisherigen Ausführungen, diese beiden erkenntnisorientierten Modalitäten als selbstständige Formen ergänzender Legitimation zu beschreiben.

a) Ausgangspunkt

Ausgehend von der *kommunikativen Integration* von Wissensressourcen aus den Mitgliedsunternehmen in die Genossenschaften und deren *fortwirkendem Einfluss* auf der Ebene der Selbstverwaltung kann – in tatsächlicher Hinsicht – im wahrsten Sinne des Wortes von einem Ausgehen der Staatsgewalt vom Volke i.S.d. Art. 20 Abs. 2 S. 1 GG durch einen „Einfluß auf die [tatsächlichen Grundlagen der] Ausübung der Staatsgewalt“[424] gesprochen

---

[424] BVerfGE 83, 60 (71); siehe auch *Böckenförde*, in: Isensee/Kirchhof, HStR, Band II, § 24, Rn. 14.

werden. Dabei gehen die tatsächlichen Grundlagen nicht nur von einem Verbandsvolk, sondern durch den horizontalen Informationsaustausch[425] aller Unfallversicherungsträger über die DGUV e.V. von sämtlichen Verbandsvölkern aus. Dadurch erhält die Gesamtheit aller Mitgliedsunternehmer und Versicherten als eine dem Staatsvolk angenäherte Gemeinschaft die Möglichkeit, in einem gewissen Maße Einfluss auf die tatsächlichen Grundlagen genossenschaftlicher Präventionsmaßnahmen zu nehmen. Das zeigt sich unter anderem daran, dass sie in einer gewissen, wenn auch beschränkten, Weise steuern können, inwieweit sie sich bei bestimmten Maßnahmen auf Dialoge mit den Genossenschaften einlassen und dabei einen Zugang zu Wissensressourcen eröffnen.[426]

Die Wissensressourcen aus den Mitgliedsunternehmen werden in ihrer Gesamtheit insbesondere auf die Recht- und Regelsetzung ausgerichtet.[427] Diese ist ein Stabilisator[428] der fortwirkenden Wissensressourcen, die die Gestalt des Vorschriften- und Regelwerks in entscheidender Weise mitprägen und dessen besondere Aussagekraft gewährleisten.[429] Da die Berufsgenossenschaften bei ihren konkreten Präventionsmaßnahmen unter anderem auf das Vorschriften- und Regelwerk zurückgreifen, *wirken* die Wissensressourcen aus den Mitgliedsunternehmen vor allem darüber *fort*.[430]

Diese Beobachtungen gelten dem Grunde nach auch für das *Fortwirken* von Wissensressourcen Dritter, insbesondere staatlicher Arbeitsschutzakteure, in den genossenschaftlichen Strukturen. Diese Wissensressourcen, die ebenfalls *kommunikativ* in die Genossenschaften *integriert* werden, können ebenfalls auf große Teile des Staatsvolks zurückgeführt werden, sofern sie ihren Ursprung bei den dem staatlichen Arbeitsschutzrecht unterworfenen Arbeitgebern und Beschäftigten haben.

---

425 Siehe 2. Teil, A. III. 2.

426 Siehe allgemein zu effektiven Einflussmöglichkeiten *Sommermann*, in: Huber/Voßkuhle, GG, Band 2, Art. 20, Rn. 192; *Trute*, in: Voßkuhle/Eifert/Möllers, GVwR, Band I, § 9, Rn. 48.

427 Daneben können Wissensressourcen aus den Mitgliedsunternehmen selbstverständlich auch im Rahmen anderer Maßnahmen, etwa der Forschung, fortwirkenden Einfluss nehmen.

428 Siehe dazu 2. Teil, D.

429 Siehe für das Regelwerk beispielsweise jeweils S. 3 der DGUV Regel 100-001 und der DGUV Regel 115-002.

430 Die Wissensressourcen aus den Mitgliedsunternehmen vermögen auch unabhängig von der Recht- und Regelsetzung in sämtlichen Präventionsmaßnahmen fortzuwirken, in denen jedenfalls auch verwertende Potentiale angelegt sind.

b) Auswirkungen auf das Legitimationsniveau

aa) Ergänzung der sachlich-inhaltlichen Legitimation

Die beiden Modalitäten der *kommunikativen Integration* und des *fortwirkenden Einflusses* haben einen beachtlichen Einfluss auf den Inhalt der genossenschaftlichen Präventionsmaßnahmen.[431] Daher schlagen sie sich insbesondere in der sachlich-inhaltlichen Legitimationskomponente und damit in materieller Hinsicht im Legitimationsniveau nieder. Demgegenüber haben die beiden Modalitäten keinen Einfluss auf die personelle Legitimationskomponente, die auf die Staatsgewalt ausübenden Personen ausgerichtet ist.

Die *kommunikative Integration* von Wissensressourcen aus den Mitgliedsunternehmen ermöglicht nicht nur eine Rückkopplung bei den Mitgliedsunternehmen,[432] sondern verkörpert zudem eine notwendige Voraussetzung des an die Erzeugung anschließenden *fortwirkenden Einflusses* der Wissensressourcen auf der Ebene der Selbstverwaltung. Dieser kann seinen Ausgang bereits in der Interpretation oder interpretatorischen Verknüpfung der erzeugten Wissensressourcen und ihrer damit einhergehenden Vollendung zu Informationen oder Wissen nehmen. Sowohl diese Informationen als auch dieses Wissen können nicht nur im Rahmen von konkreten Präventionsmaßnahmen gegenüber den Mitgliedsunternehmen, wie etwa den Beratungen, verwertet, sondern in Gestalt ihrer Grundlagen auch auf der Ebene der Selbstverwaltung umfassend weiterverwendet werden.[433]

Insofern vermag die *kommunikative Integration* von Wissensressourcen als notwendige Voraussetzung ihres *fortwirkenden Einflusses* eine ergänzende Legitimation für die Ausübung der entsprechenden Verwaltungsmaßnahmen und der damit einhergehenden Inanspruchnahme kognitiver Potentiale zu stiften. Dieser Aspekt nimmt insbesondere bei der Aufnahme von Wissensressourcen durch Inanspruchnahme *reaktiv erzeugender (Verbund-)Potentiale* und *wechselinitiativer (Verbund-)Potentiale* eine besondere Bedeutung ein. Diese Aufnahme von Wissensressourcen verkörpert eine notwendige Voraus-

---

[431] Allgemein *Böckenförde*, in: Isensee/Kirchhof, HStR, Band II, § 24, Rn. 14, zum Ziel demokratischer Legitimation, „einen effektiven Einfluß […] auf die Ausübung der Staatsgewalt zu bewirken und sicherzustellen"; *Puhl*, in: Isensee/Kirchhof, HStR, Band V, § 48, Rn. 43.

[432] Zur Voraussetzung einer wirksamen Rückkopplung zu den repräsentierten Interessen siehe *Trute*, in: Voßkuhle/Eifert/Möllers, GVwR, Band I, § 9, Rn. 88; zur dauerhaften Rückkopplung der Rechtsetzung von Trägern funktionaler Selbstverwaltung an ihre Mitglieder siehe *BVerfG*, NVwZ 2002, S. 851 f., und *F. Becker*, Kooperative und konsensuale Strukturen in der Normsetzung, S. 458 f.

[433] Allgemein *P. Kirchhof*, in: Isensee/ders., HStR, Band XII, § 283, Rn. 66, zum effektiven Einfluss auf die Ausübung der Staatsgewalt.

setzung ihres *fortwirkenden Einflusses*, sodass ihr bereits aus diesem Grund eine ergänzende Legitimation zugesprochen werden kann.[434]

Der *fortwirkende Einfluss* der im Rahmen *kommunikativer Integration* gewonnenen Wissensressourcen ist notwendige Voraussetzung, damit diese sich anhand der verwertenden Potentiale, beispielsweise im Rahmen der Recht- und Regelsetzung, auf den konkreten Inhalt genossenschaftlicher Präventionsmaßnahmen auswirken können.[435] Aufgrund dieser Auswirkungen prägt der *fortwirkende Einfluss* diese Maßnahmen in besonderer Weise. Dadurch vermag er die sachlich-inhaltliche Legitimation dieser Maßnahmen und der damit einhergehenden Inanspruchnahme verwertender Potentiale zu ergänzen. Dadurch kann in Zusammenschau mit der ansonsten lückenhaften sachlich-inhaltlichen Legitimationskomponente ein Legitimationsniveau erreicht werden, das insgesamt als hinreichend qualifiziert werden kann.[436] Auf diese Weise verlieren letzten Endes auch die Herausforderungen im Hinblick auf die personelle Legitimation ihre Bedeutung.[437]

Diese Beurteilung kann verallgemeinernd auf sämtliche Konstellationen übertragen werden, in denen *kognitive Potentiale* bei der Ausübung von Verwaltungsmaßnahmen in Anspruch genommen werden und dabei eine *kommunikative Integration* von Wissensressourcen oder deren *fortwirkender Einfluss* zum Tragen kommt. Die beiden Modalitäten wirken sich dabei auf die sachlich-inhaltliche Legitimation der Verwaltungsmaßnahmen und der damit einhergehenden Inanspruchnahme kognitiver Potentiale aus.

bb) Sonderkonstellationen: Forschung und Übermittlungen an Dritte

Die *Forschung* verkörpert unter legitimatorischen Gesichtspunkten eine Sonderkonstellation, sofern dabei weder Wissensressourcen aus den Mitgliedsunternehmen im Wege *kommunikativer Integration* erzeugt werden noch *fortwirken*. Gleichwohl bildet die Forschung jedenfalls den Ausgangspunkt des *fortwirkenden Einflusses* des dabei erzeugten Wissens in Gestalt seiner Grundlagen in den genossenschaftlichen Strukturen sowie des damit einhergehenden Einflusses auf die Qualität der Präventionsmaßnahmen. Inso-

---

434 Allgemein *Schmidt-Aßmann*, AöR 116 (1991), S. 329 (373), zu Einflussnahmechancen; *Trute*, in: Voßkuhle/Eifert/Möllers, GVwR, Band I, § 9, Rn. 19, unter Hinweis auf BVerfGE 44, 125 (139 f.), zu kontinuierlichen Rückkopplungen.

435 Allgemein *Trute*, in: Voßkuhle/Eifert/Möllers, GVwR, Band I, § 9, Rn. 88, zu hinreichender Responsivität.

436 Zu den allgemeinen Voraussetzungen siehe 3. Teil, C. II. 1.

437 Mit *Voßkuhle*, in: Isensee/Kirchhof, HStR, Band III, § 43, Rn. 58, können einzelne Elemente auch gänzlich entfallen, sofern sie – insgesamt betrachtet – kompensiert werden.

fern kann die Modalität des *fortwirkenden Einflusses* für die Forschung zur Anwendung kommen und diese ein hinreichendes Legitimationsniveau erreichen.

Eine weitere Sonderkonstellation verkörpern *Übermittlungen an Dritte*, die nicht auf Grundlage konkreter Übermittlungsermächtigungen,[438] sondern im Rahmen von allgemeinen Kooperationsmaßnahmen vorgenommen werden und nicht auf eine kooperative Wissenserzeugung ausgerichtet sind. Dabei entfaltet die *kommunikative Integration* grundsätzlich keine Wirkung. Zudem kommt der *fortwirkende Einfluss* hierbei nicht den Mitgliedsunternehmen, sondern den Dritten zu Gute. Gleichwohl darf nicht übersehen werden, dass die Übermittlungen an Dritte im Rahmen von faktischen Gegenseitigkeitsverhältnissen ausgeübt werden.[439] Die Übermittlungen an Dritte verkörpern immerhin eine unausgesprochene Bedingung dafür, dass auch die Dritten Wissensressourcen an die Genossenschaften übermitteln, die *kommunikativ* in die Selbstverwaltung *integriert* werden und dort einen *fortwirkenden Einfluss* haben können. Aufgrund dieses Zusammenhangs kann letztlich auch eine ergänzende Legitimation für die entsprechenden Übermittlungen an Dritte bejaht werden.

cc) Konsistente Beschreibung der Legitimation zur Recht- und Regelsetzung

Die demokratische Legitimation der Berufsgenossenschaften zum Erlass von Unfallverhütungsvorschriften wurde im Gegensatz zu ihren anderen Tätigkeiten bereits intensiv diskutiert und – wie bereits ausgeführt – trotz unterschiedlicher Begründungen im Einzelnen durchgängig als hinreichend qualifiziert.[440] Gleichwohl hat aber keiner der verschiedenen Begründungsansätze auf die *kommunikative Integration* und den *fortwirkenden Einfluss* von Wissensressourcen zurückgegriffen.

Daher gilt es abschließend noch exemplarisch die Legitimation der Genossenschaften zur Recht- und Regelsetzung unter Rückgriff auf die beiden erkenntnisorientierten Modalitäten näher zu beschreiben. Diese können vor allem im Bereich der genossenschaftlichen Recht- und Regelsetzung, die den Stabilisator der fortwirkenden Wissensressourcen verkörpert, die sachlich-inhaltliche Legitimation ergänzen. Dadurch kann in Zusammenschau mit der ansonsten lückenhaften Legitimation das für die Recht- und Regelsetzung er-

---

[438] Für Übermittlungen auf Grundlage konkreter Übermittlungsermächtigungen kann bereits keine sachlich-inhaltliche Legitimationslücke festgestellt werden.

[439] Siehe beispielsweise § 14 Abs. 2 SGB VII, der von einer Zusammenarbeit mit den Krankenkassen spricht.

[440] Siehe 3. Teil, C. II. 2. c).

forderliche Legitimationsniveau erreicht werden.[441] Das folgt vor allem aus der Tatsache, dass die beiden erkenntnisorientierten Modalitäten die Gestalt des Vorschriften- und Regelwerks in entscheidender Weise prägen und dessen besondere Aussagekraft und Qualität gewährleisten.

Vor diesem Hintergrund lässt sich auch die unter legitimatorischen Gesichtspunkten vordergründig kritische Vorschrift des § 16 Abs. 1 SGB VII erklären. Demnach gelten Unfallverhütungsvorschriften auch, soweit in einem oder für ein Unternehmen Versicherte tätig werden, für die eigentlich ein anderer Unfallversicherungsträger zuständig ist. Aus legitimatorischer Sicht ist für diese Geltungserstreckung auf Außenseiter entscheidend, dass die Unfallverhütungsvorschriften aufgrund der beiden erkenntnisorientierten Modalitäten vor den in dem jeweiligen Unternehmen auftretenden Risiken und Gefahren in einer besonderen Art und Weise schützen, wodurch ein hinreichender Ausgleich für das Legitimationsdefizit geschaffen wird.[442]

Diese Begründung greift auch für die Geltungserstreckung der Unfallverhütungsvorschriften nach § 16 Abs. 2 SGB VII auf Unternehmer und Beschäftigte von ausländischen Unternehmen, die eine Tätigkeit im Inland ausüben, ohne einer Berufsgenossenschaft anzugehören. Auch in dieser Konstellation vermögen die *kommunikative Integration* und der *fortwirkende Einfluss* von Wissensressourcen für einen Ausgleich des Legitimationsdefizits[443] zu sorgen.[444] Diese Möglichkeit besteht allerdings nur, sofern die Genossenschaften dem Grunde nach tatsächlich Wissensressourcen aus den ausländischen Unternehmen, die eine Tätigkeit im Inland ausüben, *kommunikativ* in das Unfallversicherungssystem *integrieren* und dadurch eine Grundlage für deren *fortwirkenden Einfluss* schaffen.

---

441 Vgl. *F. Becker*, Kooperative und konsensuale Strukturen in der Normsetzung, S. 457 f.

442 In diese Richtung auch *Schmitt*, SGB VII, § 16, Rn. 2; *Ricke*, in: Beck'scher Online-Grosskommentar (Kasseler Kommentar), SGB VII, Stand: 15.05.2023, § 16, Rn. 2; allgemein *Hänlein*, Rechtsquellen im Sozialversicherungsrecht, S. 163 ff. m. w. N.

443 Nachdem die ausländischen Unternehmen und deren Beschäftigte nicht am Erlass der Unfallverhütungsvorschriften mitwirken, kommt nach *Kranig/Timm*, in: Hauck/Noftz, SGB VII, 48. EL, September 2010, § 16, Rn. 3, eine Legitimation nur über die in § 16 Abs. 2 SGB VII einfach-gesetzlich angeordnete Geltungserstreckung und den staatlichen Einfluss auf die Unfallverhütungsvorschriften nach § 15 Abs. 4 SGB VII in Betracht.

444 *Hänlein*, Rechtsquellen im Sozialversicherungsrecht, S. 164 ff., beurteilt die Geltungserstreckung als nicht erforderlich, sofern ausländische Unternehmen und deren Beschäftigte nicht mit Versicherten eines anderen Unternehmens auf einer gemeinsamen Betriebsstätte arbeiten.

c) Grenzen der legitimatorischen Berücksichtigung

Die beiden erkenntnisorientierten Modalitäten der *kommunikativen Integration* und des *fortwirkenden Einflusses* können solange und soweit legitimatorische Berücksichtigung finden, wie die Ausgestaltung des gesetzlichen Unfallversicherungssystems die Erzeugung und Weiterverwendung von Wissensressourcen auf diese Art und Weise gewährleistet.

Sofern diese Ausgestaltung aufgrund geänderter tatsächlicher oder rechtlicher Rahmenbedingungen und die damit einhergehenden Möglichkeiten begrenzt werden sollte, würde sich dadurch automatisch die legitimatorische Bedeutung der beiden erkenntnisorientierten Modalitäten verringern. Vor diesem Hintergrund besteht eine Auffangverpflichtung des Staates, die *kommunikative Integration* und den *fortwirkenden Einfluss* von Wissensressourcen im Unfallversicherungssystem sicherzustellen. Diese Auffangverpflichtung kommt aber nur subsidiär zum Tragen. Sie ließe sich beispielsweise über Aufgabennormen bzw. organisationsrechtliche Vorgaben verwirklichen. Da entsprechende Vorgaben gegenwärtig bereits in hinreichender Weise von der DGUV e.V. im DGUV Grundsatz 300-001 gemacht werden, kommt der Auffangverpflichtung derzeit keine Bedeutung zu.

4. Fazit

Die beiden erkenntnisorientierten Modalitäten der *kommunikativen Integration* und des *fortwirkenden Einflusses* sind Wirkungsmechanismen des genossenschaftlichen Wissensmanagements, die ergänzende demokratische Legitimation vermitteln und dadurch vorhandene Legitimationslücken schließen können. Wesentliche Voraussetzung hierfür ist, dass die *kommunikative Integration* tatsächlich stattfindet und die dabei erzeugten Wissensressourcen tatsächlich einen *fortwirkenden Einfluss* auf der Ebene der Selbstverwaltung einnehmen. Unter dieser Bedingung können die beiden Modalitäten als ergänzende Formen demokratischer Legitimation die sachlich-inhaltlichen Legitimationsdefizite der Genossenschaften in einer Art und Weise ausgleichen, dass dadurch letzten Endes auch personelle Legitimationsdefizite kompensiert werden können.[445]

---

445 *Scherzberg*, Die Öffentlichkeit der Verwaltung, S. 309, sieht bereits einen legitimatorischen Ausgleich in der wirksamen Wechselwirkung zwischen der administrativen Willensbildung und der allgemeinen gesellschaftlichen Kommunikation.

VI. Ergebnis

Der Rückgriff auf das Demokratieprinzip hat die demokratieprinzipielle Ambivalenz der kognitiven Potentiale offengelegt. Als Ausübung von Staatsgewalt ist ihre Inanspruchnahme einerseits nach Art. 20 Abs. 2 GG legitimationsbedürftig. Andererseits vermögen die beiden mit ihrer Inanspruchnahme einhergehenden erkenntnisorientierten Modalitäten der *kommunikativen Integration* und des *fortwirkenden Einflusses* von Wissensressourcen eine ergänzende demokratische Legitimation zu stiften.

Anhand der mit der Inanspruchnahme kognitiver Potentiale einhergehenden *kommunikativen Integration* können einerseits Wissensressourcen aus den Mitgliedsunternehmen und von Dritten als Grundlage des genossenschaftlichen Wissensmanagements gewonnen werden. Andererseits können dabei auch Kommunikationsprozesse in Gestalt von Dialogen mit den Mitgliedsunternehmen initiiert werden, wodurch Präventionsmaßnahmen der Genossenschaften bei den Betroffenen rückgekoppelt werden können.

Durch den *fortwirkenden Einfluss* der Wissensressourcen auf der Ebene der Selbstverwaltung lassen sich die tatsächlichen Grundlagen der Ausübung von Staatsgewalt im Rahmen der Präventionsmaßnahmen nicht nur auf wesentliche Teile des Staatsvolks zurückführen. Darüber hinaus werden auf diese Weise auch Präventionsmaßnahmen ermöglicht, die eine besondere Qualität aufweisen.

Diese beiden erkenntnisorientierten Modalitäten, die Wirkungsmechanismen des Wissensmanagements verkörpern, können aufgrund ihrer konkreten und beachtlichen Auswirkungen eine ergänzende Legitimation für die Inanspruchnahme kognitiver Potentiale und die damit in Zusammenhang stehenden genossenschaftlichen Verwaltungsmaßnahmen stiften. Durch diese selbstständige Form ergänzender Legitimation können sowohl die Lücken in der sachlich-inhaltlichen Legitimation geschlossen als auch die Herausforderungen im Hinblick auf die personelle Legitimation entschärft werden, wodurch schließlich ein hinreichendes Legitimationsniveau erreicht werden kann.

Anhand des Demokratieprinzips konnten die Funktionen der verschiedenen Kategorien kognitiver Potentiale, ihre Wechselwirkungen und das daran anknüpfende Wissensmanagement verfassungsrechtlich durchdrungen und konkretisiert werden. Daran anschließend gilt es nun die von der Inanspruchnahme kognitiver Potentiale betroffenen Wissensressourcen aus den Mitgliedsunternehmen anhand der einschlägigen Grundrechte verfassungsrechtlich zu durchdringen.

D. Einfluss grundrechtlicher Gehalte auf die kognitiven Potentiale

Die verschiedenen kognitiven Potentiale der Genossenschaften sind vor allem auf Wissensressourcen aus den Mitgliedsunternehmen[446] ausgerichtet, die im einfachen Recht nur einem beschränkten Schutzregime unterstellt werden.[447] Dieses erfasst insbesondere die vielfältigen Möglichkeiten der Genossenschaften zur Erzeugung und Weiterverwendung von unternehmensbezogenen Wissensressourcen nur unzureichend.[448] Daher besteht ein Bedürfnis nach zusätzlichen Vorgaben, die durch einen Rückgriff auf die betroffenen Grundrechte und deren verschiedene Gehalte gewonnen werden können.

Dieses grundrechtliche Schutzbedürfnis folgt nicht aus eigentumsanalogen Erwägungen, sondern aus den Gefährdungen, die aus der Weiterverwendung von unternehmensbezogenen Informations- und Wissensgrundlagen im Rahmen der verschiedenen Verwendungszusammenhänge auf der Ebene der Selbstverwaltung resultieren. Daher sind nicht nur die subjektiv-abwehrrechtlichen, sondern vor allem auch die objektiv-rechtlichen[449] Gehalte der betroffenen Grundrechte angesprochen. Daraus lassen sich konkrete Aussagen für die Verwendungszusammenhänge, in denen die Wissensressourcen aus den Mitgliedsunternehmen von den Genossenschaften zu Informationen und Wissen vollendet werden, ableiten.[450]

---

446 Wissensressourcen aus den Mitgliedsunternehmen umfassen sowohl Wissensressourcen der Mitgliedsunternehmen als auch eigene Beobachtungen der Genossenschaften.

447 Siehe 2. Teil, D.; zu Betriebs- und Geschäftsgeheimnissen finden sich immerhin einfach-gesetzliche Vorgaben, etwa in § 35 Abs. 4 SGB I oder § 67 Abs. 2. S. 2 SGB X.

448 Siehe im 2. Teil insbesondere A. I. 6. und D. Daran ändern auch die RL (EU) 2016/943 und das deutsche Umsetzungsgesetz nichts. Diese Richtlinie berührt gem. ihrem Art. 1 Abs. 2 lit. b) und c) sowie Erwägungsgrund 11 ausdrücklich nicht diejenigen Vorschriften, die eine Offenlegung von Geschäftsgeheimnissen gegenüber Behörden und durch Behörden erlauben. Dementsprechend regelt das Gesetz zum Schutz von Geschäftsgeheimnissen (GeschGehG) laut der Gesetzesbegründung in BT-Drs. 19/4724, S. 23, „die Rechtsfolgen der Erlangung, Nutzung und Offenlegung von Geschäftsgeheimnissen zwischen Privaten, nicht aber das Verhältnis zwischen Privaten und öffentlichen Stellen“, siehe dazu auch *Hoeren*, in: ders./Münker, GeschGehG, § 1, Rn. 13 ff.; *Leopold*, in: Beck'scher Online-Grosskommentar (Kasseler Kommentar), SGB X, Stand: 15.05.2024, § 67, Rn. 108.

449 Zur Kritik am Begriff siehe *Sachs*, in: ders., GG, Vor Art. 1, Rn. 31, unter Bezugnahme auf Rn. 28 f., der den Begriff wegen seiner weiten Verbreitung aber trotzdem verwendet.

450 *Trute*, in: Roßnagel, Handbuch Datenschutzrecht, 2.5, Rn. 19, im Hinblick auf das Recht auf informationelle Selbstbestimmung natürlicher Personen.

Das grundrechtliche Schutzbedürfnis zeigt sich insbesondere bei unternehmensbezogenen Wissensressourcen aus denjenigen Mitgliedsunternehmen, die von grundrechtsberechtigten juristischen Personen des Privatrechts getragen werden.[451] Diese werden im supranationalen und einfachen Recht dem am schwächsten ausgeprägten Schutzregime unterstellt.[452] Das führt der Erwägungsgrund 14 S. 2 der Datenschutz-Grundverordnung (EU) 2016/679 eindrücklich vor Augen.

Vor diesem Hintergrund werden die aus der Verfassung abzuleitenden Vorgaben auf unternehmensbezogene Wissensressourcen aus diesen Mitgliedsunternehmen ausgerichtet. Sofern im Folgenden von Wissensressourcen gesprochen wird, sind damit grundsätzlich[453] Wissensressourcen aus diesen Mitgliedsunternehmen[454] gemeint.[455] Die insofern ermittelten Vorgaben können dem Grunde nach auch auf andere Formen von Mitgliedsunternehmen übertragen werden.[456]

Für die aus den verschiedenen Grundrechtsgehalten abzuleitenden Vorgaben zum Schutz der Wissensressourcen aus den Mitgliedsunternehmen gilt es zunächst die einschlägigen Schutzbereiche zu ermitteln (dazu I.). Daran anschließend können die verschiedenen Ausprägungen von Wissensressourcen anhand ihrer unterschiedlichen Schutzbedürftigkeit den jeweiligen Schutzbereichen zugeordnet werden (dazu II.). Ausgehend von der Unterscheidung zwischen verschiedenen Schutzbereichen werden zusätzlich Unterscheidungen im Hinblick auf die Intensität der unterschiedlichen kognitiven Potentiale vorgenommen werden müssen. Auf diese Weise können die Wissensressourcen anhand eines mehrgliedrigen Schutzkonzepts grundrechtlich eingehegt werden, das sowohl der Schutzbedürftigkeit der Wissensressourcen als auch

---

451 Durch den Bezug zu dem Unternehmen, aus dem die Wissensressourcen stammen, besteht grundsätzlich zugleich ein Bezug zu dem hinter dem Unternehmen stehenden Unternehmer. Bei Kapitalgesellschaften mit nur einem einzigen Gesellschafter, z. B. Ein-Mann-GmbHs, kann der Schutz stärker ausgeprägt sein, sofern unternehmensbezogene Wissensressourcen bzw. einzelne ihrer Bestandteile auf den einzigen Gesellschafter „durchschlagen". In dieser Konstellation kommen gegebenenfalls auch die Vorgaben der DS-GVO (EU) 2016/679 und des Sozialdatenschutzes zur Anwendung. Daher sind solche Kapitalgesellschaften gemeinsam mit anderen vergleichbaren Mitgliedsunternehmen, wie z. B. Einzelunternehmen, erst in einem zweiten Schritt zu beurteilen, siehe dazu 3. Teil, D. IV. 3., V. 2. c), VI. 4., VII. 4.

452 Siehe dazu 2. Teil, A. I. 6. a) cc) und dd).

453 Eine Ausnahme besteht bei allgemeinen Erwägungen zu Wissensressourcen.

454 Das gilt auch für Hersteller im Rahmen der Prüf- und Zertifizierungstätigkeiten, siehe dazu 3. Teil, D. VIII.

455 Das gilt auch, wenn hierauf im Einzelfall nicht ausdrücklich hingewiesen wird.

456 Für die Sonderkonstellation der Gleichzeitigkeit unternehmens- und personenbezogener Gehalte mit den dabei zu beachtenden Besonderheiten siehe 3. Teil, D. IV. 3., V. 2. c), VI. 4., VII. 4.

der Grundrechtssensibilität der kognitiven Potentiale gerecht werden muss (dazu III.–VII.). Dafür können aus den verschiedenen Gehalten der einschlägigen Grundrechte Vorgaben für die Erzeugung und Weiterverwendung unternehmensbezogener Wissensressourcen anhand kognitiver Potentiale abgeleitet werden. Abschließend gilt es schließlich noch der Frage nachzugehen, inwiefern die erarbeiteten Vorgaben bei verwaltungsprivatrechtlichen Tätigkeiten Anwendung finden können (dazu VIII.).[457]

I. Grundrechtsschutz unternehmensbezogener Wissensressourcen

Allgemeine Überlegungen zum Grundrechtsschutz unternehmensbezogener Wissensressourcen müssen zunächst berücksichtigen, dass die Phänomene Daten, Informationen[458] und Wissen[459] keine Verankerung im Grundgesetz gefunden haben. Daher ist der Grundrechtsschutz dieser drei Phänomene Gegenstand intensiver Diskurse in Literatur und Rechtsprechung. Das macht die historische Entwicklung zum Grundrechtsschutz der Daten natürlicher Personen deutlich. Dieser wurde nach kontroversen Diskussionen in der Rechtswissenschaft[460] maßgeblich durch das sog. Volkszählungsurteil des BVerfGs[461] im Jahr 1983 geprägt.

In einem vergleichbaren, wenn auch nicht dementsprechend kontrovers diskutierten, Stadium befindet sich der gegenwärtige rechtswissenschaftliche Diskurs um die kognitive Dimension des Rechts.[462] Dabei sind grundrechtliche Fragestellungen bislang noch nicht abschließend untersucht worden,[463] weshalb sich unternehmensbezogene Wissensressourcen nicht ohne Weiteres

---

457 Dabei handelt es sich um Prüfungen und Zertifizierungen der Prüf- und Zertifizierungsstellen im DGUV Test.

458 Der im Jahr 2009 in das Grundgesetz eingefügte Art. 91c regelt das Zusammenwirken von Bund und Ländern auf dem Gebiet der Informationstechnik und enthält immerhin die Begriffe der informationstechnischen Systeme, der informationstechnischen Netze und des informationstechnischen Zugangs. Zudem findet sich der Begriff der Erbinformation in Art. 74 Abs. 1 Nr. 26 GG.

459 Art. 5 Abs. 3, 91b Abs. 1 S. 1 GG enthalten immerhin den Begriff der Wissenschaft, Art. 7 Abs. 4 S. 3 GG den Begriff der wissenschaftlichen Ausbildung und Art. 74 Abs. 1 Nr. 13 GG den Begriff der wissenschaftlichen Forschung.

460 Siehe dazu *Collin/Spiecker gen. Döhmann*, in: Spiecker gen. Döhmann/Collin, Generierung und Transfer staatlichen Wissens im System des Verwaltungsrechts, S. 3 (9).

461 BVerfGE 65, 1 ff.

462 Siehe dazu 1. Teil, A. I.

463 *Albers*, in: Spiecker gen. Döhmann/Collin, Generierung und Transfer staatlichen Wissens im System des Verwaltungsrechts, S. 50 (56 ff.); vgl. auch *Reiling*, in: Münkler, Dimensionen des Wissens im Recht, S. 175 (197); *dies.*, in: Augsberg/Schuppert, Wissen und Recht, S. 335 (369 f.), die Lösungen für konkrete Problemstellungen vorschlägt.

unter einen konkreten grundrechtlichen Schutzbereich fassen lassen. Daher gilt es zunächst die in Betracht kommenden grundrechtlichen Schutzbereiche anhand der bisherigen Aussagen in Rechtsprechung und Literatur zu identifizieren (dazu 1.–4.) und daran anschließend die verschiedenen Ausprägungen unternehmensbezogener Wissensressourcen anhand ihrer jeweiligen Schutzbedürftigkeit den entsprechenden Schutzbereichen zuzuordnen (dazu II.), bevor schließlich weiterführende Aussagen aus der grundrechtlichen Perspektive formuliert werden können (dazu III. – VII).[464]

Der rechtliche Anknüpfungspunkt dieser Überlegungen ist dabei nicht in den speziellen Freiheitsgrundrechten der Berufsfreiheit oder Eigentumsgarantie zu suchen, da diese nur besondere Erscheinungsformen von Wissensressourcen in Form von Betriebs- und Geschäftsgeheimnissen erfassen.[465] Er liegt vielmehr im Recht auf informationelle Selbstbestimmung, das allgemeine Aussagen zu den Phänomenen Daten und Informationen bereithält.[466]

1. Recht auf informationelle Selbstbestimmung juristischer Personen

a) Rechtsprechungsentwicklung

Im Volkszählungsurteil hat das BVerfG das Recht auf informationelle Selbstbestimmung natürlicher Personen anerkannt, dabei aber die Frage des Grundrechtsschutzes von Daten juristischer Personen noch offen gelassen.[467]

Erst wenige Monate später sprach sich das Gericht im sog. Flick-Ausschuss-Urteil[468] für den sog. betriebsbezogenen Datenschutz[469] aus, der auch auf juristische Personen i. S. d. Art. 19 Abs. 3 GG angewendet wurde.[470] Dieser wurde ebenso wie das Recht auf informationelle Selbstbestimmung als ein eigentumsanaloges Herrschaftsrecht[471] konstruiert.[472] Er sollte Schutz vor der

---

464 Vgl. *Frank*, Der Schutz von Unternehmensgeheimnissen im Öffentlichen Recht, S. 170 f.

465 Siehe dazu 3. Teil, D. I. 3.

466 *Albers*, Informationelle Selbstbestimmung, S. 279, sieht in den auf das Volkszählungsurteil folgenden Entscheidungen des BVerfGs „nicht Daten, sondern Informationen im Mittelpunkt" stehen; für *Ibler*, NdsVBl. 10/1996, S. XXI (XXIII), ist das Recht auf informationelle Selbstbestimmung „eine der zentralen Vorgaben, die der Staat achten muß, wenn er mit Informationen und Daten umgeht".

467 BVerfGE 65, 1 ff.

468 BVerfGE 67, 100 ff.

469 *Depenheuer/Froese*, in: Huber/Voßkuhle, GG, Band 1, Art. 14, Rn. 135.

470 BVerfGE 67, 100 (142 f.).

471 *Albers*, in: Spiecker gen. Döhmann/Collin, Generierung und Transfer staatlichen Wissens im System des Verwaltungsrechts, S. 50 (57).

472 BVerfGE 67, 100 (142 f.).

unbegrenzten Erhebung, Speicherung, Verwendung oder Weitergabe individualisierter oder individualisierbarer Daten mit Bezug zu beruflichen, betrieblichen, unternehmerischen oder sonstigen wirtschaftlichen Verhältnissen garantieren.[473] Obwohl der betriebsbezogene Datenschutz parallel zum Recht auf informationelle Selbstbestimmung formuliert wurde, wurde er nicht in diesem Grundrecht, sondern in „Art. 14 GG, gegebenenfalls in Verbindung mit Art. 19 Abs. 3 GG"[474] verortet.[475] Diese Rechtsprechung zum betriebsbezogenen Datenschutz führte das BVerfG in der sog. Lappas-Entscheidung aus dem Jahr 1987 unter Hinweis auf das Volkszählungs- und Flick-Ausschuss-Urteil fort.[476]

Ende 2001 sprach das BVerwG im Gegensatz zu den bis dahin ergangenen Entscheidungen des BVerfGs ausdrücklich vom informationellen Selbstbestimmungsrecht juristischer Personen.[477] Dabei ließ das Gericht letztlich offen, ob dieses Grundrecht, „aus dem allgemeinen Persönlichkeitsrecht des Art. 2 Abs. 1 GG in Verbindung mit Art. 1 Abs. 1 GG folgt"[478]; es ergebe sich immerhin „aus Art. 14 GG, auf den sich […] [eine juristische Person] gemäß Art. 19 Abs. 3 GG zu berufen vermag"[479].

Wiederum einige Jahre später erkannte das BVerfG im sog. Kontenabfrage-Beschluss aus dem Jahr 2007 juristischen Personen i. S. d. Art. 19 Abs. 3 GG das Recht auf informationelle Selbstbestimmung ausdrücklich zu.[480] Dieses findet nach wiederholt geäußerter Auffassung des Gerichts seine verfassungsrechtliche Grundlage in Art. 2 Abs. 1 GG[481] i. V. m. Art. 19 Abs. 3 GG und

---

[473] BVerfGE 67, 100 (142 f.).

[474] BVerfGE 67, 100 (142); für *Beyerbach*, Die geheime Unternehmensinformation, S. 132 f., geht das BVerfG in dieser Entscheidung „wie selbstverständlich von einem Recht juristischer Personen auf informationelle Selbstbestimmung aus"; a. A. *Taeger*, Die Offenbarung von Betriebs- und Geschäftsgeheimnissen, S. 58.

[475] Der sog. betriebsbezogene Datenschutz wird beispielsweise von *Depenheuer/Froese*, in: Huber/Voßkuhle, GG, Band 1, Art. 14, Rn. 135, unter Hinweis auf *BVerfG*, NJW 1991, S. 2129 (2132), als geschütztes Betriebseigentum i. S. d. Art. 14 GG qualifiziert.

[476] BVerfGE 76, 363 (388); siehe auch BVerfGE 77, 1 (46).

[477] BVerwGE 115, 319 (325).

[478] BVerwGE 115, 319 (325).

[479] BVerwGE 115, 319 (325).

[480] BVerfGE 118, 168 (202 f.); siehe auch BVerfGE 128, 1 (43); *BVerfG*, 2 BvE 2/11 (juris); noch offen gelassen von *BVerfG*, NJW 2001, S. 811; *Pfisterer*, JöR 65 (2017), S. 393 (412 f.), sieht im Kontenabfrage-Beschluss ein Stück weit eine Abkehr vom Volkszählungsurteil.

[481] BVerfGE 118, 168 (203); 128, 1 (43); 147, 50 (142); *BVerfG*, NJW 2018, S. 2385 (2386); dadurch wurde eine Diskussion der wesensmäßigen Anwendbarkeit im Hinblick auf den im Rahmen der Betroffenheit natürlicher Personen mitzitierten Zusatz „i. V. m. Art. 1 Abs. 1 GG" vermieden.

vermittelt juristischen Personen „einen Grundrechtsschutz vor Gefährdungen, die von staatlichen informationellen Maßnahmen ausgehen können“[482].

Seit dem Kontenabfrage-Beschluss konstruiert das BVerfG den Datenschutz juristischer Personen richtigerweise nicht mehr über den Umweg eines Rückgriffs auf Art. 14 Abs. 1 GG.[483] Gegen diesen Rückgriff spricht seit jeher, dass die Rechtsordnung keine eigentumsähnliche Zuordnung von einzelnen Daten an natürliche oder juristische Personen vorsieht.[484] Darüber hinaus kann das Recht auf informationelle Selbstbestimmung, entgegen einigen ablehnenden Stimmen aus der vor allem älteren Literatur,[485] als solches gem. Art. 2 Abs. 1 GG und ohne Menschenwürdegehalt seinem Wesen nach auf juristische Personen i. S. d. Art. 19 Abs. 3 GG angewendet werden.[486]

---

482 BVerfGE 118, 168 (204).

483 *Bryde/Wallrabenstein*, in: von Münch/Kunig, GG, Band I, Art. 14, Rn. 114.

484 *A. Wiebe/Schur*, ZUM 2017, S. 461 (462) m. w. N. Eine eigentumsrechtliche Zuordnung erfolgt mit *R. Hauck*, NJW 2016, S. 2218 (2221), auch weder durch die RL (EU) 2016/943 noch durch das deutsche GeschGehG; a. A. *Zech*, CR 2015, S. 137 (144 f.); *ders.*, GRUR 2015, S. 1151 (1159 f.); *Ensthaler*, NJW 2016, S. 3473 (3477).

485 *Kau*, Vom Persönlichkeitsschutz zum Funktionsschutz, S. 103 f., wonach der Datenschutz juristischer Personen „freilich nicht mit dem in Art. 2 I und 1 I GG zum Ausdruck gelangenden Gedanken autonomer Selbstbestimmung verbunden werden“ kann; *Berg*, GewArch, 1996, S. 177 (178), wonach nur natürliche Personen als Träger des Rechts auf informationelle Selbstbestimmung in Betracht kommen sollen; *Trute*, in: Roßnagel, Handbuch Datenschutzrecht, 2.5, Rn. 30, wegen der „Prägung durch Art. 1 Abs. 1 GG“; für *Kloepfer/Schärdel*, JZ 2009, S. 453 (457), kann das Recht auf informationelle Selbstbestimmung die Daten juristischer Personen nicht erfassen, weil „das Allgemeine Persönlichkeitsrecht nur teilweise und die Menschenwürde ohnehin nicht ihrem Wesen nach, Art. 19 Abs. 3 GG, auf juristische Personen angewendet werden können“; nach *Bechler*, Informationseingriffe durch intransparenten Umgang mit personenbezogenen Daten, S. 28 m. w. N., schützt das Recht auf informationelle Selbstbestimmung einen geistigen „Zustand, der nur einem Wesen aus Fleisch und Blut, näher hin einer menschlichen Person“ zustehen kann; *Jarass*, NJW 1989, S. 857 (860), für das allgemeine Persönlichkeitsrecht; *von Gamm*, NJW 1955, S. 1826, ebenfalls für das allgemeine Persönlichkeitsrecht.

486 *Isensee*, in: ders./Kirchhof, HStR, Band IX, § 199, Rn. 86; *Barczak*, in: Dreier, GG, Band I, Art. 2 I, Rn. 99; *Eilers/Schröer*, BB 1993, S. 1025 (1027); *Wilms/Roth*, JuS 2004, S. 577 ff.; *Bechler*, Informationseingriffe durch intransparenten Umgang mit personenbezogenen Daten, S. 27 f., hält die Argumentation des BVerfGs im Kontenabfrage-Beschluss zwar für nicht überzeugend, sieht darin aber die Anerkennung eines informationellen Selbstbestimmungsrechts juristischer Personen auf Grundlage von Art. 2 Abs. 1 GG in der Rechtspraxis.

b) Beschränkter Aussagegehalt der dogmatischen Grundlagen

Das Recht auf informationelle Selbstbestimmung gilt zwar richtigerweise auch für – inländische und sogar ausländische[487] – juristische Personen i. S. d. Art. 19 Abs. 3 GG.[488] Davon zu unterscheiden ist aber die Frage nach dem Schutzbereich dieses Grundrechts und dessen Gewährleistungen[489]. Allein aus der dogmatischen Grundlegung in Art. 2 Abs. 1 i. V. m. Art. 19 Abs. 3 GG lassen sich dafür noch keine hinreichend konkreten Aussagen ableiten.

Da das Recht auf informationelle Selbstbestimmung juristischer Personen in einer sachlich-inhaltlichen Abhängigkeit vom Recht auf informationelle Selbstbestimmung natürlicher Personen steht,[490] kann jedenfalls ausgehend von dessen Schutzbereich der Schutzbereich des Rechts auf informationelle Selbstbestimmung juristischer Personen näher konturiert werden.

2. Schutzbereich des Rechts auf informationelle Selbstbestimmung (juristischer Personen)

a) Ausgangspunkt: Schutzbereich für natürliche Personen

aa) Lesart des BVerfGs

Das BVerfG erkennt das Recht auf informationelle Selbstbestimmung natürlicher Personen als Ausprägung[491] des Allgemeinen Persönlichkeitsrechts und Ergänzung ausdrücklich „geregelte[r] Garantien der Privatheit“[492] seit

---

[487] Allgemein *Degenhart*, EuGRZ 1981, S. 161 (163 f.), zur Ausdehnung des Grundrechtsschutzes auf ausländische juristische Personen aus rechtsstaatlichen Gesichtspunkten bei gleichmäßiger Betroffenheit wie inländische juristische Personen; siehe auch *Bungert*, Das Recht ausländischer Kapitalgesellschaften auf Gleichbehandlung im deutschen und US-amerikanischen Recht, S. 278 ff., *Zuck*, EuGRZ 2008, S. 680 (683 ff.); demgegenüber schränkt BVerfGE 153, 182 (254 f.); 163, 363 (418 ff.), den Grundrechtsschutz auf für in der Europäischen Union ansässige juristische Personen ein; siehe zu diesen auch *Huber*, in: ders./Voßkuhle, GG, Band 1, Art. 19, Rn. 326 ff.

[488] Zu Kommanditgesellschaften siehe *OVG Münster*, NVwZ-RR 2017, S. 447 (448); zu weiteren Personenvereinigungen siehe *Huber*, in: ders./Voßkuhle, GG, Band 1, Art. 19, Rn. 259 ff.

[489] Allgemein *Kingreen/Poscher*, Grundrechte, Rn. 308.

[490] BVerfGE 118, 168 (203 f.).

[491] *Barczak*, in: Dreier, GG, Band I, Art. 2 I, Rn. 91, spricht von ganz herrschender Meinung.

[492] BVerfGE 118, 168 (184); so sieht *Trute*, in: Roßnagel, Handbuch Datenschutzrecht, 2.5, Rn. 10, im Recht auf informationelle Selbstbestimmung das Ergebnis einer Weiterentwicklung des Rechts auf Achtung der Privatsphäre und der grundrechtlichen

dem Volkszählungsurteil[493] an. Demnach gewährleistet das Grundrecht[494] „die Befugnis des Einzelnen, grundsätzlich selbst über die Preisgabe und Verwendung seiner persönlichen Daten zu bestimmen“[495], wobei „es zur Feststellung der persönlichkeitsrechtlichen Bedeutung eines Datums der Kenntnis seines Verwendungszusammenhangs“[496] bedarf.

Diese umfassend anmutende Bestimmungsbefugnis soll den Grundrechtsträger vor Gefährdungen und Verletzungen seiner Persönlichkeit schützen, die sich aus informationellen staatlichen Maßnahmen ergeben.[497] Sie wird allerdings nicht schrankenlos gewährleistet, sondern kann aus Gründen des überwiegenden Allgemeininteresses beschränkt werden. Diese müssen nach Art. 2 Abs. 1 GG auf einer verfassungsmäßigen einfach-gesetzlichen Grundlage beruhen.[498] Aus dieser einfach-gesetzlichen Grundlage müssen sich nach Ansicht des BVerfGs die Voraussetzungen und der Umfang der Beschränkungen klar und erkennbar ergeben.[499] Außerdem muss die einfach-gesetzliche Grundlage verhältnismäßig sein.[500] Darüber hinaus verlangt das Gericht, dass „der Gesetzgeber den Verwendungszweck [zwangsweise erhobener personen-

Anerkennung informationsbezogener Gehalte; *Petri*, DuD 2024, S. 128, weist u. a. auf die Ähnlichkeit des Rechts auf informationelle Selbstbestimmung mit dem Grundrecht auf Achtung des Privatlebens nach Artikel 7 GRCharta hin.

493 BVerfGE, 65, 1 ff.; dabei konnte das Gericht nach *Kunig*, Jura 1993, S. 595 f. m. w. N., auf frühere Judikate aufbauen, ebenso wie auf Vorarbeiten in der Wissenschaft, beispielsweise durch *Podlech*, in: Perels, Grundrechte als Fundament der Demokratie, S. 50 (55); *Meister*, DuD 1986, S. 173 (175), spricht von der „Bergpredigt zum Datenschutz“.

494 BVerfGE 152, 152 (191); 155, 119 (176); 156, 11 (44); siehe auch die Nachweise auf die Literatur bei *Roßnagel*, Jura 2023, S. 1363 (1372); a. A., *Behrendt*, Entzauberung des Rechts auf informationelle Selbstbestimmung, S. 393, wonach das Recht auf informationelle Selbstbestimmung kein Grundrecht darstellen, sondern vielmehr nur als Verfügungsbefugnis über personenbezogene Daten verstanden werden könne.

495 BVerfGE 65, 1 (43); 156, 11 (39); siehe auch *BVerfG*, NVwZ 2023, S. 159 (160); diese Beschreibung des Schutzbereichs ist nach *Barczak*, in: Dreier, GG, Band I, Art. 2 I, Rn. 90, „im Grundsatz praktisch unbestritten“; mit *Albers*, in: Kugelmann/Haratsch/Repkewitz, Herausforderungen an das Recht der Informationsgesellschaft, S. 113 (118 f.), kann aus dieser Formulierung des BVerfGs der Rückschluss gezogen werden, dass dadurch eine trennscharfe Beschreibung des Schutzbereichs nicht erfolgte.

496 BVerfGE 65, 1 (45); siehe auch BVerfGE 155, 119 (166).

497 BVerfGE 65, 1 (42); 113, 29 (46); 115, 166 (188); 115, 320 (341 f.); 118, 168 (184); 156, 11 (39).

498 BVerfGE 65, 1 (43 f.); *BVerfG*, NVwZ 2023, S. 159 (160); *Britz*, in: Hoffmann-Riem, Offene Rechtswissenschaft, S. 561 (566), sieht darin das Problem von Informationsvorgängen über kollidierende Rechte im Rahmen der Schrankendogmatik verarbeitet, wohingegen *Ladeur*, DuD 2000, S. 12 (13), davon ausgeht, das Gericht habe versucht, einen Ausgleich auf der Schutzbereichsebene vorzunehmen.

499 BVerfGE 65, 1 (44); *BVerfG*, NVwZ 2023, S. 159 (160).

500 BVerfGE 65, 1 (44); *BVerfG*, NVwZ 2023, S. 159 (160).

bezogener Daten] bereichsspezifisch und präzise bestimmt“[501] und „die Angaben für diesen Zweck geeignet und erforderlich sind“[502]. Der Zweck soll auch die Weiterverwendung der Daten begrenzen können. Hierfür fordert das Gericht organisatorische und verfahrensrechtliche Schutzvorkehrungen, die konkret in Form von Aufklärungs-, Auskunfts- und Löschungspflichten ausgestaltet werden können.[503]

Diese Beschreibung des Rechts auf informationelle Selbstbestimmung natürlicher Personen wurde in der verfassungsgerichtlichen Rechtsprechung im Grundsatz beibehalten.[504] Gleichwohl wurde die Grundrechtsdogmatik weiter verfeinert, indem beispielsweise der Schutzbereich im Hinblick auf die „Stufe der Persönlichkeitsgefährdung“[505] geschärft wurde. Er soll auch einen Schutz vor Gefährdungen durch informationelle Maßnahmen vermitteln, die bereits im „Vorfeld konkreter Bedrohungen von Rechtsgütern entstehen“[506], „insbesondere wenn personenbezogene Informationen in einer Art und Weise genutzt und verknüpft werden können, die der Betroffene weder überschauen noch verhindern kann“[507]. Dadurch wird der Schutz vor solchen informationellen Maßnahmen in den Schutzbereich einbezogen, die zwar an sich nicht zu einem unmittelbar konkreten Nachteil für den Einzelnen führen, aber die Grundlage für spätere staatliche Maßnahmen bilden können, die ohne die zuvor gewonnenen Erkenntnisse nicht möglich wären.[508] Dementsprechend wird bereits die abstrakte Möglichkeit der zukünftigen Verarbeitung bzw. Verknüpfung von Daten als ausreichend für die Grundrechtsrelevanz informationeller Maßnahmen angesehen.[509]

---

[501] BVerfGE 65, 1 (46).

[502] BVerfGE 65, 1 (46).

[503] BVerfGE 65, 1 (44, 46).

[504] Siehe BVerfGE 84, 192 (194); 96; 171 (181); 103, 21 (32f.); 113, 29 (45f.); 115, 320 (341ff.); 118, 168 (183ff.); 120, 351 (359ff.); 120, 378 (397ff.); 155, 119 (166f.); 156, 11 (39); 163, 43 (77f.); 165, 363 (388f.); *Barczak*, in: Dreier, GG, Band I, Art. 2 I, Rn. 90, spricht in Bezug auf diese Entscheidungen von Fortentwicklung und Verfeinerung; *Trute*, in: Roßnagel, Handbuch Datenschutzrecht, 2.5, Rn. 7, spricht davon, dass das Recht auf informationelle Selbstbestimmung bis Anfang der 2000er Jahre in der „nachfolgenden Rechtsprechung kaum modifiziert“ worden sei; *Rudolf*, in: Merten/Papier, HGR, Band IV, § 90, Rn. 25, spricht ebenfalls von einem Festhalten des BVerfGs an seiner Rechtsprechung; demgegenüber weist *Albers*, Informationelle Selbstbestimmung, S. 279, darauf hin, dass das Recht auf informationelle Selbstbestimmung „sowohl *inhaltlich* als auch *dogmatisch differenziert und spezifiziert*“ worden sei.

[505] BVerfGE 120, 378 (397); siehe auch BVerfGE 155, 119 (166); 156, 11 (39).

[506] BVerfGE 120, 378 (397); siehe auch BVerfGE 120, 274 (312).

[507] BVerfGE 120, 274 (312); siehe auch BVerfGE 155, 119 (166); 156, 11 (39).

[508] BVerfGE 115, 320 (342f.); 118, 168 (185f.); 120, 378 (400f.).

[509] BVerfGE 115, 320 (342); 120, 274 (311f.); 156, 11 (39); 165, 363 (388f.).

Diesen Aussagen, die als ein umfassender Vorfeldschutz des Rechts auf informationelle Selbstbestimmung verstanden werden könnten, stellt das BVerfG die besondere Gefährlichkeit der betroffenen informationellen Maßnahmen gegenüber.[510] Dadurch macht das Gericht deutlich, dass das Recht auf informationelle Selbstbestimmung seinem Verständnis nach im Bereich der Persönlichkeitsgefährdung nicht vor allen, sondern nur vor solchen informationellen Maßnahmen schützt, die ein besonderes Gefährdungspotential aufweisen.[511]

bb) Wechselspiel kritischer Stimmen in der Literatur

In der Literatur traten zunächst viele Stimmen dem Volkszählungsurteil und dessen Aussagen zum Recht auf informationelle Selbstbestimmung natürlicher Personen äußerst ablehnend gegenüber,[512] bevor es in der Folgezeit schließlich fast „kanonisiert“[513] wurde und sich nur noch vereinzelten kritischen Beiträgen ausgesetzt sah.[514] Erst um die Jahrtausendwende setzte in der Literatur wieder eine kritische Auseinandersetzung mit dem Recht auf informationelle Selbstbestimmung ein, die sich insbesondere auf dessen Schutzbereichsbeschreibung durch das BVerfG konzentrierte.

---

510 Siehe dazu *Britz*, in: Hoffmann-Riem, Offene Rechtswissenschaft, S. 561 (575 ff.), die sechs Fallgruppen erhöhter Gefährdungslagen herausarbeitet und unterscheidet; vgl. auch *Muckel*, JA 2021, S. 260 (263); *Barczak*, in: Dreier, GG, Band I, Art. 2 I, Rn. 90; *Eichberger*, in: Huber/Voßkuhle, GG, Band 1, Art. 2, Rn. 287.

511 *Britz*, in: Hoffmann-Riem, Offene Rechtswissenschaft, S. 561 (575 ff.); vgl. auch *Barczak*, in: Dreier, GG, Band I, Art. 2 I, Rn. 90.

512 Siehe z. B. *Schneider*, DÖV 1984, S. 161 f.; *ders.*, VBlBW 1983, S. 225 ff.; *Krause*, JuS 1984, S. 268 (270); *Geis*, JZ 1991, S. 112 (113), spricht von zwiespältigen Reaktionen auf das Urteil; grundsätzlich *Albers*, in: Kugelmann/Haratsch/Repkewitz, Herausforderungen an das Recht der Informationsgesellschaft, S. 113 ff.; weitere Nachweise auf kritische Stimmen bei *Britz*, in: Hoffmann-Riem, Offene Rechtswissenschaft, S. 561 (562).

513 So *Trute*, in: Roßnagel, Handbuch Datenschutzrecht, 2.5, Rn. 7; für *Kunig/Kämmerer*, in: von Münch/Kunig, GG, Band I, Art. 2, Rn. 76, liegt das Recht auf informationelle Selbstbestimmung quer zu den bis zum Volkszählungsurteil anerkannten Ausprägungen des allgemeinen Persönlichkeitsrechts; demgegenüber versteht *Rixen*, in: Sachs, GG, Art. 2, Rn. 73, „das informationelle Selbstbestimmungsrecht als Zusammenfassung aller auf Informationen über die Persönlichkeit und insb. über die Privatsphäre des Einzelnen bezogenen Aspekte des Persönlichkeitsschutzes“; *Barczak*, in: Dreier, GG, Band I, Art. 2 I, Rn. 91, misst dieser Frage angesichts der „normativen Verselbständigung […] geringe Bedeutung zu“.

514 *Bull*, ZRP 1998, S. 310 (312); kritische Beiträge finden sich in diesem Zeitraum aber beispielsweise von *Trute*, JZ 1998, S. 822 ff.; *Albers*, in: Kugelmann/Haratsch/Repkewitz, Herausforderungen an das Recht der Informationsgesellschaft, S. 113 ff.; *Ladeur*, DuD 2000, S. 12 ff.

Dabei knüpfte die Kritik vor allem an der enormen Weite des Schutzbereichs an,[515] die sich an der eigentumsanalogen Formulierung zeigt,[516] der Einzelne sei befugt, selbst über die Preisgabe und Verwendung seiner persönlichen Daten zu bestimmen.[517] Daraus resultiert einerseits ein „Totalvorbehalt"[518] für die Erhebung und Verwendung personenbezogener Daten, der letztlich die Konturen des Schutzbereichs verschwimmen lässt.[519] Andererseits entsteht dadurch die Gefahr, dass Verbürgungen des Grundrechts relativiert werden.[520] Daneben wurde vorgebracht, das Recht auf informationelle Selbstbestimmung könne in seiner bisherigen Lesart wesentliche Erscheinungen in einer Informations- und Wissensgesellschaft nicht abdecken,[521] weil es nur Daten und keine interpretierten Sinnelemente in Form von Informationen und Wissen zu erfassen vermag.[522]

Vor diesem Hintergrund stellen verschiedene Stimmen in der Literatur die abwehrrechtliche Konstruktion des Rechts auf informationelle Selbstbestimmung in Frage[523] und räumen einem primär objektiv-rechtlichen Verständnis

---

515 *Ladeur*, in: Götting/Schertz/Seitz, Handbuch des Persönlichkeitsrechts, § 8, Rn. 12, 34, spricht davon, dass das Recht auf informationelle Selbstbestimmung „in der Formulierung des BVerfGs zu weit gefasst worden" sei und plädiert dafür, den „Schutzbereich [...] enger zu fassen und nach einer ‚*öffentlichen Informationsordnung*' zu suchen, die genauer darauf eingestellt ist, Risiken und Chancen der Kombination bzw. Trennung von Informationskanälen und -netzwerken zu unterscheiden", um die Schwierigkeiten bei der Bestimmung des Schutzbereichs zu vermeiden.

516 *Britz*, in: Hoffmann-Riem, Offene Rechtswissenschaft, S. 561 (562 f.), macht darin den „Kern der *konzeptionellen* Kritik" an der Rechtsprechung des BVerfGs zum Recht auf informationelle Selbstbestimmung aus.

517 BVerfGE 65, 1 (43).

518 *Bäcker*, in: Rensen/Brink, Linien der Rechtsprechung des Bundesverfassungsgerichts, Band 1, S. 99 (121); *Trute*, in: Roßnagel, Handbuch Datenschutzrecht, 2.5, Rn. 11.

519 *Ladeur*, DuD 2000, S. 12 ff.; *ders.*, in: Götting/Schertz/Seitz, Handbuch des Persönlichkeitsrechts, § 8, Rn. 74.

520 *Hoffmann-Riem*, in: Bäumler, „Der neue Datenschutz", S. 11 (18), spricht von der Gefahr der „Verrechtlichung des Alltäglichen".

521 *Trute*, in: Roßnagel, Handbuch Datenschutzrecht, 2.5, Rn. 1, spricht davon, dass das Recht auf informationelle Selbstbestimmung „im Kontext eines allgemeinen Informationsrechts" nur ein „Segment" abdecke.

522 *Trute*, in: Roßnagel, Handbuch Datenschutzrecht, 2.5, Rn. 19, stellt darauf ab, „dass das informationelle Selbstbestimmungsrecht *nicht* als ein *Recht auf das ‚Haben' von Informationen*, schon gar nicht als ein eigentumsanaloges Informationsbeherrschungsrecht konzipiert werden kann"; *Rudolf*, in: Merten/Papier, HGR, Band IV, § 90, Rn. 30; *Schmitt Glaeser*, in: Isensee/Kirchhof, HStR, Band VI, 2. Aufl., § 129, Rn. 77, wonach nur „Informationen in der Gestalt von personenbezogenen Daten" vom Schutzbereich umfasst sein können.

523 *Ladeur*, DuD 2000, S. 12 ff.; *ders.*, DÖV 2009, S. 45; a. A. *Roßnagel/Laue*, DÖV 2007, S. 543.

des Grundrechts den Vorrang ein.[524] Dabei schlägt beispielsweise Ladeur vor, eine objektiv-rechtliche[525] bzw. öffentliche[526] Informationsordnung zu beschreiben. Albers plädiert ihrerseits für eine Zwei-Ebenen-Konzeption.[527] Demnach soll Art. 2 Abs. 1 i. V. m. Art. 1 Abs. 1 GG auf „einer den einzelnen Grundrechtsverbürgungen vorgelagerten Ebene […] Aussagen zur grundlegenden gesetzlichen Regulierung des Umgangs mit personenbezogenen Informationen und Daten“[528] enthalten, während darauf bezogene subjektiv-abwehrrechtliche Gehalte den speziellen Freiheitsrechten in der zweiten Ebene vorbehalten seien.[529]

Obwohl diese unterschiedlichen Ansätze in der Literatur die Struktur des Rechts auf informationelle Selbstbestimmung gegenstandsadäquat erfassen und dadurch insbesondere die Unzulänglichkeiten der bisherigen Schutzbereichsbeschreibung durch die Rechtsprechung ausgleichen,[530] fallen sie nach Barczak „außerordentlich filigran aus, auch wenn sich die dabei auftretenden Differenzen nicht immer im korrekten Ergebnis voneinander unterscheiden werden“[531], auch nicht im Vergleich zur Rechtsprechung.[532]

b) Begrenzter Schutzbereich für juristische Personen laut Rechtsprechung

Ohne die Kritik der Literatur und deren Erklärungsansätze zu berücksichtigen, legte das BVerfG bei der Beschreibung des Rechts auf informationelle

---

524 *Albers*, Informationelle Selbstbestimmung, S. 454 ff.; *dies.*, in: Voßkuhle/Eifert/Möllers, GVwR, Band I, § 22, Rn. 32 ff.; *Ladeur*, DÖV 2009, S. 45 (54 f.); *Trute*, in: Roßnagel, Handbuch Datenschutzrecht, 2.5, Rn. 19; *Britz*, in: Hoffmann-Riem, Offene Rechtswissenschaft, S. 561 (563 f.), weist in diesem Zusammenhang auf die Gefahr hin, dass sich dadurch ein eigenständiger Schutzbereich des Rechts auf informationelle Selbstbestimmung auflöse.

525 *Ladeur*, DÖV 2009, S. 45 (54 f.).

526 *Ladeur*, in: Götting/Schertz/Seitz, Handbuch des Persönlichkeitsrechts, § 8, Rn. 34.

527 *Albers*, Informationelle Selbstbestimmung; *dies.*, in: Voßkuhle/Eifert/Möllers, GVwR, Band I, § 22, Rn. 33 f.

528 *Albers*, Informationelle Selbstbestimmung, S. 602.

529 *Albers*, Informationelle Selbstbestimmung, S. 353 ff., 602; *dies.*, in: Voßkuhle/Eifert/Möllers, GVwR, Band I, § 22, Rn. 33 f.

530 *Barczak*, in: Dreier, GG, Band I, Art. 2 I, Rn. 91.

531 *Barczak*, in: Dreier, GG, Band I, Art. 2 I, Rn. 91, unter Hinweis auf *Britz*, in: Hoffmann-Riem, Offene Rechtswissenschaft, S. 561 (562 ff., 581 ff.).

532 *Britz*, in: Hoffmann-Riem, Offene Rechtswissenschaft, S. 561 (595), die anhand ihrer Analyse zu dem Ergebnis gelangt, dass „Rechtswissenschaft und Bundesverfassungsgericht beim Recht auf informationelle Selbstbestimmung dichter beisammen [liegen] als eine vordergründige Betrachtung glauben machte“.

Selbstbestimmung juristischer Personen[533] im Kontenabfrage-Beschluss im Wesentlichen das verfassungsgerichtliche Verständnis des Rechts auf informationelle Selbstbestimmung natürlicher Personen zu Grunde.[534]

Danach soll das Recht auf informationelle Selbstbestimmung auch juristischen Personen „einen Grundrechtsschutz vor Gefährdungen, die von staatlichen informationellen Maßnahmen ausgehen können"[535] verbürgen,[536] weil deren Schutzbedürfnis gegenüber solchen Maßnahmen im Ansatz demjenigen natürlicher Personen entspreche.[537] „Allerdings ergibt sich insoweit ein Unterschied, als der Tätigkeitskreis juristischer Personen anders als der natürlicher Personen in der Regel durch eine bestimmte Zwecksetzung begrenzt wird. Die Unterschiede, die zwischen den Schutzbedürfnissen natürlicher und juristischer Personen im Hinblick auf das Recht auf informationelle Selbstbe-

533 Das Recht auf informationelle Selbstbestimmung juristischer Personen kann auch auf Personenhandelsgesellschaften übertragen werden; es wurde vom *OVG Münster*, NVwZ-RR 2017, S. 447 (448), bereits ausdrücklich einer Kommanditgesellschaft zuerkannt; darüber hinaus gilt es das Grundrecht auch auf Gesellschaften bürgerlichen Rechts anzuwenden; demgegenüber bedarf es für eingetragene Kaufmänner (e. K.) und sonstige Einzelunternehmer – natürliche Personen – der Ausdehnung des Rechts auf informationelle Selbstbestimmung grundsätzlich nicht. Sofern die Inanspruchnahme kognitiver Potentiale allerdings auf den Tätigkeitskreis eines Kaufmanns oder eines sonstigen Einzelunternehmers abzielt, wird er nicht in seiner Eigenschaft als natürliche Person, sprich in seinem Menschsein und dem damit einhergehenden Menschenwürdegehalt, betroffen. Daher gilt es in diesen Konstellationen, wegen des Gleichlaufs des Schutzumfangs und der Unabhängigkeit grundrechtlich vermittelten Schutzes von Fragen der Formwahl, für eingetragene Kaufmänner (e. K.) und sonstige Einzelunternehmer von dem gleichen Schutzumfang des Rechts auf informationelle Selbstbestimmung wie für juristische Personen auszugehen.

534 BVerfGE 118, 168 (202 ff.); dazu *D. Hoffmann*, WM 2010, S. 193 (196 ff.), der sich allerdings auf die Art. 12 Abs. 1 und 14 Abs. 1 GG konzentriert; *Schnabel*, WM 2019, S. 1384 (1386 f.); siehe auch BVerfGE 128, 1 (43); 147, 50 (142); *BVerfG*, NJW 2018, S. 2385 (2386); 1 BvR 2020/22 (juris); a.A. noch bei *Berg*, GewArch 1996, S. 177 (178); *Trute*, in: Roßnagel, Handbuch Datenschutzrecht, 2.5, Rn. 30.

535 BVerfGE 118, 168 (204); siehe auch BVerfGE 147, 50 (142).

536 Zur umstrittenen Frage, ob ein Recht auf informationelle Selbstbestimmung juristischer Personen im Europäischen Recht verankert ist, siehe *Beyerbach*, Die geheime Unternehmensinformation, S. 307 ff., für den „juristische Personen auch im Recht der Europäischen Union über ein Recht auf informationelle Selbstbestimmung" verfügen; der *EuGH*, Slg. 2010, I-11063, Rn. 53, sieht die Daten juristischer Personen nur insoweit nach Art. 8 GRCharta (Schutz personenbezogener Daten) geschützt, sofern „der Name der juristischen Person eine oder mehrere natürliche Personen bestimmt"; nachdem der EGMR, NJW 2006, S. 1495 f., juristischen Personen bereits bestimmte Ausprägungen des Art. 8 EMRK zuerkennt, gehen Stimmen in der Literatur, wie *Heißl*, EuR 2017, S. 561 (569), davon aus, dass „der EGMR in einem geeigneten Fall den Schutzbereich des Privatlebens und somit des Datenschutzes auf juristische Personen ausweitet".

537 BVerfGE 118, 168 (203 f.).

stimmung bestehen, sind bei der Bestimmung der grundrechtlichen Gewährleistung zu beachten“[538]. Demnach könne von einer grundrechtlich beachtlichen Gefährdungslage ausgegangen werden, sofern informationelle staatliche Maßnahmen „die betroffene juristische Person einer Gefährdung hinsichtlich ihrer spezifischen Freiheitsausübung aussetzen“[539]. Dafür komme es „insbesondere auf die Bedeutung der betroffenen Informationen für den grundrechtlich geschützten Tätigkeitskreis der juristischen Person […] sowie auf den Zweck und die möglichen Folgen der Maßnahme an“[540].

Vor diesem Hintergrund berührt[541] allein das Erlangen von Daten, die in einem bloßen Bezug zu einer juristischen Person und deren Tätigkeiten[542] stehen, noch nicht den Schutzbereich des Rechts auf informationelle Selbstbestimmung.[543] Dafür müssen die informationellen Maßnahmen vielmehr zu einer Gefährdung der grundrechtlich geschützten Freiheitsausübung der juristischen Person führen können.[544] Für die Beurteilung der Gefährdung kommt es dabei maßgeblich auf die Bedeutung der betroffenen Wissensressourcen für den grundrechtlich geschützten Tätigkeitskreis der juristischen Person ebenso wie auf den Zweck und die möglichen Folgen der Maßnahme an.[545] Damit

538 BVerfGE 118, 168 (204); so auch *Heckmann/Paschke*, in: Stern/Sodan/Möstl, Staatsrecht, Band IV, § 103, Rn. 14.

539 BVerfGE 118, 168 (204); siehe auch BVerfGE 147, 50 (142), und *Berger* in: Stern/Sodan/Möstl, Staatsrecht, Band III, § 73, Rn. 43.

540 BVerfGE 118, 168 (204).

541 Das BVerfG verwendet die Begriffe „berühren“ bzw. „berührt sein“ für die Frage der Eröffnung des Schutzbereichs des Rechts auf informationelle Selbstbestimmung, siehe dazu bereits BVerfGE 115, 320 (342 f.), wo unter b) ausgeführt wird, dass der Schutzbereich des Rechts auf informationelle Selbstbestimmung berührt ist und unter c) die Frage des Eingriffs in das Recht auf informationelle Selbstbestimmung diskutiert wird. Dieses Verständnis der Begriffe „berühren“ bzw. „berührt sein“ zeigt sich auch in DStRE 2007, S. 1196 (1206), wo BVerfGE 118, 168 ff. abgedruckt ist. Vor dem Abdruck folgender Passage aus BVerfGE 118, 168 (204), wird von der Redaktion der DStRE überschriftsmäßig „Schutzbereich nicht eröffnet“ geschrieben: „Die in den angegriffenen Normen vorgesehenen Datenabrufe berühren den Schutzbereich des Rechts der Beschwerdeführerin auf informationelle Selbstbestimmung allerdings nicht“.

542 Der Bezug einer Information zur Unternehmenstätigkeit genügt für *Beyerbach*, Die geheime Unternehmensinformation, S. 152 f., um sie als berufsregelndes Datum im Sinne des Art. 12 Abs. 1 GG zu qualifizieren.

543 BVerfGE 118, 168 (204); 147, 50 (142); *BVerfG*, NJW 2018, S. 2385 (2386).

544 BVerfGE 118, 168 (204); 147, 50 (142); *BVerfG*, NJW 2018, S. 2385 (2386); dadurch stellt das Bundesverfassungsgericht, wie bereits im Volkszählungsurteil, BVerfGE 65, 1 (45), auch auf die Nutzbarkeit und Verwendungsmöglichkeit der betroffenen Daten durch staatliche Stellen ab.

545 BVerfGE 118, 168 (204); 147, 50 (142); *BVerfG*, NJW 2018, S. 2385 (2386).

sind die Verwendungszusammenhänge angesprochen, in denen die Daten weiterverwendet werden.

Diese begrüßenswerte Begrenzung des Schutzbereichs folgt vor allem aus der Tatsache, dass das Recht auf informationelle Selbstbestimmung juristischer Personen ausschließlich auf Art. 2 Abs. 1 GG und nicht zusätzlich auf Art. 1 Abs. 1 GG beruht.[546] Der Schutzbereich des Rechts auf informationelle Selbstbestimmung juristischer Personen vermag mithin nur solche Daten zu erfassen, denen über einen bloßen Bezug hinaus zusätzlich auch eine Bedeutung für den grundrechtlich geschützten Tätigkeitskreis der juristischen Person zukommt. Bloß tätigkeits*bezogene* Daten werden vom Recht auf informationelle Selbstbestimmung juristischer Personen mithin nicht geschützt. Dieses erfasst nur Daten, die unter Berücksichtigung der Verwendungszusammenhänge[547] – Zweck und mögliche Folgen der Maßnahme – als tätigkeits*bedeutsam* qualifiziert werden können.[548] Ausschließlich bei solchen Daten kommt eine grundrechtlich beachtliche Gefährdung durch staatliche informationelle Maßnahmen in Betracht.

c) Kernproblem Bestimmungsbefugnis: Daten, Informationen oder beides?

Die grundlegende Problematik verschiedener Versuche in Rechtsprechung und Literatur, den Schutzbereich des Rechts auf informationelle Selbstbestimmung natürlicher wie juristischer Personen zu beschreiben, besteht in der unzureichenden Konkretisierung der Bestimmungsbefugnis der Grundrechtsträger. Es wird häufig nicht mit der erforderlichen Genauigkeit herausarbeitet und deutlich gemacht, worauf sich ihre Bestimmungsbefugnis beziehen soll: Daten *oder* Informationen *oder* Daten und Informationen.[549]

---

546 *Di Fabio*, in: Dürig/Herzog/Scholz, GG, 39. EL, Juli 2001, Art. 2 Abs. 1, Rn. 224, geht im Hinblick auf das allgemeine Persönlichkeitsrecht wegen des Entfallens von Art. 1 Abs. 1 GG bei juristischen Personen von einem abgesenkten Schutzniveau aus; in diese Richtung auch *Leßmann*, AcP 1970, S. 266 (270), wonach das allgemeine Persönlichkeitsrecht „für juristische Personen nicht in dem umfassenden Sinn wie für natürliche Personen anerkannt“ werden könne.

547 BVerfGE 118, 168 (204 f.); bezüglich juristischer Personen kann es nach dem BVerfG mithin belanglose Daten geben; nach *Albers*, in: Kugelmann/Haratsch/Repkewitz, Herausforderungen an das Recht der Informationsgesellschaft, S. 113 (123), „kann man den Gewährleistungsinhalt nicht formulieren, ohne den staatlichen Kontext schon im Ansatz mitzudenken und aufzuschlüsseln“.

548 *Beyerbach*, Die geheime Unternehmensinformation, S. 152, unterscheidet zwischen Informationen, die lediglich unternehmensbezogen sind und solchen, die einen unmittelbaren Bezug zur Unternehmenstätigkeit haben.

549 Siehe dazu *Trute*, in: Roßnagel, Handbuch Datenschutzrecht, 2.5, Rn. 16.

Um diese Unterscheidung vornehmen zu können, gilt es sich zunächst zu vergegenwärtigen, dass Informationen interpretierte Sinnelemente verkörpern.[550] Diese werden erst durch eine Interpretation von Informationsgrundlagen zu Informationen vollendet. Da die Interpretation als solche weder übertrag- noch austauschbar ist,[551] kann das Recht auf informationelle Selbstbestimmung jedenfalls nicht als ein Recht auf Haben von Informationen oder als ein Informationsbeherrschungsrecht konstruiert werden.[552] Andernfalls würde natürlichen wie juristischen Personen ein Abwehrrecht im Hinblick auf die Interpretationen der für die Grundrechtsadressaten handelnden Personen zugesprochen.[553] Ein Recht auf Haben i. S. e. Beherrschungsrechts und damit ein subjektives Abwehrrecht kann daher ausschließlich für Informations- und Wissens*grundlagen* anerkannt werden. Diese können nämlich aktualisiert und übertragen werden.[554] Das zeigt sich exemplarisch anhand von verkörperten Wissensgrundlagen, etwa in Form von Texten, Archiven, Registern, Datenbanken oder Akten.[555]

Übertragene Informations- und Wissensgrundlagen werden schließlich durch Interpretation bzw. interpretatorische Verknüpfung der für die Grundrechtsadressaten handelnden Personen zu Informationen oder Wissen vollendet.[556] Darüber hinaus kann durch ihre Integration in einen zusammenhängenden Erfahrungskontext Organisationswissen gebildet werden. Damit sind die Verwendungszusammenhänge angesprochen, in denen Informations- und Wissensgrundlagen auf Seiten der Grundrechtsadressaten zu Informationen und Wissen vollendet werden.[557] Da Informations- und Wissensgrundlagen unabhängig von den Grundrechtsträgern erst durch Interpretation bzw. interpretatorische Verknüpfung auf Seiten der Grundrechtsadressaten zu Informationen oder Wissen vollendet werden,[558] gilt es für die grundrechtliche Beurteilung der Weiterverwendung von Informations- und Wissensgrundlagen verschiedene Besonderheiten zu berücksichtigen:

---

550 1. Teil, C. I. 2.

551 1. Teil, C. II. 2. b) bb) und cc).

552 *Trute*, in: Roßnagel, Handbuch Datenschutzrecht, 2.5, Rn. 19; *Britz*, in: Hoffmann-Riem, Offene Rechtswissenschaft, S. 561 (567).

553 *Trute*, in: Roßnagel, Handbuch Datenschutzrecht, 2.5, Rn. 19.

554 Siehe dazu 1. Teil, C. II. 2. b) bb) und cc).

555 Siehe dazu 1. Teil, C. II. 2. b) bb).

556 1. Teil, C. II. 3.

557 *Trute*, in: Roßnagel, Handbuch Datenschutzrecht, 2.5, Rn. 19, zu den Verwendungszusammenhängen im Hinblick auf die Informationsbildung.

558 *Trute*, in: Roßnagel, Handbuch Datenschutzrecht, 2.5, Rn. 19.

Die subjektiv-abwehrrechtlichen Gehalte des Rechts auf informationelle Selbstbestimmung können neben der Erzeugung[559] von Wissensressourcen ausschließlich deren interpretations*freie* Weiterverwendung hinreichend erfassen. Diese ist dadurch gekennzeichnet, dass Informations- oder Wissensgrundlagen weder durch Interpretation noch durch interpretatorische Verknüpfung bearbeitet werden. Solche interpretations*freien* Weiterverwendungen erfolgen beispielsweise beim bloßen Speichern oder der Ablage von Anträgen, Schreiben oder ausgefüllten Formularen. Sobald Informations- und Wissensgrundlagen auf Seiten der Grundrechtsadressaten zu Informationen und Wissen vollendet wurden und anschließend in Gestalt ihrer Grundlagen weiterverwendet werden, handelt es sich dabei nicht mehr um eine interpretations*freie* Weiterverwendung.

Diese Erwägungen machen deutlich, dass die interpretations*freien* Weiterverwendungen eine eher untergeordnete Bedeutung einnehmen, wohingegen den interpretations*getragenen* Weiterverwendungen von Informations- und Wissensgrundlagen auf Seiten der Grundrechtsadressaten eine erhebliche Bedeutung zukommt. Dafür vermögen die subjektiv-abwehrrechtlichen Gehalte des Rechts auf informationelle Selbstbestimmung aber keine weiterführenden Aussagen bereitzuhalten. Die interpretations*getragenen* Weiterverwendungen im Rahmen der Verwendungszusammenhänge müssen vielmehr anhand der objektiv-rechtlichen Gehalte des Rechts auf informationelle Selbstbestimmung erfasst werden.[560]

Die aus interpretations*getragenen* Weiterverwendungen resultierenden Gefahren werden bereits im Volkszählungsurteil angesprochen, wenn auch nicht unter Rückgriff auf eine Unterscheidung zwischen den Phänomenen Daten und Informationen.[561] Dazu führte das Gericht aus: „Der Einzelne hat nicht ein Recht im Sinne einer absoluten, uneinschränkbaren Herrschaft über ‚seine' Daten; er ist vielmehr eine sich innerhalb der sozialen Gemeinschaft entfaltende, auf Kommunikation angewiesene Persönlichkeit. Information, auch soweit sie personenbezogen ist, stellt ein Abbild sozialer Realität dar, das nicht ausschließlich dem Betroffenen allein zugeordnet werden kann“[562]. Diese Ausführungen machen deutlich, dass das BVerfG die Frage der interpretations*getragenen* Weiterverwendung von Daten im Rahmen der Verwen-

[559] Die Erzeugung von Wissensressourcen durch eigene Beobachtungen der Grundrechtsadressaten kann allerdings nicht von den subjektiv-rechtlichen Grundrechtsgehalten erfasst werden.

[560] *Trute*, in: Roßnagel, Handbuch Datenschutzrecht, 2.5, Rn. 19.

[561] *Britz*, in: Hoffmann-Riem, Offene Rechtswissenschaft, S. 561 (566); *Trute*, in: Roßnagel, Handbuch Datenschutzrecht, 2.5, Rn. 20.

[562] BVerfGE 65, 1 (43 f.); *Trute*, in: Roßnagel, Handbuch Datenschutzrecht, 2.5, Rn. 20, spricht insofern von der „Gemeinschaftsformel“.

dungszusammenhänge grundrechtsdogmatisch als Problem kollidierender Grundrechte auf die Schrankenebene verlagert.[563]

Vor diesem Hintergrund spricht Trute[564] von einer „Verschleifung von Schutzbereich und Schranken“ im Volkszählungsurteil, die zu einem „unkonturierten Abwägungsmechanismus“ führt.[565] Gegen die verfassungsgerichtliche Einordnung der interpretations*getragenen* Weiterverwendung auf der Schrankenebene lässt sich insbesondere die Tatsache anführen, dass sich Gefährdungen und Beeinträchtigungen für die betroffenen natürlichen wie juristischen Personen insbesondere durch Interpretation bzw. interpretatorische Verknüpfung auf Seiten der Grundrechtsadressaten im Rahmen der interpretations*getragenen* Verwendungszusammenhänge aktualisieren.[566] Um diese Gefährdungen und Beeinträchtigungen grundrechtlich sachgerecht zu erfassen, gilt es die interpretations*getragenen* Verwendungszusammenhänge nicht erst auf der Schrankenebene, sondern bereits auf der Schutzbereichsebene zu berücksichtigen.[567]

d) Fazit: Differenzierendes Verständnis

Aus der Unterscheidung zwischen Informations- und Wissensgrundlagen auf der einen und deren Vollendung zu Informationen und Wissen durch Interpretation bzw. interpretatorische Verknüpfung auf der anderen Seite lassen sich folgende grundsätzliche Aussagen im Hinblick auf die verschiedenen Gehalte des Rechts auf informationelle Selbstbestimmung treffen:

Die subjektiv-abwehrrechtlichen Gehalte des Rechts auf informationelle Selbstbestimmung können Vorgaben für die Erzeugung und interpretations*freie* Weiterverwendung von Informations- und Wissensgrundlagen bereithalten. Dadurch wird den betroffenen natürlichen wie juristischen Personen kein Abwehrrecht im Hinblick auf die Interpretation bzw. interpretatorische Verknüpfung der für die Grundrechtsadressaten handelnden Personen zugesprochen.[568]

---

563 *Britz*, in: Hoffmann-Riem, Offene Rechtswissenschaft, S. 561 (566).

564 *Trute*, in: Roßnagel, Handbuch Datenschutzrecht, 2.5, Rn. 20.

565 A.A. *Ladeur*, DuD 2000, S. 12 (13).

566 *Britz*, in: Hoffmann-Riem, Offene Rechtswissenschaft, S. 561 (567 f.).

567 *Albers*, in: Kugelmann/Haratsch/Repkewitz, Herausforderungen an das Recht der Informationsgesellschaft, S. 113 (123); *Ladeur*, DuD 2000, S. 12 f.; *Trute*, in: Roßnagel, Handbuch Datenschutzrecht, 2.5, Rn. 20; a.A. *Britz*, in: Hoffmann-Riem, Offene Rechtswissenschaft, S. 561 (567).

568 *Trute*, in: Roßnagel, Handbuch Datenschutzrecht, 2.5, Rn. 23, im Hinblick auf die zwangsweise Erzeugung von Daten; siehe auch *Britz*, in: Hoffmann-Riem, Offene Rechtswissenschaft, S. 561 (567), im Hinblick auf Daten.

Demgegenüber können die subjektiv-abwehrrechtlichen Gehalte des Rechts auf informationelle Selbstbestimmung interpretations*getragene* Weiterverwendungen von Informations- und Wissensgrundlagen nicht sachgerecht erfassen. Das betrifft die Vollendung von Informations- und Wissensgrundlagen durch Interpretation bzw. interpretatorische Verknüpfung auf Seiten der Grundrechtsadressaten zu Informationen oder Wissen ebenso wie deren Weiterverwendung in Gestalt ihrer Grundlagen.

Für diese interpretations*getragenen* Weiterverwendungen und die damit in Zusammenhang stehenden Gefährdungen der Grundrechtsträger gilt es die objektiv-rechtlichen Gehalte des Grundrechts heranzuziehen.[569] Daraus können Vorgaben für die Vollendung von Wissensressourcen zu Informationen und Wissen ebenso wie für deren Weiterverwendung im Rahmen der Verwendungszusammenhänge abgeleitet werden.

3. Grundrechtsschutz besonderer Erscheinungsformen von Wissensressourcen (Betriebs- und Geschäftsgeheimnisse)

Der Grundrechtsschutz besonderer Erscheinungsformen von Wissensressourcen in Gestalt von Betriebs- und Geschäftsgeheimnissen (bzw. Wirtschafts- oder Unternehmensgeheimnissen)[570] wird dem Grunde nach ebenfalls anerkannt. Bei der Frage des einschlägigen Schutzbereichs herrscht allerdings bereits Uneinigkeit.[571] Hierfür wird neben der durch Art. 12 Abs. 1 GG geschützten Berufsfreiheit auch die Eigentumsgarantie des Art. 14 Abs. 1 GG herangezogen.[572] Dabei berücksichtigt die überwiegende Zahl der bisherigen Einordnungsversuche jedoch die „Heterogenität der Schutzgründe“[573] von Betriebs- und Geschäftsgeheimnissen nur unzureichend, weshalb oftmals nur vage und unpräzise Aussagen getroffen werden.[574]

---

569 *Trute*, in: Roßnagel, Handbuch Datenschutzrecht, 2.5, Rn. 19.

570 *Paul*, Der Schutz von Wirtschaftsgeheimnissen in Deutschland und Indien, S. 40, verwendet bei nahezu identischer Definition den Begriff der Wirtschaftsgeheimnisse; *Frank*, Der Schutz von Unternehmensgeheimnissen im Öffentlichen Recht, S. 38, verwendet synonym den Begriff der Unternehmensgeheimnisse.

571 *Kloepfer/Greve*, NVwZ 2011, S. 577 (578).

572 Diese sind, unter den Voraussetzungen des Art. 19 Abs. 3 GG, dem Grunde nach auch auf bestimmte Organisationen anwendbar.

573 *Frank*, Der Schutz von Unternehmensgeheimnissen im Öffentlichen Recht, S. 171.

574 *Frank*, Der Schutz von Unternehmensgeheimnissen im Öffentlichen Recht, S. 170 f.

a) Einschlägiger Schutzbereich

aa) Präferenz der verfassungsgerichtlichen Rechtsprechung für die Berufsfreiheit

Nach der Rechtsprechung des BVerfGs werden Betriebs- und Geschäftsgeheimnisse vom Schutzbereich der auch auf juristische Personen[575] anwendbaren Berufsfreiheit erfasst.[576] Darunter versteht das Gericht, in Anlehnung an die ständige Rechtsprechung des BGHs[577], „alle auf ein Unternehmen bezogene[n] Tatsachen, Umstände und Vorgänge […], die nicht offenkundig, sondern nur einem begrenzten Personenkreis zugänglich sind und an deren Nichtverbreitung der Rechtsträger ein berechtigtes Interesse hat“[578].

Dabei betreffen Betriebsgeheimnisse „im Wesentlichen technisches Wissen im weitesten Sinne“[579], wohingegen Geschäftsgeheimnisse vorrangig kaufmännisches Wissen umfassen.[580] Dazu zählen etwa „Umsätze, Ertragslagen, Geschäftsbücher, Kundenlisten, Bezugsquellen, Konditionen, Marktstrategien, Unterlagen zur Kreditwürdigkeit, Kalkulationsunterlagen, Patentanmeldungen

---

[575] BVerfGE 50, 290 (363); 105, 252 (265); 143, 246 (312); 147, 50 (141); 148, 40 (50); 158, 1 (28); 161, 63 (89); 164, 347 (414); *Mann*, in: Sachs, GG, Art. 12, Rn. 37 ff.; *Sodan*, in: Stern/ders./Möstl, Staatsrecht, Band IV, § 125, Rn. 64. Da das Deutschengrundrecht des Art. 12 Abs. 1 GG auf ausländische juristische Personen nicht anwendbar ist, ist für diese mit *Degenhart*, EuGRZ 1981, S. 161 (164), in erweiternder Auslegung des Art. 2 Abs. 1 GG ein dem Art. 12 Abs. 1 GG vergleichbares Schutzniveau zu gewährleisten. Obwohl bei der erweiternden Auslegung des Art. 2 Abs. 1 GG das Grundrecht der Berufsfreiheit nicht unmittelbar zur Anwendung kommt, gelten die im Folgenden aus der Berufsfreiheit abzuleitenden Aussagen auch für ausländische juristische Personen, bei denen die Berufsfreiheit über die erweiternde Auslegung des Art. 2 Abs. 1 GG zum Tragen kommt.

[576] BVerfGE 115, 205 (229 ff.); darin sieht *Ruffert*, in: Beck'scher Online-Kommentar GG, 57. Edition, Stand: 15.01.2024, Art. 12, Rn. 49, eine Fortsetzung der Glykol-Rechtsprechung; siehe ferner BVerfGE 128, 1 (56); 137, 185 (243); 147, 50 (141); 158, 1 (28); anders noch BVerfGE 67, 100 (142), als auf Art. 2 Abs. 1 i. V. m. Art. 1 Abs. 1 und Art. 14 GG abgestellt wurde; *Manssen*, in: Huber/Voßkuhle, GG, Band 1, Art. 12, Rn. 291, stellt darauf ab, dass in Bezug auf Betriebs- und Geschäftsgeheimnisse die Abgrenzung zur Eigentumsgarantie aus Art. 14 Abs. 1 GG nicht erheblich sei, da sich der Schutzumfang weitestgehend entsprechen dürfte.

[577] *BGH*, GRUR 1955, S. 424 (425), unter Hinweis auf RGZ 149, 334; *RG*, JW 1936, S. 2081; JW 1938, S. 3050; so auch *BGH*, NJW-RR 2003, S. 618 (620); N&R 2008, S. 36 (40); siehe auch die Legaldefinition des Sozialdatenschutzrechts in § 67 Abs. 2 S. 2 SGB X.

[578] BVerfGE 115, 205 (230); siehe auch *Breuer*, in: Isensee/Kirchhof, HStR, Band VIII, § 171, Rn. 38, und die ausführliche Begriffserklärung bei *Beyerbach*, Die geheime Unternehmensinformation, S. 89 ff.

[579] BVerfGE 115, 205 (230); 158, 1 (28).

[580] BVerfGE 115, 205 (230 f.); 158, 1 (28); siehe auch *Polenz*, DÖV 2010, S. 350 f.

und sonstige Entwicklungs- und Forschungsprojekte […], durch welche die wirtschaftlichen Verhältnisse eines Betriebs maßgeblich bestimmt werden können"[581].

Nach dem Verständnis des BVerfGs soll der Schutzbereich des Art. 12 Abs. 1 GG erst berührt[582] sein,[583] sofern Grundrechtsadressaten Betriebs- und Geschäftsgeheimnisse offenlegen oder deren Offenlegung verlangen. Auf diese Weise könne gewährleistet werden, dass entsprechende Geheimnisse nicht ohne Weiteres für Konkurrenten oder Dritte zugänglich werden.[584] Diesem Schutzbereichsverständnis hat sich die jüngere Rechtsprechung des BVerwGs angeschlossen. Sie bejaht ein berechtigtes Interesse des Unternehmens an der Nichtverbreitung von Betriebs- und Geschäftsgeheimnissen, sofern deren Offenlegung „geeignet ist, exklusives technisches oder kaufmännisches Wissen den Marktkonkurrenten zugänglich zu machen und so die Wettbewerbsposition des Unternehmens nachteilig zu beeinflussen"[585].

bb) Plädoyer der Literatur für die Eigentumsgarantie oder Idealkonkurrenz

Im Gegensatz zur Rechtsprechung des BVerfGs wollen gewichtige Stimmen in der Literatur[586] den grundrechtlichen Schutz von Betriebs- und Geschäftsge-

---

581 BVerfGE 115, 205 (231); siehe auch *Kallerhoff/Mayen*, in: Stelkens/Bonk/Sachs, VwVfG, § 30, Rn. 13; *Polenz*, DÖV 2010, S. 350f.

582 Im Hinblick auf die Frage der Eröffnung grundrechtlicher Schutzbereiche werden die Begriffe eröffnen und berühren in dieser Untersuchung synonym verwendet, siehe dazu allgemein *Degenhart*, Klausurenkurs im Staatsrecht II, Rn. 51f., *Kingreen/Poscher*, Grundrechte, Rn. 290, und im Hinblick auf das Recht auf informationelle Selbstbestimmung BVerfGE 115, 320 (342f.).

583 BVerfGE 115, 205 (230); 128, 1 (56); 137, 185 (243f.); 158, 1 (29); so auch *BVerwG*, NVwZ 2009, S. 1114 (1116); BVerwGE 135, 34 (46); *BGH*, N&R 2008, S. 36 (40).

584 BVerfGE 115, 205 (230); 158, 1 (29); in diesem Sinne auch *Frank*, Der Schutz von Unternehmensgeheimnissen im Öffentlichen Recht, S. 181f.

585 *BVerwG*, NVwZ 2009, S. 1114 (1116), das aber von einer Idealkonkurrenz der Schutzbereiche des Art. 12 Abs. 1 und des Art. 14 Abs. 1 GG ausgeht.

586 Zuerst *Bullinger*, NJW 1978, S. 2173 (2178); anschließend *M. Schröder*, Berichte des Umweltbundesamtes 10/80, S. 19ff.; *ders.*, UPR 1985, S. 394 (396f.); *Stober*, Handbuch des Wirtschaftsverwaltungs- und Umweltrechts, S. 502; *Berg*, GewArch 1996, S. 177 (178); siehe auch die weiteren Nachweise bei *Wolff*, NJW 1997, S. 98 (99); für Unternehmensgeheimnisse als vergegenständlichte Informationen siehe *Frank*, Der Schutz von Unternehmensgeheimnissen im Öffentlichen Recht, S. 172ff., wobei er nichtgegenständliche Unternehmensgeheimnisse im Schutzbereich des Art. 12 Abs. 1 GG verortet; siehe auch die Nachweise bei *Brammsen*, DÖV 2007, S. 10 (11); *Krell*, ZStW 2021, S. 714 (729), sieht diese Ansicht durch das GeschGehG

heimnissen mit unterschiedlichen Begründungsansätzen[587] ausschließlich im Schutzbereich der auch auf juristische Personen[588] anwendbaren Eigentumsgarantie i. S. v. Art. 14 Abs. 1 GG verorten.

Demgegenüber gehen andere Stimmen in der Literatur,[589] in Anlehnung an verschiedene Bundes- und Obergerichte,[590] von einer Idealkonkurrenz der beiden Schutzbereiche von Art. 12 Abs. 1 und Art. 14 Abs. 1 GG aus.

Für die Verortung von Betriebs- und Geschäftsgeheimnissen in Art. 14 Abs. 1 GG mag zwar die Tatsache streiten, dass sie als geronnene Vermögenswerte i. S. d. Norm qualifiziert werden können.[591] Gleichwohl sind sie aber nur schwerlich einem bestimmten Inhaber im Sinne eines Ausschließlichkeitsrechts zuzuordnen,[592] was dagegen spricht, sie unter den Schutzbereich der Eigentumsgarantie zu fassen.

---

bestätigt; siehe auch die Nachweise bei *F. Wollenschläger*, in: Dreier, GG, Art. 12, Rn. 91.

587 Zu den Argumentationssträngen siehe *Wolff*, NJW 1997, S. 98 (99); *Brammsen*, DÖV 2007, S. 10 (11 f.); *Papier/Shirvani*, in: Dürig/Herzog/Scholz, GG, 83. EL, April 2018, Art. 14, Rn. 204, verorten Betriebs- und Geschäftsgeheimnisse als Teil des vom BVerfG noch nicht anerkannten Rechts am eingerichteten und ausgeübten Gewerbebetrieb; so auch *Stadler*, Der Schutz des Unternehmensgeheimnisses im deutschen und U.S.-amerikanischen Zivilprozeß und im Rechtshilfeverfahren, S. 38 f.; *Hahn*, Offenbarungspflichten im Umweltschutzrecht, S. 171, sieht in Betriebs- und Geschäftsgeheimnissen „selbstständige vermögenswerte Güter" i. S. d. Art. 14 GG; *Breuer*, NVwZ 1986, S. 171 (174), stellt darauf ab, dass Betriebs- und Geschäftsgeheimnisse „einen ‚geronnenen' Vermögenswert darstellen und funktional den gewerblichen Schutzrechten gleichstehen"; *Fluck*, NVwZ 1994, S. 1048 (1054), stellt auf den „ganz allgemein wirtschaftlichen Wert für das Unternehmen" ab.

588 Siehe nur BVerfGE 4, 7 (17); 21, 362 (369); 41, 126 (149); 134, 242 (288); 143, 246 (312); 164, 76 (110); *Sachs*, in: ders., GG, Art. 19, Rn. 83; zur Anwendung auf ausländische juristische Personen siehe *Steinbrück*, Grundrechtsschutz ausländischer juristischer Personen, S. 113 ff.

589 *Rossi*, in: M. Schröder, Aktuelle Rechtsfragen und Probleme des freien Informationszugangs, insbesondere im Umweltschutz, S. 197 (209 ff.); *Kloepfer/Greve*, NVwZ 2011, S. 577 (578); *Breuer*, in: Isensee/Kirchhof, HStR, Band VIII, § 171, Rn. 38 ff.; *G. Wiebe*, NVwZ 2019, S. 1705; siehe auch die Nachweise bei *F. Wollenschläger*, in: Dreier, GG, Art. 12, Rn. 91.

590 *BGH*, WRP 2010, S. 658 (659); *OVG Schleswig*, NVwZ 2007, S. 1448; *BVerwG*, NVwZ 2004, S. 105 (107); NVwZ 2009, S. 1114 (1116); NVwZ 2020, S. 715 (716); siehe auch die Nachweise bei *F. Wollenschläger*, in: Dreier, GG, Art. 12, Rn. 91; BVerfGE 115, 205 (248), lässt die Frage offen, ob der Schutz von Betriebs- und Geschäftsgeheimnissen auch von Art. 14 Abs. 1 GG umfasst wird.

591 So *Breuer*, NVwZ 1986, S. 171 (174); *ders.*, in: Isensee/Kirchhof, HStR, Band VIII, § 171, Rn. 38; *Stober*, Handbuch des Wirtschaftsverwaltungs- und Umweltrechts, S. 502.

592 *Wolff*, NJW 1997, S. 98 (99 ff.); a. A. *Frank*, Der Schutz von Unternehmensgeheimnissen im Öffentlichen Recht, S. 171 f.

cc) Abgrenzung zwischen Berufsfreiheit und Eigentumsgarantie

(1) Impulse aufgrund supranationaler Entwicklungen

Für die Abgrenzung der Schutzbereiche der Berufsfreiheit und der Eigentumsgarantie können die Richtlinie (EU) 2016/943 vom 8. Juni 2016 über den Schutz vertraulichen Know-hows und vertraulicher Geschäftsinformationen (Geschäftsgeheimnisse) vor rechtswidrigem Erwerb sowie rechtswidriger Nutzung und Offenlegung[593] und das deutsche Umsetzungsgesetz, das Gesetz zum Schutz von Geschäftsgeheimnissen (GeschGehG),[594] neue Impulse liefern.

Dabei gilt es zunächst festzuhalten, dass der in der Richtlinie (EU) 2016/943 verwendete Begriff des Geschäftsgeheimnisses[595] nicht deckungsgleich mit der Definition im deutschen Öffentlichen Recht ist.[596] Gleichwohl entspricht der im Umsetzungsgesetz verwendete Begriff des Geschäftsgeheimnisses „im Wesentlichen […] der von der Rechtsprechung zu § 17 UWG alte Fassung entwickelten Definition des Geschäftsgeheimnisses"[597]. Ein entscheidender Unterschied zwischen den beiden Begriffen folgt jedoch aus der Tatsache, dass § 2 Nr. 1 GeschGehG für das Vorliegen eines Geschäftsgeheimnisses angemessene Geheimhaltungsmaßnahmen durch den rechtmäßigen Geheimnisinhaber fordert,[598] wohingegen nach der zu § 17 UWG a. F. entwickelten Definition ein erkennbarer subjektiver Geheimhaltungswille noch ausreichend war.[599] Da das GeschGehG nur im Verhältnis zwischen Privaten und nicht im Verhältnis zwischen Privaten und öffentlichen Stellen gilt, wirkt sich der defi-

---

593 Abl. (EU) L 157, S. 1.

594 Art. 1 des Gesetzes zur Umsetzung der Richtlinie (EU) 2016/943 zum Schutz von Geschäftsgeheimnissen vor rechtswidrigem Erwerb sowie rechtswidriger Nutzung und Offenlegung vom 18.04.2019 (BGBl. I, S. 466) – Gesetz zum Schutz von Geschäftsgeheimnissen (GeschGehG).

595 Art. 2 Nr. 1 RL (EU) 2016/943: „Geschäftsgeheimnis" i. S. d. RL (EU) 2016/943 sind Informationen, die alle nachstehenden Kriterien erfüllen: a) Sie sind in dem Sinne geheim, dass sie weder in ihrer Gesamtheit noch in der genauen Anordnung und Zusammensetzung ihrer Bestandteile den Personen in den Kreisen, die üblicherweise mit dieser Art von Informationen umgehen, allgemein bekannt oder ohne Weiteres zugänglich sind; b) sie sind von kommerziellem Wert, weil sie geheim sind; c) sie sind Gegenstand von den Umständen entsprechenden angemessenen Geheimhaltungsmaßnahmen durch die Person, die die rechtmäßige Kontrolle über die Informationen besitzt.

596 *Goldhammer*, NVwZ 2017, S. 1809 (1810); *Rody*, Der Begriff und die Rechtsnatur von Geschäfts- und Betriebsgeheimnissen unter Berücksichtigung der Geheimnisschutz-Richtlinie, S. 265 ff.

597 BT-Drs. 19/4724, S. 24.

598 § 2 Nr. 1 lit. b) GeschGehG.

599 BT-Drs. 19/4724, S. 24.

nitorische Unterschied nicht auf die im deutschen Öffentlichen Recht verwendete Definition von Betriebs- und Geschäftsgeheimnissen aus.[600]

Unabhängig davon findet sich in der Gesetzesbegründung des GeschGehG die entscheidende Feststellung für die Schutzbereichsabgrenzung, wonach „es sich bei Geschäftsgeheimnissen zwar in gewisser Weise um Immaterialgüterrechte handelt, aber anders als bei Patenten, Marken und Urheberrechten keine subjektiven Ausschließlichkeits- und Ausschließungsrechte vorliegen können, weil der rechtliche Schutz allein von der Geheimhaltung der Information abhängt und nicht von anderen Voraussetzungen wie einer Eintragung oder einer besonderen Schöpfungshöhe“[601]. Der Gesetzesentwurf betont dadurch zwar eine Nähe der Geschäftsgeheimnisse zu den Immaterialgütern, arbeitet aber gleichzeitig den Unterschied zu Patenten, Marken und Urheberrechten heraus. Insofern sprechen das GeschGehG und dessen Begründung für die Einordnung von Betriebs- und Geschäftsgeheimnissen unter den Schutzbereich der Berufsfreiheit.

(2) Schutzbereichsbestimmung anhand des Informations- und Wissensbegriffs

Abschließend gilt es die Abgrenzung zwischen den Schutzbereichen der Berufsfreiheit und der Eigentumsgarantie unter Rückgriff auf den in dieser Arbeit herausgearbeiteten Informations- und Wissensbegriff vorzunehmen.

Die im Verfassungsrecht verwendete Definition der Betriebs- und Geschäftsgeheimnisse stellt zwar auf technisches und kaufmännisches „Wissen“ ab. Die dahinter stehenden Begrifflichkeiten stehen aber mit dem hier verwendeten Wissensbegriff, wonach Wissen durch interpretatorische Verknüpfung erzeugt wird, nicht ohne Weiteres in Einklang. Das zeigt sich exemplarisch daran, dass die zur Konkretisierung der verfassungsrechtlichen Definition der Betriebs- und Geschäftsgeheimnisse aufgezählten Geschäftsbücher und Kundenlisten nicht Wissen, sondern Informations- und Wissensgrundlagen verkörpern.[602]

---

600 BT-Drs. 19/4724, S. 23; *Leopold*, in: Beck'scher Online-Grosskommentar (Kasseler Kommentar), SGB X, Stand: 15.05.2024, § 67, Rn. 108; *Rossi*, GewArch 2021, S. 130f.; *Gurlit*, in: Assmann/Schlitt/von Kopp-Colomb, Prospektrecht Kommentar, § 19 WpPG, Rn. 10; a.A. *G. Wiebe*, NVwZ 2019, S. 1705 (1706); a.A. wohl auch *BVerwG*, NVwZ 2020, S. 715 (716); PharmR 2020, S. 699 (701), wonach „das Geschäftsgeheimnisgesetz […] auch auf den öffentlich-rechtlichen Begriff nicht ohne Einfluss bleiben“ kann, wobei offen gelassen wird, ob „diese Begriffsschärfung im öffentlichen Recht nachzuvollziehen ist“; *BVerwG*, 20 F 2.21 (juris), sieht im GeschGehG eine „Auslegungshilfe“.

601 BT-Drs. 19/4724, S. 26.

602 In den bisherigen Beschreibungen in Rechtsprechung und Literatur wird grundsätzlich nicht die Tatsache beachtet, dass nicht Wissen als solches, sondern nur in

Für die Abgrenzung der Schutzbereiche der Berufsfreiheit und der Eigentumsgarantie auf Grundlage des Informations- und Wissensbegriffs dieser Arbeit gilt es zunächst zu berücksichtigen, dass an Informations- und damit auch an Wissensgrundlagen nach dem Aussagegehalt der Eigentumsgarantie solange kein Eigentum bestehen kann, wie der Gesetzgeber ihre einfachrechtliche Zuordnung[603] zu einer natürlichen oder juristischen Person nicht ausdrücklich anordnet.

Insofern gilt es im Hinblick auf *Daten* als vorausgesetzte und ermöglichende Komponenten von Informationen und Wissen zu berücksichtigen, dass diese *de lege lata* nicht durch einfach-gesetzliche Vorschriften natürlichen oder juristischen Personen zugeordnet werden. Daher können sie auch nicht unter den Schutzbereich der Eigentumsgarantie gefasst werden.[604] An den weiteren Anknüpfungspunkten von Informationen in Gestalt von *Beobachtungen* und *Mitteilungen* kann bereits dem Grunde nach kein Eigentum i. S. d. Art. 14 Abs. 1 GG bestehen. Diese können nicht einem Inhaber i. S. e. Ausschließlichkeits- oder Ausschließungsrechts zugeordnet werden.

Gleichwohl können die Träger von verkörperten Informations- und Wissensgrundlagen unter den Eigentumsbegriff des Art. 14 Abs. 1 GG gefasst werden.[605] Das zeigt sich exemplarisch anhand von verkörperten Wissensgrundlagen, etwa in Form von Texten, Archiven, Registern, Programmen, Datenbanken oder Akten. Das Eigentum bezieht sich dabei auf die körperlichen *Gegenstände* Archiv, Register, Akte, auf den körperlichen *Gegenstand*, auf dem der Text geschrieben steht ebenso wie auf den körperlichen *Gegenstand*, auf dem das Programm oder die Datenbank gespeichert ist.

Dadurch wird allerdings noch keine Aussage zum Grundrechtsschutz des jeweiligen *Inhalts* der Gegenstände in Gestalt von verkörperten Informations-

---

Gestalt seiner Grundlagen übertragen werden kann und nur diese Grundlagen durch die subjektiv-abwehrrechtlichen Gehalte der entsprechenden Grundrechte erfasst werden können.

603 Zur Zuordnung des vermögenswerten Ergebnisses der schöpferischen Leistung an den Urheber durch das einfach-gesetzliche Urheberrecht siehe BVerfGE 31, 229 (241); zu der dem Erfinder zugeordneten Rechtsposition durch das einfach-gesetzliche Patentrecht siehe BVerfGE 36, 281 (290); zu der gegenüber jedermann wirkenden absoluten einfach-gesetzlichen Rechtsposition einer Marke siehe BVerfGE 51, 193 (216 ff.).

604 *A. Wiebe/Schur*, ZUM 2017, S. 461 (463); *Hoeren*, MMR 2019, S. 5 ff.; *Kühling/Sackmann*, ZD 2020, S. 24 ff.; *OLG Brandenburg*, 4 U 123/19 (juris); *Schaffland/Holthaus*, in: Schaffland/Wiltfang, DS-GVO/BDSG, EL 1/2024, Art. 16 DS-GVO, Rn. 1 m. w. N., wobei sie selbst davon ausgehen, dass die Entwicklung in Richtung eines Dateneigentums tendiere; für *Schuppert*, in: Voßkuhle/Eifert/Möllers, GVwR, Band I, § 17, Rn. 165 ff., ist die Frage noch nicht abschließend geklärt.

605 So auch § 7 Nr. 1 GeschGehG.

und Wissensgrundlagen getroffen.[606] Die Einordnung ihres Grundrechtsschutzes hängt vielmehr davon ab, worum es sich bei dem *Inhalt* konkret handelt.

Bloße Daten, verkörperte Mitteilungen und Beobachtungen, die einen Anknüpfungspunkt von Informationen bilden, können aus den bereits genannten Gründen nicht unter den Schutzbereich des Art. 14 Abs. 1 GG gefasst werden. Demgegenüber können Informations- und Wissensgrundlagen vom Schutzbereich des Art. 14 Abs. 1 GG erfasst werden, sofern sie (geistiges) Eigentum verkörpern. Darunter „sind all die *Immaterialgüterrechte* zu verstehen, die aufgrund einer schöpferischen Leistung entstehen und durch den Gesetzgeber einen besonderen Schutz in Form der Zuweisung von Verfügungs- und Verwertungsrechten zu ihrem Schöpfer erfahren"[607]. Eine dementsprechende Zuordnung kommt *de lege lata* insbesondere in Betracht, sofern etwa die Grenze einer besonderen Schöpfungshöhe (Urheberrecht), einer patentfähigen Erfindung (Patentrecht) oder der Voraussetzungen für eine Eintragung (Markenrecht) erreicht wird. Eine solche Grenze kann erreicht werden, sofern Informations- und Wissensgrundlagen durch besondere Interpretationen bzw. interpretatorische Verknüpfungen in Form von schöpferischen Leistungen zunächst zu Informationen und Wissen vollendet und diese schließlich in Gestalt von Wissensressourcen, die mit besonderen Interpretations- und Verknüpfungshilfen angereichert sind, ausgedrückt werden.

Sofern eine dementsprechende Grenze, wie von Betriebs- und Geschäftsgeheimnissen, nicht erreicht wird, fehlen *de lege lata* allgemeine einfach-gesetzliche Regelungen für eine Zuordnung von Wissensressourcen zu natürlichen und juristischen Personen. Daher kommt für Informations- und Wissensgrundlagen in Gestalt von Betriebs- und Geschäftsgeheimnissen letztlich nur eine Einordnung unter den Schutzbereich der Berufsfreiheit in Betracht.

dd) Fazit

Auf Grundlage des Informations- und Wissensbegriffs dieser Arbeit wird abschließend deutlich, dass für Betriebs- und Geschäftsgeheimnisse der Schutzbereich der Berufsfreiheit einschlägig ist. Der Schutzbereich der Eigentumsgarantie kommt demgegenüber ausschließlich in Betracht, sofern durch besondere Interpretationen bzw. interpretatorische Verknüpfungen in Form

---

606 Siehe dazu beispielsweise Darstellungen technischer Art, wie Zeichnungen, Pläne, Karten, Skizzen, Tabellen und plastische Darstellungen i. S. v. § 2 Abs. 1 Nr. 7 UrhG. Nach *BGH*, GRUR 2014, S. 175 (176), genießt dabei „allein die Form der Darstellung [technischer Art] urheberrechtlichen Schutz, nicht dagegen deren Inhalt".

607 *Papier/Shirvani*, in: Dürig/Herzog/Scholz, GG, 83. EL, April 2018, Art. 14, Rn. 314; siehe auch *Depenheuer/Froese*, in: Huber/Voßkuhle, GG, Band 1, Art. 14, Rn. 148.

von schöpferischen Leistungen Immaterialgüterrechte entstanden sind. Da Betriebs- und Geschäftsgeheimnisse einerseits und Immaterialgüterrechte andererseits unterschiedliche Ausprägungen von Informations- und Wissengrundlagen verkörpern, sind sie mithin unterschiedlichen Schutzbereichen zuzuordnen.

b) Eröffnung des Schutzbereichs der Berufsfreiheit

Nach der Rechtsprechung soll der Schutzbereich der Berufsfreiheit im Hinblick auf Betriebs- und Geschäftsgeheimnisse nur berührt sein, sofern Grundrechtsadressaten Geheimnisse offenlegen oder deren Offenlegung verlangen.[608]

Dieses Erfordernis der Offenlegung bzw. des Verlangens einer Offenlegung ist eine besondere Ausprägung eines Verwendungszusammenhangs. Dieser wird im Hinblick auf den Grundrechtsschutz von Betriebs- und Geschäftsgeheimnissen zwar nicht als solcher benannt. Es handelt sich aber um nichts anderes als die Verwendungszusammenhänge, in denen Betriebs- und Geschäftsgeheimnisse weiterverwendet werden, wenn diese offengelegt werden bzw. deren Offenlegung verlangt wird.

Um Betriebs- und Geschäftsgeheimnissen einen ihrer Bedeutung entsprechenden Grundrechtsschutz zu vermitteln, erscheint es daher sachgerechter, bereits für die Eröffnung des Schutzbereichs auf die Verwendungszusammenhänge abzustellen. Dabei muss danach gefragt werden, ob im Rahmen der Verwendungszusammenhänge „wettbewerbserhebliches Wissen den Konkurrenten zugänglich"[609] gemacht werden kann. Sofern diese Möglichkeit besteht, kann der einschlägige Schutzbereich der Berufsfreiheit als eröffnet angesehen werden.

Für dieses verallgemeinernde Verständnis lässt sich auch die ältere Rechtsprechung des BVerwGs anführen. Diese stufte neben der Offenlegung und der Verpflichtung zur Offenlegung von Betriebs- und Geschäftsgeheimnissen bereits auch deren Offenbarung gegenüber staatlichen Stellen als grundrechtssensibel ein.[610]

---

608 Siehe BVerfGE 115, 205 (230); 128, 1 (56); 137, 185 (243); 158, 1 (29); so auch *BVerwG*, NVwZ 2009, S. 1114 (1116); BVerwGE 135, 34 (46); *BGH*, N&R 2008, S. 36 (40).

609 BVerfGE 115, 205 (230).

610 BVerwGE 71, 183 (198); so auch *Breuer*, in: Isensee/Kirchhof, HStR, Band VIII, § 171, Rn. 38; *Stober*, Grundrechtsschutz der Wirtschaftstätigkeit, S. 65, der den „Schutz des Unternehmers, in freier Selbstbestimmung über die Offenbarung von *Geschäfts- und Produktionsgeheimnissen* gegenüber staatlichen Stellen entscheiden zu können" als Ausfluss der Berufsfreiheit qualifiziert; *Spoerr*, KSzW 2012,

4. Fazit: Recht auf informationelle Selbstbestimmung juristischer Personen als Anknüpfungspunkt des Grundrechtsschutzes von Wissensressourcen

Der Schutzbereich des Rechts auf informationelle Selbstbestimmung juristischer Personen steht in einem unmittelbaren und konkreten Zusammenhang mit deren grundrechtlich geschütztem Tätigkeitskreis.[611] Dieser ist zwingende Voraussetzung, um das Recht auf informationelle Selbstbestimmung auf sie anwenden zu können. Aus dieser Abhängigkeit des Rechts auf informationelle Selbstbestimmung juristischer Personen von ihrem grundrechtlich geschützten Tätigkeitskreis können unter Berücksichtigung der bereits herausgearbeiteten Überlegungen zu den einschlägigen Schutzbereichen verschiedene Schlussfolgerungen gezogen werden:

(1) Der Schutzbereich des Rechts auf informationelle Selbstbestimmung juristischer Personen erfasst ausschließlich Informations- und Wissensgrundlagen, denen unter Berücksichtigung der Verwendungszusammenhänge eine *Bedeutung* für ihren grundrechtlich geschützten Tätigkeitskreis zukommt.[612] Diese Schutzbereichsbegrenzung folgt insbesondere aus der Erwägung, dass lediglich durch die Weiterverwendung solcher tätigkeits*bedeutsamer* Informations- und Wissensgrundlagen eine grundrechtlich beachtliche Gefährdung juristischer Personen in Betracht kommen kann[613].

(2) Neben informationellen Maßnahmen, die zu einer grundrechtlich beachtlichen[614] Gefährdungslage führen können, existieren auch Maßnahmen, die zu einer gesteigerten Gefährdung[615] für die grundrechtlich geschützte Freiheitsausübung juristischer Personen führen können.[616] Bei diesen Maßnahmen ist der Bezug zu dem grundrechtlich geschützten Tätigkeitskreis so

S. 135 (140), beurteilt die Vorgabe in BVerfGE 115, 205 (244 ff.), Betriebs- und Geschäftsgeheimnisse seien nur geschützt, sofern ihre Offenlegung erhebliche Nachteile für das Unternehmen befürchten lässt, „als Abwägungsregel zu einseitig und im Maßstab unverhältnismäßig“; das *BVerwG*, NWVBl. 2024, S. 190 (193), sprach jüngst auch wieder von „offenbaren“.

[611] BVerfGE 118, 168 (204).

[612] Siehe dazu 3. Teil, D. I. 2. b).

[613] BVerfGE 118, 168 (204).

[614] BVerfGE 118, 168 (204), spricht von einer „grundrechtlich erhebliche[n] Gefährdungslage“.

[615] Das kann beispielsweise Betriebs- und Geschäftsgeheimnisse betreffen, bei denen BVerfGE 115, 205 (230), nicht nur von einer grundrechtlich beachtlichen Gefährdungslage, sondern von „kann […] beeinträchtigt werden“, spricht, worin eine gesteigerte Gefährdungslage gesehen werden kann.

[616] Vgl. bezüglich Betriebs- und Geschäftsgeheimnissen BVerwGE 71, 183 (198); BVerfGE 115, 205 (229 ff.); 128, 1 (56 f.); 137, 185 (243 f.).

eng, dass die gesteigerte Gefährdung allein durch das Recht auf informationelle Selbstbestimmung nicht mehr hinreichend sachgerecht abgebildet werden kann,[617] sondern vorrangig anhand der speziellen Freiheitsgrundrechte beurteilt werden muss.[618]

Ob eine gesteigerte Gefährdung für die grundrechtlich geschützte Freiheitsausübung einer juristischen Person vorliegt, muss wiederum maßgeblich anhand der Bedeutung der betroffenen Informations- und Wissensgrundlagen beurteilt werden.[619] Dabei muss sich die gesteigerte Gefährdung in einer gesteigerten Bedeutung der Informations- und Wissensgrundlagen für den grundrechtlich geschützten Tätigkeitskreis der juristischen Person widerspiegeln. Auch bei dieser Beurteilung gilt es die Verwendungszusammenhänge – Zweck und mögliche Folgen der Maßnahme – zu berücksichtigen.[620] Die

617 Die Berufsfreiheit bietet nach BVerfGE 118, 168 (205); 128, 1 (57), zwar „grundsätzlich keinen über das Recht auf informationelle Selbstbestimmung hinausgehenden Schutz" vor staatlichen informationellen Maßnahmen. Gleichwohl kann beispielsweise mit BVerfGE 115, 205 (229ff.); 137, 185 (243f.), die Schlussfolgerung gezogen werden, dass die Berufsfreiheit gegenüber dem Recht auf informationelle Selbstbestimmung einen enger gefassten Schutzbereich aufweist und damit letztlich einen intensiveren Schutz vermittelt. Damit der Schutzbereich der Berufsfreiheit berührt ist, reicht nach Ansicht des BVerfGs eine grundrechtlich erhebliche Gefährdungslage nicht aus. Die staatliche Maßnahme muss vielmehr zu einer gesteigerten Gefährdungslage für die grundrechtlich geschützte Freiheitsausübung („kann […] beeinträchtigt werden") führen. Vor diesem Hintergrund kann ein intensiverer Schutz durch die Berufsfreiheit als durch das Recht auf informationelle Selbstbestimmung juristischer Personen angenommen werden, dem auf der Rechtfertigungsebene die Stufentheorie gegenübersteht. Dementsprechend hält das BVerfG in BVerfGE 148, 40 (63), im dortigen Rechtsstreit fest, dass das „Recht auf informationelle Selbstbestimmung […] hinter Art. 12 Abs. 1 GG zurück[tritt], weil der Schutz von Unternehmen im Wettbewerb […] von der sachlich spezielleren Grundrechtsnorm des Art. 12 Abs. 1 GG vollständig erfasst wird". Die Formulierung „grundsätzlich keinen über das Recht auf informationelle Selbstbestimmung hinausgehenden Schutz" in BVerfGE 118, 168 (205), kann somit auch dahingehend verstanden werden, dass beispielsweise die objektiv-rechtlichen Gehalte der Berufsfreiheit einen intensiveren Schutz als das Recht auf informationelle Selbstbestimmung juristischer Personen zu bieten vermögen; a.A. wohl *OVG Münster*, NVwZ 2015, S. 304 (305), das unter Hinweis auf *BVerfG*, NJW 2014, S. 1581 (1583), und BVerfGE 128, 1 (56f.), davon ausgeht, dass hinsichtlich „des Schutzumfangs der beiden Grundrechte […] keine Unterschiede" bestehen.

618 Nach BVerwGE 71, 183 (198), berührt bereits die Offenbarung und damit die Kenntnis staatlicher Stellen von Geschäfts- und Produktionsgeheimnissen als Erscheinungsform von Wissensressourcen *mit erheblichem Gewicht* den Schutzbereich der Berufsfreiheit.

619 Vgl. BVerfGE 118, 168 (204).

620 BVerfGE 118, 168 (204f.); nach *Albers*, in: Kugelmann/Haratsch/Repkewitz, Herausforderungen an das Recht der Informationsgesellschaft, S. 113 (123), „kann man den Gewährleistungsinhalt nicht formulieren, ohne den staatlichen Kontext schon im Ansatz mitzudenken und aufzuschlüsseln".

speziellen Freiheitsgrundrechte sind mithin bei solchen Informations- und Wissensgrundlagen einschlägig, denen – unter Berücksichtigung der Verwendungszusammenhänge[621] – eine gesteigerte Bedeutung für den grundrechtlich geschützten Tätigkeitskreis der juristischen Person zugesprochen werden kann. Diese gesteigerte Bedeutung muss sich in einem gesteigerten, sprich *erheblichen Gewicht* der Informations- und Wissensgrundlagen widerspiegeln.[622]

Betriebs- und Geschäftsgeheimnissen kann beispielsweise eine gesteigerte Bedeutung für den grundrechtlich geschützten Tätigkeitskreis juristischer Personen, die eine Erwerbszwecken dienende Tätigkeit ausüben, zugesprochen werden. In diesen Konstellationen verdrängt das spezielle Grundrecht der Berufsfreiheit[623] das Recht auf informationelle Selbstbestimmung.

(3) Das Recht auf informationelle Selbstbestimmung kann mithin als der Anknüpfungspunkt des Grundrechtsschutzes tätigkeits*bedeutsamer* Informations- und Wissensgrundlagen juristischer Personen qualifiziert werden. Diese werden grundsätzlich vom Recht auf informationelle Selbstbestimmung geschützt. Sobald den Informations- und Wissensgrundlagen darüber hinaus zusätzlich *ein erhebliches Gewicht* für den grundrechtlich geschützten Tätigkeitskreis der juristischen Person zukommt, sind vorrangig die speziellen Freiheitsgrundrechte einschlägig, die das Recht auf informationelle Selbstbestimmung im Wege der Konkurrenz[624] verdrängen.[625]

(4) Aus dieser handhabbaren Abgrenzung lassen sich noch keine unmittelbaren Rückschlüsse für die Abgrenzung des Rechts auf informationelle Selbstbestimmung juristischer Personen gegenüber den Grundrechten aus Art. 10 Abs. 1 GG und Art. 13 Abs. 1 GG gewinnen.[626]

---

621 BVerfGE 118, 168 (204 f.).

622 *Beyerbach*, Die geheime Unternehmensinformation, S. 152, unterscheidet zwischen Informationen, die nur unternehmensbezogen sind und solchen, die einen unmittelbaren Bezug zur Unternehmenstätigkeit haben.

623 3. Teil, D. I. 3. a) cc) (2).

624 Darin zeigt sich die Abhängigkeit des Schutzbereichs des Rechts auf informationelle Selbstbestimmung von den speziellen Freiheitsrechten, worauf *Rudolf*, in: Merten/Papier, HGR, Band IV, § 90, Rn. 23, hinweist.

625 Nach dem Nichtannahmebeschluss der Dritten Kammer des Ersten Senats des *BVerfGs*, 1 BvR 3541/13 (juris), zum sog. „Doppeltürmodell" ergebe sich für Betriebs- und Geschäftsgeheimnisse aus dem Recht auf informationelle Selbstbestimmung einer juristischen Person kein weitergehender Schutz, als ihr über die Berufsfreiheit des Art. 12 Abs. 1 GG vermittelt werde.

626 Der Schutzbereich des Art. 13 Abs. 1 GG wurde in ständiger Rechtsprechung, BVerfGE 32, 54 (68 ff.); 42, 212 (219); 44, 353 (371); 76, 83 (88); 97, 228 (265); 120, 274 (309 f.), auch auf Betriebs- und Geschäftsräume ausgedehnt; *Wischmeyer*, in: Dreier, GG, Band I, Art. 13, Rn. 31.

Nach der neueren Rechtsprechung des BVerfGs sollen diese beiden Grundrechte zwar grundsätzlich das Recht auf informationelle Selbstbestimmung natürlicher Personen verdrängen.[627] Das soll aber in den Fällen nicht gelten, „in denen ein eigenständiger Freiheitsbereich mit festen Konturen erwachsen ist“[628]. Unter der Prämisse, dass Art. 10 Abs. 1 GG und Art. 13 Abs. 1 GG nur äußere Umstände ohne Rücksicht auf inhaltliche Fragen schützen,[629] kann das inhaltlich auf Informations- und Wissensgrundlagen ausgerichtete Recht auf informationelle Selbstbestimmung juristischer Personen als ein solch eigenständiger Freiheitsbereich mit festen Konturen qualifiziert werden.

Vor diesem Hintergrund schützen die beiden Grundrechte aus Art. 10 Abs. 1 GG und Art. 13 Abs. 1 GG mit der Ungestörtheit der Kommunikationskanäle und der räumlichen Selbstbestimmung die äußeren Bedingungen,[630] wohingegen das Recht auf informationelle Selbstbestimmung juristischer Personen die von den informationellen Maßnahmen betroffenen Inhalte erfasst.

II. Grundrechtsschutz von Wissensressourcen aus den Mitgliedsunternehmen

Auf Grundlage der herausgearbeiteten allgemeinen Aussagen zum grundrechtlich vermittelten Schutz von Informations- und Wissensgrundlagen können bereits verschiedene Aussagen zum Grundrechtsschutz von unternehmensbezogenen Wissensressourcen aus den Mitgliedsunternehmen getroffen werden. Diesem sind sowohl die Berufsgenossenschaften[631] als auch die DGUV e. V. und deren Einrichtungen, wie die Fachbereiche, Sachgebiete und

---

627 BVerfGE 115, 166 (187); 155, 119 (169 f.); siehe auch *Eichberger*, in: Huber/Voßkuhle, GG, Band 1, Art. 2, Rn. 289; in BVerfGE 118, 168 (184), spricht das Gericht davon, das Recht auf informationelle Selbstbestimmung ergänze „besonders geregelte Garantien der Privatheit, die ihm vorgehen, insbesondere das Post- und Fernmeldegeheimnis nach Art. 10 GG […] und den durch Art. 13 GG gewährleisteten Schutz der räumlichen Privatsphäre des Wohnungsinhabers“; diese Aussage soll nach *Bechler*, Informationseingriffe durch intransparenten Umgang mit personenbezogenen Daten, S. 171, verallgemeinerungsfähig sein; so auch *Rudolf*, in: Merten/Papier, HGR, Band IV, § 90, Rn. 31, für den es einen „Fall von ‚Idealkonkurrenz‘ “ nicht geben kann; siehe auch *Rixen*, in: Sachs, GG, Art. 2, Rn. 138; *Egloff*, DVR 1978, S. 115 (123).

628 BVerfGE 115, 166 (187).

629 *Ladeur*, in: Götting/Schertz/Seitz, Handbuch des Persönlichkeitsrechts, § 7, Rn. 5.

630 *Ladeur*, in: Götting/Schertz/Seitz, Handbuch des Persönlichkeitsrechts, § 7, Rn. 5.

631 Die Berufsgenossenschaften sind auch gegenüber ausländischen juristischen Personen grundrechtsverpflichtet, die eine Tätigkeit im Inland ausüben, ohne einer Berufsgenossenschaft anzugehören, sofern sie Maßnahmen auf einfach-gesetzlicher Grundlage, wie etwa §§ 17 Abs. 1, 19 SGB VII, ausüben.

Prüf- und Zertifizierungsstellen, verpflichtet.[632] Die Grundrechtsverpflichtung der DGUV e. V. und ihrer Einrichtungen folgt dabei aus der Tatsache, dass der Spitzenverband als eine Art Eigenkörperschaft ausschließlich von Körperschaften des öffentlichen Rechts getragen wird.[633]

1. Schutzbereichsfragen

Das Recht auf informationelle Selbstbestimmung schützt juristische Personen vor Gefährdungen, die von informationellen staatlichen Maßnahmen ausgehen können.[634] Solche Gefährdungen gehen im gesetzlichen Unfallversicherungssystem insbesondere von den im 2. Teil untersuchten Verwaltungsmaßnahmen und den damit einhergehenden Möglichkeiten zur Weiterverwendung von Wissensressourcen aus den Mitgliedsunternehmen auf der Ebene der Selbstverwaltung im Rahmen des genossenschaftlichen Wissensmanagements aus. Damit sind die Verwendungszusammenhänge angesprochen, in denen die Wissensressourcen aus den Mitgliedsunternehmen über eine einzelne Verwaltungsmaßnahme bzw. über ein einzelnes Mitgliedsunternehmen hinaus im gesetzlichen Unfallversicherungssystem weiterverwendet werden können. Diese verschiedenen Weiterverwendungsmöglichkeiten werden anhand des Beziehungsgefüges kognitiver Potentiale offensichtlich.[635]

Den Ausgangspunkt der verschiedenen Weiterverwendungsmöglichkeiten bilden die *unselbstständig* erzeugenden Potentiale, wie beispielsweise die Auskunftsverlangen. Diese ermöglichen den Genossenschaften einerseits die Erzeugung von Wissensressourcen aus den Mitgliedsunternehmen, damit sie konkrete Verwaltungsmaßnahmen ausüben können.[636] Dabei kann potentiell jede einzelne Wissensressource einen Anlass für weitere, zumindest informationelle, Maßnahmen[637] der Genossenschaften gegenüber dem jeweiligen

---

[632] Allgemein BVerfGE 128, 226 (245), wonach gerade kein Nützlichkeits- oder Funktionsvorbehalt besteht; so auch *Sauer*, in: Dreier, GG, Band I, Art. 1 III, Rn. 75; *Gurlit*, NZG 2012, S. 249 (251 ff.).

[633] § 3 Abs. 1 DGUV Satzung i. d. F. vom 23.08.2021 i. V. m. § 29 Abs. 1 SGB IV.

[634] 3. Teil, D. I. 4.

[635] 2. Teil, D.

[636] Das gilt auch im Hinblick auf diejenigen Maßnahmen, die nicht zwangsläufig mit der Ausübung konkreter Präventionsmaßnahmen gegenüber den Mitgliedsunternehmen in Zusammenhang stehen müssen, wie etwa Maßnahmen gem. §§ 192 Abs. 3 S. 1, 207 SGB VII, § 3 Abs. 4 DGUV Vorschrift 1. Obwohl in diesen Vorschriften keine Ermächtigungen für konkrete Präventionsmaßnahmen gegenüber den Mitgliedsunternehmen angelegt sind, können die darüber gewonnenen Wissensressourcen im Rahmen anderer Verwaltungsmaßnahmen zur Erfüllung bestimmter Verwaltungsaufgaben weiterverwendet werden.

[637] In Bezug auf die anregenden und kooperativen Instrumente werden dabei zunächst informationelle Maßnahmen in Betracht kommen, wohingegen bei den infor-

Mitgliedsunternehmen bieten[638] und insofern bereits zu einer grundrechtlich beachtlichen Gefährdung führen. Andererseits bilden die *unselbstständig* erzeugenden Potentiale gleichzeitig die Grundlage für umfassende Weiterverwendungen von Wissensressourcen aus den Mitgliedsunternehmen auf der Ebene der Selbstverwaltung.[639] Dabei kann aus der Vielzahl an Wissensressourcen aus den Mitgliedsunternehmen Wissen erzeugt werden, das als grundsätzlich nicht bekannt vorausgesetzt werden kann.[640] Dieses kann schließlich anhand der in verschiedenen Präventionsmaßnahmen angelegten verwertenden Potentiale fruchtbar gemacht werden. Dafür kommen sowohl Präventionsmaßnahmen gegenüber einzelnen als auch gegenüber der Gesamtheit der Mitgliedsunternehmen, beispielsweise im Rahmen der Recht- und Regelsetzung, in Betracht. Daher beendet auch eine anonymisierte Weiterverwendung unternehmensbezogener Wissensressourcen grundsätzlich nicht die grundrechtlich beachtliche Gefährdungslage. Diese kann durch Anonymisierungen aber immerhin minimiert werden.[641]

a) Grundsätzlich tätigkeitsbedeutsame Informations- und Wissensgrundlagen

Diese verschiedenen grundrechtlich beachtlichen Gefährdungen verdeutlichen die Schutzbedürftigkeit der Wissensressourcen aus den Mitgliedsunternehmen im gesetzlichen Unfallversicherungssystem.[642] Diese werden vor allem unter Berücksichtigung der Weiterverwendungsmöglichkeiten im Rahmen der Verwendungszusammenhänge auf der Ebene der Selbstverwaltung offensichtlich. Danach können grundsätzlich sämtliche unternehmensbezogenen Wissensressourcen aus den Mitgliedsunternehmen, die den kognitiven Potentialen der Genossenschaften ausgesetzt sind, als zumindest tätigkeits*bedeutsam* qualifiziert werden.[643] Als tätigkeits*bedeutsame* Wissensressourcen wer-

---

mationsorientierten Instrumenten, in deren Rahmen die Genossenschaften nicht auf die Partizipations- bzw. Kooperationsbereitschaft der Mitgliedsunternehmen angewiesen sind, nicht nur informationelle, sondern auch unmittelbar weitergehende Maßnahmen in Betracht kommen, wie beispielsweise Revisionsschreiben.

638 Vgl. BVerfGE 118, 168 (205).

639 Das zeigt sich exemplarisch an § 207 SGB VII, gilt aber auch für alle anderen unselbstständig erzeugenden kognitiven Potentiale.

640 Siehe dazu Einleitung, I.

641 A.A. *Drozd*, MittLVA Oberfranken und Mittelfranken 1986, S. 93 (98).

642 Siehe für Betriebs- und Geschäftsgeheimnisse 3. Teil, D. I. 3. b); vgl. dazu auch *Scholl*, Die Zweitanmelderproblematik am Beispiel des Arzneimittelrechts, S. 19 f.

643 Ausnahmsweise mag es auch Wissensressourcen geben, die unter Berücksichtigung der Verwendungszusammenhänge im gesetzlichen Unfallversicherungssystem als nicht tätigkeits*bedeutsam* beurteilt werden können. Darunter wird man allerdings nur solche Wissensressourcen fassen können, die in überhaupt keinem Zusammenhang mit den Aufgaben der Genossenschaften stehen. In dieser Konstellation stellt sich je-

den sie vom Recht auf informationelle Selbstbestimmung juristischer Personen geschützt.

b) Informations- und Wissensgrundlagen mit erheblichem Gewicht

Im gesetzlichen Unfallversicherungssystem finden sich auch Wissensressourcen aus den Mitgliedsunternehmen, denen eine gesteigerte Bedeutung für deren grundrechtlich geschützte Freiheitsausübung zugesprochen werden kann. Für solche Wissensressourcen *mit erheblichem Gewicht* aus den Mitgliedsunternehmen ist nicht das Recht auf informationelle Selbstbestimmung juristischer Personen, sondern vielmehr ein spezielles Freiheitsgrundrecht einschlägig.

Dementsprechend schützt die Eigentumsgarantie des Art. 14 Abs. 1 GG Wissensressourcen *mit erheblichem Gewicht*, die durch einfach-gesetzliche Regelungen natürlichen oder juristischen Personen zugeordnet werden (können). Hierbei handelt es sich um Immaterialgüterrechte, die vor allem anhand der sie einfach-gesetzlich ausgestaltenden Vorschriften geschützt sind und die kaum von den kognitiven Potentialen betroffen werden.

Demgegenüber sind diejenigen Wissensressourcen *mit erheblichem Gewicht*, wie Betriebs- und Geschäftsgeheimnisse, die nicht durch einfach-gesetzliche Regelungen natürlichen oder juristischen Personen zugeordnet werden (können), zentraler Gegenstand der kognitiven Potentiale. Für diese Wissensressourcen mit *erheblichem Gewicht* ist der Schutzbereich der Berufsfreiheit[644] einschlägig. Dieser wird wegen der potentiellen Gefährdungen durch die Weiterverwendungsmöglichkeiten im Rahmen der Verwendungszusammenhänge auf der Selbstverwaltungsebene bereits durch ihre Offenbarung berührt.[645]

Vor diesem Hintergrund konzentrieren sich die folgenden Ausführungen auf Wissensressourcen *mit erheblichem Gewicht*, die nicht durch einfach-gesetzliche Regelungen natürlichen oder juristischen Personen zugeordnet werden (können) und daher von der Berufsfreiheit geschützt werden.[646]

---

doch die Frage, ob solche Wissensressourcen anhand der kognitiven Potentiale überhaupt erzeugt werden dürfen.

644 Im Hinblick auf Wissensressourcen *mit erheblichem Gewicht* aus ausländischen Unternehmen, die keine Immaterialgüterrechte hervorbringen, kommt Art. 2 Abs. 1 GG in unionsrechtskonformer bzw. in erweiternder Auslegung zur Anwendung, wodurch dasselbe Schutzniveau wie von Art. 12 Abs. 1 GG gewährleistet wird.

645 Vgl. *Scholl*, Die Zweitanmelderproblematik am Beispiel des Arzneimittelrechts, S. 19 f.

646 Diese sind grundsätzlich angesprochen, sofern im Folgenden von Wissensressourcen *mit erheblichem Gewicht* gesprochen wird. Sofern Wissensressourcen *mit er-*

2. Begrenzte Aussagekraft des bisherigen Grundrechtsverständnisses

Unternehmensbezogene Wissensressourcen aus den Mitgliedsunternehmen werden je nach grundrechtlicher Schutzbedürftigkeit entweder vom Recht auf informationelle Selbstbestimmung juristischer Personen oder von speziellen Freiheitsgrundrechten geschützt. Das bisherige Verständnis dieser Grundrechte erfasst jedoch verschiedene Aspekte nicht, die sich auch im Zusammenhang mit den kognitiven Potentialen zeigen. Das betrifft vor allem den begrenzten Aussagegehalt der speziellen Freiheitsgrundrechte (dazu a)) sowie der subjektiv-abwehrrechtlichen Grundrechtsgehalte (dazu b)) und die grundrechtlichen Restriktionen im Hinblick auf Interpretations- und Verknüpfungsleistungen von Grundrechtsträgern (dazu c)).

a) Begrenzter Aussagegehalt der speziellen Freiheitsgrundrechte

Bislang sind die kommunikativen Wesenszüge und Wirkungsweisen der Berufsfreiheit und der Eigentumsgarantie[647] ebenso wenig grundlegend herausgearbeitet worden, wie eine detaillierte und in sich abgeschlossene Konzeption des grundrechtlichen Schutzes von unternehmensbezogenen Wissensressourcen *mit erheblichem Gewicht* entwickelt worden ist.[648] Daher lassen sich anhand der bisherigen Schutzbereichsbeschreibungen jedenfalls keine Aussagen zur interpretations*getragenen* Weiterverwendung von Wissensressourcen *mit erheblichem Gewicht* aus den Mitgliedsunternehmen im Rahmen der Verwendungszusammenhänge auf der Selbstverwaltungsebene treffen.

b) Begrenzter Aussagegehalt der subjektiv-abwehrrechtlichen Gehalte

aa) Anregende und kooperative Instrumente

Anhand der subjektiv-abwehrrechtlichen Gehalte der einschlägigen Grundrechte kann zwar die Erzeugung von Wissensressourcen aus den Mitgliedsun-

heblichem Gewicht in Gestalt von Immaterialgüterrechten angesprochen werden, wird darauf ausdrücklich hingewiesen.

647 Dazu *Scholz/Pitschas*, Informationelle Selbstbestimmung und staatliche Informationsvorsorge, S. 93 ff.; *Breuer*, NVwZ 1986, S. 171.

648 *Breuer*, in: Isensee/Kirchhof, HStR, Band VIII, § 171, Rn. 38; *Reiling*, in: Münkler, Dimensionen des Wissens im Recht, S. 175 (197); in die Richtung einer Konzeption bewegt sich *Beyerbach*, Die geheime Unternehmensinformation, der seinen grundrechtlichen Ausführungen jedoch ausschließlich Betriebs- und Geschäftsgeheimnisse zu Grunde legt, wie er auf S. 68 ausführt; im Allgemeinen werden, wie etwa von *Manssen*, in: Huber/Voßkuhle, GG, Band 1, Art. 12, Rn. 86 ff., vor allem punktuelle Fragen, wie „Informationen und Warnungen durch die öffentliche Hand", behandelt.

ternehmen grundsätzlich erfasst werden. Gleichwohl vermögen diese Grundrechtsgehalte aber keine abschließenden Aussagen für die anregenden[649] und kooperativen[650] Instrumente bereitzuhalten. Diese Instrumente eröffnen den Genossenschaften einen Zugang zu den Wissensressourcen aus den Mitgliedsunternehmen über einen von deren Partizipations- bzw. Kooperationsbereitschaft abhängigen kommunikativen Austausch.[651] Das verdeutlichen die Beratungen in exemplarischer Weise.

Daher kommen Eingriffe in die potentiell betroffenen Grundrechte durch die Erzeugung von unternehmensbezogenen Wissensressourcen aus den Mitgliedsunternehmen anhand der anregenden und kooperativen Instrumente grundsätzlich nicht in Betracht. Dafür spricht insbesondere die Tatsache, dass der Zugang zu den Wissensressourcen hierbei vor allem auf einer eingriffsausschließenden freiwilligen Entscheidung der Mitgliedsunternehmen beruht.[652] Obwohl das eingriffsausschließende Merkmal der *Freiwilligkeit* für das Recht auf informationelle Selbstbestimmung natürlicher Personen entwickelt wurde,[653] kann es sinngemäß auch auf das Recht auf informationelle Selbstbestimmung juristischer Personen und die speziellen Freiheitsgrundrechte übertragen werden.

Zu den freiwilligen Entscheidungen im Rahmen der anregenden und kooperativen Instrumente werden die Mitgliedsunternehmen grundsätzlich auch nicht ausdrücklich aufgefordert.[654] Die freiwilligen Offenbarungen ergeben sich vielmehr im Zuge des über die anregenden und kooperativen Instrumente vermittelten kommunikativen Austauschs. Diese Beurteilung gilt so lange, wie die Mitgliedsunternehmen von sich aus Angaben machen und die Genossenschaften bloße Nachfragen unter den Bedingungen des im Zusammenhang mit diesen Instrumenten zu Tage tretenden Freiwilligkeitsverhältnisses stellen. Sobald sich die bloßen Nachfragen der Genossenschaften zu gezielten Aufforderungen verdichten, kann aber grundsätzlich nicht mehr von freiwilligen Offenbarungen ausgegangen werden. Ein solches zu gezielten Aufforderungen verdichtetes Verlangen überschreitet jedoch die Grenzen der anregenden bzw. kooperativen Instrumente und muss daher auf andere Maßnahmen, bei-

---

649 2. Teil, A. I. 6. b): Gezielte und inklusive Beratungen sowie Aus- und Fortbildungsmaßnahmen.

650 2. Teil, A. I. 6. c): Beratungen auf Anforderung, Zusammenarbeit mit den Arbeitsschutzausschüssen sowie Prüfungen und Zertifizierungen.

651 2. Teil, A. I. 6. b) und c).

652 Durch die freiwillige Entscheidung zur Offenlegung können die Mitgliedsunternehmen mit *Bethge*, in: Isensee/Kirchhof, HStR, Band IX, § 203, Rn. 112, nicht über objektiv-rechtliche Grundrechtsgehalte disponieren.

653 *Schlink*, NVwZ 1986, S. 249 (252); *Hermstrüwer*, Informationelle Selbstgefährdung, S. 197.

654 Siehe 2. Teil, A. I. 6. b) und c).

spielsweise Auskunftsverlangen nach § 192 Abs. 3 S. 1 SGB VII, gestützt werden.

Auch bei der interpretations*freien* Weiterverwendung von Wissensressourcen, die anhand anregender oder kooperativer Instrumente gewonnen wurden, kommt grundsätzlich kein Eingriff in Betracht. Das gilt so lange, wie die interpretations*freie* Weiterverwendung von der mit der freiwilligen Offenbarung einhergehenden Zweckbestimmung der Mitgliedsunternehmen gedeckt ist. Sofern eine interpretations*freie* Weiterverwendung im Einzelfall ausdrücklich oder durch Auslegung[655] der konkreten Einzelfallumstände nicht mehr von der Zweckbestimmung der Mitgliedsunternehmen gedeckt sein sollte, kann jedoch ein Eingriff bejaht werden.

Unabhängig von dieser Sonderkonstellation bleibt abschließend festzuhalten, dass grundsätzlich nur objektiv-rechtliche Grundrechtsgehalte Aussagen für die Erzeugung von Wissensressourcen anhand der anregenden und kooperativen Instrumente sowie deren interpretations*freie* Weiterverwendung bereitzuhalten vermögen.

bb) Eigene Beobachtungen

Der beschränkte Aussagegehalt der subjektiv-abwehrrechtlichen Grundrechtsgehalte zeigt sich auch im Hinblick auf die Erzeugung von Wissensressourcen durch eigene Beobachtungen der Genossenschaften. An solchen eigenen Beobachtungen der Genossenschaften können den Mitgliedsunternehmen keine Rechte zustehen.[656] Daher kommt ein Eingriff durch eigene Beobachtungen der Genossenschaften nicht in Betracht, weshalb wiederum nur objektiv-rechtliche Grundrechtsgehalte Aussagen für eigene Beobachtungen der Genossenschaften bereithalten.

c) Restriktionen bei Interpretations- und Verknüpfungsleistungen

Selbst unter Berücksichtigung des differenzierenden Verständnisses[657] der Bestimmungsbefugnis beim Recht auf informationelle Selbstbestimmung juristischer Personen bleiben Restriktionen beim Grundrechtsschutz bestehen.

Diese betreffen die Interpretations- und interpretatorischen Verknüpfungsleistungen der Grundrechtsträger bei der Informations- und Wissensbildung. Diese kognitiven Leistungen können in Gestalt von Interpretations- und Ver-

---

[655] Dafür gilt es auf das Merkmal der Erforderlichkeit abzustellen, siehe dazu 3. Teil, D. IV. 2. c) bb).

[656] Allgemein *Trute*, in: Roßnagel, Handbuch Datenschutzrecht, 2.5, Rn. 19.

[657] 3. Teil, D. I. 2. c) und d).

knüpfungshilfen ausgedrückt werden, die Informations- und Wissensgrundlagen anreichern.[658] Obwohl dementsprechend angereicherte Wissensressourcen dem staatlichen Zugriff offenstehen,[659] werden sie von den bisherigen Beschreibungen des Grundrechtsschutzes nicht hinreichend erfasst.[660]

Das zeigt sich insbesondere anhand der Beschreibungen der objektivrechtlichen Gehalte der betroffenen Grundrechte. Diese konzentrieren sich vor allem auf die interpretations*getragene* Weiterverwendung von Wissensressourcen im Rahmen der Verwendungszusammenhänge und dabei insbesondere auf die Informations- und Wissensbildung.[661] Demgegenüber beschäftigen sie sich nicht näher mit dem Gesichtspunkt, dass im Rahmen der staatlichen Informations- und Wissensbildung Wissensressourcen von Grundrechtsträgern, die mit Interpretations- und Verknüpfungshilfen angereichert sind, zur Erfüllung öffentlicher Aufgaben weiterverwendet werden können.

Um diesen Gesichtspunkt sachgerecht zu erfassen, böte es sich an, das Recht auf informationelle Selbstbestimmung zu einem Recht auf kommunikative Selbstbestimmung weiterzuentwickeln.[662] Durch ein solches Recht könnte den Interpretations- und interpretatorischen Verknüpfungsleistungen der Mitgliedsunternehmen letztlich aber auch nicht hinreichend Genüge getan werden. Daher gilt es dafür den Fokus noch stärker auf die interpretations*getragenen* Verwendungszusammenhänge zu richten. Für diese können anhand der objektiv-rechtlichen Grundrechtsgehalte Vorgaben abgeleitet und dabei gleichzeitig die kognitiven Leistungen der Mitgliedsunternehmen hinreichend berücksichtigt werden.

3. Herausforderungen an den Grundrechtsschutz

Die bisherigen Beschreibungen der einschlägigen Grundrechte halten insbesondere aufgrund der dargestellten Begrenzungen für die Wissensressourcen aus den Mitgliedsunternehmen und deren Gefährdungen im gesetzlichen Unfallversicherungssystem noch kein abschließendes Schutzregime bereit. Dafür gilt es vielmehr die kognitiven Potentiale, deren Wechselwirkungen

---

[658] 1. Teil, C. II. 2. b) bb) und cc).

[659] Siehe 1. Teil, C. II. 2. b) und c).

[660] Das gilt sowohl für Art. 12 Abs. 1 GG, Art. 14 Abs. 1 GG als auch für Art. 2 Abs. 1 i. V. m. Art. 19 Abs. 3 GG.

[661] *Trute*, in: Roßnagel, Handbuch Datenschutzrecht, 2.5, Rn. 20, zur Informationsbildung.

[662] Vgl. *Trute*, in: Roßnagel, Handbuch Datenschutzrecht, 2.5, Rn. 6; *Gusy*, VerwArch 74 (1983), S. 91 (96 ff.); siehe auch *Ladeur*, in: Götting/Schertz/Seitz, Handbuch des Persönlichkeitsrechts, § 8, Rn. 70, der vom „*Persönlichkeitsrecht als Kommunikationsrecht*" spricht.

und das daran anknüpfende Wissensmanagement in den Mittelpunkt der grundrechtlichen Überlegungen zu stellen.

Dabei macht das genossenschaftliche Wissensmanagement einerseits das grundrechtliche Spannungsverhältnis mit den Wissensressourcen aus den Mitgliedsunternehmen auf der einen und den kognitiven Potentialen der Genossenschaften auf der anderen Seite deutlich. Andererseits legt es die verschiedenen Möglichkeiten der Genossenschaften zur Weiterverwendung von Wissensressourcen aus den Mitgliedsunternehmen im Rahmen der Verwendungszusammenhänge auf der Ebene der Selbstverwaltung offen. Daraus wird aus der grundrechtlichen Perspektive bereits folgendes deutlich:

(1) Mit der Inanspruchnahme unselbstständig erzeugender Potentiale, die die Erzeugung von Wissensressourcen aus den Mitgliedsunternehmen und von Dritten ermöglichen, müssen keine Eingriffe einhergehen. Das zeigt sich beispielsweise an der Erzeugung von Wissensressourcen im Rahmen von Beratungen der Mitgliedsunternehmen. Mit der Inanspruchnahme der unselbstständig erzeugenden Potentiale können aber Eingriffe einhergehen. Das verdeutlicht die Erzeugung von Wissensressourcen im Rahmen von Auskunftsverlangen gegenüber den Mitgliedsunternehmen.

(2) Anhand der unselbstständig erzeugenden Potentiale können sowohl tätigkeits*bedeutsame* Wissensressourcen als auch Wissensressourcen *mit erheblichem Gewicht* erzeugt werden.

(3) Schließlich können die anhand der unselbstständig erzeugenden Potentiale gewonnenen Wissensressourcen auf der Ebene der Selbstverwaltung in vielfältiger Weise weiterverwendet werden. Die Weiterverwendung umfasst dabei insbesondere die Übermittlung und Verwertung der Wissensressourcen, ihre Vollendung zu Informationen und Wissen ebenso wie deren Weiterverwendung. Darunter fällt sowohl die Weiterverwendung in Form der Übermittlung der Informationen und des Wissens in Gestalt ihrer Grundlagen ebenso wie die Verwertung der Informationen und des Wissens.

Diese verschiedenen Aussagen können in die folgenden acht grundrechtsrelevanten Konstellationen unterschieden werden:

1. Die Genossenschaften *erzeugen* anhand der unselbstständig erzeugenden Potentiale tätigkeits*bedeutsame* Wissensressourcen aus den Mitgliedsunternehmen, *ohne* dass es dabei zu *Eingriffen* kommt.

   Darunter kann beispielsweise die *Erzeugung* von betriebs- und geschäftsbezogenen Daten im Rahmen von Beratungen fallen.

2. Die Genossenschaften *verwenden* die anhand der unselbstständig erzeugenden Potentiale erzeugten tätigkeits*bedeutsamen* Wissensressourcen aus den Mitgliedsunternehmen *weiter, ohne* dass es dabei zu *Eingriffen* kommt.

Beispielsweise kann die *Weiterverwendung* von betriebs- und geschäftsbezogenen Daten, die im Rahmen von Beratungen erzeugt wurden, darunter fallen.

3. Die Genossenschaften *erzeugen* anhand der unselbstständig erzeugenden Potentiale tätigkeits*bedeutsame* Wissensressourcen der Mitgliedsunternehmen, wobei es dabei zu *Eingriffen* kommen kann.

   Darunter fällt beispielsweise die *Erzeugung* von betriebs- und geschäftsbezogenen Daten im Rahmen von Auskunftsverlangen.

4. Die Genossenschaften *verwenden* die anhand der unselbstständig erzeugenden Potentiale erzeugten tätigkeits*bedeutsamen* Wissensressourcen der Mitgliedsunternehmen *weiter*, wobei es dabei zu *Eingriffen* kommen kann.

   Beispielsweise fällt darunter die *Weiterverwendung* von betriebs- und geschäftsbezogenen Daten, die im Rahmen von Auskunftsverlangen erzeugt wurden.

5. Die Genossenschaften *erzeugen* anhand der unselbstständig erzeugenden Potentiale Wissensressourcen *mit erheblichem Gewicht* aus den Mitgliedsunternehmen, *ohne* dass es dabei zu *Eingriffen* kommt.

   Darunter kann beispielsweise die *Erzeugung* von Betriebs- und Geschäftsgeheimnissen im Rahmen von Beratungen fallen.

6. Die Genossenschaften *verwenden* die anhand der unselbstständig erzeugenden Potentiale erzeugten Wissensressourcen *mit erheblichem Gewicht* aus den Mitgliedsunternehmen *weiter, ohne* dass es dabei zu *Eingriffen* kommt.

   Beispielsweise kann die *Weiterverwendung* von Betriebs- und Geschäftsgeheimnissen, die im Rahmen von Beratungen erzeugt wurden, darunter fallen.

7. Die Genossenschaften *erzeugen* anhand der unselbstständig erzeugenden Potentiale Wissensressourcen *mit erheblichem Gewicht* der Mitgliedsunternehmen, wobei es dabei zu *Eingriffen* kommen kann.

   Darunter fällt beispielsweise die *Erzeugung* von Betriebs- und Geschäftsgeheimnissen im Rahmen von Auskunftsverlangen.

8. Die Genossenschaften *verwenden* die anhand der unselbstständig erzeugenden Potentiale erzeugten Wissensressourcen *mit erheblichem Gewicht* der Mitgliedsunternehmen *weiter*, wobei es dabei zu *Eingriffen* kommen kann.

   Beispielsweise fällt darunter die *Weiterverwendung* von Betriebs- und Geschäftsgeheimnissen, die im Rahmen von Auskunftsverlangen erzeugt wurden.

Während die ersten vier Konstellationen (1–4) tätigkeits*bedeutsame* Wissensressourcen erfassen, betreffen die letzten vier Konstellationen (5–8) Wissensressourcen *mit erheblichem Gewicht*. In den ersten vier Konstellationen (1–4) sind also andere Grundrechte berührt, als in den letzten vier Konstellationen (5–8): Während in den ersten vier Konstellationen (1–4) das Recht auf informationelle Selbstbestimmung einschlägig ist, kommen in den letzten vier Konstellationen (5–8) die speziellen Freiheitsgrundrechte zum Tragen.

Im Hinblick auf die Grundrechtssensibilität gilt es zu berücksichtigen, dass in den Konstellationen 1, 2, 5 und 6 die Schutzbereiche der jeweils einschlägigen Grundrechte grundsätzlich nur berührt werden. Das gilt sowohl für die Erzeugung von Wissensressourcen (Konstellationen 1 und 5) als auch für deren Weiterverwendung (Konstellationen 2 und 6).[663]

Demgegenüber können in den Konstellationen 3, 4, 7 und 8 die Schutzbereiche der jeweils einschlägigen Grundrechte beeinträchtigt werden. Das gilt zunächst für die Erzeugung von Wissensressourcen der Mitgliedsunternehmen (Konstellationen 3 und 7). In den Konstellationen 4 und 8 können die Schutzbereiche der jeweils betroffenen Grundrechte schließlich durch die interpretations*freie* Weiterverwendung von Wissensressourcen der Mitgliedsunternehmen beeinträchtigt werden.

Diese acht verschiedenen Konstellationen lassen sich auch anhand folgender Tabelle darstellen:

Konstellation	Tätigkeits*bedeutsame* Wissensressourcen	Wissensressourcen *mit erheblichem Gewicht*	Recht auf informationelle Selbstbestimmung	Spezielle Freiheitsgrundrechte	Erzeugung von Wissensressourcen	Weiterverwendung von Wissensressourcen	Schutzbereich berührt	Schutzbereich beeinträchtigt
1	x		x		x		x	
2	x		x			x	x	
3	x		x		x			x
4	x		x			x		x[1]
5		x		x	x		x	
6		x		x		x	x	
7		x		x	x			x
8		x		x		x		x[1]

[1] durch interpretations*freie* Weiterverwendung

663 Interpretations*freie* Weiterverwendungen erfolgen ohne Eingriff, sofern sie von einer entsprechenden Zweckbestimmung der Grundrechtsträger gedeckt sind. Solche

Zwar lassen sich diese acht verschiedenen Konstellationen in zwei Obergruppen aufteilen. Sie können aber nicht – etwa in Anlehnung an Albers Zwei-Ebenen-Konzeption[664] – ohne Weiteres in Gestalt einer zweigliedrigen Konzeption ausgestaltet werden. Sofern man auf Grundlage einer schutzbereichsorientierten Unterscheidung die ersten (1–4) und die letzten vier (5–8) Konstellationen in je einer Ebene zusammenfassen würde, fänden sich darin Konstellationen mit unterschiedlicher Grundrechtssensibilität[665]. Sofern man auf Grundlage der Grundrechtssensibilität als wesentlichem Unterscheidungskriterium zwei Ebenen beschreiben würde, würden darin Konstellationen (1, 2, 5, 6 und 3, 4, 7, 8) zusammengefasst, in denen unterschiedliche Schutzbereiche einschlägig sind.

Um solche Überschneidungen zu vermeiden, gilt es eine mehrgliedrige Konzeption zu entwickeln. Diese muss die verschiedenen Konstellationen anhand der einschlägigen Schutzbereiche sowie unter Berücksichtigung der Grundrechtssensibilität einer Systematisierung zuführen. Dafür kann an die strukturprägende Wirkung des Rechts auf informationelle Selbstbestimmung angeknüpft werden.[666] Diese liefert Ausgestaltungsvorgaben für die rechtliche Strukturierung des Spannungsverhältnisses zwischen den kognitiven Potentialen, deren Wechselwirkungen und dem daran anknüpfenden Wissensmanagement auf der einen und den Wissensressourcen aus den Mitgliedsunternehmen auf der anderen Seite.

Zweckbestimmungen sind bei interpretations*getragenen* Weiterverwendungen grundsätzlich unerheblich und laufen dabei letztlich ins Leere.

664 *Albers*, Informationelle Selbstbestimmung, S. 353 ff.; *dies*., in: Voßkuhle/Eifert/Möllers, GVwR, Band I, § 22, Rn. 33 f.; in diese Richtung lässt sich auch *Ladeur*, in: Götting/Schertz/Seitz, Handbuch des Persönlichkeitsrechts, § 8, Rn. 34, 70, verstehen.

665 Die im Zusammenhang mit eingreifenden Maßnahmen ermöglichten eigenen Beobachtungen sind dabei grundrechtssensibler als eigene Beobachtungen, die mit Maßnahmen zusammenfallen, denen kein eingreifender Charakter zugesprochen werden kann. Das zeigt sich auch im Zusammenhang mit interpretations*getragenen* Weiterverwendungen. Weiterverwendungen, die im Falle ihrer Interpretationsfreiheit einen Eingriff verkörpern, aber wegen ihrer Interpretationsgetragenheit keinen Eingriff darstellen, sind grundrechtssensibler, als interpretations*getragene* Weiterverwendungen, die im Falle ihrer Interpretationsfreiheit keinen Eingriff darstellen.

666 Allgemein *Simitis*, NJW 1984, S. 398 (399), für den die informationelle Selbstbestimmung „auch und gerade die Struktur der Gesellschaft" umschreibt; für *Trute*, JZ 1998, S. 822 (825), enthält das allgemeine Persönlichkeitsrecht „zudem eine objektive Schutznorm, die auf die Gestaltung der Rechtsordnung […] gerichtet ist" und „strukturierende Elemente über die objektiv-rechtlichen Dimensionen des Grundrechts" zu liefern vermag; siehe auch *P. Kirchhof*, in: Dürig/Herzog/Scholz, GG, 75. EL, September 2015, Art. 3 Abs. 1, Rn. 329, der im allgemeinen Persönlichkeitsrecht aus Art. 2 Abs. 1 i. V. m. Art. 1 Abs. 1 GG einen strukturellen Schutz vor Gefahren des Datensystems verankert sieht.

III. Grundrechtliche Ordnung des Wissensmanagements

Damit die acht identifizierten grundrechtsrelevanten Konstellationen einem sachgerechten Grundrechtsschutz zugeführt werden können, gilt es sie in eine grundrechtlich ausgestaltete mehrgliedrige Konzeption zu überführen. Diese muss – vergleichbar zu der von Ladeur geforderten Informationsordnung[667] – einerseits die verschiedenen Konstellationen ordnen und andererseits sachgerechte Vorgaben für sie bereithalten.

In dieser grundrechtlich auszugestaltenden Ordnung wird weder der Schutzbereich des Rechts auf informationelle Selbstbestimmung enger gefasst[668] noch dessen subjektiv-abwehrrechtliche Komponente aufgegeben[669]. Diese wird vielmehr beibehalten und durch Vorgaben aus objektiv-rechtlichen und verfahrensrechtlichen Grundrechtsgehalten ergänzt. Diese folgen aus dem rangmäßig höchsten Gesetz – dem Grundgesetz[670] – und konkretisieren die im Zusammenhang mit der Inanspruchnahme kognitiver Potentiale bestehenden Handlungsspielräume der Verwaltung.[671] Dafür treten sie neben die einfachgesetzlichen Regelungen und kompensieren deren Begrenzungen.[672]

---

[667] *Ladeur*, DÖV 2009, S. 45 (54 f.), spricht von einer objektiv-rechtlichen „Informationsordnung"; *ders.*, in: Götting/Schertz/Seitz, Handbuch des Persönlichkeitsrechts, § 8, Rn. 34, 70, möchte den Schutzbereich des Rechts auf informationelle Selbstbestimmung enger fassen und daneben eine öffentliche Informationsordnung etablieren, die neben der enger zu fassenden abwehrrechtlichen Komponente auf die Gewährleistung der Wissensverteilung in der Gesellschaft angelegt ist; für eine weitere Grundrechtsbestimmungen vereinende Informationsordnung siehe *Schoch*, in: VVDStRL 57 (1998), S. 158 (186 ff.); siehe *Kloepfer*, Informationsrecht, S. 23 f., 118 ff., zu Grundideen und Strukturprinzipien einer Informationsordnung; siehe auch *Vesting*, in: FS 50 Jahre BVerfG, Band 2, S. 219 (227 ff.); *Pitschas*, in: Verhandlungen des 62. DJT, Band II/1, S. M 9 (M 40 ff.); demgegenüber wendet sich *Albers*, Informationelle Selbstbestimmung, S. 22, 112, 607, gegen die Konzeption einer Informationsordnung, die eine Einheit informations- und datenschutzrechtlicher Normen impliziere und diese Normen zu stark von sachbezogenen Regelungszusammenhängen abgrenze, was mit dem hier verfolgten Ansatz, den Austausch kognitiver Ressourcen aus der grundrechtlichen Perspektive zu beschreiben, aber auch gar nicht verfolgt werden soll.

[668] So aber *Ladeur*, in: Götting/Schertz/Seitz, Handbuch des Persönlichkeitsrechts, § 8, Rn. 34.

[669] In diese Richtung aber *Albers*, in: Voßkuhle/Eifert/Möllers, GVwR, Band I, § 22, Rn. 33 f.

[670] *H.-P. Schneider*, in: Merten/Papier, HGR, Band I, § 18, Rn. 81, wonach auch die objektiv-rechtlichen ebenso wie die verfahrensrechtlichen Grundrechtsgehalte „‚unmittelbar geltendes Recht' und somit wie Ge- oder Verbotsnormen des einfachen Rechts für alles staatliche Handeln maßgeblich" sind.

[671] Vgl. *Stern*, Staatsrecht, Band III/1, § 69, IV., 6., c), γ), zu Schutzpflichten, die im Wege einer Ermessensdeterminierung auf die Exekutive wirken.

[672] Vgl. *Podlech*, in: FS Grüner, S. 451 ff., dessen zum Systemdatenschutz entwickelte Prinzipien auch neben einfach-gesetzlichen Vorschriften Anwendung finden können.

Dadurch werden die einfach-gesetzlichen Regelungen, in denen kognitive Potentiale angelegt sind,[673] und der subjektiv-abwehrrechtlich geprägte Sozialdatenschutz der Sozialgesetzbücher durch Vorgaben aus den objektiv-rechtlichen sowie verfahrensrechtlichen Gehalten der einschlägigen Grundrechte ergänzt. Auf diese Weise vermag die mehrgliedrig auszugestaltende Ordnung auch ohne ein gesetzgeberisches Konzept[674] die grundrechtliche Gefährdungslage hinreichend sachgerecht einzuhegen und abzurunden.[675]

1. Unterscheidung verschiedener Ebenen

Für die grundrechtlich auszugestaltende Ordnung stellt sich zunächst die grundlegende Frage nach ihrer Gliederung, bevor daran anschließend konkrete Aussagen für die einzelnen Glieder formuliert werden können.

Ausgangspunkt für die Aufgliederung der Ordnung ist die Feststellung, dass die verschiedenen grundrechtsrelevanten Konstellationen anhand einer mehrgliedrigen[676] Konzeption erfasst werden müssen. Dabei kann weder die grundrechtliche Schutzbedürftigkeit der Wissensressourcen noch die Grundrechtssensibilität der Maßnahmen als alleiniges Unterscheidungskriterium herangezogen werden.[677] Es gilt vielmehr beide Aspekte als kumulative Kriterien für die Aufgliederung der Ordnung heranzuziehen. Auf Grundlage des klassischen Grundrechtsverständnisses[678] gilt es dabei die grundrechtliche Schutzbedürftigkeit (Schutzbereichsebene) als erstes Unterscheidungskriterium heranzuziehen und daran anschließend auf die Grundrechtssensibilität (Eingriffsebene) abzustellen.

Vor diesem Hintergrund sind zunächst die tätigkeits*bedeutsamen* Wissensressourcen (Konstellationen 1–4) von den Wissensressourcen *mit erheblichem*

---

673 Das gilt gleichermaßen für die satzungsrechtliche Regelung des § 3 Abs. 4 DGUV Vorschrift 1.

674 Siehe zu diesem Gedanken *Ladeur*, in: Götting/Schertz/Seitz, Handbuch des Persönlichkeitsrechts, § 8, Rn. 70; *ders.*, DÖV 2009, S. 45 (54).

675 Der Gesetzgeber könnte die Vorgaben zwar in einfach-gesetzlichen Regelungen aufgreifen, dabei aber nur nachvollziehen und konkretisieren, was ohnehin schon aus dem rangmäßig höchsten Gesetz, dem Grundgesetz, folgt.

676 So für die Gehalte des Art. 2 Abs. 1 i. V.m. Art. 1 Abs. 1 GG auch *Bäcker*, in: Rensen/Brink, Linien der Rechtsprechung des Bundesverfassungsgerichts, Band 1, S. 99 (122 ff.), der das Recht auf informationelle Selbstbestimmung zweigliedrig, mit objektiv-rechtlichen Vorgaben auf der einen und einem subjektiv-abwehrrechtlichen Schutz für Konstellationen mit einem gesteigerten Gefährdungspotential auf der anderen Seite versteht und daneben für besondere Zonen der Privatheit noch besondere Grundrechte, wie das IT-Grundrecht, zum Tragen kommen lässt.

677 3. Teil, D. II. 3.

678 Siehe dazu *Kingreen/Poscher*, Grundrechte, Rn. 287 ff.

Gewicht (Konstellationen 5–8) zu unterscheiden. Die insofern unterschiedenen jeweils vier Konstellationen (1–4 und 5–8) können anhand des Kriteriums der Grundrechtssensibilität einer weiteren Differenzierung zugeführt werden. Auf diese Weise können die insgesamt acht Konstellationen in *vier* Ebenen geordnet werden:

Die *erste* Ebene (Konstellationen 1 und 2) umfasst dabei die Erzeugung und Weiterverwendung von tätigkeits*bedeutsamen* Wissensressourcen aus den Mitgliedsunternehmen. In dieser *ersten* Ebene wird der Schutzbereich des Rechts auf informationelle Selbstbestimmung juristischer Personen zwar berührt, aber nicht beeinträchtigt.

Daneben tritt eine *zweite* Ebene (Konstellationen 3 und 4). Diese umfasst die Erzeugung und Weiterverwendung von tätigkeits*bedeutsamen* Wissensressourcen aus den Mitgliedsunternehmen. In dieser *zweiten* Ebene kann der Schutzbereich des Rechts auf informationelle Selbstbestimmung juristischer Personen bei der Erzeugung und interpretations*freien* Weiterverwendung von Wissensressourcen der Mitgliedsunternehmen beeinträchtigt werden.

In dieser *zweiten* Ebene sind auch eigene Beobachtungen der Genossenschaften zu verorten, die mit grundrechtsbeeinträchtigenden Maßnahmen einhergehen. Diese beeinträchtigen den Schutzbereich des Rechts auf informationelle Selbstbestimmung juristischer Personen zwar nicht. Durch den Zusammenhang mit den grundrechtsbeeinträchtigenden Maßnahmen kommt den Beobachtungen aber eine gesteigerte Grundrechtssensibilität zu. Diese streitet dafür, diese besonderen Beobachtungen ebenfalls in der *zweiten* Ebene zu verorten. Das gilt gleichermaßen für interpretations*getragene* Weiterverwendungen von tätigkeits*bedeutsamen* Wissensressourcen, die anlässlich grundrechtsbeeinträchtigender Maßnahmen erzeugt wurden.[679] Diese interpretations*getragenen* Weiterverwendungen beeinträchtigen grundrechtliche Schutzbereiche ebenfalls nicht. Sie haben ihren Ursprung aber in grundrechtsbeeinträchtigenden Maßnahmen. Dieser Ursprung wirkt bei der interpretations*getragenen* Weiterverwendung noch fort.[680] Daher weisen diese interpretations*getragenen* Weiterverwendungen ebenfalls eine gesteigerte Grundrechtssensibilität auf, die wiederum für ihre Einordnung in der *zweiten* Ebene streitet.

---

679 Davon umfasst sind auch die Weiterverwendung und die der Weiterverwendung vorgelagerte Aufnahme der von grundrechtsverpflichteten Dritten übermittelten Informations- und Wissensgrundlagen, die auf tätigkeits*bedeutsamen* Wissensressourcen aus den Mitgliedsunternehmen beruhen und die im Rahmen von Eingriffen der grundrechtsverpflichteten Dritten erzeugt, anschließend durch Interpretation bzw. interpretatorische Verknüpfung zu Informationen oder Wissen vollendet und in Gestalt ihrer Grundlagen an die Genossenschaften übermittelt wurden.

680 Vgl. *Rudolf*, in: Merten/Papier, HGR, Band IV, § 90, Rn. 65.

Neben die ersten beiden Ebenen müssen zwei weitere Ebenen treten. In diesen Ebenen liegt der Fokus auf Wissensressourcen *mit erheblichem Gewicht*. Daher sind in diesen beiden Ebenen die Schutzbereiche der speziellen Freiheitsgrundrechte heranzuziehen.

Die *dritte* Ebene (Konstellationen 5 und 6) umfasst dabei die Erzeugung und Weiterverwendung von Wissensressourcen *mit erheblichem Gewicht* aus den Mitgliedsunternehmen. In dieser *dritten* Ebene werden die Schutzbereiche der speziellen Freiheitsgrundrechte zwar berührt, aber nicht beeinträchtigt.

Daneben tritt eine *vierte* Ebene (Konstellationen 7 und 8). Diese umfasst die Erzeugung und Weiterverwendung von Wissensressourcen *mit erheblichem Gewicht* aus den Mitgliedsunternehmen. In dieser *vierten* Ebene können die speziellen Freiheitsgrundrechte bei der Erzeugung und interpretations*freien* Weiterverwendung von Wissensressourcen *mit erheblichem Gewicht* der Mitgliedsunternehmen beeinträchtigt werden.

In dieser *vierten* Ebene sind analog zur *zweiten* Ebene wiederum eigene Beobachtungen der Genossenschaften zu verorten, die mit grundrechtsbeeinträchtigenden Maßnahmen einhergehen. Das gilt gleichermaßen für interpretations*getragene* Weiterverwendungen der anhand solcher Maßnahmen erzeugten Wissensressourcen.[681]

Die *vier* verschiedenen Ebenen unterscheiden sich mithin in zwei wesentlichen Aspekten:

(1) Während die *erste* und die *zweite* Ebene tätigkeits*bedeutsame* Wissensressourcen erfassen, sind Wissensressourcen *mit erheblichem Gewicht* in der *dritten* und *vierten* Ebene zu verorten. Durch diese Unterscheidung sind verschiedene Schutzbereiche angesprochen. In der *ersten* und *zweiten* Ebene entfaltet das Recht auf informationelle Selbstbestimmung Wirkungen, wohingegen in der *dritten* und *vierten* Ebene die speziellen Freiheitsgrundrechte zum Tragen kommen.[682]

---

[681] Davon umfasst sind auch die Weiterverwendung und die der Weiterverwendung vorgelagerte Aufnahme der von grundrechtsverpflichteten Dritten übermittelten Informations- und Wissensgrundlagen, die auf Wissensressourcen *mit erheblichem Gewicht* aus den Mitgliedsunternehmen beruhen und die im Rahmen von Eingriffen der grundrechtsverpflichteten Dritten erzeugt, anschließend durch Interpretation bzw. interpretatorische Verknüpfung zu Informationen oder Wissen vollendet und in Gestalt ihrer Grundlagen an die Genossenschaften übermittelt wurden.

[682] Im Hinblick auf Wissensressourcen *mit erheblichem Gewicht* aus ausländischen Unternehmen, die keine Immaterialgüterrechte hervorbringen, kommt dabei Art. 2 Abs. 1 GG in erweiternder Auslegung zur Anwendung, wodurch dasselbe Schutzniveau wie von Art. 12 Abs. 1 GG gewährleistet wird.

(2) In der *ersten* und *dritten* Ebene sind die Schutzbereiche der jeweils einschlägigen Grundrechte zwar berührt, aber nicht beeinträchtigt. Daher muss in diesen beiden Ebenen vor allem auf die objektiv-rechtlichen Gehalte der jeweils betroffenen Grundrechte abgestellt werden. Demgegenüber können die Schutzbereiche der jeweils einschlägigen Grundrechte in der *zweiten* und *vierten* Ebene bei der Erzeugung von Wissensressourcen der Mitgliedsunternehmen und deren interpretations*freier* Weiterverwendung grundsätzlich beeinträchtigt werden. Aus diesem Grund sind in diesen beiden Ebenen zunächst die subjektiv-abwehrrechtlichen Gehalte der jeweils betroffenen Grundrechte heranzuziehen.

Diese *vier* Ebenen lassen sich auch anhand folgender Tabelle darstellen:

	Konstellation	Tätigkeits*bedeutsame* Wissensressourcen	Wissensressourcen *mit erheblichem Gewicht*	Recht auf informationelle Selbstbestimmung	Spezielle Freiheitsgrundrechte	Erzeugung von Wissensressourcen	Weiterverwendung von Wissensressourcen	Schutzbereich berührt	Schutzbereich beeinträchtigt
Ebene 1	1	x		x		x		x	
	2	x		x			x	x	
Ebene 2	3	x		x		x[1]			x
	4	x		x			x[2]		x[4]
Ebene 3	5		x		x	x		x	
	6		x		x		x	x	
Ebene 4	7		x		x	x[1]			x
	8		x		x		x[3]		x[4]

[1] einschließlich eigener Beobachtungen der Genossenschaften

[2] einschließlich der interpretations*getragenen* Weiterverwendungen von tätigkeits*bedeutsamen* Wissensressourcen

[3] einschließlich der interpretations*getragenen* Weiterverwendungen von Wissensressourcen *mit erheblichem Gewicht*

[4] durch interpretations*freie* Weiterverwendung

2. Wirkung verschiedener Grundrechtsgehalte in den unterschiedlichen Ebenen

Für die konkrete Beschreibung der *vier* Ebenen gilt es aus den Gehalten der jeweils einschlägigen Grundrechte Ausgestaltungsvorgaben abzuleiten. Dabei kommt die objektiv-rechtliche Dimension[683] der jeweils einschlägigen Grundrechte in den Ebenen *eins* und *drei* in umfassender Weise[684] zum Tragen.[685] Demgegenüber kommen die subjektiv-abwehrrechtlichen Gehalte der einschlägigen Grundrechte[686] in den Ebenen *zwei* und *vier*, in denen grundrechtliche Schutzbereiche beeinträchtigt werden können, zum Tragen.

Da die objektiv-rechtlichen Grundrechtsgehalte im Allgemeinen die argumentative Grundlage für die Ausprägungen der Freiheitsgrundrechte jenseits der Abwehrfunktion liefern,[687] können sie auch im Hinblick auf die Strukturen, anhand derer Wissensressourcen aus den Mitgliedsunternehmen erzeugt und schließlich weiterverwendet werden, fruchtbar gemacht werden.[688] Daher vermögen die objektiv-rechtlichen Gehalte der jeweils einschlägigen Grundrechte für alle *vier* Ebenen, insbesondere für eigene Beobachtungen der Genossenschaften und interpretations*getragene* Weiterverwendungen[689], Vorgaben bereitzuhalten.[690]

---

683 Zur objektiv-rechtlichen Dimension des Art. 2 Abs. 1 GG siehe *Isensee*, in: ders./Kirchhof, HStR, Band V, 1992, § 111, Rn. 104; *Roßnagel*, Jura 2023, S. 1363 (1369).

684 Diesen Ansatz verfolgt insbesondere *Ladeur*, in: Götting/Schertz/Seitz, Handbuch des Persönlichkeitsrechts, § 8, Rn. 34, 70, der die Abwehrdimension enger als die überwiegende Ansicht fasst und dafür aber die objektiv-rechtliche Dimension weiter versteht; siehe auch *Trute*, in: Roßnagel, Handbuch Datenschutzrecht, 2.5, Rn. 6; *ders.*, JZ 1998, S. 822 (825), für das allgemeine Persönlichkeitsrecht; demgegenüber weist *Schoch*, in: VVDStRL 57 (1998), S. 158 (187 f.), darauf hin, dass bei der Formulierung struktureller Rahmenbedingungen einer Informationsordnung nicht „vorschnell mit Teilhaberechten oder Leistungsansprüchen aus den Grundrechten“ argumentiert werden dürfe.

685 Vgl. BVerfGE 97, 169 (176); 113, 29 (48 ff.), wonach für Fälle, in denen ein Eingriff nicht vorliegt, auf die objektiv-rechtlichen Gehalte der Grundrechte abgestellt werden kann; dazu *Spielmann*, Konkurrenz von Grundrechtsnormen, S. 185; *Beyerbach*, Die geheime Unternehmensinformation, S. 247; kritisch *Herdegen*, in: Dürig/Herzog/Scholz, GG, 94. EL, Januar 2021, Art. 1 Abs. 3, Rn. 27, der die Gefahr der Beliebigkeit ausmacht.

686 Zu den subjektiv-abwehrrechtlichen Gehalten des Rechts auf informationelle Selbstbestimmung siehe *Britz*, in: Hoffmann-Riem, Offene Rechtswissenschaft, S. 561 (581 ff.); *Bäcker*, in: Rensen/Brink, Linien der Rechtsprechung des Bundesverfassungsgerichts, Band 1, S. 99 (122 f.).

687 *Cremer*, Freiheitsgrundrechte, S. 193; siehe auch *Jarass*, AöR 110 (1985), S. 363 (366).

688 *Trute*, in: Roßnagel, Handbuch Datenschutzrecht, 2.5, Rn. 19.

689 *Trute*, in: Roßnagel, Handbuch Datenschutzrecht, 2.5, Rn. 29, unter Hinweis auf BVerfGE 65, 1 (45), wo nicht nur auf die Art, sondern auch auf die Nutzbarkeit und Verwendungsmöglichkeit von Daten abgestellt wird.

690 *Trute*, in: Roßnagel, Handbuch Datenschutzrecht, 2.5, Rn. 19.

3. Umfassende Wirkung objektiv-rechtlicher Grundrechtsgehalte

Da in der *zweiten* und *vierten* Ebene subjektiv-abwehrrechtliche Grundrechtsgehalte zum Tragen kommen, gilt es bereits an dieser Stelle allgemein zu klären, inwiefern und inwieweit sich daneben noch objektiv-rechtliche Grundrechtsgehalte zu entfalten vermögen.

Bevor das Verhältnis der subjektiv-abwehrrechtlichen und der objektivrechtlichen Grundrechtsgehalte geklärt werden kann, gilt es sich zunächst der Bedeutung der objektiv-rechtlichen Grundrechtsgehalte zu vergewissern. Diese wurden erstmals im sog. Lüth-Urteil[691] herausgearbeitet.[692] Sie verkörpern keine eigenständige, neue Grundrechtsfunktion, sondern vielmehr die Grundlage für weitere Wirkungen und Funktionen der Grundrechte.[693] Dementsprechend werden aus den Feststellungen des BVerfGs zu den objektivrechtlichen Gehalten verschiedener Grundrechtsbestimmungen „nicht immer präzise umschreibbare […] Rechtsfolgen“[694] abgeleitet, die wiederum in verschiedenen Fallgruppen zusammengefasst werden. Dazu zählen insbesondere die Ausstrahlwirkung, die Drittwirkung, Leistungs- und Teilhabegehalte, die Schutzpflicht (und die Handlungsaufträge), die Grundrechte als Verfahrensgarantien und institutionelle Bedeutungsaspekte.[695]

---

691 BVerfGE 7, 198 ff.

692 Während das BVerfG im Lüth-Urteil, BVerfGE 7, 198 (205), noch davon sprach, der Grundrechtsabschnitt habe „auch eine objektive Wertordnung aufgerichtet“, sprach es in späteren Entscheidungen, wie in BVerfGE 10, 302 (322), von „verfassungsrechtliche[n] Grundsatznorm[en]“; in BVerfGE 35, 79 (114), von „Wertentscheidung“; in BVerfGE 49, 89 (142), von „objektiv-rechtliche[n] Wertentscheidungen“; in BVerfGE 39, 1 (42); 56, 54 (73), vom „objektiv-rechtlichen Gehalt“ der grundrechtlichen Normen; in BVerfGE 73, 261 (269), von „Elemente[n] objektiver Ordnung“; in BVerfGE 115, 320 (358), von „objektive[n] Prinzipien“; in BVerfGE 158, 1 (33), von „objektive[n] Wertenscheidungen, wertentscheidende[n] Grundsatznormen oder Verfassungsprinzipien“; in BVerfGE 163, 363 (429), von „objektive[n] Wertentscheidungen“; siehe zu dieser Entwicklung *Wahl*, in: Merten/Papier, HGR, Band I, § 19, Rn. 8 ff.; *Sauer*, in: Dreier, GG, Band I, Vorb. vor Art. 1, Rn. 94.

693 *Jarass*, AöR 110 (1985), S. 363 (366); *Breckwoldt*, Grundrechtskombinationen, S. 174; *Wahl*, in: Merten/Papier, HGR, Band I, § 19, Rn. 2, 5, 27; *Isensee*, in: ders./Kirchhof, HStR, Band IX, § 191, Rn. 159; a.A. *Cremer*, Freiheitsgrundrechte, S. 217 f., wonach „das BVerfG den Nachweis für die Existenz ‚objektiv-rechtlicher Grundrechtsgehalte‘ schuldig geblieben“ sei; kritisch auch *Böckenförde*, Staat, Verfassung, Demokratie, S. 190.

694 *Stern*, in: Isensee/Kirchhof, HStR, Band IX, § 185, Rn. 80.

695 *Wahl*, in: Merten/Papier, HGR, Band I, § 19, Rn. 5 m.w.N.; *Dolderer*, Objektive Grundrechtsgehalte, S. 28 f.; *Starck*, in: von Mangoldt/Klein/ders., GG, Band 1, 7. Aufl., Art. 1, Rn. 170; siehe auch *Stern*, in: Isensee/Kirchhof, HStR, Band IX, § 185, Rn. 82 ff.; nach *Sachs*, in: ders., GG, Vor Art. 1, Rn. 31, sind „die Einzelformen ‚objektiv-rechtlicher‘ Gehalte auch hinsichtlich der verwendeten Begrifflichkeit weitgehend akzeptiert“.

Obwohl diese Einzelformen objektiv-rechtlicher Grundrechtsgehalte weitgehende Einigkeit hervorgerufen haben,[696] wird ihr Verhältnis zu den subjektiv-abwehrrechtlichen Grundrechtsgehalten uneinheitlich beurteilt.[697] Die Ansichten reichen dabei von der Eigenständigkeit objektiv-rechtlicher[698] über die Gleichwertigkeit subjektiv-abwehrrechtlicher und objektiv-rechtlicher[699] bis hin zu einem Vorrang subjektiv-abwehrrechtlicher[700] Gehalte. Dabei wird das BVerfG insofern interpretiert, als ob es sich bereits im Sinne der drei unterschiedlichen Ansichten geäußert habe.[701]

Unabhängig von dem breiten Spektrum verfassungsgerichtlicher Entscheidungen zum Verhältnis subjektiv-abwehrrechtlicher und objektiv-rechtlicher Grundrechtsgehalte wird vor allem das sog. Mitbestimmungsurteil samt den darin enthaltenen Ausführungen von den Vertretern der sog. Vorrangthese als Postulat des Vorrangs subjektiv-abwehrrechtlicher Grundrechtsgehalte verstanden.[702] In diesem Urteil äußerte sich das BVerfG dahingehend, dass Grundrechte nach „ihrer Geschichte und ihrem heutigen Inhalt […] in erster Linie individuelle Rechte, Menschen- und Bürgerrechte [sind], die den Schutz konkreter, besonders gefährdeter Bereiche menschlicher Freiheit zum Gegenstand haben. Die Funktion der Grundrechte als objektiver Prinzipien besteht in der prinzipiellen Verstärkung ihrer Geltungskraft […], hat jedoch ihre Wurzel in dieser primären Bedeutung“[703].

Insbesondere diese Passage wird von Stimmen in der Literatur für den Vorrang subjektiv-abwehrrechtlicher Grundrechtsgehalte herangezogen. Demgegenüber arbeitete Kleiber überzeugend heraus, dass sich das BVerfG im Mit-

---

696 *Sachs*, in: ders., GG, Vor Art. 1, Rn. 31.

697 *Dolderer*, Objektive Grundrechtsgehalte, S. 266; *Kleiber*, Der grundrechtliche Schutz künftiger Generationen, S. 262.

698 BVerfGE 6, 55 (72 ff.).

699 *Hesse*, Grundzüge des Verfassungsrechts der Bundesrepublik Deutschland, Rn. 290; *Wahl*, in: Merten/Papier, HGR, Band I, § 19, Rn. 27; *Häberle*, Die Wesensgehaltgarantie des Art. 19 Abs. 2 Grundgesetz, S. 70 ff., 96 ff., mit einem institutionellen Ansatz; *Kleiber*, Der grundrechtliche Schutz künftiger Generationen, S. 262 ff.; siehe auch *Scheuner*, in: VVDStRL 22 (1965), S. 1 (55 ff.).

700 Z.B. *Starck*, JuS 1981, S. 237 (238 f.); *ders.*, in: von Mangoldt/Klein/ders., GG, Band 1, 7. Aufl., Art. 1, Rn. 171 ff. m.w.N.; *Dolderer*, Objektive Grundrechtsgehalte, S. 268 ff.; *Kahl*, AöR 131 (2006), S. 579 (593).

701 Siehe dazu *Böckenförde*, Der Staat 29 (1990), S. 1 (17 ff.): BVerfGE 7, 198, (204); 50, 290 (336 ff.) – Vorrang subjektiv-abwehrrechtlicher Gehalte; BVerfGE 35, 79 (112 ff., 123 ff.) – Gleichwertigkeit subjektiv-abwehrrechtlicher und objektiv-rechtlicher Gehalte; BVerfGE 6, 55 (72 ff.) – Eigenständigkeit objektiv-rechtlicher Gehalte.

702 So ausdrücklich *Dolderer*, Objektive Grundrechtsgehalte, S. 266; siehe auch *Starck*, JuS 1981, S. 237 (238 f.); *ders.*, in: von Mangoldt/Klein/ders., GG, Band 1, 7. Aufl., Art. 1, Rn. 175.

703 BVerfGE 50, 290 (337).

bestimmungsurteil lediglich zum Verhältnis individueller Rechte und objektiv-rechtlicher Grundrechtsgehalte äußerte; es traf dort keine Aussage zum Verhältnis subjektiv-abwehrrechtlicher und objektiv-rechtlicher Gehalte.[704] Da individuelle Rechte nicht mit den subjektiv-abwehrrechtlichen Gehalten der Grundrechte gleichgesetzt werden können, geht der Hinweis in der Literatur auf das Mitbestimmungsurteil als Postulat des Vorrangs subjektiv-abwehrrechtlicher Grundrechtsgehalte letztlich fehl.[705]

Die objektiv-rechtliche Dimension kann mithin – im wahrsten Sinne des Wortes – als eine „Dimensionserweiterung"[706] der Grundrechte verstanden werden,[707] der weder ein Vorrang noch ein Nachrang gegenüber der subjektiv-abwehrrechtlichen Dimension zukommt.[708] Diesen beiden Dimensionen können vielmehr „gleichrangige Funktionen"[709] zugesprochen werden. Insofern treten die objektiv-rechtlichen Grundrechtsgehalte nicht nur nachrangig ergänzend,[710] sondern gleichberechtigt neben die subjektiv-abwehrrechtlichen Grundrechtsgehalte.[711]

Aufgrund dieser Gleichrangigkeit können in der *zweiten* und *vierten* Ebene neben den subjektiv-abwehrrechtlichen auch die objektiv-rechtlichen Gehalte der einschlägigen Grundrechte zum Tragen kommen.[712]

---

704 *Kleiber*, Der grundrechtliche Schutz künftiger Generationen, S. 263 f.

705 *Kleiber*, Der grundrechtliche Schutz künftiger Generationen, S. 263 f.

706 *Dreier*, Dimensionen der Grundrechte, S. 11, Fn. 8.

707 *Wahl*, in: Merten/Papier, HGR, Band I, § 19, Rn. 27.

708 *Isensee*, in: ders./Kirchhof, HStR, Band IX, § 191, Rn. 45; *Calliess*, in: Merten/Papier, HGR, Band II, § 44, Rn. 22; *ders.*, JZ 2006, S. 321 ff.

709 *Isensee*, in: ders./Kirchhof, HStR, Band IX, § 191, Rn. 45.

710 *Kahl*, AöR 131 (2006), S. 579 (593).

711 *Kleiber*, Der grundrechtliche Schutz künftiger Generationen, S. 264; *Isensee*, in: ders./Kirchhof, HStR, Band IX, § 191, Rn. 45; *Hesse*, Grundzüge des Verfassungsrechts der Bundesrepublik Deutschland, Rn. 290, der darauf hinweist, dass das Verhältnis von gegenseitiger Ergänzung und Verstärkung geprägt ist; für *Scheuner*, in: VVDStRL 22 (1965), S. 1 (58), ergänzen und durchdringen die Elemente der Grundrechte einander.

712 Für dieses Verständnis des Verhältnisses zwischen subjektiv-abwehrrechtlichen und objektiv-rechtlichen Grundrechtsgehalten lässt sich auch ein Erst-Recht-Schluss anführen. Dessen Grundlage beruht auf der Tatsache, dass die Wirkung objektiv-rechtlicher Grundrechtsgehalte in denjenigen Konstellationen anerkannt ist, in denen ein Eingriff in den Schutzbereich eines Grundrechts nicht vorliegt, vgl. BVerfGE 97, 169 (176); 113, 29 (48 ff.). Da objektiv-rechtliche Gehalte in dieser Konstellation herangezogen werden, müssen sie erst recht auch in den grundrechtssensibleren Konstellationen eine Wirkung entfalten können, in denen ein Eingriff bejaht werden kann. In diesen Konstellationen folgt zwar aus dem subjektiv-abwehrrechtlichen Grundrechtsgehalt eine Rechtfertigungspflicht des Eingriffs. Im Falle seiner verfassungsrechtlichen Rechtfertigung würde den Grundrechten in diesen Konstellationen allerdings eine geringere Wirkungsmacht zukommen, als in denjenigen Konstellationen, in denen ein

4. Eigenständiger Charakter unabhängig von den bisherigen Fallgruppen

Obwohl objektiv-rechtliche Grundrechtsgehalte in allen *vier* Ebenen zum Tragen kommen können, werden die bisher anhand der objektiv-rechtlichen Dimension der Grundrechte herausgearbeiteten Fallgruppen, wie die Schutzpflichten,[713] die immerhin als „das überdachende Prinzip für weitere Grundrechtsdimensionen oder -bedeutungen"[714] verstanden werden, keinen entscheidenden Beitrag für die konkrete Beschreibung der einzelnen Ebenen liefern können. Hierfür können zwar Anknüpfungspunkte in den Fallgruppen der Ausstrahlwirkung[715] sowie des Schutzes durch Organisation und Verfahren[716] und dem daraus abzuleitenden grundrechtlichen Gestaltungsgebot[717] ausgemacht werden. Allein anhand dieser Fallgruppen lassen sich die verschiedenen Ebenen aber noch nicht abschließend beschreiben.[718] Daher gilt es unabhängig von den bislang formulierten Fallgruppen auf Grundlage der Aussagen in Literatur und Rechtsprechung aus objektiv-rechtlichen Grundrechtsgehalten konkrete Ausgestaltungsvorgaben für die verschiedenen Ebenen abzuleiten, die eine eigenständige Ausprägung objektiv-rechtlicher Grundrechtsgehalte verkörpern.[719]

Eingriff nicht vorliegt. Aus diesem Grund müssen die objektiv-rechtlichen Gehalte auch im Falle eines Eingriffs Wirkung entfalten. Dabei darf auch nicht danach unterschieden werden, ob der Eingriff verfassungsrechtlich gerechtfertigt ist oder nicht, weil eine dementsprechende Abhängigkeit der eigenständigen Bedeutung objektiv-rechtlicher Grundrechtsgehalte nicht gerecht werden würde.

713 Siehe beispielsweise *Stern*, in: Isensee/Kirchhof, HStR, Band IX, § 185, Rn. 82 ff.; *Dietlein*, Die Lehre von den grundrechtlichen Schutzpflichten, S. 17 ff.; *Britz*, NVwZ 2023, S. 1449 ff.

714 *Wahl*, in: Merten/Papier, HGR, Band I, § 19, Rn. 5.

715 *Stern*, in: Isensee/Kirchhof, HStR, Band IX, § 185, Rn. 83.

716 Siehe dazu allgemein *Jarass*, in: Merten/Papier, HGR, Band II, § 38, Rn. 52 ff.; *Schmidt-Aßmann*, in: Merten/Papier, HGR, Band II, § 45.

717 *Schmidt-Aßmann*, in: Merten/Papier, HGR, Band II, § 45, Rn. 24; *Pflug*, Pandemievorsorge, S. 65.

718 Das folgt unter anderem aus der Tatsache, dass auf den Ebenen *zwei* und *vier* auch subjektiv-abwehrrechtliche Grundrechtsgehalte zum Tragen kommen.

719 Vgl. *Reiling*, Der Hybride, S. 299 f., die für die von ihr entwickelte Figur des Hybriden eine „Eigenständige Kategorie" formuliert; *dies*., in: Augsberg/Schuppert, Wissen und Recht, S. 335 (369 f.); in diese Richtung auch *Trute*, JZ 1998, S. 822 (825 f.), der eine „Konzeption des Schutzes personenbezogener Information neu" formuliert, wofür er „transparenzsichernde und strukturierende Elemente über die objektiv-rechtlichen Dimensionen" des Allgemeinen Persönlichkeitsrechts verarbeitet; siehe zur Entwicklungsfähigkeit und Offenheit der objektiv-rechtlichen Dimension *Jarass*, AöR 110 (1985), S. 363 (366); kritisch *Schoch*, in: VVDStRL 57 (1998), S. 158 (187 f.).

Für die aus objektiv-rechtlichen Grundrechtsgehalten abzuleitenden konkreten Ausgestaltungsvorgaben liefert das Grundrechtsverständnis des BVerfGs, wonach die gesetzgebende, die vollziehende und die rechtsprechende Gewalt vom grundgesetzlichen Wertesystem „Richtlinien und Impulse“[720] empfangen, keine belastbaren Anknüpfungspunkte. Aus diesen abstrakten Richtlinien und Impulsen können nur schwerlich konkrete Aussagen abgeleitet werden. Daher gilt es für die Ausgestaltungsvorgaben an die Bindung aller drei Gewalten an die Grundrechte nach Art. 1 Abs. 3 GG anzuknüpfen.[721] Unter Berücksichtigung der objektiv-rechtlichen Grundrechtsdimension kann diese Bindung mit Konrad Hesse nicht nur als eine „(negative) Verpflichtung des Staates, Eingriffe in grundrechtlich geschützte Bereiche zu unterlassen, sondern auch [als] eine (positive) Verpflichtung [verstanden werden], alles zu tun, um Grundrechte zu verwirklichen, auch wenn hierauf ein subjektiver Anspruch des Bürgers nicht besteht“[722]. Anders gewendet lässt sich aus der Bindungswirkung des Art. 1 Abs. 3 GG eine allgemeine Verpflichtung an alle drei Gewalten ableiten, die Verwirklichung der in den Grundrechten gewährleisteten Freiheiten zu ermöglichen.[723] Davon sind auch aktive Wirkungen umfasst.[724] Die Schaffung bzw. Gewährleistung der dafür notwendigen Voraussetzungen gilt es schließlich für die einzelnen Ebenen konkret zu beschreiben.

Dabei dürfen die in grundrechtlicher Hinsicht verfolgten Ziele der Genossenschaften durch die Inanspruchnahme kognitiver Potentiale nicht unberücksichtigt bleiben. Diese zielen unter anderem darauf ab, fundamentale Grundrechte, wie die Menschenwürde und den Schutz der persönlichen Integrität der in den Mitgliedsunternehmen tätigen Personen, soweit wie möglich zu verwirklichen.[725] Dadurch soll letztlich auch dem Sozialstaatsprinzip[726] zur Geltung verholfen werden.

---

720 BVerfGE 7, 198 (205); *Badura*, Der Staat 14 (1975), S. 17 (24), spricht davon, Grundrechten komme „ein programmatischer und direktiver Gehalt“ zu.

721 Siehe dazu *Hesse*, EuGRZ 1978, S. 427 (433).

722 *Hesse*, EuGRZ 1978, S. 427 (433); siehe auch *H.-P. Schneider*, in: Merten/Papier, HGR, Band I, § 18, Rn. 82, der darauf hinweist, dass dort, „wo grundrechtliche Freiheiten ohne die Schaffung der zu ihrer Realisierung notwendigen Voraussetzungen leer laufen würden, […] die Bindungswirkung der Grundrechte nach Art. 1 Abs. 3 GG zu der unausweichlichen Konsequenz [führt], alle denkbaren Anstrengungen zu unternehmen, um diese Voraussetzungen zu schaffen“.

723 *H.-P. Schneider*, in: Merten/Papier, HGR, Band I, § 18, Rn. 82.

724 So *Dolderer*, Objektive Grundrechtsgehalte, S. 222, der von „Pflichten der staatlichen Instanzen, regelmäßig des staatlichen Gesetzgebers“, spricht; siehe auch *H.-P. Schneider*, in: Merten/Papier, HGR, Band I, § 18, Rn. 82.

725 Siehe dazu *Kranig/Timm*, in: Hauck/Noftz, SGB VII, 49. EL, November 2010, § 1, Rn. 6, die auch die wirtschaftlichen Zwecke herausstellen, die nach *Molkentin*, in: Becker/Franke/ders./Hedermann, SGB VII, § 1, Rn. 4, insbesondere darin bestehen, die Haftung des Arbeitgebers gegenüber seinen Arbeitnehmern abzulösen; in diesem

Durch eine umfassende Berücksichtigung der genannten Aspekte, einschließlich der einschlägigen subjektiv-abwehrrechtlichen Grundrechtsgehalte, vermögen die Vorgaben der grundrechtlich auszugestaltenden Ebenen das Schutzregime des einfachen Rechts[727] zu ergänzen.[728] Dadurch wird ein unkontrollierter bzw. entgrenzter Zugang der Genossenschaften über ihre kognitiven Potentiale zu den Wissensressourcen aus den Mitgliedsunternehmen an grundrechtlich abgesicherten Vorgaben ausgerichtet.[729] Auf diese Weise leisten die Ebenen zusätzlich einen Beitrag, dem aus dem Rechtsstaatsprinzip des Art. 20 Abs. 3 GG folgenden Vorbehalt des Gesetzes[730] zur Verwirklichung zu verhelfen.

Diese Erwägungen machen deutlich, dass die Ausgestaltung der Ebenen mit einer grundrechtlichen Einhegung der im einfachen Recht angelegten kognitiven Potentiale einhergehen muss.[731] Dabei müssen sich die Ebenen auch auf die Kommunikationszusammenhänge und -grenzen im gesetzlichen Unfallversicherungssystem konzentrieren. Dadurch können Kommunikations- bzw. Kommunikationsbegrenzungsregeln[732] entwickelt werden,[733] die die einzelnen Ebenen in entscheidender Weise mitzuprägen vermögen.

Zusammenhang können grundsätzlich auch die Garantien sozialer Grundrechte aus inter- oder supranationalen Verträgen bzw. Dokumenten Berücksichtigung finden, sofern und soweit sie die Bundesrepublik verpflichten, siehe dazu *H.-P. Schneider*, in: Merten/Papier, HGR, Band I, § 18, Rn. 66 ff.

726 *H.-P. Schneider*, in: Merten/Papier, HGR, Band I, § 18, Rn. 30, qualifiziert das Sozialstaatsgebot als Verfassungsdirektive in Form einer Staatszielbestimmung.

727 Siehe dazu 2. Teil, A. I. 6., D.; für *Simitis*, NJW 1984, S. 398 (400), können gesetzliche Regelungen erst im Kontext der Verarbeitungssituation hinreichende Klarheit gewinnen.

728 Diese vermögen letztlich in Zusammenschau mit den Aussagen des einfachen Rechts ein umfassendes und belastbares Konzept der Inanspruchnahme kognitiver Potentiale durch die Genossenschaften zu beschreiben.

729 Vgl. zum Regulierungsrecht *Gärditz*, DVBl. 2009, S. 69 (71 f.), der davon spricht, „einer Entgrenzung des behördlichen Informationsgebarens entgegenzuwirken". Dabei gilt es allerdings zu beachten, dass sich im System des SGB VII, anders als im Regulierungsrecht, die Generierung von Wissen durch die Inanspruchnahme kognitiver Potentiale auf der Grundlage einfach-gesetzlicher Regelungen vollzieht.

730 Siehe dazu allgemein *F. Reimer*, in: Voßkuhle/Eifert/Möllers, GVwR, Band I, § 11, Rn. 26 ff.; *Grzeszick*, in: Dürig/Herzog/Scholz, GG, 97. EL, Januar 2022, Art. 20, VI., Rn. 75 ff.; *Hoffmann-Riem*, AöR 130 (2005), S. 5 ff.; *Ladeur/Gostomzyk*, Die Verwaltung 36 (2003), S. 141 ff.

731 Vgl. BVerfGE 7, 198 (205); *Wahl*, in: Merten/Papier, HGR, Band I, § 19, Rn. 20 ff.; *Stern*, in: Isensee/Kirchhof, HStR, Band IX, § 185, Rn. 81.

732 Vgl. *Ladeur*, in: Götting/Schertz/Seitz, Handbuch des Persönlichkeitsrechts, § 8, Rn. 12 f.

733 Vgl. *Ladeur*, in: Götting/Schertz/Seitz, Handbuch des Persönlichkeitsrechts, § 8, Rn. 34, 70.

Dabei können die auf Grundlage des Rechts auf informationelle Selbstbestimmung natürlicher Personen entwickelten sog. Prinzipien des Datenschutzrechts[734] nicht pauschal übernommen werden. Diese Prinzipien beruhen vor allem auf dem subjektiv-abwehrrechtlichen Verständnis des Rechts auf informationelle Selbstbestimmung natürlicher Personen und halten daher bereits für dessen objektiv-rechtlichen Gehalte keine entscheidend weiterführenden Aussagen bereit. Darüber hinaus fußen diese Prinzipien unter anderem im Menschenwürdegehalt[735] des Rechts auf informationelle Selbstbestimmung natürlicher Personen,[736] der bei der Ausgestaltung der *vier* Ebenen keine Wirkungen entfaltet.

Die Ausgestaltungsvorgaben der *vier* verschiedenen Ebenen müssen vielmehr bereichsspezifisch auf die kognitiven Potentiale sowie die davon betroffenen Grundrechte ausgerichtet werden. Dabei müssen sie konkret an den verschiedenen kognitiven Potentialen und ihren Wirkungen, dem Schutzumfang der einschlägigen Grundrechte sowie an den jeweils betroffenen objektiv-rechtlichen und subjektiv-abwehrrechtlichen Grundrechtsgehalten ansetzen.

IV. Erste Ebene: Grundstrukturebene

Die *erste* Ebene umfasst die Erzeugung und Weiterverwendung von tätigkeits*bedeutsamen* Wissensressourcen aus den Mitgliedsunternehmen durch die Genossenschaften, ohne dass es dabei zu Eingriffen kommt.[737] Dadurch wird der Schutzbereich des Rechts auf informationelle Selbstbestimmung juristischer Personen zwar berührt, aber nicht beeinträchtigt.[738]

---

734 *Desoi*, Big Data und allgemein zugängliche Daten im Krisenmanagement, S. 62 ff.; *Wolff*, in: Beck'scher Online-Kommentar Datenschutzrecht, 30. Edition, Stand: 01.11.2016, Grundlagen und bereichsspezifischer Datenschutz, Syst. A., Prinzipien des Datenschutzrechts, Rn. 1 ff.; zu den Entwicklungen seit Inkrafttreten der DS-GVO (EU) 2016/679 siehe *Wolff*, in: Beck'scher Online-Kommentar Datenschutzrecht, 47. Edition, Stand: 01.11.2021, Grundlagen und bereichsspezifischer Datenschutz, Syst. A., Prinzipien des Datenschutzrechts, Rn. 1 ff.

735 *J. Schröder*, JA 2016, S. 641 (642).

736 3. Teil, D. I. 2. a).

737 Die Vorgaben der *ersten* Ebene sind im Hinblick auf ausländische Unternehmen, die eine Tätigkeit im Inland ausüben, ohne einer Berufsgenossenschaft anzugehören, insbesondere im Rahmen von Beratungen nach §§ 17 Abs. 1 SGB VII zu berücksichtigen.

738 Siehe dazu 3. Teil, D. III. 1.

Das betrifft im Wesentlichen:[739]

- die Inanspruchnahme der in den anregenden und kooperativen Instrumenten angelegten unselbstständig erzeugenden Potentiale zur Erzeugung von tätigkeits*bedeutsamen* Wissensressourcen,
- die damit einhergehenden eigenen Beobachtungen der Genossenschaften,
- die Weiterverwendung (interpretations*frei* oder interpretations*getragen*)[740] der dabei gewonnenen tätigkeits*bedeutsamen* Wissensressourcen.

Bei den anregenden und kooperativen Instrumenten handelt es sich um Beratungen (§ 17 Abs. 1 SGB VII), Aus- und Fortbildungen (§ 24 SGB VII), die Zusammenarbeit mit den Arbeitsschutzausschüssen (§ 11 ASiG) sowie Prüfungen und Zertifizierungen.[741] Letztere werden nicht auf gesetzlicher, sondern auf verwaltungsprivatrechtlicher Grundlage ausgeübt.[742] Wegen der dabei zu berücksichtigenden Besonderheiten werden die Prüfungen und Zerti-

---

739 Sofern sich im Zusammenhang mit den anregenden und kooperativen Instrumenten bloße Nachfragen der Genossenschaften zu gezielten Aufforderungen verdichten, die eine Offenlegung bestimmter tätigkeits*bedeutsamer* Wissensressourcen verlangen, kommt ein Eingriff in Betracht. Solche Konstellationen sind grundsätzlich nicht mehr in der *ersten*, sondern vielmehr in der *zweiten* Ebene zu verorten. Das gilt auch in denjenigen Konstellationen, in denen eine bestimmte Art der Weiterverwendung nicht mehr von einer entsprechenden Zweckbestimmung gedeckt sein sollte.

Demgegenüber kann auch die Inanspruchnahme der grundsätzlich von der *zweiten* Ebene erfassten kognitiven Potentiale im Einzelfall bereits anhand der Vorgaben der *ersten* Ebene zu beurteilen sein. Das kommt in denjenigen Konstellationen in Betracht, in denen im Zusammenhang mit der Inanspruchnahme der grundsätzlich von der *zweiten* Ebene erfassten kognitiven Potentiale Wissensressourcen freiwillig mit entsprechender Zweckbestimmung offengelegt werden.

Die Vorgaben der *ersten* Ebene können auch im Hinblick auf tätigkeits*bedeutsame* Wissensressourcen herangezogen werden, die von Dritten anhand der Verbundpotentiale an die Genossenschaften übermittelt wurden. Das betrifft beispielsweise freiwillige Übermittlungen von nicht grundrechtsverpflichteten Dritten. Diese können den Genossenschaften nicht zugerechnet werden, sodass Eingriffe nicht in Betracht kommen. Sofern grundrechtsverpflichtete Dritte uninterpretierte tätigkeits*bedeutsame* Wissensressourcen an die Genossenschaften übermitteln, muss die Übermittlung ebenso wie die Aufnahme und die Weiterverwendung durch die Genossenschaften von einer entsprechenden Zweckbestimmung der betroffenen Grundrechtsträger gedeckt sein, um in der *ersten* Ebene verortet werden zu können.

740 Interpretations*freie* Weiterverwendungen von tätigkeits*bedeutsamen* Wissensressourcen, wie etwa Übermittlungen an Dritte oder Verwertungen im Rahmen von Maßnahmen gegenüber anderen Mitgliedsunternehmen, sind solange in der *ersten* Ebene zu verorten, wie sie das Recht auf informationelle Selbstbestimmung nicht beeinträchtigen, weil sie von einer entsprechenden Zweckbestimmung der Mitgliedsunternehmen erfasst werden.

741 Siehe dazu 2. Teil, A. I. 6. b) und c).

742 Siehe 2. Teil, A. I. 5.

fizierungen nicht in der *ersten* Ebene verortet, sondern gesondert beurteilt (siehe dazu VIII.).

Vor diesem Hintergrund werden in der *ersten* Ebene die objektiv-rechtlichen Gehalte des Rechts auf informationelle Selbstbestimmung juristischer Personen Wirkungen entfalten. Aus dessen strukturprägender Wirkung gilt es verschiedene Ausgestaltungsvorgaben abzuleiten, anhand derer die Konstellationen ohne Eingriffscharakter strukturiert werden können. Daher kann die *erste* Ebene auch als Grundstrukturebene bezeichnet werden.

1. Rechtliche Parameter

Für die Beschreibung konkreter Ausgestaltungsvorgaben der Grundstrukturebene gilt es zunächst die von Konrad Hesse auf Grundlage der objektivrechtlichen Grundrechtsdimension aus Art. 1 Abs. 3 GG herausgearbeitete Verwirklichungsverpflichtung an die gesetzgebende, die vollziehende und die rechtsprechende Gewalt heranzuziehen.[743] Daraus kann eine allgemeine Verpflichtung an die Genossenschaften als Teil der Exekutive entnommen werden, technische, organisatorische, personelle und finanzielle Voraussetzungen zu schaffen bzw. zu gewährleisten,[744] um die Verwirklichung der grundrechtlichen Freiheiten der Mitgliedsunternehmen zu ermöglichen.[745]

Aus dieser noch recht allgemeinen Verpflichtung lässt sich für die Grundstrukturebene immerhin die konkrete Schlussfolgerung ziehen, dass dort bestimmte Ausgestaltungsvorgaben Wirkungen entfalten müssen, die eine Verwirklichung des Rechts auf informationelle Selbstbestimmung juristischer Personen sicherzustellen haben. Dafür müssen die Vorgaben insofern ausgestaltet sein, dass sie für die Wissensressourcen aus den Mitgliedsunternehmen – insbesondere im Hinblick auf die Verwendungszusammenhänge – einen hinreichenden Grundrechtsschutz vermitteln.[746]

Anknüpfend an diese konkretisierten Aussagen können weitere rechtliche Parameter Berücksichtigung finden, die die Verwirklichungsverpflichtung abschließend auszufüllen vermögen. Da in der Grundstrukturebene der Schutzbereich des Rechts auf informationelle Selbstbestimmung juristischer Personen zwar berührt, aber nicht beeinträchtigt wird, kommen dafür zunächst

---

743 Siehe dazu 3. Teil, D. III. 4.

744 *H.-P. Schneider*, in: Merten/Papier, HGR, Band I, § 18, Rn. 82, spricht von der „Bereitstellung von Organisation und Verfahren" und anderen „Fördermaßnahmen" und nicht zuletzt „finanzielle[n] Hilfen"; siehe auch BVerfGE 35, 79 (114 f.).

745 Siehe 3. Teil, D. III. 4.

746 Allgemein BVerfGE 35, 79 (114 f.); 73, 118 (152 ff.).

ganz grundlegend die objektiv-rechtlichen Gehalte des Grundrechts in Betracht.

Daneben müssen auch noch weitere rechtliche Parameter Berücksichtigung finden. In diesem Zusammenhang sind beispielsweise der gleichheitsrechtliche Verallgemeinerungsauftrag, die objektiv-rechtlichen Gehalte des Art. 10 Abs. 1 GG sowie das Recht auf Gewährleistung der Vertraulichkeit und Integrität informationstechnischer Systeme zu nennen. Schließlich dürfen die objektiv-rechtlichen Gehalte des Rechts auf informationelle Selbstbestimmung juristischer Personen in Verbindung mit dem Gegenseitigkeitsprinzip nicht außer Acht gelassen werden.

2. Konkrete Ausgestaltungsvorgaben

Anhand dieser rechtlichen Parameter gilt es nun konkrete Ausgestaltungsvorgaben für die Grundstrukturebene zu beschreiben. Dabei muss unter Berücksichtigung der strukturprägenden Wirkung[747] des Rechts auf informationelle Selbstbestimmung zwischen grundlegenden (dazu a)), innerperspektivischen (dazu b)), nachwirkenden (dazu c)) sowie übergreifenden (dazu d)) Ausgestaltungsvorgaben differenziert werden.

Die grundlegende Ausgestaltungsvorgabe hat sich auf die dem Zugang zu Wissensressourcen vorgelagerten grundlegenden Fragen zu konzentrieren, während die innerperspektivischen Ausgestaltungsvorgaben Aussagen für die Erzeugung von Informations- und Wissensgrundlagen treffen müssen. Die nachwirkenden Ausgestaltungsvorgaben haben ihren Fokus auf die Weiterverwendung von Wissensressourcen im Rahmen der Verwendungszusammenhänge zu legen. Damit in engem Zusammenhang steht die übergreifende Ausgestaltungsvorgabe. Diese muss aus einer übergreifenden Perspektive Vorgaben für die gegenleistungsfreie Weiterverwendung von Wissensressourcen aus den Mitgliedsunternehmen für gesetzlich übertragene Präventionsaufgaben bereithalten.

a) Grundlegende Ausgestaltungsvorgabe: Quantitative Begrenzungen

Ausgangspunkt der grundlegenden Ausgestaltungsvorgabe ist die Tatsache, dass die Mitgliedsunternehmen nur faktisch verpflichtet sind, an den Aus- und Fortbildungen der Berufsgenossenschaften teilzunehmen.[748] Zudem beruhen die Beratung auf Anforderung und die Zusammenarbeit mit den Arbeitsschutz-

---

[747] Siehe 3. Teil, D. II. 3.

[748] Siehe dazu 2. Teil, A. I. 6. b) aa).

ausschüssen auf einer Initiative der Mitgliedsunternehmen.[749] Daher besteht kein Bedürfnis nach quantitativen Begrenzungen dieser Maßnahmen.[750]

Diese Einschätzung trifft allerdings nicht in gleicher Weise für die Motivations-, Informations- und Fortbildungsmaßnahmen im Rahmen des sog. Unternehmermodells sowie für die gezielten und inklusiven Beratungen der Berufsgenossenschaften zu. Diesen Präventionsmaßnahmen können sich die Unternehmer und Versicherten nicht entziehen.[751] Obwohl im Rahmen dieser Maßnahmen keine Verpflichtungen der Unternehmer und Versicherten bestehen, sich aktiv einzubringen,[752] ermöglichen jedenfalls die gezielten und inklusiven Beratungen eigene Beobachtungen der Berufsgenossenschaften und damit die Erzeugung von Informationsgrundlagen aus den Mitgliedsunternehmen. Daher stellt sich die Frage nach Vorgaben für die Quantität dieser Präventionsmaßnahmen.

Dafür kann der von P. Kirchhof beschriebene gleichheitsrechtliche Verallgemeinerungsauftrag[753] fruchtbar gemacht werden. Demnach muss ein grundsätzlich zulässiges staatliches Handeln sämtliche Betroffenen[754] in einer gleichheitsgerechten Weise erreichen. Dieser Auftrag, der Aussagen für das Vorfeld grundrechtlicher Beeinträchtigungen enthält, ist zwar insbesondere an den Gesetzgeber gerichtet.[755] Dadurch wird aber nicht ausgeschlossen, ihn in Zusammenschau mit der objektiv-rechtlichen Dimension des auf juristische Personen anwendbaren[756] Art. 3 Abs. 1 GG[757] heranzuziehen.[758] Das ist insbe-

---

749 Siehe dazu 2. Teil, A. I. 6. c) aa).

750 Ein Bedürfnis nach dementsprechenden quantitativen Begrenzungen besteht auch nicht im Hinblick auf die in der *ersten* Ebene zu verortende Aufnahme der von Dritten an die Genossenschaften unter Inanspruchnahme von Verbundpotentialen übermittelten tätigkeits*bedeutsamen* Wissensressourcen.

751 Siehe dazu 3. Teil, A. I. 6. b) aa).

752 Siehe dazu 3. Teil, A. I. 6. b) bb).

753 Nach *P. Kirchhof*, in: Dürig/Herzog/Scholz, GG, 75. EL, September 2015, Art. 3 Abs. 1, Rn. 329, trägt der grundrechtliche Verallgemeinerungsauftrag in Bezug auf Datensysteme „zur rechtlichen Strukturierung dieses neuen Erfahrungs-, Erlebnis-, Analyse- und Kombinationsbereichs bei".

754 Betroffen sind all diejenigen, die nach ihrer rechtserheblichen Gemeinsamkeit vom staatlichen Handeln auch erreicht werden müssen.

755 *P. Kirchhof*, in: Isensee/ders., HStR, Band VIII, § 181, Rn. 168, 171; *ders.*, in: Dürig/Herzog/Scholz, GG, 75. EL, September 2015, Art. 3 Abs. 1, Rn. 182.

756 BVerfGE 95, 267 (317); 99, 367 (389); 143, 246 (312); 164, 76 (110); *F. Wollenschläger*, in: Huber/Voßkuhle, GG, Band 1, Art. 3, Rn. 64.

757 *Nußberger*, in: Sachs, GG, Art. 3, Rn. 65 ff., spricht dem Gleichheitssatz objektiv-rechtliche Funktionen zu; nach *Thiele*, in: Dreier, GG, Band I, Art. 3 I, Rn. 81, wird „dem Gleichheitssatz jedoch auch objektive Bedeutung im dogmatischen Sinn zuerkannt"; *Sachs*, in: Stern, Staatsrecht, Band IV/2, § 120, II., 11., a), β), stellt fest, dass die objektiv-rechtlichen Gehalte des allgemeinen Gleichheitssatzes nach Art. 3 Abs. 1

sondere in denjenigen Konstellationen möglich, in denen Handlungsspielräume der Verwaltung betroffen sind,[759] die der Konkretisierung bedürfen.[760]

Der Verallgemeinerungsauftrag verlangt eine „innere Grundorientierung, eine Rationalität, die nach dem rechtfertigenden Grund für Gleichstellung und Unterscheidung fragt, eine Grundsatzwertung, die sich vor Willkür hütet“[761]. Daher kann ihm in Zusammenschau mit dem objektiv-rechtlichen Gehalt des allgemeinen Gleichheitssatzes aus Art. 3 Abs. 1 GG eine flankierende objektiv-rechtliche Schutzfunktion[762] für die objektiv-rechtlichen Gehalte des Rechts auf informationelle Selbstbestimmung juristischer Personen zugesprochen werden. Diese äußert sich dahingehend, dass die grundrechtlichen Freiheiten des Rechts auf informationelle Selbstbestimmung auch gleichheitsgerecht geschützt werden müssen.[763] Daraus kann unter Einbeziehung des Gedankens der Rechtsanwendungsgleichheit[764] die Schlussfolgerung gezogen werden, dass die gezielten und inklusiven Beratungen soweit wie möglich gleichmäßig auf die verschiedenen Mitgliedsunternehmen verteilt werden müssen.[765] Nur unter dieser Voraussetzung können die Mitgliedsunternehmen

---

GG „*im Rahmen des Grundgesetzes* begrenzt“ sind; demgegenüber ist das allgemeine Gleichheitsgebot des Art. 3 Abs. 1 GG für *Dietlein*, Die Lehre von den grundrechtlichen Schutzpflichten, S. 84, „nicht geeignet […] zum abstrakten Schutzgut erklärt zu werden“; mit der Frage der objektiv-rechtlichen Bedeutung des allgemeinen Gleichheitssatzes wird teilweise die kontrovers diskutierte Frage, ob aus dem allgemeinen Gleichheitssatz Schutzpflichten entnommen werden können, vermischt: während *Alexy*, Theorie der Grundrechte, S. 378 ff., dem Gleichheitssatz Schutzpflichten entnimmt, erübrigen sich diese für *Boysen*, in: von Münch/Kunig, GG, Band I, Art. 3, Rn. 49, beim Gleichheitssatz; für *Isensee*, in: ders./Kirchhof, HStR, Band IX, § 191, Rn. 222, bleibt Art. 3 Abs. 1 GG außerhalb des Anwendungsbereichs der Schutzpflichten; für *Reimer*, in: Stern/Sodan/Möstl, Staatsrecht, Band IV, § 128, Rn. 5 ff., ergeben sich aus Art. 3 Abs. 1 GG weder Leistungsrechte noch Schutzpflichten.

758 *P. Kirchhof*, in: Isensee/ders., HStR, Band VIII, § 181, Rn. 127, spricht selbst von „Regelbildung“ im Zusammenhang mit dem grundrechtlichen Verallgemeinerungsauftrag.

759 *Boysen*, in: von Münch/Kunig, GG, Band I, Art. 3, Rn. 42, weist auf „gesetzlich nicht abschließend determinierte *Eigenständigkeit*[en]“ hin; siehe auch *Nußberger*, in: Sachs, GG, Art. 3, Rn. 116; *Kingreen/Poscher*, Grundrechte, Rn. 689.

760 *Schuppert*, Verwaltungswissenschaft, S. 513; *Boysen*, in: von Münch/Kunig, GG, Band I, Art. 3, Rn. 43.

761 *P. Kirchhof*, in: Isensee/ders., HStR, Band VIII, § 181, Rn. 12.

762 *Nußberger*, in: Sachs, GG, Art. 3, Rn. 67.

763 Vgl. BVerfGE 84, 197 (199 ff.).

764 *Kingreen/Poscher*, Grundrechte, Rn. 612; *BVerfG* (Zweite Kammer des Zweiten Senats), NJW 1993, S. 997 (998).

765 Das gilt grundsätzlich nicht gleichermaßen für die Motivations-, Informations- und Fortbildungsmaßnahmen im Rahmen des sog. Unternehmermodells. Diesen Maßnahmen können sich die Unternehmer zwar auch nicht entziehen. Dabei gehen die Genossenschaften aber dem Grunde nach nicht proaktiv auf die Unternehmer zu. Vgl.

vor Beobachtungen der Berufsgenossenschaften in einer gleichheitsgerechten Weise geschützt werden. Das gilt insbesondere für diejenigen Fälle, in denen einem Unternehmen bzw. einer Gruppe von Unternehmen ein exemplarischer Charakter für einen Gewerbezweig zukommt.

b) Innerperspektivische Ausgestaltungsvorgaben

aa) Keine qualitativen Beschränkungen

Die innenperspektivischen Ausgestaltungsvorgaben betreffen die Erzeugung von Wissensressourcen. Diese erfolgt in der Grundstrukturebene vor allem auf Grundlage des durch die anregenden und kooperativen Instrumente vermittelten kommunikativen Austauschs zwischen den Berufsgenossenschaften und den Mitgliedsunternehmen.[766] Mit Ausnahme eigener Beobachtungen der Berufsgenossenschaften hängt es dabei im Wesentlichen von der Entscheidung der Mitgliedsunternehmen ab, inwiefern und inwieweit sie den Berufsgenossenschaften einen Zugang zu unternehmensbezogenen Wissensressourcen gewähren. Daher spricht nichts dagegen, im Rahmen der kommunikativen Austauschverhältnisse in der Grundstrukturebene grundsätzlich einen unbeschränkten Zugang der Berufsgenossenschaften zu den Wissensressourcen aus den Mitgliedsunternehmen anzuerkennen.[767]

Das gilt auch für eigene Beobachtungen der Berufsgenossenschaften, die mit den verschiedenen Maßnahmen zwangsläufig einhergehen. Dafür kann es bereits aus der Natur der Sache – einer eigenen Beobachtung – keine qualitativen Beschränkungen geben.

Demnach kann die Wissenserzeugung in der Grundstrukturebene grundsätzlich frei von qualitativen Begrenzungen erfolgen.

bb) Transparenzpflicht

Damit die Selbstbestimmung der Mitgliedsunternehmen bei der Offenbarung von Wissensressourcen im Rahmen der anregenden und kooperativen Instrumente nicht zu einer bloßen Leerformel verkommt, bedarf sie einer Ab-

---

zum gleichmäßigen Verwaltungsvollzug *Sachs*, in: Stern, Staatsrecht, Band IV/2, § 120, II., 7., c), α), ββ).

766 Siehe dazu 3. Teil, D. II. 2. b) aa).

767 Das gilt auch im Hinblick auf die in der *ersten* Ebene zu verortende Aufnahme der von Dritten an die Genossenschaften unter Inanspruchnahme von Verbundpotentialen übermittelten tätigkeits*bedeutsamen* Wissensressourcen.

sicherung.[768] Das bedeutet, die Entscheidung der Mitgliedsunternehmen über die Offenbarung von Wissensressourcen im Zuge des kommunikativen Austauschs muss als selbstbestimmt qualifiziert werden können.[769] Mindestvoraussetzung dafür ist, dass die Mitgliedsunternehmen jedenfalls erkennen können, inwiefern die unternehmensbezogenen Wissensressourcen in den Strukturen der Genossenschaften weiterverwendet werden können.[770] Damit sind die Weiterverwendungsmöglichkeiten der Genossenschaften im Hinblick auf die Wissensressourcen aus den Mitgliedsunternehmen angesprochen.[771]

Diese Möglichkeiten gilt es seitens der Genossenschaften gegenüber den Mitgliedsunternehmen offenzulegen, damit sie eine selbstbestimmte Entscheidung treffen können.[772] Diese Offenlegungsverpflichtung kann als eine Pflicht zur Transparenz[773] umschrieben werden. Sie verlangt von den Genos-

---

[768] Allgemein *Trute*, in: Roßnagel, Handbuch Datenschutzrecht, 2.5, Rn. 10; *Rudolf*, in: Merten/Papier, HGR, Band IV, § 90, Rn. 24; für *Hoffmann-Riem*, in: Bäumler, „Der neue Datenschutz", S. 11 (13), ermöglicht das Recht auf informationelle Selbstbestimmung „dem einzelnen eine selbstbestimmte Teilhabe an Kommunikationsprozessen".

[769] In diese Richtung auch *Pitschas*, in: Verhandlungen des 62. DJT, Band II/1, S. M 9 (M 30), der von „freier und eigenbestimmter Kommunikation" spricht; siehe zum Gedanken einer wirklich selbstbestimmten Entscheidung *Eckhardt/Navarini/Recher/Rippe/Rütsche/Telser/Marti*, Personalisierte Medizin, S. 95, wonach selbstbestimmtes Entscheiden voraussetzt, dass eine Person über Art und Folgen der Datenerzeugung und Datenverwendung hinreichend aufgeklärt wird; zum Gedanken einer wirklich selbstbestimmten Entscheidung im Strafrecht siehe *Paeffgen/Zabel*, in: Kindhäuser/Neumann/Paeffgen/Saliger, StGB, Band 3, § 228, Rn. 73.

[770] *Albers*, Informationelle Selbstbestimmung, S. 452 f., spricht davon, „Verarbeitungsprozesse und Nutzungsmöglichkeiten vorwegvollziehen" zu können und verlangt, dass „die *Transparenz der Informations- und Datenverarbeitungen* für die Grundrechtsträger sichergestellt" sein muss; *Trute*, in: Roßnagel, Handbuch Datenschutzrecht, 2.5, Rn. 24, spricht von einer „offene[n], für die Beteiligten erkennbare[n] Verarbeitung" und fordert, „den Kommunikationsprozess so abzusichern, dass *kommunikative Selbstbestimmung* möglich bleibt".

[771] Siehe dazu Einleitung, I. 1. b) bb) und 3. Teil, D. II. 1. a).

[772] Diese Pflicht kommt demgegenüber nicht im Rahmen der in der *ersten* Ebene zu verortenden Aufnahme der von Dritten an die Genossenschaften übermittelten tätigkeits*bedeutsamen* Wissensressourcen zum Tragen, weil die Entscheidung zur Übermittlung dabei nicht bei den Mitgliedsunternehmen, sondern bei den Dritten liegt.

[773] Siehe bereits *Steinmüller* u. a., Grundfragen des Datenschutzes, S. 65; *Podlech*, in: FS Grüner, S. 451 (454 f.); *Trute*, in: VVDStRL 57 (1998), S. 216 (261), spricht von gesteigerten Transparenzanforderungen, sofern der kommunikativen Selbstbestimmung erhebliche Gefährdungen durch Kontrollverluste erwachsen; *ders.*, JZ 1998, S. 822 (827), zur Transparenz der Verarbeitungsvorgänge; *Albers*, Informationelle Selbstbestimmung, S. 463, unterscheidet zwischen objektiver Nachvollziehbarkeit der Verarbeitungsverläufe und den Kenntnismöglichkeiten der Betroffenen.

senschaften, die Mitgliedsunternehmen in die Lage zu versetzen,[774] die im gesetzlichen Unfallversicherungssystem bestehenden vielfältigen Weiterverwendungsmöglichkeiten im Hinblick auf die im Zuge des kommunikativen Austauschs gewonnenen Wissensressourcen aus den Mitgliedsunternehmen nachvollziehen zu können.[775] Dabei bleibt es den Genossenschaften grundsätzlich selbst überlassen, inwiefern sie diese Transparenzpflicht konkret erfüllen und die Verwendungszusammenhänge nachvollziehbar offenlegen.

Dafür können sie entweder im Zuge eines konkreten kommunikativen Austauschs die betroffenen Mitgliedsunternehmen aufklären oder aber – praxisnäher – abstrakte Mittel und Wege wählen. Hierfür eignen sich vor allem Veröffentlichungen der Genossenschaften. Dazu zählen unter anderem die DGUV Regeln. In verschiedenen DGUV Regeln,[776] wie der DGUV Regel 100-001, die jedem Versicherten durch den Unternehmer an geeigneter Stelle zugänglich gemacht werden muss,[777] findet sich in der Vorbemerkung folgende Aussage: „Darüber hinaus bündeln sie [– die Regeln –] das Erfahrungswissen aus der Präventionsarbeit der Unfallversicherungsträger“[778]. Anhand dieser, wenn auch knappen, Erläuterung wird den Mitgliedsunternehmen die Möglichkeit eröffnet, nachzuvollziehen, dass die Genossenschaften potentiell sämtliche Erkenntnisse, die sie aus der Präventionsarbeit gewinnen, insbesondere in der Regelsetzung weiterverwenden. In den Vorbemerkungen wird zwar nicht ausdrücklich über die Weiterverwendungsmöglichkeiten im Rahmen anderer Tätigkeiten gesprochen. Da die Vorbemerkungen aber deutlich machen, dass die Genossenschaften „Erfahrungswissen“ aus der Präventionsarbeit in die Regelsetzung, einer auf die Generalklausel des § 14 Abs. 1 SGB VII gestützten Tätigkeit, einbringen, muss von einer vergleichbaren Weiterverwendung bei anderen Präventionsmaßnahmen ausgegangen werden. Vor diesem Hintergrund kann die Transparenzpflicht der Genossenschaften bereits anhand der genannten Vorbemerkungen als in abstrakter Weise erfüllt angesehen werden.

Darüber hinaus kann sich die Transparenzpflicht in bestimmten Situationen zu einer Aufklärungspflicht verdichten. Das betrifft zunächst diejenigen Konstellationen, in denen im Zuge des kommunikativen Austauschs die Offenba-

---

[774] *Albers*, Informationelle Selbstbestimmung, S. 463, würde hierbei von der objektiven Nachvollziehbarkeit sprechen.

[775] Allgemein *Trute*, in: Roßnagel, Handbuch Datenschutzrecht, 2.5, Rn. 24; die von *Albers*, Informationelle Selbstbestimmung, S. 469 ff., geforderte Gewährleistung von Kenntnismöglichkeiten betrifft die Kenntnis des Einzelnen über den ihn betreffenden Umgang mit Informationen und Daten.

[776] Siehe beispielsweise DGUV Regel 100-001, S. 3, DGUV Regel 101-011, S. 4, DGUV Regel 115-002, S. 3.

[777] § 12 Abs. 1 DGUV Vorschrift 1.

[778] DGUV Regel 100-001, S. 3.

rung von Inhalten seitens der Mitgliedsunternehmen im Raum steht, aus denen die Genossenschaft Folgemaßnahmen gegenüber dem Unternehmen ernsthaft in Betracht ziehen muss.[779] Bei der konkreten Gefahr von Folgemaßnahmen sind gesteigerte Anforderungen an die Transparenzpflicht zu stellen. Diese wirken sich insofern aus, als eine ausdrückliche Aufklärung durch die Berufsgenossenschaft gegenüber dem Mitgliedsunternehmen über die konkrete Möglichkeit etwaiger Folgemaßnahmen notwendig wird.[780] Diese Aufklärungspflicht besteht gleichermaßen in denjenigen Konstellationen, in denen die Genossenschaften beabsichtigen, die ihnen durch die Mitgliedsunternehmen offenbarten Wissensressourcen bzw. daraus vollendete Informationen oder vollendetes Wissen in Gestalt ihrer Grundlagen an Dritte, die nicht auf Grundlage des SGB VII tätig werden, weiterzuleiten.

cc) Erforderlichkeitskriterium

Daneben findet das Erforderlichkeitskriterium – trotz aller Vorbehalte im Einzelnen[781] – in bestimmten Konstellationen bereits für die Frage der Erzeugung von Wissensressourcen als innerperspektivische Ausgestaltungsvorgabe Anwendung.[782] Obwohl das Erforderlichkeitskriterium vor allem in abwehrrechtlichen Konstellationen als Bestandteil des Verhältnismäßigkeitsgrundsatzes Anwendung findet,[783] kommt es beim Recht auf informationelle Selbstbestimmung auch unabhängig von Eingriffskonstellationen zum Tragen.[784] Es vermittelt objektiv-rechtliche Vorgaben für das Verhältnis der Erzeugung von Wissensressourcen zu den dabei verfolgten Zwecken,[785] die auch administrativ festgelegt werden können,[786] und der damit in Zusammenhang stehenden Aufgabenerfüllung. Dabei verlangt das Erforderlichkeitskrite-

---

779 Allgemein *Gusy*, in: Voßkuhle/Eifert/Möllers, GVwR, Band I, § 23, Rn. 2, 18.

780 Allgemein *Gusy*, in: Voßkuhle/Eifert/Möllers, GVwR, Band I, § 23, Rn. 2, 18.

781 Siehe dazu die Aussagen aus der subjektiv-abwehrrechtlichen Perspektive im 3. Teil, D. V. 1. b) bb) (1) (a).

782 Daneben findet das Merkmal insbesondere im Rahmen der nachwirkenden Ausgestaltungsvorgaben Anwendung, siehe dazu 3. Teil, D. IV. 2. c) bb).

783 So z. B. *Tinnefeld*, NJW 1993, S. 1117 (1118).

784 *Trute*, in: Roßnagel, Handbuch Datenschutzrecht, 2.5, Rn. 43; für *Albers*, in: Kugelmann/Haratsch/Repkewitz, Herausforderungen an das Recht der Informationsgesellschaft, S. 113 (134), hat die Erforderlichkeitskomponente nichts mit dem Verhältnismäßigkeitsgrundsatz zu tun.

785 *Albers*, in: Kugelmann/Haratsch/Repkewitz, Herausforderungen an das Recht der Informationsgesellschaft, S. 113 (134), nennt das Element der Zweckfestlegung als erstes Regelungselement.

786 *Britz*, in: Hoffmann-Riem, Offene Rechtswissenschaft, S. 561 (583 f.).

rium eine Abhängigkeit der Erzeugung von Wissensressourcen von einer zu erfüllenden Aufgabe.[787]

Bereits anhand dieser Umschreibung wird deutlich, dass das Erforderlichkeitskriterium bei der Erzeugung von Wissensressourcen in der Grundstrukturebene nicht umfassend zur Anwendung kommen kann. Das gilt insbesondere für Auskünfte, die von den Mitgliedsunternehmen ausgehen. Darauf finden die Elemente der Erforderlichkeit[788] sowie der Zweckfestlegung und -bindung[789] grundsätzlich keine Anwendung.[790] Diese kommen vielmehr bei eigenen Beobachtungen und Nachfragen der Berufsgenossenschaften im Rahmen der anregenden und kooperativen Instrumente in Betracht.[791] Dafür sind die Elemente der Erforderlichkeit sowie der Zweckfestlegung und -bindung zusätzlich auch als innerperspektivische Ausgestaltungsvorgaben heranzuziehen. Dabei gilt es zu beachten, dass die Zweckfestlegung und -bindung der Nachfragen jedenfalls durch den Bezug auf den Präventionsauftrag grundsätzlich erfüllt wird.

dd) Gewährleistung von Vertraulichkeit

Sofern die Berufsgenossenschaften den anhand der anregenden und kooperativen Instrumente vermittelten kommunikativen Austausch mit ihren Mitgliedsunternehmen über Dritte vermitteln lassen, finden grundsätzlich die Grundrechte aus Art. 10 Abs. 1 GG Anwendung. Diese schützen die Ungestörtheit der Kommunikationskanäle an sich und enthalten den objektivrechtlichen Auftrag,[792] „Schutz auch insoweit vorzusehen, als private Dritte sich Zugriff auf die Kommunikation verschaffen“[793].

---

787 *Trute*, in: Roßnagel, Handbuch Datenschutzrecht, 2.5, Rn. 43.

788 Siehe dazu *Podlech*, in: FS Grüner, S. 451 (455 f.); *Trute*, in: Roßnagel, Handbuch Datenschutzrecht, 2.5, Rn. 43; *Albers*, in: Kugelmann/Haratsch/Repkewitz, Herausforderungen an das Recht der Informationsgesellschaft, S. 113 (130 ff.).

789 *Trute*, in: Roßnagel, Handbuch Datenschutzrecht, 2.5, Rn. 36 ff.; *Albers*, in: Kugelmann/Haratsch/Repkewitz, Herausforderungen an das Recht der Informationsgesellschaft, S. 113 (134).

790 Das gilt grundsätzlich gleichermaßen im Hinblick auf die in der *ersten* Ebene zu verortende Aufnahme der von Dritten an die Genossenschaften unter Inanspruchnahme von Verbundpotentialen übermittelten tätigkeits*bedeutsamen* Wissensressourcen.

791 Die Möglichkeiten von Nachfragen bestehen auch im Rahmen der in der *ersten* Ebene zu verortenden Übermittlung von tätigkeits*bedeutsamen* Wissensressourcen durch Dritte, sodass dabei das Element der Erforderlichkeit zum Tragen kommen kann.

792 BVerfGE 106, 28 (37); 158, 170 (185 f.); *Wischmeyer*, in: Dreier, GG, Band I, Art. 10, Rn. 127.

793 BVerfGE 106, 28 (37).

Falls die Berufsgenossenschaften im Rahmen eines über Dritte vermittelten kommunikativen Austauschs mit ihren Mitgliedsunternehmen einen konkreten Bezug zu deren Tätigkeitsbereich herstellen, kommt neben Art. 10 Abs. 1 GG zusätzlich das Recht auf informationelle Selbstbestimmung juristischer Personen zum Tragen.[794] Zwar bleibt in dieser Konstellation der Schutzauftrag im Hinblick auf die äußeren Bedingungen des Kommunikationsvorgangs, die Ungestörtheit der Kommunikationskanäle, bestehen. Daneben tritt aber eine Verpflichtung der Berufsgenossenschaften in Bezug auf den Inhalt der Kommunikation.[795] Diese Verpflichtung folgt aus dem objektiv-rechtlichen Gehalt des Rechts auf informationelle Selbstbestimmung. Sie lässt sich insofern umschreiben, als die Berufsgenossenschaften mit allen ihnen zur Verfügung stehenden Mitteln dafür Sorge zu tragen haben, den Inhalt des kommunikativen Austauschs mit ihren Mitgliedsunternehmen vertraulich zu halten.[796]

c) Nachwirkende Ausgestaltungsvorgaben

Nach der Innenperspektive gilt es nun den Blick auf die Weiterverwendung erzeugter Wissensressourcen auf der Ebene der Selbstverwaltung zu richten.[797] Diese vollzieht sich im Rahmen der verschiedenen Verwendungszusammenhänge und kann sowohl interpretations*frei* als auch interpretations*getragen* stattfinden.

Interpretations*freie* Weiterverwendungen, bei denen die Informations- und Wissensgrundlagen weder durch Interpretation noch durch interpretatorische Verknüpfung bearbeitet werden, sind beispielsweise das bloße Abspeichern, die Ablage oder Vervielfältigung verkörperter Wissensressourcen. Diese können auch interpretations*frei* mit anderen Akteuren derselben Genossenschaft geteilt werden oder an Akteure außerhalb der jeweiligen Genossenschaft interpretations*frei* übermittelt werden. Demgegenüber umfasst die interpretations*getragene* Weiterverwendung die Vollendung von Wissensressourcen zu Informationen oder Wissen durch Interpretation bzw. interpretatorische Ver-

---

794 Siehe 3. Teil, D. I. 4.

795 Eine dementsprechende Pflicht trifft im Rahmen der in der *ersten* Ebene zu verortenden Übermittlung tätigkeits*bedeutsamer* Wissensressourcen durch Dritte an eine Genossenschaft unter Inanspruchnahme von Verbundpotentialen vorrangig den Dritten, aber auch die Genossenschaft.

796 Vgl. BVerfGE 120, 274 (313 f.).

797 Zu verschiedenen Medien, Techniken und Netzen und den damit einhergehenden Auswirkungen auf Wissensressourcen siehe *Albers*, Informationelle Selbstbestimmung, S. 98 ff.; zur elektronischen Kommunikationsinfrastruktur der Verwaltung siehe *Ladeur*, in: Voßkuhle/Eifert/Möllers, GVwR, Band I, § 21, Rn. 85 ff.

knüpfung ebenso wie deren Weiterverwendung auf der Ebene der Selbstverwaltung.[798]

In der Phase der Weiterverwendung haben die Mitgliedsunternehmen keinen Einfluss mehr auf die Wissensressourcen aus ihren Unternehmen. Dieser liegt vollständig in der Hand der Genossenschaften. Das muss bei der Beurteilung des weiteren Umgangs mit den Wissensressourcen berücksichtigt werden und letztlich zu gesteigerten Anforderungen an die Ausgestaltungsvorgaben führen.[799]

aa) Gewährleistung von Integrität

Für Wissensressourcen aus den Mitgliedsunternehmen ebenso wie daraus vollendete Informationen und vollendetes Wissen in Gestalt ihrer Grundlagen, die im Rahmen von vernetzten Computer- und Datenverarbeitungsanlagen weiterverwendet werden, kommt neben dem schwerpunktmäßig einschlägigen Recht auf informationelle Selbstbestimmung zusätzlich das Grundrecht auf Gewährleistung der Vertraulichkeit und Integrität informationstechnischer Systeme[800] zum Tragen. Diesem wiederum aus dem Allgemeinen Persönlichkeitsrecht abgeleiteten sog. IT-Grundrecht kommt ebenfalls eine objektivrechtliche Wirkung zu.[801] Es dient zwar grundsätzlich nur dem Schutz informationstechnischer Systeme natürlicher und juristischer Personen des Privatrechts.[802] In deren Interesse vermag es sich aber reflexartig auf die Vertraulichkeit und Integrität der von staatlichen Einrichtungen eingesetzten informationstechnischen Systeme auszuwirken, weil dadurch auch dem Schutzbedürfnis der Grundrechtsträger zur Geltung verholfen wird.[803]

---

798 Siehe 3. Teil, D. I. 2. c) und d), II. 3.

799 Allgemein *Ladeur*, in: Voßkuhle/Eifert/Möllers, GVwR, Band I, § 21, Rn. 18, für personenbezogene Daten.

800 BVerfGE 120, 274 (303 ff.); *T. Böckenförde*, JZ 2008, S. 925 ff.; *Leisner*, NJW 2008, S. 2902 ff.; kritisch *Eifert*, NVwZ 2008, S. 521 f., sieht keinen Schutzbedarf im Hinblick auf die Integrität; *Britz*, DÖV 2008, S. 411 (413), sieht eine Gefahr der Reduzierung des Schutzes auf informationelle Selbstbestimmung; *Rixen*, in: Sachs, GG, Art. 2, Rn. 73d, hält ein eigenes Grundrecht für zweifelhaft, weil dadurch Maßnahmen geschützt würden, die „einen späteren Informationseingriff nur vorbereiten".

801 *Hoffmann-Riem*, JZ 2014, S. 53 (57), unter Hinweis auf den vom BVerfG gewählten Begriff „Gewährleistung"; *ders.*, JZ 2008, S. 1009 (1013 f.); *Heckmann*, in: FS Käfer, S. 129 (130 ff.).

802 *Wehage*, Das Grundrecht auf Gewährleistung der Vertraulichkeit und Integrität informationstechnischer Systeme und seine Auswirkungen auf das Bürgerliche Recht, S. 108 ff.

803 Vgl. *Heckmann*, in: FS Käfer, S. 129 (140), der richtigerweise darauf hinweist, dass der „Staat […] also gerade nicht als ‚Grundrechtsträger', sondern als Verpflichteter in Anspruch genommen" wird, weshalb „der Fokus dann weniger auf dem Schutz

Unter Berücksichtigung der Allgegenwärtigkeit und Nutzungsintensität informationstechnischer Systeme folgt aus den objektiv-rechtlichen Gehalten beider Grundrechte eine allgemeine Verpflichtung an die Genossenschaften,[804] die Integrität und Vertraulichkeit ihrer informationstechnischen Systeme zu gewährleisten.[805] Obwohl aus der Verfassung keine detailgenauen Vorgaben zu konkreten Sicherheitsanforderungen herausgelesen werden können,[806] lässt sich daraus immerhin ableiten, dass die Genossenschaften wegen des von vernetzten Computer- und Datenverarbeitungsanlagen ausgehenden spezifischen Gefährdungspotentials ein hohes Maß an Sicherheit gewährleisten müssen.[807] Davon wird auch die Verpflichtung umfasst, diesen Sicherheitsstandard an aktuelle Entwicklungen fortwährend anzupassen und auf einem hohen Niveau zu halten.[808]

Demnach müssen die Genossenschaften insbesondere Zugriffe unbefugter Dritter über vernetzte Computer- und Datenverarbeitungsanlagen auf unternehmensbezogene Wissensressourcen ebenso wie daraus vollendete Informationen und vollendetes Wissen in Gestalt ihrer Grundlagen, die noch einen Bezug zu dem jeweiligen Mitgliedsunternehmen haben, so effektiv wie möglich verhindern.[809]

bb) Erforderlichkeitskriterium

Daneben kommt für die Weiterverwendung von Wissensressourcen insbesondere das Erforderlichkeitskriterium zum Tragen.[810] Dieses vermittelt als nachwirkende Ausgestaltungsvorgabe objektiv-rechtliche Vorgaben[811] für das

---

informationstechnischer Systeme als solcher, sondern vielmehr auf der Gewährleistung materieller Schutzbereiche, wie etwa dem Recht auf informationelle Selbstbestimmung" liegt.

804 Vgl. BVerfGE, 120, 274 (303 ff.).

805 Allgemein *Heckmann*, in: FS Käfer, S. 129 (138); siehe dazu auch *Albers*, Informationelle Selbstbestimmung, S. 542 ff.; *Wehage*, Das Grundrecht auf Gewährleistung der Vertraulichkeit und Integrität informationstechnischer Systeme und seine Auswirkungen auf das Bürgerliche Recht, S. 155 ff.

806 BVerfGE 125, 260 (326).

807 Vgl. BVerfGE 125, 260 (326).

808 Vgl. BVerfGE 125, 260 (326); im Gegensatz zum Umgang privater Akteure mit personenbezogenen Daten sind dabei für den Umgang der Berufsgenossenschaften als Körperschaften des öffentlichen Rechts mit Wissensressourcen aus den Mitgliedsunternehmen keine gesetzlichen Vorgaben für den Sicherheitsstandard zu fordern.

809 Allgemein *Martin*, in: Schmidt/Weichert, Datenschutz, S. 390 (394 f.).

810 Daneben findet das Merkmal auch als innerperspektivische Ausgestaltungsvorgabe Anwendung, siehe dazu 3. Teil, D. IV. 2. b) cc).

811 Vgl. *Trute*, in: Roßnagel, Handbuch Datenschutzrecht, 2.5, Rn. 43; für *Albers*, in: Kugelmann/Haratsch/Repkewitz, Herausforderungen an das Recht der Informa-

Verhältnis der Weiterverwendung zu den dabei verfolgten Zwecken[812] und der damit in Zusammenhang stehenden Aufgabenerfüllung. Es verlangt nun eine Abhängigkeit der Weiterverwendung von einer zu erfüllenden Aufgabe.[813]

Aus dem Erforderlichkeitskriterium kann die allgemeine Vorgabe abgeleitet werden, dass die Weiterverwendung von Wissensressourcen aus den Mitgliedsunternehmen bzw. daraus vollendeter Informationen und vollendeten Wissens zum Erreichen eines konkreten Zwecks grundsätzlich erforderlich sein muss.[814] Dabei kann der Zweck in der Erfüllung der gesetzlich übertragenen Präventionsaufgaben liegen.[815] Anhand des Erforderlichkeitskriteriums können Weiterverwendungen ohne Eingriffscharakter objektive Grenzen gesetzt werden.[816]

cc) Pflicht zur Anonymisierung

Aus dem Erforderlichkeitskriterium kann noch eine weitere nachwirkende Ausgestaltungsvorgabe abgeleitet werden: Wissensressourcen aus den Mitgliedsunternehmen müssen ebenso wie daraus vollendete Informationen und vollendetes Wissen in Gestalt ihrer Grundlagen anonymisiert[817] bzw. zumindest pseudonymisiert[818] werden, sobald ein Bezug zu dem jeweiligen Mit-

tionsgesellschaft, S. 113 (134), hat die Erforderlichkeitskomponente nichts mit dem Verhältnismäßigkeitsgrundsatz zu tun.

812 *Albers*, in: Kugelmann/Haratsch/Repkewitz, Herausforderungen an das Recht der Informationsgesellschaft, S. 113 (134), nennt das Element der Zweckfestlegung als erstes Regelungselement.

813 *Podlech*, in: FS Grüner, S. 451 (455 f.); *Trute*, in: Roßnagel, Handbuch Datenschutzrecht, 2.5, Rn. 43.

814 Anhand dieser Definition wird auch das Element der Zweckfestlegung hinreichend berücksichtigt, siehe dazu *Albers*, in: Kugelmann/Haratsch/Repkewitz, Herausforderungen an das Recht der Informationsgesellschaft, S. 113 (134). Vgl. auch *Wolff*, in: Beck'scher Online-Kommentar Datenschutzrecht, 30. Edition, Stand: 01.11.2016, Grundlagen und bereichsspezifischer Datenschutz, Syst. A., Prinzipien des Datenschutzrechts, Rn. 25 ff.

815 Der Zweck kann auch in der Ausübung der Maßnahme, in deren Rahmen die Wissensressourcen gewonnen wurden, gesehen werden. Beispielsweise ist die Weiterverwendung der im Rahmen einer Beratung gewonnenen Wissensressourcen ebenso wie der daraus vollendeten Informationen und des daraus vollendeten Wissens grundsätzlich zur Ausübung der Beratung erforderlich.

816 Vgl. *Wolff*, in: Beck'scher Online-Kommentar Datenschutzrecht, 30. Edition, Stand: 01.11.2016, Grundlagen und bereichsspezifischer Datenschutz, Syst. A., Prinzipien des Datenschutzrechts, Rn. 24.

817 Zu personenbezogenen Daten siehe § 3 Abs. 6 BDSG in der bis zum 24.05.2018 geltenden Fassung und Erwägungsgrund 26 der DS-GVO (EU) 2016/679.

818 Zu personenbezogenen Daten siehe § 3 Abs. 6a BDSG in der bis zum 24.05.2018 geltenden Fassung und Art. 4 Nr. 5 DS-GVO (EU) 2016/679.

gliedsunternehmen nicht mehr erforderlich ist.[819] Dabei ist der Bezug zu einem bestimmten Mitgliedsunternehmen solange als erforderlich einzustufen, wie er für die Erfüllung gesetzlicher Aufgaben benötigt wird.

Durch die Anonymisierung bzw. Pseudonymisierung wird eine Zuordnung zu einem bestimmten bzw. bestimmbaren Mitgliedsunternehmen unmöglich gemacht bzw. insofern erschwert, dass die grundrechtliche Gefährdungslage für das betroffene Mitgliedsunternehmen erheblich minimiert wird.[820] Daher muss das Merkmal der Erforderlichkeit bei anschließenden Weiterverwendungen schließlich nicht mehr beachtet werden.

Die Pflicht zur Anonymisierung wird grundsätzlich nicht ausgelöst, sofern eine Weiterverwendung nicht über das Verhältnis zwischen dem jeweiligen Mitgliedsunternehmen und der Genossenschaft hinausgeht. Solche Weiterverwendungen stehen grundsätzlich im Zusammenhang mit der Erfüllung gesetzlicher Aufgaben und werden dafür benötigt. Diese Einschätzung gilt grundsätzlich auch für Weiterverwendungen, die – dem Alles-aus-einer-Hand-Prinzip entsprechend – über die Grenzen verschiedener Organisationseinheiten der jeweiligen Genossenschaft hinweg erfolgen.[821]

Demgegenüber wird die Pflicht zur Anonymisierung grundsätzlich ausgelöst,[822] sofern eine Weiterverwendung über das Verhältnis zwischen dem jeweiligen Mitgliedsunternehmen und der Genossenschaft hinausgeht. Das betrifft beispielsweise Weiterverwendungen gegenüber anderen Mitgliedsunternehmen oder genossenschaftsexternen Dritten. Bei solchen Weiterverwendungen, die von einer entsprechenden Zweckbestimmung der Mitgliedsunternehmen gedeckt sein müssen, um überhaupt in der Grundstrukturebene verortet werden zu können,[823] ist der Bezug zu einem konkreten Unternehmen grundsätzlich nicht erforderlich. Eine Ausnahme wird aber beispielsweise bei gesetzlich institutionalisierten Daten- und Informationsaustauschen mit ande-

---

819 Vgl. zu diesem Gedanken BT-Drs. 14/4329, S. 33; *Deister*, in: Degen/ders., IT- und Datenschutz-Compliance für Unternehmen, S. 282.

820 Für *Rudolf*, in: Merten/Papier, HGR, Band IV, § 90, Rn. 30, enden die Gewährleistungen des Rechts auf informationelle Selbstbestimmung durch eine Anonymisierung.

821 Diese Weiterverwendung verkörpert keinen Eingriff, weshalb sie auch nicht als ein Verstoß gegen die sog. informationelle Gewaltenteilung (BVerfGE 65, 1 (69)) qualifiziert werden kann, der ein Bedürfnis nach einer einfach-gesetzlichen Regelung hervorrufen würde.

822 Mit *Rudolf*, in: Merten/Papier, HGR, Band IV, § 90, Rn. 30, endet der Schutz durch das Recht auf informationelle Selbstbestimmung, sofern eine Zuordnung zu einer bestimmten oder bestimmbaren Person nicht mehr möglich ist.

823 3. Teil, D. IV.

ren Arbeitsschutzakteuren gemacht werden können.[824] In diesen Konstellationen kann der Bezug zu einem konkreten Unternehmen zur Erfüllung gesetzlicher Aufgaben weiterhin notwendig sein.

d) Übergreifende Ausgestaltungsvorgabe: Gegenseitigkeitsprinzip

Keine der bisher herausgearbeiteten Ausgestaltungsvorgaben erfasst die Möglichkeiten der Genossenschaften, Wissensressourcen aus den Mitgliedsunternehmen gegenleistungsfrei auf der übergeordneten Ebene der Selbstverwaltung weiterzuverwenden. Dafür gilt es neben den objektiv-rechtlichen Gehalten des Rechts auf informationelle Selbstbestimmung, die Aussagen für die Verwendungszusammenhänge bereithalten, zusätzlich auf das in Art. 2 Abs. 1 GG angelegte Gegenseitigkeitsprinzip[825] abzustellen.

Dieses Prinzip spricht den fundamentalen Zusammenhang von Freiheitssicherung und Pflichtbindung[826] an und wird bislang vor allem im Zusammenhang mit der verfassungsrechtlichen Rechtfertigung der Grundpflichten herangezogen.[827] Dabei wird richtigerweise darauf hingewiesen, dass das Bild des Staates zumindest vage in Art. 2 Abs. 1 GG, wie auch in Art. 3 Abs. 1 GG, sichtbar wird.[828] Daraus lässt sich nicht nur für die Grundpflichten,[829] sondern ganz allgemein die Schlussfolgerung ziehen, dass das in Art. 2 Abs. 1 GG enthaltene Gegenseitigkeitsprinzip auch für das Verhältnis von staatlichem

---

[824] Dafür kommt § 20 Abs. 1 S. 2 Nr. 3 SGB VII und dessen Konkretisierung durch die GDA-Rahmenvereinbarung über das Zusammenwirken der staatlichen Arbeitsschutzbehörden der Länder und der Träger der gesetzlichen Unfallversicherung im Rahmen der Gemeinsamen Deutschen Arbeitsschutzstrategie (GDA) in Betracht, siehe dazu 2. Teil, A. III. 1. a) aa).

[825] *Hofmann*, in: Isensee/Kirchhof, HStR, Band IX, § 195, Rn. 42; *ders.*, in: VVDStRL 41 (1983), S. 42 (75).

[826] *Hofmann*, in: VVDStRL 41 (1983), S. 42 (75); siehe auch *Luchterhandt*, Grundpflichten als Verfassungsproblem in Deutschland, S. 442 f.

[827] *Hofmann*, in: VVDStRL 41 (1983), S. 42 (74 f.); *ders.*, in: Isensee/Kirchhof, HStR, Band IX, § 195, Rn. 42; zustimmend *Stern*, Staatsrecht, Band III/2, § 88, III., 3., b); für *Luchterhandt*, Grundpflichten als Verfassungsproblem in Deutschland, S. 443, beschreibt *Hofmann* den „fundamentalen Zusammenhang von Freiheitssicherung und Pflichtbindung“; für *E. J. Lohse*, in: Stern/Sodan/Möstl, Staatsrecht, Band III, § 93, Rn. 15, wandelt sich die „Vorstellung von Grundpflichten […] mit dem Grundgesetz zu einer präzisen Bestimmung von *Grundrechtegrenzen*“; in diese Richtung auch BVerfGE 152, 68 (115), wonach das Grundgesetz „keine allgemeinen Grundpflichten der Bürgerinnen und Bürger“ kenne.

[828] *Luchterhandt*, Grundpflichten als Verfassungsproblem in Deutschland, S. 443.

[829] Für *Luchterhandt*, Grundpflichten als Verfassungsproblem in Deutschland, S. 443, können wegen der Sichtbarkeit des Staates in Art. 2 Abs. 1 GG nicht nur die mitbürgerbezogenen Grundpflichten, sondern auch die staatsbezogenen Grundpflichten ihre Begründung im Gegenseitigkeitsprinzip finden.

und privatem Bereich eine Bedeutung zu gewinnen vermag. Das ist vor allem möglich, wenn man für die Wirkungen der Grundrechte nicht nur auf die Grenzlinie zwischen der staatlichen und der privaten Sphäre abstellt,[830] sondern den Grundrechten, unter anderem anhand ihrer objektiv-rechtlichen Gehalte, eine umfassende Wirkung zuspricht.

Aus dem in Art. 2 Abs. 1 GG enthaltenen Gedanken der Gegenseitigkeit[831] lässt sich auf Grundlage der objektiv-rechtlichen Gehalte des Rechts auf informationelle Selbstbestimmung juristischer Personen die Schlussfolgerung ziehen, dass aus der gegenleistungsfreien Weiterverwendung von Wissensressourcen aus den Mitgliedsunternehmen auf der übergeordneten Ebene der Selbstverwaltung letztlich auch positive Auswirkungen zu Gunsten der einzelnen Mitgliedsunternehmen folgen müssen.[832] Das bedeutet, von den Genossenschaften anhand bzw. unter Einbeziehung von Wissensressourcen aus den Mitgliedsunternehmen gewonnene Informationen und erzeugtes Wissen müssen in einem gewissen Umfang auch den Mitgliedsunternehmen zu Gute kommen können.[833]

Für die positiven Auswirkungen zu Gunsten der Mitgliedsunternehmen könnte ein monetärer Ausgleich, vor allem über die Gestaltung der Beiträge,[834] in Betracht gezogen werden. Das ist allerdings nur eine rein theoretische Möglichkeit, die sich im Hinblick auf die kaum bezifferbaren Beiträge der einzelnen Mitgliedsunternehmen bei der genossenschaftlichen Wissensbildung bereits aus tatsächlichen Gründen nicht verwirklichen lässt. Positive Auswirkungen können vielmehr durch Leistungen der Genossenschaften gegenüber den Mitgliedsunternehmen erreicht werden. Dafür kommen sowohl konkrete Präventionsmaßnahmen gegenüber den Mitgliedsunternehmen, wie

---

[830] *Albers*, Informationelle Selbstbestimmung, S. 133; *Reiling*, Der Hybride, S. 286.

[831] Der Gedanke der Gegenseitigkeit wird in soziologischen Zusammenhängen mit dem Prinzip der Reziprozität umschrieben, siehe dazu *H. P. Becker*, Man in reciprocity; *K. F. Röhl*, Rechtssoziologie, S. 146 ff.; *Luhmann*, Die Gesellschaft der Gesellschaft, S. 649 ff.; zusammenfassend *Stegbauer*, Reziprozität.

[832] *P. Kirchhof*, in: Dürig/Herzog/Scholz, GG, 75. EL, September 2015, Art. 3 Abs. 1, Rn. 329, stellt mit Blick auf weltumspannende Datensysteme fest: „Wer für sich Wissen beansprucht, muss Wissen geben".

[833] *Fezer*, in: Kuzev/Wangermann, Studie im Auftrag der Konrad-Adenauer-Stiftung e. V. zum Thema „Einführung eines besonderen Rechts an Daten", S. 84, spricht sich im Hinblick auf verhaltensgenerierte Informationsdaten der Bürger für ein individuelles Vermögensrecht der Bürger aus.

[834] Das ist nur im Hinblick auf einfach nachzuvollziehende Kriterien – wie anzuzeigende Versicherungsfälle – möglich, die nach § 162 Abs. 1 S. 1 SGB VII im Wege von Zuschlägen oder Nachlässen auf den Beitrag berücksichtigt werden können. Das gilt auch für die Einführung eines Prämiensystems nach § 162 Abs. 2 SGB VII, dessen prämienauslösende Kriterien präzise ausgestaltet sein müssen, siehe dazu *Brandenburg/K. Palsherm*, in: jurisPK-SGB VII, Stand: 15.01.2022, § 162, Rn. 59.

beispielsweise Beratungen oder Schulungsmaßnahmen, als auch abstrakte Hilfestellungen in Betracht. Dafür eignet sich neben dem Rechts- insbesondere das Regelwerk mit den darin enthaltenen (Branchen-)Regeln, Informationen und Grundsätzen.

Ob aus allgemein formulierten Vorschriften und Regeln positive Auswirkungen zugunsten der Mitgliedsunternehmen folgen, lässt sich im Ergebnis nur schwerlich beurteilen. Dafür wird letztlich nur die Entwicklung der Unfallzahlen und Berufskrankheiten indiziell herangezogen werden können.[835] Sofern diese Entwicklung eine Abwärtstendenz aufweist bzw. sich auf einem konstant niedrigen Niveau bewegt, wird man von positiven Auswirkungen i. S. e. angemessenen Ausgleichs ausgehen können. Sofern ein niedriges Niveau – wie gegenwärtig[836] – erreicht worden ist, wird man darüber hinaus verlangen müssen, dass dieses Niveau gehalten und keine über die üblichen Abweichungen hinausgehende längerfristig ansteigende Tendenz gewinnen wird.

Darüber hinaus kommt der Gedanke der Gegenseitigkeit auch bei der informationellen Zusammenarbeit mit Dritten zum Tragen.[837] Dabei werden über die jeweilige Genossenschaft Wissensressourcen aus den Mitgliedsunternehmen ebenso wie daraus gewonnene Informationen und gewonnenes Wissen in Gestalt ihrer Grundlagen an außerhalb der jeweiligen Genossenschaft stehende Dritte übermittelt. Aus dem Gedanken der Gegenseitigkeit lässt sich für diese Form der kognitiven Zusammenarbeit eine allgemeine Verpflichtung an die Genossenschaften ableiten, sicherzustellen, dass von den entsprechenden Dritten auch Kenntnisse zurückfließen, die wiederum geeignet sein müssen, sich positiv auf die Mitgliedsunternehmen auszuwirken.

Diese Vorgabe wird im Hinblick auf die anderen Unfallversicherungsträger ohne Weiteres erfüllt. Die informationelle Zusammenarbeit mit diesen ist, insbesondere über den Spitzenverband, darauf ausgerichtet, weiterführende

---

[835] Diese lassen sich insbesondere aus der in § 25 Abs. 2 S. 1 SGB VII verankerten Pflicht der Unfallversicherungsträger ablesen, jährlich dem BMAS über die Durchführung der Maßnahmen zur Sicherheit und Gesundheit bei der Arbeit sowie über das Unfall- und Berufskrankheitengeschehen zu berichten.

[836] Bericht der Bundesregierung über den Stand von Sicherheit und Gesundheit bei der Arbeit und über das Unfall- und Berufskrankheitengeschehen in der Bundesrepublik Deutschland im Jahr 2022, BT-Drs. 20/9835: Zu dem stetigen Abwärtstrend der meldepflichtigen Arbeitsunfälle – mit Ausnahme Anfang der 1990er Jahre – siehe S. 26, Abb. 5; zu dem starken Abwärtstrend tödlicher Arbeitsunfälle siehe S. 28, Abb. 8.

[837] Da die Mitgliedsunternehmer Mitglieder der Berufsgenossenschaften sind, geht der Austausch zwischen Mitgliedsunternehmen und Berufsgenossenschaft nicht über die jeweilige Berufsgenossenschaft hinaus, sodass er von den folgenden Ausführungen nicht erfasst wird.

Kenntnisse zu gewinnen.[838] Demgegenüber muss im Rahmen der informationellen Zusammenarbeit mit Dritten, die nicht im Geltungsbereich des SGB VII tätig werden und damit auch keine Mitglieder des Spitzenverbandes sind, folgendes beachtet werden: Bei dieser Zusammenarbeit muss ein Rückfluss von Kenntnissen der Dritten in das gesetzliche Unfallversicherungssystem konkret sichergestellt werden. Dieser Austausch[839] muss letzten Endes geeignet sein, zu positiven Auswirkungen für die Mitgliedsunternehmen zu führen. Den Rückfluss von Kenntnissen solcher Dritter qualitativ zu bewerten, ist wiederum nur schwer möglich. Aus diesem Grund kann es als ausreichend angesehen werden, dass der Austausch mit diesen Dritten in quantitativer Hinsicht in etwa ausgeglichen ist und dabei seitens der Dritten nicht nur völlig unbrauchbare Kenntnisse in das System der gesetzlichen Unfallversicherung zurückfließen.

3. Keine Modifikationen im Hinblick auf personenbezogene Gehalte

Die bisher beschriebenen Ausgestaltungsvorgaben konzentrieren sich auf unternehmensbezogene Wissensressourcen. Deren personenbezogene Gehalte, also die Bezüge zu natürlichen Personen,[840] wurden bislang noch nicht berücksichtigt. Diese werden anhand der Unfallanzeigen[841] in exemplarischer Weise deutlich.[842]

Vor diesem Hintergrund steht eine Modifizierung der bisher gewonnenen Ausgestaltungsvorgaben im Raum. Im gesetzlichen Unfallversicherungssystem ist der Schutz von personenbezogenen Sozialdaten durch den sog. Sozialdatenschutz einfach-gesetzlich ausgestaltet.[843] Dieser soll einen Schutz vor

---

[838] Siehe 2. Teil, A. III. 2. c) und d).

[839] Der Austausch ist bereits in den gesetzlichen Strukturen angelegt, siehe dazu 2. Teil, A. III. 1. a), b), d), 3., aber nicht in der hier beschriebenen Weise sichergestellt.

[840] Der Personenbezug bzw. personenbezogene Gehalt von Wissensressourcen ist mit § 67 Abs. 2 S. 1 SGB X zu beschreiben. Dieser verweist für den Begriff der personenbezogenen Daten auf Art. 4 Nr. 1 DS-GVO (EU) 2016/679.

[841] Die Unfallanzeigen selbst sind in der *zweiten* und *vierten* Ebene zu verorten.

[842] Siehe insbesondere § 3 Abs. 1 Nr. 2 UVAV.

[843] *Greiner*, in: Knickrehm/Roßbach/Waltermann, Kommentar zum Sozialrecht, § 35 SGB I, Rn. 10; *Gutzler*, in: Beck'scher Online-Kommentar Sozialrecht, 72. Edition, Stand: 01.03.2024, § 35 SGB I, Rn. 3: Das Recht auf informationelle Selbstbestimmung wird durch § 35 SGB I als Grundnorm kodifiziert und konkretisiert und insbesondere in §§ 67 ff. SGB X sowie den anderen Büchern des SGB näher ausgestaltet; *Mrozynski*, SGB I, § 35, Rn. 1 ff.; *Volkmann*, in: Krauskopf, Soziale Krankenversicherung, Pflegeversicherung, 121. EL, Februar 2024, § 35 SGB I, Rn. 3; zu den inhaltlichen und redaktionellen Änderungen des § 35 SGB I sowie der §§ 67 ff. SGB X im Anschluss an BVerfGE 65, 1 ff., siehe das Gesetz zur Änderung von Vorschriften des Sozialgesetzbuchs über den Schutz der Sozialdaten sowie zur Änderung anderer Vor-

Eingriffen in das Recht auf informationelle Selbstbestimmung natürlicher Personen gewährleisten.[844] Er kommt neben der Datenschutz-Grundverordnung (EU) 2016/679[845] weiterhin zur Anwendung, weil § 35 Abs. 1 SGB I an die Begriffsbestimmungen aus Art. 4 Nr. 1 Datenschutz-Grundverordnung (EU) 2016/679 angepasst wurde und i. V. m. §§ 67 ff. SGB X, 199 ff. SGB VII die „grundsätzlichen Vorgaben zum bereichsspezifischen Sozialdatenschutz, auch im Hinblick auf dessen sachlichen und räumlichen Anwendungsbereich“[846] enthält.[847]

Trotz dieser subjektiv-abwehrrechtlichen Prägung hält der Sozialdatenschutz verallgemeinerungsfähige Aussagen für die Abgrenzung von unternehmens- und personenbezogenen Gehalten von Wissensressourcen aus den Mitgliedsunternehmen bereit.

a) Getrennte Beurteilung unternehmens- und personenbezogener Gehalte

Da die personenbezogenen Gehalte von unternehmensbezogenen Wissensressourcen auf Grundlage der Datenschutz-Grundverordnung (EU) 2016/679 und des einfach-gesetzlichen Sozialdatenschutzrechts geschützt werden, liegt eine getrennte Beurteilung unternehmens- und personenbezogener Gehalte nahe.

Für den Gedanken einer getrennten Beurteilung lässt sich insbesondere die gesetzliche Ausgestaltung des bereichsspezifischen Sozialdatenschutzes anführen. Dieser unterscheidet in § 67 Abs. 2 SGB X zwischen Sozialdaten in Gestalt von personenbezogenen Daten i. S. d. Art. 4 Nr. 1 der Datenschutz-Grundverordnung (EU) 2016/679 (Satz 1) sowie unternehmensbezogenen Betriebs- und Geschäftsgeheimnissen (Satz 2). Insofern werden unternehmensbezogene Daten in § 67 Abs. 2 S. 2 SGB X eigenständig geregelt und dadurch von den personenbezogenen Daten i. S. d. § 67 Abs. 2 S. 1 SGB X sowie deren Schutz über § 67 Abs. 1 S. 1 SGB X und die Datenschutz-Grundverordnung (EU) 2016/679 getrennt.[848]

---

schriften – Zweites Gesetz zur Änderung des Sozialgesetzbuchs vom 17.06.1994 (BGBl. I, S. 1229), siehe dazu *Binne*, NZS 1995, S. 97 ff.

844 *Greiner*, in: Knickrehm/Roßbach/Waltermann, Kommentar zum Sozialrecht, § 35 SGB I, Rn. 9.

845 DS-GVO (EU) 2016/679 vom 27.04.2016, Abl. (EU) L 119, S. 1.

846 *Bieresborn*, NZS 2017, S. 887 (890).

847 § 35 Abs. 2 S. 1 SGB I.

848 *Schild*, in: Beck'scher Online-Kommentar Datenschutzrecht, 47. Edition, Stand: 01.02.2024, Art. 4 DS-GVO, Rn. 8; *Bieresborn*, NZS 2017, S. 887 (891); a. A. wohl *Leopold*, in: Beck'scher Online-Grosskommentar (Kasseler Kommentar), SGB X, Stand: 01.08.2022, § 67, Rn. 107, für den Betriebs- und Geschäftsgeheimnisse Daten i. S. v. Art. 4 Nr. 1 DS-GVO (EU) 2016/679 verkörpern müssen.

Dieser Trennungsgedanke[849] kann allgemein für die Beurteilung der personenbezogenen Gehalte von unternehmensbezogenen Wissensressourcen herangezogen werden.[850]

b) Gleichzeitigkeit unternehmens- und personenbezogener Gehalte

Anknüpfend an den Trennungsgedanken gilt es abschließend noch Aussagen zum grundrechtlichen Schutz für unternehmensbezogene Wissensressourcen zu treffen, die unabhängig von einem etwaigen Bezug zu natürlichen Personen, zugleich auch personenbezogene Wissensressourcen verkörpern können. Das betrifft unternehmensbezogene Wissensressourcen, die auf eine hinter dem Unternehmen stehende natürliche Person „durchschlagen“[851]. Dieses Durchschlagen kommt insbesondere bei Mitgliedsunternehmen von Einzelunternehmern, Einzelkaufleuten,[852] Personengesellschaften[853] oder Kapitalgesellschaften mit nur einem einzigen Gesellschafter[854] – z. B. Ein-Mann-GmbHs[855] – in Betracht.[856]

In den Konstellationen des Durchschlagens kann trotz des Vorliegens von unternehmensbezogenen Wissensressourcen wegen des Bezugs zu der hinter dem Unternehmen stehenden einzelnen natürlichen Person grundsätzlich von

849 Siehe dafür auch folgendes Beispiel nach *Gola*, in: ders./Heckmann, DS-GVO, Art. 4, Rn. 15: Der Name eines Mitarbeiters auf einer technischen Zeichnung eines Mitgliedsunternehmens, die ein Werkstück des Unternehmens abbildet, macht die Zeichnung an sich nicht zu einem personenbezogenen Datum. Die Zeichnung an sich verkörpert vielmehr ein unternehmensbezogenes Datum. Personenbezogen ist demgegenüber die Tatsache, dass der genannte Mitarbeiter der Urheber der Zeichnung ist.

850 Sofern im Einzelfall eine Trennung unternehmens- sowie personenbezogener Gehalte nicht möglich sein sollte, finden die Vorgaben des Sozialdatenschutzes und der DS-GVO (EU) 2016/679 Anwendung. Daneben kommen die ermittelten Vorgaben ergänzend zur Anwendung, damit etwaige Überschneidungen und Doppelungen mit dem Sozialdatenschutz und der DS-GVO (EU) 2016/679 vermieden werden.

851 *Klar/Kühling*, in: Kühling/Buchner, DS-GVO, Art. 4 Nr. 1 DS-GVO, Rn. 4; enger wohl *Karg*, in: Simitis/Hornung/Spiecker, Art. 4 Nr. 1 DS-GVO, Rn. 45, der einen erkennbaren Inhalts-, Zweck- oder Ergebnisbezug verlangt.

852 *Gola*, in: ders./Heckmann, DS-GVO, Art. 4, Rn. 28.

853 *Klar/Kühling*, in: Kühling/Buchner, DS-GVO, Art. 4 Nr. 1 DS-GVO, Rn. 4; für *Dammann*, in: Simitis, BDSG, § 3, Rn. 44, beziehen sich Angaben über eine Personengesellschaft regelmäßig zugleich auf die einzelnen Gesellschafter.

854 *Eßer*, in: Auernhammer, DS-GVO, Art. 4 DS-GVO, Rn. 12; für *Klabunde/Horváth*, in: Ehmann/Selmayr, DS-GVO, Art. 4, Rn. 14, beziehen sich die Angaben zu einer Kapitalgesellschaft mit nur einem Gesellschafter indirekt auch auf den Gesellschafter.

855 *Klar/Kühling*, in: Kühling/Buchner, DS-GVO, Art. 4 Nr. 1 DS-GVO, Rn. 4.

856 Siehe dazu 2. Teil, A. I. 6. a) cc); *Eßer*, in: Auernhammer, DS-GVO, Art. 4 DS-GVO, Rn. 12; *Gola*, in: ders./Heckmann, DS-GVO, Art. 4, Rn. 28.

personenbezogenen Daten i. S. d. Art. 4 Nr. 1 Datenschutz-Grundverordnung (EU) 2016/679 und gegebenenfalls auch von Sozialdaten i. S. d. § 67 Abs. 2 S. 1 SGB X ausgegangen werden. Daneben vermögen auf diese unternehmensbezogenen Wissensressourcen wegen ihres Unternehmensbezugs gleichwohl auch die beschriebenen Ausgestaltungsvorgaben ergänzende Anwendung finden. Die ergänzende Anwendung folgt aus dem Trennungsgedanken, um etwaige Überschneidungen und Doppelungen mit den Vorgaben der Datenschutz-Grundverordnung (EU) 2016/679 und des bereichsspezifischen Sozialdatenschutzes zu vermeiden.[857]

4. Wirkungsabsicherung

Da die beschriebenen Ausgestaltungsvorgaben keinen Niederschlag im einfachen Recht finden, muss ihre Einhaltung abgesichert werden.[858] Dafür gilt es den Blick zunächst auf die einzelnen Berufsgenossenschaften zu richten. Dort steht mit dem Vorstand, der die Berufsgenossenschaft verwaltet[859] und die Richtlinienkompetenz gegenüber dem Geschäftsführer[860] ausübt,[861] ein Organ zur Verfügung, das die Verantwortung[862] für die Verwaltung der jeweiligen Berufsgenossenschaft trägt. Als für die Verwaltung zuständiges Organ muss der Vorstand sicherstellen, dass die verschiedenen Vorgaben der Grundstrukturebene in der Praxis der Berufsgenossenschaft umgesetzt und eingehalten werden.[863] Das gilt gleichermaßen für den Vorstand des Spitzenverban-

[857] Dabei ist im Hinblick auf die von der Grundstrukturebene umfassten kognitiven Potentiale im Konkreten immer zu prüfen, ob eine Einwilligung i. S. d. Art. 6 Abs. 1 lit. a) i. V. m. Art. 4 Nr. 11 DS-GVO (EU) 2016/679 vorliegt. Deren Anforderungen sind allerdings strenger als die Anforderungen an die Freiwilligkeit im Zusammenhang mit dem Recht auf informationelle Selbstbestimmung juristischer Personen. Dabei gilt es nach *Heckmann/Paschke*, in: Ehmann/Selmayr, DS-GVO, Art. 7, Rn. 73, zu beachten, dass die Anforderungen an die Nachweisbarkeit der Einwilligung gem. Art. 7 DS-GVO (EU) 2016/679 keine Bedingung für deren Wirksamkeit darstellt.

[858] Dazu allgemein *Trute*, in: Roßnagel, Handbuch Datenschutzrecht, 2.5, Rn. 35.

[859] § 35 Abs. 1 S. 1 SGB IV.

[860] § 35 Abs. 2 SGB IV, wodurch der Vorstand die Wirkungsabsicherung gegenüber dem Geschäftsführer durchzusetzen vermag.

[861] Da der Geschäftsführer nach § 36 Abs. 1 SGB IV für die laufenden Geschäfte der jeweiligen Berufsgenossenschaften zuständig ist, deren Umfang nach dem Willen des Gesetzgebers je nach der Größe der einzelnen Sozialversicherungsträger sehr unterschiedlich sein kann, BT-Drs. 7/4122, S. 35, lässt sich eine pauschale Antwort für die konkrete Wahrnehmung der Wirkungsabsicherung der einzelnen Vorgaben – durch Vorstand oder Geschäftsführer – nur schwer formulieren. Dafür ist vielmehr jede Berufsgenossenschaft einzeln zu beurteilen.

[862] *Köster*, in: Kreikebohm/Dünn, SGB IV, § 35, Rn. 6.

[863] Sofern Vorgaben, wie die Transparenzpflicht, über DGUV Regeln, durch andere Organe bzw. Einheiten des Spitzenverbandes verwirklicht werden können oder

des.[864] Dieser muss ebenfalls sicherstellen, dass die Vorgaben der Grundstrukturebene, etwa im Rahmen der informationellen Zusammenarbeit mit Dritten,[865] in der Praxis des Spitzenverbandes umgesetzt und eingehalten werden.

Allein durch diese Sicherstellungsaufträge an die Vorstände wird die Wirkungsabsicherung aber noch nicht gewährleistet. Dafür sind vielmehr noch ergänzende Kontrollmechanismen erforderlich.[866] Hierfür böte sich eine organisationsinterne Kontrolle an.[867] Im Hinblick auf die Berufsgenossenschaften könnten dafür insbesondere die Vertreterversammlungen in Betracht kommen.[868] Diesen obliegt unter anderem die Vertretung der Berufsgenossenschaft gegenüber dem Vorstand und dessen Mitgliedern,[869] sodass ihnen auch die genossenschaftsinterne Überwachung der Einhaltung der verschiedenen Vorgaben überantwortet werden kann. Das gilt gleichermaßen für die Mitgliederversammlung der DGUV e. V.

Es stehen aber weder den Vertreterversammlungen noch der Mitgliederversammlung der DGUV e. V. Aufsichtsmittel zur Verfügung, um die Einhaltung der Vorgaben der Grundstrukturebene durchzusetzen.[870] Über diese Möglichkeit verfügen nur die staatlichen Aufsichtsbehörden als unabhängige Kontrollstellen[871]. Obwohl deren Aufsichtsbefugnisse im gesetzlichen Unfallversicherungssystem und dabei insbesondere im Präventionsbereich tatsächlichen Begrenzungen ausgesetzt sind,[872] lassen sich diese Defizite in Bezug auf die Überwachung der Einhaltung der Vorgaben der Grundstrukturebene minimieren. Dafür müssen die Genossenschaften bestimmte Vorgänge nachvollziehbar aufzeichnen, damit die Aufsicht die Einhaltung der Vorgaben darauf aufbauend sachgerecht überwachen kann.[873] Das betrifft insbesondere die gleichmä-

---

verwirklicht werden müssen, haben sich der Vorstand bzw. der Geschäftsführer in bzw. gegenüber diesen Organen bzw. Einheiten für die Erfüllung der Vorgaben einzusetzen.

864 § 10 Abs. 4 lit. b) der DGUV Satzung i. d. F. vom 23.08.2021.

865 2. Teil, A. III.

866 Vgl. *Krebs*, in: Isensee/Kirchhof, HStR, Band V, § 108, Rn. 46, der darauf hinweist, dass mit „der in Art. 20 Abs. 3 GG grundsätzlich ausgesprochenen Gesetzesbindung aller Verwaltungstätigkeiten und damit aller Verwaltungseinheiten […] zudem durchweg eine staatliche Kontrolle der Verwaltungseinheiten zumindest zur Gewährleistung dieser Rechtsbindung" einhergeht; siehe auch *Reiling*, Der Hybride, S. 313.

867 Vgl. *Albers*, Informationelle Selbstbestimmung, S. 143.

868 Zu Selbstkontrollen der Verwaltung siehe *Schiedermair*, in: Hoffmann-Riem/Schmidt-Aßmann/Voßkuhle, GVwR, Band III, § 48.

869 § 33 Abs. 2 SGB IV.

870 Die Mitgliederversammlung der DGUV e. V. kann gem. § 8 lit. a) und e) der DGUV Satzung i. d. F. vom 23.08.2021 immerhin einzelne Vorstände ihres Amtes entheben oder den Vorstand nicht entlasten.

871 Dazu *Trute*, in: Roßnagel, Handbuch Datenschutzrecht, 2.5, Rn. 35.

872 3. Teil, C. II. 3. b) bb) (2).

873 Vgl. *Albers*, Informationelle Selbstbestimmung, S. 122.

ßige Verteilung der gezielten und inklusiven Beratungen auf die verschiedenen Mitgliedsunternehmen sowie die informationelle Zusammenarbeit mit Dritten.

Die allgemeine Wirkungsabsicherung der Einhaltung der Vorgaben der Grundstrukturebene gilt es somit über Dokumentationspflichten der Genossenschaften in bestimmten Konstellationen und die Aufsicht sicherzustellen. Diese können die Einhaltung der Vorgaben der Grundstrukturebene letztlich auch mit den ihnen zur Verfügung stehenden Aufsichtsmitteln durchsetzen.[874]

5. Fazit

Auf Grundlage der verschiedenen rechtlichen Parameter, insbesondere der objektiv-rechtlichen Gehalte des Rechts auf informationelle Selbstbestimmung juristischer Personen, konnten konkrete Vorgaben für die Erzeugung und Weiterverwendung von tätigkeits*bedeutsamen* Wissensressourcen aus den Mitgliedsunternehmen durch die Genossenschaften jenseits von Eingriffen beschrieben werden. Diese Vorgaben spannen einen Bogen von grundlegenden Fragen über die Erzeugung und Weiterverwendung von Wissensressourcen bis hin zu einer übergreifenden Perspektive. Dadurch liefern sie eine umfassende und in sich abgeschlossene Beschreibung der von der Grundstrukturebene erfassten Konstellationen.

V. Zweite Ebene: Schutzebene

Die *zweite* Ebene umfasst die Erzeugung und Weiterverwendung von tätigkeits*bedeutsamen* Wissensressourcen aus den Mitgliedsunternehmen durch die Genossenschaften,[875] wobei es zu Eingriffen in den Schutzbereich des Rechts auf informationelle Selbstbestimmung juristischer Personen kommen kann.[876]

Das betrifft im Wesentlichen:

- die Erzeugung von tätigkeits*bedeutsamen* Wissensressourcen der Mitgliedsunternehmen durch die Inanspruchnahme der in ordnungsrechtlichen Instrumenten angelegten unselbstständig erzeugenden Potentiale,[877]

---

[874] Sofern die beiden Kontrollinstanzen vor Herausforderungen gestellt werden, für die sie auf spezifisches Spezialwissen angewiesen sind, das in besonderer Weise bei den Datenschutzbeauftragten vorhanden ist, können sie sich insbesondere an den Bundesbeauftragten für den Datenschutz und die Informationsfreiheit wenden.

[875] Die Vorgaben der *zweiten* Ebene sind im Hinblick auf ausländische Unternehmen, die eine Tätigkeit im Inland ausüben, ohne einer Berufsgenossenschaft anzugehören, insbesondere im Rahmen von Überwachungen nach §§ 17 Abs. 1, 19 Abs. 2 SGB VII zu berücksichtigen.

[876] 3. Teil, D. III. 1.

- die Aufnahme von uninterpretierten tätigkeits*bedeutsamen* Wissensressourcen, die Dritte anhand bestimmter Verbundpotentiale[878] übermitteln,
- die interpretations*freie* Weiterverwendung der dabei erzeugten Wissensressourcen. Davon sind beispielsweise auch Übermittlungen an Dritte umfasst.[879]

Die unselbstständig erzeugenden Potentiale des ordnungsrechtlichen Instrumentariums sind insbesondere in den folgenden einfach-gesetzlichen Vorschriften angelegt:

- § 3 Abs. 4 DGUV Vorschrift 1 (Auskunftsverlangen),
- § 19 Abs. 2 S. 1 Nr. 1 SGB VII (Besichtigung von Grundstücken und Betriebsstätten)[880],

---

877 Daneben trifft das auch auf die Konstellationen zu, in denen sich im Zusammenhang mit den anregenden und kooperativen Instrumenten bloße Nachfragen der Genossenschaften zu gezielten Aufforderungen verdichten, die eine Offenlegung bestimmter Wissensressourcen verlangen. In diesen Konstellationen kommt ein Eingriff in Betracht. Solche Konstellationen sind grundsätzlich in der *zweiten* Ebene zu verorten. Das gilt auch in denjenigen Konstellationen, in denen eine bestimmte Art der Weiterverwendung nicht mehr von einer entsprechenden Zweckbestimmung der Mitgliedsunternehmen gedeckt sein sollte.

878 Beispielsweise §§ 201, 202 SGB VII (Übermittlungen durch Ärzte, Zahnärzte und Psychotherapeuten).

879 Verbundpotentiale für Übermittlungen an Dritte sind etwa in den folgenden Vorschriften angelegt: § 14 Abs. 1 S. 1 (gegebenenfalls i. V. m. Abs. 4) SGB VII – gegebenenfalls in Ausprägung einer privatrechtlich ausgestalteten Zusammenarbeit, § 20 Abs. 1 S. 2 Nr. 3 SGB VII (Daten- und Informationsaustausch mit den staatlichen Arbeitsschutzbehörden über Betriebsbesichtigungen und deren wesentliche Ergebnisse), § 136 Abs. 1 S. 4 und 5 SGB VII (Übermittlung im Rahmen von Betriebsüberweisungen), § 204 Abs. 5 SGB VII (Austausch im Zusammenhang mit Dateien), § 207 SGB VII (Datenverarbeitung zur Prävention), § 211 SGB VII (Zusammenarbeit bei der Verfolgung und Ahndung von Ordnungswidrigkeiten), (§ 199 Abs. 2 S. 1 SGB VII i. V. m.) § 35 Abs. 1, Abs. 4 SGB I (allgemeine Übermittlungsermächtigung), (§ 199 Abs. 2 S. 2 SGB VII i. V. m.) § 35 Abs. 1, Abs. 4 SGB I i. V. m. § 69 Abs. 1 Nr. 1 SGB X (Übermittlung für die Erfüllung sozialer Aufgaben), (§ 199 Abs. 2 S. 2 SGB VII i. V. m.) § 35 Abs. 1, Abs. 4 SGB I i. V. m. § 70 SGB X (Übermittlung für die Durchführung des Arbeitsschutzes) und § 14 Abs. 2 SGB VII (Zusammenarbeit mit den Krankenkassen). Zu weiteren Übermittlungsbefugnissen auf Grundlage verschiedener Vorschriften des allgemeinen Sozialdatenschutzrechts im SGB X siehe § 67b Abs. 1 S. 1 SGB X i. V. m. §§ 67e ff. SGB X. Die Weiterverwendung von Wissensressourcen, die von Dritten übermittelt wurden, ermöglichen schließlich (§§ 199 ff. SGB VII i. V. m.) § 35 Abs. 1, Abs. 4 SGB I (gegebenenfalls i. V. m. §§ 67 ff. SGB X).

880 Die weiteren Überwachungsbefugnisse aus § 19 Abs. 2 S. 1 Nr. 1 (Prüfung von Grundstücken und Betriebsstätten), § 19 Abs. 2 S. 1 Nr. 3 SGB VII (Einsicht in Unterlagen zur Überwachung), § 19 Abs. 2 S. 1 Nr. 4 SGB VII (Prüfung von Arbeitsmitteln und Schutzausrüstungen), § 19 Abs. 2 S. 1 Nr. 5 SGB VII (Untersuchung von Arbeitsverfahren und Arbeitsabläufen), § 19 Abs. 2 S. 1 Nr. 6 SGB VII (Entnahme von Pro-

- § 19 Abs. 2 S. 1 Nr. 2 SGB VII (Auskunftsverlangen zur Durchführung der Überwachung),
- § 192 SGB VII (Mitteilungspflichten der Unternehmer und Auskunftsverlangen),
- § 193 Abs. 1, 2 SGB VII (Unfall- und Berufskrankheits-Verdachts-Anzeigen),
- § 207 Abs. 1 SGB VII (Datenverarbeitung zur Prävention),
- § 103 Abs. 2 SGB VII, §§ 26ff. bzw. §§ 56ff. SGB VII i.V.m. § 192 Abs. 3 S. 1 SGB VII gegebenenfalls i.V.m. §§ 20f. SGB X[881] (Verwaltungsmaßnahmen in den Bereichen der Rehabilitation und Entschädigung),
- § 46 Abs. 2 OWiG i.V.m. den entsprechenden Vorschriften der StPO (Rechte zur Aufklärung des Sachverhalts im Ordnungswidrigkeitenverfahren).

Daneben umfasst die *zweite* Ebene zusätzlich eigene Beobachtungen der Genossenschaften, die mit den grundrechtsbeeinträchtigenden Maßnahmen einhergehen und aufgrund dieses Zusammenhangs eine gesteigerte Grundrechtssensibilität aufweisen.[882] Das gilt gleichermaßen für interpretations*getragene* Weiterverwendungen von tätigkeits*bedeutsamen* Wissensressourcen, die anlässlich grundrechtsbeeinträchtigender Maßnahmen erzeugt wurden.[883] Da diese eigenen Beobachtungen und interpretations*getragenen* Weiterverwendungen das Recht auf informationelle Selbstbestimmung juristischer Personen nicht beeinträchtigen, können für sie ausschließlich Vorgaben anhand der objektiv-rechtlichen Gehalte des Grundrechts formuliert werden.[884]

Unabhängig davon ist die *zweite* Ebene durch Eingriffe in dieses Grundrecht gekennzeichnet, weshalb der Blick zunächst auf seine subjektiv-abwehrrechtlichen Gehalte zu richten ist. Insofern weist sie eine größere Grundrechtssensibilität als die Grundstrukturebene auf. Daher müssen die Konstellationen in der *zweiten* Ebene nicht nur strukturiert, sondern zusätzlich ein erweitertes Schutzregime für die betroffenen Wissensressourcen aus den Mitgliedsunternehmen vorgehalten werden. Vor diesem Hintergrund kann die *zweite* Ebene auch als Schutzebene bezeichnet werden.

---

ben), § 19 Abs. 2 S. 1 Nr. 7 SGB VII (Ursachenanalyse) können auch in der *zweiten* Ebene zum Tragen kommen, sind allerdings grundsätzlich in der *vierten* Ebene zu verorten, weil anhand dieser Befugnisse grundsätzlich Wissensressourcen *mit erheblichem Gewicht* betroffen werden.

881 Auskunftsverlangen gegenüber den Unternehmern auf Grundlage des § 192 Abs. 3 S. 1 SGB VII i.V.m. §§ 26ff. bzw. §§ 56 SGB VII sind grundsätzlich in der *zweiten* Ebene zu verorten.

882 3. Teil, D. III. 1.

883 3. Teil, D. III. 1.

884 *Trute*, in: Roßnagel, Handbuch Datenschutzrecht, 2.5, Rn. 19.

1. Klassischer subjektiv-abwehrrechtlicher Schutz

a) Eingriff durch Inanspruchnahme kognitiver Potentiale

Die Beurteilung des subjektiv-abwehrrechtlichen Grundrechtsschutzes nach dem für die Eingriffsabwehr entwickelten klassischen „Schutzbereich-Eingriff-Schranken-Schema“[885] nimmt ihren Ausgang in der Frage nach der Eingriffsqualität der in der Schutzebene verorteten Maßnahmen.

aa) Eingriffsbegriff

(1) Allgemeine Aussagen

Auf Grundlage des klassischen Eingriffsbegriffs muss eine staatliche Maßnahme die Merkmale der Imperativität, der Finalität, der Unmittelbarkeit und der Rechtsförmigkeit erfüllen, um als Eingriff qualifiziert werden zu können.[886] Bereits anhand dieser Merkmale wird deutlich, dass der klassische Eingriffsbegriff im Wesentlichen auf punktuell wirkende staatliche Maßnahmen zugeschnitten ist.[887] Darin liegt einer der wesentlichen Gründe, weshalb er von den Vertretern eines modernen Grundrechtsverständnisses in Literatur und Rechtsprechung als zu eng abgelehnt wird.[888] Diese plädieren für einen modernen Eingriffsbegriff, um weitere – beispielsweise faktische – Maßnahmen als Grundrechtsbeeinträchtigungen erfassen zu können.[889] Dabei versuchen einzelne Stimmen in der Literatur, die sonstigen Grundrechtsbeeinträchtigungen zu systematisieren,[890] während die Rechtsprechung und weite Teile der Literatur handhabbare Kriterien formulieren, indem sie die vier Voraussetzungen des klassischen Eingriffsbegriffs schlicht ausweiten.[891]

---

885 *Gellermann*, Grundrechte in einfachgesetzlichem Gewande, S. 58; siehe auch *Rusteberg*, Der grundrechtliche Gewährleistungsgehalt, S. 113.

886 Siehe dazu *Peine*, in: Merten/Papier, HGR, Band III, § 57, Rn. 20 ff.; *Kingreen/Poscher*, Grundrechte, Rn. 335.

887 Vgl. *Reiling*, Der Hybride, S. 287; *Luthe*, Bildungsrecht, S. 26; *Voß*, Unternehmenswissen als Regulierungsressource, S. 247.

888 *Peine*, in: Merten/Papier, HGR, Band III, § 57, Rn. 30; *Kingreen/Poscher*, Grundrechte, Rn. 336.

889 *Bethge*, in: Merten/Papier, HGR, Band III, § 58, Rn. 19; *Peine*, in: Merten/Papier, HGR, Band III, § 57, Rn. 29 ff.

890 Beispielsweise *Sachs*, in: Stern, Staatsrecht, Band III/2, § 78, III., 2.

891 BVerfGE 105, 279 (300 f.); 113, 63 (76 f.); 148, 40 (51); 159, 355 (442 f.); 162, 378 (409 f.); *Kingreen/Poscher*, Grundrechte, Rn. 338 ff.; *Peine*, in: Merten/Papier, HGR, Band III, § 57, Rn. 29 ff.

(2) Modifizierter Eingriffsbegriff für das Recht auf informationelle Selbstbestimmung?

Verschiedene Stimmen in der Literatur haben bereits die Schwierigkeiten erkannt, das Recht auf informationelle Selbstbestimmung natürlicher Personen anhand der beiden hergebrachten Eingriffsbegriffe zu fassen, und daher versucht, die Eingriffsbegriffe für das Recht auf informationelle Selbstbestimmung zu modifizieren.[892] Dabei sieht eine Strömung in der Literatur in jeder Erzeugung, Erfassung, Verarbeitung und Weitergabe personenbezogener Daten einen Eingriff.[893] Demgegenüber wollen andere Stimmen die verschiedenen Phasen der Datenerzeugung und -verarbeitung unterscheiden und die jeweilige Maßnahme unter Zuhilfenahme verschiedener Kriterien, wie Modalität und Intensität, im Wege einer isolierten Betrachtung gesondert beurteilen.[894]

Das BVerfG unterscheidet ebenfalls zwischen den verschiedenen Phasen der Datenerzeugung und -verarbeitung, qualifiziert jedoch grundsätzlich sämtliche informationelle Maßnahmen in den verschiedenen Phasen als Eingriffe.[895] Im Bereich der Persönlichkeitsgefährdung stellt es zusätzlich auf das besondere Gefährdungspotential der Maßnahmen ab.[896]

Albers, die ein primär objektiv-rechtliches Verständnis des Rechts auf informationelle Selbstbestimmung vertritt, möchte die Eingriffsfrage anhand des grundrechtlichen Gewährleistungsinhalts lösen.[897] Dafür geht sie von der dogmatischen Funktion des Eingriffs aus und stimmt Gewährleistungsinhalt sowie Grundrechtsbeeinträchtigung aufeinander ab.[898] Dieser Ansatz, Ge-

---

892 Siehe die Aufzählung bei *Stubenrauch*, Gemeinsame Verbunddateien von Polizei und Nachrichtendiensten, S. 76 ff.

893 *Schwan*, VerwArch 66 (1975), S. 120 (127 ff.); *Schlink*, NVwZ 1986, S. 249 (252).

894 *Rogall*, Informationseingriff und Gesetzesvorbehalt im Strafprozessrecht, S. 53 ff.; *Kunig*, Jura 1993, S. 595 (599 ff.); *Bull*, ZRP 1998, S. 310 (313); *Bäcker*, in: Rensen/Brink, Linien der Rechtsprechung des Bundesverfassungsgerichts, Band 1, S. 99 (121), der das Recht auf informationelle Selbstbestimmung ebenfalls zweigliedrig versteht, bejaht einen Eingriff bei besonders intensiven informationellen Maßnahmen.

895 Siehe dazu die Nachweise bei *Di Fabio*, in: Dürig/Herzog/Scholz, GG, 39. EL, Juli 2001, Art. 2 Abs. 1, Rn. 176; *Stubenrauch*, Gemeinsame Verbunddateien von Polizei und Nachrichtendiensten, S. 80; *Eichberger*, in: Huber/Voßkuhle, GG, Band 1, Art. 2, Rn. 289.

896 *Britz*, in: Hoffmann-Riem, Offene Rechtswissenschaft, S. 561 (575 ff.), die sechs Fallgruppen erhöhter Gefährdungslagen herausarbeitet und unterscheidet.

897 *Albers*, Informationelle Selbstbestimmung, S. 36 ff., 441 ff.

898 Auf Grundlage dieses Verständnisses erarbeitet *Stubenrauch*, Gemeinsame Verbunddateien von Polizei und Nachrichtendiensten, S. 85 ff., ihren Vorschlag, wo-

währleistungsinhalt und Grundrechtsbeeinträchtigung aufeinander abzustimmen, findet sich auch in der allgemeinen Grundrechtsdogmatik wieder.[899] Dort werden Schutzbereich und Eingriff ebenfalls aufeinander bezogen und nicht losgelöst voneinander gesehen.[900] Der Schutzbereich muss bereits hinreichend konkretisiert sein, gegebenenfalls unter Heranziehung normativer Aspekte, bevor der Eingriffscharakter einer gesetzlichen Regelung oder einer konkreten Maßnahme beurteilt werden kann.[901]

Diese Herangehensweise muss auch für das Recht auf informationelle Selbstbestimmung juristischer Personen gewählt werden, weil auch dafür bisher noch keine allgemein anerkannte Lösung bereitgehalten wird.[902] Dabei gilt es zunächst zu beachten, dass diesem Grundrecht kein Menschenwürdegehalt innewohnt, der sich auf die Beurteilung der Eingriffsfrage auswirken könnte. Daran anschließend muss weiter beachtet werden, dass nicht sämtliche Wissensressourcen mit einem bloßen Bezug, sondern nur solche mit einer Bedeutung für den grundrechtlich geschützten Tätigkeitskreis einer juristischen Person vom Schutzbereich des Grundrechts erfasst werden. Für die Beurteilung der Bedeutung gilt es dabei auch die Verwendungszusammenhänge – Zweck und mögliche Folgen der Maßnahme – zu berücksichtigen. Diese Beschränkungen des Schutzbereichs wirken sich auch auf die Beurteilung des Eingriffs aus. Das führt zwar nicht so weit, dass der normativ zu bestimmende Schutzbereich und der Eingriff zusammenfallen.[903] Gleichwohl gilt es aber zu berücksichtigen, dass die Kenntnis staatlicher Stellen von tätigkeits*bedeutsamen* Wissensressourcen ebenso wie deren interpretations*freie* Weiterverwendung bereits grundsätzlich zu einer beachtlichen Gefährdung der spezifischen Freiheitsausübung juristischer Personen führen können bzw. diese aufrecht erhalten, wovor das Recht auf informationelle Selbstbestimmung sie schützen möchte.[904]

Vor diesem Hintergrund kann in informationellen staatlichen Maßnahmen zur Erzeugung[905] und interpretations*freien* Weiterverwendung tätigkeits*be-*

---

nach der normativ zu bestimmende Schutzbereich und der Eingriff beim Recht auf informationelle Selbstbestimmung zusammenfallen sollen.

899 Darauf weist *Stubenrauch*, Gemeinsame Verbunddateien von Polizei und Nachrichtendiensten, S. 82, zu Recht hin.

900 *Epping/Lenz/Leydecker*, Grundrechte, Rn. 441; *Kingreen/Poscher*, Grundrechte, Rn. 353 ff.

901 *Kingreen/Poscher*, Grundrechte, Rn. 356.

902 *Eichberger*, in: Huber/Voßkuhle, GG, Band 1, Art. 2, Rn. 291, hält fest, dass ein „tendenziell" weiter Eingriffsbegriff zur Anwendung komme.

903 So aber *Stubenrauch*, Gemeinsame Verbunddateien von Polizei und Nachrichtendiensten, S. 85 ff.

904 BVerfGE 118, 168 (204).

905 Vgl. BVerfGE 65, 1 (45); 115, 320 (343).

deutsamer Wissensressourcen grundsätzlich[906] ein Eingriff gesehen werden.[907] Dabei wird durch die interpretations*freie* Weiterverwendung die grundrechtlich beachtliche Gefährdung zumindest aufrechterhalten.

Demgegenüber kommt ein Eingriff weder durch *eigene Beobachtungen* von Grundrechtsadressaten, auch im Zusammenhang mit zwangsweisen Maßnahmen, noch durch deren Weiterverwendungen in Betracht. An solchen eigenen Beobachtungen und deren Weiterverwendung können den Grundrechtsträgern keine Rechte zustehen,[908] die sie im Rahmen der Eingriffsabwehr geltend machen könnten.

Durch die interpretations*getragene* Weiterverwendung von tätigkeits*bedeutsamen* Wissensressourcen ist ebenfalls kein Eingriff möglich.[909] Durch die Vollendung von Wissensressourcen zu Informationen oder Wissen durch Interpretation bzw. interpretatorische Verknüpfung auf Seiten der Grundrechtsadressaten kann zwar eine Gefährdungslage für die Grundrechtsträger bestehen bleiben. An den Interpretationen bzw. interpretatorischen Verknüpfungen auf Seiten der Grundrechtsadressaten stehen den Grundrechtsträgern aber wiederum keine Rechte zu,[910] die sie im Rahmen der Eingriffsabwehr geltend machen könnten. Das gilt ebenfalls im Hinblick auf die Weiterverwendung der Informationen und des Wissens, die durch Interpretation bzw. interpretatorische Verknüpfung vollendet wurden.

bb) Folgerungen aus dem modifizierten Eingriffsbegriff

(1) Erzeugung von Wissensressourcen anhand ordnungsrechtlicher Instrumente

Auf Grundlage des angepassten Eingriffsverständnisses kann die Inanspruchnahme der in den ordnungsrechtlichen Instrumenten angelegten kognitiven Potentiale zur Erzeugung von tätigkeits*bedeutsamen* Wissensressourcen der Mitgliedsunternehmen grundsätzlich als Eingriff in das Recht auf informationelle Selbstbestimmung juristischer Personen qualifiziert werden.[911]

---

906 Ein Eingriff scheidet aus, sofern die Grundrechtsträger ausnahmsweise einen freiwilligen Zugang mit entsprechender Zweckbestimmung eröffnen.

907 Da Wissensressourcen bei der interpretations*freien* Weiterverwendung nicht durch Interpretation bzw. interpretatorische Verknüpfung auf Seiten der Grundrechtsadressaten bearbeitet werden, können die betroffenen Grundrechtsträger Abwehrrechte gegenüber der interpretations*freien* Weiterverwendung geltend machen.

908 *Trute*, in: Roßnagel, Handbuch Datenschutzrecht, 2.5, Rn. 19.

909 Siehe auch 3. Teil, D. I. 2. c).

910 Allgemein *Trute*, in: Roßnagel, Handbuch Datenschutzrecht, 2.5, Rn. 19.

911 Das gilt allerdings nicht für eigene Beobachtungen, die im Zusammenhang mit der Inanspruchnahme der in der Schutzebene verorteten Potentiale gemacht werden.

Dafür spricht vor allem die Tatsache, dass durch die Inanspruchnahme dieser Potentiale Wissensressourcen der Mitgliedsunternehmen zwangsweise erzeugt werden und dadurch beachtliche Gefährdungen ihrer grundrechtlich geschützten Freiheitsausübung, etwa durch weitere (informationelle) Maßnahmen,[912] entstehen. Das gilt auch für diejenigen Konstellationen, in denen nicht die Organe der juristischen Person, sondern andere in den Mitgliedsunternehmen tätige Personen durch die Potentiale betroffen werden. Deren Verhalten wird dadurch imperativ durch die Genossenschaften angeordnet und kann diesen daher zugerechnet werden.[913]

Demgegenüber enthalten die Pflichten zur Erstattung von Unfall- und Berufskrankheits-Verdachts-Anzeigen und zu Mitteilungen i. S. v. § 192 Abs. 1, 2 und 4 SGB VII Eingriffe durch Gesetz. Die Aufnahme dieser von den Mitgliedsunternehmen übermittelten Anzeigen oder Mitteilungen durch die Genossenschaften ist eine informationelle Maßnahme mit einem eigenständigen Gewicht, weil in der juristischen Sekunde der Aufnahme Wissensressourcen durch die Genossenschaften erzeugt werden. Dadurch wird die grundrechtliche Beeinträchtigung der Mitgliedsunternehmen vertieft, weshalb die Aufnahme einen eigenständigen Eingriff verkörpert.[914]

(2) Erzeugung übermittelter Wissensressourcen

Sofern *grundrechtsverpflichtete* Dritte uninterpretierte tätigkeits*bedeutsame* Wissensressourcen der Mitgliedsunternehmen anhand von Verbundpotentialen[915] an die Genossenschaften übermitteln, findet in der juristischen Sekunde der Aufnahme wiederum eine Erzeugung von Wissensressourcen statt. Die Aufnahme durch die Genossenschaften verkörpert auch in dieser Konstellation eine informationelle Maßnahme mit einem eigenständigen Gewicht, weil die Beeinträchtigung der Mitgliedsunternehmen dadurch vertieft wird. Daher kann auch in dieser Aufnahme ein eigenständiger Eingriff gesehen werden.[916]

Sofern *nicht grundrechtsverpflichtete* Dritte den Genossenschaften uninterpretierte tätigkeits*bedeutsame* Wissensressourcen der Mitgliedsunternehmen

---

912 Zu weiteren Gefährdungen siehe 3. Teil, D. II. 1.

913 Allgemein *Peine*, in: Merten/Papier, HGR, Band III, § 57, Rn. 37; *Sachs*, in: ders., GG, Vor Art. 1, Rn. 89.

914 Siehe *Emde*, Die demokratische Legitimation der funktionalen Selbstverwaltung, S. 213, zum Gedanken der Aktualisierung.

915 Im Hinblick auf wechselinitiative Verbundpotentiale kann dabei festgehalten werden, dass diese mit BVerfGE 130, 151 (184), sowohl die Grundlagen für die Übermittlung als auch für die Aufnahme enthalten.

916 Allgemein BVerfGE 130, 151 (184); siehe zum Gedanken der Aktualisierung *Emde*, Die demokratische Legitimation der funktionalen Selbstverwaltung, S. 213.

anhand von Verbundpotentialen übermitteln, kommen ebenfalls Eingriffe in Betracht.[917] Das zeigt sich exemplarisch anhand von Übermittlungen durch Ärzte, Zahnärzte und Psychotherapeuten nach §§ 201, 202 SGB VII. Diese werden in den beiden Vorschriften zur Erzeugung von Wissensressourcen und deren Übermittlung an die Berufsgenossenschaften verpflichtet.[918] Dabei werden die Ärzte als eine Art Erfüllungsgehilfe der Berufsgenossenschaften tätig,[919] weshalb diesen sowohl die Erzeugung als auch die Übermittlung zugerechnet werden kann. Aufgrund dieser Zurechnung können beide Maßnahmen als genossenschaftliche Eingriffe qualifiziert werden.[920]

(3) Interpretationsfreie Weiterverwendung von Wissensressourcen

Sofern uninterpretierte tätigkeits*bedeutsame* Wissensressourcen aus den Mitgliedsunternehmen im Rahmen der Verwendungszusammenhänge auf der Ebene der Selbstverwaltung interpretations*frei* weiterverwendet werden, wird grundsätzlich eine beachtliche Gefährdungslage für deren grundrechtlich geschützte Freiheitsausübung zumindest aufrechterhalten.[921] Das gilt sowohl für interpretations*freie* Weiterverwendungen im Rahmen der Ausübung einer konkreten Verwaltungsmaßnahme gegenüber einem Mitgliedsunternehmen[922] als auch bei darüber hinausgehenden interpretations*freien* Weiterverwendungen,[923] sodass in beiden Konstellationen ein Eingriff bejaht werden kann. Das gilt allerdings nicht für Weiterverwendungen in Form von Sperrungen oder

[917] Freiwillige Übermittlungen durch nicht grundrechtsverpflichtete Dritte schließen Eingriffe grundsätzlich aus.

[918] *Kranig*, in: Hauck/Noftz, SGB VII, EL 5/2022, § 201, Rn. 1, 6 ff.; *ders.*, in: Hauck/Noftz, SGB VII, EL 1/2023, § 202, Rn. 1, 4 ff.

[919] 2. Teil, A. III. 1. c) aa) und bb).

[920] Allgemein *Peine*, in: Merten/Papier, HGR, Band III, § 57, Rn. 37.

[921] Allgemein *Rudolf*, in: Merten/Papier, HGR, Band IV, § 90, Rn. 65, der davon spricht, dass sich durch die Weiternutzung von Daten nach ihrer Erzeugung der Eingriff fortsetzt.

[922] Die beachtliche Gefährdungslage besteht zumindest bis zur Erledigung der jeweiligen Verwaltungsmaßnahme fort, siehe dazu allgemein *Britz*, in: Hoffmann-Riem, Offene Rechtswissenschaft, S. 561 (582), die von besonderer Gefährdungslage spricht.

[923] Sofern Wissensressourcen interpretations*frei* mit anderen Akteuren derselben Genossenschaft geteilt oder in einen zusammenhängenden Erfahrungskontext integriert werden, ist von zwei Eingriffen auszugehen. Obwohl die Weiterverwendung dabei die Grenzen einer Genossenschaft nicht überschreitet, kommt es dennoch zu einer Weiterverwendung des abgebenden Akteurs zur Erzeugung von Wissensressourcen durch andere Akteure. Diese nehmen die Wissensressourcen auf und schließen damit den Eingriff des abgebenden Akteurs ab. Die Aufnahme hat als informationelle Maßnahme wiederum eigenständiges Gewicht, weil dadurch die Gefährdung der Mitgliedsunternehmen vertieft wird. Ihre Wissensressourcen können nun auch durch weitere Akteure der jeweiligen Genossenschaft weiterverwendet werden.

Löschungen, die eine beachtliche Gefährdungslage für die spezifische Freiheitsausübung beenden.

b) Rechtfertigungspflicht

Die verschiedenen Eingriffskonstellationen bei der Inanspruchnahme der in der Schutzebene verorteten Potentiale stehen nach dem klassischen Schutzbereich-Eingriff-Schranken-Schema unter Rechtfertigungszwang. Im Hinblick auf den einfachen Gesetzesvorbehalt des Rechts auf informationelle Selbstbestimmung juristischer Personen lässt sich die damit einhergehende Rechtfertigungspflicht sowohl bei Eingriffen durch Gesetz als auch bei Eingriffen aufgrund eines Gesetzes erfüllen, sofern das entsprechende Gesetz verfassungsgemäß – insbesondere verhältnismäßig – ist.[924] Bei Eingriffen aufgrund eines Gesetzes gilt es die einfach-gesetzlichen Regelungen zudem verfassungskonform anzuwenden.[925]

Bei Eingriffen in das Recht auf informationelle Selbstbestimmung natürlicher Personen verlangen Rechtsprechung und weite Teile der Literatur zusätzlich, dass sich die Voraussetzungen der Beschränkung sowie deren Umfang klar aus der einfach-gesetzlichen Grundlage ergeben, um dem rechtsstaatlichen Gebot der Normenbestimmtheit und Normenklarheit zu entsprechen.[926] Dadurch soll eine hinreichend präzise Umgrenzung des Verwendungszwecks sichergestellt und das verfassungsrechtliche Gebot der Zweckbindung[927] verstärkt werden.[928] Dabei werden an die Normenbestimmtheit und Normenklarheit allerdings keine überzogenen Anforderungen gestellt. Es wird vielmehr als ausreichend angesehen, dass der Zweck und der Umfang der Ermächtigung entweder aus der jeweiligen einfach-gesetzlichen Grundlage[929] oder in Zusammenschau mit anderen Vorschriften hinreichend deutlich werden.[930]

In diesem Zusammenhang hat Britz nachgewiesen, dass der Verwendungszweck bei Eingriffen aufgrund eines Gesetzes jedenfalls auch administrativ

---

924 *Rudolf*, in: Merten/Papier, HGR, Band IV, § 90, Rn. 68.

925 Siehe dazu 3. Teil, D. V. 1. b) cc).

926 Siehe nur BVerfGE 65, 1 (44); 113, 348 (375 ff.); 150, 244 (279); 156, 11 (44 ff.); 162, 1 (125 f.); 163, 43 (82 ff.); *Di Fabio*, in: Dürig/Herzog/Scholz, GG, 39. EL, Juli 2001, Art. 2 Abs. 1, Rn. 182.

927 BVerfGE 65, 1 (46); 118, 168 (187 f.); 120, 351 (366 f.); 165, 363 (390).

928 BVerfGE 120, 351 (366); 141, 220 (325); 165, 363 (390); a.A. *Britz*, in: Hoffmann-Riem, Offene Rechtswissenschaft, S. 561 (583).

929 BVerfGE 92, 191 (197 f.); 145, 20 (69); 156, 11 (44); 163, 43 (83); so auch *Di Fabio*, in: Dürig/Herzog/Scholz, GG, 39. EL, Juli 2001, Art. 2 Abs. 1, Rn. 182.

930 BVerfGE 92, 191 (197 f.); 162, 1 (125); 163, 43 (83 f.).

festgelegt werden kann.[931] Das ist darauf zurückzuführen, dass das Gebot der Normenbestimmtheit und Normenklarheit in erster Linie auf kompetenziellen Gründen beruht und die Verantwortung des Parlaments absichern soll.[932] Insofern sind die Anforderungen dieses Gebots mit dem von Rechtsprechung und weiten Teilen der Literatur verlangten spezifischen Erfordernis der Festlegung von Verwendungszwecken nicht vollkommen identisch.[933] Gleichwohl dient das Gebot jedenfalls mittelbar zur Umgrenzung der Verwendungszwecke.[934]

aa) Zusätzliche Anforderungen an die einfach-gesetzliche Grundlage

Unabhängig von der Möglichkeit zur administrativen Festlegung der Verwendungszwecke können sich diese bereits aus den einfach-gesetzlichen Vorschriften ergeben und dadurch die von Rechtsprechung und weiten Teilen der Literatur geforderten zusätzlichen Anforderungen erfüllen. Diese sind beim Recht auf informationelle Selbstbestimmung juristischer Personen allerdings abgesenkt, weil ihm nicht der Menschenwürdegehalt inne wohnt. Dies gilt es auch im Rahmen der Rechtfertigungspflicht zu berücksichtigen.[935]

Insofern kann es als ausreichend angesehen werden, dass die in den einfachgesetzlichen Regelungen angelegten kognitiven Potentiale und die damit in Zusammenhang stehenden Möglichkeiten zur Erzeugung und Weiterverwendung von Wissensressourcen sowie die damit verfolgten Zwecke schlicht *erkennbar* sind. Aus den einfach-gesetzlichen Vorschriften muss also ersichtlich werden, ob und inwiefern Grundrechtsadressaten zu welchen Zwecken Wissensressourcen juristischer Personen erzeugen und interpretations*frei* weiterverwenden können. Das muss entweder ausdrücklich aus den einfach-gesetzlichen Vorschriften hervorgehen oder im Zusammenhang mit den darin geregelten Verwaltungsmaßnahmen erkennbar sein können.

Dadurch kann ein Gegengewicht zu der im Nachgang des Volkszählungsurteils eingesetzten Verrechtlichung informationeller Maßnahmen gesetzt werden. Das Urteil hat nämlich nicht zu einer Beschränkung der staatlichen Erzeugung von Daten geführt, sondern vielmehr „quer durch das Verwaltungs-

---

[931] *Britz*, in: Hoffmann-Riem, Offene Rechtswissenschaft, S. 561 (583 f.); so auch *Gusy*, KritV 2000, S. 53 (62 f.).

[932] *Britz*, in: Hoffmann-Riem, Offene Rechtswissenschaft, S. 561 (583).

[933] *Britz*, in: Hoffmann-Riem, Offene Rechtswissenschaft, S. 561 (583).

[934] *Britz*, in: Hoffmann-Riem, Offene Rechtswissenschaft, S. 561 (583 f.).

[935] *Kunig*, Jura 1993, S. 595 (602), weist darauf hin, dass gerade die Verbindung mit Art. 1 Abs. 1 GG im Hinblick auf das Recht auf informationelle Selbstbestimmung natürlicher Personen zu den gesteigerten Anforderungen auf der Rechtfertigungsebene führt.

recht hypertrophe Detailregelungen entstehen lassen, die technizistisch ausbuchstabiert alle erdenklichen Informationseingriffe zulassen“[936].[937] Solche Detailregelungen werden im Hinblick auf juristische Personen vermieden, indem die Anforderungen an die einfach-gesetzliche Grundlage – dem geringeren Schutzbedürfnis entsprechend – zurückgenommen werden.

Unabhängig von der Erkennbarkeit der Erzeugung und Weiterverwendung von tätigkeits*bedeutsamen* Wissensressourcen anhand konkreter Vorschriften, wie § 207 Abs. 1 SGB VII,[938] kommt für sämtliche der in der Schutzebene verorteten Vorschriften und darin angelegten Potentiale ein Rückgriff auf die Vorschriften zu den Betriebs- und Geschäftsgeheimnissen in Betracht. Für Maßnahmen der Berufsgenossenschaften ist hierbei auf §§ 199 ff. SGB VII i. V. m. § 35 Abs. 1. S. 1, Abs. 4 SGB I i. V. m. §§ 67 ff. SGB X[939] und für Maßnahmen der DGUV e. V. auf § 35 Abs. 1 S. 4, Abs. 4 SGB I i. V. m. §§ 67 ff. SGB X[940] zurückzugreifen.[941] Aus diesen Vorschriftenketten wird in Zusammenschau mit den Regelungen zu den verschiedenen Verwaltungsmaßnahmen der Genossenschaften erkennbar,[942] dass sie bei ihren Maßnahmen in umfassender Weise Betriebs- und Geschäftsgeheimnisse zur Erfüllung ihrer

936 *Gärditz*, JZ 2013, S. 633 (634).

937 *Britz*, in: Hoffmann-Riem, Offene Rechtswissenschaft, S. 561 (578), spricht von unerwünschten Verrechtlichungseffekten; *Roßnagel*, Jura 2023, S. 1363 (1373 f.).

938 Das Sozialversicherungsrecht hält zudem an verschiedenen Stellen einfach-gesetzliche Befugnisse für die interpretations*freie* Weiterverwendung von tätigkeits*bedeutsamen* Wissensressourcen der Mitgliedsunternehmen durch interpretations*freie* Übermittlung an Dritte bereit, siehe etwa: § 20 Abs. 1 S. 2 Nr. 3 SGB VII (Daten- und Informationsaustausch mit den staatlichen Arbeitsschutzbehörden über Betriebsbesichtigungen und deren wesentliche Ergebnisse), § 136 Abs. 1 S. 4, 5 SGB VII (Übermittlung im Rahmen von Betriebsüberweisungen), § 204 Abs. 5 SGB VII (Austausch im Zusammenhang mit Dateien), § 207 SGB VII (Datenverarbeitung zur Prävention), § 211 SGB VII (Zusammenarbeit bei der Verfolgung und Ahndung von Ordnungswidrigkeiten).

939 Nach verbreiteter und zustimmungswürdiger Ansicht in der Literatur, wie etwa *Kranig*, in: Hauck/Noftz, SGB VII, EL 4/2022, § 199, Rn. 12 m. w. N., sind die in § 199 Abs. 1 S. 2 SGB VII genannten Aufgaben weit auszulegen, sodass sämtliche den Berufsgenossenschaften übertragenen Aufgaben erfasst werden.

940 Der Spitzenverband wird in § 199 SGB VII nicht genannt. Gleichwohl ist er nach § 35 Abs. 1 S. 4 SGB I Verpflichteter des allgemeinen Sozialdatenschutzes, auf den die §§ 67 ff. SGB X grundsätzlich Anwendung finden, siehe dazu *Paulus/Fromm*, in: jurisPK-SGB I, Stand: 30.06.2021, § 35 SGB I, Rn. 28; *Schifferdecker*, in: Beck'scher Online-Grosskommentar (Kasseler Kommentar), SGB I, Stand: 15.05.2024, § 35, Rn. 73.

941 (§§ 199 ff. SGB VII i. V. m.) § 35 Abs. 1, Abs. 4 SGB I i. V. m. §§ 67 ff. SGB X sind dem Grundsatz nach auf personenbezogene Sozialdaten ausgerichtet, die hohe Anforderungen an die einfach-gesetzliche Grundlage stellen.

942 *Eichendorf*, in: jurisPK-SGB VII, Stand: 15.01.2022, § 19, Rn. 51, spricht von „Verknüpfung“.

Aufgaben erzeugen und weiterverwenden (dürfen). Wenn die Genossenschaften bei ihren Verwaltungsmaßnahmen schon Betriebs- und Geschäftsgeheimnisse zur Erfüllung ihrer Aufgaben erzeugen und weiterverwenden dürfen, dann dürfen sie dabei erst recht die weniger schutzbedürftigen tätigkeits*bedeutsamen* Wissensressourcen erzeugen und weiterverwenden. Daher können die zitierten Vorschriftenketten in verfassungskonformer Auslegung *a maiore ad minus*[943] auch Anwendung auf bloß tätigkeits*bedeutsame* Wissensressourcen der Mitgliedsunternehmen finden.[944] Das wirkt sich auch auf die Frage der Erkennbarkeit aus. Durch die Anwendbarkeit der zitierten Normenketten auf tätigkeits*bedeutsame* Wissensressourcen kann in Zusammenschau mit den in der Schutzebene verorteten Vorschriften auch die Erkennbarkeit ihrer Erzeugung und Weiterverwendung anhand dieser Vorschriften bejaht werden. Dadurch wird das Gebot der Normenbestimmtheit und Normenklarheit zwar strapaziert. Das ist insbesondere wegen der beim Recht auf informationelle Selbstbestimmung juristischer Personen geringeren Anforderungen an die Rechtfertigungspflicht aber zulässig.

Vor diesem Hintergrund können die in der Schutzebene verorteten Vorschriften jedenfalls in Zusammenschau[945] mit den in verfassungskonformer Auslegung *a maiore ad minus* anwendbaren (§§ 199 ff. SGB VII i. V. m.) § 35 Abs. 1, Abs. 4 SGB I i. V. m. §§ 67 ff. SGB X die von Rechtsprechung und Teilen der Literatur geforderten zusätzlichen Anforderungen an die einfachgesetzliche Grundlage, die beim Recht auf informationelle Selbstbestimmung juristischer Personen abgesenkt sind, erfüllen.[946]

Neben diesen gesetzlichen Regelungen kann der Verwendungszweck im Rahmen von Eingriffen aufgrund eines Gesetzes auch administrativ festgelegt werden.[947] Das gilt es seitens der Genossenschaften bei der Erzeugung und interpretations*freien* Weiterverwendung von tätigkeits*bedeutsamen* Wissensressourcen der Mitgliedsunternehmen zu berücksichtigen.

---

943 *Tettinger/Mann*, Einführung in die juristische Arbeitstechnik, Rn. 280.

944 So auch im Ergebnis *Drozd*, MittLVA Oberfranken und Mittelfranken 1986, S. 93 (97).

945 *Eichendorf*, in: jurisPK-SGB VII, Stand: 15.01.2022, § 19, Rn. 51, spricht von „Verknüpfung“.

946 Die dem Grundsatz nach auf personenbezogene Sozialdaten ausgerichteten (§§ 199 ff. SGB VII i. V. m.) § 35 Abs. 1, Abs. 4 SGB I i. V. m. §§ 67 ff. SGB X enthalten hohe Anforderungen.

947 Siehe dazu 3. Teil, D. V. 1. b).

bb) Vereinbarkeit mit dem Verhältnismäßigkeitsgrundsatz

Die Rechtfertigung von Eingriffen wird maßgeblich anhand des Verhältnismäßigkeitsgrundsatzes beurteilt.[948] Dieser stößt bei kognitiven Fragestellungen allerdings an Grenzen.[949] Das liegt an seiner Struktur. Danach dürfen der Zweck und die Mittel von Maßnahmen, die in den Schutzbereich eines Grundrechts eingreifen, „nicht außer Verhältnis stehen"[950]. Dazu kann letztlich nur eine Aussage getroffen werden, sofern aussagekräftiges Wissen über die konkreten Wirkungszusammenhänge der ausgewählten Mittel, die den angestrebten Zweck tatsächlich erreichen können müssen und dabei die Betroffenen so wenig wie möglich beeinträchtigen sollen, vorhanden ist.[951] Andernfalls lassen sich die ausgewählten Mittel anhand der empirischen Elemente des Verhältnismäßigkeitsgrundsatzes, der Geeignetheit und der Erforderlichkeit, nicht belastbar bewerten.[952]

Vor diesem Hintergrund gilt es die in der Schutzebene verorteten Vorschriften und die darin angelegten kognitiven Potentiale auf ihre Verhältnismäßigkeit zu untersuchen. Diese können zwar in Zusammenschau mit (§§ 199 ff. SGB VII i. V. m.) § 35 Abs. 1, Abs. 4 SGB I i. V. m. §§ 67 ff. SGB X angewendet werden. Bei der Beurteilung ihrer Verhältnismäßigkeit gilt es aber zunächst vorrangig auf die jeweiligen konkreten Vorschriften abzustellen und gegebenenfalls ergänzend (§§ 199 ff. SGB VII i. V. m.) § 35 Abs. 1, Abs. 4 SGB I i. V. m. §§ 67 ff. SGB X heranzuziehen. Anhand der konkreten Überle-

948 Zur Entwicklung und den Erscheinungsformen der Verhältnismäßigkeit siehe *Merten*, in: ders./Papier, HGR, Band III, § 68, Rn. 6 ff.

949 Siehe die grundsätzliche Kritik bei *Schulze-Fielitz*, in: FS Schmitt Glaeser, S. 407 (423); *Trute*, in: GS Jeand'Heur, S. 403 (408 ff.); *Reiling*, Der Hybride, S. 291 ff.; *dies*., in: Augsberg/Schuppert, Wissen und Recht, S. 335 (368 f.); *Froese*, DÖV 2022, S. 389 (393 ff.), spricht sich vor dem Hintergrund von BVerfGE 159, 223 ff. (Bundesnotbremse I) bei Konstellationen, die durch Ungewissheit geprägt sind, für einen weiten Einschätzungsspielraum von Legislative und Exekutive aus, der durch Kontrollmechanismen eingehegt werden solle; *Lindner*, NJW 2024, S. 564 ff., schlägt eine Weiterentwicklung des Verhältnismäßigkeitsgrundsatzes vor; zu den Wissensgrenzen des Staates siehe *Ladeur*, Kritik der Abwägung in der Grundrechtsdogmatik, S. 27.

950 BVerfGE 7, 377 (378); weitere Fundstellen aus der Rechtsprechung finden sich bei *Merten*, in: ders./Papier, HGR, Band III, § 68, Rn. 50; anstatt vieler aus der Literatur siehe *Thiele*, in: Dreier, GG, Band I, Art. 3 I, Rn. 41.

951 *Hirschberg*, Der Grundsatz der Verhältnismäßigkeit, S. 44; *Schlink*, EuGRZ 1984, S. 457 (460); *Reiling*, Der Hybride, S. 291 f.; *Lepsius*, in: Jestaedt/ders., Verhältnismäßigkeit, S. 1 (23, 32 f., 40); *Trute*, in: Augsberg/Schuppert, Wissen und Recht, S. 383 (412); *Petersen*, Verhältnismäßigkeit als Rationalitätskontrolle, S. 78 ff., für den allerdings auch die Abwägung empirische Erwägungen voraussetzt.

952 *Trute*, in: GS Jeand'Heur, S. 403 (408 ff.); *Reiling*, Der Hybride, S. 291; *Voß*, Unternehmenswissen als Regulierungsressource, S. 259 ff.

gungen zu den in der Schutzebene verorteten Vorschriften und den darin angelegten Potentialen werden die Unzulänglichkeiten der verschiedenen Elemente des Verhältnismäßigkeitsgrundsatzes (legitimer Zweck, Geeignetheit, Erforderlichkeit, Angemessenheit) im Hinblick auf kognitive Fragestellungen offensichtlich werden (siehe dazu (1) und (2)). Daran anschließend gilt es zusätzliche Pflichten aus den subjektiv-abwehrrechtlichen Gehalten des Grundrechts zu erschließen,[953] bevor Vorgaben aus seinen objektiv-rechtlichen Gehalten formuliert werden können.[954]

(1) Erzeugung und genossenschaftsinterne Weiterverwendung

Bei der Beurteilung der Verhältnismäßigkeit muss zunächst unterschieden werden zwischen Vorschriften, die die Erzeugung und genossenschafts*interne* Weiterverwendung[955] von Wissensressourcen ermöglichen, und Vorschriften mit Verbundpotentialen, die eine genossenschafts*externe* Weiterverwendung von Wissensressourcen durch Übermittlung an Dritte ermöglichen.[956]

Auf Grundlage dieser Unterscheidung wird zunächst im Hinblick auf

- § 207 Abs. 1 SGB VII (Datenverarbeitung zur Prävention)[957]
- § 192 SGB VII (Mitteilungspflichten der Unternehmer und Auskunftsverlangen)[958] und
- § 3 Abs. 4 DGUV Vorschrift 1 (Auskunftsverlangen)

deutlich, dass die darin angelegten Potentiale die Erzeugung und Weiterverwendung von Wissensressourcen ermöglichen, ohne dass diese zwangsläufig bei der Ausübung konkreter Präventionsmaßnahmen gegenüber den Mitgliedsunternehmen weiterverwendet werden.

Demgegenüber ermöglichen die in den folgenden Vorschriften angelegten kognitiven Potentiale die Erzeugung und Weiterverwendung von Wissensres-

[953] 3. Teil, D. V. 1. c).

[954] 3. Teil, D. V. 2.

[955] Die genossenschafts*interne* Weiterverwendung ermöglichen insbesondere diejenigen Vorschriften, die eine Weiterverwendung von Wissensressourcen zur Erzeugung weiterer Wissensressourcen ermöglichen oder in denen jedenfalls auch verwertende Potentiale angelegt sind.

[956] Dazu zählen aus Sicht einer Berufsgenossenschaft auch die anderen Unfallversicherungsträger ebenso wie der Spitzenverband.

[957] *Kranig*, in: Hauck/Noftz, SGB VII, EL 1/2023, § 207, Rn. 11.

[958] Die Mitteilungs- und Auskunftspflichten nach § 192 SGB VII stellen nach *Keller*, in: Hauck/Noftz, SGB VII, EL 2/2023, § 192, Rn. 1, sicher, dass die Berufsgenossenschaften die Informationen erhalten, die sie zu ihrer Aufgabenerfüllung benötigen.

sourcen, um konkrete Verwaltungsmaßnahmen gegenüber den Mitgliedsunternehmen ausüben zu können:

- § 19 Abs. 2 S. 1 Nr. 1 SGB VII (Besichtigung von Grundstücken und Betriebsstätten),
- § 19 Abs. 2 S. 1 Nr. 2 SGB VII (Auskunftsverlangen zur Durchführung der Überwachung)[959],
- § 193 Abs. 1, 2 SGB VII (Unfall- und Berufskrankheits-Verdachts-Anzeigen)[960],
- § 103 Abs. 2 SGB VII, §§ 26 ff. bzw. §§ 56 ff. SGB VII i. V. m. § 192 Abs. 3 S. 1 SGB VII gegebenenfalls i. V. m. §§ 20 f. SGB X (Verwaltungsmaßnahmen in den Bereichen der Rehabilitation und Entschädigung),
- §§ 201, 202 SGB VII (Übermittlungen durch Ärzte, Zahnärzte und Psychotherapeuten) und
- § 46 Abs. 2 OWiG i. V. m. den entsprechenden Vorschriften der StPO (Rechte zur Aufklärung des Sachverhalts im Ordnungswidrigkeitenverfahren).

Unabhängig von dieser Unterscheidung verfolgen sämtliche Vorschriften und darin angelegte Potentiale den verfassungslegitimen Zweck[961], die Erzeugung und anschließende Weiterverwendung von Wissensressourcen der Mitgliedsunternehmen zur Gewährleistung des sozialen Schutzes der Versicherten vor Gesundheitsrisiken des Arbeitslebens zu ermöglichen.[962]

Diese Aussage trifft gleichermaßen auf die Erzeugung von Wissensressourcen durch die Inanspruchnahme von Verbundpotentialen und deren Weiterverwendung zu. Darüber hinaus gilt sie allgemein für sämtliche Vorschriften, die eine genossenschafts*interne* Weiterverwendung von Wissensressourcen ermöglichen.

---

959 *Kanzenbach/Zakrzewski*, in: Becker/Franke/Molkentin/Hedermann, SGB VII, § 19, Rn. 15: Auskünfte „sind vielfach Voraussetzung für die Ergreifung geeigneter Unfallverhütungsmaßnahmen".

960 *Keller*, in: Hauck/Noftz, SGB VII, EL 1/2024, § 193, Rn. 1: Die Verpflichtung zur Erstattung der Anzeigen dient dazu, dass der Unfallversicherungsträger „schnell von einem Versicherungsfall erfährt und erste Angaben […] erhält".

961 *Merten*, in: ders./Papier, HGR, Band III, § 68, Rn. 53 ff.; *Engel*, in: Jestaedt/Lepsius, Verhältnismäßigkeit, S. 97 ff.; BVerfGE 159, 223 (298 f.); 161, 299 (360); 163, 107 (138).

962 *Ricke*, in: Beck'scher Online-Grosskommentar (Kasseler Kommentar), SGB VII, Stand: 01.12.2017, Vorbemerkungen zum SGB VII, Rn. 3; *Gitter/Nunius*, in: Schulin, HSozVR, Band 2, § 5, Rn. 2, sprechen vom Schutz gegen den Eintritt und die Folgen eines Arbeitsunfalles; *Kranig*, in: Hauck/Noftz, SGB VII, EL 1/2023, § 207, Rn. 11, im Hinblick auf § 207 SGB VII.

(a) Unzulänglichkeit der empirischen Elemente

Die Grenzen der empirischen Elemente des Verhältnismäßigkeitsgrundsatzes, der Geeignetheit[963] und der Erforderlichkeit werden anhand derjenigen Vorschriften und darin angelegten Potentiale deutlich, die nicht zwangsläufig in Anspruch genommen werden, um konkrete Präventionsmaßnahmen gegenüber den Mitgliedsunternehmen auszuüben (§§ 192, 207 SGB VII, § 3 Abs. 4 DGUV Vorschrift 1 und grundsätzlich die Vorschriften mit Verbundpotentialen zur Erzeugung von Wissensressourcen).

Diese Vorschriften und die darin angelegten Potentiale ermöglichen im Allgemeinen einen Zuwachs an Wissensressourcen der Mitgliedsunternehmen auf Seiten der Genossenschaften. Diese sind notwendige Grundlage des im 2. Teil konkret aufgezeigten Wissensmanagements, das wiederum die notwendige Grundlage für die genossenschaftlichen Präventionsmaßnahmen bildet. Insofern ist jeder ermöglichte Zuwachs an Wissensressourcen im Hinblick auf das genossenschaftliche Wissensmanagement irgendwie dazu geeignet, den sozialen Schutz vor Gesundheitsrisiken des Arbeitslebens durch die Genossenschaften zu fördern; jedenfalls lässt sich das Gegenteil nicht sicher ausschließen.[964]

Die daran anschließende Frage der Erforderlichkeit[965] lässt sich wiederum, wenn auch aus einem anderen Blickwinkel, anhand des im 2. Teil konkret beschriebenen Wissensmanagements beurteilen. Die Genossenschaften können ihren Präventionsauftrag nur sachgerecht erfüllen, wenn ihnen Vorschriften mit Potentialen zur Verfügung stehen, anhand derer sie auch ohne einen zwangsläufigen Zusammenhang mit der Ausübung konkreter Präventionsmaßnahmen gegenüber den Mitgliedsunternehmen deren Wissensressourcen erzeugen und auf der Ebene der Selbstverwaltung weiterverwenden können.[966]

Nur auf diese Weise können die Genossenschaften den Präventionsauftrag proaktiv erfüllen. Dabei ist nicht ersichtlich, inwiefern die Erzeugung und die Weiterverwendung von Wissensressourcen der Mitgliedsunternehmen ausgestaltet werden könnte, um diese weniger stark zu belasten. Eine Anonymisierung der Wissensressourcen würde zwar immerhin einen Zuwachs an Wis-

---

963 *Merten*, in: ders./Papier, HGR, Band III, § 68, Rn. 65; BVerfGE 138, 136 (189); 151, 101 (140); 158, 282 (336); 162, 378 (426); 163, 254 (289).

964 Allgemein *Reiling*, Der Hybride, S. 292.

965 *Merten*, in: ders./Papier, HGR, Band III, § 68, Rn. 66ff.; *Hirschberg*, Der Grundsatz der Verhältnismäßigkeit, S. 56ff.; *P. Reimer*, in: Jestaedt/Lepsius, Verhältnismäßigkeit, S. 60 (67f.); BVerfGE 138, 136 (190); 151, 101 (141); 161, 163 (310); 162, 378 (428); 163, 107 (150).

966 Siehe dazu 2. Teil, A. I. 2. e).

sensressourcen der Genossenschaft ermöglichen. Dieser ist aber nicht gleich geeignet wie ein Zuwachs von Wissensressourcen mit Bezügen zu den jeweiligen Mitgliedsunternehmen. Eine Anonymisierung als milderes, gleich geeignetes Mittel kommt jedenfalls im Einzelfall in Betracht, sobald ein Bezug zu dem jeweiligen Mitgliedsunternehmen nicht mehr erforderlich ist. Zudem wird man fordern müssen, dass die Genossenschaften dafür sorgen, die Mitgliedsunternehmen bei der Erzeugung und Weiterverwendung so wenig wie möglich zu beeinträchtigen.

Demnach können letztlich keine Einwände gegen die Erforderlichkeit der Vorschriften und der darin angelegten Potentiale formuliert werden, die nicht zwangsläufig in Anspruch genommen werden, um konkrete Präventionsmaßnahmen gegenüber den Mitgliedsunternehmen auszuüben.

Ein ähnlicher Befund zu Geeignetheit und Erforderlichkeit zeigt sich bei der Beurteilung der weiteren Vorschriften und der darin angelegten Potentiale, die die Erzeugung und Weiterverwendung von Wissensressourcen ermöglichen, um konkrete Verwaltungsmaßnahmen gegenüber den Mitgliedsunternehmen auszuüben zu können. Diese ermöglichen den Genossenschaften einerseits, die jeweilige Verwaltungsmaßnahme sachgerecht auszuüben. Andererseits führen sie zu einem Zuwachs an Wissensressourcen der Mitgliedsunternehmen, der sich unter Berücksichtigung des genossenschaftlichen Wissensmanagements wiederum positiv auf die Verwirklichung des Präventionsauftrags auszuwirken vermag.

Darüber hinaus sind auch sie als erforderlich zu qualifizieren. Die Genossenschaften können bestimmte Verwaltungsmaßnahmen gegenüber ihren Mitgliedsunternehmen nur sachgerecht ausüben, sofern ihnen Vorschriften mit Potentialen zur Verfügung stehen, anhand derer sie die tatsächlichen Grundlagen dieser Verwaltungsmaßnahmen erzeugen und auch weiterverwenden können. Das zeigt sich exemplarisch anhand von § 19 Abs. 2 S. 1 Nr. 2 SGB VII.[967] Diese Vorschrift ermächtigt die Berufsgenossenschaften, die zur Durchführung der Überwachungsaufgabe erforderlichen Auskünfte von Unternehmern zu verlangen. Dabei wird wiederum nicht ersichtlich, inwiefern die Erzeugung ausgestaltet werden könnte, um die Mitgliedsunternehmen weniger stark zu belasten. Man wird aber immerhin erneut fordern müssen, dass die Tätigkeiten der Mitgliedsunternehmen dabei so wenig wie möglich beeinträchtigt werden.

Diese Beurteilungen der Geeignetheit und Erforderlichkeit gelten auch im Allgemeinen für sämtliche Vorschriften mit Potentialen, die eine genossen-

---

967 Das gilt genauso für § 192 SGB VII (Mitteilungspflichten sowie Auskunftsverlangen) und § 193 Abs. 1, 2 SGB VII (Unfall- und Berufskrankheits-Verdachts-Anzeigen).

schafts*interne* interpretations*freie* Weiterverwendung erzeugter Wissensressourcen der Mitgliedsunternehmen ermöglichen. Diese müssen im Einzelfall allerdings anonymisiert werden, sobald ein Bezug zu einem bestimmten Unternehmen nicht mehr erforderlich ist.

(b) Unzureichende Bestimmbarkeit der geförderten Position

Die Grenzen des Elements der Angemessenheit[968] werden wiederum anhand derjenigen Vorschriften und darin angelegten Potentiale deutlich, die nicht zwangsläufig in Anspruch genommen werden, um konkrete Präventionsmaßnahmen gegenüber den Mitgliedsunternehmen auszuüben (§§ 192, 207 SGB VII, § 3 Abs. 4 DGUV Vorschrift 1 und grundsätzlich die Vorschriften mit Verbundpotentialen zur Erzeugung von Wissensressourcen).

Während die beeinträchtigte Position der Mitgliedsunternehmen in diesen Konstellationen recht konkret bestimmt werden kann, gilt das nicht in vergleichbarer Weise für die geförderte Position. Daher droht die Gefahr, dass die vorzunehmende Abwägung ins Leere läuft.[969] Um diese Gefahr zu bannen, bietet es sich in Anlehnung an einzelne Stimmen aus der Literatur an, das theoretisch bedeutende Element der Angemessenheit als eine Stimmigkeitskontrolle zu verstehen und den Schwerpunkt der Verhältnismäßigkeitsprüfung auf das Element der Erforderlichkeit zurück zu verlegen.[970]

Auch auf Grundlage dieses Verständnisses der Angemessenheit lassen sich allerdings weder Bedenken gegen §§ 192, 207 Abs. 1 SGB VII, § 3 Abs. 4 DGUV Vorschrift 1 und die darin angelegten Potentiale noch die Verbundpotentiale formulieren.

Demgegenüber kann bei den weiteren Vorschriften und den darin angelegten Potentialen, die in Anspruch genommen werden, um konkrete Verwaltungsmaßnahmen gegenüber den Mitgliedsunternehmen ausüben zu können, zumindest die geförderte Position recht genau beschrieben werden. Gegen ihre Angemessenheit wird man, auch auf Grundlage des Verständnisses der Angemessenheit als einer Stimmigkeitskontrolle, jedoch nichts einwenden können.

---

968 *Merten*, in: ders./Papier, HGR, Band III, § 68, Rn. 71 ff.; BVerfGE 141, 220 (267); 155, 119 (178); 162, 378 (434); 163, 107 (151 f.).

969 Vgl. dazu *Reiling*, Der Hybride, S. 293, die in Konstellationen, in denen weder die geförderte noch die beeinträchtigte Position genau bestimmt werden kann, die Argumentations- und Begründungslast im Rahmen der Angemessenheit aufgeben möchte.

970 *Kingreen/Poscher*, Grundrechte, 33. Aufl., Rn. 345.

Das gilt gleichermaßen für sämtliche Vorschriften, die eine genossenschafts*interne* interpretations*freie* Weiterverwendung erzeugter Wissensressourcen der Mitgliedsunternehmen ermöglichen.

(2) Kongruenz für die genossenschaftsexterne Weiterverwendung durch Übermittlung

Ein vergleichbarer Befund zeigt sich für Verbundpotentiale, die eine interpretations*freie* Übermittlung von Wissensressourcen an Dritte ermöglichen. Dazu zählen insbesondere:

- § 14 Abs. 1 S. 1 (gegebenenfalls i.V.m. Abs. 4) SGB VII – gegebenenfalls in Ausprägung einer privatrechtlich ausgestalteten Zusammenarbeit
- § 20 Abs. 1 S. 2 Nr. 3 SGB VII (Daten- und Informationsaustausch mit den staatlichen Arbeitsschutzbehörden über Betriebsbesichtigungen und deren wesentliche Ergebnisse)
- § 136 Abs. 1 S. 4 und 5 SGB VII (Übermittlung im Rahmen von Betriebsüberweisungen)
- § 199 Abs. 2 S. 1 SGB VII (Übermittlung für Aufgaben der Unfallversicherung)
- § 204 Abs. 5 SGB VII (Austausch im Zusammenhang mit Dateien) und
- § 207 SGB VII (Datenverarbeitung zur Prävention).[971]

Bei diesen Vorschriften und den darin angelegten Verbundpotentialen müssen grundsätzlich keine gesteigerten verfassungsrechtlichen Anforderungen beachtet werden. Solche kommen nur beim Austausch von Wissensressourcen zwischen staatlichen Stellen in Betracht, die einen völlig unterschiedlichen Ansatz und Tätigkeitsbereich aufweisen (informationelles Trennungsprinzip).[972] Das trifft auf den durch die aufgezählten Vorschriften ermöglichten Austausch mit den anderen Unfallversicherungsträgern, der DGUV e.V., den staatlichen Arbeitsschutzbehörden, anderen Behörden, die Präventionsaufgaben wahrnehmen,[973] und den Austausch im Zusammenhang mit Dateien nicht

971 Im Hinblick auf § 211 SGB VII besteht der Zweck darin, illegale Beschäftigung zu bekämpfen.

972 BVerfGE 133, 277 (329), im Hinblick auf Polizeibehörden und Nachrichtendienste.

973 § 207 Abs. 2 SGB VII ermöglicht eine Übermittlung der Daten nach § 207 Abs. 1 SGB VII auch an die für den Vollzug des Chemikaliengesetzes sowie des Rechts der Bio- und Gentechnologie zuständigen Behörden. Diese sind nach *Kranig*, in: Hauck/Noftz, SGB VII, EL 1/2023, § 207, Rn. 12, unter anderem auch mit Präventionsaufgaben im Zusammenhang mit gesundheitsschädlichen Einwirkungen in der Arbeitswelt betraut.

zu. Dabei sind nur Akteure beteiligt, die entweder auf Grundlage des SGB VII bzw. des staatlichen Arbeitsschutzrechts im Arbeitsschutz tätig werden oder Präventionsaufgaben wahrnehmen. Das gilt im Ergebnis auch für den Austausch mit den anderen Sozialversicherungsträgern, den Betriebsvertretungen[974] und weiteren Arbeitsschutzakteuren, die ebenfalls Präventionsaufgaben wahrnehmen. Auch die bereits im Volkszählungsurteil angesprochene sog. informationelle Gewaltenteilung[975] steht einem Austausch auf Grundlage einfach-gesetzlicher Regelungen nicht entgegen.[976]

Vor diesem Hintergrund kann zunächst festgehalten werden, dass die genannten Vorschriften den *legitimen Zweck* verfolgen, einen effektiven Schutz vor Gesundheitsrisiken des Arbeitslebens zu ermöglichen. Der durch die Übermittlung ermöglichte Zuwachs an Wissensressourcen der Mitgliedsunternehmen bei den Dritten, die ebenfalls mit Präventionsaufgaben in der Arbeitswelt betraut sind, und in den Dateien ist auch *geeignet*, diesen Zweck zu fördern. Auch gegen die *Erforderlichkeit* der Vorschriften lässt sich grundsätzlich nichts einwenden. Insbesondere bei der Übermittlung von Wissensressourcen gem. §§ 199 Abs. 2 S. 1, 207 SGB VII kommt jedoch eine Anonymisierung als milderes, gleich geeignetes Mittel in Betracht. Dieses muss angewendet werden, sobald ein Bezug zu einem bestimmten Unternehmen nicht – mehr – erforderlich ist. Es kann durch die verfassungskonforme Anwendung der Merkmale „dürfen“ und „erforderlich“ in §§ 199 Abs. 2 S. 1, 207 SGB VII sichergestellt werden. Bei der Beurteilung der *Angemessenheit* lässt sich die geförderte Position durch interpretations*freie* Übermittlungen an Dritte wiederum nur unzureichend bestimmen. Auf Grundlage des Verständnisses der Angemessenheit als einer Stimmigkeitskontrolle können daraus gleichwohl keine durchgreifenden Einwände formuliert werden.[977]

cc) Grundrechtskonforme Inanspruchnahme kognitiver Potentiale

Die verhältnismäßigen Vorschriften und darin angelegten Potentiale, die die grundrechtsbeeinträchtigende Erzeugung und genossenschafts*interne* sowie *-externe* interpretations*freie* Weiterverwendung von Wissensressourcen der Mitgliedsunternehmen ermöglichen, müssen auch grundrechtskonform angewendet werden.[978] Das ist jedenfalls so lange der Fall, wie der vorgegebene

---

974 Diese sind bereits keine staatlichen Stellen.

975 BVerfGE 65, 1 (69).

976 *Vogelsang*, Grundrecht auf informationelle Selbstbestimmung?, S. 76.

977 Gegen die Verhältnismäßigkeit des § 211 SGB VII und der § 199 Abs. 2 S. 2 i. V. m. § 35 Abs. 1, Abs. 4 SGB I i. V. m. §§ 67eff. SGB X lassen sich im Ergebnis ebenfalls keine durchgreifenden Bedenken formulieren.

978 Allgemein *Kingreen/Poscher*, Grundrechte, Rn. 408, 485; siehe auch *Sachs*, Verfassungsrecht II, S. 180ff.

Rahmen der Vorschriften eingehalten wird und im Einzelfall kein besonderer Grund für eine Unverhältnismäßigkeit streitet. Ein solcher liegt beispielsweise vor, sofern bei der interpretations*freien* Weiterverwendung ein Bezug von Wissensressourcen zu einem bestimmten Mitgliedsunternehmen nicht mehr erforderlich ist. In dieser Konstellation ist nur eine anonymisierte Weiterverwendung zulässig.

c) Zusätzliche Pflichten in abwehrrechtlichen Situationen

Die bisherigen Aussagen anhand der subjektiv-abwehrrechtlichen Grundrechtsgehalte sind nicht überraschend. Das liegt vor allem daran, dass sowohl die Eingriffsperspektive als auch der Gesetzesvorbehalt und der Verhältnismäßigkeitsgrundsatz, so hilfreich sie für die Bewertung rein punktueller Freiheitsverkürzungen auch sein mögen,[979] bei kognitiven Fragestellungen an Grenzen stoßen.[980] Abgesehen von Ausnahmefällen wird dafür anhand des klassischen Schutzbereich-Eingriff-Schranken-Schemas grundsätzlich kein anderes Ergebnis als die Vereinbarkeit mit den Gewährleistungen des Rechts auf informationelle Selbstbestimmung gefunden werden können.

Immerhin spricht sich die jüngere Rechtsprechung dafür aus, „dem Verhältnismäßigkeitsgrundsatz zum Schutz der informationellen Selbstbestimmung gewisse übergreifende Anforderungen an Transparenz, individuellen Rechtsschutz und aufsichtliche Kontrolle"[981] zu entnehmen. Diese Anforderungen sollen sich nach der Eingriffsintensität der betroffenen Regelungen bemessen.[982] Dadurch wird zwar immerhin ein punktueller Schutz ermöglicht. Dieser ist aber einerseits abhängig von der Eingriffsintensität der jeweiligen Regelungen und andererseits auf bestimmte Bereiche (Transparenz, Rechtsschutz und aufsichtliche Kontrolle) beschränkt.

Mangels entsprechender Eingriffsintensität der im Rahmen dieser Untersuchung betroffenen Vorschriften im Allgemeinen und damit auch der in der Schutzebene verorteten Vorschriften im Konkreten können aus dem Verhältnismäßigkeitsgrundsatz an sich grundsätzlich keine weitergehenden Anforderungen für die Schutzebene gewonnen werden. Das gilt erst recht im Hinblick auf die Anwendung der jeweiligen Vorschriften.

---

[979] *Lepsius*, in: Jestaedt/ders., Verhältnismäßigkeit, S. 1 (4 ff.); *Michael*, in: Jestaedt/Lepsius, Verhältnismäßigkeit, S. 42 (46 ff.); *Jestaedt*, in: ders./Lepsius, Verhältnismäßigkeit, S. 293 (294).

[980] Siehe 3. Teil, D. V. 1. a) und b).

[981] BVerfGE 150, 244 (285), unter Hinweis auf BVerfGE 65, 1 (44 ff.); 125, 260 (334 ff.); 141, 220 (282); siehe auch BVerfGE 154, 152 (286 f.); 155, 119 (211); 156, 11 (46).

[982] BVerfGE 156, 11 (46).

Daher gilt es unabhängig von Fragen der Eingriffsintensität und ohne eine Beschränkung auf bestimmte Bereiche aus der verfahrensrechtlichen Dimension[983] des Rechts auf informationelle Selbstbestimmung zusätzliche Pflichten für die zwangsweise Erzeugung von tätigkeits*bedeutsamen* Wissensressourcen und deren interpretations*freie* Weiterverwendung abzuleiten,[984] um einen umfassenden Grundrechtsschutz in der Schutzebene zu gewährleisten. Aus der verfahrensrechtlichen Komponente folgen besondere Anforderungen an die Verfahrensgestaltung und -teilhabe,[985] die selbst ohne ausdrückliche Verfahrensvorschriften „eine den Grundrechtsschutz effektuierende […] Verfahrensgestaltung“[986] verlangen.

Obwohl die verfahrensrechtliche Dimension eine bedeutende Fallgruppe der objektiv-rechtlichen Grundrechtsdimension verkörpert,[987] kommt der Grundrechtsschutz durch Verfahren auch im Zusammenhang mit den subjektiv-abwehrrechtlichen Grundrechtsgewährleistungen zum Tragen.[988] Zur verfahrensrechtlichen Kompensation von Eingriffen können nämlich zusätzliche Pflichten der Grundrechtsadressaten angezeigt sein. Diese folgen vor allem aus der Erwägung, dass jede natürliche wie juristische Person, in deren Grundrechte eingegriffen wird, einen Anspruch darauf hat, die damit in Zusammenhang stehenden Gesichtspunkte zu erfahren. Erst dadurch wird ihr die Möglichkeit zu einer gegebenenfalls erforderlichen Verfolgung ihrer Rechte ermöglicht.[989] Zu den zusätzlichen Pflichten zählen etwa Anhörungen der

983 *Schmidt-Aßmann*, in: Merten/Papier, HGR, Band II, § 45; *Stern*, in: Isensee/Kirchhof, HStR, Band IX, § 185, Rn. 94 ff. m. w. N. auf die Rechtsprechung; *Kahl*, VerwArch 95 (2004), S. 1 ff.; *Wahl*, in: VVDStRL 41 (1983), S. 151 (166 ff.); BVerfGE 24, 367 (401); 35, 348 (361); 46, 325 (334 f.); 49, 220 (225); 51, 150 (156); Sondervoten der Richter *Simon* und *Heußner*, in: BVerfGE 53, 69 (71 ff.).

984 Das gilt auch im Hinblick auf die Weiterverwendung von uninterpretierten tätigkeits*bedeutsamen* Wissensressourcen, die von Dritten in grundrechtsbeeinträchtigender Weise unter Inanspruchnahme von Verbundpotentialen an die Genossenschaften übermittelt wurden.

985 *Stern*, in: Isensee/Kirchhof, HStR, Band IX, § 185, Rn. 97.

986 Ausdrücklich zum Versammlungsrecht BVerfGE 69, 315 (355); dazu *Jochum*, Verwaltungsverfahrensrecht und Verwaltungsprozessrecht, S. 54 f.

987 *Zippelius/Würtenberger*, Deutsches Staatsrecht, § 17, Rn. 42, sehen in der verfahrensrechtlichen Dimension ausschließlich eine Konkretisierung der objektiv-rechtlichen Grundrechtsgehalte; siehe dazu auch *Stern*, in: Isensee/Kirchhof, HStR, Band IX, § 185, Rn. 94 ff.; *Wahl*, in: Merten/Papier, HGR, Band I, § 19, Rn. 5; demgegenüber liegen für *Jarass*, in: Merten/Papier, HGR, Band II, § 38, Rn. 55, „die Grundrechtsdimensionen des Verfahrens und der Organisation quer“ zur subjektiv-abwehrrechtlichen und zur objektiv-rechtlichen Dimension der Grundrechte; so auch *Dreier*, in: ders., GG, Band I, 3. Aufl., Vorb. vor Art. 1, Rn. 105.

988 *Schmidt-Aßmann*, in: Merten/Papier, HGR, Band II, § 45, Rn. 9 f.

989 *Weiß*, in: Mann/Sennekamp/Uechtritz, VwVfG, § 39 VwVfG, Rn. 5; a. A. *Dolzer*, DÖV 1985, S. 9 (12 f.), der ausschließlich Art. 19 Abs. 4 S. 1 GG heranziehen möchte.

Grundrechtsträger oder Begründungen für belastende Maßnahmen,[990] um den Eingriff und seine Folgen abzumildern.[991] Die aus der verfahrensrechtlichen Dimension der Grundrechte folgenden Pflichten verkörpern ebenfalls „nach Art. 1 Abs. 3 GG ‚unmittelbar geltendes Recht' und [sind] somit wie Ge- oder Verbotsnormen des einfachen Rechts"[992] für das Tätigwerden der Genossenschaften maßgeblich.

Auf Grundlage dieser Erwägungen sind in bestimmten Konstellationen zusätzliche Pflichten der Genossenschaften zur Dokumentation[993] und Offenlegung[994] angezeigt.[995]

aa) Dokumentationspflicht

Die *Dokumentationspflicht* lässt sich dergestalt umschreiben, dass die Erzeugung von tätigkeits*bedeutsamen* Wissensressourcen der Mitgliedsunternehmen durch Inanspruchnahme der in der Schutzebene verorteten Potentiale ebenso wie deren interpretations*freie* Weiterverwendung in denjenigen Konstellationen dokumentiert werden muss,[996] in denen auf Seiten der Mitgliedsunternehmen – anders als etwa bei Unfallanzeigen – keine eigene Dokumentation erfolgt.[997]

---

990 *Jarass*, in: Merten/Papier, HGR, Band II, § 38, Rn. 55; *Schmidt-Aßmann*, in: Merten/Papier, HGR, Band II, § 45, Rn. 10.

991 *Jarass*, in: Merten/Papier, HGR, Band II, § 38, Rn. 55.

992 *H.-P. Schneider*, in: Merten/Papier, HGR, Band I, § 18, Rn. 81; a.A. wohl *Jarass*, in: Merten/Papier, HGR, Band II, § 38, Rn. 56, der unter anderem bei der sekundären Schutzfunktion der Freiheitsgrundrechte eine Ausgestaltung durch den Gesetzgeber fordert. In diesem Zusammenhang gilt es zudem mit *W. Hamel*, Die Bedeutung der Grundrechte im sozialen Rechtsstaat, S. 21, zu bedenken, dass aus den Grundrechten „unmittelbar Rechte und Pflichten für den Einzelnen […] entstehen" können.

993 Zur verfahrensrechtlichen Kompensierung von Eingriffen durch Begründungen, die über bloße Dokumentationen hinausgehen, siehe *Jarass*, in: Merten/Papier, HGR, Band II, § 38, Rn. 55; *Schmidt-Aßmann*, in: Merten/Papier, HGR, Band II, § 45, Rn. 10.

994 Zur verfahrensrechtlichen Kompensierung von Eingriffen durch Auskünfte siehe *Jarass*, in: Merten/Papier, HGR, Band II, § 38, Rn. 55.

995 A.A. *Wolff*, in: Beck'scher Online-Kommentar Datenschutzrecht, 30. Edition, Stand: 01.11.2016, Grundlagen und bereichsspezifischer Datenschutz, Syst. A., Prinzipien des Datenschutzrechts, Rn. 44, der Informations-, Mitteilungs- und Auskunftsansprüche im sog. Prinzip der Transparenz verankert und dafür eine gesetzliche Absicherung fordert.

996 Das gilt beispielsweise auch für die Erzeugung von Wissensressourcen durch Inanspruchnahme von Verbundpotentialen ebenso wie für deren interpretations*freie* Weiterverwendung.

997 Im Rahmen der Auskunftspflicht nach § 3 Abs. 4 DGUV Vorschrift 1 scheidet eine Dokumentationspflicht nur aus, sofern die Unternehmen ihre Auskunftsverpflichtung schriftlich erfüllen.

bb) Offenlegungspflicht

Daran anknüpfend fordert die *Offenlegungspflicht* in denjenigen Konstellationen, in denen die *Dokumentationspflicht* ausgelöst wird, den Mitgliedsunternehmen gegenüber offenzulegen, welche tätigkeits*bedeutsamen* Wissensressourcen durch die Genossenschaften erzeugt und ggfs. interpretations*frei* weiterverwendet wurden. Darüber müssen die Mitgliedsunternehmen in regelmäßigen Abständen unterrichtet werden. Dafür bieten sich insbesondere die Revisionsschreiben[998] an.

Dadurch wird den Mitgliedsunternehmen einerseits die Möglichkeit eröffnet, die Erzeugung ihrer Wissensressourcen und deren interpretations*freie* Weiterverwendung nachvollziehen zu können. Andererseits werden sie dadurch in die Lage versetzt, auf gegebenenfalls notwendige Korrekturen gegenüber den Genossenschaften hinzuwirken.[999]

d) Forderung zusätzlicher Schutzgehalte

Neben der *Dokumentations-* und der *Offenlegungspflicht* folgen aus den subjektiv-abwehrrechtlichen Gehalten des Rechts auf informationelle Selbstbestimmung juristischer Personen keine weiteren Pflichten. Das führt allerdings nicht dazu, dass der Grundrechtsschutz in der Schutzebene geringer ausgestaltet ist als in der weniger grundrechtssensiblen Grundstrukturebene. In der Schutzebene kommen ebenfalls objektiv-rechtliche Grundrechtsgehalte zum Tragen,[1000] aus denen zusätzliche Vorgaben abgeleitet werden können. Diese gelten insbesondere für die ebenfalls in der Schutzebene verorteten eigenen Beobachtungen der Genossenschaften und die interpretations*getragenen* Weiterverwendungen der tätigkeits*bedeutsamen* Wissensressourcen.[1001]

---

[998] Siehe dazu 2. Teil, B. I. 3. a) aa) (2).

[999] Zum Gedanken von Korrekturrechten siehe § 35 BDSG in der bis zum 24.05.2018 geltenden Fassung.

[1000] Siehe allgemein 3. Teil, D. III. 3.

[1001] Davon umfasst sind auch die Weiterverwendung und die der Weiterverwendung vorgelagerte Aufnahme der von grundrechtsverpflichteten Dritten übermittelten Informations- und Wissensgrundlagen, die auf tätigkeits*bedeutsamen* Wissensressourcen aus den Mitgliedsunternehmen beruhen und die im Rahmen von Eingriffen der grundrechtsverpflichteten Dritten erzeugt, anschließend durch Interpretation bzw. interpretatorische Verknüpfung zu Informationen oder Wissen vollendet und in Gestalt ihrer Grundlagen an die Genossenschaften übermittelt wurden.

2. Schutzgewährleistungen aus objektiv-rechtlichen Grundrechtsgehalten

a) Rechtliche Parameter

Bei der Beschreibung der aus objektiv-rechtlichen Grundrechtsgehalten abzuleitenden Ausgestaltungsvorgaben der Schutzebene kommen grundsätzlich dieselben rechtlichen Parameter wie in der Grundstrukturebene zum Tragen.[1002] Das gilt auch für den gleichheitsrechtlichen Verallgemeinerungsauftrag. Dieser wurde zwar für das Vorfeld grundrechtlicher Beeinträchtigungen formuliert.[1003] Daneben kann er aber auch in der grundrechtssensiblen Schutzebene zur Strukturierung des Spannungsverhältnisses zwischen den kognitiven Potentialen auf der einen und den Wissensressourcen aus den Mitgliedsunternehmen auf der anderen Seite herangezogen werden. Dafür spricht auch, dass die Inanspruchnahme der grundrechtsbeeinträchtigenden kognitiven Potentiale in der Schutzebene grundsätzlich gerechtfertigt und zulässig ist.

Unter Berücksichtigung der verschiedenen rechtlichen Parameter können für die Schutzebene verschiedene Kommunikationsregeln formuliert werden, die noch nicht das Gewicht von Kommunikationsbegrenzungs- oder -beschränkungsregeln erreichen.[1004] Insofern drohen die aus objektiv-rechtlichen Grundrechtsgehalten abzuleitenden Vorgaben die Aussagen und Wertungen des subjektiv-abwehrrechtlichen Grundrechtsschutzes nicht zu unterlaufen.[1005]

b) Konkrete Ausgestaltungsvorgaben

aa) Modifizierte Anwendbarkeit der Vorgaben der Grundstrukturebene

Für die objektiv-rechtliche Ausgestaltung der Schutzebene gilt es zunächst auf die für die Grundstrukturebene gewonnenen Vorgaben zurückzugreifen.[1006] Diese können grundsätzlich auch in der Schutzebene herangezogen werden, weil diese ebenfalls Konstellationen der Erzeugung und Weiterver-

---

1002 Siehe zu den Parametern 3. Teil, D. IV. 1.

1003 3. Teil, D. IV. 2. a).

1004 Siehe dazu die subjektiv-abwehrrechtlichen Schutzgewährleistungen der *vierten* Ebene: 3. Teil, D. VII. 2.

1005 Zu dieser Gefahr siehe *Herdegen*, in: Dürig/Herzog/Scholz, GG, 94. EL, Januar 2021, Art. 1 Abs. 3, Rn. 26; mit *Dolderer*, Objektive Grundrechtsgehalte, S. 265, kann festgehalten werden, dass die Realisierungsdefizite der subjektiv-abwehrrechtlichen Grundrechtsgehalte durch Grundrechtsverwirklichungspflichten aus den objektiven Grundrechtsgehalten kompensiert werden können.

1006 Siehe dazu 3. Teil, D. IV. 2.

wendung von tätigkeits*bedeutsamen* Wissensressourcen aus den Mitgliedsunternehmen erfasst. Gleichwohl können die Ausgestaltungsvorgaben der Grundstrukturebene nicht uneingeschränkt in der Schutzebene zur Anwendung kommen.

Das zeigt sich bereits für die grundlegende Ausgestaltungsvorgabe der *Quantität*[1007], wonach bestimmte genossenschaftliche Maßnahmen soweit wie möglich gleichmäßig auf die verschiedenen Mitgliedsunternehmen verteilt werden müssen. Die Vorgabe der Quantität kommt in der Schutzebene nur in denjenigen Konstellationen zum Tragen, in denen kognitive Potentiale nicht in Anspruch genommen werden, um konkrete Präventionsmaßnahmen gegenüber den Mitgliedsunternehmen auszuüben. Diese Möglichkeit bieten insbesondere §§ 192 Abs. 3 S. 1, 207 SGB VII und § 3 Abs. 4 DGUV Vorschrift 1.

Obwohl die Mitgliedsunternehmen in der Schutzebene grundsätzlich keinen Einfluss auf die Erzeugung von Wissensressourcen haben, findet dort die innerperspektivische Ausgestaltungsvorgabe der *Pflicht zur Transparenz*[1008] dennoch Anwendung. Das folgt aus der Erwägung, dass die aus den Mitgliedsunternehmen gewonnenen tätigkeits*bedeutsamen* Wissensressourcen auch über die Mitgliedsunternehmen hinaus weiterverwendet werden können. Diese Weiterverwendungsmöglichkeiten sind nach der hier vertretenen Auffassung zwar bereits anhand von (§§ 199 ff. SGB VII i. V. m.) § 35 Abs. 1, Abs. 4 SGB I i. V. m. §§ 67 ff. SGB X erkennbar.[1009] Gleichwohl wird dadurch aber noch nicht transparent offengelegt, inwiefern Wissensressourcen aus den Mitgliedsunternehmen in den genossenschaftlichen Strukturen, insbesondere interpretations*getragen*, weiterverwendet werden können. Daher sind auch in der Schutzebene die Weiterverwendungsmöglichkeiten im Rahmen der Verwendungszusammenhänge auf der Selbstverwaltungsebene gegenüber den Mitgliedsunternehmen offenzulegen.

Diese *Transparenzpflicht* der Genossenschaften kann auch in der Schutzebene anhand der Vorbemerkungen in verschiedenen DGUV Regeln als in abstrakter Weise erfüllt angesehen werden. Zudem vermag sie sich in der Schutzebene in einer Konstellation zu einer Aufklärungspflicht zu verdichten. Das gilt für diejenigen Fälle, in denen die Genossenschaften beabsichtigen, Wissensressourcen aus den Mitgliedsunternehmen interpretations*getragen* zu Informationen bzw. Wissen zu vollenden und in Gestalt ihrer Grundlagen an Dritte, die nicht auf Grundlage des SGB VII tätig werden, zu übermitteln.

[1007] Siehe dazu 3. Teil, D. IV. 2. a).

[1008] Siehe dazu 3. Teil, D. IV. 2. b) bb).

[1009] 3. Teil, D. V. 1. b) aa).

Das *Erforderlichkeitskriterium*[1010] kommt in der Schutzebene zunächst bei der Erzeugung von Wissensressourcen durch eigene Beobachtungen der Genossenschaften zum Tragen. Für die anderen Formen der Erzeugung vermag es jedoch keine Vorgaben bereitzuhalten, weil diese bei der subjektiv-abwehrrechtlichen Verhältnismäßigkeitsprüfung auf ihre Erforderlichkeit überprüft werden.

Demgegenüber entfaltet die innerperspektivische Ausgestaltungsvorgabe der *Gewährleistung von Vertraulichkeit*[1011] auch in der Schutzebene umfassende Wirkung. Danach müssen die Genossenschaften sicherstellen, dass der Inhalt des kommunikativen Austauschs mit ihren Mitgliedsunternehmen vertraulich bleibt.

Das gilt auch für die nachwirkende Ausgestaltungsvorgabe der *Gewährleistung von Integrität*[1012]. Diese fordert, dass die Genossenschaften Zugriffe unbefugter Dritter über vernetzte Computer- und Datenverarbeitungsanlagen auf unternehmensbezogene Wissensressourcen ebenso wie daraus vollendete Informationen und vollendetes Wissen in Gestalt ihrer Grundlagen so effektiv wie möglich verhindern.

Daneben kommt in der Schutzebene das *Erforderlichkeitskriterium*[1013] lediglich bei der interpretations*getragenen* Weiterverwendung von Wissensressourcen zur Anwendung. Für interpretations*freie* Weiterverwendungen vermag es wiederum keine Vorgaben zu liefern, weil auch diese bei der subjektiv-abwehrrechtlichen Verhältnismäßigkeitsprüfung auf ihre Erforderlichkeit geprüft werden.

Bei der interpretations*getragenen* Weiterverwendung folgen aus dem Merkmal der *Erforderlichkeit* sowohl Vorgaben für die Vollendung von Wissensressourcen zu Informationen und Wissen als auch insbesondere für deren Weiterverwendung. Diese müssen zur Erfüllung eines konkreten Zwecks erforderlich sein.

Daran anknüpfend besteht auch in der Schutzebene für interpretations*getragene* Weiterverwendungen eine Pflicht zur *Anonymisierung*[1014], sobald ein Bezug zu einem bestimmten Mitgliedsunternehmen nicht mehr erforderlich ist.

[1010] Siehe dazu 3. Teil, D. IV. 2. b) cc).

[1011] Siehe dazu 3. Teil, D. IV. 2. b) dd).

[1012] Siehe dazu 3. Teil, D. IV. 2. c) aa).

[1013] Siehe dazu 3. Teil, D. IV. 2. c) bb).

[1014] Siehe dazu 3. Teil, D. IV. 2. c) cc).

Die übergreifende Ausgestaltungsvorgabe des *Gegenseitigkeitsprinzips*[1015] vermag auch in der Schutzebene Wirkung zu entfalten. Dadurch gewinnt das *Gegenseitigkeitsprinzip* ein besonderes Gewicht, weil es auf verschiedenen Ebenen mit den jeweils gleichen Anforderungen zur Anwendung kommt. Ob diese Anforderungen auch erfüllt werden, gilt es dabei nicht für jede einzelne Ebene gesondert, sondern vielmehr in Zusammenschau der verschiedenen Ebenen zu beurteilen. Dafür muss nach der Ausgestaltung aller Ebenen abschließend eine ebenenübergreifende Perspektive eingenommen werden.[1016]

bb) Spezifische Ausgestaltungsvorgaben: Zusätzliche Pflichten

Aufgrund der gesteigerten Grundrechtssensibilität der Schutzebene sind dort neben den teilweise beschränkt anwendbaren Ausgestaltungsvorgaben der Grundstrukturebene noch zusätzliche Vorgaben aus objektiv-rechtlichen Grundrechtsgehalten in Betracht zu ziehen.[1017] Das folgt vor allem aus der Erwägung, dass die Mitgliedsunternehmen in der Schutzebene bereits keinen Einfluss auf die Erzeugung von Wissensressourcen aus ihren Unternehmen haben. Die insofern gewonnenen Wissensressourcen aus den Mitgliedsunternehmen können bei der Wissensbildung auf der Ebene der Selbstverwaltung schließlich weiterverwendet werden. Davon sind die Mitgliedsunternehmen ausgeschlossen, obwohl sich das dort gebildete Wissen über die genossenschaftlichen Präventionsmaßnahmen auf ihre grundrechtlich geschützte Freiheitsausübung auswirken kann.

Diese grundrechtlich beachtliche Gefährdungslage wird dadurch vertieft, dass die aus den Mitgliedsunternehmen gewonnenen Wissensressourcen auf der Ebene der Selbstverwaltung grundsätzlich nicht auf die gleiche Weise zu Wissen vollendet werden, wie das in dem jeweiligen Mitgliedsunternehmen, einem Zusammenschluss mehrerer Mitgliedsunternehmen oder unter Beteiligung der Mitgliedsunternehmen erfolgen würde.[1018]

Die damit einhergehenden grundrechtlich beachtlichen Gefährdungen können weder durch die subjektiv-abwehrrechtlichen Gehalte des Rechts auf informationelle Selbstbestimmung juristischer Personen und die daraus abgeleiteten Pflichten[1019] noch durch die bisher aus den objektiv-rechtlichen Grund-

---

[1015] Siehe dazu 3. Teil, D. IV. 2. d).

[1016] Siehe dazu 3. Teil, D. IX. 1.

[1017] Siehe zur Anwendung objektiv-rechtlicher Gehalte neben subjektiv-abwehrrechtlichen Gehalten oben 3. Teil, D. III. 3.

[1018] Allgemein zur Bedeutung der Strukturen für die Wissensbildung *H. C. Röhl*, in: ders., Wissen, S. 65 (67).

[1019] Pflichten zur Dokumentation und Offenlegung der Erzeugung von Informations- und Wissensgrundlagen der Mitgliedsunternehmen und deren interpretations*freier* Weiterverwendung in bestimmten Konstellationen.

rechtsgehalten herausgearbeiteten Pflichten hinreichend erfasst werden. Daher sind zusätzliche Pflichten der Genossenschaften in der Schutzebene angezeigt. Diese betreffen insbesondere die interpretations*getragenen* Weiterverwendungen,[1020] aber auch eigene Beobachtungen der Genossenschaften.[1021]

Diese zusätzlichen Pflichten gilt es anhand der verfahrensrechtlichen Dimension der objektiv-rechtlichen – konkret schutzrechtlichen – Gehalte[1022] des Rechts auf informationelle Selbstbestimmung juristischer Personen zu beschreiben. Diese verlangt auch im Zusammenhang mit den objektiv-rechtlichen Grundrechtsgehalten eine den Grundrechtsschutz effektuierende Verfahrensgestaltung und -teilhabe,[1023] woraus verschiedene Vorgaben abgeleitet werden können.

Diese lassen sich im Konkreten als Pflichten der Genossenschaften zur *Dokumentation*[1024] und *Offenlegung*[1025] eigener Beobachtungen ebenso wie der interpretations*getragenen* Vollendung von Wissensressourcen aus den Mitgliedsunternehmen zu Informationen und Wissen beschreiben.[1026] Darüber hi-

---

1020 Darunter fällt auch die interpretations*getragene* Weiterverwendung von uninterpretierten tätigkeits*bedeutsamen* Wissensressourcen der Mitgliedsunternehmen, die von grundrechtsverpflichteten Dritten gewonnen und interpretations*frei* an die Genossenschaften übermittelt wurden. Sofern diese Wissensressourcen bereits durch die Dritten interpretations*getragen* weiterverwendet wurden, sind im Hinblick auf die übermittelten Grundlagen der dabei gebildeten Informationen und des dabei gebildeten Wissens keine zusätzlichen Pflichten der Genossenschaften in Betracht zu ziehen. Dementsprechende Pflichten sind vielmehr für die Dritten im Hinblick auf deren interpretations*getragene* Weiterverwendungen anzeigt. Diese zusätzlichen Pflichten Dritter können im Ergebnis den im Folgenden zu ermittelnden Pflichten entsprechen.

1021 *Stern*, in: Isensee/Kirchhof, HStR, Band IX, § 185, Rn. 97, spricht allgemein von besonderen Anforderungen für die Verfahrensteilhabe.

1022 *Schmidt-Aßmann*, in: Merten/Papier, HGR, Band II, § 45, Rn. 9, 11 f.; für *Calliess*, in: Merten/Papier, HGR, Band II, § 44, Rn. 27 f., kann im Hinblick auf den Gesetzgeber der „prozedurale Grundrechtsschutz […] im Rahmen der grundrechtlichen Schutzdimension über die Trias von Information, Beteiligung und Rechtsschutz bewirkt werden".

1023 *Stern*, in: Isensee/Kirchhof, HStR, Band IX, § 185, Rn. 97.

1024 Vgl. *Trute*, JZ 1998, S. 822 (825), der von einem Recht auf Information spricht; zur Ableitung einfach-gesetzlich ausgestalteter Dokumentationspflichten aus dem Recht auf informationelle Selbstbestimmung siehe BVerfGE 133, 277 (357); dazu *Frenz*, JA 2013, S. 840 (845); zum Gedanken einer Dokumentationspflicht siehe § 4g Abs. 2 i. V. m. § 4e BDSG in der bis zum 24.05.2018 geltenden Fassung sowie Art. 30 DS-GVO (EU) 2016/679.

1025 Zu grundrechtlich verankerten und einfach-gesetzlich ausgestalteten Bekanntgabe- und Begründungspflichten siehe *Schmidt-Aßmann*, in: Merten/Papier, HGR, Band II, § 45, Rn. 15; zu Informationspflichten, um prozeduralen Grundrechtsschutz zu bewirken, siehe *Calliess*, in: Merten/Papier, HGR, Band II, § 44, Rn. 27 f.

1026 A. A. *Wolff*, in: Beck'scher Online-Kommentar Datenschutzrecht, 30. Edition, Stand: 01.11.2016, Grundlagen und bereichsspezifischer Datenschutz, Syst. A., Prinzipien des Datenschutzrechts, Rn. 44.

naus kann aus der verfahrensrechtlichen Komponente noch eine weitere *Pflicht zur Gewährleistung von Beteiligungsmöglichkeiten*[1027] im Rahmen bestimmter interpretations*getragener* Weiterverwendungen abgeleitet werden.[1028] Diese verschiedenen Pflichten verkörpern wiederum „nach Art. 1 Abs. 3 GG ‚unmittelbar geltendes Recht' und [sind] somit [ebenfalls] wie Ge- oder Verbotsnormen des einfachen Rechts"[1029] für das Tätigwerden der Genossenschaften maßgeblich.

(1) Dokumentationspflicht

Der *Dokumentationspflicht* kommt eine erhebliche Bedeutung zu, weil die Mitgliedsunternehmen weder Kenntnisse über eigene Beobachtungen der Genossenschaften noch über interpretations*getragene* Weiterverwendungen von tätigkeits*bedeutsamen* Wissensressourcen aus ihren Unternehmen haben. Vor diesem Hintergrund fordert die *Dokumentationspflicht*, dass die Genossenschaften eigene Beobachtungen ebenso wie die interpretations*getragene* Vollendung von tätigkeits*bedeutsamen* Wissensressourcen aus den Mitgliedsunternehmen zu Informationen und Wissen dokumentieren.[1030]

(2) Offenlegungspflicht

Daran anknüpfend fordert die *Offenlegungspflicht* von den Genossenschaften, gegenüber den Mitgliedsunternehmen offenzulegen, welche eigenen Beobachtungen stattgefunden haben und inwiefern tätigkeits*bedeutsame* Wissensressourcen interpretations*getragen* zu Informationen und Wissen vollendet wurden.

Sofern Wissensressourcen im Zuge von Überwachungsmaßnahmen durch eigene Beobachtungen erzeugt und interpretations*getragen* zu Informationen und Wissen vollendet werden, bieten sich dafür insbesondere die bereits angesprochenen Revisionsschreiben[1031] an. Unabhängig davon müssen die Mitgliedsunternehmen jedenfalls in regelmäßigen Abständen über eigene Beob-

---

[1027] Zu einfach-gesetzlich ausgestalteten Beteiligungsmöglichkeiten, um prozeduralen Grundrechtsschutz zu bewirken, siehe *Calliess*, in: Merten/Papier, HGR, Band II, § 44, Rn. 27 f.

[1028] Allgemein *Stern*, in: Isensee/Kirchhof, HStR, Band IX, § 185, Rn. 97; *Schmidt-Aßmann*, in: Merten/Papier, HGR, Band II, § 45, Rn. 55 ff.

[1029] *H.-P. Schneider*, in: Merten/Papier, HGR, Band I, § 18, Rn. 81; a.A. wohl *Jarass*, in: Merten/Papier, HGR, Band II, § 38, Rn. 56.

[1030] Die vollendeten Informationen und das vollendete Wissen können dabei nur in Gestalt ihrer Grundlagen dargestellt werden.

[1031] Siehe dazu 3. Teil, D. V. 1. c) bb).

achtungen und die interpretations*getragene* Vollendung von tätigkeits*bedeutsamen* Wissensressourcen zu Informationen und Wissen informiert werden. Dadurch wird ihnen einerseits die Möglichkeit eröffnet, die Maßnahmen nachvollziehen zu können. Andererseits werden sie dadurch in die Lage versetzt, die Maßnahmen, unter anderem im Hinblick auf ihre Erforderlichkeit, zu überprüfen[1032] und auf gegebenenfalls notwendige Korrekturen gegenüber den Genossenschaften hinzuwirken.[1033]

(3) Pflicht zur Gewährleistung von Beteiligungsmöglichkeiten

Die *Pflicht zur Gewährleistung von Beteiligungsmöglichkeiten* hält Vorgaben für die Form der Wissensbildung bereit. Sie kommt zum Tragen, sofern Wissensressourcen aus den Mitgliedsunternehmen auf der Ebene der Selbstverwaltung in die Bildung von Organisationswissen einfließen.[1034] In dieser Konstellation müssen die an der Bildung von Organisationswissen auf der Selbstverwaltungsebene beteiligten Personen sicherstellen, die Mitgliedsunternehmen zu beteiligen. Dafür kommen insbesondere Stellungnahmemöglichkeiten in Betracht. Die abgegebenen Stellungnahmen müssen schließlich bei der Wissensbildung berücksichtigt werden.

Der DGUV Grundsatz 300-001 bietet den Sachgebieten hierfür verschiedene Möglichkeiten. Diese können im Bedarfsfall Experten sowie weitere berührte Kreise, insbesondere aus der Selbstverwaltung, zur Erfüllung ihrer Aufgaben hinzuziehen.[1035] Davon werden auch Stellungnahmemöglichkeiten der betroffenen Mitgliedsunternehmen bei der Bildung von Organisationswissen erfasst. In gleicher Weise müssen auch die Berufsgenossenschaften den betroffenen Mitgliedsunternehmen Stellungnahmemöglichkeiten bei der Bildung von Organisationswissen einräumen.

Sofern Mitgliedsunternehmen Stellungnahmen abgeben, schließt sich unmittelbar an die Wissensbildung die *Offenlegungspflicht* an. Das bedeutet, die Genossenschaften müssen diejenigen Mitgliedsunternehmen informieren, die eine Stellungnahme abgegeben haben. Alle anderen müssen demgegenüber erst bei der in regelmäßigen Abständen erfolgenden Offenlegung informiert werden.

1032 Vgl. *Frenz*, JA 2013, S. 840 (844).

1033 *Trute*, JZ 1998, S. 822 (825), spricht von Kontroll- und Korrekturmöglichkeiten.

1034 Allgemein *Trute*, in: Roßnagel, Handbuch Datenschutzrecht, 2.5, Rn. 19.

1035 Kapitel I Nr. 3.3.1 DGUV Grundsatz 300-001.

c) *Keine Modifikationen im Hinblick auf personenbezogene Gehalte*

Für die Beurteilungen personenbezogener Gehalte von Wissensressourcen, also der Bezüge zu natürlichen Personen, kann der in der Grundstrukturebene entwickelte Trennungsgedanke[1036] auch auf die Schutzebene übertragen werden. Demnach werden diejenigen Gehalte von Wissensressourcen *mit erheblichem Gewicht*, die sich auf natürliche Personen beziehen, auch in der Schutzebene getrennt von den beschriebenen Ausgestaltungsvorgaben über die Datenschutz-Grundverordnung (EU) 2016/679 und das einfach-gesetzliche Sozialdatenschutzrecht geschützt. Sofern Wissensressourcen gleichzeitig einen Unternehmensbezug sowie einen Bezug zu natürlichen Personen haben, kommen die Vorgaben der Schutzebene immerhin ergänzend zur Anwendung.[1037]

d) *Wirkungsabsicherung*

Die *Pflichten zur Dokumentation* und *Offenlegung* der Erzeugung und interpretations*freien* Weiterverwendung von Wissensressourcen der Mitgliedsunternehmen, die aus den subjektiv-abwehrrechtlichen Gehalten des Rechts auf informationelle Selbstbestimmung juristischer Personen folgen, vermitteln den Mitgliedsunternehmen subjektive Rechte. Daher können sie die Einhaltung dieser beiden Pflichten gegenüber den Genossenschaften durchsetzen.

Demgegenüber ist die Wirkungsabsicherung der aus objektiv-rechtlichen Grundrechtsgehalten abgeleiteten Ausgestaltungsvorgaben der Schutzebene wiederum über bestimmte Dokumentationspflichten der Genossenschaften und die daran anknüpfende Überwachung durch die staatliche Aufsicht sicherzustellen.[1038] Die Dokumentationspflichten betreffen dabei insbesondere die gleichmäßige Verteilung der Erzeugung von Wissensressourcen anhand von §§ 192 Abs. 3 S. 1, 207 Abs. 1 SGB VII oder § 3 Abs. 4 DGUV Vorschrift 1 auf die verschiedenen Mitgliedsunternehmen ebenso wie die informationelle Zusammenarbeit mit Dritten.

3. Fazit

In der Schutzebene halten die subjektiv-abwehrrechtlichen Gehalte des Rechts auf informationelle Selbstbestimmung juristischer Personen zwar Vorgaben im Hinblick auf die Erzeugung und interpretations*freie* Weiterverwendung von tätigkeits*bedeutsamen* Wissensressourcen der Mitgliedsunterneh-

---

[1036] 3. Teil, D. IV. 3. a).

[1037] Vgl. 3. Teil, D. IV. 3. b).

[1038] Vgl. dazu 3. Teil, D. IV. 4.

men bereit. Diese vermitteln aber nur einen unzureichenden Grundrechtsschutz.[1039] Das beruht einerseits auf den Begrenzungen des Verhältnismäßigkeitsprinzips bei kognitiven Fragestellungen. Andererseits vermögen die subjektiv-abwehrrechtlichen Gehalte des Grundrechts eigene Beobachtungen der Berufsgenossenschaften ebenso wie interpretations*getragene* Weiterverwendungen nicht zu erfassen.

Für einen sachgerechten Grundrechtsschutz müssen daher auch in der Schutzebene zusätzlich objektiv-rechtliche Grundrechtsgehalte herangezogen werden.[1040] Neben verschiedenen bereits für die Grundstrukturebene gewonnenen Ausgestaltungsvorgaben entfalten dabei wegen der gesteigerten Grundrechtssensibilität der Schutzebene zusätzliche Vorgaben Wirkungen. Diese können als ein Pflichtenkatalog umschrieben werden, der *Pflichten zur Dokumentation*, *Offenlegung* und *Gewährleistung von Beteiligungsmöglichkeiten* enthält.

VI. Dritte Ebene: Intensivstrukturebene

Die *dritte* Ebene umfasst die Erzeugung und Weiterverwendung von Wissensressourcen *mit erheblichem Gewicht* aus den Mitgliedsunternehmen durch die Genossenschaften, ohne dass es dabei zu Eingriffen kommt.[1041] Dadurch werden die Schutzbereiche der speziellen Freiheitsgrundrechte[1042] zwar berührt, aber nicht beeinträchtigt.[1043]

Das betrifft im Wesentlichen:[1044]

– die Inanspruchnahme der in den anregenden und kooperativen Instrumenten[1045] angelegten Potentiale zur Erzeugung von Wissensressourcen *mit erheblichem Gewicht*,

---

1039 Das gilt trotz gewisser Ausnahmen sowie der *Dokumentations-* und *Offenlegungspflicht* im Hinblick auf die Erzeugung und interpretations*freie* Weiterverwendung von Wissensressourcen der Mitgliedsunternehmen.

1040 Allgemein 3. Teil, D. III. 3.

1041 Die Vorgaben der *dritten* Ebene sind im Hinblick auf ausländische Unternehmen, die eine Tätigkeit im Inland ausüben, ohne einer Berufsgenossenschaft anzugehören, insbesondere im Rahmen von Beratungen nach §§ 17 Abs. 1 SGB VII zu berücksichtigen.

1042 Im Hinblick auf Wissensressourcen *mit erheblichem Gewicht* aus ausländischen Unternehmen, die keine Immaterialgüterrechte hervorbringen, kommt Art. 2 Abs. 1 GG in unionsrechtskonformer bzw. in erweiternder Auslegung zur Anwendung, wodurch dasselbe Schutzniveau wie von Art. 12 Abs. 1 GG gewährleistet wird.

1043 3. Teil, D. III. 1.

1044 Sofern sich im Zusammenhang mit den anregenden und kooperativen Instrumenten bloße Nachfragen der Genossenschaften zu gezielten Aufforderungen verdichten, die eine Offenlegung bestimmter Wissensressourcen *mit erheblichem Gewicht*

– die damit einhergehenden eigenen Beobachtungen der Genossenschaften,
– die Weiterverwendung[1046] (interpretations*frei* oder interpretations*getragen*) der dabei gewonnenen Wissensressourcen *mit erheblichem Gewicht.*

Diese Maßnahmen sind in der *dritten* Ebene zu verorten, weil sie Wissensressourcen *mit erheblichem Gewicht* aus den Mitgliedsunternehmen betreffen.[1047] Für deren grundrechtlichen Schutz sind die lediglich auf tätigkeits*bedeutsame* Wissensressourcen ausgerichteten Vorgaben der Grundstrukturebene nicht ausreichend. Daher gilt es in der *dritten* Ebene anhand der objektivrechtlichen Gehalte der speziellen Freiheitsgrundrechte Vorgaben für die grundrechtlich schutzbedürftigeren Wissensressourcen *mit erheblichem Gewicht* zu beschreiben. Hierfür bedarf es intensiverer struktureller Vorgaben als

---

verlangen, kommt ein Eingriff in Betracht. Solche Konstellationen sind grundsätzlich nicht mehr in der *dritten,* sondern vielmehr in der *vierten* Ebene zu verorten. Das gilt auch in denjenigen Konstellationen, in denen eine bestimmte Art der Weiterverwendung nicht mehr von einer entsprechenden Zweckbestimmung gedeckt sein sollte.

Demgegenüber kann auch die Inanspruchnahme der grundsätzlich von der *vierten* Ebene erfassten kognitiven Potentiale im Einzelfall bereits anhand der Vorgaben der *dritten* Ebene zu beurteilen sein. Das kommt in denjenigen Konstellationen in Betracht, in denen im Zusammenhang mit der Inanspruchnahme der grundsätzlich von der *vierten* Ebene erfassten kognitiven Potentiale Wissensressourcen freiwillig mit entsprechender Zweckbestimmung offengelegt werden.

Die Vorgaben der *dritten* Ebene können auch im Hinblick auf Wissensressourcen *mit erheblichem Gewicht* herangezogen werden, die von Dritten anhand der Verbundpotentiale an die Genossenschaften übermittelt wurden. Das betrifft beispielsweise freiwillige Übermittlungen von nicht grundrechtsverpflichteten Dritten. Diese können den Genossenschaften nicht zugerechnet werden, sodass Eingriffe nicht in Betracht kommen. Sofern grundrechtsverpflichtete Dritte uninterpretierte Wissensressourcen *mit erheblichem Gewicht* an die Genossenschaften übermitteln, muss die Übermittlung ebenso wie die Aufnahme und die Weiterverwendung durch die Genossenschaften von einer entsprechenden Zweckbestimmung der betroffenen Grundrechtsträger gedeckt sein, um in der *dritten* Ebene verortet werden zu können.

[1045] § 17 Abs. 1 SGB VII (Beratungen), § 24 SGB VII (Aus- und Fortbildungsmaßnahmen), § 11 ASiG (die Zusammenarbeit mit den Arbeitsschutzausschüssen). Nachdem die Prüf- und Zertifizierungstätigkeiten nicht auf gesetzlicher, sondern auf verwaltungsprivatrechtlicher Grundlage ausgeübt werden, siehe dazu 2. Teil, A. I. 5., sind sie wegen der dabei zu berücksichtigenden Besonderheiten nicht in der *dritten* Ebene zu verorten, sondern gesondert zu beurteilen, siehe dazu 3. Teil, D. VIII.

[1046] Interpretations*freie* Weiterverwendungen von Wissensressourcen *mit erheblichem Gewicht* sind solange in der *dritten* Ebene zu verorten, wie sie die speziellen Freiheitsgrundrechte nicht beeinträchtigen, weil sie von einer entsprechenden Zweckbestimmung der Mitgliedsunternehmen erfasst werden.

[1047] Bei der Inanspruchnahme der in den anregenden und kooperativen Instrumenten angelegten Potentiale wird eher selten ein freiwilliger Zugang zu Wissensressourcen *mit erheblichem Gewicht* eröffnet. Da diese Möglichkeit aber besteht, sind auch Vorgaben für diese Konstellationen zu formulieren.

in der Grundstrukturebene, weshalb die *dritte* Ebene auch als Intensivstrukturebene bezeichnet werden kann.

1. Schutzbereichsfragen

In der Intensivstrukturebene liegt der Fokus auf Wissensressourcen *mit erheblichem Gewicht*, die von speziellen Freiheitsgrundrechten geschützt werden.[1048]

Sofern durch die Inanspruchnahme kognitiver Potentiale ausnahmsweise Wissensressourcen *mit erheblichem Gewicht* in Form von Immaterialgüterrechten betroffen werden, richtet sich die rechtliche Beurteilung der Maßnahmen nach Art. 14 Abs. 1 GG und den die Immaterialgüterrechte einfach-gesetzlich ausgestaltenden Vorschriften. Diese gestalten die Immaterialgüterrechte nicht nur aus, sondern vermitteln ihnen zusätzlich einen adäquaten Schutz. Daher müssen sich die Ausgestaltungsvorgaben der Intensivstrukturebene auf Wissensressourcen *mit erheblichem Gewicht* konzentrieren, die nicht durch einfach-gesetzliche Regelungen natürlichen oder juristischen Personen zugeordnet werden (können) und den zentralen Gegenstand der genossenschaftlichen Potentiale verkörpern.[1049] Für diese Wissensressourcen *mit erheblichem Gewicht*[1050] ist der Schutzbereich der Berufsfreiheit[1051] einschlägig.[1052] Dieser wird durch die in der Intensivstrukturebene verortete Erzeugung und Weiterverwendung von Wissensressourcen *mit erheblichem Gewicht* aus den Mitgliedsunternehmen auch berührt. Das folgt insbesondere aus den Gefährdungen für diese Wissensressourcen im Rahmen der Verwendungszusammenhänge auf der Ebene der Selbstverwaltung.[1053]

1048 3. Teil, D. I. 4.

1049 3. Teil, D. II. 1. b).

1050 Im Rahmen des gesetzlichen Unfallversicherungssystems werden die Betriebs- und Geschäftsgeheimnisse der Mitgliedsunternehmen nicht zusätzlich durch das GeschGehG geschützt. Dessen § 1 Abs. 2 legt fest, dass öffentlich-rechtliche Vorschriften zur Geheimhaltung, Erlangung, Nutzung oder Offenlegung von Geschäftsgeheimnissen dem GeschGehG vorgehen, siehe dazu BT-Drs. 19/4724, S. 23; *Hoeren*, in: ders./Münker, GeschGehG, § 1, Rn. 13 ff.

1051 Im Hinblick auf Wissensressourcen *mit erheblichem Gewicht* aus ausländischen Unternehmen, die keine Immaterialgüterrechte hervorbringen, wird durch unionsrechtskonforme bzw. erweiternde Auslegung des Art. 2 Abs. 1 GG dasselbe Schutzniveau wie über Art. 12 Abs. 1 GG erreicht.

1052 Siehe dazu 3. Teil, D. I. 3. a) dd), II. 1. b).

1053 Siehe 3. Teil, D. II. 1. b).

2. Rechtliche Parameter

In der Intensivstrukturebene kann das Recht auf informationelle Selbstbestimmung juristischer Personen keine prägende Wirkung mehr entfalten. Dafür gilt es vielmehr das Grundrecht der Berufsfreiheit heranzuziehen[1054].[1055] Da deren Schutzbereich in der Intensivstrukturebene zwar berührt, aber nicht beeinträchtigt wird, muss für die zu beschreibenden Ausgestaltungsvorgaben maßgeblich auf die objektiv-rechtlichen Gehalte der Berufsfreiheit abgestellt werden.

Der tatsächliche Anknüpfungspunkt für die daraus abzuleitenden Ausgestaltungsvorgaben ist die Tatsache, dass der Berufsfreiheit als „Wertentscheidung des Grundgesetzes“[1056] „ein besonderer Rang“[1057] zukommt, dem eine grundsätzliche Freiheitsvermutung[1058] entnommen werden kann. Um dieser besonderen Bedeutung der Berufsfreiheit Rechnung zu tragen, gilt es zunächst die für die ersten beiden Ebenen aus objektiv-rechtlichen Grundrechtsgehalten anderer Schutzbereiche ermittelten Ausgestaltungsvorgaben auch auf die Intensivstrukturebene zu übertragen, sofern dem Art. 12 Abs. 1 GG und seine objektiv-rechtlichen Gehalte[1059] nicht entgegenstehen. Darüber hinaus gilt es aus Art. 12 Abs. 1 GG und seinen objektiv-rechtlichen Gehalten noch zusätzliche Ausgestaltungsvorgaben abzuleiten.

3. Konkrete Ausgestaltungsvorgaben

Für die Übertragung der bisher aus objektiv-rechtlichen Grundrechtsgehalten ermittelten Ausgestaltungsvorgaben gilt es sich zunächst der grundlegenden Ausgestaltungsvorgabe der *Quantität*[1060] zuzuwenden. Diese kommt auch in der Intensivstrukturebene zur Anwendung und fordert auch dort, dass die gezielten und inklusiven Beratungen soweit wie möglich gleichmäßig auf die verschiedenen Mitgliedsunternehmen verteilt werden.[1061] Nur dadurch kön-

---

1054 3. Teil, D. I. 3. und 4., II. 1. b).

1055 Im Hinblick auf Wissensressourcen *mit erheblichem Gewicht* aus ausländischen Unternehmen, die keine Immaterialgüterrechte hervorbringen, kommt Art. 2 Abs. 1 GG in unionsrechtskonformer bzw. in erweiternder Auslegung zur Anwendung.

1056 BVerfGE 7, 377 (404).

1057 BVerfGE 63, 266 (286); siehe auch BVerfGE 66, 337 (359 f.).

1058 BVerfGE 63, 266 (286).

1059 *Dietlein*, in: Stern, Staatsrecht, Band IV/1, § 111, VI.; *Mann*, in: Sachs, GG, Art. 12, Rn. 21 ff.

1060 Siehe dazu 3. Teil, D. IV. 2. a).

1061 Vgl. zum gleichmäßigen Verwaltungsvollzug *Sachs*, in: Stern, Staatsrecht, Band IV/2, § 120, II., 7., c), α), ββ).

nen die Mitgliedsunternehmen in einer gleichheitsgerechten Weise vor eigenen Beobachtungen der Berufsgenossenschaften geschützt werden.

Daneben kommt auch die *Transparenzpflicht*[1062] in der Intensivstrukturebene zum Tragen. Daran sind aufgrund der gesteigerten grundrechtlichen Schutzbedürftigkeit von Wissensressourcen *mit erheblichem Gewicht* aber erhöhte Anforderungen zu stellen. Diese wirken sich auf den konkreten Inhalt der Transparenzpflicht aus. Vor diesem Hintergrund kann es den Genossenschaften in der Intensivstrukturebene nicht mehr selbst überlassen sein, wie sie die Verwendungszusammenhänge auf der Ebene der Selbstverwaltung transparent offenlegen. Sie müssen die Mitgliedsunternehmen vielmehr konkret über die verschiedenen Weiterverwendungsmöglichkeiten im Rahmen der Verwendungszusammenhänge auf der Ebene der Selbstverwaltung aufklären, sofern diese Wissensressourcen *mit erheblichem Gewicht* offenbaren.

Das *Erforderlichkeitskriterium* findet auch in der Intensivstrukturebene als innerperspektivische Ausgestaltungsvorgabe Anwendung bei der Erzeugung von Wissensressourcen *mit erheblichem Gewicht* durch eigene Beobachtungen und Nachfragen der Berufsgenossenschaften.[1063]

Daneben kommen auch die beiden Pflichten zur *Gewährleistung von Vertraulichkeit*[1064] sowie zur *Gewährleistung von Integrität*[1065] uneingeschränkt zur Anwendung.

Auch in der Intensivstrukturebene muss die Weiterverwendung von Wissensressourcen *mit erheblichem Gewicht* und daraus vollendeten Informationen und vollendetem Wissen zur Erfüllung eines konkreten Zwecks *erforderlich* sein.[1066]

Daran anknüpfend wird auch in der Intensivstrukturebene die *Pflicht zur Anonymisierung*[1067] ausgelöst, sobald ein Bezug von Wissensressourcen *mit erheblichem Gewicht* bzw. daraus vollendeten Informationen und vollendetem Wissen zu einem bestimmten Unternehmen nicht mehr erforderlich ist.[1068]

1062 Siehe dazu 3. Teil, D. IV. 2. b) bb).

1063 Vgl. dazu 3. Teil, D. IV. 2. b) cc): Die Möglichkeiten von Nachfragen bestehen auch im Rahmen der Übermittlung von Wissensressourcen *mit erheblichem Gewicht* durch Dritte, sodass dabei das Element der Erforderlichkeit zum Tragen kommen kann.

1064 Siehe dazu 3. Teil, D. IV. 2. b) dd).

1065 Siehe dazu 3. Teil, D. IV. 2. c) aa).

1066 Vgl. dazu 3. Teil, D. IV. 2. c) bb).

1067 Siehe dazu 3. Teil, D. IV. 2. c) cc).

1068 Sofern Weiterverwendungen, die über ein Mitgliedschaftsverhältnis hinausgehen, etwa durch Übermittlungen, nicht von einer entsprechenden Zweckbestimmung gedeckt sind, sind die Weiterverwendungen nicht anhand der Vorgaben der *dritten*, sondern anhand der Vorgaben der *vierten* Ebene zu beurteilen, siehe dazu 3. Teil, D. VII.

Sofern die Anonymisierungspflicht nicht ausgelöst wird, müssen die Genossenschaften in der Intensivstrukturebene zusätzliche Pflichten berücksichtigen. Diese folgen insbesondere aus der verfahrensrechtlichen Dimension der objektiv-rechtlichen – konkret schutzrechtlichen – Gehalte[1069] der Berufsfreiheit. Sie beruhen auf dem Gedanken, dass die betroffenen Mitgliedsunternehmen das Recht haben,[1070] zu erfahren, inwiefern Wissensressourcen *mit erheblichem Gewicht* aus ihren Unternehmen bzw. daraus vollendete Informationen und vollendetes Wissen unanonymisiert weiterverwendet wurden. Darüber müssen die Genossenschaften die betroffenen Mitgliedsunternehmen informieren.[1071]

Die übergreifende Ausgestaltungsvorgabe des *Gegenseitigkeitsprinzips*[1072] kommt auch in der Intensivstrukturebene zur Anwendung und gewinnt dadurch – insgesamt gesehen – ein noch stärkeres Gewicht. Ob dessen Vorgaben erfüllt werden, gilt es erst abschließend in Zusammenschau aller Ebenen zu beurteilen.[1073]

Demgegenüber finden die in der Schutzebene herausgearbeiteten zusätzlichen Pflichten in der Intensivstrukturebene grundsätzlich keine Anwendung. Diese folgen entweder aus subjektiv-abwehrrechtlichen Grundrechtsgehalten[1074] oder aus der gesteigerten Grundrechtssensibilität[1075] der Schutzebene und können daher nicht in die weniger grundrechtssensible Intensivstrukturebene übertragen werden.

1069 Siehe dazu 3. Teil, D. V. 2. b) bb).

1070 *Trute*, JZ 1998, S. 822 (825), spricht von einem Recht auf Information.

1071 Dabei handelt es sich nicht um eine Übertragung der zusätzlichen Pflichten der Schutzebene. Diese resultieren aus der Tatsache, dass die Mitgliedsunternehmen in der Schutzebene im Gegensatz zur Intensivstrukturebene keinen Einfluss auf die Erzeugung von Wissensressourcen aus ihren Unternehmen haben. Demgegenüber treffen die Mitgliedsunternehmen in der Intensivstrukturebene eine eigene Entscheidung über die Offenbarung ihrer Wissensressourcen *mit erheblichem Gewicht*. Daher handelt es sich bei dieser Informationspflicht in der Intensivstrukturebene nicht um eine Übertragung der zusätzlichen Pflichten der Schutzebene, sondern vielmehr um eine Pflicht, die aus der verfahrensrechtlichen Dimension der objektiv-rechtlichen – konkret schutzrechtlichen – Gehalte der Berufsfreiheit folgt.

1072 Siehe dazu 3. Teil, D. IV. 2. d).

1073 Siehe dazu 3. Teil, D. IX. 1.

1074 Siehe dazu 3. Teil, D. V. 1. c): *Pflicht zur Dokumentation* und *Offenlegung* der Erzeugung von Wissensressourcen und deren interpretations*freier* Weiterverwendung.

1075 Siehe dazu 3. Teil, D. V. 2. b) bb): *Pflicht zur Dokumentation* und *Offenlegung* eigener Beobachtungen und der interpretations*getragenen* Vollendung von Wissensressourcen aus den Mitgliedsunternehmen zu Informationen und Wissen ebenso wie *Pflicht zur Gewährleistung von Beteiligungsmöglichkeiten*.

4. Modifikationen im Hinblick auf personenbezogene Gehalte und Wirkungsabsicherung

Die Bezüge von Wissensressourcen *mit erheblichem Gewicht* zu natürlichen Personen[1076] sind auch in der Intensivstrukturebene anhand des Trennungsgedankens[1077] auf Grundlage der Datenschutz-Grundverordnung (EU) 2016/679 und des einfach-gesetzlichen Sozialdatenschutzrechts zu beurteilen. Sofern Wissensressourcen gleichzeitig einen Unternehmensbezug und einen Bezug zu natürlichen Personen haben, kommen die Vorgaben der Intensivstrukturebene immerhin ergänzend zur Anwendung.[1078]

Schließlich ist die Wirkungsabsicherung der Ausgestaltungsvorgaben der Intensivstrukturebene wiederum über Dokumentationspflichten der Genossenschaften und die daran anknüpfende Überwachung durch die staatliche Aufsicht sicherzustellen.[1079] Die Dokumentationspflichten betreffen dabei vor allem die gleichmäßige Verteilung der gezielten und inklusiven Beratungen sowie die informationelle Zusammenarbeit mit Dritten.

5. Fazit

In der Intensivstrukturebene können die Ausgestaltungsvorgaben der Grundstrukturebene dem Grunde nach ebenfalls zur Anwendung kommen. Dem stehen weder Art. 12 Abs. 1 GG noch seine objektiv-rechtlichen Gehalte[1080] entgegen. Aufgrund der gesteigerten grundrechtlichen Schutzbedürftigkeit der Wissensressourcen *mit erheblichem Gewicht* sind in der Intensivstrukturebene allerdings höhere Anforderungen an die *Transparenzpflicht* zu stellen und zusätzliche Pflichten bei der Weiterverwendung nicht anonymisierter Wissensressourcen zu beachten.

Demgegenüber können die in der Schutzebene beschriebenen zusätzlichen Pflichten[1081] in der Intensivstrukturebene keine Wirkungen entfalten, weil diese keine der Schutzebene vergleichbare Grundrechtssensibilität aufweist.

1076 Obwohl für *Götz*, Der Schutz von Betriebs- und Geschäftsgeheimnissen im Zivilverfahren, S. 41, „Betriebs- und Geschäftsgeheimnissen […] jeglicher Persönlichkeitsbezug" fehlt, wird doch aus dem Merkmal der Kundenlisten deutlich, dass Betriebs- und Geschäftsgeheimnisse immerhin in einem Zusammenhang mit personalen Gehalten stehen können; für *Breuer*, NVwZ 1986, S. 171 (174), gehören Betriebs- und Geschäftsgeheimnisse „eindeutig" nicht zu den personenbezogenen Daten.

1077 3. Teil, D. IV. 3. a).

1078 Vgl. 3. Teil, D. IV. 3. b).

1079 Vgl. dazu 3. Teil, D. IV. 4.

1080 *Mann*, in: Sachs, GG, Art. 12, Rn. 21 ff.

1081 3. Teil, D. V. 1. c), 2. b) bb).

VII. Vierte Ebene: Intensivschutzebene

Die *vierte* Ebene umfasst die Erzeugung und Weiterverwendung von Wissensressourcen *mit erheblichem Gewicht* aus den Mitgliedsunternehmen,[1082] wobei es zu Eingriffen in die Schutzbereiche spezieller Freiheitsgrundrechte[1083] kommen kann.[1084]

Das betrifft im Wesentlichen:

- die Erzeugung von Wissensressourcen *mit erheblichem Gewicht* der Mitgliedsunternehmen durch die Inanspruchnahme der in den ordnungsrechtlichen Instrumenten angelegten unselbstständig erzeugenden Potentiale[1085] oder durch die in (§§ 199 ff. SGB VII i.V.m.) § 35 Abs. 1, Abs. 4 SGB I i.V.m. §§ 67 ff. SGB X[1086] angelegten Potentiale,[1087]

1082 Die Vorgaben der *vierten* Ebene sind im Hinblick auf ausländische Unternehmen, die eine Tätigkeit im Inland ausüben, ohne einer Berufsgenossenschaft anzugehören, insbesondere im Rahmen von Überwachungen nach §§ 17 Abs. 1, 19 Abs. 2 SGB VII zu berücksichtigen.

1083 Im Hinblick auf Wissensressourcen *mit erheblichem Gewicht* aus ausländischen Unternehmen, die keine Immaterialgüterrechte hervorbringen, kommt dabei Art. 2 Abs. 1 GG in unionrechtskonformer bzw. in erweiternder Auslegung zur Anwendung, wodurch dasselbe Schutzniveau wie von Art. 12 Abs. 1 GG gewährleistet wird.

1084 3. Teil, D. III. 1.

1085 § 3 Abs. 4 DGUV Vorschrift 1 (Auskunftsverlangen), § 19 Abs. 2 S. 1 Nr. 1 SGB VII (Besichtigung von Grundstücken und Betriebsstätten), § 19 Abs. 2 S. 1 Nr. 2 SGB VII (Auskunftsverlangen zur Durchführung der Überwachung), § 192 SGB VII (Mitteilungspflichten der Unternehmer und Auskunftsverlangen), wobei § 192 Abs. 1 und 4 SGB VII vor allem in der Schutzebene zur Anwendung kommt, § 193 Abs. 1, 2 SGB VII (Unfall- und Berufskrankheits-Verdachts-Anzeigen), § 207 Abs. 1 SGB VII (Datenverarbeitung zur Prävention), § 46 Abs. 2 OWiG i.V.m. den entsprechenden Vorschriften der StPO (Rechte zur Aufklärung des Sachverhalts im Ordnungswidrigkeitenverfahren) sowie § 103 Abs. 2 SGB VII, grundsätzlich §§ 26 ff. bzw. §§ 56 ff. SGB VII i.V.m. § 192 Abs. 3 S. 1 SGB VII gegebenenfalls i.V.m. §§ 20 f. SGB X (Verwaltungsmaßnahmen in den Bereichen der Rehabilitation und Entschädigung).

Die Überwachungsbefugnisse aus § 19 Abs. 2 S. 1 Nr. 1 SGB VII (Prüfung von Grundstücken und Betriebsstätten), § 19 Abs. 2 S. 1 Nr. 3 SGB VII (Einsicht in Unterlagen zur Überwachung), § 19 Abs. 2 S. 1 Nr. 4 SGB VII (Prüfung von Arbeitsmitteln und Schutzausrüstungen), § 19 Abs. 2 S. 1 Nr. 5 SGB VII (Untersuchung von Arbeitsverfahren und Arbeitsabläufen), § 19 Abs. 2 S. 1 Nr. 6 SGB VII (Entnahme von Proben), § 19 Abs. 2 S. 1 Nr. 7 SGB VII (Ursachenanalyse) sind grundsätzlich in der *vierten* Ebene zu verorten, weil sie vor allem Wissensressourcen *mit erheblichem Gewicht* betreffen. Gleichwohl können sie im Einzelfall auch in der Schutzebene zum Tragen kommen, siehe dazu 3. Teil, D. V.

1086 Die Vorschriftenkette kommt mit *Eichendorf*, in: jurisPK-SGB VII, Stand: 15.01.2022, § 19, Rn. 51, vor allem aus Rechtfertigungsgesichtspunkten in „Verknüpfung“ mit den gesetzlichen Regelungen, in denen kognitive Potentiale angelegt sind,

- die Aufnahme von uninterpretierten Wissensressourcen *mit erheblichem Gewicht*, die Dritte anhand bestimmter Verbundpotentiale übermitteln,
- die interpretations*freie* Weiterverwendung[1088] der dabei gewonnenen Wissensressourcen. Davon sind beispielsweise auch Übermittlungen an Dritte umfasst.[1089]

Diese Maßnahmen sind in der *vierten* Ebene zu verorten, weil sie Wissensressourcen *mit erheblichem Gewicht* der Mitgliedsunternehmen betreffen. Das ist der entscheidende Unterschied zu den ansonsten vergleichbaren Maßnahmen der Schutzebene, die lediglich tätigkeits*bedeutsame* Wissensressourcen betreffen.

Daneben umfasst die *vierte* Ebene zusätzlich eigene Beobachtungen der Genossenschaften, die mit den grundrechtsbeeinträchtigenden Maßnahmen einhergehen und aufgrund dieses Zusammenhangs eine gesteigerte Grundrechtssensibilität aufweisen.[1090] Das gilt gleichermaßen für interpretations*getragene* Weiterverwendungen von Wissensressourcen *mit erheblichem Gewicht*, die durch grundrechtsbeeinträchtigende Maßnahmen erzeugt wurden.[1091] Da diese eigenen Beobachtungen und interpretations*getragenen* Weiterverwendungen die Schutzbereiche spezieller Freiheitsgrundrechte nicht beeinträchtigen, können für sie ausschließlich Vorgaben anhand objektivrechtlicher Grundrechtsgehalte formuliert werden.

Gleichwohl weist die *vierte* Ebene eine größere Grundrechtssensibilität als die Intensivstrukturebene auf. Daher müssen die Konstellationen in der *vierten* Ebene nicht nur strukturiert, sondern wiederum ein erweitertes Schutzregime für die Wissensressourcen *mit erheblichem Gewicht* aus den Mitgliedsunter-

zum Tragen, weil sie die bereichsspezifischen Ermächtigungsgrundlagen zur Erzeugung und Weiterverwendung von Betriebs- und Geschäftsgeheimnissen durch die Berufsgenossenschaften und den Spitzenverband enthält.

1087 Daneben trifft das auch auf diejenigen Konstellationen zu, in denen sich im Zusammenhang mit den anregenden und kooperativen Instrumenten bloße Nachfragen der Genossenschaften zu gezielten Aufforderungen verdichten, die eine Offenlegung bestimmter Wissensressourcen *mit erheblichem Gewicht* verlangen. In diesen Konstellationen kommt ein Eingriff in Betracht. Solche Konstellationen sind grundsätzlich in der *vierten* Ebene zu verorten. Das gilt auch in denjenigen Konstellationen, in denen eine bestimmte Art der Weiterverwendung nicht mehr von einer entsprechenden Zweckbestimmung der Mitgliedsunternehmen gedeckt sein sollte.

1088 Die genossenschaftsinterne interpretations*freie* Weiterverwendung ermöglichen insbesondere sämtliche Vorschriften, in denen auch verwertende Potentiale angelegt sind.

1089 Zu den Vorschriften mit Verbundpotentialen für Übermittlungen an Dritte siehe 3. Teil, D. V.

1090 3. Teil, D. III. 1.

1091 3. Teil, D. III. 1.

nehmen vorgehalten werden. Dafür sind die auf tätigkeits*bedeutsame* Wissensressourcen ausgerichteten Vorgaben der Schutzebene nicht ausreichend. Die in der *vierten* Ebene betroffenen Wissensressourcen *mit erheblichem Gewicht* bedürfen vielmehr eines intensiveren Schutzes, weshalb die *vierte* Ebene auch als Intensivschutzebene bezeichnet werden kann.

1. Schutzbereichsfragen

In der Intensivschutzebene ist der einschlägige Schutzbereich anhand derselben Erwägungen wie in der Intensivstrukturebene zu identifizieren.[1092] Demnach sind für Immaterialgüterrechte, die von den kognitiven Potentialen kaum betroffen werden, Art. 14 Abs. 1 GG und die sie einfach-gesetzlich ausgestaltenden Vorschriften heranzuziehen.[1093] Demgegenüber nehmen auch in der Intensivschutzebene diejenigen Wissensressourcen *mit erheblichem Gewicht*, die nicht durch einfach-gesetzliche Regelungen natürlichen oder juristischen Personen zugeordnet werden (können), die zentrale Bedeutung ein. Diese werden von der Berufsfreiheit geschützt.[1094] Deren Schutzbereich kann durch die Erzeugung und interpretations*freie* Weiterverwendung von Wissensressourcen *mit erheblichem Gewicht* beeinträchtigt werden. Daher gilt es in der Intensivschutzebene den Blick zunächst auf die subjektiv-abwehrrechtlichen Gehalte der Berufsfreiheit zu richten.

2. Klassischer subjektiv-abwehrrechtlicher Schutz

a) Eingriff durch Inanspruchnahme kognitiver Potentiale

Für die Berufsfreiheit hat das BVerfG mit Zustimmung von weiten Teilen der Literatur eine spezifische Eingriffsdogmatik entwickelt.[1095] Demnach soll ein Eingriff in die Berufsfreiheit eine subjektiv[1096] oder objektiv[1097] berufs-

---

[1092] 3. Teil, D. VI. 1.

[1093] 3. Teil, D. VI. 1.

[1094] Siehe dazu 3. Teil, D. I. 3. a) dd), II. 1. b). Im Hinblick auf Wissensressourcen *mit erheblichem Gewicht* aus ausländischen Unternehmen, die keine Immaterialgüterrechte hervorbringen, wird durch unionsrechtskonforme bzw. erweiternde Auslegung des Art. 2 Abs. 1 GG dasselbe Schutzniveau wie über Art. 12 Abs. 1 GG erreicht.

[1095] Siehe beispielsweise BVerfGE 97, 228 (253 f.); *Mann*, in: Sachs, GG, Art. 12, Rn. 93 ff.

[1096] Siehe dazu *Manssen*, in: Huber/Voßkuhle, GG, Band 1, Art. 12, Rn. 74.

[1097] BVerfGE 37, 1 (17); 55, 7 (25 ff.); 70, 191 (214); 95, 267 (302); 97, 228 (253 f.); 129, 208 (266 f.); 156, 63 (128); 161, 1 (36); 162, 325 (346); 163, 107 (134); 164, 347 (415); *Kämmerer*, in: von Münch/Kunig, GG, Band I, Art. 12, Rn. 92; *F. Wol-*

regelnde Tendenz aufweisen müssen.[1098] Demgegenüber stellt eine beachtliche Gegenansicht in der Literatur[1099] auf die materielle Betroffenheit des Grundrechtsträgers ab und fragt, ob eine eingriffsrelevante Erheblichkeitsschwelle überschritten wurde.[1100]

Unabhängig davon, welcher Ansicht der Vorzug eingeräumt wird, ermöglicht die Inanspruchnahme der in der Intensivschutzebene verorteten Potentiale einen Zugriff auf die innersten kognitiven Grundlagen eines Mitgliedsunternehmens und deren Weiterverwendung.[1101] Daher weisen die kognitiven Potentiale nicht nur eine berufsregelnde Tendenz auf. Durch ihre Inanspruchnahme wird grundsätzlich auch die eingriffsrelevante Erheblichkeitsschwelle überschritten.[1102] Aus diesem Grund ist die Erzeugung und interpretations*freie* Weiterverwendung[1103] von Wissensressourcen *mit erheblichem Gewicht* der Mitgliedsunternehmen durch die in der Intensivschutzebene verorteten Maßnahmen sowohl nach der Rechtsprechung als auch nach der Gegenansicht der Literatur grundsätzlich[1104] als Eingriff zu qualifizieren.[1105]

b) Rechtfertigungspflicht

Die in der Intensivschutzebene verorteten Maßnahmen stehen aufgrund ihres Eingriffscharakters nach dem klassischen Schutzbereich-Eingriff-Schranken-Schema unter Rechtfertigungszwang. Die damit einhergehende Rechtfertigungspflicht nimmt ihren Ausgang in der Qualifizierung des Art. 12 Abs. 1

---

lenschläger, in: Dreier, GG, Band I, Art. 12, Rn. 65 ff.; siehe auch die Nachweise auf die Rspr. bei *Manssen*, in: Huber/Voßkuhle, GG, Band 1, Art. 12, Rn. 74.

1098 *Kingreen/Poscher*, Grundrechte, Rn. 1084 ff.; siehe dazu auch *Manssen*, in: Huber/Voßkuhle, GG, Band 1, Art. 12, Rn. 74 ff.; *Sodan*, DÖV 1987, S. 858 (864); *Cremer*, DÖV 2003, S. 921 (928).

1099 So *Papier*, Der Staat 11 (1972), S. 483 (494 f.); *Manssen*, in: Huber/Voßkuhle, GG, Band 1, Art. 12, Rn. 75; *Breuer*, in: Isensee/Kirchhof, HStR, Band VIII, § 171, Rn. 44 m. w. N.

1100 So die Konkretisierung der „materiellen Betroffenheit" bei *Beyerbach*, Die geheime Unternehmensinformation, S. 269.

1101 Dabei ist für die Übermittlung an Dritte auf die Vorschriften mit Verbundpotentialen abzustellen, siehe dazu 3. Teil, D. V.

1102 Vgl. *Beyerbach*, Die geheime Unternehmensinformation, S. 269.

1103 Dadurch kommt es nicht nur zu einer Aufrechterhaltung, sondern darüber hinaus zu einer Vertiefung des Eingriffs.

1104 Keinen Eingriff verkörpern beispielsweise eigene Beobachtungen der Genossenschaften.

1105 Das folgt für Eingriffe aufgrund eines Gesetzes aus der Erwägung, dass den in der Intensivschutzebene verorteten kognitiven Potentialen, die Eingriffe aufgrund eines Gesetzes ermöglichen, eine berufsregelnde Tendenz zugesprochen werden kann.

S. 2 GG als einfachem Gesetzesvorbehalt[1106], der jedenfalls ein verfassungsgemäßes, insbesondere verhältnismäßiges, Gesetz erfordert.[1107]

aa) Vereinbarkeit mit den Anforderungen der Stufenlehre

Trotz der bereits dargestellten Vorbehalte[1108] folgen die Anforderungen an die einfach-gesetzlichen Vorschriften insbesondere aus dem Verhältnismäßigkeitsgrundsatz. Dieser kommt im Rahmen der Berufsfreiheit allerdings nicht isoliert, sondern zusammen mit der von der Rechtsprechung entwickelten Stufenlehre[1109] zur Anwendung.[1110] Diese unterscheidet zwischen bloßen Berufsausübungsregelungen sowie subjektiven und objektiven Berufszulassungsschranken[1111] und fordert mit zunehmender Intensität der Grundrechtsbeeinträchtigung, die Rechtfertigung an entsprechend höherwertigen Gemeinwohlbelangen auszurichten.[1112]

Nach der Terminologie der Stufenlehre sind die Vorschriften, die die Erzeugung und interpretations*freie* Weiterverwendung von Wissensressourcen *mit erheblichem Gewicht* ermöglichen,[1113] als Beschränkungen[1114] einzuordnen,

---

1106 Dazu BVerfGE 141, 82, (98); 163, 107 (136); *Mann*, in: Sachs, GG, Art. 12, Rn. 106; *Kämmerer*, in: von Münch/Kunig, GG, Band I, Art. 12, Rn. 78 f., 109; *Manssen*, in: Huber/Voßkuhle, GG, Band 1, Art. 12, Rn. 6, 104; *Kingreen/Poscher*, Grundrechte, Rn. 1104.

1107 *Manssen*, in: Huber/Voßkuhle, GG, Band 1, Art. 12, Rn. 107 ff.

1108 Siehe dazu 3. Teil, D. V. 1. b) bb).

1109 Zuerst BVerfGE 7, 377 ff. (Apothekenurteil); zur Rechtsprechungsentwicklung siehe *Mann*, in: Sachs, GG, Art. 12, Rn. 125 ff., für den die Stufenlehre in eine umfassende Verhältnismäßigkeitsprüfung überführt wurde; für *Kämmerer*, in: von Münch/Kunig, GG, Band I, Art. 12, Rn. 123, hat sich das BVerfG mittlerweile von der Stufenlehre abgekehrt; dem widerspricht *Sodan*, in: Stern/ders./Möstl, Staatsrecht, Band IV, § 125, Rn. 92, wonach Grundgedanken der Stufenlehre „auch heute noch in der Verfassungsrechtsprechung eine Rolle spielen“; kritisch in Bezug auf eine Rückbesinnung auf den Wortlaut *Lücke*, Die Berufsfreiheit, passim; *Hufen*, NJW 1994, S. 2913 (2917); zu weiteren kritischen Stimmen siehe die Nachweise bei *F. Wollenschläger*, in: Dreier, GG, Band I, Art. 12, Rn. 128, der den Grundgedanken der Stufenlehre selbst für richtig hält.

1110 *Epping/Lenz/Leydecker*, Grundrechte, Rn. 409 ff.; *Kingreen/Poscher*, Grundrechte, Rn. 1106 ff.

1111 Siehe dazu *F. Wollenschläger*, in: Dreier, GG, Band I, Art. 12, Rn. 110 ff.; *Mann*, in: Sachs, GG, Art. 12, Rn. 130 ff. m. w. N. auf die Rechtsprechung.

1112 BVerfGE 7, 377 (401 ff.); siehe dazu nur *Kingreen/Poscher*, Grundrechte, Rn. 1106.

1113 Sofern auf Grundlage der einfach-gesetzlichen Vorschriften des ordnungsrechtlichen Instrumentariums Wissensressourcen *mit erheblichem Gewicht* betroffen werden, sind die Vorschriften als Berufsausübungsregelungen zu qualifizieren. Sofern auf Grundlage dieser Vorschriften demgegenüber lediglich tätigkeits*bedeutsame* Wissens-

die die Berufsausübung betreffen.[1115] Solche Beschränkungen können nach der Stufenlehre durch sachgerechte und vernünftige Erwägungen des Gemeinwohls legitimiert werden, sofern sie auch im Übrigen verhältnismäßig sind.[1116]

Da die in der Intensivschutzebene verorteten einfach-gesetzlichen Vorschriften samt der darin angelegten kognitiven Potentiale jedenfalls der Verwirklichung des Präventionsauftrags[1117] und damit dem sozialen Schutz vor Gesundheitsrisiken des Arbeitslebens dienen,[1118] sind sie durch sachgerechte und vernünftige Erwägungen des Gemeinwohls legitimiert. Die Vorgaben der Stufenlehre sind damit erfüllt, weshalb letztlich wieder dem Verhältnismäßigkeitsgrundsatz die entscheidende Bedeutung für die Beurteilung der Rechtfertigung zukommt.[1119] Dabei gilt – mit Ausnahme von zwei Besonderheiten – im Wesentlichen das zur Verhältnismäßigkeit beim Recht auf informationelle Selbstbestimmung juristischer Personen in der Schutzebene Gesagte.[1120]

Die *erste Besonderheit* zeigt sich bei der *Erforderlichkeit* der Weiterverwendung von uninterpretierten Wissensressourcen *mit erheblichem Gewicht.* Solche Weiterverwendungen sind beispielsweise bei Übermittlungen nach §§ 199 Abs. 2 S. 1 oder 207 SGB VII möglich.[1121] Hierbei spielt die Anonymisierung als milderes, gleich geeignetes Mittel keine so gewichtige eine Rolle, weil bei den Maßnahmen in der Intensivschutzebene der Bezug von Wissensressourcen *mit erheblichem Gewicht* zu einem bestimmten Mitgliedsunternehmen oftmals erforderlich bleibt, damit der Präventionsauftrag sachgerecht erfüllt werden kann. Das machen beispielsweise Gefahrstoffe deutlich, die von einem bestimmten Mitgliedsunternehmen hergestellt werden. Sofern ein Bezug zu einem bestimmten Unternehmen demgegenüber nicht (mehr) erforderlich ist, gilt es auch in der Intensivschutzebene die entsprechenden

---

ressourcen betroffen werden, sind sie vielmehr als bloße Schranken des Rechts auf informationelle Selbstbestimmung zu qualifizieren. In kognitiven Zusammenhängen kommt es für die Beurteilung der einfach-gesetzlichen Vorschriften mithin immer auch auf die Bedeutung der betroffenen Wissensressourcen an.

1114 Siehe dazu *Kämmerer*, in: von Münch/Kunig, GG, Band I, Art. 12, Rn. 128.

1115 Vgl. *Beyerbach*, Die geheime Unternehmensinformation, S. 272, zu Informationsansprüchen.

1116 Vgl. BVerfGE 7, 377 (405f.); 16, 286 (297); 65, 116 (125f.); 78, 155 (162); 101, 331 (347); 109, 64 (85); 158, 1 (30); 161, 1 (61f.); in BVerfGE 51, 193 (208); 68, 155 (171); 86, 28 (40ff.); 87, 287 (321f.); 119, 59 (81ff.), verschränkt das BVerfG demgegenüber die Stufenlehre mit einer umfassenden Verhältnismäßigkeitsprüfung, siehe zu beiden Varianten *Mann*, in: Sachs, GG, Art. 12, Rn. 142ff.

1117 Das gilt auch für die Verbundpotentiale.

1118 Siehe 3. Teil, D. V. 1. b) bb) (1).

1119 Allgemein *Stern*, Staatsrecht, Band III/2, § 84, III., 5., c); *Mann*, in: Sachs, GG, Art. 12, Rn. 142ff.

1120 Siehe 3. Teil, D. V. 1. b) bb).

1121 Das gilt auch für Übermittlungen i. S. v. §§ 67e ff. SGB X.

Wissensressourcen *mit erheblichem Gewicht* als milderes, gleich geeignetes Mittel zu anonymisieren. Dafür gilt es wiederum die Merkmale „erforderlich" und „dürfen" in §§ 199 Abs. 2, 207 SGB VII verfassungskonform anzuwenden.[1122]

Die *zweite Besonderheit* kommt bei der *Angemessenheit* zum Tragen. Obwohl dieses Element bei kognitiven Fragestellungen lediglich als Stimmigkeitskontrolle zu verstehen ist, muss in der Intensivschutzebene das gesteigerte Interesse der Mitgliedsunternehmen an der Nichtpreisgabe ihrer Wissensressourcen *mit erheblichem Gewicht* berücksichtigt werden.[1123] Dem kann dadurch Rechnung getragen werden, dass ein spiegelbildlich gesteigertes Interesse der Genossenschaften für die Erzeugung und interpretations*freie* Weiterverwendung gefordert wird. Dieses äußert sich vor allem dadurch, dass die Genossenschaften auf die Erzeugung der Wissensressourcen *mit erheblichem Gewicht* und deren interpretations*freie* Weiterverwendung zur Erfüllung ihrer Aufgaben angewiesen[1124] sein müssen.

Das Merkmal der Angewiesenheit wird in denjenigen Vorschriften, die Eingriffe durch Gesetz ermöglichen (§ 192 Abs. 1, 2 und 4 sowie § 193 Abs. 1 und 2 SGB VII), nicht ausdrücklich genannt. Dies ist allerdings unerheblich, weil diese Vorschriften eine Ausprägung dieses Merkmals verkörpern. Das befreit die Genossenschaften aber nicht davon, die Angewiesenheit im Zusammenhang mit der Anwendung dieser Vorschriften sicherzustellen.

bb) Grundrechtskonforme Inanspruchnahme kognitiver Potentiale

Die Vorschriften, die Eingriffe aufgrund eines Gesetzes ermöglichen, müssen zusätzlich grundrechtskonform angewendet werden.[1125] In der Intensivschutzebene bedeutet das vor allem, dass im Zeitpunkt der Erzeugung bzw. der interpretations*freien* Weiterverwendung von Wissensressourcen *mit erheblichem Gewicht* der Mitgliedsunternehmen feststehen muss, inwiefern die Genossenschaften darauf angewiesen sind. Hierfür muss ein sachlich-inhalt-

---

1122 Das gilt auch für das Merkmal „erforderlich" im Zusammenhang mit Übermittlungen i.S.v. §§ 68ff. SGB X.

1123 Vgl. BVerfGE 115, 205 (244).

1124 *Frank*, Der Schutz von Unternehmensgeheimnissen im Öffentlichen Recht, S. 214, spricht von Bedürfnissen der Öffentlichkeit wie Sicherheit; zum Merkmal der Angewiesenheit siehe BVerfGE 50, 290 (340f.), in Bezug auf die sozialen Bezüge der Eigentumsgarantie; dazu kritisch *Leisner*, in: Isensee/Kirchhof, HStR, Band VIII, § 173, Rn. 63.

1125 *Kingreen/Poscher*, Grundrechte, Rn. 408, 485; siehe auch *Sachs*, Verfassungsrecht II, S. 180ff.

licher Zusammenhang zwischen den Wissensressourcen *mit erheblichem Gewicht* und den genossenschaftlichen Aufgaben bestehen.[1126]

c) *Ausstrahlwirkung auf das Sozialdatenschutzrecht*

Aus der grundrechtlichen Perspektive ist die Erzeugung von Wissensressourcen *mit erheblichem Gewicht* der Mitgliedsunternehmen und deren interpretations*freie* Weiterverwendung gerechtfertigt, sofern die Genossenschaften darauf zur Erfüllung ihrer Aufgaben angewiesen sind.

Das Merkmal der Angewiesenheit strahlt[1127] dabei auf das einfach-gesetzliche Sozialdatenschutzrecht und den dort verankerten Schutz der Betriebs- und Geschäftsgeheimnisse[1128] aus. Dabei wirkt das Merkmal in Gestalt einer Kommunikationsbegrenzungsregel in denjenigen Konstellationen, in denen seine Voraussetzungen nicht erfüllt werden. Auf diese Weise wird das einfachgesetzliche Schutzregime[1129] seiner grundrechtlichen Bedeutung entsprechend aufgewertet.

d) *Zusätzliche Pflichten in abwehrrechtlichen Situationen*

Mit dem Merkmal der Angewiesenheit ist in der Intensivschutzebene zwar eine zusätzliche Anforderung aus der subjektiv-abwehrrechtlichen Perspektive zu berücksichtigen. Diese entfaltet aber nur punktuelle Wirkungen.

Für allgemeine Vorgaben gilt es, analog zur Schutzebene, wieder auf die verfahrensrechtliche Dimension der Berufsfreiheit abzustellen, die auch im Zusammenhang mit deren subjektiv-abwehrrechtlichen Grundrechtsgewährleistungen zum Tragen kommt.[1130] Da in der Intensivschutzebene dem Grunde nach die gleichen grundrechtlichen Gefährdungslagen wie in der Schutzebene bestehen, sind auch in der Intensivschutzebene zusätzliche *Pflichten* der Genossenschaften *zur Dokumentation* und *Offenlegung* angezeigt.[1131]

1126 Ein ausreichender sachlich-inhaltlicher Zusammenhang besteht jedenfalls mit den in § 199 Abs. 1 S. 2 SGB VII aufgezählten Aufgaben.

1127 Allgemein *Stern*, in: Isensee/Kirchhof, HStR, Band IX, § 185, Rn. 83.

1128 Siehe dazu (§§ 199 ff. SGB VII i. V. m.) § 35 Abs. 1, Abs. 4 SGB I (gegebenenfalls i. V. m. §§ 67 ff. SGB X).

1129 Siehe dazu 2. Teil, A. I. 6., D.

1130 Vgl. 3. Teil, D. V. 1. c): Die zusätzlichen Anforderungen zum Schutz der informationellen Selbstbestimmung juristischer Personen können aber nicht ohne Weiteres auf die Berufsfreiheit und die in der Intensivschutzebene verorteten Konstellationen übertragen werden.

1131 Vgl. 3. Teil, D. V. 1. c).

Diese sind in der Intensivschutzebene auf die gesteigerte grundrechtliche Schutzbedürftigkeit der Wissensressourcen *mit erheblichem Gewicht* auszurichten. Daraus folgt, dass die Genossenschaften sowohl die Erzeugung von Wissensressourcen *mit erheblichem Gewicht* der Mitgliedsunternehmen als auch deren interpretations*freie* Weiterverwendung ebenso wie die Angewiesenheit grundsätzlich dokumentieren und offenlegen müssen. Dadurch wird den Mitgliedsunternehmen einerseits die Möglichkeit eröffnet, deren Erzeugung und Weiterverwendung nachzuvollziehen. Andererseits können sie dadurch das kognitive Tätigwerden der Genossenschaften sowie die Frage der Angewiesenheit überprüfen und auf gegebenenfalls notwendige Korrekturen hinwirken.

Darüber hinaus zeigt sich bei der Weiterverwendung von uninterpretierten Wissensressourcen *mit erheblichem Gewicht*, die über das jeweilige Mitgliedsunternehmen hinausgeht, noch eine zusätzliche Pflicht. Diese fordert aufgrund der gesteigerten grundrechtlichen Schutzbedürftigkeit von Wissensressourcen *mit erheblichem Gewicht* eine *Information*[1132] der Mitgliedsunternehmen *vor* der über das Unternehmen hinausgehenden nicht anonymisierten Weiterverwendung. Dadurch wird den Mitgliedsunternehmen die Möglichkeit eröffnet, Einwände zu erheben, die von den Genossenschaften berücksichtigt werden müssen.[1133] Sofern die Genossenschaften die Wissensressourcen *mit erheblichem Gewicht* schließlich trotz Einwänden über das jeweilige Unternehmen hinaus in nicht anonymisierter Weise weiterverwenden, schließt sich unmittelbar daran die Offenlegungspflicht an.

e) Forderung zusätzlicher Schutzgehalte

Neben der Kommmunikationsbegrenzungsregel der Angewiesenheit und den *Pflichten zur Dokumentation*, *Offenlegung* und *Information* folgen aus der subjektiv-abwehrrechtlichen Dimension der Berufsfreiheit keine weiteren Vorgaben. Analog zur Schutzebene[1134] bedarf es dafür wiederum eines Rückgriffs auf objektiv-rechtliche Grundrechtsgehalte, die auch in der Intensivschutzebene neben den subjektiv-abwehrrechtlichen Gehalten zur Anwendung kommen können.[1135] Dagegen spricht nicht, dass in der Intensivschutzebene mit der Angewiesenheit bereits eine Kommunikationsbegrenzungsregel zur Anwendung kommt. Diese entfaltet keine Sperrwirkung gegenüber einem Rückgriff auf objektiv-rechtliche Grundrechtsgehalte. In diesem Zusammen-

---

[1132] Zur verfahrensrechtlichen Kompensierung von Eingriffen durch Auskunftspflichten siehe *Jarass*, in: Merten/Papier, HGR, Band II, § 38, Rn. 55.

[1133] Beispielsweise im Hinblick auf die Vorgaben des § 207 Abs. 3 SGB VII.

[1134] 3. Teil, D. V. 2.

[1135] 3. Teil, D. III. 3.

hang gilt es zu beachten, dass Vorgaben für eigene Beobachtungen der Genossenschaften und interpretations*getragene* Weiterverwendungen von Wissensressourcen *mit erheblichem Gewicht*[1136] ohnehin ausschließlich anhand objektiv-rechtlicher Grundrechtsgehalte formuliert werden können.

3. Schutzgewährleistungen aus objektiv-rechtlichen Grundrechtsgehalten

a) Rechtliche Parameter

Für die aus objektiv-rechtlichen Grundrechtsgehalten abzuleitenden Ausgestaltungsvorgaben der Intensivschutzebene sind die rechtlichen Parameter der Intensivstrukturebene, die auf die Berufsfreiheit ausgerichtet sind, heranzuziehen.[1137]

b) Konkrete Ausgestaltungsvorgaben

aa) Modifizierte Anwendbarkeit der Vorgaben der Intensivstrukturebene

Für die objektiv-rechtliche Ausgestaltung der Intensivschutzebene gilt es zunächst auf die für die Intensivstrukturebene gewonnenen Vorgaben zurückzugreifen. Diese können grundsätzlich auch in der Intensivschutzebene zur Anwendung kommen, weil diese ebenfalls Konstellationen der Erzeugung und Weiterverwendung von Wissensressourcen *mit erheblichem Gewicht* erfasst.

Dabei gilt es sich zuerst der grundlegenden Ausgestaltungsvorgabe der *Quantität*[1138] zuzuwenden. Diese findet Anwendung, wenn kognitive Potentiale nicht in Anspruch genommen werden, um konkrete Präventionsmaßnahmen gegenüber den Mitgliedsunternehmen auszuüben, beispielsweise im Rahmen von §§ 192 Abs. 3 S. 1, 207 SGB VII oder § 3 Abs. 4 DGUV Vorschrift 1.

Obwohl die Mitgliedsunternehmen auch in der Intensivschutzebene grundsätzlich keinen Einfluss auf die Erzeugung von Wissensressourcen *mit erheblichem Gewicht* aus ihren Mitgliedsunternehmen haben, findet die innerperspektivische *Transparenzpflicht*[1139] dort dennoch Anwendung. Demnach sind auch in der Intensivschutzebene die zusätzlichen Bedeutungsgehalte der kog-

---

[1136] 3. Teil, D. III. 1.

[1137] Vgl. dazu 3. Teil, D. VI. 2.

[1138] Siehe dazu 3. Teil, D. IV. 2. a), VI. 3.

[1139] Siehe dazu 3. Teil, D. IV. 2. b) bb), VI. 3.

nitiven Potentiale und die damit in Zusammenhang stehenden Verwendungszusammenhänge gegenüber den Mitgliedsunternehmen offenzulegen.[1140] Diese *Transparenzpflicht* kann auch in der Intensivschutzebene anhand der Vorbemerkungen in verschiedenen DGUV Regeln als in abstrakter Weise erfüllt angesehen werden. Sie verdichtet sich in der Intensivschutzebene zudem in denjenigen Konstellationen zu einer Aufklärungspflicht, in denen die Genossenschaften beabsichtigen, Wissensressourcen *mit erheblichem Gewicht* aus den Mitgliedsunternehmen interpretations*getragen* zu Informationen bzw. Wissen zu vollenden und in Gestalt ihrer Grundlagen an Dritte zu übermitteln.

Das *Erforderlichkeitskriterium*[1141] kommt in der Intensivschutzebene zunächst bei der Erzeugung von Wissensressourcen *mit erheblichem Gewicht* durch eigene Beobachtungen der Genossenschaften zum Tragen. Für die anderweitigen Formen der Erzeugung findet in der Intensivschutzebene bereits die aus den subjektiv-abwehrrechtlichen Gehalten folgende Kommunikationsbegrenzungsregel der Angewiesenheit Anwendung.[1142] Diese enthält im Ergebnis strengere Anforderungen als das *Erforderlichkeitskriterium*, weshalb dieses daneben keine weiteren Vorgaben bereitzuhalten vermag.

Demgegenüber kommen die Pflichten zur *Gewährleistung von Vertraulichkeit*[1143] sowie zur *Gewährleistung von Integrität*[1144] auch in der Intensivschutzebene umfassend zur Anwendung.

Daneben kommt in der Intensivschutzebene das *Erforderlichkeitskriterium*[1145] lediglich bei interpretations*getragenen* Weiterverwendungen von Wissensressourcen *mit erheblichem Gewicht* zum Tragen. Für interpretations*freie* Weiterverwendungen findet bereits die strengere Kommunikationsbegrenzungsregel der Angewiesenheit Anwendung.[1146]

Bei der interpretations*getragenen* Weiterverwendung folgen aus dem *Erforderlichkeitskriterium* sowohl Vorgaben für die Vollendung von Wissensressourcen zu Informationen und Wissen als auch insbesondere für deren Weiterverwendung. Diese Weiterverwendungen müssen zur Erfüllung eines konkreten Zwecks erforderlich sein.

Daran anknüpfend besteht in der Intensivschutzebene für interpretations*getragene* Weiterverwendungen eine Pflicht zur *Anonymisierung*[1147], sobald

---

1140 Vgl. 3. Teil, D. IV. 2. b) bb), VI. 3.

1141 Siehe dazu 3. Teil, D. IV. 2. b) cc), VI. 3.

1142 Vgl. 3. Teil, D. VII. 2. b) aa).

1143 Siehe dazu 3. Teil, D. IV. 2. b) dd), VI. 3.

1144 Siehe dazu 3. Teil, D. IV. 2. c) aa), VI. 3.

1145 Siehe dazu 3. Teil, D. IV. 2. c) bb), VI. 3.

1146 Vgl. 3. Teil, D. VII. 2. b) aa).

1147 Siehe dazu 3. Teil, D. IV. 2. c) cc), VI. 3.

ein Bezug zu einem bestimmen Mitgliedsunternehmen nicht mehr erforderlich ist.[1148]

Die übergreifende Ausgestaltungsvorgabe des *Gegenseitigkeitsprinzips*[1149] entfaltet auch in der Intensivschutzebene Wirkungen. Damit kommt sie in allen *vier* Ebenen zur Anwendung und gewinnt dadurch eine sämtliche Ebenen übergreifende Bedeutung. Daher muss die Einhaltung dieser Vorgabe – wie bereits ausgeführt – aus einer ebenenübergreifenden Perspektive beurteilt werden.[1150]

bb) Spezifische Ausgestaltungsvorgaben der Intensivschutzebene

Aufgrund der gesteigerten Grundrechtssensibilität der Intensivschutzebene im Vergleich zur Intensivstrukturebene sind noch zusätzliche Vorgaben aus den objektiv-rechtlichen Gehalten der Berufsfreiheit in Betracht zu ziehen.[1151] Diese betreffen vor allem eigene Beobachtungen der Genossenschaften und interpretations*getragene* Weiterverwendungen von Wissensressourcen *mit erheblichem Gewicht* aus den Mitgliedsunternehmen.[1152]

In der Intensivschutzebene zeigen sich bei interpretations*getragenen* Weiterverwendungen dem Grunde nach die gleichen grundrechtlich beachtlichen Gefährdungen wie in der Schutzebene.[1153] Dafür gilt es erneut aus der verfahrensrechtlichen Komponente der objektiv-rechtlichen – konkret schutzrechtlichen – Gehalte[1154] der nunmehr einschlägigen Berufsfreiheit Vorgaben zu beschreiben. Daraus lassen sich wiederum zusätzliche *Pflichten* der Genos-

---

1148 Die Pflicht zur Anonymisierung folgt im Hinblick auf interpretations*freie* Weiterverwendungen bereits aus dem Merkmal der Angewiesenheit.

1149 Siehe dazu 3. Teil, D. IV. 2. d), VI. 3.

1150 Siehe dazu 3. Teil, D. IX. 1.

1151 Siehe zur Anwendung objektiv-rechtlicher Gehalte neben subjektiv-abwehrrechtlichen Gehalten 3. Teil, D. III. 3.

1152 Darunter fällt auch die interpretations*getragene* Weiterverwendung von uninterpretierten Wissensressourcen *mit erheblichem Gewicht* der Mitgliedsunternehmen, die von grundrechtsverpflichteten Dritten gewonnen und interpretations*frei* an die Genossenschaften übermittelt wurden. Sofern diese Wissensressourcen bereits durch die Dritten interpretations*getragen* weiterverwendet wurden, sind im Hinblick auf die übermittelten Grundlagen der dabei gebildeten Informationen und des dabei gebildeten Wissens keine zusätzlichen Pflichten der Genossenschaften in Betracht zu ziehen. Dementsprechende Pflichten sind vielmehr für die Dritten im Hinblick auf deren interpretations*getragene* Weiterverwendungen anzeigt. Diese zusätzlichen Pflichten Dritter können im Ergebnis den im Folgenden zu ermittelnden Pflichten entsprechen.

1153 Siehe dazu 3. Teil, D. V. 2. b) bb).

1154 Siehe dazu 3. Teil, D. V. 2. b) bb).

senschaften zur *Dokumentation*[1155] und *Offenlegung*[1156] eigener Beobachtungen ebenso wie der interpretations*getragenen* Vollendung von Wissensressourcen *mit erheblichem Gewicht* aus den Mitgliedsunternehmen zu Informationen und Wissen gewinnen. Diese werden durch eine zusätzliche Pflicht zur *Information* ergänzt. Darüber hinaus kann auch eine *Pflicht zur Gewährleistung von Beteiligungsmöglichkeiten* im Rahmen interpretations*getragener* Weiterverwendungen beschrieben werden.[1157]

(1) Pflichten zur Dokumentation, Offenlegung und Information

Die *Pflichten zur Dokumentation* und *Offenlegung* eigener Beobachtungen und interpretations*getragener* Weiterverwendungen von Wissensressourcen *mit erheblichem Gewicht* aus den Mitgliedsunternehmen haben in der Intensivschutzebene den gleichen Inhalt wie in der Schutzebene.[1158]

Darüber hinaus zeigt sich für Weiterverwendungen von Informationen und Wissen, die über ein Mitgliedschaftsunternehmen hinausgehen, noch eine zusätzliche Pflicht. Diese folgt aus der gesteigerten grundrechtlichen Schutzbedürftigkeit der Intensivschutzebene. Diese fordert eine *Information*[1159] der Mitgliedsunternehmen vor einer über das Unternehmen hinausgehenden nicht anonymisierten Weiterverwendung. Diese *Informationspflicht* folgt nunmehr aus der verfahrensrechtlichen Dimension der objektiv-rechtlichen – konkret schutzrechtlichen – Gehalte der Berufsfreiheit und legt den Genossenschaften im Ergebnis die gleichen Verpflichtungen auf, die bereits aus den subjektiv-abwehrrechtlichen Gehalten beschrieben wurden.[1160]

(2) Pflicht zur Gewährleistung von Beteiligungsmöglichkeiten

Die *Pflicht zur Gewährleistung von Beteiligungsmöglichkeiten* kommt in der Intensivschutzebene grundsätzlich mit dem gleichen Inhalt wie in der Schutzebene zum Tragen. Das bedeutet, die Genossenschaften müssen die Mitgliedsunternehmen beteiligen, wenn sie Wissensressourcen *mit erheb-*

1155 Vgl. 3. Teil, D. V. 2. b) bb) (1).

1156 Vgl. 3. Teil, D. V. 2. b) bb) (2).

1157 Allgemein *Stern*, in: Isensee/Kirchhof, HStR, Band IX, § 185, Rn. 97, der allgemein von besonderen Anforderungen für die Verfahrensteilhabe spricht; siehe auch *Schmidt-Aßmann*, in: Merten/Papier, HGR, Band II, § 45, Rn. 55ff.

1158 Vgl. 3. Teil, D. V. 2. b) bb) (1) und (2).

1159 Zu Informationspflichten, um prozeduralen Grundrechtsschutz zu bewirken, siehe *Calliess*, in: Merten/Papier, HGR, Band II, § 44, Rn. 27f.

1160 Vgl. 3. Teil, D. VII. 1. d).

lichem Gewicht aus den Unternehmen in die Bildung von Organisationswissen auf der Selbstverwaltungsebene einfließen lassen.[1161]

Aufgrund der gesteigerten grundrechtlichen Schutzbedürftigkeit der Wissensressourcen *mit erheblichem Gewicht* müssen alle betroffenen Mitgliedsunternehmen nach der Wissensbildung unmittelbar informiert werden, auch wenn sie keine Stellungnahme abgegeben haben sollten.

cc) Fazit

Die modifizierten und zusätzlichen Pflichten der Intensivschutzebene ergänzen die Kommunikationsbegrenzungsregel der Angewiesenheit und runden den Grundrechtsschutz der Wissensressourcen *mit erheblichem Gewicht* aus den Mitgliedsunternehmen ab.

4. Modifikationen im Hinblick auf personenbezogene Gehalte und Wirkungsabsicherung

Die personenbezogenen Gehalte von Wissensressourcen *mit erheblichem Gewicht*, also die Bezüge zu natürlichen Personen, sind auch in der Intensivschutzebene auf Grundlage des Trennungsgedankens[1162] anhand der Datenschutz-Grundverordnung (EU) 2016/679 und des einfach-gesetzlichen Sozialdatenschutzrechts zu beurteilen.[1163] Sofern Wissensressourcen gleichzeitig einen Unternehmensbezug sowie einen Bezug zu natürlichen Personen haben, kommen die Vorgaben der Intensivschutzebene immerhin ergänzend zur Anwendung.[1164]

Auch die Wirkungsabsicherung der Ausgestaltungsvorgaben der Intensivschutzebene ist wiederum über bestimmte Dokumentationspflichten der Genossenschaften, die den gleichen Inhalt wie in der Schutzebene haben, und die daran anknüpfende Überwachung durch die staatliche Aufsicht sicherzustellen.[1165]

5. Fazit

In der Intensivschutzebene lässt sich aus dem subjektiv-abwehrrechtlichen Gehalt der Berufsfreiheit die Kommunikationsbegrenzungsregel der Ange-

---

1161 Vgl. 3. Teil, D. V. 2. b) bb) (3).

1162 3. Teil, D. IV. 3. a).

1163 Vgl. 3. Teil, D. V. 2. c).

1164 Vgl. 3. Teil, D. V. 2. c).

1165 Vgl. 3. Teil, D. V. 2. d).

wiesenheit ableiten. Diese lässt sich trotz aller Unzulänglichkeiten des Verhältnismäßigkeitsgrundsatzes hinreichend konkret beschreiben und handhabbar anwenden. Demnach dürfen die Genossenschaften durch die Inanspruchnahme kognitiver Potentiale Wissensressourcen *mit erheblichem Gewicht* der Mitgliedsunternehmen nur erzeugen und interpretations*frei* weiterverwenden, sofern sie darauf zur Verwirklichung ihrer gesetzlich übertragenen Aufgaben angewiesen sind.

Daneben können aus der subjektiv-abwehrrechtlichen Perspektive wiederum eine *Dokumentations-* und *Offenlegungspflicht* für die Erzeugung und interpretations*freie* Weiterverwendung von Wissensressourcen *mit erheblichem Gewicht* der Mitgliedsunternehmen abgeleitet werden. Daneben tritt eine *Informationspflicht*.

Diese Pflichten werden durch Ausgestaltungsvorgaben ergänzt, die aus den objektiv-rechtlichen Gehalten der Berufsfreiheit gewonnen werden können. Dabei kommen im Wesentlichen die in den ersten Ebenen entwickelten grundlegenden Ausgestaltungsvorgaben zum Tragen. Daneben treten allerdings auch in der Intensivschutzebene spezifische Ausgestaltungsvorgaben hervor. Dabei entfaltet insbesondere die *Pflicht zur Gewährleistung von Beteiligungsmöglichkeiten* umfassende Wirkungen.

VIII. Vorgaben für verwaltungsprivatrechtliche Tätigkeiten

Die bisher beschriebenen Vorgaben können nicht ohne Weiteres auf genossenschaftliche Maßnahmen angewendet werden, die auf Grundlage von Verwaltungsprivatrecht ausgeübt werden. Dazu zählen insbesondere die Prüfungen und Zertifizierungen des DGUV Test.[1166] Dessen Prüf- und Zertifizierungsstellen sind – mit einer Ausnahme[1167] – Einrichtungen der DGUV e. V.[1168] und allesamt grundrechtsverpflichtet.[1169]

[1166] Siehe dazu 2. Teil, A. I. 5.

[1167] Die Prüf- und Zertifizierungsstelle der Dienststelle Schiffssicherheit ist beispielsweise keine Einrichtung der DGUV e. V., sondern der Berufsgenossenschaft für Verkehrswirtschaft Post-Logistik Telekommunikation (BG Verkehr). Sie kooperiert aber mit der DGUV e. V. im Rahmen des DGUV Test.

[1168] Nr. 1.3 DGUV Grundsatz 300-003.

[1169] Siehe 3. Teil, D. II.: Die Grundrechtsverpflichtung erstreckt sich auf sämtliche Mitgliedsunternehmen, die einem Unfallversicherungsträger angehören. Sofern Hersteller – wie ausländische Unternehmen – keinem Unfallversicherungsträger angehören, sind die Prüfungen und Zertifizierungen aus Gründen der Gleichbehandlung ebenfalls auf Grundlage der im Folgenden herauszuarbeitenden Vorgaben zu beurteilen.

1. Grundrechtsbindung bei der Prüfung und Zertifizierung

Die Grundrechtsbindung bei der privatrechtlichen Betätigung der Verwaltung wird herkömmlicherweise anhand von drei verschiedenen Kategorien unterschieden und beurteilt: (1) Bedarfsdeckungsverwaltung, (2) erwerbswirtschaftliche Betätigung und (3) Verwaltungsprivatrecht.[1170] Beim verwaltungsprivatrechtlichen Handeln der Grundrechtsadressaten ist die „dirigierende Kraft der Grundrechte"[1171] allerdings beschränkt. Im Rahmen von Vertragsbeziehungen können sie nicht zwangsweise mit einseitiger Entscheidungsgewalt und damit grundsätzlich nicht eingreifend vorgehen.[1172] Darüber hinaus muss auch die Freiwilligkeit des Vertragsschlusses Berücksichtigung finden.[1173] Gleichwohl können in diesen Konstellationen die Grundrechte in einem gewissen Maße unmittelbar herangezogen werden.[1174] So kann sowohl bei der Wahl der Vertragspartner als auch bei der Vertragsgestaltung der Gleichheitssatz zum Tragen kommen.[1175] Darüber hinaus gilt es zusätzlich die typischen Gefährdungslagen für den Grundrechtsschutz zu berücksichtigen,[1176] die auch im Rahmen von Vertragsbeziehungen in Rede stehen können.[1177]

Vor diesem Hintergrund gilt es mit der einschränkenden Ansicht in der Literatur[1178] für die sachgerechte Beurteilung der Grundrechtsbindung den jeweiligen Einzelfall für sich zu beurteilen.[1179] Es können sich nämlich Konstellationen zeigen, in denen die Grundrechtsadressaten zwar nicht eingreifend

---

1170 *Sauer*, in: Dreier, GG, Band I, Art. 1 III, Rn. 74; *Höfling*, in: Sachs, GG, Art. 1, Rn. 106; *Maurer/Waldhoff*, Allgemeines Verwaltungsrecht, § 3, Rn. 18 ff.

1171 *Gurlit*, NZG 2012, S. 249 (254), im Hinblick auf privatrechtlich organisierte Grundrechtsadressaten.

1172 BVerfGE 128, 226 (248).

1173 BVerfGE 128, 226 (248); allgemein *H. C. Röhl*, VerwArch 86 (1995), S. 531 (577).

1174 *Gurlit*, NZG 2012, S. 249 (254), für den Fall gestörter Vertragsparität und bei der Wahl der Vertragspartner und der Vertragsgestaltung.

1175 *Gurlit*, NZG 2012, S. 249 (254).

1176 BVerfGE 128, 226 (248), die allerdings davon ausgeht, dass viele Gefährdungslagen für den Grundrechtsschutz „im Privatrecht von vornherein nicht [entstehen], da dort dem Staat keine spezifischen Eingriffsbefugnisse zu Gebote stehen".

1177 BVerfGE 128, 226 (248), die insofern feststellt, „dass mangels einseitiger Entscheidungsgewalt der öffentlichen Hand schon kein Eingriff in Grundrechte stattfindet oder bei einer Grundrechtsbeschränkung die Freiwilligkeit des Vertragsschlusses seitens des Bürgers im konkreten Fall mit in Rechnung zu stellen ist".

1178 *Maurer/Waldhoff*, Allgemeines Verwaltungsrecht, § 3, Rn. 29; für eine umfassende Grundrechtsbindung siehe *Hesse*, Grundzüge des Verfassungsrechts der Bundesrepublik Deutschland, Rn. 345 ff.; *Sauer*, in: Dreier, GG, Band I, Art. 1 III, Rn. 75.

1179 Eine solche Betrachtung nimmt auch *Gurlit*, NZG 2012, S. 249 (254), letzten Endes vor; *Maurer/Waldhoff*, Allgemeines Verwaltungsrecht, § 3, Rn. 29, sprechen vom „konkreten Fall".

vorgehen können, aber wegen der grundrechtlichen Gefährdungslage eine unmittelbare Anwendung bestimmter Grundrechte in Betracht gezogen werden muss.[1180]

Eine solche Konstellation zeigt sich bei den auf verwaltungsprivatrechtlicher Grundlage ausgeübten Prüfungen und Zertifizierungen der Prüf- und Zertifizierungsstellen im DGUV Test. Obwohl diese nicht zwangsweise und damit auch nicht eingreifend vorgehen können, sind ihre Tätigkeiten im Hinblick auf die Wissensressourcen ihrer Kunden äußerst grundrechtssensibel. Das wird anhand der Verwendungszusammenhänge auf der Ebene der Selbstverwaltung und den Aussagen zur Grund- und Intensivstrukturebene deutlich.[1181] Daher können auf die Prüfungen und Zertifizierungen das Recht auf informationelle Selbstbestimmung juristischer Personen bzw. das Grundrecht der Berufsfreiheit unmittelbar angewendet werden.[1182]

2. Anwendbare Vorgaben

Mit der unmittelbaren Anwendbarkeit des Rechts auf informationelle Selbstbestimmung juristischer Personen und der Berufsfreiheit auf die Prüfungen und Zertifizierungen ist noch keine Aussage über die konkret anzuwendenden Vorgaben verbunden. Wegen der Vergleichbarkeit der grundrechtlichen Gefährdungslage gilt es dafür insbesondere auf die Vorgaben der Grund- und Intensivstrukturebene zurückzugreifen. Ein Rückgriff auf die aus objektiv-rechtlichen Grundrechtgehalten abgeleiteten Vorgaben der Schutz- und Intensivschutzebene kommt demgegenüber nicht in Betracht. Diese beruhen auf der gesteigerten Grundrechtssensibilität dieser beiden Ebenen, die bei

[1180] *Maurer/Waldhoff*, Allgemeines Verwaltungsrecht, § 3, Rn. 29, sprechen vom Ausspielen „tatsächliche[r] oder rechtliche[r] ‚Mächtigkeit‘“.

[1181] 3. Teil, D. IV., VI.

[1182] Nachdem das Verhältnis zwischen den Prüf- und Zertifizierungsstellen im DGUV Test und den Herstellern auf einer verwaltungsprivatrechtlichen Grundlage beruht, könnte darüber hinaus auch erwogen werden, an die mittelbare Drittwirkung der Grundrechte – grundlegend *Dürig*, in: Maunz/ders., GG, Art. 3 Abs. 1, Grundwerk, Rn. 475 ff. – anzuknüpfen. Diese würde zu weitgehend ähnlichen Rechtsfolgen wie die unmittelbare Anwendung der Grundrechte führen. Siehe dazu *H. C. Röhl*, Akkreditierung und Zertifizierung im Produktsicherheitsrecht, S. 81, der für (privat getragene) benannte Stellen, heute notifizierte Stellen, an die staatliche Schutzpflicht anknüpft; auch BVerfGE 128, 226 (249), spricht davon, dass die „mittelbare Grundrechtsbindung Privater einer Grundrechtsbindung des Staates vielmehr nahe oder auch gleich kommen“ kann. Unabhängig von dieser zusätzlichen Möglichkeit wird im Folgenden auf die unmittelbare Anwendung der Grundrechte abgestellt, weil diese eben nicht des Umwegs über die mittelbare Wirkung bedarf. Zu jüngeren Entwicklungen in der verfassungsgerichtlichen Rechtsprechung siehe *BVerfG*, NJW 2016, S. 2247 (2250); dazu *Kulick*, NJW 2016, S. 2236 ff.

den Prüfungen und Zertifizierungen nicht zum Tragen kommt. Die Ausgestaltungsvorgaben der Grund- und Intensivstrukturebene können aber nicht pauschal in ihrer Gesamtheit auf die Prüfungen und Zertifizierungen angewendet werden. Dabei muss vielmehr deren vertragliche Ausgestaltung Berücksichtigung finden.

Vor diesem Hintergrund kann die grundlegende Ausgestaltungsvorgabe der *Quantität*[1183] nur eingeschränkt auf die Prüfungen und Zertifizierungen angewendet werden. Das folgt aus der Erwägung, dass die Hersteller die Prüf- und Zertifizierungsstellen im DGUV Test als einen von verschiedenen Anbietern auswählen. Gleichwohl dürfen die Prüf- und Zertifizierungsstellen im DGUV Test das mit den Prüfungen und Zertifizierungen verbundene kognitive Potential nur insofern ausschöpfen, wie sie darauf zur Durchführung der Prüfungen und Zertifizierungen angewiesen sind. Darüber hinausgehende Kenntnisse dürfen sie dabei nicht erzeugen.

Daneben muss die *Transparenzpflicht* in umfassender Weise zur Anwendung kommen. Das bedeutet, die Hersteller müssen erkennen können,[1184] inwiefern ihre im Rahmen der Prüfungen und Zertifizierungen offengelegten Wissensressourcen im gesetzlichen Unfallversicherungssystem weiterverwendet werden können. Diese Möglichkeit wird ihnen in der DGUV Test Prüf- und Zertifizierungsordnung (DGUV Grundsatz 300-003) eröffnet. Dort wird unter anderem festgehalten, dass die Prüfungs- und Zertifizierungsstellen Daten und Ergebnisse, z.B. Typbezeichnung und Messergebnis, aus den Prüfungen und Zertifizierungen im Rahmen ihrer Aufgaben nutzen und verarbeiten und sogar anonymisiert veröffentlichen dürfen.[1185] Dadurch werden die Anforderungen der *Transparenzpflicht* erfüllt.

Daneben kommt das *Erforderlichkeitskriterium*[1186] bereits bei der Erzeugung von Wissensressourcen zum Tragen.

Das gilt gleichermaßen für die *Pflichten zur Gewährleistung von Vertraulichkeit und Integrität*[1187]. Diese finden im Rahmen der Prüfungen und Zertifizierungen uneingeschränkt Anwendung.

Auch auf die Weiterverwendung von Wissensressourcen bzw. daraus vollendeten Informationen und vollendetem Wissen findet das Merkmal der *Erforderlichkeit* Anwendung.[1188]

1183 Siehe dazu 3. Teil, D. IV. 2. a), VI. 3.

1184 Vgl. 3. Teil, D. IV. 2. b) bb), VI. 3.

1185 Nr. 1.5 DGUV Grundsatz 300-003.

1186 Siehe dazu 3. Teil, D. IV. 2. b) cc), VI. 3.

1187 Siehe dazu 3. Teil, D. IV. 2. b) dd), c) aa), VI. 3.

1188 Vgl. 3. Teil, D. IV. 2. c) bb), VI. 3.

Daran anknüpfend muss auch die *Pflicht zur Anonymisierung*[1189] beachtet werden. Demnach müssen tätigkeits*bedeutsame* Wissensressourcen ebenso wie daraus vollendete Informationen und vollendetes Wissen in Gestalt ihrer Grundlagen anonymisiert werden, sobald ein Bezug zu dem entsprechenden Hersteller nicht mehr erforderlich ist.[1190] Im Hinblick auf Betriebs- und Geschäftsgeheimnisse enthält der DGUV Grundsatz 300-003 sogar ausdrückliche Vorgaben für die Anonymisierung. Demnach sind die Prüf- und Zertifizierungsstellen im DGUV Test dazu verpflichtet, Betriebs- und Geschäftsgeheimnisse geheim zu halten.[1191] Dadurch geht der DGUV Grundsatz 300-003 sogar über die in der Intensivstrukturebene ermittelten Vorgaben für die Anonymisierung von Wissensressourcen *mit erheblichem Gewicht* hinaus.[1192]

Im Hinblick auf die übergreifende Ausgestaltungsvorgabe des *Gegenseitigkeitsprinzips*[1193] gilt es zu bedenken, dass die Prüfungen und Zertifizierungen nicht im Rahmen der Zwangsmitgliedschaft in einer Berufsgenossenschaft, sondern auf Grundlage eines Vertrags ausgeübt werden. Gleichwohl muss sich das Gegenseitigkeitsprinzip auch in diesen Konstellationen auswirken. Das Gegenseitigkeitsprinzip kann sich einerseits in der Gestaltung der Gebühren niederschlagen. Andererseits vermag es sich auch direkt auf die konkreten Prüfungen oder Zertifizierungen auszuwirken. Insofern haben die Prüf- und Zertifizierungsstellen im DGUV Test die Prüfungen und Zertifizierungen nicht nur effizient und zügig vorzunehmen, sondern dabei ihr gesamtes Wissen zu Gunsten des jeweiligen Herstellers, gegebenenfalls auch über das einzelne Prüfungs- bzw. Zertifizierungsverfahren hinaus, einzusetzen. Dafür bieten insbesondere konzept- und entwicklungsbegleitende Prüfungen verschiedene Möglichkeiten.

3. Modifikationen im Hinblick auf personenbezogene Gehalte und Wirkungsabsicherung

Die personenbezogenen Gehalte von Wissensressourcen, also die Bezüge zu natürlichen Personen, sind auch bei den verwaltungsprivatrechtlichen Tätigkeiten der Prüfung und Zertifizierung anhand des Trennungsgedankens[1194] zu beurteilen.[1195]

[1189] Siehe dazu 3. Teil, D. IV. 2. c) cc), VI. 3.

[1190] Vgl. zu diesem Gedanken BT-Drs. 14/4329, S. 33.

[1191] Nr. 1.5 DGUV Grundsatz 300-003.

[1192] Nr. 1.5 DGUV Grundsatz 300-003 ist dabei auf sämtliche Wissensressourcen *mit erheblichem Gewicht* anzuwenden.

[1193] Siehe dazu 3. Teil, D. IV. 2. d), V. 2. b) aa), VI. 3., VII. 3. b) aa).

[1194] 3. Teil, D. IV. 3. a), VI. 4.

[1195] Sofern unternehmensbezogene Wissensressourcen bzw. einzelne ihrer Bestandteile zugleich auch personenbezogene Wissensressourcen verkörpern und darauf die

Die Prüf- und Zertifizierungsstellen im DGUV Test werden nicht nur auf Grundlage des ProdSG tätig, sondern vergeben auch unabhängig von den Vorgaben des ProdSG ein eigenes DGUV Test-Zeichen. Daher ist die Wirkungsabsicherung der Ausgestaltungsvorgaben bei der Prüfung und Zertifizierung nicht über die Akkreditierung bzw. Notifizierung nach dem ProdSG, sondern – vergleichbar zur Grund- und Intensivstrukturebene – wiederum über Dokumentationspflichten und die daran anknüpfende Überwachung durch die staatliche Aufsicht sicherzustellen.[1196] Dieser stehen nach § 87 Abs. 3 SGB VII die hierfür erforderlichen Rechtsaufsichtsbefugnisse auch zu.

4. Fazit

Eine Vielzahl der Vorgaben der Grund- und Intensivstrukturebene findet auch auf die Prüfungen und Zertifizierungen durch die Prüf- und Zertifizierungsstellen im DGUV Test Anwendung. Obwohl diese Tätigkeiten auf verwaltungsprivatrechtlicher Grundlage ausgeübt werden, spricht die vergleichbare grundrechtliche Gefährdungslage dafür, die objektiv-rechtlichen Gehalte des Rechts auf informationelle Selbstbestimmung juristischer Personen und der Berufsfreiheit zum Schutz der betroffenen Wissensressourcen unmittelbar anzuwenden.

IX. Ergebnis

Auf Grundlage des Rechts auf informationelle Selbstbestimmung juristischer Personen wird die grundrechtliche Einhegung von Wissensressourcen aus Unternehmen juristischer Personen ermöglicht. Daneben bietet das Merkmal des *erheblichen Gewichts* ein aussagekräftiges Kriterium für die Abgrenzung des Schutzbereiches dieses Grundrechts von den Schutzbereichen spezieller Freiheitsgrundrechte.

Gleichwohl wird bei den einschlägigen Grundrechten der Fokus bislang stark auf ihre subjektiv-abwehrrechtlichen Gehalte gelegt – insbesondere bei kognitiven Fragestellungen. Um die kognitiven Potentiale im gesetzlichen Unfallversicherungssystem sachgerecht grundrechtlich einhegen zu können, bedarf es eines Rückgriffs auf die objektiv-rechtlichen Gehalte der einschlägigen Grundrechte. Dadurch kann eine aus *vier* Ebenen bestehende grundrechtlich ausgestaltete Ordnung für die kognitiven Potentiale der Genossenschaften auf der einen und die Wissensressourcen aus den Mitgliedsunternehmen auf

---

Vorgaben der DS-GVO (EU) 2016/679 und des Sozialdatenschutzrechts Anwendung finden, kommen die aus objektiv-rechtlichen Grundrechtsgehalten abgeleiteten Vorgaben immerhin ergänzend zur Anwendung.

[1196] Vgl. 3. Teil, D. IV. 4., VI. 4.

der anderen Seite beschrieben werden. Die dabei gewonnenen Vorgaben finden teilweise auch Anwendung auf die verwaltungsprivatrechtlichen Tätigkeiten der Genossenschaften.

1. Aussagegehalte der verschiedenen Ebenen

Aus der Zusammenschau der *vier* verschiedenen grundrechtlich ausgestalteten Ebenen wird folgendes deutlich:

Die Vorgaben der *Gewährleistung von Vertraulichkeit und Integrität* kommen in sämtlichen Ebenen umfassend zur Anwendung.

Demgegenüber kommt die Vorgabe der *Quantität* in den verschiedenen Ebenen in unterschiedlichem Umfang zur Anwendung. Während sie in der Grund- und Intensivstrukturebene Aussagen für eigene Beobachtungen der Genossenschaften im Rahmen gezielter und inklusiver Beratungen bereithält, kommt sie in der Schutz- und Intensivschutzebene lediglich in gewissen Konstellationen zum Tragen.

Die *Transparenzpflicht* findet ebenfalls in sämtlichen Ebenen Anwendung, wenn auch mit unterschiedlichen Anforderungen.

Das *Erforderlichkeitskriterium* entfaltet bei der Erzeugung von Wissensressourcen in der Grundstruktur- und der Intensivstrukturebene die gleiche Wirkung. Das gilt auch für die Erzeugung von Wissensressourcen *mit erheblichem Gewicht* durch eigene Beobachtungen der Genossenschaften in der Schutz- und Intensivschutzebene[1197]. Bei der Weiterverwendung von Wissensressourcen entfaltet das *Erforderlichkeitskriterium* auf den verschiedenen Ebenen ähnliche Wirkungen.[1198]

Demgegenüber enthält die *Pflicht zur Anonymisierung* lediglich für die Schutz- und Intensivschutzebene gleiche Vorgaben bereit. Für die Grundstruktur- und die Intensivstrukturebene gestaltet sich die *Pflicht zur Anonymisierung* jeweils unterschiedlich.

Der übergreifenden Ausgestaltungsvorgabe des *Gegenseitigkeitsprinzips* kommt ein besonderes Gewicht zu, weil sie auf allen *vier* Ebenen mit jeweils den gleichen Anforderungen zur Anwendung kommt. Daher muss für die Beurteilung der Frage, ob die Anforderungen des Prinzips erfüllt werden, eine ebenenübergreifende Perspektive eingenommen werden. In der Zusammen-

---

[1197] In der Intensivschutzebene findet das aus den subjektiv-abwehrrechtlichen Gehalten folgende Merkmal der Angewiesenheit für die anderweitigen Formen der Erzeugung Anwendung. Dieses Merkmal enthält im Ergebnis strengere Anforderungen als das *Erforderlichkeitskriterium*.

[1198] In der Intensivschutzebene gilt es für interpretations*freie* Weiterverwendungen das Merkmal der Angewiesenheit zu berücksichtigen.

schau aller *vier* Ebenen wird das bereits für die Grundstrukturebene gefundene Ergebnis bestätigt:[1199] Die Anforderungen des *Gegenseitigkeitsprinzips* werden im gesetzlichen Unfallversicherungssystem erfüllt.

Darüber hinaus finden in der Schutz- und Intensivschutzebene aufgrund ihrer gesteigerten Grundrechtssensibilität zusätzliche Vorgaben in Gestalt von *Dokumentations-* und *Offenlegungspflichten* Anwendung. Diese werden in der Intensivschutzebene noch durch eine *Informationspflicht* ergänzt. Alle drei Pflichten betreffen die Erzeugung und interpretations*freie* Weiterverwendung von Wissensressourcen der Mitgliedsunternehmen.

Daneben entfalten in der Schutz- und Intensivschutzebene zusätzliche Vorgaben Wirkung, die aus den objektiv-rechtlichen Grundrechtsgehalten folgen. Dazu zählen die *Pflichten zur Dokumentation* und *Offenlegung* eigener Beobachtungen ebenso wie der interpretations*getragenen* Vollendung von Wissensressourcen aus den Mitgliedsunternehmen zu Informationen und Wissen. Diese werden in der Intensivschutzebene durch eine *Informationspflicht* ergänzt.

Darüber hinaus kommt in der Schutz- und Intensivschutzebene zusätzlich noch eine *Pflicht zur Gewährleistung von Beteiligungsmöglichkeiten* zum Tragen.

Anhand dieser zusätzlichen Pflichten wird den Mitgliedsunternehmen einerseits die Möglichkeit eröffnet, die Erzeugung von Wissensressourcen aus ihren Unternehmen und deren anschließende Weiterverwendung auf der Ebene der Selbstverwaltung nachzuvollziehen. Andererseits erhalten sie auf Grundlage dieser Pflichten Einflussmöglichkeiten auf die Wissensbildung auf der Selbstverwaltungsebene.

2. Leistungsvermögen der Vier-Ebenen-Konstruktion

Die *vier* verschiedenen Ebenen ordnen die kognitiven Potentiale, ihre Wechselwirkungen und das daran anknüpfende Wissensmanagement aus der grundrechtlichen Perspektive. Dadurch lassen sich differenzierte Vorgaben beschreiben, die sowohl der grundrechtlichen Schutzbedürftigkeit der Wissensressourcen aus den Mitgliedsunternehmen als auch der Grundrechtssensibilität der verschiedenen Potentiale gerecht werden.

Diese für das gesetzliche Unfallversicherungssystem herausgearbeiteten Vorgaben können nicht ohne Weiteres auf andere kognitive Beziehungsgefüge übertragen werden. Dafür muss vielmehr das jeweilige Beziehungsgefüge näher in den Blick genommen werden. Gleichwohl bilden die für das gesetzliche Unfallversicherungssystem gewonnenen Vorgaben einen Ansatzpunkt

1199 3. Teil, D. IV. 2. d).

für die grundrechtliche Einhegung vergleichbarer Beziehungsgefüge[1200] und liefern somit einen Beitrag zur Beschreibung des Grundrechtsschutzes von Wissensressourcen juristischer Personen.

Zudem runden die differenzierten Vorgaben der verschiedenen Ebenen den verfassungsrechtlichen Rahmen der kognitiven Potentiale und ihrer Wechselwirkungen ab. Vor diesem Hintergrund gilt es sie im 4. Teil nochmals aufzugreifen und in Zusammenschau mit den Aussagen des Demokratieprinzips die lediglich punktuellen Vorgaben des einfachen Unfallversicherungsrechts abschließend verfassungsrechtlich zu durchdringen.

[1200] Dafür kommen vor allem Bereiche des Risikorechts in Betracht, wie beispielsweise das Bankenaufsichtsrecht, das Gentechnikrecht oder das Arzneimittelrecht.

4. Teil

Zusammenführung – rechtlich angeleitetes Wissensmanagement

Die kognitiven Potentiale können in Anknüpfung an die aus der Wissensperspektive gewonnenen rekonstruierenden Aussagen verfassungsrechtlich durchdrungen werden. Dabei wird deutlich, dass sie sich vor allem im Spannungsfeld zwischen Demokratieprinzip und Grundrechten bewegen.[1] Vor diesem Hintergrund können aus der verfassungsrechtlichen Perspektive – unterschieden in demokratieprinzipielle[2] und grundrechtliche[3] Überlegungen – weiterführende Aussagen zu den kognitiven Potentialen, ihren Wechselwirkungen und dem daran anknüpfenden Wissensmanagement der Genossenschaften gewonnen werden.

Diese aus der verfassungsrechtlichen Perspektive gewonnenen Erkenntnisse gilt es nun im letzten Teil der Untersuchung zusammenzuführen. Dadurch werden einerseits die lediglich punktuellen Vorgaben des einfachen Unfallversicherungsrechts abschließend verfassungsrechtlich angereichert sowie andererseits das genossenschaftliche Wissensmanagement einer belastbaren und rechtlich angeleiteten Beschreibung zugeführt. Dafür gilt es zunächst die zentralen Ergebnisse der Arbeit zusammenzufassen (dazu A.–B.), bevor darauf aufbauend die Erkenntnisse aus der verfassungsrechtlichen Perspektive zusammengeführt und dadurch abschließende Aussagen formuliert werden können (dazu C.).

A. Wissensmanagement der Genossenschaften

I. Kognitive Potentiale in der gesetzlichen Unfallversicherung

Den Berufsgenossenschaften ist seit der Einführung des gesetzlichen Unfallversicherungssystems im vorvergangenen Jahrhundert der gesetzliche Auftrag zur Prävention übertragen.[4] Dementsprechend verpflichtet § 14 Abs. 1 S. 1

[1] 3. Teil, C., D.

[2] 3. Teil, C.

[3] 3. Teil, D.

[4] Einleitung, I.

SGB VII die Berufsgenossenschaften, im Wege der Selbstverwaltung mit allen geeigneten Mitteln insbesondere für die Verhütung von Arbeitsunfällen, Berufskrankheiten und arbeitsbedingten Gesundheitsgefahren zu sorgen.

Um diesen Präventionsauftrag anhand ihrer gesetzlichen Befugnisse effektiv und sachgerecht erfüllen zu können, müssen die Genossenschaften Erkenntnisse über arbeitsbedingte Gesundheitsrisiken und -gefahren erarbeiten.[5] Da sich diese Risiken und Gefahren in den Unternehmen ihrer Mitglieder verwirklichen, müssen die Genossenschaften die entsprechenden Erkenntnisse vor allem unter Einbeziehung ihrer Mitgliedsunternehmen erzeugen. Dabei stehen die Genossenschaften vor grundlegenden Herausforderungen, die sich etwa in der großen Zahl an Erkenntnissen verschiedener Mitgliedsunternehmen zeigen, die dezentral über die gesamte Unternehmenslandschaft verteilt sind. Diesen Herausforderungen können die Genossenschaften letztlich nur begegnen, indem sie durch ein gezieltes organisationales Wissensmanagement die notwendigen Erkenntnisse über arbeitsbedingte Gesundheitsrisiken und -gefahren, vor allem unter Einbeziehung ihrer Mitgliedsunternehmen, erzeugen, um auf dieser Grundlage schließlich wirksame Präventionsmaßnahmen treffen zu können.[6]

Das sozialwissenschaftliche Instrument des organisationalen Wissensmanagements lässt sich jedoch nicht ohne Weiteres mit den Aufgaben- und Befugnisnormen des gesetzlichen Unfallversicherungsrechts in Einklang bringen. Im rationalen Rechtsstaat wird nämlich von der ungeschriebenen Voraussetzung ausgegangen, dass die Normenanwender über die tatsächlichen Grundlagen für die Normenanwendung verfügen und diese nicht erst erzeugen müssen. Daher bedarf es eines Perspektivenwechsels, bei dem der gesetzliche Präventionsauftrag für die Wissensperspektive sensibilisiert werden muss, um einen Einklang zwischen dem organisationalen Wissensmanagement und den Normen des SGB VII herzustellen.[7]

Dieser Perspektivenwechsel wurde im Rahmen der Untersuchung eingenommen und dabei der gesetzliche Präventionsauftrag der Genossenschaften aus der Wissensperspektive untersucht.[8] Die Wissensperspektive legt dabei offen, dass in den Vorschriften des gesetzlichen Unfallversicherungsrechts unterschiedlichste Erkenntnismöglichkeiten der Genossenschaften angelegt sind. Diese stehen in umfassenden Wechselwirkungen zueinander und konstituieren dadurch ein stabiles Beziehungsgefüge von Erkenntnismöglichkeiten.[9]

---

[5] Einleitung, I.

[6] 1. Teil, C. II. 3. c).

[7] 1. Teil.

[8] 1. Teil, C., 2. Teil.

[9] 2. Teil, D.

Im Konkreten sind im gesetzlichen Unfallversicherungssystem verschiedene Arten von Erkenntnismöglichkeiten angelegt, die den Genossenschaften sowohl die Erzeugung als auch Verwertung von Erkenntnissen über arbeitsbedingte Gesundheitsrisiken und -gefahren ermöglichen.[10] Durch bestimmte Erkenntnismöglichkeiten können die Genossenschaften zunächst Kenntnisse in Gestalt von Informations- und Wissensgrundlagen über arbeitsbedingte Gesundheitsrisiken und -gefahren gewinnen. Diese Kenntnisse können sie anschließend weiterverwenden und dabei zu Erkenntnissen über arbeitsbedingte Gesundheitsrisiken und -gefahren in Gestalt von Wissen vollenden und dieses Wissen schließlich im Rahmen ihrer gesetzlichen Befugnisse verwerten.

Demnach können die Erkenntnismöglichkeiten der Genossenschaften ganz grundsätzlich unterschieden werden in Möglichkeiten, Erkenntnisse zu erzeugen, und Möglichkeiten, Erkenntnisse zu verwerten. Diese Erkenntniserzeugungs- und Erkenntnisverwertungsmöglichkeiten werden im Rahmen dieser Untersuchung als *kognitive Potentiale* der Genossenschaften bezeichnet. Die einzelnen Erkenntniserzeugungs- und Erkenntnisverwertungsmöglichkeiten, sprich kognitiven Potentiale, sind dabei letztlich allesamt im einfachen Recht angelegt. Sie zeigen sich etwa in Auskunftsverlangen, Beratungen oder der Recht- und Regelsetzung und können in folgende Kategorien ausdifferenziert werden:[11]

(1) Erkenntniserzeugungsmöglichkeiten, alias erzeugende Potentiale,

(2) Erkenntnisverwertungsmöglichkeiten, alias verwertende Potentiale,

(3) Erkenntnismöglichkeiten mit Doppelfunktion, also Möglichkeiten sowohl zur Erkenntniserzeugung als auch zur Erkenntnisverwertung, alias doppelfunktionale Potentiale.

Möglichkeiten zur Erkenntniserzeugung und/oder -verwertung durch Einbeziehung Dritter können je nach Konstellation konkretisierend als erzeugende Verbundpotentiale, verwertende Verbundpotentiale oder doppelfunktionale Verbundpotentiale bezeichnet werden.

Zu den verschiedenen kognitiven Potentialen konnten im Rahmen der Untersuchung zunächst aus einer vor allem rechtstatsächlichen und verwaltungsrechtswissenschaftlichen Perspektive umfassende rekonstruierende und beschreibende Aussagen getroffen werden: Die kognitiven Potentiale und ihre Wechselwirkungen ermöglichen den Genossenschaften in ihrer Gesamtheit ein Wissensmanagement, das unter Einbeziehung der Mitgliedsunternehmen und weiterer Arbeitsschutzakteure auf die Erzeugung von präventionsbezo-

[10] 2. Teil.

[11] 2. Teil.

genem Organisationswissen der Genossenschaften ausgerichtet ist.[12] Dieses Wissen können die Genossenschaften schließlich anhand der verwertenden Potentiale zur Grundlage ihrer genossenschaftlichen Präventionsmaßnahmen machen, wodurch sie ihren gesetzlich übertragenen Präventionsauftrag effektiv und sachgerecht erfüllen können.[13]

Die rekonstruierenden Aussagen legen zudem offen, vor welchen konkreten verwaltungs- und verfassungsrechtlichen Herausforderungen die Genossenschaften bei der Erfüllung ihres Präventionsauftrags stehen. Anhand der Wechselwirkungen der kognitiven Potentiale zeigen sich etwa tatsächliche Begrenzungen der staatlichen Aufsicht über die Genossenschaften und damit einhergehende Lücken in der sachlich-inhaltlichen Legitimationskomponente.[14] Diese Legitimationslücken werden in den bisherigen Beschreibungen der demokratischen Legitimation der Berufsgenossenschaften ebenso wie sonstiger Träger funktionaler Selbstverwaltung nicht berücksichtigt, weil sie erst durch die Ausrichtung auf die Wissensperspektive sichtbar werden.

II. Präventionsauftrag aus der Wissensperspektive

Bislang wird das gesetzliche Unfallversicherungssystem vor allem durch den Dreiklang der Aufgabenbereiche der Prävention, der Rehabilitation und der Entschädigung (§ 1 SGB VII) beschrieben.[15] Der in dieser Untersuchung eingenommene Perspektivenwechsel und die damit verbundene Ausrichtung auf die Wissensperspektive hilft dabei einen wesentlichen Bestandteil des gesetzlichen Unfallversicherungssystems, den Präventionsbereich, präziser zu beschreiben und zu verstehen als es der bloße Rückgriff auf die entsprechenden gesetzlichen Aufgaben- und Befugnisnormen und die Wechselwirkungen zwischen den drei genannten Aufgabenbereichen zu leisten vermag.[16]

Dabei wurden nicht nur der Präventionsauftrag und die damit in Zusammenhang stehenden Verwaltungsmaßnahmen, sondern auch die beiden anderen Aufgabenbereiche der Rehabilitation und Entschädigung ebenso wie die dortigen Verwaltungsmaßnahmen mit Bedeutung für den Präventionsbereich aus der Wissensperspektive untersucht.[17] Das in diesen beiden Bereichen gewonnene Wissen kann ebenfalls im Rahmen von Präventionsmaßnahmen verwertet werden und dadurch positive Wirkungen im Präventionsbereich

---

[12] 2. Teil, A. IV. 3.

[13] 2. Teil, B.

[14] 3. Teil, C. II. 3. b) bb) (2).

[15] 1. Teil, B. I. 1.

[16] 1. Teil, C.

[17] 2. Teil, A. I. 1., 2., 3.

entfalten.[18] Dieser hält seinerseits ebenfalls positive Auswirkungen für die Bereiche der Rehabilitation und Entschädigung bereit. Diese zeigen sich vor allem darin, dass die Genossenschaften aufgrund ihres Wissens dazu beitragen, Versicherungsfälle so effektiv wie möglich zu verhindern. Dadurch wird die Notwendigkeit zu genossenschaftlichen Rehabilitationsmaßnahmen und Entschädigungsleistungen so gering wie möglich gehalten.

Die Wissensperspektive legt die bei der Ausübung verschiedener Verwaltungsmaßnahmen durch die Genossenschaften tatsächlich ablaufenden Prozesse offen. Dabei wird deutlich, dass die Genossenschaften durch die Ausübung von Verwaltungsmaßnahmen in allen drei Aufgabenbereichen in umfassender Weise Informations- und Wissensgrundlagen mit Bedeutung für den Präventionsbereich erzeugen können. Diese Erzeugung von Informations- und Wissensgrundlagen, die im Rahmen dieser Untersuchung zusammenfassend als Wissensressourcen umschrieben werden, erfolgt dabei anhand der letztlich im einfachen Recht angelegten erzeugenden Potentiale.

Diese erzeugenden Potentiale können unterschieden werden in selbstständige und unselbstständige Potentiale.[19] Die unselbstständigen Potentiale sind dadurch gekennzeichnet, dass sie die Erzeugung von Informations- und Wissensgrundlagen unter Einbeziehung der Mitgliedsunternehmen und Dritter, insbesondere anderer Arbeitsschutzakteure, ermöglichen.[20] Sie sind in verschiedenen einfach-gesetzlich geregelten Verwaltungsmaßnahmen angelegt, die als erkenntnisorientierte Instrumente umschrieben werden können. Die erkenntnisorientierten Instrumente können ganz grundsätzlich unterschieden werden in die ordnungsrechtlichen Erkenntnisinstrumente,[21] wie etwa die Auskunftsverlangen. Daneben treten die anregenden Erkenntnisinstrumente,[22] wie beispielsweise inklusive und gezielte Beratungen oder Fortbildungen, und die kooperativen Erkenntnisinstrumente,[23] wie etwa die Zusammenarbeit mit den betrieblichen Arbeitsschutzausschüssen.

Allen erkenntnisorientierten Instrumenten ist gemein, dass sie den Genossenschaften die Möglichkeit zur Kommunikation mit den Mitgliedsunternehmen und Dritten eröffnen. Dabei können die Genossenschaften einerseits eigene Beobachtungen anstellen. Andererseits können sie im Rahmen der Kommunikation auch Wissensressourcen der Mitgliedsunternehmen und Dritter aktualisieren, die dadurch nicht nur auf die Ebene der jeweiligen Genossenschaft übertragen, sondern gleichzeitig auch in die Genossenschaft in-

---

[18] 2. Teil, A. I. 3.

[19] 2. Teil, A.

[20] 2. Teil, A. I., III.

[21] 2. Teil, A. I. 6. a).

[22] 2. Teil, A. I. 6. b).

[23] 2. Teil, A. I. 6. c).

tegriert werden.[24] Dieser Prozess kann als *kommunikative Integration* von Informations- und Wissensgrundlagen aus den Mitgliedsunternehmen und von Dritten in die Genossenschaften umschrieben werden.[25]

Daneben ermöglichen die selbstständigen Potentiale, wie beispielsweise die Forschung, schließlich auch die Erzeugung von Wissen, ohne dass dabei die Mitgliedsunternehmen oder Dritte zwangsläufig einbezogen werden müssen.[26]

Diese unterschiedlichen erzeugenden Potentiale werden von den Genossenschaften bei der Ausübung von Verwaltungsmaßnahmen in Anspruch genommen.[27] Dabei fällt die Inanspruchnahme erzeugender Potentiale teilweise deckungsgleich mit der Ausübung einer Verwaltungsmaßnahme zusammen. In diesen Konstellationen besteht grundsätzlich kein Unterschied zwischen der Ausübung der Verwaltungsmaßnahme und der Inanspruchnahme des erzeugenden Potentials. Das zeigt sich exemplarisch anhand der Auskunftsverlangen oder der Forschung. Die Verwaltungsmaßnahme (Auskunftsverlangen, Forschung) verkörpert dabei gewissermaßen das kognitive Potential, sodass die Inanspruchnahme des erzeugenden Potentials im Grunde deckungsgleich mit der Ausübung der Verwaltungsmaßnahme zusammenfällt. Das gilt allerdings nicht für sämtliche erzeugenden Potentiale. Es gibt auch solche, die nur anlässlich der Ausübung einer Verwaltungsmaßnahme in Anspruch genommen werden können. Das betrifft etwa Nachfragen im Zuge von Beratungen. Darüber hinaus gibt es schließlich noch erzeugende Potentiale, die die Genossenschaften durch die Aufnahme von übermittelten Wissensressourcen, beispielsweise im Rahmen von Unfallanzeigen, in Anspruch nehmen.

Die anhand der verschiedenen erzeugenden Potentiale gewonnenen Wissensressourcen können die Genossenschaften anschließend auf der Ebene der Selbstverwaltung weiterverwenden und dort zu Informationen und Wissen vollenden.[28]

Daraus wird deutlich, dass die erzeugenden Potentiale den Berufsgenossenschaften und ihrem Spitzenverband, der DGUV e. V., in ihrer Gesamtheit ein Wissensmanagement ermöglichen, das unter Einbeziehung der Mitgliedsunternehmen und Dritter auf die Erzeugung von präventionsbezogenem Organisationswissen der einzelnen Berufsgenossenschaften und des Spitzenverbandes ausgerichtet ist.[29]

---

24 1. Teil, C. II. 2. b).

25 1. Teil, C. II. 2. c).

26 2. Teil, A. II.

27 Einleitung, I.

28 2. Teil, A. IV.

29 2. Teil, A. IV. 3.

Die auf der Ebene der Selbstverwaltung vollendeten Informationen und das dort erzeugte Wissen können die Genossenschaften schließlich anhand der verwertenden Potentiale zur Grundlage ihrer Präventionsmaßnahmen machen und auf diese Weise ihren Präventionsauftrag wirksam erfüllen.[30]

Eine strikte Trennung zwischen erzeugenden und verwertenden Potentialen kann dabei nicht durchgehalten werden, weil verschiedenen Potentialen eine Doppelfunktion zukommt.[31] Diese Potentiale ermöglichen – je nach Kontext – sowohl die Erzeugung von Wissensressourcen als auch die Verwertung von Wissensressourcen, Informationen und Wissen. Unabhängig davon stehen sämtliche Potentiale in umfassenden Wechselwirkungen zueinander, wodurch ein umfassendes Beziehungsgefüge kognitiver Potentiale im gesetzlichen Unfallversicherungssystem konstituiert wird. Die kognitiven Potentiale dieses Beziehungsgefüges eröffnen den Genossenschaften letztlich die Möglichkeit, die tatsächlichen Grundlagen für die sachgerechte Erfüllung des Präventionsauftrags zu erarbeiten.[32]

B. Verfassungsrechtlicher Rahmen kognitiver Potentiale

Der verfassungsrechtliche Rahmen für die kognitiven Potentiale, ihre Wechselwirkungen und das daran anknüpfende Wissensmanagement wird vor allem durch demokratieprinzipielle und grundrechtliche Vorgaben aufgespannt.[33]

I. Demokratieprinzipielle Ambivalenz kognitiver Potentiale

Das Demokratieprinzip macht zunächst die demokratieprinzipielle Ambivalenz der kognitiven Potentiale deutlich. Einerseits ist ihre Inanspruchnahme als Ausübung von Staatsgewalt nach Art. 20 Abs. 2 GG legitimationsbedürftig.[34] Das zeigt sich instruktiv anhand derjenigen Potentiale, deren Inanspruchnahme dem Grunde nach deckungsgleich mit der Ausübung einer Verwaltungsmaßnahme zusammenfällt. Dementsprechende Konstellationen zeigen sich sowohl bei der Inanspruchnahme erzeugender als auch bei der Inanspruchnahme verwertender Potentiale. Im Bereich der erzeugenden Potentiale fällt beispielsweise beim Auskunftsverlangen gem. § 19 Abs. 2 S. 1 Nr. 2 SGB VII die Inanspruchnahme des Potentials deckungsgleich mit der Aus-

30 2. Teil, B.

31 2. Teil, C.

32 2. Teil, D.

33 Siehe zur Mischverwaltung 1. Teil, B. II. 2., 2. Teil, A. III. 1. a) aa) sowie zum Sozialstaatsprinzip 3. Teil, A. IV.

34 3. Teil, C. I. 1.

übung der Verwaltungsmaßnahme (Auskunftsverlangen) zusammen und teilt insofern vollumfänglich deren Legitimationsbedürftigkeit. Für den Bereich der verwertenden Potentiale lässt sich hierfür beispielhaft die Recht- und Regelsetzung anführen. Dabei werden die verwertenden Potentiale dergestalt in Anspruch genommen, dass das auf der Ebene der Genossenschaften erzeugte Wissen als tatsächliche Grundlage im Prozess der Recht- und Regelsetzung fruchtbar gemacht wird. Daher teilt die Inanspruchnahme des verwertenden Potentials als wesentlicher Bestandteil der Recht- und Regelsetzungsmaßnahmen deren Legitimationsbedürftigkeit.[35]

Andererseits vermögen bestimmte mit der Inanspruchnahme kognitiver Potentiale einhergehende erkenntnisorientierte Modalitäten, die die Art und Weise der Erzeugung und Weiterverwendung von Wissensressourcen und damit die Wirkungsmechanismen des Wissensmanagements betreffen, eine ergänzende demokratische Legitimation zu stiften. Im Konkreten betrifft das die beiden Modalitäten der *kommunikativen Integration* und des *fortwirkenden Einflusses*. Anhand der mit der Inanspruchnahme kognitiver Potentiale einhergehenden *kommunikativen Integration* können nämlich einerseits Wissensressourcen aus den Mitgliedsunternehmen und von Dritten, insbesondere anderen Arbeitsschutzakteuren, als Grundlage des genossenschaftlichen Wissensmanagements gewonnen werden.[36] Andererseits können dabei auch Kommunikationsprozesse in Gestalt von Dialogen mit den in den Mitgliedsunternehmen tätigen Personen initiiert werden. Dadurch werden die Präventionsmaßnahmen der Genossenschaften sogar mit den von den Maßnahmen betroffenen Mitgliedsunternehmen rückgekoppelt. Durch den *fortwirkenden Einfluss* der Wissensressourcen, insbesondere aus den Mitgliedsunternehmen, auf der Ebene der Selbstverwaltung lassen sich die tatsächlichen Grundlagen der Ausübung von Staatsgewalt im Rahmen der Präventionsmaßnahmen nicht nur auf wesentliche Teile des Staatsvolks zurückführen. Darüber hinaus werden auf diese Weise auch Präventionsmaßnahmen ermöglicht, die eine besondere Qualität aufweisen.[37]

Die beiden erkenntnisorientierten Modalitäten können aufgrund ihrer konkreten und beachtlichen Auswirkungen eine ergänzende Legitimation für die Inanspruchnahme kognitiver Potentiale und die damit in Zusammenhang stehenden verschiedenen Verwaltungsmaßnahmen der Genossenschaften stiften.[38] Dadurch können sowohl die Lücken in der sachlich-inhaltlichen Legitimationskomponente geschlossen als auch die Herausforderungen im Hinblick

[35] 3. Teil, C. I. 1.

[36] 3. Teil, C. V. 3. b) aa).

[37] 3. Teil, C. VI.

[38] 3. Teil, C. V. 3. b).

auf die personelle Legitimation entschärft werden, sodass schließlich ein hinreichendes Legitimationsniveau erreicht wird.[39]

II. Einfluss grundrechtlicher Gehalte auf die kognitiven Potentiale

Während das Demokratieprinzip vor allem Aussagen zur Funktion der kognitiven Potentiale bereithält, stehen aus der grundrechtlichen Perspektive vor allem die von der Inanspruchnahme kognitiver Potentiale betroffenen Wissensressourcen aus den Mitgliedsunternehmen im Zentrum der Überlegungen.

Dabei muss die Frage der grundrechtlichen Schutzbedürftigkeit der Wissensressourcen aus den Mitgliedsunternehmen differenziert betrachtet werden. Dafür muss zwischen Wissensressourcen unterschieden werden, denen eine *Bedeutung* für die Tätigkeit der Mitgliedsunternehmen zukommt (tätigkeits*bedeutsame* Wissensressourcen) und solchen, die darüber hinaus ein *erhebliches Gewicht* für die Tätigkeit der Mitgliedsunternehmen besitzen.[40] Die tätigkeits*bedeutsamen* Wissensressourcen werden vom Schutzbereich des Rechts auf informationelle Selbstbestimmung juristischer Personen erfasst,[41] wohingegen die Wissensressourcen *mit erheblichem Gewicht* aufgrund ihrer gesteigerten grundrechtlichen Schutzbedürftigkeit von den Schutzbereichen spezieller Freiheitsgrundrechte, der Berufsfreiheit oder der Eigentumsgarantie, erfasst werden.[42]

Bei der Frage der Grundrechtssensibilität der Inanspruchnahme kognitiver Potentiale muss zudem zwischen Konstellationen ohne Eingriffscharakter, etwa im Rahmen von Beratungen oder Fortbildungsmaßnahmen, und solchen mit Eingriffscharakter, etwa bei Auskunftsverlangen, unterschieden werden.

Vor diesem Hintergrund lassen sich grundsätzlich vier verschiedene grundrechtsrelevante Konstellationen unterscheiden:[43]

(1) Konstellationen ohne Eingriffscharakter, in denen tätigkeits*bedeutsame* Wissensressourcen betroffen sind,

(2) Konstellationen mit Eingriffscharakter, in denen tätigkeits*bedeutsame* Wissensressourcen betroffen sind,

---

[39] 3. Teil, C. V. 4.

[40] 3. Teil, D. I. 4.; a.A. *OVG Münster*, NVwZ 2015, S. 304 (305), das unter Hinweis auf *BVerfG*, NJW 2014, S. 1581 (1583), und BVerfGE 128, 1 (56f.), davon ausgeht, hinsichtlich des Schutzumfangs des Rechts auf informationelle Selbstbestimmung juristischer Personen und der Berufsfreiheit „bestehen keine Unterschiede".

[41] 3. Teil, D. II. 1. a).

[42] 3. Teil, D. II. 1. b).

[43] 3. Teil, D. II. 3., III. 1.

(3) Konstellationen ohne Eingriffscharakter, in denen Wissensressourcen *mit erheblichem Gewicht* betroffen sind, und

(4) Konstellationen mit Eingriffscharakter, in denen Wissensressourcen *mit erheblichem Gewicht* betroffen sind.

Vor dem Hintergrund dieser grundlegenden Unterscheidung kann unter Rückgriff auf die objektiv-rechtlichen und die subjektiv-abwehrrechtlichen Gehalte der berührten Grundrechte eine grundrechtlich ausgestaltete Ordnung beschrieben werden. Diese unterscheidet *vier* Ebenen mit unterschiedlichen Vorgaben für die verschiedenen Konstellationen.[44] Dabei orientieren sich die *vier* verschiedenen Ebenen einerseits an der grundrechtlichen Schutzbedürftigkeit der unternehmensbezogenen Wissensressourcen und andererseits an der Grundrechtssensibilität der verschiedenen kognitiven Potentiale.[45] Auf diese Weise werden einerseits die Wissensressourcen aus den Mitgliedsunternehmen einem ausdifferenzierten grundrechtlichen Schutzregime unterstellt und andererseits das genossenschaftliche Wissensmanagement einer grundrechtlich angeleiteten Ordnung zugeführt.

1. Erste Ebene: Grundstrukturebene

Tätigkeits*bedeutsame* Wissensressourcen aus den Mitgliedsunternehmen werden vom Recht auf informationelle Selbstbestimmung juristischer Personen geschützt. Daher sind für die beiden Ebenen, die tätigkeits*bedeutsame* Wissensressourcen erfassen, Vorgaben anhand des Rechts auf informationelle Selbstbestimmung juristischer Personen zu formulieren.

Die *erste* Ebene erfasst dabei Konstellationen ohne Eingriffscharakter, etwa im Rahmen von Beratungen oder Aus- und Fortbildungsmaßnahmen.[46] Aus diesem Grund entfalten in der *ersten* Ebene die objektiv-rechtlichen Gehalte des Rechts auf informationelle Selbstbestimmung juristischer Personen Wirkungen. Aus dessen strukturprägender Wirkung lassen sich verschiedene Ausgestaltungsvorgaben ableiten, anhand derer die Konstellationen ohne Eingriffscharakter strukturiert werden können. Daher kann die *erste* Ebene auch als Grundstrukturebene umschrieben werden. Dort kann auf Grundlage der strukturprägenden Wirkung des Rechts auf informationelle Selbstbestimmung juristischer Personen zwischen grundlegenden, innerperspektivischen, nachwirkenden sowie übergreifenden Ausgestaltungsvorgaben unterschieden werden.[47]

---

[44] 3. Teil, D. III. 1.

[45] 3. Teil, D. III. 1.

[46] 3. Teil, D. IV.

[47] 3. Teil, D. IV. 2.

Diese verschiedenen Arten von Ausgestaltungsvorgaben lassen sich für die Konstellationen ohne Eingriffscharakter in der Grundstrukturebene überblicksartig folgendermaßen konkretisieren:[48] Die Genossenschaften unterliegen in der Grundstrukturebene gewissen quantitativen Begrenzungen bei der Erzeugung von Wissensressourcen ebenso wie einer Transparenzpflicht. Sie haben zudem das Erforderlichkeitskriterium zu beachten und den Mitgliedsunternehmen Vertraulichkeit sowie Integrität zu gewährleisten. Zudem unterliegen sie unter bestimmten Voraussetzungen einer Pflicht zur Anonymisierung von Wissensressourcen und müssen schließlich auch das Gegenseitigkeitsprinzip beachten. Letzteres besagt, dass aus der Verwertung der Wissensressourcen aus den Mitgliedsunternehmen auch positive Auswirkungen zu Gunsten der Mitgliedsunternehmen resultieren müssen.[49]

Diese Vorgaben müssen die Genossenschaften berücksichtigen, sofern sie durch die Inanspruchnahme kognitiver Potentiale tätigkeits*bedeutsame* Wissensressourcen aus den Mitgliedsunternehmen erzeugen, ohne dabei in das Recht auf informationelle Selbstbestimmung der Mitgliedsunternehmen einzugreifen.

2. Zweite Ebene: Schutzebene

Die *zweite* Ebene erfasst demgegenüber vor allem Konstellationen mit Eingriffscharakter, in denen tätigkeits*bedeutsame* Wissensressourcen betroffen werden.[50] Darunter fallen etwa die Auskunftsverlangen. Aufgrund des Eingriffscharakters der Konstellationen weist die *zweite* Ebene eine größere Grundrechtssensibilität als die Grundstrukturebene auf. Aus diesem Grund müssen die Konstellationen in der *zweiten* Ebene nicht nur strukturiert, sondern zusätzlich ein erweitertes Schutzregime für die betroffenen tätigkeits*bedeutsamen* Wissensressourcen aus den Mitgliedsunternehmen vorgehalten werden.[51] Deswegen kann die *zweite* Ebene auch als Schutzebene umschrieben werden.

Dort kommen zunächst die subjektiv-abwehrrechtlichen Gehalte des Rechts auf informationelle Selbstbestimmung juristischer Personen zum Tragen.[52]

---

48 3. Teil, D. IV. 2.

49 3. Teil, D. IV. 2. d).

50 Mitumfasst von der *zweiten* Ebene (3. Teil, D. V.) sind aufgrund ihrer gesteigerten Grundrechtssensibilität zudem eigene Beobachtungen der Genossenschaften, die mit den grundrechtsbeeinträchtigenden Maßnahmen einhergehen und interpretations*getragene* Weiterverwendungen von tätigkeits*bedeutsamen* Wissensressourcen, die anlässlich grundrechtsbeeinträchtigender Maßnahmen erzeugt wurden.

51 3. Teil, D. V.

52 3. Teil, D. V. 1.

Neben der grundsätzlichen Vereinbarkeit der kognitiven Potentiale und ihrer Inanspruchnahme mit dem Verhältnismäßigkeitsgrundsatz lassen sich aus den subjektiv-abwehrrechtlichen Gehalten des Rechts auf informationelle Selbstbestimmung juristischer Personen eine Dokumentations- und eine Offenlegungspflicht der Genossenschaften ableiten.[53]

Daneben kommen zusätzlich die aus den objektiv-rechtlichen Grundrechtsgehalten abgeleiteten Vorgaben der Grundstrukturebene – wenn auch in modifizierter Form – in der Schutzebenebene zum Tragen.[54] Diese werden aufgrund der gesteigerten Grundrechtssensibilität der Schutzebene allerdings durch weitere Vorgaben, wie etwa eine Pflicht zur Gewährleistung von Beteiligungsmöglichkeiten der Mitgliedsunternehmen bei der Bildung von Organisationswissen, ergänzt.

3. Dritte Ebene: Intensivstrukturebene

In den beiden weiteren Konstellationen sind Wissensressourcen *mit erheblichem Gewicht* betroffen. Für deren Schutz reichen die Vorgaben der Grundstruktur- und der Schutzebene nicht aus. Daher gilt es für diese Wissensressourcen Vorgaben anhand des einschlägigen Grundrechts der Berufsfreiheit zu entwickeln, die ihre gesteigerte grundrechtliche Schutzbedürftigkeit berücksichtigen müssen. Diese Vorgaben gestalten sich zwar in einer gewissen Parallelität zu den Vorgaben der Grundstruktur- und Schutzebene. Aufgrund der gesteigerten Schutzbedürftigkeit der Wissensressourcen *mit erheblichem Gewicht* berücksichtigen sie aber den intensiveren Schutzumfang der Berufsfreiheit.

Die *dritte* Ebene erfasst Konstellationen ohne Eingriffscharakter, in denen Wissensressourcen *mit erheblichem Gewicht* betroffen werden.[55] Daher kommen in dieser Ebene wiederum objektiv-rechtliche Grundrechtsgehalte zum Tragen.[56] Obwohl der Berufsfreiheit keine dem Recht auf informationelle Selbstbestimmung vergleichbare strukturprägende Wirkung zukommt, gilt es dennoch auch in der *dritten* Ebene die Konstellationen ohne Eingriffscharakter zu strukturieren. Aufgrund der gesteigerten grundrechtlichen Schutzbedürftigkeit der Wissensressourcen *mit erheblichem Gewicht* bedarf es in der *dritten* Ebene intensiverer struktureller Vorgaben als in der Grundstrukturebene. Dafür gilt es zunächst an die verschiedenen Vorgaben der Grundstrukturebene anzuknüpfen, die erforderlichenfalls intensiver als in der Strukturebene

---

[53] 3. Teil, D. V. 1. b) und c).

[54] 3. Teil, D. V. 2.

[55] 3. Teil, D. VI.

[56] 3. Teil, D. VI. 2. und 3.

ausgestaltet werden müssen.[57] Das zeigt sich exemplarisch an der Transparenzpflicht, die in der *dritten* Ebene durch bestimmte Informationspflichten angereichert und insofern intensiver ausgestaltet ist.[58] Auf Grund der intensiveren Ausgestaltung der strukturellen Vorgaben der *dritten* Ebene kann diese als Intensivstrukturebene umschrieben werden.

4. Vierte Ebene: Intensivschutzebene

Die *vierte* Ebene ist demgegenüber wieder vor allem auf Konstellationen mit Eingriffscharakter ausgerichtet.[59] Aus diesem Grund weist sie eine größere Grundrechtssensibilität als die Intensivstrukturebene auf. Deshalb müssen die Konstellationen in der *vierten* Ebene nicht nur strukturiert, sondern wiederum zusätzlich ein erweitertes Schutzregime für die betroffenen Wissensressourcen *mit erheblichem Gewicht* vorgehalten werden.[60] Da den in der *vierten* Ebene betroffenen Wissensressourcen *ein erhebliches Gewicht* zukommt, bedarf es in dieser Ebene zudem eines intensiveren Schutzes als in der Schutzebene. Daher kann die *vierte* Ebene auch als Intensivschutzebene umschrieben werden.

Auch in dieser Ebene lässt sich die grundsätzliche Vereinbarkeit der kognitiven Potentiale und ihrer Inanspruchnahme mit dem Grundsatz der Verhältnismäßigkeit feststellen. Daneben lassen sich aus den subjektiv-abwehrrechtlichen Gehalten der Berufsfreiheit intensive Dokumentations- und Offenlegungspflichten der Genossenschaften ableiten.[61] Zusätzlich kommen in der Intensivschutzebene die in der Intensivstrukturebene aus den objektiv-rechtlichen Gehalten der Berufsfreiheit ermittelten Vorgaben, wenn auch in modifizierter Form, ebenfalls zur Anwendung.[62] Diese werden wegen der gesteigerten Grundrechtssensibilität der Intensivschutzebene wiederum durch zusätzliche Vorgaben, wie etwa die Pflicht zur Gewährleistung von Beteiligungsmöglichkeiten bei der Bildung von Organisationswissen, ergänzt.[63]

---

[57] 3. Teil, D. VI. 3.

[58] 3. Teil, D. VI. 3.

[59] 3. Teil, D. VII. Mitumfasst von der *vierten* Ebene sind aufgrund ihrer gesteigerten Grundrechtssensibilität zudem eigene Beobachtungen der Genossenschaften, die mit den grundrechtsbeeinträchtigenden Maßnahmen einhergehen und interpretations*getragene* Weiterverwendungen von Wissensressourcen *mit erheblichem Gewicht*, die anlässlich grundrechtsbeeinträchtigender Maßnahmen erzeugt wurden.

[60] 3. Teil, D. VII. 2.

[61] 3. Teil, D. VII. 2. d).

[62] 3. Teil, D. VII. 3. b) aa).

[63] 3. Teil, D. VII. 3. b) bb).

5. Verallgemeinerungsfähigkeit der Aussagen

Die für die *vier* Ebenen ermittelten Vorgaben halten auch Aussagen für die auf verwaltungsprivatrechtlicher Grundlage ausgeübten Prüfungen und Zertifizierungen bereit.[64] Dabei finden vor allem die für die Grund- und Intensivstrukturebene ermittelten Vorgaben in modifizierter Form Anwendung.[65]

C. Zusammenführung

I. Präventionsauftrag der gesetzlichen Unfallversicherung

Abschließend können nun die Aussagen des einfachen Unfallversicherungsrechts mit den aus der Verfassung abgeleiteten Vorgaben zusammengeführt werden. Dabei ermöglicht das Demokratieprinzip die rechtliche Funktion der kognitiven Potentiale näher zu bestimmen. Obwohl deren Beziehungsgefüge tatsächliche Begrenzungen der staatlichen Aufsicht offenlegt, vermitteln die mit ihrer Inanspruchnahme einhergehenden erkenntnisorientierten Modalitäten der *kommunikativen Integration* und des *fortwirkenden Einflusses* der Wissensressourcen aus den Mitgliedsunternehmen auf der Ebene der Selbstverwaltung jeweils eine Form ergänzender demokratischer Legitimation. Dadurch können einerseits für die Inanspruchnahme erzeugender Potentiale und damit auch für die Ausübung der Verwaltungsmaßnahmen, in denen diese angelegt sind, die lückenhaften Legitimationskomponenten ausgeglichen werden, sodass letztlich ein hinreichendes Legitimationsniveau erreicht werden kann. Andererseits vermag insofern auch die Inanspruchnahme verwertender Potentiale und damit auch die Ausübung der Verwaltungsmaßnahmen, in denen sie angelegt sind, eine hinreichende demokratische Legitimation zu erreichen.

Dafür muss mit der Inanspruchnahme des jeweiligen Potentials eine erkenntnisorientierte Modalität in Gestalt der *kommunikativen Integration* oder des *fortwirkenden Einflusses* einhergehen. Nur unter dieser Voraussetzung ist die Inanspruchnahme des jeweiligen Potentials und damit auch die Ausübung der Verwaltungsmaßnahme, in der das Potential angelegt ist, hinreichend demokratisch legitimiert.

Daran anknüpfend lassen sich aus den Grundrechten weitere konkrete Vorgaben ableiten, die bei der Inanspruchnahme kognitiver Potentiale berücksichtigt werden müssen. Diese Vorgaben betreffen grundsätzlich das „Wie" und nicht das „Ob" der Erzeugung und Weiterverwendung von Wissensres-

---

64 3. Teil, D. VIII.

65 3. Teil, D. VIII. 2.

sourcen aus den Mitgliedsunternehmen. Im Ergebnis führen die Vorgaben daher weder zu einer entscheidenden Beschränkung der Erzeugung und Weiterverwendung von Wissensressourcen noch zu einer Beschränkung der Verwertung des daraus auf der Ebene der Selbstverwaltung gebildeten Wissens. Insofern schränken die aus den Grundrechten folgenden Vorgaben die Wirkmächtigkeit der beiden erkenntnisorientierten Modalitäten grundsätzlich nicht ein. Diese können trotz bzw. unabhängig von den verschiedenen grundrechtlichen Vorgaben der *vier* Ebenen Wirkung entfalten und demokratische Legitimation vermitteln.

Die aus den Grundrechten abgeleiteten Vorgaben für die Inanspruchnahme kognitiver Potentiale zeigen sich im Konkreten anhand der Vorgaben der grundrechtlich ausgestalteten *vier* Ebenen. Diese ergänzen die lediglich rudimentären Vorschriften des Sozialdatenschutzrechts zu Betriebs- und Geschäftsgeheimissen und halten anwendbare Vorgaben für die Erzeugung und Weiterverwendung von Wissensressourcen aus den Mitgliedsunternehmen durch die Inanspruchnahme kognitiver Potentiale bereit. Dabei berücksichtigen die Vorgaben sowohl die grundrechtliche Schutzbedürftigkeit der Wissensressourcen als auch die Grundrechtssensibilität der Maßnahmen. Durch die Ausdifferenzierung in die Grundstrukturebene, die Schutzebene, die Intensivstrukturebene und die Intensivschutzebene werden unterschiedliche Vorgaben für verschiedene Konstellationen vorgehalten und die Handlungsspielräume der Genossenschaften bei der Inanspruchnahme kognitiver Potentiale konkretisiert.

Obwohl die Vorgaben der *vier* Ebenen in Gestalt gesetzlicher Regelungen ausformuliert werden könnten, besteht hierfür keine Notwendigkeit. Die Vorgaben folgen bereits aus einem Gesetz, dem rangmäßig höchsten Gesetz – dem Grundgesetz.[66]

Im Ergebnis halten diese verschiedenen aus der Verfassung abgeleiteten Aussagen und die Vorschriften des einfachen Rechts eine rechtliche Anleitung für das genossenschaftliche Wissensmanagement bereit.

II. Folgerungen über die Grenzen der gesetzlichen Unfallversicherung hinaus

Die rechtliche Funktion der kognitiven Potentiale zur Vermittlung demokratischer Legitimation ebenso wie die Vorgaben der *Vier*-Ebenen-Konzeption können auch in anderen Rechtsgebieten außerhalb der gesetzlichen Unfallversicherung zur Anwendung gelangen. Voraussetzung hierfür ist, dass in dem

[66] 3. Teil, D. III.

jeweiligen Rechtsgebiet Erkenntnismöglichkeiten von Hoheitsträgern in Form von kognitiven Potentialen Wirkung entfalten können.

Sofern diese den Hoheitsträgern die Möglichkeit eröffnen, Kommunikationsprozesse mit den Entscheidungsunterworfenen zu initiieren, kann die erkenntnisorientierte Modalität der *kommunikativen Integration* zum Tragen kommen. Sofern die Hoheitsträger darüber hinaus auch Wissensressourcen von den Entscheidungsunterworfenen gewinnen können, die über konkrete Verwaltungsmaßnahmen hinaus eine Bedeutung für ihre Aufgabenerfüllung einzunehmen vermögen, kann zusätzlich die erkenntnisorientierte Modalität des *fortwirkenden Einflusses* Wirkung entfalten.

Darüber hinaus bieten die verschiedenen Vorgaben der Grundstruktur-, Schutz-, Intensivstruktur- und Intensivschutzebene umfangreiche Anhaltspunkte für den grundrechtlichen Schutz von unternehmensbezogenen Wissensressourcen außerhalb der gesetzlichen Unfallversicherung. Gleichwohl sind auch diese aus den Grundrechten herausgearbeiteten Vorgaben nicht ohne Weiteres einer Verallgemeinerung zugänglich. Eine solche kommt vor allem für die aus objektiv-rechtlichen Grundrechtsgehalten abgeleiteten Vorgaben der Grund- und Intensivstrukturebene in Betracht. Diese stehen nicht in Zusammenhang mit Eingriffsfragen und damit einhergehenden Anforderungen an bereichsspezifische gesetzliche Ermächtigungsgrundlagen, die außerhalb des Sozialdatenschutzrechts nur rar gesät sind.[67]

Bei einer Übertragung der Vorgaben der Grundstruktur-, Schutz-, Intensivstruktur- und Intensivschutzebene oder Teilen davon in andere Rechtsgebiete gilt es einerseits zu berücksichtigen, dass die Anforderungen an die einfachgesetzlichen Grundlagen beim Recht auf informationelle Selbstbestimmung juristischer Personen abgesenkt sind.[68] Andererseits kann der Verwendungszweck bei Eingriffen in das Recht auf informationelle Selbstbestimmung juristischer Personen aufgrund eines Gesetzes zudem auch administrativ festgelegt werden.[69]

Diese beiden Aspekte machen deutlich, dass diese Untersuchung kein Verdikt der Verfassungswidrigkeit von Vorschriften in Rechtsgebieten ohne ausdrückliche gesetzliche Ermächtigungsgrundlagen zur Erzeugung und Weiterverwendung von unternehmensbezogenen Wissensressourcen postuliert. Gleichwohl gilt es die jeweiligen Vorschriften anhand der herausgearbeiteten Vorgaben zu beurteilen. Dabei kann auch an § 30 VwVfG und die entspre-

---

67 § 23 Abs. 2 ArbSchG enthält allerdings eine Geheimhaltungspflicht, die mit *Wiebauer*, in: Landmann/Rohmer, GewO, 84. EL, Februar 2020, § 23 ArbSchG, Rn. 6, dem Steuer- und Sozialgeheimnis vergleichbar ist; siehe auch die allgemeine Vorschrift des § 30 VwVfG.

68 3. Teil, D. V. 1. b) aa).

69 3. Teil, D. V. 1. b).

chenden Regelungen in den Verwaltungsverfahrensgesetzen der Länder[70] angeknüpft werden,[71] die auf grundrechtlich geschützte Wissensressourcen Anwendung finden können.[72]

In diesem Zusammenhang gilt es abschließend zu berücksichtigen, dass Interpretationen bzw. interpretatorische Verknüpfungen von Informations- und Wissensgrundlagen durch Grundrechtsadressaten und die damit einhergehende Vollendung zu Informationen und Wissen die Gewährleistungen des subjektiv-abwehrrechtlichen Grundrechtsschutzes enden und die Gewährleistungen des objektiv-rechtlichen Grundrechtsschutzes hervortreten lassen. Letztere halten auch ohne ausdrückliche einfach-gesetzliche Vorschriften Vorgaben für den Umgang mit den vollendeten Informationen und dem vollendeten Wissen auf Seiten der Grundrechtsadressaten bereit.

D. Schlussfazit und Zusammenfassung

Das System der gesetzlichen Unfallversicherung bietet insbesondere aus der historischen Perspektive ein exemplarisches Referenzgebiet für die staatliche Generierung von Wissen durch die Einbeziehung Privater. Dieses System, dessen Grundlagen bis in das vorvergangene Jahrhundert zurückreichen, hält dabei Strukturen bereit, anhand derer die Berufsgenossenschaften und ihr Spitzenverband in umfassender Weise Wissen erzeugen und weiterverwenden können. Dabei beruht die Wissenserzeugung zu einem Großteil auf der Einbeziehung der Mitgliedsunternehmen, aber auch Dritter.

Die damit einhergehenden rechtlichen Fragestellungen, die im einfachen Recht nicht umfassend geregelt worden sind, können auf Grundlage des Grundgesetzes konkreten Lösungen zugeführt werden. Dabei können sowohl Formen ergänzender Legitimation identifiziert werden als auch die Gehalte des Rechts auf informationelle Selbstbestimmung juristischer Personen sowie der Berufsfreiheit umfassende Wirkungen entfalten. Obwohl Betriebs- und Geschäftsgeheimnisse bislang vorrangig anhand der Berufsfreiheit und Eigen-

70 Siehe dazu *Engel/Pfau*, in: Mann/Sennekamp/Uechtritz, VwVfG, § 30 VwVfG, Rn. 40.

71 Für *Kallerhoff/Mayen*, in: Stelkens/Bonk/Sachs, VwVfG, § 30, Rn. 20b, kann in § 30 VwVfG allerdings keine immanente ungeschriebene Offenbarungsbefugnis verortet werden, sofern „der Anspruch auf Geheimhaltung im Grundrecht auf *informationelle Selbstbestimmung* wurzelt [, da] […] hier das Erfordernis einer *bereichsspezifischen gesetzlichen Ermächtigungsgrundlage* zu beachten ist".

72 Sofern bei der Frage nach einer Offenbarungsbefugnis grundrechtlich geschützte unternehmensbezogene Wissensressourcen anderen Verfassungsgütern gegenüberstehen, ist für die Frage ihrer Offenbarung nach *Engel/Pfau*, in: Mann/Sennekamp/Uechtritz, VwVfG, § 30 VwVfG, Rn. 38, eine Abwägungsentscheidung im Sinne praktischer Konkordanz zu treffen.

tumsgarantie beurteilt werden, vermag das Recht auf informationelle Selbstbestimmung juristischer Personen, das die Rechtsprechung des BVerfGs erst jüngst in Art. 2 Abs. 1 i. V. m. Art. 19 Abs. 3 GG verortete, ebenfalls Aussagen im Hinblick auf unternehmensbezogene Wissensressourcen bereitzuhalten. Die objektiv-rechtlichen ebenso wie die subjektiv-abwehrrechtlichen Gehalte dieses Grundrechts, die bislang noch keiner näheren Untersuchung unterzogen worden sind, konnten vor dem Hintergrund der gesetzlichen Unfallversicherung umfassend herausgearbeitet werden.

Die dabei gefundenen Ergebnisse können als eine Grundlage für die grundrechtliche Beurteilung von unternehmensbezogenen Wissensressourcen fungieren. Das gilt insbesondere für andere Bereiche der staatlichen Generierung von Wissen durch die Einbeziehung Privater. Dabei sind keine pauschalen Übernahmen der Ergebnisse dieser Untersuchung möglich. Diese sind vielmehr im Hinblick auf ihre Anwendbarkeit in den jeweiligen Rechtsgebieten konkret zu überprüfen und dort gegebenenfalls in modifizierter Form anzuwenden. Gleichwohl zeigt das gesetzliche Unfallversicherungssystem mit seiner Zwangsintegration der Mitgliedsunternehmen und den damit verbundenen Möglichkeiten der Erzeugung und Weiterverwendung von Wissen, inwiefern Kooperationsverhältnisse zwischen staatlichen und privaten Akteuren ausgestaltet werden können, um im Staat des Grundgesetzes staatliches Wissen unter Einbeziehung Privater in verfassungskonformer Weise zu erzeugen und rechtlich zu nutzen.

Literaturverzeichnis*

Abt, Wolfgang/*Engelmann*, Hanslenz/*Schilling*, Friedmar: Die Erfassung des Unfallgeschehens aus den Angaben in Feld 37 der neuen Unfallanzeige, Die BG 1973, S. 485 ff.

Adam-Wintjen, Christiane: 125 Jahre landwirtschaftliche Unfallversicherung: Schlaglichter, in: Spitzenverband der landwirtschaftlichen Sozialversicherung (Hrsg.), 125 Jahre landwirtschaftliche Unfallversicherung: Sonderheft: Soziale Sicherheit in der Landwirtschaft, Kassel, 2011, S. 151 ff.

Albers, Marion: Die Komplexität verfassungsrechtlicher Vorgaben für das Wissen der Verwaltung: Zugleich ein Beitrag zur Systembildung im Informationsrecht, in: Spiecker gen. Döhmann, Indra/Collin, Peter (Hrsg.), Generierung und Transfer staatlichen Wissens im System des Verwaltungsrechts, Tübingen, 2008, S. 50 ff.

Albers, Marion: Informationelle Selbstbestimmung, Baden-Baden, 2005

Albers, Marion: Umgang mit personenbezogenen Informationen und Daten, in: Voßkuhle, Andreas/Eifert, Martin/Möllers, Christoph (Hrsg.), Grundlagen des Verwaltungsrechts, Band I, 3. Auflage, München, 2022, § 22, S. 1587 ff.

Albers, Marion: Zur Neukonzeption des grundrechtlichen „Daten"schutzes, in: Kugelmann, Dieter/Haratsch, Andreas/Repkewitz, Ulrich (Hrsg.), Herausforderungen an das Recht der Informationsgesellschaft: 36. Tagung der Wissenschaftlichen Mitarbeiterinnen und Mitarbeiter der Fachrichtung „Öffentliches Recht", Stuttgart, 1996

Albers, Marion (Hrsg.): Bioethik, Biorecht, Biopolitik: Eine Kontextualisierung, Baden-Baden, 2016

Alexy, Robert: Theorie der Grundrechte, 9. Auflage, Frankfurt a. M., 2020

Aligbe, Patrick: Das neue Arbeitsschutzkontrollgesetz, Betriebliche Prävention 2021, S. 124 ff.

Aligbe, Patrick: Rechtliche Rahmenbedingungen der Arbeitsausschusssitzung nach dem Arbeitssicherheitsgesetz, ArbRAktuell 2019, S. 410 ff.

Ambrosius, Gerold: Besprechung zu Collin u. a. (Hrsg.), Regulierte Selbstregulierung im frühen Interventions- und Sozialstaat, VSWG 2013, S. 55 f.

Anzinger, Rudolf/*Bieneck*, Hans-Jürgen: Kommentar zum Arbeitssicherheitsgesetz, Heidelberg, 1998

Appel, Ivo: Das Verwaltungsrecht zwischen klassischem dogmatischen Verständnis und steuerungswissenschaftlichem Anspruch, in: VVDStRL 67 (2008), S. 226 ff.

* Materialien aus dem Internet wurden zuletzt am 20.05.2024 abgerufen.

Appl/*Löhr*, Uwe/*Schöpf*, Udo: Hauterkrankungen und Hautschutz im Tätigkeitsbereich Blumen- und Pflanzeneinzelhandel (Floristik), Die BG 2000, S. 144 ff.

Appt, Jochen: Maschinelles Lernen: Künstliche Intelligenz in der Prävention, DGUV Forum 12/2019, S. 10 ff.

Appt, Jochen: Überwachung und Beratung in der SARS-CoV-2-Epidemie, DGUV Forum 3/2021, S. 3 ff.

Appt, Jochen/*Bindzius*, Fritz/*Knoll*, Angela: Neue Strukturen und Formen der Zusammenarbeit: Das Präventionsgesetz, DGUV Forum 1–2/2016, S. 26 ff.

Arenz, Bernhard/*Dienstbühl*, Isabel/*Schäfer*, Klaus: Überwachung und Beratung im Wandel, DGUV Forum 6/2023, S. 5 ff.

Argyris, Chris/*Schön*, Donald: Organizational Learning: A Theory of Action Perspective, Reading, Massachusetts, 1978

Argyris, Chris/*Schön*, Donald: Organizational Learning II: Theory, Method, and Practice, Reading, Massachusetts, 1996

Arnauld, Andreas von: Öffnung der öffentlich-rechtlichen Methode durch Internationalität und Interdisziplinarität: Erscheinungsformen, Chancen, Grenzen, in: VVDStRL 74 (2014), S. 39 ff.

Asanger, Reimund: Die rechtliche Bedeutung der Unfallverhütungsvorschriften, in: Schimmelpfennig, Heinz (Hrsg.), Grundsatzfragen der sozialen Unfallversicherung, Festschrift für Dr. Herbert Lauterbach zum 60. Geburtstag, Berlin, 1961, S. 297 ff.

Assmann, Heinz-Dieter/*Schlitt*, Michael/*Kopp-Colomb*, Wolf von (Hrsg.): Prospektrecht Kommentar, 4. Auflage, Köln, 2022

Augsberg, Ino: Informationsverwaltungsrecht: Zur kognitiven Dimension der rechtlichen Steuerung von Verwaltungsentscheidungen, Tübingen, 2014

Augsberg, Ino: Multi-, inter-, transdisziplinär? Zum Erfordernis binnenjuristischer Metaregeln für den Umgang mit extrajuridischem Wissen im Verwaltungsrecht, in: ders. (Hrsg.), Extrajuridisches Wissen im Verwaltungsrecht: Analysen und Perspektiven, Tübingen, 2013, S. 3 ff.

Augsberg, Ino: Wissen und Recht – eine Problemskizze, in: ders./Schuppert, Gunnar Folke (Hrsg.), Wissen und Recht, Baden-Baden, 2022, S. 15 ff.

Augsberg, Ino/*Schuppert*, Gunnar Folke (Hrsg.): Wissen und Recht, Baden-Baden, 2022

Axer, Peter: Normsetzung der Exekutive in der Sozialversicherung: Ein Beitrag zu den Voraussetzungen und Grenzen untergesetzlicher Normsetzung im Staat des Grundgesetzes, Tübingen, 2000

Ayass, Wolfgang: Regulierte Selbstregulierung in den Berufsgenossenschaften der gesetzlichen Unfallversicherung, in: Collin, Peter/Bender, Gerd/Ruppert, Stefan/Seckelmann, Margrit/Stolleis, Michael (Hrsg.), Regulierte Selbstregulierung im frühen Interventions- und Sozialstaat, Frankfurt a. M., 2012, S. 123 ff.

Bäcker, Matthias: Die Vertraulichkeit der Internetkommunikation, in: Rensen, Hartmut/Brink, Stefan (Hrsg.), Linien der Rechtsprechung des Bundesverfassungsgerichts: erörtert von den wissenschaftlichen Mitarbeitern, Band 1, Berlin, 2009, S. 99 ff.

Badaracco, Joseph L.: Strategische Allianzen: wie Unternehmen durch Know-how-Austausch Wettbewerbsvorteile erzielen, Wien, 1991

Badura, Peter: Das Prinzip der sozialen Grundrechte und seine Verwirklichung im Recht der Bundesrepublik Deutschland, Der Staat 14 (1975), S. 17 ff.

Baecker, Dirk: Organisation als System, 4. Auflage, Frankfurt a. M., 2012

Barth, Anke/*Nimmesgern*, Cathrin: Aus gutem Grund: 100 Jahre Prüfung und Zertifizierung, DGUV Forum 7–8/2021, S. 40 f.

Battis, Ulrich (Hrsg.): Bundesbeamtengesetz: Kommentar, 6. Auflage, München, 2022

Battis, Ulrich/*Kersten*, Jens: Demokratieprinzip und Mitbestimmung im öffentlichen Dienst, DÖV 1996, S. 584 ff.

Bauerdick, Johannes: Arbeitsschutz zwischen staatlicher und verbandlicher Regulierung, Berlin, 1994

Bayerlein, Walter: Zur rechtlichen Bedeutung von technischen Normen, Der Sachverständige 2008, S. 49 ff.

Bechler, Lars: Informationseingriffe durch intransparenten Umgang mit personenbezogenen Daten, Halle a. d. Saale, 2010

Beck, Klaus: Kommunikationswissenschaft: Eine Einführung, 6. Auflage, München, 2020

Becker, Florian: Kooperative und konsensuale Strukturen in der Normsetzung, Tübingen, 2005

Becker, Harald/*Franke*, Edgar/*Molkentin*, Thomas (Hrsg.): Sozialgesetzbuch VII: Gesetzliche Unfallversicherung: Lehr- und Praxiskommentar, 5. Auflage, Baden-Baden, 2018

Becker, Harald/*Franke*, Edgar/*Molkentin*, Thomas/*Hedermann*, Denis (Hrsg.): Sozialgesetzbuch VII: Gesetzliche Unfallversicherung: Lehr- und Praxiskommentar, 6. Auflage, Baden-Baden, 2024

Becker, Howard Paul: Man in reciprocity: introductory lectures on culture, society and personality, New York, 1956

Becker, Joachim: Das Demokratieprinzip und die Mitwirkung Privater an der Erfüllung öffentlicher Aufgaben: Zum Beschluß des Bundesverfassungsgerichts „Lippeverband und Emschergenossenschaft“ vom 5. Dezember 2002, DÖV 2004, S. 910 ff.

Becker, Peter: Berufskrankheiten: Rechtliche Grundlagen, Die BG 2011, S. 73 ff.

Becker, Peter: Die Anzeigepflicht des Unternehmers beim Verdacht einer Berufskrankheit, Die BG 2011, S. 70 ff.

Becker, Peter (Hrsg.): Hauck/Noftz, Sozialgesetzbuch: SGB X: Verwaltungsverfahren, Schutz der Sozialdaten, Zusammenarbeit der Leistungsträger und ihre Beziehung zu Dritten, 1. EL/2024, Berlin

Becker, Siegrid/*Stelter*, Iris/*Thielen*, Karl-Josef/*Zec*, Sanja: Digital First: strategische Kommunikation bei der BGHW, DGUV Forum 5/2023, S. 10 ff.

Becker, Ulrich/*Kingreen*, Thorsten (Hrsg.): SGB V: Gesetzliche Krankenversicherung: Kommentar, 8. Auflage, München, 2022

Behrendsen, Ursula/*Braband*, Constanze/*Spanoudakis*, Matthias/*Nöthen-Garunja*, Isabel/*Portuné*, Roland/*Schmid*, Heinz: Zwangs- und Bußgeld – ungleiche Instrumente für ein nachhaltiges Präventionshandeln, DGUV Forum 6/2023, S. 23 ff.

Behrendt, Svenja: Entzauberung des Rechts auf informationelle Selbstbestimmung, Tübingen, 2023

Bendiks, Dave: Mehr digitale Angebote mit dem Onlinezugangsgesetz 2.0, DGUV Forum 11/2023, S. 26 f.

Bereiter-Hahn, Werner/*Mehrtens*, Gerhard (Hrsg.): Gesetzliche Unfallversicherung: Siebtes Buch Sozialgesetzbuch: Handkommentar, 5. Auflage, Berlin, EL 3/2023

Berg, Wilfried: Der Schutz von Betriebs- und Geschäftsgeheimnissen im öffentlichen Recht unter besonderer Berücksichtigung des Umweltinformationsgesetzes, GewArch 1996, S. 177 ff.

Berg, Wilfried/*Fisch*, Stefan/*Schmitt Glaeser*, Walter/*Schoch*, Friedrich/*Schulze-Fielitz*, Helmuth (Hrsg.): Regulierte Selbstregulierung als Steuerungskonzept des Gewährleistungsstaates: Ergebnisse des Symposiums aus Anlass des 60. Geburtstages von Wolfgang Hoffmann-Riem, Die Verwaltung, Beiheft 4, Berlin, 2001

Berufsgenossenschaft der Bauwirtschaft (Hrsg.): Forschung, abrufbar unter: https://www.bgbau.de/die-bg-bau/ueber-uns/netzwerk-und-kooperationen/forschung/

Beyerbach, Hannes: Die geheime Unternehmensinformation: Grundrechtlich geschützte Betriebs- und Geschäftsgeheimnisse als Schranke einfachrechtlicher Informationsansprüche, Tübingen, 2012

Bieresborn, Dirk: Sozialdatenschutz nach Inkrafttreten der EU-Datenschutzgrundverordnung: Anpassungen des nationalen Sozialdatenschutzes an das europäische Recht, NZS 2017, S. 887 ff.

Bindzius, Fritz/*Knoll*, Angela/*Appt*, Jochen: Gesundheitsförderung in Lebenswelten und Betrieben: Das Präventionsgesetz: Erste Schritte zur Umsetzung, DGUV Forum 4/2016, S. 10 ff.

Binne, Wolfgang: Das neue Recht des Sozialdatenschutzes, NZS 1995, S. 97 ff.

Blum, Peter: Wege zu besserer Gesetzgebung: Sachverständige Beratung, Begründung, Folgenabschätzung und Wirkungskontrolle, Gutachten I für den 65. DJT, in: Verhandlungen des 65. DJT Bonn 2004, Band I: Gutachten, München, 2004, S. I 1 ff.

Böckenförde, Thomas: Auf dem Weg zur elektronischen Privatsphäre, JZ 2008, S. 925 ff.

Böckenförde, Ernst-Wolfgang: Grundrechte als Grundsatznormen: Zur gegenwärtigen Lage der Grundrechtsdogmatik, Der Staat 29 (1990), S. 1 ff.

Böckenförde, Ernst-Wolfgang: Mittelbare/Repräsentative Demokratie als eigentliche Form der Demokratie: Bemerkungen zu Begriff und Verwirklichungsproblemen der Demokratie als Staats- und Regierungsform, in: Müller, Georg/Rhinow, René A./Schmid, Gerhard/Wildhaber, Luzius (Hrsg.), Staatsorganisation und Staatsfunktionen im Wandel, Festschrift für Kurt Eichenberger zum 60. Geburtstag, Basel/Frankfurt a.M., 1982, S. 301 ff.

Böckenförde, Ernst-Wolfgang: Staat, Verfassung, Demokratie: Studien zur Verfassungstheorie und zum Verfassungsrecht, 2. Auflage, Frankfurt a.M., 1992

Boehme-Neßler, Volker: Unscharfes Recht: Überlegungen zur Relativierung des Rechts in der digitalisierten Welt, Berlin, 2008

Bogdandy, Armin von: Gubernative Rechtsetzung: Eine Neubestimmung der Rechtsetzung und des Regierungssystems unter dem Grundgesetz in der Perspektive gemeineuropäischer Dogmatik, Tübingen, 2000

Brammsen, Joerg: Wirtschaftsgeheimnisse als Verfassungseigentum: Der Schutz der Betriebs- und Geschäftsgeheimnisse gem. Art. 14 GG, DÖV 2007, S. 10 ff.

Brandenburg, Stephan (Hrsg.): juris PraxisKommentar SGB VII: Sozialgesetzbuch Siebtes Buch (SGB VII): Gesetzliche Unfallversicherung, 3. Auflage, Saarbrücken, 2022

Brandenburg, Stephan/*Auf dem Berge*, Jasmin/*Krohn*, Steffen/*Woltjen*, Michael: Individualprävention: Ein wichtiger Teil des Präventionsauftrags der gesetzlichen Unfallversicherung, DGUV Forum 12/2018, S. 10 ff.

Brandl-Michel, Philipp: Maßstäbe demokratischer Legitimation: eine Betrachtung des rechtswissenschaftlichen Diskurses über Demokratiemaßstäbe im deutschen Verfassungsrecht und dem Primärrecht der Europäischen Union, Baden-Baden, 2021

Braun, Frank/*Albrecht*, Florian: Art. 91c GG: Die verfassungsrechtliche Verankerung der Informationstechnologie, jurisPR-IT 1/2010, Anm. 2

Brauneck, Jens: Der Data Governance Act, das geistige Eigentum und das Europäische Wettbewerbsrecht, WRP 2023, S. 28 ff.

Breckwoldt, Maike: Grundrechtskombinationen, Tübingen, 2015

Brettschneider, Frank: Parlamentarisches Handeln und öffentliche Meinung. Zur Responsivität des Deutschen Bundestages bei politischen Sachfragen zwischen 1949 und 1990, ZParl 1 (1996), S. 108 ff.

Breuer, Joachim (Hrsg.): Lauterbach: Unfallversicherung: Sozialgesetzbuch VII: Kommentar zum Siebten Buche des Sozialgesetzbuchs und zu weiteren die Unfallversicherung betreffenden Gesetzen, 4. Auflage, 74. EL, Stuttgart, März 2023

Breuer, Joachim/*Gondolatsch*, Lucia: Die Selbstverwaltung in der Unfallversicherung: Deutsche Geschichte, europäische Zukunft, DGUV Forum 4/2019, S. 10 ff.

Breuer, Rüdiger: Schutz von Betriebs- und Geschäftsgeheimnissen im Umweltrecht, NVwZ 1986, S. 171 ff.

Britz, Gabriele: Die Mitwirkung Privater an der Wahrnehmung öffentlicher Aufgaben durch Einrichtungen des öffentlichen Rechts: Verwaltungsorganisation zwischen Legitimationserfordernis und Rationalisierungswunsch, VerwArch 91 (2000), S. 418 ff.

Britz, Gabriele: Grundrechtliche Schutzpflichten in bald 50 Jahren Rechtsprechung des BVerfG, NVwZ 2023, S. 1449 ff.

Britz, Gabriele: Informationelle Selbstbestimmung zwischen rechtswissenschaftlicher Grundsatzkritik und Beharren des Bundesverfassungsgerichts, in: Hoffmann-Riem, Wolfgang (Hrsg.), Offene Rechtswissenschaft, Tübingen, 2010, S. 561 ff.

Britz, Gabriele: Vertraulichkeit und Integrität informationstechnischer Systeme: Einige Fragen zu einem „neuen Grundrecht", DÖV 2008, S. 411 ff.

Brohm, Winfried: Die Dogmatik des Verwaltungsrechts vor den Gegenwartsaufgaben der Verwaltung, in: VVDStRL 30 (1972), S. 245 ff.

Brohm, Winfried: Strukturen der Wirtschaftsverwaltung, Stuttgart/Berlin/Köln/Mainz, 1969

Bröhmer, Jürgen: Transparenz als Verfassungsprinzip: Grundgesetz und Europäische Union, Tübingen, 2004

Brosius, Hans-Bernd: Kommunikationswissenschaft, Version 08.06.2022, in: Staatslexikon online, abrufbar unter https://www.staatslexikon-online.de/Lexikon/Kommunikationswissenschaft

Brosius-Gersdorf, Frauke: Die Gliederung des Gefahrtarifs der Unfallversicherungsträger nach Tarifstellen: Teil 1: Am Beispiel des 4. Gefahrtarifs der BG Bau, SGb 2023, S. 461 ff.

Brosius-Gersdorf, Frauke (Hrsg.): Dreier: Grundgesetz-Kommentar: Band I: Art. 1–19, 4. Auflage, Tübingen, 2023

Brünen, Bea-Vanessa: Demokratische Legitimation des Gemeinsamen Bundesausschusses zum Ausschluss von Arzneimitteln durch Richtlinien, Münster, 2019

Brüning, Thomas: Berufsgenossenschaftliches Forschungsinstitut für Arbeitsmedizin – Institut der Ruhr-Universität Bochum – BGFA, Die BG 2005, S. 255 ff.

Brüning, Thomas: Das Institut für Prävention und Arbeitsmedizin der DGUV (IPA): Forschung für Sicherheit und Gesundheit, DGUV Forum 5/2021, S. 7 ff.

Bryde, Brun-Otto: Die bundesrepublikanische Volksdemokratie als Irrweg der Demokratietheorie, Staatswissenschaften und Staatspraxis 5 (1994), S. 305 ff.

Buchner, Benedikt/*Ladeur*, Karl-Heinz (Hrsg.): Wissensgenerierung und -verarbeitung im Gesundheits- und Sozialrecht: Friedhelm Hase zum 65. Geburtstag, Tübingen, 2016

Bücks, Björn/*Zittlau*, Katrin: Gesund und sicher in der Arbeitswelt 4.0: Was Sie als Sifa für eine zukunftsorientierte Beratung brauchen, Betriebliche Prävention 2023, S. 397 ff.

Bull, Hans Peter: Neue Konzepte, neue Instrumente?: Zur Datenschutz-Diskussion des Bremer Juristentages, ZRP 1998, S. 310 ff.

Bulla, Eckart: Artikel 87 Abs. 2 GG und hoheitliche Beleihung der Deutschen Gesetzlichen Unfallversicherung e. V. auf dem Gebiet der Prävention, VSSR 2008, S. 351 ff.

Bullinger, Martin: Wettbewerbsgerechtigkeit bei präventiver Wirtschaftsaufsicht, NJW 1978, S. 2173 ff.

Bumke, Christian: Die Entwicklung der verwaltungswissenschaftlichen Methodik in der Bundesrepublik Deutschland, in: Schmidt-Aßmann, Eberhard/Hoffmann-Riem, Wolfgang (Hrsg.), Methoden der Verwaltungsrechtswissenschaft, Baden-Baden, 2004, S. 73 ff.

Bumke, Christian: Relative Rechtswidrigkeit: Systembildung und Binnendifferenzierungen im Öffentlichen Recht, Tübingen, 2004

Bundesvereinigung für Prävention und Gesundheitsförderung e. V. (Hrsg.): Aufgaben und Ziele, abrufbar unter: https://bvpraevention.de/cms/index.asp?inst=newbv&snr=12368

Bünger, Jürgen/*Brüning*, Thomas: Branchenregel Abfallwirtschaft: Pilotprojekt der DGUV, IPA-Journal 02/2015, S. 31 ff.

Bungert, Hartwin: Das Recht ausländischer Kapitalgesellschaften auf Gleichbehandlung im deutschen und US-amerikanischen Recht: zugleich ein Beitrag zu einem internationalen Grundrechtskollisionsrecht, München, 1994

Burgi, Martin: Intradisziplinarität und Interdisziplinarität als Perspektiven der Verwaltungsrechtswissenschaft, in: ders. (Hrsg.), Zur Lage der Verwaltungsrechtswissenschaft, Die Verwaltung, Beiheft 12, Berlin, 2017, S. 33 ff.

Busche, Norbert: Kommunikationsnetzwerk: Die Evaluation des UV-NET, DGUV Forum 9/2018, S. 43 f.

Buss, Peter: Berufsgenossenschaftliche Prävention: Rückschau und Perspektive, Die BG 1996, S. 88 ff.

Büsse, Andreas: Beratung und Überwachung in Zeiten der Pandemie, DGUV Forum 5–6/2020, S. 13 ff.

Büsse, Andreas/*Fochmann*, Bastian: Wo das Risiko am höchsten ist, da sind wir vor Ort, DGUV Forum 6/2023, S. 19 f.

Calliess, Christian: Die grundrechtliche Schutzpflicht im mehrpoligen Verfassungsrechtsverhältnis, JZ 2006, S. 321 ff.

Clemens, Thomas: Normenstrukturen im Sozialrecht: Unfallversicherungs-, Arbeitsförderungs- und Kassenarztrecht, NZS 1994, S. 337 ff.

Coenen, Wilfried: Das duale Arbeitsschutzsystem: Grundlage und Chance auch für die Zukunft?, Die BG 2000, S. 694 ff.

Colella, Renate/*Kranig*, Andreas: Das Unfallversicherungsmodernisierungsgesetz: Politische Ziele, Entscheidungsfindung, Beitrag der Selbstverwaltung, Die BG 2008, S. 388 ff.

Collin, Peter: Privatisierung und Etatisierung als komplementäre Gestaltungsprozesse: Ein historischer Rückblick auf „regulierte Selbstregulierung", JZ 2011, S. 274 ff.

Collin, Peter/*Bender*, Gerd/*Ruppert*, Stefan/*Seckelmann*, Margrit/*Stolleis*, Michael (Hrsg.): Regulierte Selbstregulierung im frühen Interventions- und Sozialstaat, Frankfurt a. M., 2012

Collin, Peter/*Horstmann*, Thomas: Das Wissen des Staates – Zugänge zu einem Forschungsthema, in: dies. (Hrsg.), Das Wissen des Staates: Geschichte, Theorie und Praxis, Baden-Baden, 2004, S. 9 ff.

Collin, Peter/*Spiecker gen. Döhmann*, Indra: Generierung und Transfer staatlichen Wissens im System des Verwaltungsrechts: ein Problemaufriss, in: Spiecker gen. Döhmann, Indra/Collin, Peter (Hrsg.), Generierung und Transfer staatlichen Wissens im System des Verwaltungsrechts, Tübingen, 2008, S. 3 ff.

Cremer, Wolfram: Freiheitsgrundrechte: Funktionen und Strukturen, Tübingen, 2004

Cremer, Wolfram: Gewinnstreben als öffentliche Unternehmen legitimierender Zweck: Die Antwort des Grundgesetzes, DÖV 2003, S. 921 ff.

Czybulka, Detlef: Die Legitimation der öffentlichen Verwaltung: unter Berücksichtigung ihrer Organisation sowie der Entstehungsgeschichte zum Grundgesetz, Heidelberg, 1989

Dahlhaus, Caterina: Investitions-Controlling in dezentralen Unternehmen: Anreizsysteme als Instrument zur Verhaltenssteuerung im Investitionsprozess, Wiesbaden, 2009

Dahm, Dirk: Die in der gesetzlichen Unfallversicherung (SGB VII) maßgeblichen Auskunfts- und Anzeigepflichten, Die Sozialversicherung 1999, S. 183 ff.

Dederer, Hans-Georg: Korporative Staatsgewalt: Integration privat organisierter Interessen in die Ausübung von Staatsfunktionen: Zugleich eine Rekonstruktion der Legitimationsdogmatik, Tübingen, 2004

Dederer, Hans-Georg: Organisatorisch-personelle Legitimation der funktionalen Selbstverwaltung, NVwZ 2000, S. 403 ff.

Degen, Thomas A./*Deister*, Jochen (Hrsg.): IT- und Datenschutz-Compliance für Unternehmen: Leitlinien und Anwendungsfälle: Cloud, Social Media, Scrum, IoT, KI, Mobilitätsdaten, 2. Auflage, Stuttgart, 2022

Degenhart, Christoph: Grundrechtsschutz ausländischer juristischer Personen bei wirtschaftlicher Betätigung im Inland, dargestellt am Beispiel der Eigentumsgarantie, EuGRZ 1981, S. 161 ff.

Degenhart, Christoph: Klausurenkurs im Staatsrecht II: Staatsorganisationsrecht: Grundrechte: Bezüge zum Europarecht, 10. Auflage, Heidelberg, 2024

Deger, Johannes/*Stephan*, Ulrich: Polizeigesetz für Baden-Württemberg: Kommentar, 7. Auflage, Stuttgart, 2014

Desoi, Bernd Uwe: Big Data und allgemein zugängliche Daten im Krisenmanagement: Exemplarische technische und normative Gestaltung von Analysen zur Entscheidungsunterstützung, Wiesbaden, 2018

Detterbeck, Steffen: Allgemeines Verwaltungsrecht: mit Verwaltungsprozessrecht, 21. Auflage, München, 2023

Deutlmoser, Ralf: Produktsicherheits- und Marktüberwachungspaket, NVwZ 2013, S. 1058 ff.

Deutsche Bibelgesellschaft (Hrsg.): Die Bibel, nach Martin Luthers Übersetzung, Lutherbibel, revidiert 2017, mit Apokryphen, Stuttgart, 2017

Deutsche Gesetzliche Unfallversicherung e. V. (Hrsg.): Das Berufsrollenverständnis der Aufsichtsperson mit Hochschulqualifikation (AP I) in der gesetzlichen Unfallversicherung, Berlin, 2015

Deutsche Gesetzliche Unfallversicherung e. V. (Hrsg.): Das Trendportal im Risikoobservatorium, abrufbar unter https://www.dguv.de/ifa/fachinfos/arbeiten-4-0/risikoobservatorium/trendportal/index-3.jsp

Deutsche Gesetzliche Unfallversicherung e. V. (Hrsg.): Der Mensch im Mittelpunkt: Prioritäten für den Arbeitsschutz von morgen: 10 Top-Trends aus dem Risikoobservatorium der Deutschen Gesetzlichen Unfallversicherung, Berlin, 2016

Deutsche Gesetzliche Unfallversicherung e. V. (Hrsg.): DGUV-Statistiken für die Praxis 2022: Aktuelle Zahlen und Zeitreihen aus der Deutschen Gesetzlichen Unfallversicherung, Berlin, 2023

Deutsche Gesetzliche Unfallversicherung e. V. (Hrsg.): DGUV Vorschrift 2: Betriebsärzte und Fachkräfte für Arbeitssicherheit: Hintergrundinformation für die Beratungspraxis, 2. Auflage, Berlin, 2010

Deutsche Gesetzliche Unfallversicherung e. V. (Hrsg.): Evaluation der DGUV Vorschrift 2, Anlage 2 (Abschlussbericht): Stand der Umsetzung, Anwendbarkeit und Praktikabilität sowie Auswirkungen im Betrieb, Berlin, 2007, DGUV Report 1/2017

Deutsche Gesetzliche Unfallversicherung e. V. (Hrsg.): Fachbereiche der DGUV, abrufbar unter: https://www.dguv.de/de/praevention/fachbereiche_dguv/index.jsp

Deutsche Gesetzliche Unfallversicherung e. V. (Hrsg.): Geschäfts- und Rechnungsergebnisse der gewerblichen Berufsgenossenschaften und Unfallversicherungsträger der öffentlichen Hand 2022, Berlin, 2023

Deutsche Gesetzliche Unfallversicherung e. V. (Hrsg.): Kompetenzzentrum Künstliche Intelligenz und Big Data (KKI): Beratung und Unterstützung zu den Themen KI und Big Data, abrufbar unter https://www.dguv.de/ifa/fachinfos/kuenstliche-intelligenz/index.jsp

Deutsche Gesetzliche Unfallversicherung e. V. (Hrsg.): Neue Formen der Arbeit: Neue Formen der Prävention: Arbeitswelt 4.0: Chancen und Herausforderungen, Berlin, 2016

Deutsche Gesetzliche Unfallversicherung e. V. (Hrsg.): Position der gesetzlichen Unfallversicherung zur Prävention, Berlin, 2018

Deutsche Gesetzliche Unfallversicherung e. V.: Positionspapier der Selbstverwaltung der DGUV zur Prävention vom 28.11.2008: Leitlinien und Umsetzung, DGUV Forum 1/2009, S. 21 f.

Deutsche Gesetzliche Unfallversicherung e. V. (Hrsg.): Positionspapier für die Forschung der Träger der gesetzlichen Unfallversicherung: Prävention – Berufskrankheiten – Rehabilitation: Ziele – Strategien – Schwerpunkte, Berlin, 2018

Deutsche Gesetzliche Unfallversicherung e. V. (Hrsg.): Positionspapier: Reform des Rechts der gesetzlichen Unfallversicherung, Die BG 2006, S. 300 ff.

Deutsche Gesetzliche Unfallversicherung e. V. (Hrsg.): Präventionsleistungen der Unfallversicherungsträger der Deutschen Gesetzlichen Unfallversicherung, aktualisierte Fassung, Berlin, 2019

Deutsche Gesetzliche Unfallversicherung e. V. (Hrsg.): Präventionsnetzwerke, abrufbar unter: https://www.dguv.de/de/praevention/netzwerke/index.jsp

Deutsche Gesetzliche Unfallversicherung e. V. (Hrsg.): Projekt: „Qualität in der Prävention“: Teilprojekt 1: „Liste der Präventionsdienstleistungen“, Abschlussbericht, Dresden, 2005

Deutsche Gesetzliche Unfallversicherung e. V. (Hrsg.): Projekt: „Qualität in der Prävention“: Teilprojekt 2: „Wechselwirkungen der berufsgenossenschaftlichen Präventionsdienstleistungen“, Abschlussbericht, Dresden, 2007

Deutsche Gesetzliche Unfallversicherung e. V. (Hrsg.): Projekt: „Qualität in der Prävention“: Teilprojekt 11: „Zertifikate“, Abschlussbericht, Dresden, 2006

Deutsche Gesetzliche Unfallversicherung e. V. (Hrsg.): Regelwerk: DGUV Informationen, abrufbar unter: https://publikationen.dguv.de/regelwerk/dguv-informationen/

Deutsche Gesetzliche Unfallversicherung e. V. (Hrsg.): Regelwerk: DGUV Vorschriften, abrufbar unter: https://publikationen.dguv.de/regelwerk/dguv-vorschriften/

Deutsche Gesetzliche Unfallversicherung e. V. (Hrsg.): Statistik: Arbeitsunfallgeschehen 2022, Berlin, 2023

Deutsche Gesetzliche Unfallversicherung e. V. (Hrsg.): Transferliste DGUV Regelwerk, Berlin, 2014

Deutsche Gesetzliche Unfallversicherung e. V. (Hrsg.): Überwachung und Beratung im Wandel, Berlin, 2020

Deutsche Gesetzliche Unfallversicherung e. V. (Hrsg.): Zusammenarbeit mit den Sozialversicherungsträgern, abrufbar unter: https://www.dguv.de/de/praevention/netzwerke/krankenkassen/index.jsp

Deutsches Netzwerk für Betriebliche Gesundheitsförderung – DNBGF – (Hrsg.): Großunternehmen – Kleinunternehmen – Öffentlicher Dienst – Gesundheitswesen und Wohlfahrtspflege – Arbeitsmarktintegration und Gesundheitsförderung – Bildung und Erziehung, Essen, 2011

DGUV Test, Prüf- und Zertifizierungssystem der Deutschen Gesetzlichen Unfallversicherung (Hrsg.): CE-Kennzeichnung und Konformitätserklärung, abrufbar unter: https://www.dguv.de/dguv-test/prod-pruef-zert/ce-konform/index.jsp

DGUV Test, Prüf- und Zertifizierungssystem der Deutschen Gesetzlichen Unfallversicherung (Hrsg.): DGUV Test Information 03, Vergleich von CE-Kennzeichnung und Prüfzeichen, Sankt Augustin, 06/2023

Di Fabio, Udo: Verwaltung und Verwaltungsrecht zwischen gesellschaftlicher Selbstregulierung und staatlicher Steuerung, in: VVDStRL 56 (1997), S. 235 ff.

Dietlein, Johannes: Die Lehre von den grundrechtlichen Schutzpflichten, 2. Auflage, Berlin, 2005

DIN e. V. (Hrsg.): Gesamtwirtschaftlicher Nutzen der Normung: Auswertung der Experteninterviews: Arbeits-, Verbraucher-, Umweltschutz, Wirtschaftsverbände, Öffentliches Interesse, Berlin/Wien/Zürich, 2001

Doemming, Klaus-Berto von/*Füsslein*, Rudolf/*Matz*, Werner: Entstehungsgeschichte der Artikel des Grundgesetzes: im Auftrage der Abwicklungsstelle des Parlamentarischen Rates und des Bundesministeriums des Innern aufgrund der Verhandlungen des Parlamentarischen Rates, JöR 1 (1951)

Doepke, Gregor: Ein gemeinsamer Weg: kommmitmensch, Betriebliche Prävention 2018, S. 108 ff.

Doepke, Gregor: Präventionskultur: kommmitmensch – eine Kampagne zur Präventionskultur, DGUV Forum 10/2017, S. 8 ff.

Doepke, Gregor: Standortbestimmung: kommmitmensch geht in die zweite Runde, DGUV Forum 4/2019, S. 32 ff.

Dolderer, Michael: Objektive Grundrechtsgehalte, Berlin, 2000

Dolzer, Rudolf: Zum Begründungsgebot im geltenden Verwaltungsrecht, DÖV 1985, S. 9 ff.

Dreier, Horst: Dimensionen der Grundrechte, Hannover, 1993

Dreier, Horst (Hrsg.): Grundgesetz-Kommentar: Band I: Art. 1–19, 3. Auflage, Tübingen, 2013

Dreier, Horst (Hrsg.): Grundgesetz-Kommentar: Band II: Art. 20–82, 3. Auflage, Tübingen, 2015

Dreier, Horst (Hrsg.): Grundgesetz-Kommentar: Band III: Art. 83–146, 3. Auflage, Tübingen, 2018

Drepper, Thomas: Organisation und Wissen, in: Schützeichel, Rainer (Hrsg.), Handbuch Wissenssoziologie und Wissensforschung, Konstanz, 2007, S. 588 ff.

Drozd, Fredy: Wer ist Betroffener im Sinne des § 67 SGB X?: Ist Vertretung zulässig?, LVA-Mitteilungen Oberfranken und Mittelfranken 1986, S. 93 ff.

Dürig, Günter/*Herzog*, Roman/*Scholz*, Rupert (Hrsg.): Grundgesetz: Kommentar, 103. EL, München, Januar 2024

Dürr, Armin/*Schmid*, Heinz: Anreizsysteme: Instrumente mit Zukunft, DGUV Forum 7–8/2018, S. 26 ff.

Duve, Thomas: Rechtsgeschichte als Geschichte von Normativitätswissen, in: Augsberg, Ino/Schuppert, Gunnar Folke (Hrsg.), Wissen und Recht, Baden-Baden, 2022, S. 39 ff.

Eckhardt, Anne/*Navarini*, Alexander A./*Recher*, Alecs/*Rippe*, Klaus Peter/*Rütsche*, Bernhard/*Telser*, Harry/*Marti*, Michèle: Personalisierte Medizin, Zürich, 2014

Egger, Hartmut: Rechtliche Probleme einer engeren Zusammenarbeit zwischen Unfallversicherungsträgern und staatlichen Arbeitsschutzbehörden, NZS 1994, S. 352 ff.

Egloff, Willi: Information und Grundrechte, DVR 1978, S. 115 ff.

Ehmann, Eugen/*Selmayr*, Martin (Hrsg.): DS-GVO: Datenschutz-Grundverordnung, 3. Auflage, München, 2024

Ehnes, Helmut: Die VISION ZERO-Erfolgsgeschichte – gemeinsam Handeln für das Leben, DGUV Forum 6/2023, S. 8 ff.

Eichenberger, Kurt: Gesetzgebung im Rechtsstaat, in: VVDStRL 40 (1982), S. 7 ff.

Eifert, Martin: Informationelle Selbstbestimmung im Internet: Das BVerfG und die Online-Durchsuchungen, NVwZ 2008, S. 521 ff.

Eifert, Martin: Regulierungsstrategien, in: Voßkuhle, Andreas/ders./Möllers, Christoph (Hrsg.), Grundlagen des Verwaltungsrechts, Band I, 3. Auflage, München, 2022, § 19, S. 1379 ff.

Eilers, Stephan/*Schröer*, Thomas: Der Schutz der betrieblichen Informationssphäre im Umweltinformationsgesetz, BB 1993, S. 1025 ff.

Emde, Ernst Thomas: Die demokratische Legitimation der funktionalen Selbstverwaltung: eine verfassungsrechtliche Studie anhand der Kammern, der Sozialversicherungsträger und der Bundesanstalt für Arbeit, Berlin, 1991

Engel, Christoph: Das legitime Ziel in der Praxis des Bundesverfassungsgerichts: Eine quantitative Analyse der Entscheidungen des Jahres 2011, in: Jestaedt, Matthias/Lepsius, Oliver (Hrsg.), Verhältnismäßigkeit: Zur Tragfähigkeit eines verfassungsrechtlichen Schlüsselkonzepts, Tübingen, 2015, S. 97 ff.

Engel, Christoph/*Halfmann*, Jost/*Schulte*, Martin (Hrsg.): Wissen – Nichtwissen – Unsicheres Wissen, Baden-Baden, 2002

Ensthaler, Jürgen: Industrie 4.0 und die Berechtigung an Daten, NJW 2016, S. 3473 ff.

Epping, Volker/*Hillgruber*, Christian (Hrsg.): Beck'scher Online-Kommentar Grundgesetz, 57. Edition, München, Stand: 15.01.2024

Epping, Volker/*Lenz*, Sebastian/*Leydecker*, Philipp: Grundrechte, 10. Auflage, Berlin, 2024

Ernst, Carola/*Marx*, Uwe/*Nöthen-Garunja*, Isabel/*Portuné*, Roland/*Schmid*, Heinz: Anreizsysteme – motivierend, nachhaltig und innovativ, DGUV Forum 4/2023, S. 33 ff.

Ernst, Sabine/*Heidrich*, Christoph/*Römer*, Dirk: Betriebsbesichtigungen der Unfallversicherungsträger: praxisnah und effizient, DGUV Forum 6/2023, S. 17 f.

Eßer, Martin/*Kramer*, Philipp/*Lewinski*, Kai von (Hrsg.): Auernhammer: DSGVO, BDSG: Datenschutz-Grundverordnung, Bundesdatenschutzgesetz und Nebengesetze: Kommentar, 8. Auflage, Köln, 2023

Europäische Agentur für Sicherheit und Gesundheitsschutz am Arbeitsplatz – EU-OSHA – (Hrsg.): Unsere Tätigkeiten, abrufbar unter: https://osha.europa.eu/de/about-eu-osha/what-we-do

Faber, Ulrich: Die arbeitsschutzrechtlichen Grundpflichten des § 3 ArbSchG: Organisations- und Verfahrenspflichten, materiellrechtliche Maßstäbe und die rechtlichen Instrumente ihrer Durchsetzung, Berlin, 2004

Fehling, Michael: Die „neue Verwaltungsrechtswissenschaft" – Problem oder Lösung: Innovation durch Kanonisierung?, in: Burgi, Martin (Hrsg.), Zur Lage der Verwaltungsrechtswissenschaft, Die Verwaltung, Beiheft 12, Berlin, 2017, S. 65 ff.

Felz, Sebastian: Die Unfallverhütungsvorschriften der Deutschen Gesetzlichen Unfallversicherung und ihre rechtlichen Auswirkungen im Straßenverkehr, NZV 2017, S. 117 ff.

Fezer, Karl-Heinz: Repräsentatives Dateneigentum: Ein zivilgesellschaftliches Bürgerrecht, in: Kuzev, Pencho/Wangermann, Tobias (Hrsg.), Studie im Auftrag der Konrad-Adenauer-Stiftung e. V. zum Thema „Einführung eines besonderen Rechts an Daten", Sankt Augustin/Berlin, 2018

Fischer, Frank: Democracy and expertise: reorienting policy inquiry, Oxford/New York, 2009

Fischer, Ingo/*Friedrich*, Nora/*Nöthen-Garunja*, Isabel/*Portuné*, Roland/*Schmid*, Heinz: Das Handbuch Prävention – ein Muster mit Spielraum, DGUV Forum 1–2/2023, S. 61 ff.

Flaspöler, Eva/*Birska*, Sylwia/*Hauke*, Angelika/*Klüser*, Ruth/*Neitzner*, Ina/*Paszkiewicz*, Peter/*Reinert*, Dietmar: Ein Strategischer Blick in die Zukunft des Arbeits- und Gesundheitsschutzes – Beitrag A.3.4, in: Gesellschaft für Arbeitswissenschaft e. V. (Hrsg.), VerANTWORTung für die Arbeit der Zukunft: 61. Kongress der Gesellschaft für Arbeitswissenschaft: Karlsruher Institut für Technologie, Institut für Arbeitswissenschaft und Betriebsorganisation, 25. bis 27. Februar 2015, Dortmund, 2015

Flesch, Dirk/*Gerten*, Dirk: Spezialisierte Fachkräfte für die Überwachung, DGUV Forum 6/2023, S. 27 f.

Fluck, Jürgen: Der Schutz von Unternehmensdaten im Umweltinformationsgesetz, NVwZ 1994, S. 1048 ff.

Forsthoff, Ernst: Lehrbuch des Verwaltungsrechts, Erster Band: Allgemeiner Teil, München, 1950

Frank, Torben: Der Schutz von Unternehmensgeheimnissen im Öffentlichen Recht, Frankfurt a. M./Berlin/Bern/Brüssel/New York, NY/Oxford/Wien, 2009

Franzius, Claudio: Governance und Regelungsstrukturen, VerwArch 97 (2006), S. 186 ff.

Franzius, Claudio: Modalitäten und Wirkungsfaktoren der Steuerung durch Recht, in: Voßkuhle, Andreas/Eifert, Martin/Möllers, Christoph (Hrsg.), Grundlagen des Verwaltungsrechts, Band I, 3. Auflage, München, 2022, § 4, S. 193 ff.

Frenz, Walter: Das Grundrecht auf informationelle Selbstbestimmung: Stand nach dem Antiterrordatei-Urteil des BVerfG, JA 2013, S. 840 ff.

Fried, Andrea: Wissensmanagement aus konstruktivistischer Perspektive: Die doppelte Dualität von Wissen in Organisationen, Frankfurt a. M., 2003

Froese, Judith: Das Verhältnismäßigkeitsprinzip in der Krise, DÖV 2022, S. 389 ff.

Fuchs, Maximilian: Die Konformität des Unfallversicherungsmonopols mit dem Gemeinschaftsrecht, SGb 2005, S. 65 ff.

Gabriel, Stefan/*Ermer*, Antje/*Schneider*, Alexander/*Hanke-Roos*, Maximilian/*Schneider*, Gerd/*Wellhäußer*, Harald: Sicherer Umgang mit krebserzeugenden Gefahrstoffen – das Arbeitsprogramm der GDA, DGUV Forum 4/2020, S. 3 ff.

Gamm, Otto Friedrich von: Zur praktischen Anwendung des allgemeinen Persönlichkeitsrechts, NJW 1955, S. 1826 f.

Gärditz, Klaus Ferdinand: Anmerkung zur Entscheidung des BVerfG vom 24.04.2013 (1 BvR 1215/07; JZ 2013, 621), JZ 2013, S. 633 ff.

Gärditz, Klaus Ferdinand: Europäisches Regulierungsverwaltungsrecht auf Abwegen, AöR 135 (2010), S. 251 ff.

Gärditz, Klaus Ferdinand: Regulierungsrechtliche Auskunftsanordnungen als Instrument der Wissensgenerierung, DVBl. 2009, S. 69 ff.

Gassner, Ulrich: Götterdämmerung des Gemeinsamen Bundesausschusses?, NZS 2016, S. 121 ff.

Geis, Max-Emanuel: Der Kernbereich des Persönlichkeitsrechts: Ein Plädoyer für die Sphärentheorie, JZ 1991, S. 112 ff.

Gellermann, Martin: Grundrechte in einfachgesetzlichem Gewande: Untersuchung zur normativen Ausgestaltung der Freiheitsrechte, Tübingen, 2000

Gemeinsame Deutsche Arbeitsschutzstrategie (Hrsg.): Fachkonzept und Arbeitsschutzziele 2008 – 2012, Stand: 12. Dezember 2007

Gemeinsame Deutsche Arbeitsschutzstrategie (Hrsg.): Rahmenvereinbarung über das Zusammenwirken der staatlichen Arbeitsschutzbehörden der Länder und der Träger der gesetzlichen Unfallversicherung im Rahmen der Gemeinsamen Deutschen Arbeitsschutzstrategie (GDA), konsolidierte Fassung, Stand: 23. August 2013

Gerlinger, Thomas: Arbeitsschutz und europäische Integration: Europäische Arbeitsschutzrichtlinien und nationalstaatliche Arbeitsschutzpolitik in Großbritannien und Deutschland, Opladen, 2000

Giesen, Richard: Das BSG, der EG-Vertrag und das deutsche Unfallversicherungsmonopol, ZESAR 2004, S. 151 ff.

Giesen, Richard: Sozialversicherungsmonopol und EG-Vertrag: Eine Untersuchung am Beispiel der gesetzlichen Unfallversicherung in der Bundesrepublik Deutschland, Baden-Baden, 1995

Giesen, Thomas: Die rechtliche Sonderstellung der Berufskrankheiten – Teil III: – Die Meldepflicht von Berufskrankheiten (4), Zentralblatt für Arbeitsmedizin, Arbeitsschutz und Ergonomie 2008, S. 302 ff.

Glombik, Manfred: Alles aus einer Hand: Die Steuerung der Versorgung von Kranken und Verletzten, WzS 2013, S. 135 ff.

Goffmann, Erving: Verhalten in sozialen Situationen: Strukturen und Regeln der Interaktion im öffentlichen Raum, Gütersloh, 1971

Gola, Peter/*Heckmann*, Dirk (Hrsg.): Datenschutz-Grundverordnung: VO (EU) 2016/679 – Bundesdatenschutzgesetz: Kommentar, 3. Auflage, München, 2022

Goldhammer, Michael: Geschäftsgeheimnis-Richtlinie und Informationsfreiheit: Zur Neudefinition des Geschäftsgeheimnisses als Chance für das öffentliche Recht, NVwZ 2017, S. 1809 ff.

Götting, Horst-Peter/*Schertz*, Christian/*Seitz*, Walter (Hrsg.): Handbuch Persönlichkeitsrecht: Presse- und Medienrecht, 2. Auflage, München, 2019

Götz, Andreas: Der Schutz von Betriebs- und Geschäftsgeheimnissen im Zivilverfahren, Tübingen, 2014

Grimm, Dieter: Regulierte Selbstregulierung in der Tradition des Verfassungsstaats, in: Berg, Wilfried/Fisch, Stefan/Schmitt Glaeser, Walter/Schoch, Friedrich/Schulze-Fielitz, Helmuth (Hrsg.), Regulierte Selbstregulierung als Steuerungskonzept des Gewährleistungsstaates: Ergebnisse des Symposiums aus Anlass des 60. Geburtstages von Wolfgang Hoffmann-Riem, Die Verwaltung, Beiheft 4, Berlin, 2001, S. 9 ff.

Grimm, Steffi/*Siewerts*, Dagmar/*Siebeneich*, Anke: Präventionsgesetz 4.0, Betriebliche Prävention 2017, S. 67 ff.

Groß, Thomas: Das Kollegialprinzip in der Verwaltungsorganisation, Tübingen, 1999

Groß, Thomas: Verantwortung und Effizienz in der Mehrebenenverwaltung, in: VVDStRL 66 (2007), S. 152 ff.

Groß, Thomas: Verfassungsrechtliche Möglichkeiten und Begrenzungen für eine Selbstverwaltung der Justiz, ZRP 1999, S. 361 ff.

Grossmann, Beate: Nationales Präventionsforum: Miteinander statt nebeneinander: Positionen zu Prävention und betrieblicher Gesundheitsförderung, Betriebliche Prävention 2019, S. 56 ff.

Gurlit, Elke: Grundrechtsbindung von Unternehmen, NZG 2012, S. 249 ff.

Gusy, Christoph: Grundrechtsschutz vor staatlichen Informationseingriffen, VerwArch 74 (1983), S. 91 ff.

Gusy, Christoph: Informationelle Selbstbestimmung und Datenschutz: Fortführung oder Neuanfang, KritV 2000, S. 53 ff.

Gusy, Christoph: Transparenz der Verwaltung und Informationszugangsfreiheit, in: Voßkuhle, Andreas/Eifert, Martin/Möllers, Christoph (Hrsg.), Grundlagen des Verwaltungsrechts, Band I, 3. Auflage, München, 2022, § 23, S. 1661 ff.

Haag, Kurt (Hrsg.): Geigel, Der Haftpflichtprozess: mit Einschluss des materiellen Haftpflichtrechts, 29. Auflage, München, 2024

Häberle, Peter: Die Wesensgehaltgarantie des Art. 19 Abs. 2 Grundgesetz: Zugleich ein Beitrag zum institutionellen Verständnis der Grundrechte und zur Lehre vom Gesetzesvorbehalt, 3. Auflage, Heidelberg, 1983

Häcker, Axel: Genossenschaftliche Zukunftsperspektiven in marktwirtschaftlich geprägten Industriegesellschaften, Berlin, 1990

Hagemeyer, Olaf/*Butz*, Martin/*Otten*, Heinz: Die Bestätigungsquote von Berufskrankheiten-Verdachtsanzeigen als Qualitätsmessparameter, Das Gesundheitswesen 2005, S. 189 ff.

Hahn, Werner: Offenbarungspflichten im Umweltschutzrecht, Köln/Berlin/Bonn/München, 1984

Hamel, Gary: Competition for competence and interorganizational learning within international strategic alliances, Strategic Management Journal, Vol. 12 (1991), S. 83 ff.

Hamel, Walter: Die Bedeutung der Grundrechte im sozialen Rechtsstaat: Eine Kritik an Gesetzgebung und Rechtsprechung, Berlin, 1957

Hanebeck, Alexander: Bundesverfassungsgericht und Demokratieprinzip: Zwischen monistischem und pluralistischem Demokratieverständnis, DÖV 2004, S. 901 ff.

Hänlein, Andreas: Außenseiter als Adressaten von Unfallverhütungsvorschriften, SGb 1996, S. 462 ff.

Hänlein, Andreas: Rechtsquellen im Sozialversicherungsrecht: System und Legitimation untergesetzlicher Rechtsquellen des deutschen Sozialversicherungsrechts, Berlin/Heidelberg/New York, 2001

Hase, Friedhelm: Die Komplexität des Wissens und die Legitimation rechtlicher Normsetzung: gesetzliche Entscheidung und untergesetzliche Regelbildung in der gesundheitlichen Versorgung, in: Buchner, Benedikt/Ladeur, Karl-Heinz (Hrsg.), Wissensgenerierung und -verarbeitung im Gesundheits- und Sozialrecht: Friedhelm Hase zum 65. Geburtstag, Tübingen, 2016, S. 125 ff.

Hauck, Ronny: Geheimnisschutz im Zivilprozess – was bringt die neue EU-Richtlinie für das deutsche Recht?, NJW 2016, S. 2218 ff.

Hauke, Angelika/*Neitzner*, Ina/*Flaspöler*, Eva/*Klüser*, Ruth: Aktuelle Ergebnisse des Risikoobservatoriums der DGUV, DGUV Forum 11/2021, S. 27 ff.

Hauptverband der gewerblichen Berufsgenossenschaften e. V. (Hrsg.): Fachausschuss „Organisation des Arbeitsschutzes", Analyse der Arbeit im Arbeitsschutzausschuss (ASA), Projektabschlussbericht, Mainz, 2007

Haverkate, Görg/*Huster*, Stefan: Europäisches Sozialrecht: Eine Einführung, Baden-Baden, 1999

Hebeler, Timo: Die Vereinigung, Auflösung und Schließung von Sozialversicherungsträgern, NZS 2008, S. 238 ff.

Heckmann, Dirk: Staatliche Schutz- und Förderpflichten zur Gewährleistung von IT-Sicherheit: Erste Folgerungen aus dem Urteil des Bundesverfassungsgerichts zur „Online-Durchsuchung", in: Rüßmann, Helmut (Hrsg.), Festschrift für Gerhard Käfer, Saarbrücken, 2009, S. 129 ff.

Hehling, Wolfgang/*Mehrhoff*, Friedrich: Trauma und Psyche: Probleme, Projekte und Prioritäten: Welchen Beitrag kann die gesetzliche Unfallversicherung leisten?, Die BG 2002, S. 623 ff.

Heinzke, Philippe/*Herbers*, Björn/*Kraus*, Michael: Datenzugangsansprüche nach dem Data Act, BB 2024, S. 649 ff.

Heißl, Gregor: Können juristische Personen in ihrem Grundrecht auf Datenschutz verletzt sein?: Persönlicher Schutzbereich von Art. 8 GRC, EuR 2017, S. 561 ff.

Heldmann, David: Tarifstellenbildung nach Gefährdungsrisiken, Die BG 2007, S. 36 ff.

Hendler, Reinhard: Selbstverwaltung als Ordnungsprinzip: Zur politischen Willensbildung und Entscheidung im demokratischen Verfassungsstaat der Industriegesellschaft, Köln/Berlin/Bonn/München, 1984

Hendler, Reinhard: Wirtschaftliche Selbstverwaltung im Staat der Gegenwart, DÖV 1986, S. 675 ff.

Hennemann, Moritz/*Ditfurth*, Lukas von: Datenintermediäre und Data Governance Act, NJW 2022, S. 1905 ff.

Hennemann, Moritz/*Steinrötter*, Björn: Data Act – Fundament des neuen EU-Datenwirtschaftsrechts?, NJW 2022, S. 1481 ff.

Hennemann, Moritz/*Steinrötter*, Björn: Der Data Act: Neue Instrumente, alte Friktionen, strukturelle Weichenstellungen, NJW 2024, S. 1 ff.

Herbst, Sabine/*Timm*, Sven: Die erste weltweite VISION ZERO-Kampagne: One year later!, DGUV Forum 1–2/2019, S. 30 f.

Hermstrüwer, Yoan: Informationelle Selbstgefährdung: Zur rechtsfunktionalen, spieltheoretischen und empirischen Rationalität der datenschutzrechtlichen Einwilligung und des Rechts auf informationelle Selbstbestimmung, Tübingen, 2016

Herrmann, Diana/*Appt*, Jochen: Die Position der gesetzlichen Unfallversicherung zur Prävention: Sicherheit und Gesundheit für die Arbeits- und Bildungswelt 4.0, DGUV Forum 1–2/2019, S. 52 f.

Herrmann, Diana/*Schmitz*, Tobias: Die Digitalisierungsstrategie der gesetzlichen Unfallversicherung, DGUV Forum 11/2023, S. 3 f.

Herrmann, Diana/*Schneider*, Moritz: Der Weg zur smarten Unfallversicherung, DGUV Forum 11/2023, S. 30 ff.

Herzmann, Karsten: Konsultationen: Eine Untersuchung von Prozessen kooperativer Maßstabskonkretisierung in der Energieregulierung, Tübingen, 2010

Herzog, Roman: Allgemeine Staatslehre, Frankfurt a. M., 1971

Hesse, Konrad: Bestand und Bedeutung der Grundrechte in der Bundesrepublik Deutschland, EuGRZ 1978, S. 427 ff.

Hesse, Konrad: Grundzüge des Verfassungsrechts der Bundesrepublik Deutschland, 20. Auflage, Heidelberg, 1999

Hilbert, Patrick: Informationsaustausch und Wissensmanagement im Europäischen Verwaltungsverbund: Dogmatische, theoretische und praktische Perspektiven auf die Informationsbeziehungen europäischer Verwaltung, in: Münkler, Laura (Hrsg.), Dimensionen des Wissens im Recht, Tübingen, 2019, S. 111 ff.

Hiller, Petra: Organisationswissen: Eine wissenssoziologische Neubeschreibung der Organisation, Wiesbaden, 2005

Hilse, Heiko: Wissen, Sinn und Strategie: Skizze zu einem prozessorientierten Wissensmanagement, in: Götz, Klaus (Hrsg.), Wissensmanagement: Zwischen Wissen und Nichtwissen, 4. Auflage, München/Mering, 2002, S. 155 ff.

Hirschberg, Lothar: Der Grundsatz der Verhältnismäßigkeit, Göttingen, 1981

Hoeren, Thomas: Datenbesitz statt Dateneigentum: Erste Ansätze zur Neuausrichtung der Diskussion um die Zuordnung von Daten, MMR 2019, S. 5 ff.

Hoeren, Thomas/*Münker*, Reiner (Hrsg.): GeschGehG: Gesetz zum Schutz von Geschäftsgeheimnissen: Kommentar, Berlin/Boston, 2021

Hoffmann, Burkhard: 15 Jahre neue Unfallanzeige, Die BG 1988, S. 704 ff.

Hoffmann, Burkhard: Die neue Unfallanzeige, Die BG 2002, S. 299 f.

Hoffmann, Daniel: Die verfassungsrechtliche Problematik der Inpflichtnahme Privater am Beispiel der entschädigungslosen Inanspruchnahme der Kreditinstitute für das Kontenabrufverfahren (§ 24c KWG, §§ 93, 93b AO), WM 2010, S. 193 ff.

Hoffmann, Roland: Demokratische Legitimation im Verbund der Energieregulierung, Baden-Baden, 2021

Hoffmann-Riem, Wolfgang: Der grundrechtliche Schutz der Vertraulichkeit und Integrität eigengenutzter informationstechnischer Systeme, JZ 2008, S. 1009 ff.

Hoffmann-Riem, Wolfgang: Der Umgang mit Wissen bei der digitalisierten Rechtsanwendung, in: Augsberg, Ino/Schuppert, Gunnar Folke (Hrsg.), Wissen und Recht, Baden-Baden, 2022, S. 509 ff.

Hoffmann-Riem, Wolfgang: Freiheitsschutz in den globalen Kommunikationsinfrastrukturen, JZ 2014, S. 53 ff.

Hoffmann-Riem, Wolfgang: Gesetz und Gesetzesvorbehalt im Umbruch, AöR 130 (2005), S. 5 ff.

Hoffmann-Riem, Wolfgang: Informationelle Selbstbestimmung als Grundrecht kommunikativer Entfaltung, in: Bäumler, Helmut (Hrsg.), „Der neue Datenschutz“: Datenschutz in der Informationsgesellschaft von morgen, Neuwied/Kriftel/Berlin, 1998, S. 11 ff.

Hoffmann-Riem, Wolfgang: Innovation und Recht – Recht und Innovation: Recht im Ensemble seiner Kontexte, Tübingen, 2016

Hoffmann-Riem, Wolfgang: Recht im Sog der digitalen Transformation: Herausforderungen, Tübingen, 2022

Hoffmann-Riem, Wolfgang: Tendenzen in der Verwaltungsentwicklung, DÖV 1997, S. 433 ff.

Hoffmann-Riem, Wolfgang: Verfahrensprivatisierung als Modernisierung, DVBl. 1996, S. 225 ff.

Hoffmann-Riem, Wolfgang: Verwaltungsorganisationsrecht als Steuerungsressource: Perspektiven der verwaltungsrechtlichen Systembildung, in: Schmidt-Aßmann, Eberhard/ders. (Hrsg.), Verwaltungsorganisationsrecht als Steuerungsressource, Baden-Baden, 1997, S. 355 ff.

Hoffmann-Riem, Wolfgang: Verwaltungsrecht in der Informationsgesellschaft: Einleitende Problemskizze, in: ders./Schmidt-Aßmann, Eberhard (Hrsg.), Verwaltungsrecht in der Informationsgesellschaft, Baden-Baden, 2000, S. 9 ff.

Hoffmann-Riem, Wolfgang: Verwaltungsrechtsreform: Ansätze am Beispiel des Umweltschutzes, in: ders./Schmidt-Aßmann, Eberhard/Schuppert, Gunnar Folke (Hrsg.), Reform des allgemeinen Verwaltungsrechts: Grundfragen, Baden-Baden, 1993, S. 115 ff.

Hoffmann-Riem, Wolfgang/*Bäcker*, Matthias: Rechtsformen, Handlungsformen, Folgenformen, in: Voßkuhle, Andreas/Eifert, Martin/Möllers, Christoph (Hrsg.), Grundlagen des Verwaltungsrechts, Band II, 3. Auflage, München, 2022, § 32, S. 329 ff.

Hofmann, Hasso: Grundpflichten als verfassungsrechtliche Dimension, in: VVDStRL 41 (1983), S. 42 ff.

Hofmann, Hasso: Legitimität und Rechtsgeltung: Verfassungstheoretische Bemerkungen zu einem Problem der Staatslehre und der Rechtsphilosophie, Berlin, 1997

Holoubek, Michael: Die Bedeutung des Untersuchungsgrundsatzes im Verwaltungsverfahren, in: Hoffmann-Riem, Wolfgang/Schmidt-Aßmann, Eberhard (Hrsg.), Verwaltungsverfahren und Verwaltungsverfahrensgesetz, Baden-Baden, 2003, S. 193 ff.

Holzner, Thomas: Konsens im Allgemeinen Verwaltungsrecht und in der Demokratietheorie: Untersuchungen zur Phänomenologie gruppenpluraler Konsensverwaltung unter besonderer Berücksichtigung des Sozialrechts als Referenzgebiet, Tübingen, 2016

Howald, Bert: Haftungsrecht für die Pflege: Zivil- und Strafrecht für Lehre und Praxis, Stuttgart, 2018

Huber, Peter M./*Voßkuhle*, Andreas (Hrsg.): von Mangoldt/Klein/Starck: Grundgesetz: Kommentar: Band 1: Präambel, Artikel 1–19, 7. Auflage, München, 2018

Huber, Peter M./*Voßkuhle*, Andreas (Hrsg.): Grundgesetz: Kommentar: Band 1: Präambel, Artikel 1–19, 8. Auflage, München, 2024

Huber, Peter M./*Voßkuhle*, Andreas (Hrsg.): Grundgesetz: Kommentar: Band 2: Artikel 20–82, 8. Auflage, München, 2024

Huber, Peter M./*Voßkuhle*, Andreas (Hrsg.): Grundgesetz: Kommentar: Band 3: Artikel 83–146, 8. Auflage, München, 2024

Hufen, Friedhelm: Berufsfreiheit: Erinnerung an ein Grundrecht, NJW 1994, S. 2913 ff.

Hülsmann, Michael/*Lohmann*, Jessica: Interorganisationales Lernen: Ein kompetenzorientierter Ansatz zur Steuerung von Logistiknetzwerken, Wiesbaden, 2009

Hussing, Marcus: Beispiel Mutterschutzgesetz: Inbezugnahme staatlichen Rechts, DGUV Forum 12/2018, S. 40 ff.

Hussing, Marcus: Das Vorschriften- und Regelwerk der Unfallversicherungsträger, KANBrief 1/12, S. 6

Hussing, Marcus/*Bell*, Frank: DGUV Vorschrift 1: Grundsätze der Prävention neu geregelt, DGUV Forum 1–2/2014, S. 52 ff.

Hussing, Marcus/*Felz*, Sebastian: Zwischen Tradition und Innovation: Die Neuordnung des Vorschriften- und Regelwerks im Arbeitsschutz aus Sicht der Deutschen Gesetzlichen Unfallversicherung (DGUV), NZS 2017, S. 577 ff.

Hussing, Marcus/*Kolbinger*, Thomas: Vorschriften- und Regelwerk: Die Branchenregel – eine neues Präventionsinstrument, DGUV Forum 3/2012, S. 16 ff.

Hussing, Marcus/*Pinter*, Harald: Änderungen durch das Unfallversicherungsmodernisierungsgesetz (UVMG) im Bereich Prävention (§§ 14, 15, 17, 19, 20 SGB VII), Die BG 2008, S. 419 ff.

Hussy, Stefan: Start in die Dritte GDA-Periode: Für mehr Sicherheit und Gesundheit bei der Arbeit, APR 2020, S. 2 ff.

Ibler, Martin: Die Bundesautobahnen – neue Spielwiesen für Verfassungs-, Verwaltungs-, Zivil- und Wirtschaftsrechtler, in: Paal, Boris P./Poelzig, Dörte/Fehrenbacher, Oliver (Hrsg.), Deutsches, Europäisches und vergleichendes Wirtschaftsrecht, Festschrift für Werner F. Ebke, München, 2021

Ibler, Martin: Herausforderungen an das Recht der Informationsgesellschaft, 36. Assistententagung Öffentliches Recht Mainz 1996 (Tagungsbericht), NdsVBl. 10/1996, S. XXI ff.

Ibler, Martin: Wie konkretisiert Verwaltungsrecht Verfassungsrecht?, in: ders. (Hrsg.), Verwaltung – Verfassung – Kirche: Konstanzer Symposium aus Anlass des 80. Geburtstages von Hartmut Maurer, München, 2012

Ingold, Albert: Das Recht der Oppositionen: Verfassungsbegriff – Verfassungsdogmatik – Verfassungstheorie, Tübingen, 2015

Initiative Gesundheit und Arbeit: Die iga.Verbände, abrufbar unter: https://www.iga-info.de/ueber-uns/igaverbaende

Isensee, Josef/*Kirchhof*, Paul (Hrsg.): Handbuch des Staatsrechts der Bundesrepublik Deutschland, Band II (Demokratische Willensbildung: Die Staatsorgane des Bundes), 2. Auflage, Heidelberg, 1998

Isensee, Josef/*Kirchhof*, Paul (Hrsg.): Handbuch des Staatsrechts der Bundesrepublik Deutschland, Band II (Verfassungsstaat), 3. Auflage, Heidelberg, 2004

Isensee, Josef/*Kirchhof*, Paul (Hrsg.): Handbuch des Staatsrechts der Bundesrepublik Deutschland, Band III (Handeln des Staates), 2. Auflage, Heidelberg, 1996

Isensee, Josef/*Kirchhof*, Paul (Hrsg.): Handbuch des Staatsrechts der Bundesrepublik Deutschland, Band III (Demokratie – Bundesorgane), 3. Auflage, Heidelberg, 2005

Isensee, Josef/*Kirchhof*, Paul (Hrsg.): Handbuch des Staatsrechts der Bundesrepublik Deutschland, Band IV (Finanzverfassung – Bundesstaatliche Ordnung), 2. Auflage, Heidelberg, 1999

Isensee, Josef/*Kirchhof*, Paul (Hrsg.): Handbuch des Staatsrechts der Bundesrepublik Deutschland, Band IV (Aufgaben des Staates), 3. Auflage, Heidelberg, 2006

Isensee, Josef/*Kirchhof*, Paul (Hrsg.): Handbuch des Staatsrechts der Bundesrepublik Deutschland, Band V (Allgemeine Grundrechtslehren), Heidelberg, 1992

Isensee, Josef/*Kirchhof*, Paul (Hrsg.): Handbuch des Staatsrechts der Bundesrepublik Deutschland, Band V (Rechtsquellen, Organisation, Finanzen), 3. Auflage, Heidelberg, 2007

Isensee, Josef/*Kirchhof*, Paul (Hrsg.): Handbuch des Staatsrechts der Bundesrepublik Deutschland, Band VIII (Grundrechte: Wirtschaft, Verfahren, Gleichheit), 3. Auflage, Heidelberg, 2010

Isensee, Josef/*Kirchhof*, Paul (Hrsg.): Handbuch des Staatsrechts der Bundesrepublik Deutschland, Band IX (Allgemeine Grundrechtslehren), 3. Auflage, Heidelberg, 2011

Isensee, Josef/*Kirchhof*, Paul (Hrsg.): Handbuch des Staatsrechts der Bundesrepublik Deutschland, Band XII (Normativität und Schutz der Verfassung), 3. Auflage, Heidelberg, 2014

Jabri, Sarah: Simulationen: Ein Erkenntnismittel der Verwaltung und seine verfassungsrechtliche Einhegung, Tübingen, 2023

Jahn, Frauke/*Hausmann*, Denise/*Schmidt*, Ulrike: Kooperation in der Praxis: Initiative Gesundheit und Arbeit (iga): Aller guten Dinge sind 4, DGUV Forum 6/2017, S. 20 f.

Janowitz, Angela/*Robert*, Michael: Die Kommission Arbeitsschutz und Normung (KAN): Auftrag und Arbeitsweise, Die BG 2005, S. 463 ff.

Jansen, Michael/*Stamm*, Roger/*Timm*, Sven: Zwischenbilanz und Ausblick: Die Gemeinsame Deutsche Arbeitsschutzstrategie, DGUV Forum 9/2011, S. 29 ff.

Jansen, Michael/*Timm*, Sven: Eine Zwischenbilanz: Die Gemeinsame Deutsche Arbeitsschutzstrategie, DGUV Forum 4/2010, S. 20 ff.

Jarass, Hans Dieter: Das allgemeine Persönlichkeitsrecht im Grundgesetz, NJW 1989, S. 857 ff.

Jarass, Hans Dieter: Grundrechte als Wertentscheidungen bzw. objektivrechtliche Prinzipien in der Rechtsprechung des Bundesverfassungsgerichts, AöR 110 (1985), S. 363 ff.

Jelden, Konrad/*Fischer*, Michael: Das Gesetz zur Änderung des Polizeigesetzes (Teil 1), BWVP 1992, S. 79 ff.

Jellinek, Walter: Verwaltungsrecht, 3. Auflage, Berlin, 1931

Jestaedt, Matthias: Demokratieprinzip und Kondominialverwaltung: Entscheidungsteilhabe Privater an der öffentlichen Verwaltung auf dem Prüfstand des Verfassungsprinzips Demokratie, Berlin, 1993

Jestaedt, Matthias: Demokratische Legitimation – quo vadis?, JuS 2004, S. 649 ff.

Jestaedt, Matthias: Verhältnismäßigkeit als Verhaltensmaß. Gesetzgebung angesichts der Vielfalt der Rationalitäten und des Eigenwert des politischen Kompromisses, in: ders./Lepsius, Oliver (Hrsg.), Verhältnismäßigkeit: Zur Tragfähigkeit eines verfassungsrechtlichen Schlüsselkonzepts, Tübingen, 2015, S. 293 ff.

Jochum, Heike: Verwaltungsverfahrensrecht und Verwaltungsprozessrecht: Die normative Konnexität von Verwaltungsverfahrens- und Verwaltungsprozeßrecht und die Steuerungsleistung des materiellen Verwaltungsrechts, Tübingen, 2004

Jung, Eberhard: Die Bedeutung des „Alles-aus-einer-Hand"-Prinzips im System der berufsgenossenschaftlichen Selbstverwaltung, Die BG 2005, S. 334 ff.

Jung, Eberhard: Die demokratische Legitimation der Selbstverwaltung und der Sozialwahlen in einer sich verändernden Sozialversicherungslandschaft, SGb 2007, S. 65 ff.

Junk, Judith: Die Rolle des Verwaltungsverfahrens in Deutschland und England: Ein Rechtsvergleich exekutiver Wissensgenerierung im gentechnikrechtlichen Freisetzungsverfahren, Baden-Baden, 2012

Kahl, Wolfgang: Grundrechtsschutz durch Verfahren in Deutschland und in der EU, VerwArch 95 (2004), S. 1 ff.

Kahl, Wolfgang: Neuere Entwicklungslinien der Grundrechtsdogmatik: Von Modifikationen und Erosionen des grundrechtlichen Freiheitsparadigmas, AöR 131 (2006), S. 579 ff.

Kahl, Wolfgang/*Ludwigs*, Markus (Hrsg.): Handbuch des Verwaltungsrechts, Band III (Verwaltung und Verfassungsrecht), Heidelberg, 2022

Kaiser, Anna-Bettina: Die Kommunikation der Verwaltung: Diskurse zu den Kommunikationsbeziehungen zwischen staatlicher Verwaltung und Privaten in der Verwaltungsrechtswissenschaft der Bundesrepublik Deutschland, Baden-Baden, 2009

Kaiser, Anna-Bettina: Multidisziplinäre Begriffsverwendungen: Zum verwaltungsrechtswissenschaftlichen Umgang mit sozialwissenschaftlichen Konzepten, in: Augsberg, Ino (Hrsg.), Extrajuridisches Wissen im Verwaltungsrecht: Analysen und Perspektiven, Tübingen, 2013, S. 99 ff.

Kapoor, Arun/*Klindt*, Thomas: Das neue deutsche Produktsicherheitsgesetz (ProdSG), NVwZ 2012, S. 719 ff.

Kapoor, Arun/*Klindt*, Thomas: „New Legislative Framework" im EU-Produktsicherheitsrecht: Neue Marktüberwachung in Europa?, EuZW 2008, S. 649 ff.

Kater, Horst/*Leube*, Konrad: Gesetzliche Unfallversicherung: SGB VII: Kommentar, München, 1997

Kau, Wolfgang: Vom Persönlichkeitsschutz zum Funktionsschutz: Persönlichkeitsschutz juristischer Personen des Privatrechts in verfassungsrechtlicher Sicht, Heidelberg, 1989

Kaufhold, Ann-Katrin: Klimawissen im Finanzmarktrecht. Zu Transfer und Transformation von ökologischem und ökonomischem Wissen in der Sustainable Finance Regulierung, in: Augsberg, Ino/Schuppert, Gunnar Folke (Hrsg.), Wissen und Recht, Baden-Baden, 2022, S. 289 ff.

Kaufmann, Marcel: Europäische Integration und Demokratieprinzip, Baden-Baden, 1997

Keller, Andreas/*Mays*, Frank/*Scharmentke*, Dietmar/*Nöthen-Garunja*, Isabel/*Portuné*, Roland/*Schimd*, Heinz: Einsatz digitaler Werkzeuge in der Prävention – die Zukunft hat bereits begonnen!, DGUV Forum 3/2022, S. 3 ff.

Keller, Wolfgang (Hrsg.): Hauck/Noftz, Sozialgesetzbuch: SGB VII: Gesetzliche Unfallversicherung, 4. EL/2024, Berlin

Kellner, Robert/*Meyer*, Finja/*Mattiuzzo*, Corrado/*Meier*, Freeric: Ein stimmiges Gesamtgefüge: das Regelwerk des Staates, der Unfallversicherungsträger sowie Normung, DGUV Forum 12/2022, S. 7 ff.

Kersten, Jens: Governance in der Staats- und Verwaltungsrechtswissenschaft, in: Grande, Edgar/May, Stefan (Hrsg.), Perspektiven der Governance-Forschung, Baden-Baden, 2009, S. 45 ff.

Kilian, Kathrin/*Meyer*, Finja: Zwischen Neuordnung und Digitalisierung, DGUV Forum 12/2022, S. 26 ff.

Kindhäuser, Urs/*Neumann*, Ulfrid/*Paeffgen*, Hans-Ullrich/*Saliger*, Frank (Hrsg.): Strafgesetzbuch: Kommentar: Band 3, 6. Auflage, Baden-Baden, 2023

Kingreen, Thorsten: Der Gemeinsame Bundesausschuss vor dem BVerfG: Das Tor liegt in der Luft!, MedR 2017, S. 8 ff.

Kingreen, Thorsten/*Poscher*, Ralf: Grundrechte: Staatsrecht II, 33. Auflage, Heidelberg, 2017

Kingreen, Thorsten/*Poscher*, Ralf: Grundrechte: Staatsrecht II, 39. Auflage, Heidelberg, 2023

Kirchhof, Ferdinand: Sozialversicherungsbeitrag und Finanzverfassung, NZS 1999, S. 161 ff.

Kischel, Uwe/*Kube*, Hanno (Hrsg.): Handbuch des Staatsrechts, Band I (Grundlagen, Wandel, Herausforderungen), Heidelberg, 2023

Kleiber, Michael: Der grundrechtliche Schutz künftiger Generationen, Tübingen, 2014

Kleine-Cosack, Michael: Berufsständische Autonomie und Grundgesetz, Baden-Baden, 1986

Klement, Jan Henrik: Ungereimtes in der Beleihungsdogmatik des BGH: Eine Kritik am Beispiel der Staatshaftung für Fehler privater Sachverständiger, VerwArch 101 (2010), S. 112 ff.

Kley, Andreas: Kontexte der Demokratie: Herrschaftsausübung in Arbeitsteilung, in: VVDStRL 77 (2018), S. 125 ff.

Klindt, Thomas (Hrsg.): Produktsicherheitsgesetz: ProdSG: Kommentar, 3. Auflage, München, 2021

Kloepfer, Michael: Geben moderne Technologien und die europäische Integration Anlaß, Notwendigkeit und Grenzen des Schutzes personenbezogener Informationen neu zu bestimmen?, Gutachten D für den 62. DJT, in: Verhandlungen des 62. DJT Bremen 1998, Band I: Gutachten, München, 1998, S. D 1 ff.

Kloepfer, Michael: Gesetzgebungsoutsourcing: Die Erstellung von Gesetzentwürfen durch Rechtsanwälte, NJW 2011, S. 131 ff.

Kloepfer, Michael: Informationsgesetzbuch – Zukunftsvision?, K & R 1999, S. 241 ff.

Kloepfer, Michael: Informationsrecht, München, 2002

Kloepfer, Michael: Umweltrecht, 4. Auflage, München, 2016

Kloepfer, Michael/*Greve*, Holger: Das Informationsfreiheitsgesetz und der Schutz von Betriebs- und Geschäftsgeheimnissen, NVwZ 2011, S. 577 ff.

Kloepfer, Michael/*Schärdel*, Florian: Grundrechte für die Informationsgesellschaft: Datenschutz und Informationszugangsfreiheit ins Grundgesetz?, JZ 2009, S. 453 ff.

Klüser, Ruth/*Neitzner*, Ina: Aus der Forschung: Risikobeobachtungsstelle – Quo vadis Prävention?, DGUV Forum 6/2015, S. 37 ff.

Kluth, Winfried: Der Gemeinsame Bundesausschuss (GBA) aus der Perspektive des Verfassungsrechts, GesR 2017, S. 205 ff.

Kluth, Winfried: Der Gemeinsame Bundesausschuss (G-BA) nach § 91 SGB V aus der Perspektive des Verfassungsrechts: Aufgaben, Funktionen und Legitimation, Berlin, 2015

Kluth, Winfried: Die Strukturierung von Wissensgenerierung durch das Verwaltungsorganisationsrecht, in: Spiecker gen. Döhmann, Indra/Collin, Peter (Hrsg.), Generierung und Transfer staatlichen Wissens im System des Verwaltungsrechts, Tübingen, 2008, S. 73 ff.

Kluth, Winfried: Funktionale Selbstverwaltung, Die Verwaltung 35 (2002), S. 349 ff.

Kluth, Winfried: Funktionale Selbstverwaltung: Verfassungsrechtlicher Status – verfassungsrechtlicher Schutz, Tübingen, 1997

Kluth, Winfried: Rechtsprechung Öffentliches Recht: Mitbestimmung im öffentlichen Dienst, JA 1996, S. 636 ff.

Kluthe, Klaus: Genossenschaften und Staat in Deutschland: Systematische und historische Analyse deutscher Genossenschaftspolitik bezogen auf den Zeitraum 1914 bis zur Gegenwart, Berlin, 1985

Knemeyer, Franz-Ludwig: Datenerhebung und Datenverarbeitung im Polizeirecht, NVwZ 1988, S. 193 ff.

Knickrehm, Sabine/*Roßbach*, Gundula/*Waltermann*, Raimund (Hrsg.): Kommentar zum Sozialrecht: VO (EG) Nr. 883/2004, SGB I bis SGB XII, SGG, BEEG, Kindergeldrecht (EStG), UnterhaltsvorschussG, 8. Auflage, München, 2023

Knoblauch, Hubert: Wissenssoziologie, 3. Auflage, Konstanz/München, 2014

Knoll-Jung, Sebastian: Geschichte der Selbstverwaltung in der Unfallversicherung (Teil I), DGUV Forum 1–2/2024, S. 8 ff.

Knoll-Jung, Sebastian: Geschichte der Selbstverwaltung in der Unfallversicherung (Teil II), DGUV Forum 3/2024, S. 28 ff.

Knoll-Jung, Sebastian: Geschichte der Selbstverwaltung in der Unfallversicherung (Teil III), DGUV Forum 4/2024, S. 33 ff.

Koch, Jens: Gesellschaftsrecht, 13. Auflage, München, 2023

Köhler, Karl Friedrich: Unfallanzeige und Gefährdungsbeurteilung in der jeweils gegenwärtigen Form: Unnötige Bürokratie oder notwendiges Übel?, WzS 2024, S. 75 ff.

Kohte, Wolfhard: Der Beitrag der Anordnungen der Unfallversicherung zur effizienten Realisierung des Arbeitsschutzes, Die BG 2010, 384 ff.

Kohte, Wolfhard/*Faber*, Ulrich/*Busch*, Dörte (Hrsg.): Gesamtes Arbeitsschutzrecht: Arbeitsschutz: Arbeitszeit: Arbeitssicherheit: Arbeitswissenschaft, 3. Auflage, Baden-Baden, 2023

Koll, Michael: Neues Leitlinienpapier zur Vorschriften- und Regelsetzung im Arbeitsschutz schafft klare Verhältnisse, KANBrief 1/12, S. 3

Köller, Sandra: Funktionale Selbstverwaltung und ihre demokratische Legitimation: Eine Untersuchung am Beispiel der Wasserverbände Lippeverband und Emschergenossenschaft, Berlin, 2009

Kollmer, Norbert/*Klindt*, Thomas/*Schucht*, Carsten (Hrsg.): Arbeitsschutzgesetz mit Arbeitsschutzverordnungen: Kommentar, 4. Auflage, München, 2021

Kommission Arbeitsschutz und Normung (Hrsg.): Träger, abrufbar unter https://www.kan.de/kan/traeger

Körner, Anne/*Krasney*, Martin/*Mutschler*, Bernd/*Rolfs*, Christian (Hrsg.): beck-online. Grosskommentar: Kasseler Kommentar: SGB I, München, 2024

Körner, Anne/*Krasney*, Martin/*Mutschler*, Bernd/*Rolfs*, Christian (Hrsg.): beck-online. Grosskommentar: Kasseler Kommentar: SGB VI, München, 2024

Körner, Anne/*Krasney*, Martin/*Mutschler*, Bernd/*Rolfs*, Christian (Hrsg.): beck-online. Grosskommentar: Kasseler Kommentar: SGB VII, München, 2024

Körner, Anne/*Krasney*, Martin/*Mutschler*, Bernd/*Rolfs*, Christian (Hrsg.): beck-online. Grosskommentar: Kasseler Kommentar: SGB X, München, 2024

Korte, Stefan: Standortfaktor Öffentliches Recht: Integration und Wettbewerb in föderalen Ordnungen am Beispiel der Gesetzgebung, Tübingen, 2016

Kranig, Andreas: Datenschutz in der Sozialversicherung unter dem Blickwinkel der Begutachtung aus juristischer Sicht, Medizinischer Sachverständiger 1994, S. 73 ff.

Krasney, Otto Ernst/*Becker*, Peter/*Heinz*, Andreas/*Bieresborn*, Dirk (Hrsg.): Gesetzliche Unfallversicherung (SGB VII): Kommentar, 13. Auflage, 49. EL, Siegburg, Stand: Oktober 2023

Krause, Peter: Das Recht auf informationelle Selbstbestimmung – BVerfGE 65, 1, JuS 1984, S. 268 ff.

Kreikebohm, Ralf/*Dünn*, Sylvia (Hrsg.): Sozialgesetzbuch: Gemeinsame Vorschriften für die Sozialversicherung: SGB IV: Kommentar, 4. Auflage, München, 2022

Kreizberg, Kurt: Meldeverfahren für Versicherungsfälle neu geregelt: Gesetzliche Unfallversicherung, Betriebliche Prävention 2023, S. 470 f.

Krekeler, Sebastian: Berufsordnungen im Rahmen der Verfassung: Verfassungsrechtliche Grenzen des ärztlichen Berufsrechts, Baden-Baden, 2021

Kremmel, Dietmar/*Hofer-Fischer*, Sigrid/*Walter*, Benjamin von: Kommunikationsprogramm: Arbeitgebermarke kommunikativ umsetzen, in: Walter, Benjamin von/Kremmel, Dietmar (Hrsg.), Employer brand management: Arbeitgebermarken aufbauen und steuern, Wiesbaden, 2016, S. 169 ff.

Kruse, Udo/*Kruse*, Silke: Sozialwahl 2005: Sind die selbstverwalteten Sozialversicherungsträger zukunftsfähig?, WzS 2005, S. 25 ff.

Kühling, Jürgen/*Buchner*, Benedikt (Hrsg.): Datenschutz-Grundverordnung, Bundesdatenschutzgesetz: DS-GVO/BDSG: Kommentar, 4. Auflage, München, 2024

Kühling, Jürgen/*Sackmann*, Florian: Irrweg „Dateneigentum“: Neue Großkonzepte als Hemmnis für die Nutzung und Kommerzialisierung von Daten, ZD 2020, S. 24 ff.

Kuhlmann, Florian: Die Genossenschaft des öffentlichen Rechts: Konstruktion einer öffentlich-rechtlichen Organisationsform für eine bessere Aufgabenerledigung und größere Aktivierung bürgerschaftlichen Engagements, Berlin, 2022

Kulick, Andreas: „Drittwirkung“ als verfassungskonforme Auslegung: Zur neuen Rechtsprechung des BVerfG, NJW 2016, S. 2236 ff.

Kunig, Philip: Der Grundsatz informationeller Selbstbestimmung, Jura 1993, S. 595 ff.

Kunkel, Peter-Christian: Sozialdatenschutz nach EU-Datenschutzgrundverordnung und Anpassungsgesetz, ZFSH/SGB 2017, S. 443 ff.

Kuntzemann, Gerhard/*Wetzstein*, Annekatrin/*Schmidt*, Nicola: Wirksamkeit von Sicherheitsbeauftragten, DGUV Forum 11/2022, S. 3 ff.

Kunz, Torsten: Folgen des Präventionsgesetzes für die Betriebe, Sicherheitsingenieur 9/2016, S. 10 ff.

Kunz, Torsten: Überwacher oder Lotse?: Zur zukünftigen Rolle der Aufsichtspersonen in der Betreuung der Betriebe, DGUV Forum 3/2020, S. 3 ff.

Kunz, Torsten: Überwachung ist nicht gleich Überwachung, DGUV Forum 6/2023, S. 9 ff.

Kunz, Torsten/*Dreller*, Stefan: Überarbeitung der DGUV Vorschrift 2: Die Zukunft der sicherheitstechnischen und betriebsärztlichen Betreuung, DGUV Forum 10/2018, S. 10 ff.

Kurth, Sönke/*Schultis*, Michael: Lehrgang zum Arbeits- und Gesundheitsschutz: Begleitheft zur betrieblichen Unterweisung nach ArbSchG, 3. Auflage, Heidelberg/München/Landsberg/Frechen/Hamburg, 2010

Ladeur, Karl-Heinz: Das Recht auf informationelle Selbstbestimmung: Eine juristische Fehlkonstruktion?, DÖV 2009, S. 45 ff.

Ladeur, Karl-Heinz: Das Umweltrecht der Wissensgesellschaft: Von der Gefahrenabwehr zum Risikomanagement, Berlin, 1995

Ladeur, Karl-Heinz: Datenschutz – vom Abwehrrecht zur planerischen Optimierung von Wissensnetzwerken: Zur „objektiv-rechtlichen Dimension" des Datenschutzes, DuD 2000, S. 12 ff.

Ladeur, Karl-Heinz: Die Kommunikationsinfrastruktur der Verwaltung, in: Voßkuhle, Andreas/Eifert, Martin/Möllers, Christoph (Hrsg.), Grundlagen des Verwaltungsrechts, Band I, 3. Auflage, München, 2022, § 21, S. 1511 ff.

Ladeur, Karl-Heinz: Kritik der Abwägung in der Grundrechtsdogmatik: Plädoyer für eine Erneuerung der liberalen Grundrechtstheorie, Tübingen, 2004

Ladeur, Karl-Heinz: Regulierung des Gesundheitswesens unter den Bedingungen der „datenbasierten Medizin", GesR 2016, S. 650 ff.

Ladeur, Karl-Heinz: Soziale Epistemologie der Demokratie: Theoretische Überlegungen zur Bindung von Unbestimmtheit durch Institutionen in der postmodernen Gesellschaft, in: Augsberg, Ino (Hrsg.), Ungewissheit als Chance, Perspektiven eines produktiven Umgangs mit Unsicherheiten im Rechtssystem, Tübingen, 2009, S. 135 ff.

Ladeur, Karl-Heinz/*Gostomzyk*, Tobias: Der Gesetzesvorbehalt im Gewährleistungsstaat, Die Verwaltung 36 (2003), S. 141 ff.

Lahr, Fredi: Das Zusammenwirken der berufsgenossenschaftlichen Aufgabenbereiche am Beispiel der Berufskrankheit „Hauterkrankung", Die BG 1999, S. 762 ff.

Lambert, Joachim: Die Kommission Arbeitsschutz und Normung (KAN) – Leitartikel, Die BG 2005, S. 460 f.

Landmann, Robert/*Rohmer*, Ernst (Begr.): Gewerbeordnung und ergänzende Vorschriften: Band I: Gewerbeordnung: Kommentar, 92. EL, München, Stand: Dezember 2023

Lau, Danny Christian: Kommunale Demokratie 2.0: Relevanz und Konsequenzen des digitalen Medienwandels für die rechtliche Konzeption kommunaler Demokratie, Baden-Baden, 2018

Leichsenring, Christian: Beratung des Unternehmers im neuen Arbeitsschutzsystem, Die BG 1999, S. 468 ff.

Leichsenring, Christian: Die Verhütung arbeitsbedingter Gesundheitsgefahren, Die BG 1998, S. 407 ff.

Leichsenring, Christian/*Petermann*, Olaf: Gesetzliche Unfallversicherung – öffentlich-rechtlich oder privat?, Die Sozialversicherung 1998, S. 14 ff.

Leisner, Walter: Das neue „Kommunikationsgrundrecht“: Nicht Alibi für mehr, sondern Mahnung zu weniger staatlicher Überwachung, NJW 2008, S. 2902 ff.

Leitlinienpapier zur Neuordnung des Vorschriften- und Regelwerks im Arbeitsschutz vom 31.08.2011: abrufbar unter: https://www.bmas.de/SharedDocs/Downloads/DE/leitlinien-arbeitsschutz.pdf?__blob=publicationFile

Lenk, Klaus/*Meyerholt*, Ulrich/*Wengelowski*, Peter: Wissen managen in Staat und Verwaltung, 2. Auflage, Baden-Baden, 2021

Lenk, Klaus/*Wengelowski*, Peter: Wissensmanagement für das Verwaltungshandeln, in: Edeling, Thomas/Jann, Werner/Wagner, Dieter (Hrsg.), Wissensmanagement in Politik und Verwaltung, Wiesbaden, 2004, S. 147 ff.

Lepsius, Oliver: Brauchen wir einen Schutz des abstrakten Vertrauens in die Geltung von Gesetzen?: Replik auf Lothar Michael JZ 2015, 425 ff., JZ 2015, S. 435 ff.

Lepsius, Oliver: Die Chancen und Grenzen des Grundsatzes der Verhältnismäßigkeit, in: Jestaedt, Matthias/ders. (Hrsg.), Verhältnismäßigkeit: Zur Tragfähigkeit eines verfassungsrechtlichen Schlüsselkonzepts, Tübingen, 2015, S. 1 ff.

Lepsius, Oliver: Die maßstabsetzende Gewalt, in: Jestaedt, Matthias/ders./Möllers, Christoph/Schönberger, Christoph (Hrsg.), Das entgrenzte Gericht, 3. Auflage, Berlin, 2019, S. 159 ff.

Lepsius, Oliver: Zur Neubegründung des Rückwirkungsverbots aus der Gewaltenteilung: Besprechung von BVerfG, Beschluss v. 17.12.2013 – 1 BvL 5/08, JZ 2014, S. 488 ff.

Leßmann, Herbert: Persönlichkeitsschutz juristischer Personen, AcP 1970, S. 266 ff.

Leube, Konrad: Alleinunternehmer in der gesetzlichen Unfallversicherung: Einhaltung von Melde- und Unfallverhütungsvorschriften?, NJ 2018, S. 229 ff.

Leube, Konrad: Gesetzliche Unfallversicherung: Begriff des Unternehmers gesetzlich präzisiert, SGb 2017, S. 268 ff.

Leube, Konrad: Überwachung der Unfallverhütung: neue Zuständigkeit der Verwaltungsgerichtsbarkeit, NZS 1997, S. 564 ff.

Lindner, Franz: Thesen zur Weiterentwicklung des Verhältnismäßigkeitsgrundsatzes, NJW 2024, S. 564 ff.

Loeser, Roman: Theorie und Praxis der Mischverwaltung, Berlin, 1976

Lohse, Sven: Europäischer Arbeitsschutz – die EU als Treiber für den Arbeitsschutz in Deutschland: Ein Überblick, Betriebliche Prävention 2022, S. 489 ff.

Lübbe-Wolff, Gertrude: Europäisches und nationales Verfassungsrecht, in: VVDStRL 60 (2001), S. 246 ff.

Luchterhandt, Otto: Grundpflichten als Verfassungsproblem in Deutschland: Geschichtliche Entwicklung und Grundpflichten unter dem Grundgesetz, Berlin, 1988

Lücke, Jörg: Die Berufsfreiheit: Eine Rückbesinnung auf den Text des Art. 12 Abs. 1 GG, Heidelberg, 1994

Luhmann, Niklas: Die Gesellschaft der Gesellschaft, 2. Teilband, 1. Auflage, Frankfurt a. M., 1997

Luhmann, Niklas: Die Wissenschaft der Gesellschaft, 1. Auflage, Frankfurt a. M., 1990

Luhmann, Niklas: Organisation und Entscheidung, 1. Auflage, Opladen/Wiesbaden, 2000

Luthe, Ernst-Wilhelm: Bildungsrecht: Leitfaden für Ausbildung, Administration und Management, Berlin, 2003

Magiera, Carsten: Sind Sifas, Sicherheitsbeauftragte und Betriebsärzte die Philanthropen des Unternehmens?, Betriebliche Prävention 2022, S. 183 ff.

Magiera, Carsten/*Geyer*, Michael: ASA-Sitzung – mehr als nur gratis Kaffee trinken?!, Betriebliche Prävention 2021, S. 266 ff.

Magiera, Carsten/*Geyer*, Michael: Das Darwin-Prinzip im Arbeitsschutz, Betriebliche Prävention 2022, S. 279 ff.

Mann, Thomas/*Sennekamp*, Christoph/*Uechtritz*, Michael (Hrsg.): Verwaltungsverfahrensgesetz: Großkommentar, 2. Auflage, Baden-Baden, 2019

Marburger, Horst: Datenschutzrechtliche Fragen in Zusammenhang mit der Aufgabenerfüllung durch die Unfallversicherungsträger, BPUVZ 2013, S. 315 ff.

Marburger, Horst: Die Aufsicht in der Sozialversicherung, DÖD 2003, S. 232 ff.

Marburger, Horst: Neuerungen im Datenschutzrecht der gesetzlichen Unfallversicherung, Betriebliche Prävention 2020, S. 172 ff.

Marburger, Peter: Die haftungs- und versicherungsrechtliche Bedeutung technischer Regeln, VersR 1983, S. 597 ff.

Marburger, Peter: Die Regeln der Technik im Recht, Köln/Berlin/Bonn/München, 1979

Martin, Angelika: Datenschutzmanagement, in: Schmidt, Jan-Hinrik/Weichert, Thilo (Hrsg.), Datenschutz: Grundlagen, Entwicklungen und Kontroversen, Bonn, 2012

Masing, Johannes: Der Rechtsstatus des Einzelnen im Verwaltungsrecht, in: Voßkuhle, Andreas/Eifert, Martin/Möllers, Christoph (Hrsg.), Grundlagen des Verwaltungsrechts, Band I, 3. Auflage, München, 2022, § 10, S. 655 ff.

Masing, Johannes: Transparente Verwaltung: Konturen eines Informationsverwaltungsrechts, in: VVDStRL 63 (2004), S. 377 ff.

Mattiuzzo, Corrado/*Meier*, Freeric: Normung im Zeitalter der Globalisierung, DGUV Forum 10/2020, S. 16ff.

Maunz, Theodor/*Dürig*, Günter (Hrsg.): Grundgesetz: Kommentar, 74. EL, München, 2015

Maurer, Hartmut/*Schwarz*, Kyrill-A.: Staatsrecht I, 7. Auflage, München, 2023

Maurer, Hartmut/*Waldhoff*, Christian: Allgemeines Verwaltungsrecht, 21. Auflage, München, 2024

Mayntz, Renate: Governance Theory als fortentwickelte Steuerungstheorie?, in: Schuppert, Gunnar Folke (Hrsg.), Governance-Forschung: Vergewisserung über Stand und Entwicklungslinien, 2. Auflage, Baden-Baden, 2006, S. 11ff.

Mayntz, Renate: Politische Steuerung und gesellschaftliche Steuerungsprobleme (1987), in: dies. (Hrsg.), Soziale Dynamik und politische Steuerung: Theoretische und methodologische Überlegungen, Frankfurt a.M., 1997, S. 186ff.

Mayntz, Renate/*Scharpf*, Fritz W.: Der Ansatz des akteurzentrierten Institutionalismus, in: dies. (Hrsg.), Gesellschaftliche Selbstregelung und politische Steuerung, Frankfurt a.M., 1995, S. 39ff.

Meffert, Karlheinz: Berufsgenossenschaftliches Institut für Arbeitsschutz: BGIA, Die BG 2005, S. 242ff.

Meffert, Karlheinz: BG-Forschung zu arbeitsbedingten Gesundheitsgefahren, Die BG 2005, S. 104ff.

Meffert, Karlheinz: Gemeinsame Deutsche Arbeitsschutzstrategie: GDA, Entwicklung von gemeinsamen Arbeitsschutzzielen und Handlungsfeldern, Die BG 2008, S. 49ff.

Meffert, Karlheinz/*Rentrop*, Manfred: Charakteristika und Eckpunkte der BG-Forschung, Die BG 2005, S. 237ff.

Meffert, Karlheinz u.a.: Ein Jahrhundert BG-Forschung: Rückblick und Perspektiven, Die BG 2005, S. 220ff.

Mehde, Veith: Neues Steuerungsmodell und Demokratieprinzip, Berlin, 2000

Meinel, Hubert: Betrieblicher Gesundheitsschutz: Vorschriften, Aufgaben und Pflichten für den Arbeitgeber, 7. Auflage, Landsberg am Lech, 2018

Meister, Herbert: Schutz vor Datenschutz?: Wirtschafts- und rechtspolitische Anforderungen in einer Zeit ökonomischer Spannungen, DuD 1986, S. 173ff.

Menzel, Hans-Joachim: Legitimation staatlicher Herrschaft durch Partizipation Privater?: Dargestellt am Beispiel der Beteiligung von Gewerkschaften in Gremien der Wirtschaftsverwaltung, Berlin, 1980

Merkl, Adolf: Allgemeines Verwaltungsrecht, Wien, 1927

Merten, Detlef/*Papier*, Hans-Jürgen (Hrsg.): Handbuch der Grundrechte in Deutschland und Europa, Band I (Entwicklung und Grundlagen), Heidelberg, 2004

Merten, Detlef/*Papier*, Hans-Jürgen (Hrsg.): Handbuch der Grundrechte in Deutschland und Europa, Band II (Grundrechte in Deutschland – Allgemeine Lehren I), Heidelberg, 2006

Merten, Detlef/*Papier*, Hans-Jürgen (Hrsg.): Handbuch der Grundrechte in Deutschland und Europa, Band III (Grundrechte in Deutschland – Allgemeine Lehren II), Heidelberg, 2009

Merten, Detlef/*Papier*, Hans-Jürgen (Hrsg.): Handbuch der Grundrechte in Deutschland und Europa, Band IV (Grundrechte in Deutschland – Einzelgrundrechte I) Heidelberg, 2011

Merten, Klaus: Einführung in die Kommunikationswissenschaft, Band 1: Grundlagen der Kommunikationswissenschaft, 3. Auflage, Münster/Berlin, 2007

Merten, Klaus: Kommunikation: Eine Begriffs- und Prozeßanalyse, Opladen, 1977

Merz, Bernd: Wir besichtigen auch unangekündigt!, DGUV Forum 6/2023, S. 21 f.

Merz, Bernd/*Arenz*, Bernhard: Aus Zahlen lernen – Kennzahlen als Präventionsinstrument, DGUV Forum 12/2021, S. 8 ff.

Meyer, Finja: Beitrag und Grenzen der Normung im betrieblichen Arbeitsschutz, DGUV Forum 12/2022, S. 13 f.

Meyer, Guido: Der Stand der Technik im Arbeitsschutzrecht auf Baustellen, NZBau 2017, S. 642 ff.

Michael, Lothar: Das Verbot echter Rückwirkung als Schutz des abstrakten Vertrauens in die Geltung von Gesetzen und eines Kernbereichs der Judikative: Zugleich Erwiderung zu Oliver Lepsius JZ 2014, 488 ff., JZ 2015, S. 425 ff.

Michael, Lothar: Das Verhältnismäßigkeitsprinzip als Schlüssel(bund)konzept, in: Jestaedt, Matthias/Lepsius, Oliver (Hrsg.), Verhältnismäßigkeit: Zur Tragfähigkeit eines verfassungsrechtlichen Schlüsselkonzepts, Tübingen, 2015, S. 42 ff.

Mitsch, Wolfgang (Hrsg.): Karlsruher Kommentar zum Gesetz über Ordnungswidrigkeiten, 5. Auflage, München, 2018

Möllers, Christoph: Gewaltengliederung: Legitimation und Dogmatik im nationalen und internationalen Rechtsvergleich, Tübingen, 2005

Möllers, Christoph: Methoden, in: Voßkuhle, Andreas/Eifert, Martin/ders. (Hrsg.), Grundlagen des Verwaltungsrechts, Band I, 3. Auflage, München, 2022, § 2, S. 71 ff.

Möllers, Christoph: Staat als Argument, 2. Auflage, Tübingen, 2011

Mross, Oliver: Bürgerbeteiligung am Rechtsetzungsprozess in der Europäischen Union: Ein Beitrag zur Stärkung der demokratischen Legitimation?, Berlin, 2010

Mrozynski, Peter: SGB I: Allgemeiner Teil: Kommentar, 7. Auflage, München, 2024

Muckel, Stefan: Informationelle Selbstbestimmung: Datenaustausch zwischen Polizei und Nachrichtendiensten in der „Antiterrordatei“ teilweise verfassungswidrig, JA 2021, S. 260 ff.

Müller, Georg/*Uhlmann*, Felix/*Höfler*, Stefan: Elemente einer Rechtssetzungslehre, 4. Auflage, Zürich/Genf, 2024

Müller-Glöge, Rudi/*Preis*, Ulrich/*Gallner*, Inken/*Schmidt*, Ingrid (Hrsg.): Erfurter Kommentar zum Arbeitsrecht, 24. Auflage, München, 2024

Müller-Terpitz, Ralf: Information als Voraussetzung des Verwaltungshandelns, in: VVDStRL 83 (2024), S. 278 ff.

Münch, Antje von: Das Spannungsverhältnis zwischen funktionaler Privatisierung und demokratischer Legitimation: Eine Untersuchung der Anwendung und Anforderungen des Demokratieprinzips auf die Einbeziehung privater Verwaltungshelfer im Vorfeld einer Verwaltungsentscheidung, Baden-Baden, 2014

Münch, Ingo von/*Kunig*, Philip (Hrsg.): Grundgesetz-Kommentar: GG: Band II, 6. Auflage, München, 2012

Münch, Ingo von/*Kunig*, Philip (Hrsg.): Grundgesetz-Kommentar: GG: Band I, 7. Auflage, München, 2021

Münch, Ingo von/*Kunig*, Philip (Hrsg.): Grundgesetz-Kommentar: GG: Band II, 7. Auflage, München, 2021

Münkler, Laura: Expertokratie: Zwischen Herrschaft kraft Wissens und politischem Dezisionismus, Tübingen, 2020

Münkler, Laura: Wissen – ein blinder Fleck des Rechts?, in: dies. (Hrsg.), Dimensionen des Wissens im Recht, Tübingen, 2019, S. 3 ff.

Münkler, Laura (Hrsg.): Dimensionen des Wissens im Recht, Tübingen, 2019

Musielak, Hans-Joachim: Die Grundlagen der Beweislast im Zivilprozess, Berlin/New York, 1975

Musil, Andreas: Das Bundesverfassungsgericht und die Legitimation der funktionalen Selbstverwaltung, DÖV 2004, S. 116 ff.

Nebel, Michaela: Free Flow of Data, ITRB 2019, S. 113 ff.

Neitzner, Ina: 13. Dresdner Forum Prävention: Prävention 3.0 oder das Risikoobservatorium der DGUV, AkademieJournal 1/2014, S. 3

Neitzner, Ina: Das Risikoobservatorium der Deutschen Gesetzlichen Unfallversicherung, ErgoMed 40 (2016), S. 28 f.

Nimmesgern, Cathrin: Sichere und gesundheitsgerechte Produkte: Das Zusammenwirken der Prüfung, Zertifizierung und Normung, DGUV Forum 6/2019, S. 12 f.

Noll, Peter: Gesetzgebungslehre, Reinbek bei Hamburg, 1973

Nonaka, Ikujirō/*Takeuchi*, Hirotaka: Die Organisation des Wissens: Wie japanische Unternehmen eine brachliegende Ressource nutzbar machen, 2. Auflage, Frankfurt a. M., 2012

Nöthen-Garunja, Isabel: Neues Arbeitsschutzkontrollgesetz für mehr Sicherheit und Gesundheit am Arbeitsplatz, DGUV Forum 4/2021, S. 32 ff.

Nöthen-Garunja, Isabel/*Gravemeyer*, Stefan/*Portuné*, Roland/*Appt*, Jochen: Die Betriebsbesichtigung der Berufsgenossenschaften und Unfallkassen, DGUV Forum 9/2021, S. 39 ff.

Oebbecke, Janbernd: Demokratische Legitimation nicht-kommunaler Selbstverwaltung, VerwArch 81 (1990), S. 349 ff.

Oebbecke, Janbernd: Weisungs- und unterrichtungsfreie Räume in der Verwaltung, Köln, 1986

Osthaus, Friedhelm: Wesen und Durchführung der berufsgenossenschaftlichen Unfallverhütung, Köln, 1965

Paal, Boris P./*Pauly*, Daniel A. (Hrsg.): Datenschutz-Grundverordnung: Bundesdatenschutzgesetz: Kommentar, 3. Auflage, München, 2021

Pabst, Bernhard: EK-UVMG: Erstkommentierung des Gesetzes zur Modernisierung der gesetzlichen Unfallversicherung: (Unfallversicherungsmodernisierungsgesetz – UVMG), Berlin, 2008

Pabst, Bernhard/*Ricke*, Wolfgang: BSG, EuGH und Unfallversicherung, ZESAR 2004, S. 292 ff.

Pache, Eckhard: Verantwortung und Effizienz in der Mehrebenenverwaltung, in: VVDStRL 66 (2007), S. 106 ff.

Palka, Bettina: Normung als Instrument der Prävention, Sicherheitsingenieur 7/2011, S. 18 ff.

Papenhoff, Mike Christian: Digitale Gesundheitsanwendungen – „Hit oder Hype“?, DGUV Forum 3/2022, S. 16 ff.

Papier, Hans-Jürgen: Die Beeinträchtigungen der Eigentums- und Berufsfreiheit durch Steuern vom Einkommen und Vermögen, Der Staat 11 (1972), S. 483 ff.

Paul, Susanne Natalie: Der Schutz von Wirtschaftsgeheimnissen in Deutschland und Indien, Hamburg, 2009

Pauling, Daniel: Ἀσφάλεια: Die Entwicklung der Sicherheitsvorstellungen und der Diskurs über Sicherheit im archaischen und klassischen Griechenland, Dresden, 2019

Pawlowsky, Peter: Betriebliche Qualifikationsstrategien und organisationales Lernen, in: Staehle, Wolfgang H./Conrad, Peter (Hrsg.), Managementforschung 2, Berlin, 1992, S. 177 ff.

Peters-Lange, Susanne: Konsensuale Leistungsbeziehungen in der GUV, in: Schuler-Harms, Margarete (Hrsg.), Konsensuale Handlungsformen im Sozialleistungsrecht, Berlin/Münster, 2012, S. 113 ff.

Petersen, Niels: Das Satzungsrecht von Körperschaften gegenüber Externen, NVwZ 2013, S. 841 ff.

Petersen, Niels: Demokratie und Grundgesetz: Veränderungen des Demokratieprinzips in Art. 20 Abs. 2 GG angesichts der Herausforderungen moderner Staatlichkeit, JöR 58 (2010), S. 137 ff.

Petersen, Niels: Verhältnismäßigkeit als Rationalitätskontrolle: Eine rechtsempirische Studie verfassungsrechtlicher Rechtsprechung zu den Freiheitsgrundrechten, Tübingen, 2015

Petersen-Ewert, Corinna/*Wehowsky*, Susanne: Präventionsgesetz: Regelungsinhalte und Folgen für die Praxis, MedR 2015, S. 867 ff.

Petri, Thomas: Informationelle Selbstbestimmung: Ein Grundrecht als verfassungspolitisches Plädoyer für Vielfalt, Sicherheit und Solidarität, DuD 2024, S. 128 f.

Peuker, Enrico: Bürokratie und Demokratie in Europa: Legitimität im Europäischen Verwaltungsbund, Tübingen, 2011

Pfeiffer, Bodo/*Jahn*, Frauke: Berufsgenossenschaftliches Institut Arbeit und Gesundheit: BGAG, Die BG 2005, S. 249 ff.

Pfisterer, Valentin: „Finanzprivatsphäre" in Deutschland: Der verfassungsrechtliche Schutz persönlicher Informationen wirtschaftlicher und finanzieller Natur in der Bundesrepublik, JöR 65 (2017), S. 393 ff.

Pflaum, Hans-Joachim: Die Bedeutung der Unfallverhütungsvorschriften in der gesetzlichen Unfallversicherung, Göttingen, 1960

Pflug, Manuel: Pandemievorsorge: informationelle und kognitive Regelungsstrukturen, Berlin, 2013

Pitschas, Rainer: Allgemeines Verwaltungsrecht als Teil der öffentlichen Informationsordnung, in: Hoffmann-Riem, Wolfgang/Schmidt-Aßmann, Eberhard/Schuppert, Gunnar Folke (Hrsg.), Reform des allgemeinen Verwaltungsrechts: Grundfragen, Baden-Baden, 1993, S. 219 ff.

Pitschas, Rainer: Geben moderne Technologien und die europäische Integration Anlaß, Notwendigkeit und Grenzen des Schutzes personenbezogener Informationen neu zu bestimmen?, in: Verhandlungen des 62. DJT Bremen 1998, Band II/1: Sitzungsberichte, Referate und Beschlüsse, München 1998, S. M 9 ff.

Plander, Harro: Personalvertretungen als Grundrechtshilfe im demokratischen und sozialen Rechtsstaat: eine rechtswissenschaftliche Studie, Baden-Baden, 1995

Podlech, Adalbert: Das Recht auf Privatheit, in: Perels, Joachim (Hrsg.), Grundrechte als Fundament der Demokratie, Frankfurt a. M., 1979, S. 50 ff.

Podlech, Adalbert: Individualdatenschutz: Systemdatenschutz, in: Brückner, Klaus/Dalichau, Gerhard (Hrsg.), Beiträge zum Sozialrecht, Festgabe für Hans Grüner, Percha/Kempfenhausen, 1982, S. 451 ff.

Polanyi, Michael: Implizites Wissen, 2. Auflage, Frankfurt a. M., 2016

Polenz, Sven: Betriebs- und Geschäftsgeheimnisse der öffentlichen Hand, DÖV 2010, S. 350 ff.

Ponto, Klaus: Neue DGUV-Branchenregeln informieren, BGHM-Aktuell 3/2014, S. 5

Portuné, Roland/*Appt*, Jochen: Präventionsleistungen: Gemeinsames Verständnis der Überwachungs- und Beratungstätigkeit der Unfallversicherungsträger, DGUV Forum 4/2019, S. 38 f.

Prange, Christiane: Interorganisationales Lernen: Lernen in, von und zwischen Organisationen, in: Sydow, Jörg (Hrsg.), Management von Netzwerkorganisationen: Beiträge aus der „Managementforschung", 4. Auflage, Wiesbaden, 2006, S. 187 ff.

Prange, Christiane: Organisationales Lernen und Wissensmanagement: Fallbeispiele aus der Unternehmenspraxis, Wiesbaden, 2002

Pressman, Jeffrey L./*Wildavsky*, Aaron: Implementation: how great expectations in Washington are dashed in Oakland; or, why it's amazing that federal programs work at all; this being a saga of the economic development administration as told by two sympathetic observers who seek to build morals on a foundation of ruined hopes, Berkeley/Los Angeles/London, 1973

Pünder, Hermann: Exekutive Normsetzung in den Vereinigten Staaten von Amerika und der Bundesrepublik Deutschland: Eine rechtsvergleichende Untersuchung des amerikanischen rulemaking und des deutschen Verordnungserlasses mit Blick auf die in beiden Ländern bestehende Notwendigkeit, sachgerechte und demokratisch legitimierte Normen in einem kostengünstigen und rechtsstaatlichen Grundsätzen entsprechenden Normsetzungsverfahren zu erlassen, Berlin, 1995

Pünder, Hermann: Zertifizierung und Akkreditierung: private Qualitätskontrolle unter staatlicher Gewährleistungsverantwortung, ZHR 170 (2006), S. 567 ff.

Rahmen, Vera: Gelebte Kohärenz – von der Theorie zur Praxis, DGUV Forum 12/2022, S. 3 f.

Raschke, Ulrich: Effizienzpotenziale im „Alles-aus-einer-Hand"-Prinzip der deutschen gesetzlichen Unfallversicherung, Die BG 2004, S. 12 ff., S. 72 ff.

Reich, Johannes: Information als Voraussetzung des Verwaltungshandelns, in: VVDStRL 83 (2024), S. 319 ff.

Reichertz, Jo: Kommunikationsmacht: Was ist Kommunikation und was vermag sie? Und weshalb vermag sie das?, Wiesbaden, 2009

Reiling, Katharina: Der Hybride: Administrative Wissensorganisation im privaten Bereich, Tübingen, 2016

Reiling, Katharina: Hybridisierung administrativer Wissensorganisation, in: Augsberg, Ino/Schuppert, Gunnar Folke (Hrsg.), Wissen und Recht, Baden-Baden, 2022, S. 335 ff.

Reiling, Katharina: Wissensgenerierung bei Privaten, in: Münkler, Laura (Hrsg.), Dimensionen des Wissens im Recht, Tübingen, 2019, S. 175 ff.

Reimer, Franz: Das Parlamentsgesetz als Steuerungsmittel und Kontrollmaßstab, in: Voßkuhle, Andreas/Eifert, Martin/Möllers, Christoph (Hrsg.), Grundlagen des Verwaltungsrechts, Band I, 3. Auflage, München, 2022, § 11, S. 777 ff.

Reimer, Philipp: Verhältnismäßigkeit im Verfassungsrecht, ein heterogenes Konzept, in: Jestaedt, Matthias/Lepsius, Oliver (Hrsg.), Verhältnismäßigkeit: Zur Tragfähigkeit eines verfassungsrechtlichen Schlüsselkonzepts, Tübingen, 2015, S. 60 ff.

Reinert, Dietmar: Das Risikoobservatorium der DGUV, Technische Sicherheit 4 (2014) Nr. 7/8, S. 3

Reinert, Dietmar/*Jahn*, Frauke/*Brüning*, Thomas/*Herrmann*, Joachim: Anwendungsforschung: Forschung zu Prävention und Berufskrankheiten durch die DGUV, DGUV Forum 3/2018, S. 9 ff.

Reinke, Christian/*Korte*, Renate: Neue DGUV Vorschrift 1: Basis für den Gesundheitsschutz, BGW-Mitteilungen 3/2014, S. 12 ff.

Reitz, Rüdiger: EUROSHNET: Neue öffentliche Diskussionsforen zu Maschinen und Persönlichen Schutzausrüstungen, Die BG 2007, S. 399 f.

Reitz, Rüdiger/*Jacques*, Jean/*Lambert*, Joachim: Euroshnet: Krakauer Memorandum zu Normung, Prüfung und Zertifizierung, Die BG 2008, S. 458 ff.

Reitz, Rüdiger/*Reinert*, Dietmar/*Stoll*, Rico: Bedeutung der Prüfung und Zertifizierung für die berufsgenossenschaftliche Präventionsarbeit, Die BG 2004, S. 419 ff.

Reitz, Rüdiger/*Schlüter*, Rita/*Lambert*, Joachim: EUROSHNET: eine Hilfe für Arbeitsschutzexperten aus Normung, Prüfung und Zertifizierung, Die BG 2003, S. 590 ff.

Rentrop, Manfred: Das künftige Vorschriften- und Regelwerk im Arbeitsschutz: Teil 1, Die BG 2003, S. 226 ff.

Rentrop, Manfred: Das künftige Vorschriften- und Regelwerk im Arbeitsschutz: Teil 2, Die BG 2003, S. 401 ff.

Richardi, Reinhard: Betriebsverfassungsgesetz mit Wahlordnung: Kommentar, 17. Auflage, München, 2022

Ricke, Wolfgang: Die Gesetzliche Unfallversicherung: Unbekanntes, Unverstandenes, Unbedachtes und Reformeinfälle, Die BG 2008, S. 13 ff.

Ricke, Wolfgang: Fehldarstellungen zum Monopol der Unfallversicherung, SGb 2005, S. 9 ff.

Rimscha, Hans J. von: Das duale Arbeitsschutzsystem: Aufsicht und Beratung durch staatliche Aufsichtsbehörden und Unfallversicherungsträger: Ein Modell, Die BG 2001, S. 305 ff.

Rink, Anna: Der Präventionsauftrag der gesetzlichen Unfallversicherung: Verfassungs- und europarechtliche Vorgaben für Präventionsmaßnahmen, Berlin, 2010

Robelski, Swantje/*Sommer*, Sabine: Gesund und sicher digital: Der Weg zum Arbeitsschutzsystem der Zukunft, Betriebliche Prävention 2023, S. 392 ff.

Robert, Michael/*Schlüter*, Rita: EUROSHNET: ein Netzwerk europäischer Arbeitsschutzexperten, Die BG 2005, S. 484 ff.

Rody, Yasamin: Der Begriff und die Rechtsnatur von Geschäfts- und Betriebsgeheimnissen unter Berücksichtigung der Geheimnisschutz-Richtlinie, Baden-Baden, 2019

Rogall, Klaus: Informationseingriff und Gesetzesvorbehalt im Strafprozessrecht, Tübingen, 1992

Röhl, Hans Christian: Akkreditierung und Zertifizierung im Produktsicherheitsrecht: Zur Entwicklung einer neuen europäischen Verwaltungsstruktur, Berlin/Heidelberg, 2000

Röhl, Hans Christian: Der rechtliche Kontext der Wissenserzeugung, in: ders. (Hrsg.), Wissen: Zur kognitiven Dimension des Rechts, Die Verwaltung, Beiheft 9, Berlin, 2010, S. 65 ff.

Röhl, Hans Christian: Der Wissenschaftsrat: Kooperation zwischen Wissenschaft, Bund und Ländern und ihre rechtlichen Determinanten, Baden-Baden, 1994

Röhl, Hans Christian: Öffnung der öffentlich-rechtlichen Methode durch Internationalität und Interdisziplinarität: Erscheinungsformen, Chancen, Grenzen, in: VVDStRL 74 (2015), S. 7 ff.

Röhl, Hans Christian: Staatliche Verantwortung in Kooperationsstrukturen: Organisationsrechtsfragen am Beispiel des Wissenschaftsrates und der Deutschen Forschungsgemeinschaft, Die Verwaltung (29) 1996, S. 487 ff.

Röhl, Hans Christian: Verwaltung und Privatrecht – Verwaltungsprivatrecht?, in: VerwArch 86 (1995), S. 531 ff.

Röhl, Hans Christian: Verwaltungsverantwortung als Rechtsbegriff?, in: Berg, Wilfried/Fisch, Stefan/Schmitt Glaeser, Walter/Schoch, Friedrich/Schulze-Fielitz, Helmuth (Hrsg.), Die Wissenschaft vom Verwaltungsrecht: Werkstattgespräch aus Anlaß des 60. Geburtstages von Prof. Dr. Eberhard Schmidt-Aßmann, Die Verwaltung, Beiheft 2, Berlin, 1999, S. 33 ff.

Röhl, Hans Christian: Wissensgenerierung im Verwaltungsverfahren, in: Voßkuhle, Andreas/Eifert, Martin/Möllers, Christoph (Hrsg.), Grundlagen des Verwaltungsrechts, Band II, 3. Auflage, München, 2022, § 30, S. 243 ff.

Röhl, Hans Christian (Hrsg.): Wissen: Zur kognitiven Dimension des Rechts, Die Verwaltung, Beiheft 9, Berlin, 2010

Röhl, Klaus Friedrich: Rechtssoziologie: Ein Lehrbuch, Köln/Berlin/Bonn/München, 1987

Röhl, Klaus Friedrich/*Röhl*, Hans Christian: Allgemeine Rechtslehre, 3. Auflage, München, 2008

Rolfs, Christian/*Giesen*, Richard/*Meßling*, Miriam/*Udsching*, Peter (Hrsg.): Beck'scher Online-Kommentar Sozialrecht, 72. Edition, München, Stand: 01.03.2024

Romhardt, Kai: Die Organisation aus der Wissensperspektive: Möglichkeiten und Grenzen der Intervention, Wiesbaden, 1998

Roßbach, Gundula: Prävention und Reha in der Deutschen Rentenversicherung, Sozialrecht und Praxis 1/2017, S. 27 ff.

Rossi, Matthias: Befristeter Schutz von Betriebs- und Geschäftsgeheimnissen?, GewArch 2021, S. 130 ff.

Rossi, Matthias: Informationszugangsfreiheit und Verfassungsrecht: Zu den Wechselwirkungen zwischen Informationsfreiheitsgrenzen und der Verfassungsordnung in Deutschland, Berlin, 2004

Rossi, Matthias: Schutzpositionen von Unternehmen im Informationsfreiheitsrecht: Der Schutz von Betriebs- und Geschäftsgeheimnissen sowie von Antragsunterlagen im europäischen und deutschen Recht, in: Schröder, Meinhard (Hrsg.), Aktuelle Rechtsfragen und Probleme des freien Informationszugangs, insbesondere im Umweltschutz: 26. Trierer Kolloquium zum Umwelt- und Technikrecht vom 5. bis 7. September 2010, Berlin, 2011, S. 197 ff.

Roßnagel, Alexander: 40 Jahre Volkszählungsurteil des Bundesverfassungsgerichts, Jura 2023, S. 1363 ff.

Roßnagel, Alexander: Handbuch Datenschutzrecht: Die neuen Grundlagen für Wirtschaft und Verwaltung, München, 2003

Roßnagel, Alexander/*Laue*, Philip: Zweckbindung im Electronic Government, DÖV 2007, S. 543 ff.

Rusteberg, Benjamin: Der grundrechtliche Gewährleistungsgehalt: Eine veränderte Perspektive auf die Grundrechtsdogmatik durch eine präzise Schutzbereichsbestimmung, Tübingen, 2009

Rusteberg, Benjamin: Wissensgenerierung in der personenbezogenen Prävention: Zwischen kriminalistischer Erfahrung und erkenntnistheoretischer Rationalität, in: Münkler, Laura (Hrsg.), Dimensionen des Wissens im Recht, Tübingen, 2019, S. 233 ff.

Sachs, Michael: Verfassungsrecht II: Grundrechte, 3. Auflage, Berlin/Heidelberg, 2017

Sachs, Michael (Hrsg.): Grundgesetz: Kommentar, 9. Auflage, München, 2021

Säcker, Franz Jürgen/*Rixecker*, Roland/*Oetker*, Hartmut/*Limperg*, Bettina (Hrsg.): Münchner Kommentar zum Bürgerlichen Gesetzbuch: Band 5 (Schuldrecht: Besonderer Teil II), 9. Auflage, München, 2023

Säcker, Franz Jürgen/*Rixecker*, Roland/*Oetker*, Hartmut/*Limperg*, Bettina (Hrsg.): Münchner Kommentar zum Bürgerlichen Gesetzbuch: Band 7 (Schuldrecht – Besonderer Teil IV), 9. Auflage, München, 2024

Sauer, Sybille: VISION ZERO – eine Vision, die das Handeln leitet, DGUV Forum 7–8/2023, S. 12 ff.

Sautter, Tanja: Wiederherstellung der Gesundheit und Leistungsfähigkeit „mit allen geeigneten Mitteln", ARP 2021, S. 375 ff.

Schäfer, Jan Philipp: Die Umgestaltung des Verwaltungsrechts, Tübingen, 2016

Schäfer, Klaus/*Klockmann*, Hans-Christoph/*Wetzel*, Christoph/*Mahlberg*, Jörg: Schwere Arbeitsunfälle im Handel und in der Warenlogistik, DGUV Forum 11/2022, S. 9 ff.

Schaffland, Jürgen/*Wiltfang*, Noeme (Hrsg.): Datenschutz-Grundverordnung (DS-GVO)/Bundesdatenschutzgesetz (BDSG): Kommentar, EL 6/2024, Berlin, Mai 2024

Schallbruch, Martin/*Städler*, Markus: Neuregelung der Bund-Länder-Zusammenarbeit bei der IT durch Art. 91c GG, CR 2009, S. 619 ff.

Scharpf, Fritz: Demokratietheorie zwischen Utopie und Anpassung, Konstanz, 1970

Scheel, Kurt-Christian: Benannte Stellen: Beliehene als Instrument für die Verwirklichung des Binnenmarktes, DVBl. 1999, S. 442 ff.

Schenke, Wolf-Rüdiger: Polizei- und Ordnungsrecht, 12. Auflage, Heidelberg, 2023

Scherzberg, Arno: Die öffentliche Verwaltung als informationelle Organisation, in: Hoffmann-Riem, Wolfgang/Schmidt-Aßmann, Eberhard (Hrsg.), Verwaltungsrecht in der Informationsgesellschaft, Baden-Baden, 2000, S. 195 ff.

Scherzberg, Arno: Die Öffentlichkeit der Verwaltung, Baden-Baden, 2000

Scherzberg, Arno: Risikosteuerung durch Verwaltungsrecht: Ermöglichung oder Begrenzung von Innovationen, in: VVDStRL 63 (2004), S. 214 ff.

Scherzberg, Arno: Zum Umgang mit implizitem Wissen: Eine disziplinübergreifende Perspektive, in: Schuppert, Gunnar Folke/Voßkuhle, Andreas (Hrsg.), Governance von und durch Wissen, Baden-Baden, 2008, S. 240 ff.

Scheuner, Ulrich: Pressefreiheit, in: VVDStRL 22 (1965), S. 1 ff.

Schicke, Hildegard: Organisationsgebundene pädagogische Professionalität: Initiierter Wandel – theoretisches Konstrukt – narrative Methodologie – Interpretation, Opladen, 2011

Schiedermair, Stephanie: Selbstkontrollen der Verwaltung, in: Hoffmann-Riem, Wolfgang/Schmidt-Aßmann, Eberhard/Voßkuhle, Andreas (Hrsg.), Grundlagen des Verwaltungsrechts, Band III, 2. Auflage, München, 2013, § 48, S. 593 ff.

Schittly, Dagmar: Kommunikation muss wirken, DGUV Forum 5/2023, S. 3 ff.

Schlesinger, Max: Aus der Verwaltungspraxis der Berufsgenossenschaften: Kritische Abhandlungen, Berlin, 1887

Schliesky, Utz: Informationsverarbeitung und Wissensgenerierung im Föderalismus, in: Hill, Hermann/Sommermann, Karl-Peter/Wieland, Joachim/Ziekow, Jan (Hrsg.), Brauchen wir eine neue Verfassung?: Zur Zukunftsfähigkeit des Grundgesetzes: Vorträge der 75. Staatswissenschaftlichen Fortbildungstagung vom 25. bis 27. Februar 2013 an der Deutschen Universität für Verwaltungswissenschaften Speyer, Berlin, 2013, S. 215 ff.

Schliesky, Utz: Souveränität und Legitimität von Herrschaftsgewalt, Tübingen, 2004

Schlink, Bernhard: Datenschutz und Amtshilfe, NVwZ 1986, S. 249 ff.

Schlink, Bernhard: Freiheit durch Eingriffsabwehr: Rekonstruktion der klassischen Grundrechtsfunktion, EuGRZ 1984, S. 457 ff.

Schmatz, Hans/*Nöthlichs*, Matthias (Hrsg.): Sicherheitstechnik digital: Ergänzbare Sammlung der Vorschriften nebst Erläuterungen für Unternehmen und Ingenieure, 2004–2011

Schmid, Heinz: Blick zurück nach vorn, DGUV Forum 6/2023, S. 35 f.

Schmidt, Walter: Einführung in die Probleme des Verwaltungsrechts, München, 1982

Schmidt, Walter: Organisierte Einwirkungen auf die Verwaltung: Zur Lage der zweiten Gewalt, in: VVDStRL 33 (1975), S. 183 ff.

Schmidt-Aßmann, Eberhard: Das allgemeine Verwaltungsrecht als Ordnungsidee: Grundlagen und Aufgaben der verwaltungsrechtlichen Systembildung, 2. Auflage, Berlin/Heidelberg, 2006

Schmidt-Aßmann, Eberhard: Die Ambivalenz des Wissens und die Ordnungsaufgaben des Rechts, in: Röhl, Hans Christian (Hrsg.), Wissen: Zur kognitiven Dimension des Rechts, Die Verwaltung, Beiheft 9, Berlin, 2010, S. 39 ff.

Schmidt-Aßmann, Eberhard: Die kommunale Rechtsetzung im Gefüge der administrativen Handlungsformen und Rechtsquellen: Aufgaben, Verfahren, Rechtsschutz, München, 1981

Schmidt-Aßmann, Eberhard: Kommunale Selbstverwaltung „nach Rastede" – Funktion und Dogmatik des Art. 28 Abs. 2 GG in der neueren Rechtsprechung, in: Franßen, Everhardt (Hrsg.), Bürger – Richter – Staat, Festschrift für Horst Sendler zum Abschied aus seinem Amt, S. 121 ff.

Schmidt-Aßmann, Eberhard: Verwaltungslegitimation als Rechtsbegriff, AöR 116 (1991), S. 329 ff.

Schmidt-Aßmann, Eberhard: Verwaltungsorganisationsrecht als Steuerungsressource, in: ders./Hoffmann-Riem, Wolfgang (Hrsg.), Verwaltungsorganisationsrecht als Steuerungsressource, Baden-Baden, 1997, S. 9 ff.

Schmidt-Aßmann, Eberhard: Zum staatsrechtlichen Prinzip der Selbstverwaltung, in: Selmer, Peter/Münch, Ingo von (Hrsg.), Gedächtnisschrift für Wolfgang Martens, Berlin/New York, 1987, S. 249 ff.

Schmidt-Aßmann, Eberhard/*Schöndorf-Haubold*, Bettina: Verfassungsprinzipien für den Europäischen Verwaltungsverbund, in: Voßkuhle, Andreas/Eifert, Martin/Möllers, Christoph (Hrsg.), Grundlagen des Verwaltungsrechts, Band I, 3. Auflage, München, 2022, § 5, S. 247 ff.

Schmitt, Jochem: SGB VII: Gesetzliche Unfallversicherung: Kommentar, 4. Auflage, München, 2009

Schmitt Glaeser, Walter: Partizipation an Verwaltungsentscheidungen, in: VVDStRL 31 (1973), S. 179 ff.

Schmoch, Ulrich: Hochschulforschung und Industrieforschung: Perspektiven der Interaktion, Frankfurt a. M., 2003

Schnabel, Christoph: Das Recht der informationellen Selbstbestimmung für Unternehmen, WM 2019, S. 1384 ff.

Schnapp, Friedrich E.: Das Institut der Selbstverwaltung in der Gesetzlichen Unfallversicherung: eine kritische Bestandsaufnahme, Die BG 1978, S. 525 ff.

Schnapp, Friedrich E.: Die Selbstverwaltung in der Sozialversicherung, in: Mutius, Albert von (Hrsg.), Selbstverwaltung im Staat der Industriegesellschaft: Festgabe zum 70. Geburtstag von Georg Christoph von Unruh, Heidelberg, 1983, S. 881 ff.

Schneider, Gerald: Erkenntnistheorie, Gefährdungsbeurteilung und Psychische Belastungen, Betriebliche Prävention 2018, S. 295 ff.

Schneider, Gerald: Vorbeugen statt Heilen: Prävention, Betriebliche Prävention 2018, S. 210 ff.

Schneider, Hans: Die verhinderte Volkszählung 1983, VBlBW 1983, S. 225 ff.

Schneider, Hans: Gesetzgebung, 3. Auflage, Heidelberg, 2002

Schneider, Hans: Verfassungsrechtliche Beurteilung des Volkszählungsgesetzes 1983, DÖV 1984, S. 161 ff.

Schoch, Friedrich: Öffentlich-rechtliche Rahmenbedingungen einer Informationsordnung, in: VVDStRL (57) 1998, S. 158 ff.

Scholl, Stefan: Die Zweitanmelderproblematik am Beispiel des Arzneimittelrechts, Frankfurt a. M., 1992

Scholz, Rupert/*Pitschas*, Rainer: Informationelle Selbstbestimmung und staatliche Informationsverantwortung, Berlin, 1984

Schöpf, Udo/*Nöthen-Garunja*, Isabel/*Portuné*, Roland/*Schmid*, Heinz: Überwachung und Beratung im Wandel – die Zukunft hat bereits begonnen, DGUV Forum 6/2023, S. 3 f.

Schreiter, Itke: Aus- und Fortbildung im Betrieblichen Gesundheitsmanagement: Gesundheit und Sicherheit im Betrieb – eine Gemeinschaftsaufgabe, DGUV Forum 1–2/2011, S. 18 ff.

Schröder, Jan: Das Demokratieprinzip des Grundgesetzes, JA 2017, S. 809 ff.

Schröder, Jan: Der Schutzbereich der Grundrechte, JA 2016, S. 641 ff.

Schröder, Meinhard: Bereitstellung von Daten wegen außergewöhnlicher Notwendigkeit: Ein Überblick über Kapitel V des Datengesetzes, MMR 2024, S. 104 ff.

Schröder, Meinhard: Der Geheimhaltungsschutz im Recht der Umweltchemikalien: Eine Untersuchung nach deutschem Recht und europäischem Gemeinschaftsrecht, Berichte des Umweltbundesamtes 10/80, Berlin, 1980

Schröder, Meinhard: Der Schutz von Betriebs- und Geschäftsgeheimnissen im Umweltschutzrecht, UPR 1985, S. 394 ff.

Schucht, Carsten: Das ArbSchG nach dem Arbeitsschutzkontrollgesetz, Betriebliche Prävention 2021, S. 176 ff.

Schucht, Carsten: Die neue Architektur im europäischen Produktsicherheitsrecht nach New Legislative Framework und Alignment Package, EuZW 2017, S. 848 ff.

Schulin, Bertram (Hrsg.): Handbuch des Sozialversicherungsrechts, Band 2, Unfallversicherungsrecht, München, 1996

Schulz, Udo: Der Gefahrtarif der gewerblichen Berufsgenossenschaften, Sankt Augustin, 1999

Schulz, Udo: Statistik als Grundlage der Unfallforschung: Methoden, Probleme und Praxis der Arbeitsunfallstatistik, Bonn, 1973

Schulze-Fielitz, Helmuth: Nach dem 11. September: An den Leistungsgrenzen eines verfassungsstaatlichen Polizeirechts?, in: Horn, Hans-Detlef (Hrsg.), Recht im Pluralismus, Festschrift für Walter Schmitt Glaeser zum 70. Geburtstag, Berlin, 2003, S. 407 ff.

Schuppert, Gunnar Folke: Verwaltungsorganisation und Verwaltungsorganisationsrecht als Steuerungsfaktoren, in: Voßkuhle, Andreas/Eifert, Martin/Möllers, Christoph (Hrsg.), Grundlagen des Verwaltungsrechts, Band I, 3. Auflage, München, 2022, § 17, S. 1235 ff.

Schuppert, Gunnar Folke: Verwaltungsrechtswissenschaft als Steuerungswissenschaft: Zur Steuerung des Verwaltungshandelns durch Verwaltungsrecht, in: Hoffmann-Riem, Wolfgang/Schmidt-Aßmann, Eberhard/ders. (Hrsg.), Reform des allgemeinen Verwaltungsrechts: Grundfragen, Baden-Baden, 1993, S. 65 ff.

Schuppert, Gunnar Folke: Verwaltungswissenschaft: Verwaltung, Verwaltungsrecht, Verwaltungslehre, Baden-Baden, 2000

Schuppert, Gunnar Folke: Was ist und wozu Governance?, Die Verwaltung 40 (2007), S. 463 ff.

Schuppert, Gunnar Folke: Wissen, Governance, Recht: Von der kognitiven Dimension des Rechts zur rechtlichen Dimension des Wissens, Baden-Baden, 2019

Schuppert, Gunnar Folke/*Voßkuhle*, Andreas (Hrsg.): Governance von und durch Wissen, Baden-Baden, 2008

Schürmann, Frank: Öffentlichkeitsarbeit der Bundesregierung: Strukturen, Medien, Auftrag und Grenzen eines informalen Instruments der Staatsleitung, Berlin, 1992

Schütze, Bernd (Hrsg.): SGB X: Sozialverwaltungsverfahren und Sozialdatenschutz: Kommentar, 9. Auflage, München, 2020

Schwan, Eggert: Datenschutz, Vorbehalt des Gesetzes und Freiheitsgrundrechte, VerwArch 66 (1975), S. 120 ff.

Schwede, Joachim: Aufsichtspersonen, Sicherheitsbeauftragte und Fachkräfte für Arbeitssicherheit, AiB 1998, S. 664 ff.

Seckelmann, Margrit: Wissen, Technik, Recht, in: Augsberg, Ino/Schuppert, Gunnar Folke (Hrsg.), Wissen und Recht, Baden-Baden, 2022, S. 259 ff.

Seewald, Otfried: Das GKV-Selbstverwaltungsstärkungsgesetz und der Spitzenverband Bund der Krankenkassen, SGb 2017, S. 361 ff.

Seewald, Otfried: Gibt es noch eine Selbstverwaltung in der Unfallversicherung?, SGb 2006, S. 569 ff.

Seewald, Otfried: Kein Monopol der gesetzlichen Unfallversicherung, SGb 2004, S. 387 ff.

Seibel, Mark: Abgrenzung der „allgemein anerkannten Regeln der Technik" vom „Stand der Technik", NJW 2013, S. 3000 ff.

Seiler, Christian: Der souveräne Verfassungsstaat zwischen demokratischer Rückbindung und überstaatlicher Einbindung, Tübingen, 2005

Shannon, Claude E./*Weaver*, Warren: The mathematical theory of communication, Urbana, Illinois, 1949

Siefert, Jutta: Unfallprävention in der digitalen Arbeitswelt („Arbeit 4."); VSSAR 2019, S. 339 ff.

Siegel, Thorsten: IT im Grundgesetz, NVwZ 2009, S. 1128 ff.

Simitis, Spiros: Die informationelle Selbstbestimmung: Grundbedingung einer verfassungskonformen Informationsordnung, NJW 1984, S. 398 ff.

Simitis, Spiros (Hrsg.): Bundesdatenschutzgesetz: Kommentar, 8. Auflage, Baden-Baden, 2014

Simitis, Spiros/*Hornung*, Gerrit/*Spiecker gen. Döhmann*, Indra (Hrsg.): Datenschutzrecht: DSGVO mit BDSG, Baden-Baden, 2019

Sodan, Helge: Gesundheitsbehördliche Informationstätigkeit und Grundrechtsschutz, DÖV 1987, S. 858 ff.

Sozialversicherung für Landwirtschaft, Forsten und Gartenbau (SVLFG): Berufskrankheiten: Bundestag beschließt Änderungen, Betriebliche Prävention 2020, S. 234

Spiecker gen. Döhmann, Indra: Staatliche Entscheidungen unter Unsicherheit, Tübingen, 2017

Spiecker gen. Döhmann, Indra: Wissensverarbeitung im Öffentlichen Recht, RW 2010, S. 247 ff.

Spiecker gen. Döhmann, Indra/*Collin*, Peter (Hrsg.): Generierung und Transfer staatlichen Wissens im System des Verwaltungsrechts, Tübingen, 2008

Spielmann, Christoph: Konkurrenz von Grundrechtsnormen, Baden-Baden, 2008

Spilling, Hans-Jürgen: Die neuen Unfallverhütungsvorschriften, Würzburg, 1979

Spoerr, Wolfgang: Grundlagenentscheidung des Bundesverfassungsgerichts für das öffentliche Wirtschaftsrecht, KSzW 2012, S. 135 ff.

Stadler, Astrid: Der Schutz des Unternehmensgeheimnisses im deutschen und U.S.-amerikanischen Zivilprozeß und im Rechtshilfeverfahren, Tübingen, 1989

Starck, Christian: Die Grundrechte des Grundgesetzes: Zugleich ein Beitrag zu den Grenzen der Verfassungsauslegung, JuS 1981, S. 237 ff.

Stegbauer, Christian: Reziprozität: Einführung in soziale Formen der Gegenseitigkeit, 2. Auflage, Wiesbaden, 2011

Stegherr, Mirjam: Normung und Prävention: Das richtige Maß für Sicherheit, DGUV Forum 6/2019, S. 14 f.

Stehr, Nico: Wissen und Wirtschaften: Die gesellschaftlichen Grundlagen der modernen Ökonomie, Frankfurt a. M., 2001

Steinbrück, Ralph R.: Grundrechtsschutz ausländischer juristischer Personen, München, 1981

Steinmüller, Wilhelm u. a.: Grundfragen des Datenschutzes: Gutachten im Auftrag des Bundesministeriums des Innern, BT-Drs. VI/3826, Anlage 1

Stelkens, Paul/*Bonk*, Heinz Joachim/*Sachs*, Michael (Hrsg.): Verwaltungsverfahrensgesetz: Kommentar, 10. Auflage, München, 2023

Stern, Klaus: Das Staatsrecht der Bundesrepublik Deutschland, Band I: Grundbegriffe und Grundlagen des Staatsrechts: Strukturprinzipien der Verfassung, 2. Auflage, München, 1984

Stern, Klaus: Das Staatsrecht der Bundesrepublik Deutschland, Band II: Staatsorgane, Staatsfunktionen, Finanz- und Haushaltsverfassung, Notstandsverfassung, München, 1980

Stern, Klaus: Das Staatsrecht der Bundesrepublik Deutschland, Band III/1: Allgemeine Lehren der Grundrechte, München, 1988

Stern, Klaus: Das Staatsrecht der Bundesrepublik Deutschland, Band III/2: Allgemeine Lehren der Grundrechte, München, 1994

Stern, Klaus: Das Staatsrecht der Bundesrepublik Deutschland, Band IV/1: Die einzelnen Grundrechte, München, 2006

Stern, Klaus: Das Staatsrecht der Bundesrepublik Deutschland, Band IV/2: Die einzelnen Grundrechte, München, 2011

Stern, Klaus/*Sodan*, Helge/*Möstl*, Markus (Hrsg.): Das Staatsrecht der Bundesrepublik Deutschland im europäischen Staatenverbund, Band I, Grundlagen und Grundbegriffe des Staatsrechts, Strukturprinzipien der Verfassung, 2. Auflage, München, 2022

Stern, Klaus/*Sodan*, Helge/*Möstl*, Markus (Hrsg.): Das Staatsrecht der Bundesrepublik Deutschland im europäischen Staatenverbund, Band II, Staatsorgane, Staatsfunktionen, Finanzwesen, 2. Auflage, München, 2022

Stern, Klaus/*Sodan*, Helge/*Möstl*, Markus (Hrsg.): Das Staatsrecht der Bundesrepublik Deutschland im europäischen Staatenverbund, Band III, Allgemeine Lehren der Grundrechte, 2. Auflage, München, 2022

Stern, Klaus/*Sodan*, Helge/*Möstl*, Markus (Hrsg.): Das Staatsrecht der Bundesrepublik Deutschland im europäischen Staatenverbund, Band IV, Die einzelnen Grundrechte, 2. Auflage, München, 2022

Stober, Rolf: Grundrechtsschutz der Wirtschaftstätigkeit, Köln/Berlin/Bonn/München, 1989

Stober, Rolf: Handbuch des Wirtschaftsverwaltungs- und Umweltrechts, Stuttgart/Berlin/Köln, 1989

Stoll, Peter-Tobias: Wissensarbeit als staatliche Aufgabe: Wissen als Leitbegriff für Reformüberlegungen, in: Spiecker gen. Döhmann, Indra/Collin, Peter (Hrsg.), Generierung und Transfer staatlichen Wissens im System des Verwaltungsrechts, Tübingen, 2008, S. 34 ff.

Streinz, Rudolf (Hrsg.): EUV/AEUV: Vertrag über die Europäische Union: Vertrag über die Arbeitsweise der Europäischen Union: Charta der Grundrechte der Europäischen Union: Kommentar, 3. Auflage, München, 2018

Strothotte, Gerhard: Das Unternehmermodell: Förderung der Eigenverantwortung im Arbeitsschutz in kleinen und mittleren Unternehmen, Die BG 1999, S. 458 ff.

Strothotte, Gerhard: Neues BG-Konzept für die betriebsärztliche und sicherheitstechnische Betreuung kleiner Unternehmen, Die BG 2004, S. 362 ff.

Stubenrauch, Julia: Gemeinsame Verbunddateien von Polizei und Nachrichtendiensten: Eine verfassungsrechtliche Untersuchung am Beispiel der Antiterrordatei, Baden-Baden, 2009

Sydow, Gernot: Informationsgesetzbuch häppchenweise, NVwZ 2008, S. 481 ff.

Sydow, Gernot: Verwaltungskooperation in der Europäischen Union: Zur horizontalen und vertikalen Zusammenarbeit der europäischen Verwaltungen am Beispiel des Produktzulassungsrechts, Tübingen, 2004

Taeger, Jürgen: Die Offenbarung von Betriebs- und Geschäftsgeheimnissen, Baden-Baden, 1988

Tetlock, Philip E.: Expert political judgment: how good is it? How can we know?, New Edition, Princeton, New Jersey/Woodstock, Oxfordshire, 2017

Tettinger, Peter J./*Mann*, Thomas: Einführung in die juristische Arbeitstechnik: Klausuren – Hausarbeiten – Seminararbeiten – Dissertationen, 5. Auflage, München, 2015

Thiele, Alexander: Verlustdemokratie: Die drei Verlustebenen der Demokratie, 2. Auflage, Tübingen, 2018

Timm, Sven: Die Gemeinschaftsstrategie der EU für Gesundheit und Sicherheit am Arbeitsplatz 2007–2012: Beginn der Umsetzung in Deutschland, Die BG 2007, S. 438 ff.

Timm, Sven: Eine gemeinsame Strategie für mehr Arbeitsschutz in Deutschland, Die BG 2008, S. 422 ff.

Tinnefeld, Marie-Theres: Persönlichkeitsrecht und Modalitäten der Datenerhebung im Bundesdatenschutzgesetz, NJW 1993, S. 1117 ff.

Treichel, Bernd: VISION ZERO: ein Weg – ein Ziel, DGUV Forum 7–8/2023, S. 3 ff.

Trute, Hans-Heinrich: Der Schutz personenbezogener Informationen in der Informationsgesellschaft, JZ 1998, S. 822 ff.

Trute, Hans-Heinrich: Die demokratische Legitimation der Verwaltung, in: Voßkuhle, Andreas/Eifert, Martin/Möllers, Christoph (Hrsg.), Grundlagen des Verwaltungsrechts, Band I, 3. Auflage, München, 2022, § 9, S. 551 ff.

Trute, Hans-Heinrich: Die Erosion des klassischen Polizeirechts durch die polizeiliche Informationsvorsorge, in: Erbguth, Wilfried/Müller, Friedrich/Neumann, Volker (Hrsg.), Rechtstheorie und Rechtsdogmatik im Austausch, Gedächtnisschrift für Bernd Jeand'Heur, Berlin, 1999, S. 403 ff.

Trute, Hans-Heinrich: Die Verwaltung und das Verwaltungsrecht zwischen gesellschaftlicher Selbstregulierung und staatlicher Steuerung, DVBl. 1996, S. 950 ff.

Trute, Hans-Heinrich: Öffentlich-rechtliche Rahmenbedingungen einer Informationsordnung, in: VVDStRL 57 (1998), S. 216 ff.

Trute, Hans-Heinrich: Staatsrechtslehre als Sozialwissenschaft?, in: Schulze-Fielitz, Helmuth (Hrsg.), Staatsrechtslehre als Wissenschaft, Die Verwaltung, Beiheft 7, Berlin, 2007, S. 389 ff.

Trute, Hans-Heinrich: Ungewissheit in der Pandemie – Wissensinfrastrukturen als Antwort?, in: Augsberg, Ino/Schuppert, Gunnar Folke (Hrsg.), Wissen und Recht, Baden-Baden, 2022, S. 383 ff.

Trute, Hans-Heinrich: Wissen: Einleitende Bemerkungen, in: Röhl, Hans Christian (Hrsg.), Wissen: Zur kognitiven Dimension des Rechts, Die Verwaltung, Beiheft 9, Berlin, 2010, S. 11 ff.

Trute, Hans-Heinrich/*Kühlers*, Doris/*Pilniok*, Arne: Rechtswissenschaftliche Perspektiven, in: Benz, Arthur/Lütz, Susanne/Schimank, Uwe/Simonis, Georg (Hrsg.), Handbuch Governance: Theoretische Grundlagen und empirische Anwendungsfelder, Wiesbaden, 2007, S. 240 ff.

Tschentscher, Axel: Demokratische Legitimation der Dritten Gewalt, Tübingen, 2006

Turowski, Siegfried: Normungsarbeit: Normung – ein Instrument für die Prävention, DGUV Forum 1–2/2012, S. 34 ff.

Umbach, Dieter C./*Clemens*, Thomas (Hrsg.): Grundgesetz: Mitarbeiterkommentar und Handbuch: Band II, Heidelberg, 2002

Unger, Sebastian: Das Verfassungsprinzip der Demokratie: Normstruktur und Norminhalt des grundgesetzlichen Demokratieprinzips, Tübingen, 2008

Unruh, Peter: Demokratie und Mitbestimmung in der funktionalen Selbstverwaltung – am Beispiel der Emschergenossenschaft, VerwArch 92 (2001), S. 531 ff.

Unruh, Peter: Urteilsanmerkung zu BVerfGE 107, 59, JZ 2003, S. 1061 ff.

Vesting, Thomas: Die Bedeutung von Information und Kommunikation für die verwaltungsrechtliche Systembildung, in: Voßkuhle, Andreas/Eifert, Martin/Möllers,

Christoph (Hrsg.), Grundlagen des Verwaltungsrechts, Band I, 3. Auflage, München, 2022, § 20, S. 1465 ff.

Vesting, Thomas: Nachbarwissenschaftlich informierte und reflektierte Verwaltungsrechtswissenschaft: „Verkehrsregeln" und „Verkehrsströme", in: Schmidt-Aßmann, Eberhard/Hoffmann-Riem, Wolfgang (Hrsg.), Methoden der Verwaltungsrechtswissenschaft, Baden-Baden, 2004, S. 253 ff.

Vesting, Thomas: Zur Entwicklung einer „Informationsordnung", in: Badura, Peter/Dreier, Horst (Hrsg.), Festschrift 50 Jahre Bundesverfassungsgericht, Band 2: Klärung und Fortbildung des Verfassungsrechts, Tübingen, 2001, S. 219 ff.

Vesting, Thomas: Zwischen Gewährleistungsstaat und Minimalstaat: Zu den veränderten Bedingungen der Bewältigung öffentlicher Aufgaben in der „Informations- oder Wissensgesellschaft", in: Hoffmann-Riem, Wolfgang/Schmidt-Aßmann, Eberhard (Hrsg.), Verwaltungsrecht in der Informationsgesellschaft, Baden-Baden, 2000, S. 101 ff.

Voelzke, Thomas (Hrsg.): juris PraxisKommentar SGB I: Sozialgesetzbuch Erstes Buch (SGB I): Allgemeiner Teil/mit VO (EG) 883/2004, 3. Auflage, Saarbrücken, 2018

Voelzkow, Helmut: Private Regierungen in der Techniksteuerung: Eine sozialwissenschaftliche Analyse der technischen Normung, Frankfurt a. M./New York, 1996

Vogel, Jörg: Die Rechtsbindung der Arbeitnehmer an Unfallverhütungsvorschriften gemäß § 15 Abs. 1 S. 1 Nr. 2 SGB VII, Berlin, 2000

Vogelsang, Klaus: Grundrecht auf informationelle Selbstbestimmung?, Baden-Baden, 1987

Volkmann, Uwe: Sicherheit und Risiko als Probleme des Rechtsstaats, JZ 2004, S. 696 ff.

Voß, Henning: Unternehmenswissen als Regulierungsressource: Der aufsichtsrechtliche Zugriff auf bankinterne Strukturen, Tübingen, 2019

Voßkuhle, Andreas: Der Wandel von Verwaltungsrecht und Verwaltungsprozeßrecht in der Informationsgesellschaft, in: Hoffmann-Riem, Wolfgang/Schmidt-Aßmann, Eberhard (Hrsg.), Verwaltungsrecht in der Informationsgesellschaft, Baden-Baden, 2000, S. 349 ff.

Voßkuhle, Andreas: Neue Verwaltungsrechtswissenschaft, in: ders./Eifert, Martin/Möllers, Christoph (Hrsg.), Grundlagen des Verwaltungsrechts, Band I, 3. Auflage, München, 2022, § 1, S. 3 ff.

Voßkuhle, Andreas/*Sydow*, Gernot: Die demokratische Legitimation des Richters, JZ 2002, S. 673 ff.

Wagner, Gerhard: Kollektives Umwelthaftungsrecht auf genossenschaftlicher Grundlage, Berlin, 1990

Wagner, Regine/*Knittel*, Stefan (Hrsg.): Krauskopf, Soziale Krankenversicherung, Pflegeversicherung, Band 1, 121. EL, München, Februar 2024

Wahl, Rainer: Die zweite Phase des öffentlichen Rechts in Deutschland: Die Europäisierung des öffentlichen Rechts, Der Staat 38 (1999), S. 495 ff.

Wahl, Rainer: Entwicklungspfade im Recht, JZ 2013, S. 369 ff.

Wahl, Rainer: Verwaltungsverfahren zwischen Verwaltungseffizienz und Rechtsschutzauftrag, in: VVDStRL 41 (1983), S. 151 ff.

Wallerath, Maximilian: Berufsgenossenschaftliche Selbstverwaltung zwischen autonomer und heteronomer Steuerung: Zur Rechtsetzungsbefugnis der Berufsgenossenschaften nach § 15 SGB VII, NZS 1997, S. 1 ff.

Wallerath, Maximilian: Rechtsetzungsbefugnis der Berufsgenossenschaften und Fachaufsicht, Berlin, 1997

Walter, Robert: Partizipation an Verwaltungsentscheidungen, in: VVDStRL 31 (1973), S. 147 ff.

Waltermann, Raimund: Zu Rechtlichen Rahmenbedingungen einer Fortentwicklung der sozialen Unfallversicherung, VSSR 2005, S. 103 ff.

Waßer, Ursula (Hrsg.): Hauck/Noftz, Sozialgesetzbuch: SGB IV: Gemeinsame Vorschriften für die Sozialversicherung, 2. EL/2024, Berlin

Watzlawick, Paul/*Beavin*, Janet H./*Jackson*, Don D.: Menschliche Kommunikation: Formen, Störungen, Paradoxien, 13. Auflage, Bern, 2017

Weber, Klaus H.: Engineering verfahrenstechnischer Anlagen: Praxishandbuch mit Checklisten und Beispielen, 2. Auflage, Berlin/Heidelberg, 2016

Weber, Max: Politik als Beruf, 11. Auflage, Berlin, 2010

Weber, Max: Wirtschaft und Gesellschaft: Grundriss der verstehenden Soziologie, 5. Auflage, Tübingen, 1972

Wehage, Jan-Christoph: Das Grundrecht auf Gewährleistung der Vertraulichkeit und Integrität informationstechnischer Systeme und seine Auswirkungen auf das Bürgerliche Recht, Göttingen, 2013

Weinbrenner, Susanne: Präventionsansätze der Deutschen Rentenversicherung: Ziele und Handlungsfelder der Bundesrahmenempfehlungen, DGUV Forum 4/2016, S. 15.

Werner, Fritz: Verwaltungsrecht als konkretisiertes Verfassungsrecht, DVBl. 1959, S. 527 ff.

Wertenbruch, Wilhelm: Gibt es noch eine Selbstverwaltung im Sozialrecht?, SGb 1975, S. 261 ff.

Wertenbruch, Wilhelm: Zur Selbstverwaltung im Sozialrecht, in: Zacher, Hans Friedrich (Hrsg.), Soziale Sicherung durch soziales Recht, Festschrift für Horst Peters, Stuttgart/Berlin/Köln/Mainz, 1975, S. 203 ff.

Wickenhagen, Ernst: Geschichte der gewerblichen Unfallversicherung: Wesen und Wirken der gewerblichen Unfallversicherung, Textband, München/Wien, 1980

Wiebe, Andreas/*Schur*, Nico: Ein Recht an industriellen Daten im verfassungsrechtlichen Spannungsverhältnis zwischen Eigentumsschutz, Wettbewerbs- und Informationsfreiheit, ZUM 2017, S. 461 ff.

Wiebe, Gerhard: Der Geschäftsgeheimnisschutz im Informationsfreiheitsrecht: Unter besonderer Berücksichtigung des Gesetzes zum Schutz von Geschäftsgeheimnissen, NVwZ 2019, S. 1705 ff.

Wilensky, Harold L.: Organizational intelligence: knowledge and policy in government and industry, New York, 1967

Wilhelm, Alexander: Die Unfallverhütungsvorschriften im System des deutschen und des europäischen Rechts, Hamburg, 2002

Wilkening, Patrick H./*Müller*, Jonathan: Data Act: Neue Datenzugangs- und Datennutzungsregeln für die Daten- und Cloudwirtschaft, DB 2024, S. 166 ff.

Willke, Helmut: Dystopia: Studien zur Krisis des Wissens in der modernen Gesellschaft, 2. Auflage, Frankfurt a. M., 2016

Willke, Helmut: Einführung in das systemische Wissensmanagement, 4. Auflage, Heidelberg, 2018

Willke, Helmut: Nagelprobe des Wissensmanagements: Zum Zusammenspiel von personalem und organisationalem Wissen, in: Götz, Klaus (Hrsg.), Wissensmanagement: Zwischen Wissen und Nichtwissen, 4. Auflage, München/Mering, 2002, S. 15 ff.

Willke, Helmut: Systemisches Wissensmanagement, 2. Auflage, Stuttgart, 2001

Willke, Helmut: Systemtheorie III: Steuerungstheorie, 4. Auflage, Konstanz/München, 2014

Willke, Helmut: Wissensmanagement und Beschäftigungsfähigkeit als Herausforderung der Personalarbeit, in: Clermont, Alois/Schmeisser, Wilhelm/Krimphove, Dieter (Hrsg.), Personalführung und Organisation, München, 2000, S. 61 ff.

Willrich, Thomas: Verantwortlichkeit wahrnehmen und Pflichten rechtssicher übertragen, Die BG 2009, S. 30 ff.

Wilms, Jan/*Roth*, Jan: Die Anwendbarkeit des Rechts auf informationelle Selbstbestimmung auf juristische Personen i. S. von Art. 19 III GG, JuS 2004, S. 577 ff.

Wimmer, Raimund: Friedenswahlen in der Sozialversicherung – undemokratisch und verfassungswidrig, NJW 2004, S. 3369 ff.

Winkelmüller, Michael/*Felz*, Sebastian/*Hussing*, Marcus (Hrsg.): Beck'scher Online-Kommentar Arbeitsschutzrecht, 18. Edition, München, Stand: 01.04.2024

Winter, Martin: § 19 Satz 2 SGB IV oder: Die Besonderheit des Leistungsrechts in der gesetzlichen Unfallversicherung, SGb 2006, S. 657 ff.

Wohlrapp, Harald R.: Was ist Wissen?: Ein (neuer) Vorschlag zur Bestimmung des Wissensbegriffs, in: Leyhausen-Seibert, Katja/Menzel, Anna/Vogel, Friedemann (Hrsg.), Wissen in Recht und Sprache – Viele Stimmen, vage Grenzen, Berlin, 2024

Wolber, Kurt: Zur Beibehaltung des Dienstordnungs-Rechts bei gesetzlichen Unfallversicherungsträgern, ZfPR 2000, S. 157 ff.

Wolf, Ulrike/*Palfner*, Stefanie: Berufskrankheiten: Aktuelle Forschungsschwerpunkte veröffentlicht, DGUV Forum 12/2017, S. 13 f.

Wolff, Heinrich Amadeus: Der verfassungsrechtliche Schutz der Betriebs- und Geschäftsgeheimnisse, NJW 1997, S. 98 ff.

Wolff, Heinrich Amadeus/*Brink*, Stefan/*Ungern-Sternberg*, Antje von (Hrsg.): Beck'scher Online-Kommentar Datenschutzrecht, 47. Edition, München, Stand: 01.02.2024

Wollenschläger, Burkard: Wissensgenerierung im Verfahren, Tübingen, 2008

Wollmann, Hellmut (Hrsg.): Politik im Dickicht der Bürokratie: Beiträge zur Implementationsforschung, Opladen, 1980

Zagrodnik, Fred-Dieter/*Klinkhammer*, Stephanie: Mit Individualprävention die Gesundheit verbessern, DGUV Forum 5/2022, S. 3 ff.

Zakrzewski, Ingo: Neue Wege im Arbeitsschutz, Grundsätze der Prävention, faktor arbeitsschutz 3/2004, S. 6 ff.

Zech, Herbert: Daten als Wirtschaftsgut: Überlegungen zu einem „Recht des Datenerzeugers", CR 2015, S. 137 ff.

Zech, Herbert: „Industrie 4.0": Rechtsrahmen für eine Datenwirtschaft im digitalen Binnenmarkt, GRUR 2015, S. 1151 ff.

Zimmermann, Uwe: Die Gefährdungsbeurteilung: Eine Aufgabe des Arbeitsschutzes bei der Feuerwehr und im Rettungsdienst, Stuttgart, 2019

Zingsheim, Holger: Gegen den Strudel der Kontaktvermeidung, DGUV Forum 5/2023, S. 7 ff.

Zippelius, Reinhold/*Würtenberger*, Thomas: Deutsches Staatsrecht, 33. Auflage, München, 2018

Zuck, Rüdiger: Die Verfassungsbeschwerdefähigkeit ausländischer juristischer Personen, EuGRZ 2008, S. 680 ff.

Personen- und Sachverzeichnis